ミルトン・エリクソンの

催眠療法ケースブック

ミルトン・H・エリクソン
アーネスト・L・ロッシ
横井勝美＝訳

Ψ金剛出版

Hypnotherapy

An Exploratory Casebook

Milton H. Erickson, Ernest L. Rossi

序文

「壁に話をしてください。そうすればドアが聞くかもしれません」——スーフィ教徒の言葉（イスラム教神秘主義者）

ミルトン・エリクソンを知っている誰もが、彼が目的もないのに何かをすることはめったにないことを知っています。実際、彼の目標志向goal-directednessは、彼の人生と仕事における最も重要な特徴かもしれません。

そして、アーネスト・ロッシと『ミルトン・エリクソンの催眠の現実Hypnotic Realities』（Irvington, 1976）を書く前、エリクソンが本の形で業績を発表することを避けていた理由は何だったのでしょうか？　エリクソンは、なぜアーネスト・ロッシを、前著と本書の共同執筆者に選んだのでしょうか？　そして、最終的にエリクソンは、なぜ私に序文を書くように求めたのでしょうか？

結局のところ、エリクソンは、五〇年間に、ほぼ一五〇の論文を発表しました。しかし本に関しては二冊の比較的マイナーな本——『催眠における時間歪曲Time Distortion in Hypnosis』（L・S・クーパーとの共著、一九五四年）、そして、『医学と歯学に関する催眠の臨床適用The Practical Applications of Medical and Denial Hypnosis』（S・ハーシュマンとI・I・セクターとの共著（邦題『ミルトン・エリクソンの臨床催眠セミナー』）一九六一年）——しか発表していません。七〇歳代になったエリクソンが、他の人達がまねるための遺産、自分を本当に理解してもらえるような要約を残したいと考えたとしても当然です。

ロッシを共著者としたのは素晴らしい選択です。彼は、かの有名なフランツ・アレキサンダー精神分析研究所で、多くの巨人とともに訓練を受けた経験豊かな臨床医であり、ユング派のトレーニング・アナリストです。そして、多くの著作があり過去六年にわたって、エリクソンの仕事を一生懸命に観察し、録音と議論に多くの時間を捧げてきました。

再度、「なぜ、私なのですか?」と疑問に思わずにはいられません。私は開業してほぼ三〇年になる精神科医であり、さらにトレーニング・アナリストですが、グループが異なっています――私はアメリカ精神分析協会（カレン・ホーナイ会長）に属しています。私はまた、ほぼ一五年間、体が不自由な患者と非常に多くの仕事をしてきました。ミルトン・エリクソンのことを最初に聞いたのは、三五年以上前、当時、彼はエロイーズ（ミシガン州）に住んでいて、そのときから催眠と関係していました。

ロッシと私は二人とも、広範な臨床的、理論的なバックグラウンドを持っていますが、私たちのいずれもが、主たる活動の場は「催眠」の分野ではありませんでした。そのために、私たちのいずれもが、催眠理論を自ら推し進めることに個人的な関心を持っていません。しかし、私たちは、催眠の開業医だけでなく、催眠になじみがほとんどなかった心理療法家と精神分析家のコミュニティーにもエリクソンの理論および考えを提示するというゴールに向けて誠実に専念しています。この目標に向かって、ロッシはどちらかというと何も知らない学習者の役を引き受け、私たちを代表して行動しています。

マーガレット・ミードは自分自身を一人の学習者と考えていました。エリクソンの七五回目の誕生日に、『アメリカ臨床催眠ジャーナル』において、「ミルトン・エリクソンの独創性」と題して、彼に捧げた記事を書いています（Mead, M. The Originality of Milton Erickson, AJCH, Vol. 20, No.1. July 1977, pp.4-5)。彼女は、一九四〇年夏にエリクソンに初めて会ったときから、これまで彼の独創性に興味を持っていました、とコメントしています。「ミルトン・エリクソンが、新しい方法を考え出したら、古い方法で問題を解決することは絶対になかったと確実に言うことができます――そして、彼は通常、そうしていました」と述べることによって、この考えをさらに詳しく説明します。しかし、彼の「抑えられない、熱い独創性は、彼が多くの知識を伝えることを妨げています」。そして、「好奇心旺盛な学習者は、各々異なるデモンストレーションの予想外で、驚くべきクオリティの高さに困惑します。そして、学習者は、複雑な、特有の反応を模倣しようとすることと彼が照らした根本的な原理との間で迷います」と、彼女は感じます。『ミルトン・エリクソンの催眠の現実』と本書の中で、アーネスト・ロッシはこれらの根本的原理を説明することに向けて、ある程度、大きな対策を講じます。ロッシはこれをするために、エリクソンの事例資料から、とても直接的に、根本的な原理を組織化して抽出します。

しかし、さらにいっそう親切なことに、ロッシはエリクソンに、これらの原理を少し説明するように勧めています。

私が行ったように、本書を注意深く学習する読者は、催眠と催眠療法の性質において、催眠誘導のテクニックにおいて、治療的な変化を引き起こし、この変化を有効にする方法において、著者らがエリクソンの考えを明確にするために、これまでで一番良い仕事をしたことに気づきます。そのプロセスにおいて、著者らは、エリクソンの人生哲学および治療に関する多くの有用なデータを明らかにしました。精神分析などに携わる多くのセラピストが「催眠」についての先入観を取り除くと、エリクソンのアプローチが、自分たちの方法と互換性を持っていることに気づきます。著者たちは、「催眠は、その人を変えることも、過去の人生経験を変えることもありません。催眠によって、自分自身について、もっと多くのことを学ぶことができ、もっと十分に自己表現することができるようになります……治療的トランスによって、学習された限界を回避し、可能性をさらに探求して、完全に利用できるようにします」と指摘しています。

エリクソンが惜しみなく提供した魅力的な事例史を読んだとしても、そしてエリクソンをまねようと試みたとしても、人々は間違いなく、エリクソンと同じような結果をまったく成し遂げられないことに気づきます。その後、その人たちはエリクソンのアプローチが、彼独自のものであると決めつけて、諦めるかもしれません。彼らは、他の人たちから、エリクソンを常に引き離していたいくつかの障害が、エリクソンにある点に注目するかもしれません。そして、それによって、確かに、見ることと反応する独特の方法を、エリクソンが持っている可能性があります。エリクソンは、色覚異常、音痴、失読症およびリズム感の欠如を持って生まれました。エリクソンは、重い小児麻痺を二回、発病しました。エリクソンはさらに関節炎と筋炎に罹患し、神経障害を生じたことから、長年、車椅子に座ったままでした。エリクソンが治療の天才、あるいは真似もできない天才であると合理化することはおかしいと考える人たちが少なからずいます。そして、彼らは、真理を究明する人と目標達成を手助けする人、例えばアーネスト・ロッシの援助によって、それを見つけます。そこには他の人によって学習し、利用することができる作業の方法が数多く存在しています。

「難しい問題に取り組んでいると、あなたは、その取り組みの中で、面白いデザインにしようとします。そのようにして、難しい問題に対する答えを、あなたは受け取ります。デザインに興味を持てるようになると、骨の折れる労働に気がつかなくなります」と、『ミルトン・エリクソンの催眠の現実』（二七七ページ）で、エリクソン自身が忠告していました。エリクソンのアプローチを分析して、教えるという難題を扱おうとするときには、ロッシのデザインが、最も役に立つ可能性があります。読者が、ロッシがこの本で勧めるエクササイズを練習するかどうかは、個人的な問題です。私の経験では、そのエクササイズの一部を訓練することには価値がありました。実際、ロッシが強調しているように、エリクソンが、慎重に、そして、ふざけているかのようにアプローチすることによって、私は、患者が深いトランス状態を経験し、そして、この明白な結果として、変化に向けてさらに心を開くことができたことを知りました。私は、それが治療的ダブル・バインドをセットアップしていること、間接的に後催眠暗示をしていること、治療の反応性を促進するために質問を使用していること、特に役立つ複合暗示を作り上げていることであることに気づきました。エリクソンとロッシが「ユーティライゼーション・アプローチ」と呼ぶものを、何度も強調することは、確かに納得できます。この本で、エリクソンとロッシは「患者が明示する行動を受け入れ利用すること、患者の内部の現実を利用すること、患者の抵抗を利用すること、そして、患者の否定的情動および症状を利用すること」について、多くの鮮明で有用な例を挙げています。エリクソンが創造的に使用した冗談、しゃれ、メタファー、そしてシンボルは、他の人たち、特にヘイリー、バンドラー、そしてグリンダーによって分析されました。しかし、この本の中の例および議論によって、私たちは、さらに多くのことを理解できます。

ときどき、エリクソンは軽いトランスの中で、「ありふれた日常的トランス」と呼ぶ状態の中で、あるいはまったくトランスに入っていない中で、患者との作業をします。彼は、短期療法に限定しているわけではありません。本書の中で、劇的なケースとして説明されている唇が腫れあがったフルート奏者である ピエトロに対する九カ月間にわたる骨の折れる仕事で、これは説明されます。しかしながら、しばしば治療ワークの健忘を伴う最も深いトランスに入った患者とエリクソンが仕事をするとき、彼の専門知識はオブザーバーにとって、いつでも興味深いものでした。より深くトランスを誘導するかしないか、そして、直接的ではなくむしろ間接的に指示、あるいは暗示をすることが、より深い、あるいは長続きする臨床結果に結びつくかどうかという問題は、研究しがいのあるテーマです。深いトランスを信じないなら、あるいは高く評価しないなら、そしてそのために努力しないなら、頻繁に、深いトランスに出会うことはありません。そしてそれは確かに私が経験したことでした。私が経験したこともまた、解離、時間歪曲、健忘および年齢退行のような現象が頻繁に登場する深いトランスを達成すると、患者の症状や態度を迅速に、明らかに深く変化させることに結びつくというものでした。

エリクソンは、彼が「無意識」と呼ぶ方法で、患者が作業することを援助することには、価値がある、と強調しています。彼は無意識の賢さを高く評価しています。実際、彼は、患者の意識によって、そして患者の「学習された、そして制限されたセット」によって、治療作業が検討されることなく、破壊される可能性を避けるために、多くの場合、どんな苦労をすることも惜しみません。こうするための方法は、今までの書物以上に、本書の中で、よりはっきりと説明されています。

エリクソンは、実際、トランス誘導あるいは催眠テクニックと、治療テクニックあるいは治療戦略を区別していません。エリクソンは、セラピストがトランス誘導をするとき、あるいは患者に変化の準備をさせるときに、治療的暗示をすることにもっと有効に時間を使うことができるのに、意味のない、くどくど繰り返すフレーズを使用するのは、時間の浪費であると感じています。ロッシが指摘したように、治療とトランス誘導の両方が、早い段階で、「患者のいつもの、そして制限されたメンタル・セットを弱めること」に影響を与えます。エリクソンはいつでも、いくつかの治療的役割に関心を持っているので、決してトランス誘導することだけで満足することはありません。

直接暗示を使用する催眠テクニックが、例えば脱感作と認知再訓練のような行動修正アプローチの効果をしばしば強化することに、エリクソンは確かに気づいています。しかし直接暗示の効果が限られていることも指摘しています。彼は、「直接暗示は……考え、理解、そして記憶の再結合と再構成を喚起しません。したがって、実際の治療に必要なものは……催眠心理療法の結果が効果的になるには……患者の活動だけに由来します。セラピストは単に活動へと患者を刺激するだけです。そして、多くの場合、その活動が何であるか、わかっていません。そして、その後、セラピストは患者を導き、臨床判断を行い、希望する結果を達成するために、行う仕事量を決定します」（Erickson, 1948）と書いています。このコメントから、そして、本書や他の出版物で事例史を読むことから、エリクソンが大部分のセラピストより、「学説の順守」を要求していないこと、思い起こしていないことははっきりしています。「臨床判断」が、力学、病理学と健康を長年、集中的に研究した結果として、そして患者に実際に働きかけることから来るのは明らかです。

セラピストの判断にもまた、人生における彼自身の哲学とゴールが影響を与えます。エリクソン自身の哲学は、「成長と楽しみと喜び」のような概念を彼が強調したことによって、明らかにされます。これに対し、彼が、「人生はあなたが今日、答えを出せるものではありません。あなたは、待つプロセス、そうなるプロセスを楽しむべきです。花の種を植えて、そしてどんな種類の花が現われるかわからず、ワクワクすること以上に楽しいことはありません」と、つけ加えました。この点に関して私自身の経験をお話しすると、一九七〇年に私は彼を訪ねました。そして、彼と四時間のセッションを過ごし、私は、彼の家族と患者の話をほとんど聞くだけで、このときを過ごしたという感覚を持って帰りました。私は一九七七年の夏、再び彼に会いました。それから、フェニックスのモーテルで午前五時、私がワークをしているエリクソンのテープをチェックしている間に、非常に重要な洞察が、鮮やかに浮かんできました。その洞察は明らかに一九七〇年のセッションでのワークに、そして自己分析に関係していました。私は、その七年の間、自己分析していました。その朝遅く、私がエリクソンに興奮してこれらの洞察を話したとき、彼は、いつも通り、ただ微笑するだけで、そのことを多少なりとも詳しく説明しようとはしませんでした。

私たちが、家族療法あるいはゲシュタルト療法のような、他の治療形態の著作を何冊か読んだとき、それらの治療が、エリクソンから、どれほど大きな影響を受けているかわかると、衝撃を受けます。これらの学派の初期のセラピストの多くが、催眠、あるいはエリクソン自身と連携したのは偶然ではありません。私は、将来の書物で、これらの影響を、ロッシがたどってくれることを願っています。私は、「ゲシュタルトと催眠テクニックの出会いの経験」という私の記事で、そのうちのいくつかを示唆しました（Rosen, S. Am J. Psychoanalysis, Vol. 32, No. 1, 1972, pp. 90-105）。

エリクソンとロッシの第一巻、『催眠の現実 Hypnotic Realities』とともに、『催眠療法ケースブック Hypnotherapy: An Exploratory Casebook』は、エリクソニアン治療、あるいはエリクソニアン催眠コースのための揺るぎない基盤として役に立たなければなりません。これらのコースは、J・ヘイリーによって、そしてバンドラーとグリンダーらによって書かれた本を含めた書物によって補われるかもしれません。これに加えて、現在、幸運にもエリクソン自身によって書かれた一四七の記事を参考文献として利用できます(Gravitz, M.A. and Gravitz, R. F., "Complete Bibliography 1929-1977," American Journal of Clinical Hypnosis, 1977, 20, 84-94を参照)。

ロッシは、エリクソンが理論に基づいていないように見えることにいつも衝撃を受けていた、と私に話しました。これがエリクソンの開放性に当てはまったとしても、確かに彼が成長を強調していたこと、あるいは人文主義的、あるいは社会志向の見方には当てはまらないことに、私は気づきました。ロッシたちは、エリクソンが常にゴール（患者のものであって、自分のものでないゴール）を目指して努力していることを、絶えず再発見しています。これが、ほとんどすべてのセラピストの公然の意図 avowed intention である今日では、このような革命的な考えであるようには見えないかもしれません。しかし、恐らく、私たちの多くは、この意図を実行しようとしても、私たちの能力によって制限されています。意図と実践の両方が、恐らく臨床催眠の世界的な達人であるこの人の仕事で最も成功裡に調整され、実現したことは意義深いことです。しかし、催眠は、いまだに操作と暗示をする人なら誰にでも関係しています——典型的なエリクソニアンのパラドックスです。操作の達人は、最大限、自由を与え、そして刺激します！

シドニー・ローゼン
ニューヨークにて

はじめに

『ミルトン・エリクソンの催眠の現実』（Irvington, 1976）の出版から始まる著者らの本は、今回の本で二冊目です。本書は、第一巻のように、本質的に下席著者に、臨床的催眠療法の分野を上席著者がトレーニングした記録です。本書自体は、アカデミックなものでも、学究的性質を持つものでもありません。むしろ、現代の催眠セラピストに要求される態度、方針、そして技術について臨床的に研究するためのものです。

第一章では、ワークへの基本的なオリエンテーションとして、催眠療法へ向けたユーティライゼーション・アプローチを説明します。第二章では、間接暗示形式をより系統的にプレゼンテーションする試みをします。それは、第一巻のケース・プレゼンテーションから、当初選択されました。今、私たちは、ユーティライゼーション・アプローチおよび間接暗示形式が、過去五〇年にわたる上席著者の革新的治療の本質であり、催眠セラピストしての彼独自の技術の多くを説明するものだと信じています。

第三章で、私たちは、治療的トランス誘導を促進すると同時に、治療的変化の方へ患者を向けて、どのようにユーティライゼーション・アプローチと間接暗示形式を統合するかを説明します。第四章では、日々の臨床実践に最も有効であると上席著者が気づいた後催眠暗示を使ったアプローチを説明します。

この最初の四章で、上席著者のアプローチの基本原則をいくつか説明しています。私たちは、このプレゼンテーションによって、上席著者の仕事に関して、幅広い臨床的見方が他の臨床医に提供されること、そして、治療的トランスの性質に関する仮説の源として役立つこと、そして、その仮説が、研究者によってコントロールされた実証研究でテストされることを願っています。

これら第一章から第四章の最後に、私たちは多くの練習を提案しました。それは、ここでの資料を実際の臨床に採り入れたいと思う人にとって必要なもので、オリエンテーション、態度、および技術の学習を促進するためのものです。資料を読んだり、理解したりすることは、簡単ではありません。物事を良く観察するという習慣を持つように努力すること、そして個人間の交流を持つことが必要となります。提案された練習すべてを実践するのは、私たち自身が技能を研ぎ澄まして、そして他の人に教えようと努めるときです。

残りの六章それぞれに、ケーススタディを提示し、患者と上席著者の臨床業務を説明し、さらに探究します。これらのケースのうちの六つ（ケース1、5、8、10、11および12）は、私たちの第一巻（『ミルトン・エリクソンの催眠の現実』）中ののような主要研究です。そこで、私たちは患者と上席著者の実際の言葉、そして対話パターンのテープ録音を転写しました。これらの研究のための記録装置は、アメリカ臨床催眠学会――教育と研究財団からの研究交付金によって提供されました。これらのセッションの注釈の中で、私たちは、催眠療法的プロセスの原動力について、現在、理解していることを示しました。そして、創造的なプロセスを促進すること、および左脳と右脳の機能のような多くの問題について議論しました。

ほとんどのショートケースは、上席著者の個人開業での仕事の中で、出版されていない記録ファイルから、そしてそれらのうちのいくつかは、さらに古い四半世紀以上前のページが黄色く変色した長く開かれていないフォルダーから取り出されました。これらのケースはすべて、新しくコメントをつけて、チェックし、編集し直し、臨床現場で催眠セラピストに要求される自発的な創造性と大胆さに関して、適切な観点 appropriate perspective を提供します。さらに、私たちは、アメリカ臨床催眠学会のミーティングでの上席著者の講義とワークショップの多くの録音テープをざっと聞きました。これらのうち、いくつかは、フローレンス・シャープ博士と学会メンバーによって、すでにタイプされて、そして部分的に編集されています。これらの大部分を、「厳選したショートケース――分析のための練習」という見出しで掲載しています。それらの多くが、繰り返されて、その多くが出版されました（Haley, 1973）。そして、それは、過去半世紀における催眠の民俗伝承の一部として、逸話的に表現されました。しかしながら、それらのショートケースは、分析の練習に素晴らしく役立ちます。そのようなケースの最後に、関係すると思われる原則を傍点をつけて書き出しました。読者はもっと他にも多くのものを見いだす楽しみに気づくかもしれません。
　催眠療法の臨床実践が、相対的に静穏な期間から、新しい発見と魅力的な可能性が生まれる刺激的な時間へと浮かび上がっているというのが、私たちが今持っている印象です。催眠の歴史を知っている人たちなら、すでに、この分野に特有の興奮と休止という周期的パターンのことをよく知っています。今では、何人かの科学分野の歴史家は、この周期的パターンが科学と芸術のすべての部門の特性を示していると考えています。すなわち興奮は、新しい発見の期間に起きます。これらが同化するとき、休止が来ます。下席著者は、少しずつ、この本をまとめ上げているとき、しばしば、新発見をした、という主観的な感覚を持ちました。けれども、それを新しいと感じたのは、下席著者だけでしょうか、あるいは他の人たちにとっても、同じように新しいものでしょうか？　問題を独自に評価して、そして、一歩さらに仕事を先へと進めるために、あなたの力、読者の力を、私たちは必要としています。

ミルトン・H・エリクソン
アーネスト・L・ロッシ

ミルトン・エリクソンの

催眠療法ケースブック

Hypnotherapy : An Exploratory Casebook

［目次］

ミルトン・エリクソンの

催眠療法ケースブック

Hypnotherapy : An Exploratory Casebook

第一章

催眠へのユーティライゼーション・アプローチ

One

催眠療法は、自分自身の治療ゴールを達成するために、自分自身の精神的連想、記憶、そして生命体の潜在能力 life potentialを、人々が利用できるように手助けするプロセスであると、私たちは考えています。催眠暗示は、すでに人の内部に存在している能力、そして可能性を利用し、促進することができます。しかし、その能力や可能性は、トレーニング、あるいは理解の不足のために、使われないままに、あるいは開発されないままになっています。催眠セラピストは、どのような人生の学習、経験、そして精神的技術が、問題を扱うために利用できるか確かめるために、患者の個性を慎重に調査します。その後、セラピストは、催眠状態経験へのアプローチを促進します。そしてそのアプローチにおいて、患者は治療的なゴールを達成するために、これらのユニークな個人内部の反応を利用します。

私たちのアプローチは、三段階のプロセスとして捉えることができます――（一）セラピストが患者の人生経験のレパートリーを調査し、そして患者を治療的な変化に適応させるために、建設的な参照枠を促進する準備の期間、（二）治療的トランスの期間中の患者自身の精神的技術の活性化とユーティライゼーション、（三）注意深い認識、評価、そして生起した治療的変化の承認。この第一章で、私たちは、これらの三段階の各々について、成功するための要因をいくつか紹介します。第二章以降では、より詳細に、成功するための要因を例示し検討します。

一　準備

催眠療法ワークの最初の段階は、慎重に観察し、準備する期間から成ります。どんな治療面接においても、最も重要な要因は、しっかりしたラポール——すなわち、セラピストと患者間に、理解があって相互が尊敬するという前向きな感覚——を、最初に確立することです。このラポールを通して、セラピストと患者は、新しい治療的な参照枠を一緒に作ります。そして、それは、患者にとっては治療効果が生じる成長培地として役立ちます。ラポールは、セラピストと患者各々が相手の注意を確保する手段です。両者は「イエス・セット」、あるいは互いの受け入れを発展させます。おそらく、セラピストには、観察して、関連させる能力がよく発達しています。患者は、反応注意力 response attentiveness の状態を観察して、成し遂げることを学んでいます。反応注意力とは、コミュニケーション時に、セラピストによって提示されるニュアンスに極端に注意深く反応する状態のことを言います。

最初の面接において、セラピストは、患者の問題と治療目的のために利用できる人生経験と学習のレパートリーに関連したことを集めます。患者に問題があるのは、学習された限界があるためです。患者は、効果的に自分自身の能力を調査しますが、利用することができないメンタルセット、参照枠、そして信念体系に捕らえられます。人間は、いまだに、潜在能力を使うことを学ぶプロセスの中にいます。治療的な相互作用 transaction は、患者が潜在能力を探ることができる新しい驚異的な世界を理想的な状態で構築します。そして、ある程度、学習された限界から解放します。後から見ていくように、治療的トランスは、患者が自分の限られたフレームワークや信念体系から脱却することができる期間です。したがって患者は、自分自身の中で機能しているのとは別のパターンを体験することができます。これらの他のパターンは、通常、以前の経験から学習した反応ポテンシャル response potentials ですが、何らかの理由で、患者が利用できないままになっています。セラピストは、人生経験の範囲、そして治療ゴールを達成することに利用できる反応能力を評価するために、患者の経歴、品格、そして感情的な力、彼らの分野での業績、興味、趣味などを調査します。この本の大部分のケースで、このプロセスを例示しています。

セラピストが患者の世界を調査して、ラポールを促進するとき、新しい参照枠と信念体系の作成は、ほとんど避けることができません。人々が会って、密接に交流するときはいつでも、これが通常起こります。催眠療法では、精神的フレームワークと信念体系のこの自然発生的な開始と移動 shifting は、慎重に研究されて、促進され、そして利用されます。セラピストは、どんな限界が患者の問題の源にあるか、そして、患者が彼らの限界を乗り越えることができるように、どんな新しい領域

horizonsを広げることができるか、評価するプロセスを絶えず続けています。予備段階の催眠療法ワークでは、精神的フレームワークが促進され、後でトランスの間に受け取る暗示に、患者が対応できるようにします。トランス中に行われる暗示は頻繁に、すでに確立されている特定の精神的フレームワーク内部でロックされた患者の連想プロセスのタンブラー錠を回すキーのような役割をします。何人かの研究者たち（Weitzenhoffer, 1957, Schneck, 1970, 1975）は、トランスが正式に誘導される前に話されたことが、どのように催眠暗示を強化するかを説明しました。効果的なトランスワークが通常、患者の治療的な反応のために、最適な態度と信念体系を作成するのを私たちが手助けする予備段階の後にあることに、私たちは同意し、このことを強調しておきます。

この最適な態度に関する著しく重要な面は、期待です。患者が治療的な変化を期待することによって、患者は自分の問題の源にある学習された限界、そして否定的な人生経験を止めることができます。不信を止めること、そして非常に高い治療への期待は、ときどき宗教的信念体系内で達成される「奇跡的な」治癒を説明するために使われました。以下のセクションで、私たちが治療的トランスの力学を全体的に分析した中に見られるように、そのような一見奇跡的な治癒は、催眠療法において、私たちが治療的な反応を促進するために利用する一般的なプロセスが、特別な形で表現されたものとして理解することができます。

二　治療的トランス

治療的トランスは、私たちの通常の参照枠と信念の限界を一時的に変更する期間です。したがって、他の連想パターン、他の精神機能モードを受け入れることができます。そして、それが問題解決の手助けになります。私たちは、非常に個人的な経験として、トランス誘導とユーティライゼーションの力を考えています。そしてその中で、セラピストは、患者が自分だけの方法を見つけるのを援助します。トランス誘導は標準化されたプロセスではないので、誰にも同じ方法を適用することができません。誰に対しても、あるいは同一人物でも出来事が異なった場合、いつでもうまくいく方法、技術はありません。このために、私たちはトランス経験への「アプローチ」について話します。したがって、治療的トランスと呼ぶ受容状態を経験へと導くように、促進し、ガイドし、あるいは教える多くの手段を、私たちが持っていることを強調しておきます。しかしながら、私たちは、すべての人の中に、同じ一定のトランスを達成する普遍的な方法を持っていません。問題を持つたいていの人々が、トランスが役に立つと理解すれば、自分だけの治療的トランスを経験するために導かれます。催眠セラピストの技法は、患者が理解に達するのを助ける際にあります。そして、それは、患者のありふれた日常的な世界観の限界のいくらかを、患者があきらめることを手助けします。その結果、患者は、自分自身の範囲内で、新しいこと、そして創造的なことに対して、受容する状態に到達することができます。

教育的目的のために、トランス誘導と暗示の力を五段階のプロセス（図１で概説）として、概念化しました。

本書で例示する催眠療法的なアプローチの多くを分析することに対する便利なフレームワークとして、このパラダイムを使うかもしれません。一方で、プロセスの個々の表現が、それを経験している人々の性質と同様にユニークで、さまざまであることを理解しておかねばなりません。私たちは、ここで、これらの五段階についての理解を概説します。

注意の固定

注意を固定することとは、治療的トランス、あるいは催眠を始めるための古典的アプローチです。セラピストは、点、あるいはローソクの炎、明るい光、回転ミラー、セラピストの目、ジェスチャーなどを見つめるように患者に求めます。経験を重ねるにつれて、固定ポイントは、患者の注意を引くものならどんなものでも良いことがわかりました。さらに、固定ポイントは外部にある必要はありません。患者自身の身体や内部の経験に注

1　注意の固定	対	内部の現実に注意を集中するために患者の信念と行動を利用すること
2　習慣的なフレームワークと信念体系を弱めること	対	気を逸らすこと、ショック、驚き、疑い、混乱、解離、あるいは患者の習慣的なフレームワークを中断する他のプロセス
3　無意識の探索	対	含意、質問、しゃれ、そして他の間接形式の催眠暗示
4　無意識のプロセス	対	前記のすべてのものによる個人的連想、そしてメンタルメカニズムを活性化すること
5　催眠反応	対	自主的に起こることとして経験する行動の可能性を表現すること

図１　トランス誘導と暗示の原動力の五段階のパラダイム
（Erickson and Rossi, 1976 から）

目することはさらに効果的です。したがって、腕浮揚、そして身体リラックスのようなアプローチが開発されました。感覚、あるいは内部イメージに注目するように患者を促すことは、さらに効果的に注意を内部へと導きました。これらのアプローチの多くは、標準化されて、催眠の参考資料の中でよく説明されています（Weitzenhoffer, 1957; Hartland, 1966; Haley, 1967）。

催眠療法の初心者は、これらの標準化されたアプローチをよく研究し忠実に従うことで、トランスを開始することができます。これらのアプローチは多くの場合、患者にとって、とても印象的で、トランスを効果的に誘導します。しかし、もし、彼らがたった一つのアプローチを普遍的方法として利用しようとして、それによって、各々の人の中の独自の動機づけやトランスの発達の徴候に目をつぶるなら、セラピストになろうとする学習者は誤りを犯します。診察室だけでなく、日常生活の中でも注意のプロセスを注意深くチェックしなければなりません。そうすることでセラピストは、すぐに面白い物語、あるいは魅力的な事実、あるいはファンタジーが、正式な誘導と同じくらい効果的に注意を固定させることができることを認識できます。魅力的で、人の注意を惹きつける、あるいは没頭させるものなら何でも、催眠的hypnoticとして描写することができます。私たちが、一つか二つの問題に、とても没頭して、少しの間、外的環境と交渉を持たなくなるとき、あるいは心を奪われているとき、日常生活でのそのような期間の間、ありふれた日常的トランスに入っている、と私たちは考えています。

臨床実践において、注意を集中し、固定する最も有効な手段は、患者の現在の経験を認めて、承認することです。セラピストが現時点で進行中の患者の経験に、正しくラベルをつけると、患者は、通常すぐに察知し必要があると考えて、セラピストが話すことすべてを受け入れます。こうして、患者が現在の現実を承認すると、セラピストが導入したいどんな暗示に対してでも、イエス・セットを解放します。これは、トランス誘導に対するユーティライゼーション・アプローチの基礎です。そして、この中で、セラピストは、患者の現在の行動や経験に焦点を当て、患者の注目を得ます（Erickson, 1958, 1959）。トランス誘導に対するこのユーティライゼーション・アプローチの説明は、第三章で紹介します。

習慣的フレームワークと信念体系を弱めること

私たちの見解では、注意を固定することによる心理的に最も有用な効果は、患者の習慣的メンタル・セットと一般的日常的な参照枠を弱める傾向があることです。患者の信念体系は多少なりとも中断され、しばらくの間、停止されます。意識は逸らされ、瞬間的に停止している間に連想と感覚・知覚的な経験の潜在的なパターンは、トランス、あるいは催眠と説明される意識の変性状態を開始することができるように、自己主張する機会を持ちます。

習慣的な参照枠を弱める手段には、多くのものがあります。ショック、あるいは驚きという経験ならどんなものであっても、少しの間、注意を固定させて、以前の連想パターンを中断します。非現実的な、変わった、あるいは素晴らしい経験ならどんなものでも、不安という変性モードのための機会を提供します。著者たちは、どのように混乱、疑い、解離、および不均衡が患者の学習された限界を弱めるか、すべての手段を説明してきました。その結果、患者は経験と学習の新しい手段に対して、心を開き、利用できるようになります。そして、このようなことが治療的トランスの本質です（Erickson, Rossi, and Rossi, 1976）。私たちの一般的で日常的な信念体系の中断と中止は、下席著者によって創造的な瞬間と説明されました（Rossi, 1972a）。

しかし、創造的な瞬間とは、どのような時でしょうか？そのような瞬間を、科学者は刺激的な「インスピレーション」、そして芸術家は「啓示」として賞賛しました（Barron, 1969）。習慣的連想パターンが中断されるとき、創造的な瞬間が起こります。その人の習慣的連想プロセスの「自発的な」中断、あるいはリラクセーションがあるかもしれません。精神的ショック、圧倒的な知覚、あるいは感動的な経験があるかもしれません。幻覚剤、中毒症状あるいは感覚遮断が触媒として役立つかもしれません。ヨガ、禅、霊的なエクササイズ、そして瞑想エクササイズは、同様に私たちの習慣的な連想を中断し、意識に瞬間的空隙を導くかもしれません。習慣的な認識内容が撃退されるとき、一秒のその何分の一かで、純粋な認識をする機会があり、「虚空の純粋な光 the pure light of the void」（Evans-Wentz, 1960）が輝きを放ちます。この一秒の何分の一かは、「神秘的な状態」、悟り、至高体験、あるいは意識の変性状態として経験する場合があります（Tart, 1969）。その人の認識の隙間が、突然、割り込んで来る新しいものによって埋められるとき、それを「魅惑」の瞬間として、あるいは「恋に落ちる」瞬間として経験するかもしれません

このように、その人の習慣的認識パターンの隙間が、創造的瞬間です。バートレット（Bartlett, 1958）は、精神的な隙間を満たすとき、独創的な考えの起源がどのように理解されるか、説明しました。このように、創造的な瞬間に、人格変化と同様に、新しいものが独創的な考え、そして洞察を基本単位として現れます。創造的な瞬間を経験することは、学習と関連した脳内タンパク質の分子構造の重大な変化に相関する現象である場合（Gaito, 1972; Rossi, 1973b）、あるいは新しい細胞集合 cell assembliesや位相順序 phase sequences（Hebb, 1963）の創造である場合があります。

精神的ショックと創造的な瞬間の関係は、明らかです。すなわち「精神的ショック」は人の習慣的連想を中断し、その結果、新しい何かが現れるかもしれません。理想的には、新しい洞察、

態度、あるいは行動変化が、被験者の中で起こる可能性があるとき、精神的ショックは創造的な瞬間の条件を構成します。さらに、エリクソン（Erickson, 1948）は、催眠トランスそのものが、患者の意識的な、そして習慣的連想において、類似した中断を生じる特別な精神的な状態なので、創造的な学習が起こることができると説明しました。

日常生活において、通常の考え方にショックを与え、中断するような困難で不可解な状況に、人は絶えず直面しています。理想的にはこれらの問題の状況が、創造的な沈思の時間 moment of reflection を開始するので、新しい何かが出てくる機会を提供する可能性があります。人生を自然に変化させないときに精神的な問題が生じます。そして古くて、もはや役に立たない連想や経験パターンを中断し、新しい解決や態度が表面に出てくるかもしれません。

無意識の探索と無意識のプロセス

日常生活では、注意を固定することへ、習慣的連想を弱めることへ向けた多くのアプローチがあります。そして、それによって新しい経験、あるいは問題解決のために、無意識の探索を始めます。例えば、困難な状況において、人は状況を中断して再構成するために、異なる視点からジョークを言ったり、しゃれを使ったりするかも知れませんし、状況を理解するために、ほのめかし、あるいは含意を使って割り込むかもしれません。メタファーとアナロジーのように（Jaynes, 1976）、これらはすべて、新しい連想、あるいは参照枠を見つけ出すために、少しの間注意を引いて、そして探索――基本的に無意識レベルでの探索――を要請する手段です。これらはすべて、日常生活における創造的な瞬間のための機会です。そして、その中でその人の経験に必要な再編が起こります。

治療的トランスにおいて、私たちは、無意識レベルで探索を始める類似した手段を利用します。これらは、上席著者が間接暗示形式と言ったものです（Erickson and Rossi, 1976; Erickson, Rossi, and Rossi, 1976）。間接暗示の本質は、患者が、通常自分の反応に何がしか驚くような無意識の探索を開始し、患者内で無意識のプロセスを促進することです。間接暗示形式は、患者が、学習された限界を回避するのに役立ちます。そして患者は、普段できていること以上に、さらに多くのことを達成することができます。間接暗示形式は、精神的連想と無意識のプロセスを促進するもの facilitators です。次の章では、いろいろなこれらの間接暗示形式について、現在、私たちが理解していることを概説します。

催眠反応

催眠反応は、セラピストが無意識の探索とプロセスを開始したことによる自然な結果です。催眠反応は患者内での無意識のプロセスによって、主に仲介されるので、催眠反応が自動的に、あるいは独立して起こるように見えます。そして催眠反応は、すべて単独で起こり、患者は随意レベルでの普通の反応から、異質化、あるいは解離されるように思われます。患者がこの自動で、不随意な方法で自分自身が応えているのに気づくと、大部分の患者は一般的に、うれしい驚きを穏やかに経験します。その驚きは、実際、通常、本当に自主的な性質の反応の徴候としてとらえることができます。

しかし、催眠反応は、セラピストが始める必要はありません。古典的な催眠現象のほとんどは、実際、どんな暗示もしない自発的トランスであり、自然に現れた人間行動として、まったく偶然に発見されました。カタレプシー、麻酔、健忘、幻覚、年齢退行と時間歪曲のような古典的な催眠現象は、すべて自発的なトランス現象です。そして、それらのトランス現象は、初期の研究者にとって、驚きの源であり、当惑の源でした。これらの研究者が、いろいろな催眠現象を「暗示する」ことができると理解したのは、後になって、トランスを誘導して、系統的にトランス現象を調査しようとしたときでした。いったん、暗示することができるとわかると、研究者たちはトランス経験の有効性と深さの基準として、被暗示性そのものを使い始めました。

治療の一形態として、トランス経験を活用することが、次のステップだと受け取られたとき、催眠暗示は、作業が成功するための不可欠な要素として、さらに一層強調されました。暗示感応性を強調したことによる不幸な副次的効果として、催眠術師が、暗示で行動をコントロールする力を持つと詐称することが起こりました。このときまでに、私たちの催眠現象に関する概念は、確実に、催眠現象が最初に発見されたときとは大きく異なり、自然で自発的な心の現れとして捉えるようになりました。催眠は、操作とかコントロールとかといった言外の意味を持っていました。力、名声、影響を誇示するものとして、自然に生じる催眠状態現象の利己的な利用、そしてコントロール（ステージ催眠で使わるような）は、催眠の歴史にとって、とても不運な展開でした。

そのような誤解を解くために、上席著者（Erickson, 1948）は、次のように催眠療法における直接暗示、そして間接暗示のメリットを説明しました。

次の考察は、一般的な暗示の催眠における役割に関係しています。あまりに頻繁に、催眠から生じるものは、どんなものでも必ず、そして完全に、暗示の結果であり、かつ一次的表現primary expressionでなければならないという不当で不合理な仮定がなされています。なぜならトランス状態は暗示によって誘導され維持され、そして催眠の徴候を暗示によって誘導することができるからです。そのような誤解に反して、催眠術をかけられた人は、同じ人のままです。患者の行動だけが、トランス状態によって変性します。しかし、そうであっても、その変性行動は、セラピストでなく、患者の人生経験に由来します。セラピストにできることは、自己表現の方法に影響を与えることだけです。トランス誘導と持続は、特別な精神状態を提供するのに役立ちます。そして、その中で、患者は、内部の精神的な複雑さを再び関連させることができ、再構成することができ、自分の人生経験と調和した方法で、自分の能力を利用することができます。催眠はその人を変えることも、過去の人生経験を変えることもありません。催眠によってできるようになることは、自分自身について、もっと多くのことを学ぶことができ、もっと十分に自己表現することです。

直接暗示は、催眠で無意識に生じるものは何であっても、暗示に由来するという仮定に主に基づきます。それは、セラピストが患者の中の治療的変化を達成する奇跡的な力を持っていることを示唆しています。セラピーが患者の行動が内部で再合成されたことに由来すること、そしてそれが患者自身によって達成されたことを無視しています。少なくとも一時的に、直接暗示が患者の行動に変化をもたらすことができ、徴候を治療することができるのは真実です。しかし、そのような「治療cure」は暗示に単に反応しただけなので、実際の治療にとって不可欠な、考え、理解、そして記憶を再結合したり、再編したりすることはありません。この経験は、最終的に、自分自身が経験してきた人生experiential lifeを再び関連させ再構成することで、治癒をもたらすものであり、反応行動を表現させるものではありません。そして、反応行動の表現は、せいぜい、オブザーバーだけが満足できるものです。

たとえば、手の麻酔を直接暗示できるかもしれません。そして、見た目に十分な反応を誘導できるかもしれません。しかし、患者が自発的に、必要な内部の再構成を実現しなさい、という命令が含まれていると解釈しない場合、その麻酔は、疑似的な麻酔なので、臨床試験の基準に合致しません。

たとえば、効果的に麻酔を誘導したい場合、患者自身が内部で一連の精神的な活動を始めるように、局所麻酔薬の後、あるいは眠りに入った後、足または腕が経験する麻痺の感覚を、患者に思い出すように暗示します。その後、類似した感覚を手に感じることができるように暗示します。そのような間接暗示によって、患者は、暗示の必要条件を満たすために、内部の実体験の秩序を乱して、再構成して、再び関連させて、計画するという、それら困難な内部プロセスを経験できるようにします。このように誘導された麻酔は、単純な表面的な反応ではなく、彼が経験する生活の一部になります。

同じ原則が、心理療法に当てはまります。慢性アルコール中毒患者に対して、一時的にその習慣を修正させるために、直接暗示で誘導することができます。しかし、患者が、経験して来た人生を再び関連させ、再構成する内部プロセスを経験するまでは、効果的な結果が生じることはありません。

言い換えると、催眠心理療法は、患者にとって学習プロセスであり、再教育手続きです。催眠心理療法、あるいは催眠療法において、患者の活動からしか効果的な結果はもたらされません。多くの場合、セラピストが患者を刺激し活動させるとき、なにがどう活動しているのか知りません。そして、その後、セラピストは患者をガイドして臨床判断を行い、仕事の量を決定し、希望の結果を達成します。セラピストの仕事はガイドし判断することです。一方、患者の仕事は、新しい方法で人生経験を理解する自らの努力を通じて学習することです。もちろん、そのような再教育は、必然的に患者の人生経験、彼の理解、記憶、態度と考えに関するものであり、セラピストの考えや意見に関するものであるはずがありません。

したがって、私たちのワークにおいて、私たちは、治療的トランスが、人々の学習された限界を回避するのにどれほど役立つことか、その結果、人々が可能性をさらに探求して、完全に利用できることを強調することを好みます。催眠セラピストは、多くのアプローチを行って、変性状態を患者が利用できるようにします。実際、トランス経験の中で、意識的に自分自身に指図することができる患者はほとんどいません。そのように指図できるのは、以前からの学習された習慣だけで、その習慣は、患者のポテンシャルを完全に利用できないようにしています。したがって、患者は、トランスの間、自分の無意識の反応ポテンシャルを表現できるようになることを学ばなければなりません。さらに、セラピストは問題解決のための創造性の源として、患者の無意識に頼る必要があります。セラピストは、私たちが治療的トランスと呼ぶ変性状態によって、患者が創造性へのアクセスを発見できるようにします。このように、治療的トランスは、自由に心理探査 psychological exploration する期間として、考えることができます。そして、その中でセラピストと患者は協力して、治療的変化に結びつく催眠反応を探索します。私たちは今、その変化の評価と促進に注意を向けます。

三　治療的な変化を承認すること

治療的トランスによって、促進された機能の変性パターンを認識し評価することは、セラピストの最も重要な仕事の一つです。多くの患者は、経験した変化をすぐに認識して、承認します。内省的な能力がそれほどない人たちは、起きた変更を評価するときにセラピストの支援が必要です。患者の古い否定的な態度が、とても脆弱な発展状態にある新しい治療反応を途絶させて、破壊しないようにするには、トランス作業を認識して正しく評価することが必要です。

トランスの認識と承認

人が違えば、トランスの経験の仕方も異なります。セラピストの仕事は、これらの個人的なパターンを認識して、トランス状態の変性状態を検証したり、承認したりするために、必要に応じて、患者に個人的なパターンを指摘することです。意識は、意識自身の変性状態をいつでも認識するわけではありません。実際、夢を見たことを認識しないことが、どれほどあるでしょうか？　通常、幻想状態、あるいは白日夢に耽っていたことを認識するのは、そのことがあった後だけです。アルコールや幻覚剤に不慣れな人はさらに、その影響を強化して、完全に経験するために、変性状態を認識して、その後「同調する go with」ことを学ぶ必要があります。治療的トランスは実際、ありふれた日常的トランスのバリエーションでしか、あるいは誰でもよく知っている変性状態と必ずしも認識しない幻想 reverie でしかないので、一部の患者は、どんな形であれ影響を受けたとは信じません。これらの患者にとって、変性状態としてトランスを承認することは、特に大切です。この証明をしないと、患者の否定的な態度と信念は、しばしば、催眠暗示の価値を取り消し、治療的プロセスを開始していても中断します。

このため私たちは、以前に議論したトランス経験に共通する指標のいくつかを、表1にリストアップし詳細に説明しました(Erickson, Rossi, and Rossi, 1976)。トランス経験は高度に個人的なものなので、患者はこれらの指標の程度を変えるだけでなく、コンビネーションも変えて表現します。

これらのうち大部分の指標については、この本のケースの中で、指標が出てきたときに説明します。

これらの同じ現象（例えば年齢退行、麻酔、カタレプシーなどの催眠現象）は、「暗示された」ときだけでなく、本物のトランス指標として自然に生じます。それらの催眠現象を直接暗示したとしても、患者の意識的な態度と信念体系が邪魔をします。それらが自然に生じる場合、患者の通常の参照枠、そして一般的な現実志向が、トランスの特徴である解離、あるいは再構成したことによる自然な結果です。

ある研究者は、トランスの基本的性質を特徴づける定義として、これらの自然発生的な現象のいくつかを選択しました。ミアーズ（Meares, 1957）とショル（Shor, 1959）は、例えば、トランスの基本的な様相として退行を取り上げました。しかし、私たちの視点から見ると、退行それ自身は、トランスの基本的特徴ではありません。そうとは言っても、患者が彼らの通常の参照枠、そして機能モードをあきらめることを学んでいる場合、多くの場合、退行はトランスが生じる初期段階の副現象として

表１　トランス経験に共通するいくつかの指標

自主的な観念化と内部経験	呼吸、嚥下、驚愕反射
バランスのとれた緊張力（カタレプシー）	
身体不動	客観的で非人間的な観念化
トランス後の体のリ・オリエンテーション	心身の反応
変化した声の質	瞳孔の変化
快適、リラクセーション	反応注意力
動きの節約	知覚 筋肉変更 & 身体変更（感覚異常）
期待	脈拍が遅くなること
目の変化と閉じること	自発的な催眠現象
顔の特徴がスムーズになってリラックスすること	健忘　麻酔
遠ざかる感覚、あるいは解離の感覚	体の錯覚、カタレプシー
トランス後の気持よさ	退行、時間歪曲
文字通りの解釈	etc.
瞬目反射の欠如、あるいは遅滞	自動行動と概念行動の時間のズレ

存在します。変性状態の経験を学習する初期段階では、多くのコントロールされていないことが起こります。それには、自発的な年齢退行、知覚異常、麻酔、体歪曲の幻想、心身の反応、時間歪曲などがあります。いったん、患者がこれら望んでいない副反応 side reaction を安定させることを学ぶと、その後、患者は、通常の参照枠の限界を一部なくすので、セラピストの暗示と相互作用する際に、無意識を自由に機能させることができます。

観念運動と観念感覚シグナリング

催眠療法のワークでは、劇的な古典的な催眠現象を、それほど経験する必要がありません。ですから重要なことは、セラピストがトランスの最小の徴候を、患者の機能の変更を感覚・知覚的、感情的、そして認知的に認識することです。観念運動と観念感覚シグナリングを使って、これらの変化を評価することには価値があります（Erickson, 1961; Cheek and Le Cron, 1968）。さまざまな観念運動反応のうちのいずれか一つを、以下のように要求することで、変性状態としてトランス経験を承認することができます。

今日、ここでのワークで、トランスを少しの時間、経験していたなら、あなたの右手（あるいは、一本の指）は、すべてそれだけで持ち上がることができます。
今日、知らないうちにトランスに入っていたなら、あなたの頭が、「イエス」とうなずいて（あるいは、目を閉じて）、すべてそれだけで示します。
治療的な変化があった場合、同様の方法で合図することができます。
あなたがこれ以上、無意識の経験をする必要がないなら（どんな徴候でも）、あなたの頭はうなずくでしょう。
あなたの無意識は、その問題の理由を調査することができます。そして、あなたが検討するのに心地よい方法で、あなたの意識に、無意識がその発生源を与えたとき、あなたの右手の人差し指は、すべてそれだけで持ち上がります。

一部の被験者は、観念感覚反応を他の被験者より、容易に経験します。彼らは、このように、軽さ、重さ、冷たさ、あるいはチクチクする感覚を、指定された体の部分に、感じるかもしれません。

そのような反応を要求する際に、私たちは、不随意的経験として、患者の無意識が答えることができると、推測しています。動作、あるいは感覚に関する不随意的、あるいは自主的な側面は、随意的、あるいは意図的な患者の習慣的反応パターンから、少しだけ分離される反応システム由来であることを示しています。このように、患者とセラピストは、患者の意識的な意志とは無関係に、何かが起こったという徴候を手に入れます。その「何か」が、トランス、あるいは求める治療反応かもしれません。

観念運動、そして観念感覚シグナリングについて、批判的な見方をしない場合、そのような反応を「無意識の真実の声」だと受け取ります。この段階での私たちの理解は、他の言語的反応システム、あるいは非言語的な反応システムのようにチェックされ、そして相互検証する必要がある別の反応システムとして、観念運動、そして観念感覚シグナリングのことを考えています。患者の意識は、観念運動反応を目にしないように、反応を引き起こしたいと考えています（たとえば指、あるいは手で合図して、目を閉じさせたり、そむけさせたりすること）。しかし意識が知らないことを、そして実際に意識的な意図とは無関係に反応していることを、どんな反応をするか確認することは非常に困難です。一部の患者は、観念運動反応、あるいは観念感覚反応が、完全に不随意的なレベル上にあるのを感じます。その他の人たちは、反応を援助する必要、あるいは、少なくとも、反応がどうあるべきか前もって知っている必要があると感じます。

観念運動シグナリングと観念感覚シグナリングの二つ目の使い方は、患者が、自らの信念体系を再構成できるようにすることです。長期間、催眠状態で問題を探索して、取り扱った後でさえ、治療での変化に対する疑いが継続するかもしれません。観念運動反応、あるいは観念感覚反応を、治療ワークと無関係な有効性のインデックスとして患者が信じると、これらの疑いはしばしば緩和されます。例えば、以下のような暗示を使ってセラピストは進行します。

治療的変化のプロセスが始められていると、あなたの無意識が認識したら、あなたの頭はうなずくことができます。もうその問題に悩まされる必要がないことを、あなたが知っているとき、あなたの人差し指は持ち上がるか、あるいは暖かくなることができます［あるいはどんなことでも］。

もちろん、そのような使用法では、患者の意識にポジティブな反応を認めさせることに価値があります。観念運動反応、観念感覚反応がさらに自律的、あるいは不随意的になると、患者に対して説得力を持つようになります。

今のところ、私たちには、観念運動反応、あるいは観念感覚反応が、①無意識（患者の意識に隣接した範囲の外）で起こる信頼できて有効なインデックスであるとき、あるいは、②単に意識的な信念体系を再構成する手段であるときを、区別する方法がありません。この分野で、注意深くコントロールされた実験研究を行う必要があります。さらに臨床的判断の問題として、どんな個人的状況においても機能するプロセスを、あるいは両方のプロセスに対する程度を決定することが必要です。

まとめ

私たちの催眠療法へのユーティライゼーション・アプローチは、治療的トランスが治療的ゴールを達成するための精神的技術とポテンシャルを使うことを患者が学ぶのを手伝う手段であることを際立たせます。私たちのアプローチは、患者中心で個人の瞬間的な必要性 momentary needs に高度に依存します。その一方で啓蒙的な目的のために要点を説明し、議論することができる三つの基本的な段階（準備、治療的トランス、そして治療的変化の承認）があります。

最初の準備期間のゴールは、患者を治療的な変化に適応させるために、最適な参照枠を確立することです。これは以下の要因によって促進されます。そして、それはこの章で論じられて、さらに、本書のケースの中で例示されます。

ラポール
反応注意力
利用する能力を評価すること
治療的な参照枠を促進すること
期待を創造すること

治療的トランスは、習慣的な参照枠の制限が一時的に変更される期間です。その結果、さらに適切な機能モードを受け入れることができます。トランス経験は非常に変化しやすい一方で、治療的トランスと暗示の全体的な力は、五段階のプロセスとして要点を説明することができます。

①注意を固定すること
②習慣的フレームワークを弱めること
③無意識の探索
④無意識のプロセス
⑤治療的プロセス

間接形式のユーティライゼーション・アプローチと暗示は、治療的トランスと暗示に関するこれら全体的な力学を促進する二つの主要な手段です。間接的暗示形式が、セラピストがこれらの病変を促進する手段である一方で、ユーティライゼーション・アプローチは、各々の患者独自の能力と可能性のレパートリーには継続的な関係があることを際立たせます。

私たちは、治療的トランスを誘導し、そしてトランスを維持することが、特別な精神状態を与えると考えています。その中で、患者は内部経験を再び関連させて、再構成することができます。そして、それは、セラピーが患者自身の行動を内部で再合成した結果です。

治療的変化のプロセスを承認することは、催眠療法への私たちのアプローチにとって、不可欠な部分です。これには、多くの場合、患者が変性状態を認識して、価値あるものにしようとする特別な努力が含まれています。セラピストが、感覚・知覚的プロセス、感情的プロセス、そして認知プロセスにおける変性機能の最小の徴候を認識することを学ぶには、特殊な技能を身につける必要があります。観念運動シグナリングと観念感覚シグナリングは、患者の信念体系の変更を容易にする手段であるだけでなく、治療的変化のインデックスとして特別な用途があります。

練習

（一）催眠セラピストのトレーニングの最初の段階は、観察技術を新たに習得することです。もう一人の人の精神作用における瞬間的な変化を認識することを学ぶ必要があります。これらの技術は、コンサルティングルームだけでなく、日常生活で慎重に人々の精神状態を観察することを訓練することによって習得することができます。最もはっきりしているものから、捉えにくいものまで、少なくとも四つのレベルがあります。

①役割関係
②参照枠
③ありふれた日常的トランス行動
④反応注意力

①役割関係：あらゆる階層の人々が、役割に捕えられている程度、そして、彼らが一人の人間 unique person として、あなたと関わることで役割から抜け出す柔軟性の程度に気づいてください。たとえば、スーパーマーケットで、どの程度、従業員を役割で識別できますか？　スーパーマーケットの従業員の役割行動を示す声や体の姿勢 body posture が持つニュアンスに気づいてください。従業員は口調や態度で情報を発信し、お客を操縦して買わせようとしていますか？　あるいは、従業員は、あなたのことを、そしてあなたが本当に必要とするものを理解しようとしていますか？　警察、あらゆる種類の公務員、看護師、バス運転手、教師などで、同じ問題を検討してください。

②参照枠：前記の役割関係に関する研究に、あなたの被験者の行動を誘導する優位な参照枠についての質問を加えます。バスとかタクシーの運転手の参照枠は、安全を優先していますか？　どの店員が、現在の仕事を確保することに、より関心を持っていますか？　そして、明らかに昇進しようと努力しているのは、どの店員ですか？　医者が手術するのは、財政的な参照枠、あるいは治療的な参照枠か、はっきりしていますか？

③ありふれた日常的トランス行動：表1は、日常的トランス行動を評価する際に、何を探すべきか、ガイドになります。人が、静かに遠くを見つめているか、あるいは何かをジッと見ている場合、彼または彼女は、見たところでは内側へ向けて熟考しているので、通常の会話においてさえ注意すれば、それらの瞬間的休止に気付くことができます。実際にこのような気づきの瞬間を台なしにするのは、人が内側の探索と無意識のプロセスに取り組んでいるときに話しかけ、それによって、これらの貴重な瞬間を混乱させて無視することです。それで、このことをうまく簡単にするために、自分自身を静かに保って、注意深く他の人の日常的トランス行動の徴候を個々に観察します。特に、まばたきがゆっくりしたり、あるいは全くなくなったりしないか、注意してください。実際に目は、しばらくの間、閉じていますか？　身体は、完全に動かないままでいるわけではありません。恐らくジェスチャーの途中で固定された、見たところカタレプシーの手でさえも、全く動かないままでいますか？

これらの瞬間と休止に気をつけることは、心理療法において特に重要です。そのような内側の焦点へ、患者が向かっていることに気づくと、著者らは時々、話の途中であっても話を中断します。私たちは、患者がその内部の瞬間を持つことができることほど、私たちが話していることは恐らく重要ではないと思っています。ときどき、次のような考えを言うことだけで、内部探索を促進することができます。

そうです、同じように続けてください。
今、それに従ってください。
それは面白くありませんか?
おそらく、あなたは後で私にその一部を話すことができます。

しばらくして、患者は、この普通ではない我慢と内部モーメントの強化に慣れます。休止はより長くなり、私たちが治療的トランスと呼ぶものになります。患者がトランス状態に対する認知を増していくと、その後、患者はリラックスと快適さが増加しているのを経験して、観念運動シグナリングで応えようとするかもしれません。

④反応注意力:これはトランス指標の中で、最も面白く、有用なものです。下席著者は、連続した時間に個々に、三人の患者に続けて会った時、ジッと目をのぞきこむと、偶然、類似した、目を大きく見開いて期待した表情を患者たちが表した、その幸運な日を思い出すことができます。彼らはさらに似通った奇妙でかすかな微笑(あるいは、くすくす笑い)をして、軽く混乱していました。そうか、そうだったのだ! 突然、下席著者は、上席著者が過去五年間、教えようとしていたことに気づきました。それは反応注意力でした! 患者は、その瞬間、下席著者が指示するのをどれほど期待していたか、それを患者自身が理解していなかったのかもしれません。それは、治療的な暗示、あるいは参照枠を導入する瞬間でした! それは、直接、あるいは間接的に、トランスを導入する瞬間でした! 下席著者は、その瞬間、各々の患者と一緒に同じかすかな不快を感じていたことを思い出すことができます。患者の期待を露骨に表した顔つきは、突然、それに出くわしたときの驚きと少し落ち着きを失った一種の開放性と脆弱さを示していました。日常的状況で、私たちは、そのような微妙な瞬間から私たち自身の気をそらすために、遠くを見る傾向があります。せいぜい、私たち自身が子どもたちと一緒に、あるいは楽しい出会いの間に、束の間、その瞬間を楽しむことができるだけです。治療では、そのような創造的な瞬間は、イエス・セット、そして正の転移の素晴らしいキッカケとなります。催眠セラピストは、いくつか仮の治療的暗示を提示しながら、あえてこれらの瞬間に心を開き、おそらく同じように自分自身を不安定にします。第三章の終わりに反応注意力の認識および利用に関する、もっと詳細な練習を提示します。

第二章 間接形式の暗示

Two

一　直接暗示と間接暗示

暗示に同意し、暗示を自ら実行する能力があるとき、直接暗示は意識に訴えて、行動を開始させることができます。誰かが「窓を閉めてください」と暗示する場合、私に、そうする身体的能力があって、良い暗示だと賛同するなら、私は窓を閉めます。意識が同意するなら、そしてどんな心理的暗示であっても実行する能力があるなら、そのときの心理療法は本当に簡単です。セラピストに必要なことは、これこれの恐怖症、あるいは不幸を止めるように、患者に示唆することだけです。そして、それで問題は終わります。

明らかにこのようなことは起こりません。心理的な問題がまさに存在します。なぜなら、意識は、心理的経験や行動を必要なだけ変化させる方法を知らないからです。そのような多くの状況において、求める行動パターンへ変化させる能力がいくつかあります。しかし、それらの行動パターンは、不随意レベルで起こる無意識のプロセスの助けを借りて実行できるだけです。例えば、私たちは、名前を忘れてしまったとき、意識的に思い出そうと努力します。しかし、少しの間、役立たない努力をした後、思い出せなくて試みるのを止めます。五分後に、突然、何もしなくても私たちの心に名前が飛び出してくるかもしれません。何が起きたのでしょうか？　明らかに、探索は意識的なレベルで始められましたが、達成することができたのは、意識がその努力を放棄した後、無意識のプロセスが独力で継続したからでした。シュテルンベルク（Sternberg, 1975）は、実験データを精査し、意識が他の問題に移った後でさえ、無意識は一秒につき、およそ三〇項目の割合で探索を続けるという見解を支持しました。

間接的形式の暗示は、無意識レベルで、そのような探索を開始し、促進するアプローチです。直接暗示を実行することができないことを意識が理解すると、その後、解決するために、私たちは、間接暗示によって無意識の探索を開始して、治療しようと努力します。コントロールを強調する直接暗示の素朴な見方では、セラピストが求めることすべてを、患者は受け身になって行うと主張します。しかし、私たちが使う間接暗示では、暗示された行動は、実際に患者内で合成された主観的反応であると考えています。それは、患者独自の人生経験と学習レパートリーを利用する主観的反応です。患者が言われたことは、すなわち暗示の本質を実行することであり、セラピストが言ったことをすることではありません。催眠療法では、セラピストの言葉は、患者内に複雑な一連の内部反応を引き起こします。これらの内部反応が、「暗示」の基礎です。間接暗示では、何をするべきか、患者に話しません。意識的な努力をして、反応システム自体に指示するようなことは、実際にはありません。しかし、間接暗示は、患者の反応システムが自主的なレベルでできることを探索して促進します。

間接形式の暗示は、新しい反応を経験する可能性を促進する意味論的環境です。間接形式の暗示は、私たちの意識的な意志とは無関係に、私たちの内部で無意識の探索と無意識のプロセスを自動的に喚起します。

本章で私たちは、催眠の反応性を促進する際に実用的価値があるとわかった多くの間接形式の暗示について議論します。これらの間接形式のほとんどは、日常生活で一般的に使用されています。確かに、上席著者は催眠ワークを促進する効果的な手段を捜したとき、間接形式の暗示の価値を、このことによって認識しました。

私たちはすでに理論的な観点から、これらの間接形式について、ほとんどのことを議論したので（Erickson and Rossi, 1976; Erickson, Rossi, and Rossi, 1976）、本章で強調することは、間接形式の治療への応用です。これらの間接形式の多くが、互いに密接に関連があり、いくつかのものは同じフレーズ、あるいは文で使うことができます。そしてそれぞれを区別することは、ときに難しいことがわかります。このため、確実に、そして予想できる（しかし限られた）結果を達成できるようにデザインされている「テクニック」よりも、この資料で示されている「態度」あるいは「アプローチ」を理解することは、読者にとって、価値があるかもしれません。間接形式の暗示は、行動を支配することにではなく、潜在的能力を探索し、患者の自然な反応傾向を促進することにとても役立ちます。

二　散りばめアプローチ

非反復nonrepetitionに加えて、散りばめアプローチ（Erickson, 1966; Erickson and Rossi, 1976）を暗示の実践に対する最も重要な貢献として、上席著者は説明しました。▽原注1

以前の、もっと従来形式の直接暗示では、通常、催眠セラピストは退屈な話をし続けました。そして、何度も同じ暗示を繰り返しました。心に一つの固定観念をプログラミングすることを、あるいは深く心に刻み込むことを、努力するように指示されているように見えました。しかし、現代的な精神力動的心理学が到来すると、私たちは、心が成長と変化growth and changeという連続した状態の中にあることを認識します。創造的行動は連続する発展プロセスの中にあります。直接的プログラミング（例えば、クーエ主義▼訳注1Coueism（自己暗示法）、広告）が、行動に明らかに影響する一方で、直接的プログラミングは患者のユニークなポテンシャルを探して、促進することには役立ちません。

その反面、散りばめアプローチは、そのような暗示を提示するのに適切な手段で、無意識自身のユニークな方法で、無意識を利用することを、患者自身の無意識に可能にする方法です。私たちは、患者の連想を促進する一つの単語を、一つの文の中に散りばめることができます。

あなたは、望むのと同じくらい自由に、それらの感情を説明することができます。

自由にという散りばめられた単語は、患者が抑制していたかもしれない感情と自由という肯定的な価値positive valenceを自動的に結びつけます。それによって、患者を援助して、本当は打ち明けたい感情を解放させることができます。しかし、各々の患者の個性は、自由な選択が認められるので、そのときでもまだ尊重されています。上席著者（Erickson, 1966）は、形式的なトランス誘導をしないで、疼痛緩和pain reliefが達成されるように、快適さを暗示する単語と概念を散りばめ、患者自身の参照枠を利用することによって、治療セッション全体を行う方

▽原注1　一九七六年七月二日、上席著者が七四歳で催眠の第七回国際会議で催眠への彼の革新的な貢献のためのベンジャミン・フランクリン金メダルを授与されたときの夜、エインズレー・ミアーズ、ゴードン・アンブローズ、その他との会話で。

▼訳注1　クーエ＝潜在意識を活用した自己暗示法の創始者

法を説明しました。本書のケース1は、このアプローチがはっきりわかる例です。次からのセクションで、散りばめアプローチの二つの側面として、間接的連想フォーカシング indirect associative focusing と間接的観念力動的フォーカシング indirect ideodynamic focusing を議論し、例示します。

a　間接的連想フォーカシング

間接的暗示の基本的な形は、患者に、はっきりした方法で話題を向けるのではなく、関連する話題を取り上げることです。上席著者は、患者に母親について話させる最も簡単な方法は、セラピストの母親、あるいは母親一般について話すことである、とよく指摘します。自然な間接的連想プロセスが、それによって患者内で開始します。そしてそれが母親について、はっきりした自発的な連想をもたらします。私たちは、直接、患者の母親について質問していないので、そのような直接の質問が喚起する通常の意識セット、そして習慣的な精神的フレームワーク（心理的な防衛を含む）の限界を迂回します。バンドラーとグリンダー▼訳注2（Bandler and Grinder, 1975）は、このプロセスを転移誘導現象transderivational phenomenon——それによって主語と目的語が、自動的に、深い、（無意識の）構造レベルで交換される基本的言語的プロセス——と言いました。

治療において、間接的連想フォーカシングのプロセスを、患者が問題を認識するのを援助するために使用することができます。たとえば、上席著者は、しばしば、意見を散りばめるか、あるいは一見、何気ない会話の中でいくつかの物語と逸話を語ります。しかし、上席著者の「物語」が無関係に見える場合でも、患者全員が共通項 common denominator、あるいは「ありふれた集中連想 common focused association」を持ちます。そして、それをエリクソンは患者の問題に関連した様相であると仮定します。患者は、セラピストが、なぜセラピーの時間にそのような面白くても、明らかに全く無関係な会話をしているのか、と疑問に思うかもしれません。しかし、ありふれた集中連想が、実際、患者の問題に関連した様相であるなら、患者は、驚くほど啓示的な方法で、それについて話している自分自身に、しばしば気づきます。セラピストが推測を誤ったとしても失うものは何もありません。患者が集中連想について話すことは簡単ではありません。なぜなら、それを言葉レベルへ取り上げるための特別な認知や貢献が、患者自身の連想プロセス内にないからです。

この散りばめアプローチの主な価値は、セラピストがある程度、彼らの患者に彼ら自身の理論的な視点、および先入観を押し付けないようにできることです。集中連想が患者にとって

▼**訳注2**　NLP用語。TDサーチ transderivational search ＝クライエントのリソースを特定し、それにアクセスするために用いられる。

価値がある場合、患者の無意識の探索と評価のプロセスは、連想を自分の問題の側面として認識できるようにして、そして自身の解決策を見つけるために、自分の方法でそれを利用できるようにします。患者が精神力動的な問題を認めて、解決するのに役立つ間接的連想フォーカシングのプロセスの例は、本書でケースをいくつか例示します（例えば、特にケース5、徴候的な行動への一般的アプローチ）。

b　間接的観念力動的フォーカシング

最も初期の催眠反応理論は、ベルネーム（Bernheim, 1895）によって明確に述べられました。彼は、催眠を「受け取られた考えを、行為へと変える特異な能力 peculiar aptitude」と言いました。例えば、ベルネームは、催眠においてカタレプシーを経験する場合、「観念運動性の反射興奮性の精神的高揚があると、それが意志に知られていない動作へ、思考の無意識の変化をもたらす」と考えていました。幻覚を知覚する催眠経験の中で、「感覚に、あるいは感覚イメージに、思考の無意識の変化をもたらす観念感覚的な反射興奮性の高揚」を伴う「蘇生した感覚記憶」「である」という理論を彼は立てました。観念力動的反応（意識的な意図とは無関係に、その考えは動作、感覚、知覚、感情などの実際の経験に変わることができる）という見方は、今日、まだ批判に耐えて生き残っています。催眠暗示における私たちのユーティライゼーション理論では、「暗示は、通常の自我支配の範囲外にある方法で、患者自身の精神的なプロセスを呼び起こして、利用するプロセスです（Erickson and Rossi, 1976）」と強調しています。

観念力動的プロセスは、前のセクションで述べた間接的連想フォーカシングを利用する散りばめアプローチを使って喚起することができます。例えば、上席著者は催眠現象について専門家グループに講演したときに、しばしば面白いケースの例を散りばめて、腕浮揚、あるいは幻覚的感覚について「話」をしました。これらの鮮明で具体的な例によって、聞き手は、そうとは気づかないうちに、聞き手内に自然な観念運動反応と観念感覚反応のプロセスを開始しました。その後、上席著者が催眠行動をデモンストレーションするために、聴衆からボランティアを求めたとき、聴衆は、内部ですでに生じていた観念力動的プロセスによって、無意識レベルの不随意的方法で反応する「準備を整えて」いました。これらの認識していない観念力動的反応は、多くの場合、電子機器を使用（Prokasy and Raskin, 1973）することによって測定することができます。

「抵抗」している被験者に直面しているとき、私たちは同じ方法で被験者を、一人か、それ以上の良い催眠被験者で取り囲み、催眠暗示を指示します。間接的な観念力動的反応のプロセスは、抵抗する被験者が他の人の暗示を聞き、反応を観察するとき、被験者の中に自動的に生じます。すぐに「催眠の雰囲気」

が被験者に生じて、以前よりずっと反応しやすくなったことに、被験者は驚きます。

間接的観念力動的暗示を散在させるプロセスをはっきりと説明した例は、本書のケースの中に見つかります。例えば最初のケースで、上席著者は患者と同じような幻肢痛が足にあった友人のジョンについて以下のように話します。

「ジョンは素晴らしかったです。そして、私は、木の足、木のひざに素晴らしい感覚があることの重要性を、ジョンと話し合いました……木の足、木のひざ、木の脚に、良い感覚があることの重要性。足が暖かいと感じること。冷たいと感じること。休まったと感じること……あなたは幻の喜びを持つことができます」。

前記のように、他の人が、どのようにして苦痛の代わりに幻の喜びを経験することを学んだかに関する多くの逸話と物語の文脈の中に散りばめられた間接的観念力動的暗示は、自動的に無意識の探索およびプロセスを開始します。その結果、正式なトランス誘導をしなくても、幻肢痛の改善に結びつきます。

三　観念力動的プロセスを利用する自明の理

観念力動的フォーカシングの基本ユニットは自明の理です。それは多くの場合、患者が経験した行動に関する事実を、否定することができないほど簡潔に述べたものです。上席著者は多くのケース事例で頻繁に、あたかも患者に単に客観的な事実を話しているかのように特定の精神心理学的プロセス、あるいはメンタル・メカニズムのことを話していることが分かります。患者の人生経験の収納庫内に、すでにある連想パターン、そして学習パターンから、観念力動的反応が出てくるとき、これらの言葉での説明は、実際に間接暗示として機能します。私たちが通常の会話をしている場合、「一般化された現実志向」(Shor, 1959)は、通常、適切なチェックをしながら、これらの自覚的反応を維持します。しかしながら、注意が固定し、トランスに集中した結果、患者の習慣的なメンタル・セットの制限のうちのいくつかが弱められる場合、以下の自明の理は、実際に示唆された行動に関する文字どおりで、具体的な経験から出てくるかもしれません。自明の理には傍点をつけました。

a　観念運動プロセス

多くの人々が、一方の手が、もう一方の手より、軽くなることを経験できます。

誰もが、気づかないうちに、頭で「イエス」と頷いたり、あるいは「ノー」と頭を振ったりする経験をしています。

私たちが疲れている場合、気づかないうちに、私たちの目はゆっくり瞬きし始め、そして時々、閉じます。

私たちは、リラックスするとき、眠りに入るとき、時々、私たちの腕とか、脚が少し不随意運動をするので、筋肉はひきつります（Overlade, 1976)。

b　観念感覚プロセス

あなたは、皮膚に太陽の暖かさのような心地よい感覚を経験する方法をすでに知っています。

多くの人が、そよ風のさわやかな冷たさを楽しみます。

一部の人々は、実際にその味を感じることができるほど、大好きな食べ物を想像することができます。

軽い潮風の塩っぽさと香りは、ほとんどの人にとって、心地良いものです。

c　観念情動プロセス《Ideoaffective Processes》

自分に対するある感情を認識する場合、何人かの人々は、簡単に顔を赤らめます。

私たちがバカだと感じさせられる場合、容易に、怒りと憤慨を感じます。

あまりにつらすぎて、思い出すことができない記憶を持っている場合、私たちは通常、眉をひそめます。

私たちのほとんどが、涙を伴うような考えや記憶を避けようとします。しかし、それらはしばしば最も重要なものを扱っています。

私たちの誰しもが、誰かが、思いにふけって微笑んでいることに気づいて楽しくなると、しばしば私たち自身が、その微笑に、微笑んでいるのに気づきます。

そのような観念情動の暗示を明確に述べる際に、患者が受けとり行動する事柄について、セラピストへフィードバックを提供することが可能な場合はいつでも、行動の目印（赤面、不機嫌な表情、涙、微笑）が含まれていると役に立ちます。

d　観念認知プロセス

私たちは、あなたが眠っているとき、無意識が夢を見ることができることを知っています。

あなたが目覚めるとき、簡単にその夢を忘れることができます。

あなたは時々、興味がある夢の重要な一部を覚えていることができます。

私たちは、時々、名前を知っているものを私たちの舌の先端に持っていっても、それでもまだ、名前を言うことができないことがあります。

四　時間を利用する自明の理

催眠療法のワークにおいて、時間を利用する自明の理はとても重要です。なぜなら、催眠反応の実行には多くの場合、タイム・ラグがあるからです。催眠反応に結びつく無意識の探索とプロセスの段階では、患者が異なれば、時間の長さを変えることが求められます。通常、最も良いことは、どんな反応のためでも、必要とされる適切な時間を決定することを、患者の無意識にできるようにすることです。

遅かれ早かれ、あなたの手（閉眼、あるいはどんなことでも）は、持ち上がりそうです。

あなたのシステムに、頭痛がなくなる準備ができるとすぐに、あなたの頭痛（あるいはどんなことでも）は、今、なくなることができます。

あなたの無意識が、もっと建設的な方法で、問題を処理する（などといった）ことができるとわかるとすぐに、あなたの症状は、今、解消することができます。

五　知らないこと、しないこと

自明の理は、意識がポジティブな方法で暗示を受け入れることができるように導入する優れた手段ですが、催眠経験を効果的なものにするためには、無意識のプロセスを利用することが必要です。治療的トランスの基本的な側面には、患者がプロセスを操ったり、指示したりする努力を一切しないでも、メンタル・プロセスを構成する経験がひとりでに起こるように状況を準備することがあります。多くのトランス体験のようにリラックスすると、副交感神経系は、どんな活動であっても、するようにではなく、しないように生理的に仕向けます。同様に、私たちがリラックスして無意識が引き継ぐと、通常、快適だと感じますが、無意識がどのようにその活動を行うかを知りません。知らないこと、しないことは、トランス経験の本質であり、知らない、無意識の反応、あるいは自主的反応と同じ意味です。知らない、しないという態度は、したがって、催眠反応を促進する際に大きな価値があります。これはトランス誘導の初期段階において、特に真実です。そこでは、以下の暗示が適切かもしれません。

あなたは、話す必要も、動く必要も、いかなる努力もする必要がありません。

あなたは、目を開いたままでいる必要さえありません。

あなたは、私の話をわざわざ聞こうとする必要はありません。

なぜなら、あなたの無意識は、そうすることができて、すべて自分だけで反応することができるからです。

人々は眠ることができますが、眠っていることを知ることはできません。

彼らは夢を見ることができますが、その夢を思い出すことはできません。

あなたは、まぶたが、いつひとりでに閉じるか知りません。

あなたは、どの手が最初に上がるか、知らないかもしれません。

これらの例は、私たちの間接的な催眠形式が、「今、私の声にしっかり注意を払って、私が言うことを正確にしてください」と言って始まる直接的アプローチと、どれほど異なっているか、はっきりと説明しています。直接的アプローチでは、意識的注意を集中させて、患者の意識に協力させようとします。直接的アプローチは、良い催眠被験者において、いくつかの種類の反応行動を始める際に価値があります。しかし、平均的な被験者での直接的アプローチは、無意識のプロセスが強化されるポイントではなく、むしろ抑制されるポイントへ、意識的なプロセスを活性化するかもしれません。

知らないこと、しないことは、トランスワークにおいて、治療効果がある最高のモダリティを求めて、患者自身の個性を喚起したいとき、特に価値があります。

あなたは、本当は無意識の意志が、その問題の解決をどのように援助するか、知りません。しかし、答えがやって来ると、あなたの意識は、答えを受け入れることができます。

あなたの意識には、きっと多くの疑問があります。しかし、意識は、無意識の意志が、いつあなたにその好ましくない習慣をやめさせたか、本当のことを知りません。あなたは、それがすぐなのか、後からなのか、知りません。あなたは、それが一度に、あるいはゆっくり、次第に、そうなるのかわかりません。それでも、あなたは、あなた自身の自然なやり方を尊重することを学ぶことができます。

六　無制限な形式の暗示

患者と同様セラピストもまた、自分自身を表現するプロセスを構成する最高の手段が、何かを理解していません。人間の素質および潜在能力は、とても複雑です。ですから、私たちの誰もが、絶えず私たちを追い越す新しいものへの最も創造的なアプローチが何か、事前に知ることができると仮定することは、おこがましいと考えるかもしれません。確かに、変化した生活環境へ、不適切な古い見方や解決を、実際に課すことが不適応行動だという見方があります（Rossi, 1972）。この問題を扱う手段が、無制限な形式の暗示です。無制限な形式の暗示によって、私たちは患者が最も利用できる反応ポテンシャルが、どんなものであっても探索し利用することができます。それは、無意識の決定だけでなく、意識的な選択レベルであっても価値があります。患者が覚醒しているとき、無制限な形式の暗示は、自分自身の行動を意識的に指示していても自己決定を妨げません。患者がトランスの中にいるとき、無制限な形式の暗示は、治療反応を実行する最適な手段を無意識が選ぶのを妨げません。

すでに見てきたように、知らないこととしないことは、自然に無制限な形式へと導きます。以下に、具体例を示します。

私たちはすべて、気づいていないポテンシャルを持っています。そして私たちは、どのようにそのポテンシャルが表現されるのか、通常、知りません。

あなたの心は、その問題と関係する多くの感情、記憶、そして考えを調査することができます。しかし、対処している問題を解決するのにとても役立つものがどれかは、まだわかりません。

あなたの無意識は、それに対処するための最も適切な手段を選択するので、あなたは、自分自身を過去、現在、あるいは将来の範囲で見つけることができます。

彼は自分が何を学んでいるのか知りません。しかし彼は学んでいます。そして、「あなたはこれを学習します。あるいは、それを学習します」と私が彼に言ったことは、適切ではありません。彼が望む順序で、彼が望んでいることすべてを、学習させてください。

このような無制限な形式の暗示は、患者自身の個性を調査して表現する自由を与えますが、一方では強い含意を伝えるので、治療反応がすぐに手に入ります。

七　ある階層のありうるすべての反応をカバーすること

無制限な形式の暗示は治療反応の表現に関して、広くどこまでも自由ですが、セラピストが特定の方向へ患者の反応を集中させたいとき、もっと価値があるのは、ある階層のありうるすべての反応をカバーする暗示です。たとえば、トランスを開始する際に適切なのは、以下のような暗示です。

すぐに、あなたは、指、あるいは親指が、おそらく、ひとりでに少し動いていることに気づきます。それは、上に、あるいは下に、横に移動すること、あるいは下に押すことができます。それはゆっくりかもしれません。あるいは速いかもしれません。あるいは多分まったく移動しないかもしれません。本当に重要なことは、生じてくるどんな感情でも完全に感じることです。

まったく動かない指の動きも含めて、すべてがカバーされました。したがって、その暗示はフェール・セーフです。どんな反応が生じたとしても、患者は成功しています。注意を集中させることによって、トランスを開始している間に、セラピストは患者の最初の反応をたやすく探っています。

患者が治療的トランスを経験していて、問題に対処する準備ができているとき、まったく同じアプローチを使うことができます。

すぐに、多かれ少なかれ楽しむことができる正しい食生活 right foods によって、体重の問題が扱えることに気づきます。あなたは自分自身について本当に重要なことを学ぶので、あなたは最初に体重が増えるかもしれませんし、減るかもしれませんし、しばらく同じままかもしれません。

これら両方の実例では、私たちは、面白い考えを使って、最終的に（傍点の部分）、反応性 responsiveness の重要な領域から、どのように患者の意識を逸らしているのか、観察することができます。その結果、無意識が反応ポテンシャル（傍点ではない部分）のどれを表現するか、決める機会をさらに多く持つことができます。これは、注目すること、そして注意を逸らせる行為が同時に起こるという催眠の古典的概念と調和します。

八　新しい反応ポテンシャルを促進する質問

最近の研究（Steinberg, 1975）は、人間の脳は質問されたとき、無意識レベルで明らかに満足できる答えを見つけた後でさえ、意識レベルで、その記憶システム全体を徹底的に探索し続けることを示しています。自主的なレベルにおけるこの無意識のメンタル・プロセスの探索と活性化が、私たちの間接的アプローチの本質です。そして、そこで、私たちは催眠現象と治療的な反応を引き起こすために、患者が認識していないポテンシャルを利用することを試みます。

無意識の探索と自主的な情報処理プロセスは、日常生活の多くの現象において顕著に見られます。「朝は、前の晩より賢い（ロシアのことわざ）」と、人々が言う通りです。問題を抱えたまま眠った次の朝、簡単に解決策がもたらされることに私たちは気づきます。明らかに、意識が休んでいる間に、無意識の探索と問題解決プロセスが生じています。夢見ることが、心の実験劇場かもしれないという証拠があります（Ross, 1971-1973）。そこでは、質問に答えることができ、新しい人生の可能性が合成されます。

教育分野のソクラテス式問答法（それによって、先生は学生に一連の鋭い質問をします）は、質問をメンタル・プロセスの開始剤として使った古典的な具体例です。意識が問合せ inquiry という内部プロセスを促進する挑発的な構文形式として、質問を発展すること、そして利用することもなく、現在のレベルに進化することができたとしたら、実際、不思議に思って当然です。このセクションで私たちは、新しい反応ポテンシャルを暗示し、補強するだけでなく、連想に集中させることが質問によって、どのようにできるか説明します。

a　連想に集中させるための質問

質問によって、内部経験の異なる側面に集中させることができる面白い実例が、催眠被験者の主観的な報告研究から手に入ります（Barber, Dalai, and Calverley, 1968）。「覚醒状態と基本的に似ているものとして、トランスを経験しましたか？」と尋ねたとき、ほとんどの被験者（八三％）は肯定的な報告をしました。もう一方では、「覚醒状態と基本的に異なるものとして、トランスを経験しましたか？」と尋ねたとき、七二％が肯定的な反応をしました。私たちは、これらの明らかに矛盾している反応を、催眠経験に関する被験者の報告のいい加減さの現れと考えることができました。しかしながら、別の視点から見ると、私たちは、そのような質問が、どのように被験者の経験の異なる側面に、被験者を集中させたのかを理解することができます。最初の質問は、被験者の注意を、覚醒と催眠状態との類似点に集中させました。二つ目の質問では、違いに注意を集中させました。両方の質問とも、被験者内部の経験の異なる面について、有効な反応を開始することができました。ですから矛盾があることを示唆する必要はありません。

催眠療法では多くの場合、患者が、自分の内面生活の異なる側面間を区別することができるようにすること、あるいは明らかに異なる経験の中に共通項を発見することができるようにすることに価値があります。前記のように注意深く定式化された質問によって、このプロセスを促進することができます。

b　トランス誘導での質問

意識が質問に答えることができないとき、質問には間接形式の暗示として特に価値があります。そのような質問は、無意識のプロセスを起動させて、トランス行動の本質である自主的な反応を開始します。以下は、二つの異なるアプローチによる誘導——凝視することと腕浮揚——を用いて、一連の質問がトランスを開始して深化する方法の実例です。各々の具体例における最初のいくつかの質問は、意識的な選択によって導かれる反応行動によって答えられるかもしれません。その次のいくつかの質問は、意識的に意図して、あるいは無意識の選択によって、答えられるかもしれません。最後のいくつかの質問は、無意識の反応レベルか、あるいは自主的な反応レベルでだけでしか答えることができません。これらの一連の質問は、一定の方法で使うことができません。しかし、常に患者の進行中の行動を取り入れ、利用する必要があります。患者はこれらの質問に、従来の言葉での方法で応答する必要はありませんが、暗示された応答行動でだけ、反応することがわかりました。患者は、非常に重要であっても、微妙な変化が起こっていると認識しません。患者は、社会的防御を伴う通常の言葉での交流を、もはやしていません。むしろ、患者は、心の中で猛烈に集中し、どのように反応するか考えています。これは、解離が患者の意識的な考え（コントロールという感覚を伴う）とセラピストの質問に対する患者の明らかに自主的な反応との間で起こっていることを意味します。患者の反応行動の明らかに自主的な性質は、「催眠的 hypnotic」として、通常、認識されます。それによって、さらに自主的で、無意識に決定された治療反応のためのステージが設定されます。

凝視

①あなたは気持ちよく見ることができる点を見つけたいですか？

②あなたがしばらくその点を見続けると、あなたのまぶたは瞬きたいですか？
③それらのまぶたは、一緒に、あるいは別々に瞬き始めますか？
④ゆっくり、あるいは素早く？
⑤それらは突然閉じるか、あるいは最初に、ひとりでにパタパタしますか？
⑥あなたがますます快適になると、それらの目はますます閉じますか？
⑦それはすばらしいです。快適さが深まり眠るかのように、それらの目を今、閉じたままでいることができますか？
⑧目を開こうとしたくないように、ますます快適さは増し続けますか？
⑨あるいは目を開こうと試みて、そうすることができないことに気付いた方が良いですか？
⑩そして、あなたの無意識は夢を見たいと思っているので、どれくらいで、あなたは、それらすべてを忘れますか？（患者の閉じた目が、心の中で夢のシーンの変化を追いかけたので、セラピストは、かすかな目の動きを見つけました）

このシリーズは、患者の側の意識的な選択と意志力を必要とする質問から始め、無意識のプロセスだけが実行できる質問で終わります。このアプローチの重要な特徴は、フェール・セーフであり、うまく反応できなくても、質問に対する有効で意味がある反応として受け入れることです。もう一つの重要な特徴は、各々の質問が観察可能な反応を暗示しているということです。そして、それがセラピストに、患者がどの程度暗示に従っているかという重要な情報を与えます。これらの観察可能な反応が、トランス経験の重要な内面と、さらに関係しているので、内面の指標として使うことができます。

もし、うまく反応しないなら、反応行動が再び現れるまで、セラピストは同じレベルで、二つ、三つ他の質問を続けることができます。あるいは、セラピストは患者にどんな変わった反応パターンであっても、患者が持っているかもしれない困難を調査するために、患者内部の経験を尋ねることができます。たとえば、一部の患者は、目を閉じたままでいることを暗示された後でさえ、ときに目を開けることがあります。これは、一部の患者がそうとは知らずに使う、自動チェック装置であるように思われます。それは、治療的トランスワークに干渉しません。質問形式は、このように、それぞれの患者自身の個性に、建設的な治療方法で反応する機会を与えます。これらの特徴は腕浮揚アプローチでも見つかります。そして、それを私たちは、今ここで例示します。

腕浮揚

①腿に手を優しく置いて、快適に感じることができますか？

［セラピストがデモンストレーションして］その通り。両手をくっつけないようにして。

②指先が、かろうじてあなたの腿に触れるように、手を、今までになく、とても軽く置くことができますか？

③その通り。今までになく、とても軽く、手を置いているので、あなたは、あなたが呼吸するごとに、それだけで、どのようにして、少し持ち上げようとしているか、気がつきますか？

④あなたの体の残りの部分が、ますますリラックスすると、それらの手は、ひとりでに、もっと軽く、そしていっそう簡単に、上がり始めますか？

⑤それが進行すると、一本の手、あるいはもう一方、あるいはたぶん、両方が、さらにもっと持ち上がり続けますか？

⑥そして、その手は上に留まったままで、そして、少しずつ、ひとりでに、もっともっと高く上がり続けますか？　もう一方の手は、それに追いつきたいですか？　それとも、もう一方の手はあなたの膝でリラックスしますか？

⑦その通り。そして、その手は、これらのかすかで小さなピクッと動く動作で上がり続けますか？　あるいは、手があなたの顔の方へ上向きに動き続けると、ますますスムーズに上がりますか？

⑧快適さが深くなるとともに、その手があなたの顔に接近すると、もっと速く、あるいはもっとゆっくり移動しますか？　あなたの顔に最終的に触れて、トランスに入ることがわかる前に、その手は、少し休止する必要がありますか？　そして、あなたの無意識が、本当にあなたをさらに深く入らせる準備をするまで、その手は触れませんね？

⑨そして、あなたが本当にリラックスして、さらに深く入る経験を自分自身でして、その手があなたの顔に触れるとき、あなたの体は、さらに深い呼吸を自動的にしますか？

⑩その通り。そして、その手があなたの膝にゆっくり、ひとりでに戻ってくるとき、深くなる快適な感覚に気づくことをわざわざするのでしょうか？　そして、その手が止まる頃には、あなたの無意識は夢の中にいますか？

C　治療反応を促進する質問

質問は、いろいろなパターンの反応を促進するために、知らないことと無制限な形式の暗示とを結合することができます。

そして、痩せるのに有効な手段は、何ですか？　肥満は食べることを少し我慢し忘れたからですか、胃にもたれる食事が、興味があることをするのを邪魔するからですか？　体重を増やした特定の食べ物は、どんな理由であれ、もうあなたの興味をそそりませんね？　あなたは新しい食品の美味しさに気づき、そしてその食品を調理し食べる方法を見つけると、その結果、実際、何もミスしなかったあなたは、痩せたことに驚くでしょうか？

このシリーズの最後の質問は、患者にとって、とても自然なあらゆる傾向を促進するために、そしてandとしたがって（その結果）soを使って、複合質問compound questionsを構築する方法の実例です。

複合質問の曖昧さ、そして「暗示」効果は、法学では、昔から認識されてきました。したがって、目撃者に反対尋問する間、弁護士は複合質問の使用を禁じられています。激しく争われるケースでは、悪徳弁護士による不用心な目撃者を混乱させ、罠に嵌めるような「複合質問」に対して、裁判官、あるいは対立する弁護士がしばしば反論することがあります。複合質問を治療的に使用する場合、まさしくその曖昧さが、患者の学習された限界を弱める際に価値があります。そうして新しい可能性を経験することができます。

私たちはここで複合暗示を詳細に調べていきます。

九　複合暗示

私たちは、すでに二つ以上の暗示が互いを支えるために、どのように結合することができるか、これまでに多くの具体例を見てきました。このセクションで私たちは、催眠療法のワークの場において、価値があることがわかったいろいろな複合暗示を、さらに詳しく見て行きます。最も単純なレベルでは、複合暗示は、文法的接続詞grammatical conjunctionを加えた二つのメッセージから、あるいは近接した連想の中にメッセージを配置して、わずかな休止を加えた二つのメッセージから成り立っています。伝統的な文法では、等位coordinatingと従属subordinatingとして、大きく接続詞conjunctionsを分類しています。等位接続詞は、そしてand、しかしbut、あるいはorは、論理的に等しいか、あるいはランクが等しいメッセージを加えます。一方で、とはいえthough、もしもif、したがって（その結果）so、のようにas、後にafter、なぜならbecause、からsince、までuntilは、付加adjunctして、あるいは従属subordinateして、一つの表現を別のものに加えます。言語を連結したり、分離したりする表現は、催眠療法における本質である精神的連想、そして解離という心理作用だけでなく、数学mathematicsと論理学logicの同じようなプロセスと、明らかに対応関係があります。象徴的論理の創始者の一人であるジョージ・ブール（George Boole, 1815-1864）は、論理的推論の法則を、方程式を使って考案していると感じていました。しかし、今日、私たちは論理学、自然言語、そしてメンタル・プロセスがいくつかの興味深いインターフェイスを共有してはいても、それらの間には、完全なシステムの一致がないことを知っています。論理学、あるいは数学のシステムは完全に定義することができますが、自然言語と心理作用は永久に、創造的流動状態 state of creative flux にあります。完全に心理作用を決定することができる、あるいはコントロールすることができる固定した決まり文句、あるいは論理とか言語システムは原則として存在しません。したがって、もし、私たちがメンタル・プロセスを操作して、間接的形式の暗示で行動をコントロールする完全な決定論的手段 deterministic means を捜すなら、私たちは思い違いをしています。しかし、私たちは、患者の範囲内で反応ポテンシャルを探って、促進するために、間接的形式の暗示を利用することができます。このセクションでは、私たちは、催眠療法において特に役立つ五種類の複合暗示を例示します。すなわち（a）イエス・セットと強化、（b）偶有性 contingency、（c）反対で同格 apposition of opposites、（d）否定、そして（e）ショック、驚きと創造的な瞬間の五種類です。含意、バインド、そしてダブル・バインドのような他の形の間接的暗示は、複雑なので別々のセクションで議論します。

a　イエス・セットと強化

日常生活で広く使われる複合文の基本的な形は、望ましい可能性を暗示することで、特定の、そして明らかに良い概念を簡単に連想するものです。

こんなに良い日です。泳ぎに行きましょう。

休日です。ですから、したいことをしても良いですね？

あなたはうまくやっています。また、続けることができます。

前記の各々において、始めのポジティブな連想（「良い日」、「休日」、「うまくやる」）がイエス・セットを導入し、あとに続く暗示を受け入れやすくします。私たちは、自明の理がイエス・セットを解放するもう一つの手段であり、どのように暗示を促進するか、以前に確かめました。自明の理、あるいは肯定的に動機づける連想が、暗示の後に続く場合、以下のように暗示を強化します。

泳ぎに行きましょう。こんなに良い日です。

b　偶有的暗示《Contingent Suggestions》、そして連想ネットワーク

継続的な行動パターン、あるいは不可避な行動パターンに暗示を結びつけるとき、複合文が活用できる形が生まれます。患者にとって難しい催眠暗示であっても、よく知っている行動に関連づけると簡単になります。患者の通常のレパートリー内にある自然な、そして自発的な反応に、催眠暗示が「ヒッチハイ

クします」。偶有的暗示は、以下の例では傍点がついています。

あなたが呼吸をするたびに、あなたは、体の自然なリズムと安心感が生じていることに気づくことができます。

あなたがそこに座り続けていると、あなたは、自分自身が、さらにリラックスして快適になっているのに気づきます。

あなたの手が下がると、あなたは、その問題の原因に、気持ちよく戻っている自分自身に気づきます。

あなたがその問題の原因を心の中で見直すと、あなたの無意識は、それに対処する仮の方法をいくつか開発することができます。

そして、妥当性がある有益な解決策を、あなたの意識が認識するとき、あなたの指は、自動的に持ち上がることができます。

それについて話す準備ができたと感じると、良い仕事ができたことに感謝しながら、リフレッシュし、シャキッとしていると感じて、目覚める自分自身に気づくでしょう。

最後の四つの例で見ることができるように、偶有的暗示は、連想ネットワークと結びつけることができます。それは、治療反応パターンを開始し実行するための相互支援システム、そして勢い momentum を生み出します。最も広い観点をとれば、すべての治療セッション——まさに、治療のすべてのコース——は、成功した治療ステップそれぞれが、先行したことすべてから展開する一連の偶有的反応と見なすことができます。ヘイリー（Haley, 1974）は、このプロセスを例示する上席著者の臨床ケースをいくつか発表しました。

C 反対で同格

複合暗示のもう一つの間接的な形は、反対でバランスを保つこと、あるいは反対で同格として記述できるものです。反対システムとの間でバランスをとることが、私たちの中枢神経系の構造に組み込まれている基本的な生物学的プロセスです(Kinsbourne, 1974)。ほとんどの生体系は、恒常的にバランスがとれたプロセスとして概念化することができます。そして、そのプロセスは、システム全体が最適に機能するために必要とする比較的狭い範囲から外側に逸れるのを防ぎます。催眠現象のいくらかを説明するために、いろいろな反対システム、例えば交感神経系システムと副交感神経系システム、左脳と右脳、皮質プロセスに対して皮質下プロセス、第一と第二シグナリング・システムの中に、選択肢があるという説が出されました（Platonov, 1959）。

バランスを保つこと、あるいは反対で同格のプロセスは、また心理レベル、社会レベルで明白で、緊張とリラックス、やる気と抑制、意識と無意識、エロスとロゴス、テーゼとアンチテーゼのようなものがあります。そのような反対プロセスの原動力を認識すること、そして理解することは、どんな心理療法の形式においても最も重要なことです。このセクションで私たちは、どのように言語暗示手段によって、反対プロセスをバランスよくさせることができるか、二つ、三つ、実例を提示することができます。例えば、催眠誘導のプロセスにおける例を以下に示します。

その拳が、さらにきつくなり、緊張するようになると、あなたの体の残りの部分がリラックスします。

あなたの右手が上がると、あなたの左手は下がります。

その腕が、さらに軽いと感じて、上がると、まぶたが閉じるまで、あなたのまぶたは、さらに重く、さらに下がると感じることができます。

類似した暗示は、感覚的、知覚的、感情的な領域、さらには認知領域のどんな反対プロセスにおいても、実質的に定式化することができます。

あなたの額が、さらに涼しくなると、あなたの手は、さらに暖かくなります。

あなたの顎がますます麻痺して鈍感になると、左手がどのようにますます敏感になるか、気付いてください。

あなたは、X歳で起こった何かについて、それらの感情が生じた何かを思い出すことはできませんが、あなたの感情すべてを経験することができます。

次に目を開く時、そのとき持った感情を思い出すことなく、そのすべてを異常に鮮明に記憶しているでしょう。

あなたがそのことを見直すと、あなたは、思考と感情を適切にバランスさせて、今、物事全体を経験することができます。

最後の三つの例から分かるように、解離プロセスを最初に利用して、患者が反対システムの両側を完全に経験できるようにします。その後、解離プロセスを、さらに適切な統合レベルでまとめます。

d 否定

上席著者が、患者が一連の暗示に従っているときはいつでも、否定 negativity あるいは抵抗を放出することが重要であると強調していることと、反対で同格は緊密に関係しています。日常生活で、私たちは通常、否定的であったり、あるいは抵抗したりする人が、強要されたという感じを本当に数多く積み重ねてきたことに気づきます。このため、このような人たちは、今、「思い通りにさせて！」と求めています。患者は、過度に指示されることに抵抗します。そして、多くの場合、患者は、他の人が望んでいると思われることと正反対のことをします。この反対のことをするという傾向は、もちろん、実際には、子どもの頃からの生活史を補償するもので、正常なものです。自然は明らかに、私たちに個人であることを求めています。そして、人類の文化的・心理的な発展は、自由で、束縛されない、純粋な自己表現を多く包含する段階を達成しようと、常に努力することであると多くの人が考えています。

実験的研究において心理学者たちは、同様の行動現象を説明するために、逆向抑制[▼訳注3] reactive inhibition という概念を開発しました（Woodworth and Schlosberg, 1954）。ネズミであっても人であっても、いくつか仕事（迷路を走ること、似通った問題を解決すること）を繰り返すと、被験者は、続ける意欲がどんどんなくなっていくように見えます。そして、代わりの経路と他の行動パターンを容易に受け入れます。この抑制には、明らかに適応機能があるので以前の行動を妨害し、新しい可能性につながる新しい反応表現を選択します。

患者に対する上席著者の臨床的ワークにおいて、上席著者は、この抑制という傾向、あるいは反対という傾向に対処し、実際に利用するいろいろな手段を研究しました。セラピストが単純な否定表現をすることで、患者内で積み重なっていたどんなマイナーな抑制や抵抗であっても、自動的に放出するための避雷針として、多くの場合用いることができると、上席著者は思っています。したがって、上席著者は以下のようなフレーズを使用します。

そして、あなたはできます、できませんか？

あなたは試みることができます、できませんか？

あなたはそれを止めることができません、できますか？

あなたはそうします、しませんか？

▼訳注3　新しい学習によって以前の学習が抑制されること。

あなたはします、しませんか？

なぜ、そうなるようにさせないのですか？

研究では、肯定と否定を近くに並置することには、他にも価値があることが示されました。否定を理解することは、肯定を理解することより、三〇％難しいことがわかりました(Donaldson, 1959)。このように、否定を使用することによって、混乱を導入することができます。混乱は患者の制限された意識セットを弱める傾向があります。その結果、内面的な仕事をすることができます。

否定を使用することは、さらにもう一つの間接的な形——知らないこと、そしてしないこと——に関連しています。この否定の使用は、とても有効で、そして偶有的暗示において、何気なく持ち出すことができます。例えば、以下のように、接続語「まで until」を利用します。

実際に用意ができるまで、トランスに入る必要はありません。

その手があなたの顔に触れるまで、あなたは本当に深く呼吸をしません。

その腕があなたの膝で休むために、下へとゆっくり下がりきるまで、トランスがどれくらい快適なのか、あなたは実際わかりません。

そして、［患者が近い将来において、回避不能な行動をする］まで、あなたは、実際に［治療反応を］する必要がありません。

あなたの無意識が用意できるまで、そうしません。

後の方で否定を使用したものは、実際に、後のセクションで、私たちが論ずる意識・無意識のダブル・バインドの形をしています。

e　ショック、驚き、創造的瞬間

ショックが患者の習慣的な精神的フレームワークを驚かせるとき、複合暗示のとても面白い形が例示されます。患者の通常の意識セットが弱まると、瞬間的に認識の隙間が現れます。そのとき、その隙間を適切な暗示で満たすことができます(Rossi, 1973; Erickson and Rossi, 1976)。精神的バランスを再度確立することができる答え、あるいは概念の内部探索に、患者の無意識が従事している間、ショックによって、創造的瞬間の可能性が開かれます。患者自身の無意識のプロセスが答えを提供しない場合、セラピストには、同じ効果を有する可能性がある暗示を導入する機会があります。

ショックと驚きは、通常、随意的なコントロール下にない自律的反応を、ときに促進することができます。会話での微妙な瞬間に、無意識の情動プロセスに触れた場合、頬が赤くなることを抑制できないことが、ときどきあります。赤面しない場合、そのような無防備な瞬間に、「なぜ赤くなっているのですか？」と尋ねるだけで、赤面反応を、高い頻度で促進することができます。この質問は――聞き手の習慣的な精神的フレームワークが発生期の流動 nascent flux の中にある場合、「微妙な」（潜在的に創造的な）瞬間に処理される間接形式の暗示として――暗示された自律的プロセスを容易に呼び起こします。

日常生活で大きな音がすると、驚いて飛び上がることがあります。それで「凍りついて」、ちょっとの間、体を動かすことがまったくできなくなります。無意識が起こっていることを理解しようとするとき、瞬間的にトランスに放り込まれます。パンパンと音を出す車のように、答えが点滅するかもしれません。そして私たちはリラックスします。しかし、そのまさにその瞬間、誰かが「爆弾！」と叫んだら、ほぼ間違いなく尻ごむか、恐慌状態になって見回すか、身を守るために地面に倒れます。日常生活では、飛び上がって、驚いて、恐らく「はっと見直すこと double-take」に結びつく、それほど劇的でない予期しないショックの例で満たされています。そして、そこで、私たちは振り返らなければならないか、本当に継続していることを理解するために、「再び、それを調べ」なければなりません。大部分の文化における汚い言葉は、実際には、聞き手を飛び上がらせるために発達したショックの形であると推理しています。したがって、聞き手は、汚い言葉を使えるようになればなるほど、すぐに影響を受けます。

学習された限界のために問題があるならば、何らかの精神的ショックを使って、少しの間、限界を弱めることが、治療になるかもしれません。その後、自分の内で開始される無意識の自動探索プロセスによって、状況を再評価することができます。この場合、ショック、驚き、そして創造的な瞬間というプロセスには制約がありません。患者自身の無意識のプロセスは、再構成、あるいは現れる解決策すべてを提供します。満足できることが、何も出て来ないなら、その後、セラピストは瞬間的な隙間に、刺激として、暗示をさらに加えて、暗示が治療反応を促進するかもしれないことに希望を託します。

瞬間的なショックは、ショックな言葉、タブーの概念、感情を散りばめることによって、治療の対話の中で作り出すことができます。セックス、秘密のような言葉、そして一瞬のささやきは注意を固定します。そして、聞き手は、さらに受け入れます。ショックの後の瞬間的な休止は、内部探索を起こします。その後、安心させたり、適切な暗示をすることを続けます。

あなたのセックスライフは、

［休止］
あなたが、それについて、まさに知っている必要があるもので、それを理解する必要があるものです。
密かに、あなたが求めているものは
［休止］
あなたにとって、とても大切です。
あなたは離婚するかもしれません
［休止］
あなた方二人が、お互いの関係に、必要とするものを本当に学んで手に入れない場合には。

これらの各々の例で、傍点で示したショックによって休止している間に、重要な反応の表現につながる内部探索が始まります。セラピストは、そのような精神的ショックに対する非言語的な体の反応を認識して、評価することを学習します。内部探索に心を奪われている徴候が患者にある場合、患者から何であっても刺激された題材 material が出て来るまで、セラピストがすることは、静かにしていることだけです。患者から題材が出て来る徴候がない場合、上で例示されるように、セラピストは安心させるか、あるいは暗示するかして休止を終えます。ショックを最も効果的に開始するには、患者自身の参照枠、タブー、そしてニーズを、古いものから抜け出すために利用します。その結果、創造的な再構成が起こります。このプロセスの実例は、他（Rossi, 1973b）で発表されました。そして、この本の中では、詳細な臨床例が多くのケースの中で見つかります。

十　含意と暗黙の指示

含意は、間接暗示の原動力の中で、最も明瞭なモデルを提供する基礎的な言語心理的形式です。大部分の心理療法家は、重要なのはセラピストが言うことでなく、患者が聞くことであることに同意します。つまり、セラピストの言葉は、患者内での個人的な連続した連想を開始する刺激として機能するだけです。実際に治療経過の媒体として主に機能するのは、これらの患者内での個人的な連続した連想です。セラピストの無害な発言が、患者にとって不運な含意を持つ場合、このプロセスを中断することができます。しかし、セラピストの言葉が患者内の潜在的な可能性を喚起する含意を含む場合、プロセスは、大いに促進されます。

治療だけでなく日常生活においても、多くのコミュニケーションは、ある意味、暗に行われます。そして、参加者はほとんど意識的に計画することも認識することもありません。たとえば日常生活において、主婦が夫に腹を立てているとき、ポットをちょっと大きな音を立ててドンと置くのを目撃します。しかし、彼女がうれしいときは鼻歌を歌うかもしれません。彼女はしていることを認識していないかもしれません。そして、彼女の夫は、自分がどのようにメッセージを受け取っているか、全くわかっていないかもしれません。しかし、夫はいくつかのレベルで、メッセージを感じます。ボディー・ランゲージやジェスチャー（Birdwhistell, 1952, 1971; Scheflen, 1974）は、非言語モードのコミュニケーションであり、通常、含意によって機能します。そのような含意では、メッセージを直接述べることはありませんが、内部探索および推論を進行することによって、メッセージが喚起されます。この内部探索には患者自身の無意識のプロセスが関与します。その結果、セラピストの働きかけに応じた分と同じだけ患者が反応します。他のすべての間接的な形の暗示のように、私たちが心理的に使用する場合、含意は、患者自身の創造性のプロセスを理想的な形で喚起し促進します。

一番簡単なレベルの含意は、言葉にすると、もし……その後というフレーズの形です。

もし、あなたが座ったら、その後、トランスに入ることができます。

今、もし、足をほどいて、気持ちよく手をひざに置くなら、その後、あなたはトランスに入ることができます。

実際に、座ること、足をほどくこと、そして、手をひざに置くことというような暗示に従う患者は、たぶん、まったく気づかないうちに、トランスに入るという含意を、さらに受け入れます。

そのような含意の価値は何でしょうか？　理想的には、そのような含意は、意識を回避して、自動的に望ましい無意識のプロセスを呼び起こし、トランス誘導を促進します。しかし、意識的にはできません。なぜなら、意識はその方法を知らないからです。私たちは、眠るように、自分自身に準備させることができます。しかし意識は、眠りの準備をすることができません。このように、私たちが、あまり経験のない患者に「座って、トランスに入ってください▽原注2」と直接、命令すれば、彼／彼女は座りますが、一方で、「しかし、私はトランスに、これまで入ったことがありませんし、方法も知りません」と礼儀正しく抗議します。自主的レベル、あるいは無意識レベルで反応を実行するのが、催眠暗示の本質なので、通常、意識が、直接暗示を介して、暗示を実行することを期待することはできません。直接暗示が成功するとき、歯を磨くこと、ベッドに横になることが、眠るためのお膳立てをすることと同様な感覚で、患者は、意識

▽原注2　読者は、このようにはっきりした直接暗示でさえ、実際には間接的催眠形式が含まれていることに注意してほしい。すなわち「そして、トランスに入ってください」が「座ってください」に付随する複合偶有的暗示である。したがって、特に適切な経験を積んだ何人かの被験者については、このメッセージによって、誘導を効果的に促進することができた。

的な準備行為として、通常、催眠ワークに対する準備に関与します。そして暗示は、その後、無意識のプロセスによって媒介されます。含意と他の間接形式の暗示すべてを使って、さらに多くのことを、私たちは追求します。つまり私たちは、望ましい反応を引き起こす無意識のプロセスを実際に呼び起こして、促進する努力をしています。

含意のプロセスをよく考えると、言うことすべてに、含意があることに、私たちは徐々に気づきます。ごく普通の会話でも、含意の研究として分析することができます——話し手の言葉が、聞き手の中でいろいろな連想を、どのように呼び起こすことができるか。催眠療法だけでなく日常生活においても、直接言われることより、含意の方が暗示として強力なことがしばしばあります。一般的な会話において、しばしば、参加者が内気だと、その返答は、決まり文句以外の何物でもない連想となります。より個人的な意思疎通において、例えば催眠療法において、参加者には、心に秘めた、あるいは私的な連想で答えることが認められています。そのような個人的な意思疎通において、私たちはときどき、経験する連想や感情に驚きます。意識がこのように驚くとき、以前、気づいていなかった個性を表現させることで、セラピーが成功します。私たちは、可能性が解放された、あるいは洞察と意識が新しい次元で総合されたのだと考えています。

下記は、トランス中の患者自身の内部の現実に、患者を深く関与させるために、含意を使った例です。

あなた自身の記憶、イメージ、そして感情は、今、この状態のあなたにとって、さらに重要です。

記憶、イメージ、そして感情について、明白な直接暗示をしている一方で、さらに、このメッセージは、トランスが通常の覚醒状態と異なっているという重要な含意をもたらします。そしてこの状態では、他のすべてのことは無関係です（外の音、時刻、オフィス内のセッティングなど）。

通常、私たちは、寝入る瞬間を知りませんし、ときどき、眠ったことさえ知りません。

このメッセージにはトランスの重要な様相である認識の欠如について、明白な含意があります。そしてその欠如は意識を制限しているセットを弱めることができます。この含意は以下のモノローグで強調されます。そして、それは自動的行動、そして無意識の行動を促進する参照枠を構築します。

今、あなたは、それらに気づくことなく、多くのことを一日中していることを知っています。あなたの心臓は、あなたからどんな援助も、意識的な指示も受けずに、ずっと鼓動しています。それを意識しないで、いつもと同じ様に呼吸してください。そしてあなたが歩くときには、あなたの足はひとりでに動いて、行きたいところどこへでも、あなたを連れて行くように見えます。そして、「今、手はこれをします。今、手はそれをします」と、あなたが言わないでも、手にして欲しいと思っているほとんどのことを、あなたの手はします。あなたの手は、あなたのために自動的に働きます。そして、通常、手に注意を払う必要はありません。話しているときでさえも、あなたは自動的にそれをします。あなたは各々の言葉をどのように発音するか、意識的に知る必要はありません。あなたは、それさえ知らずに話すことができます。あなたは、それについて考えずに、それを自動的にする方法を知っています。さらに、あなたがものを見たり、聞いたりするとき、あるいは、あなたがものにさわったり、感じたりするとき、それらは自動的に働くので、あなたがそれらを意識する必要はありません。それはひとりでに働きます。それで、あなたは注意を払う必要はありません。それらは、自分で対処するので、あなたは、それらに悩まされる必要はありません。

a　暗黙の指示

偶有的暗示と密接に関係している含意の特別な形は、暗黙の指示と、私たちが呼んだものです（Erickson and Rossi, 1976）。たとえ、詳細な心理学的な分析がまだされていなかったとしても、暗黙の指示は、臨床催眠における一般的な使い方である間接的暗示形式です（Cheek and LeCron, 1968）。他の間接的形式の暗示のように、その使用法は、日常生活での価値について認知することから発展しました。暗黙の指示には、認識できる部分が三つあります。

①タイム・バインド導入
②患者内で行われる暗黙の暗示
③暗黙の暗示がいつ遂行されたか示す行動反応

したがって、

〜やいなや as soon as

①タイム・バインド導入

あなたの無意識が、その問題の原因にたどり着く（やいなや）

②患者内で行われる無意識の探索を開始する暗黙の暗示

あなたの指は、持ち上がることができます。

③暗黙の暗示がいつ遂行されたか示す行動反応。

この実例からわかるように、暗黙の指示は、内部探索および無意識のプロセスを開始し、その後、治療反応がいつ遂行されたか、私たちに知らせる間接形式の暗示です。暗黙の指示は、広範囲な内部探索プロセスを開始し促進する必要がある場合、そして、徴候形成の原動力を解明しようと試みる場合に、特に価値があります。以下のような暗黙の指示は、間接的な形の暗示として、催眠で無意識の探索を始めるために、特に役立ちます。

あなたが、リラックスと快適さの感覚に気付いたとき、あなたの目はひとりでに閉じます。

この例では、患者は、快適さとリラックスとして経験したことがある副交感神経反応を無意識のレベルにおいて、理想的状態で開始して、探索する必要が明らかにあります。閉眼は、そのような内部の快適さに当然、関連した反応であり、このように内部プロセスが起こったという理想的な合図として役立ちます。

その快適さが深まると、あなたの意識はリラックスすることができます。一方で、あなたの無意識は問題の性質をチェックします。そして、関連がある面白い考えがあなたの意識に到達するとき、あなたが注意深く、そのことを考えると、あなたの目は開きます。

この例では、最初に基礎を置いて、問題への一般的な診査アプローチ exploratory approach のために、別の無意識の探索を始めます。

これらの例からわかるように、無意識の探索によって、無意識のプロセスが始まると、意識が処理することができなかった問題を実際に解決します。これらの無意識のプロセスは、治療だけでなく、日常生活での創造性、そして問題解決の本質です。特に、催眠療法が成功するために、そのような無意識のプロセスを利用して、治療反応を促進します。チークとルクロン(Cheek and LeCron, 1968) は、暗黙の指示形式の一連の質問が、徴候の調査と解決の両方に、どのように使用することができるか、広範な説明をしました。

十一　バインドとダブル・バインド

心理的バインド、そしてダブル・バインドは、治療状況において使用するために、多くの著者 (Haley, 1963; Watzlawick et al., 1967, 1974;Erickson and Rossi, 1975) によって調査されてきました。「バインド」という概念は、私たちが探究する新しい治療アプローチを、言語学、論理学、意味論、認識論および科学哲学 philosophy of science 分野へ拡張する魅惑的な可能性を持つように見えます。バインドは、私たちの治療的意識 therapeutic consciousness の新しいパターンの先駆けなので、私たちはまだ完全に理解していません。私たちは、バインドとダブル・バインドが何であるか、あるいはどのようにしたら、最も明確に述べることができて、利用することができるか、必ずしもよくわかっていません。それらに関する私たちの知識のほとんどは、実験パラメータを正確に指定する、ほんの少し制御された実験的研究での臨床研究と理論的な定式化（Bateson, 1972）から来ています。

このため、私たちは、とても特別な意味で、そして限られた意味でバインドとダブル・バインドという用語を使って、患者に治療反応の機会を提供する特定の形の暗示を説明します。バインドは、患者に二つ以上の選択肢から、自由で、意識的な選択を提示します。しかし、どれを選択したとしても、治療の方向に患者を導きます。対照的に、ダブル・バインドは、患者の通常の意識的な選択と随意的なコントロールの範囲の外側にある行動の可能性を提供します。ダブル・バインドは、複数レベルでコミュニケーションする可能性から生じます。日常生活で、私たちは言葉で何かをしばしば言います。一方で余分な言葉でそれについてコメントしています。「映画に行こう」と、私たちは言います。しかし、私たちは、多くの含意を持った数えきれないバリエーションのトーンと意図で、それを言うことができます。これらのバリエーションは、映画へ行くことについて、私たちの一次的な言葉でのメッセージにおける、すべてのコメント、あるいはメタコミュニケーションです。以下のセクションで見るように、バインドとダブル・バインドが機能するのは、正真正銘、メッセージを受け取る人です。ある人にバインド、あるいはダブル・バインドが機能したとしても、別の人には機能しない場合があります。他の間接的形式の暗示のケースのように、バインドとダブル・バインドは、患者独自の連想のレパートリーと長い間の学習パターンを利用します。大部分のバインドとダブル・バインドは、機械的に、あるいはまる暗記という方法で適用することができません。セラピストは、メッセージがどのように受け取られることになるか、それを何が効果的にするかを理解する必要があります。

a 回避－回避型と接近－接近型葛藤をモデルにしたバインド

心理的バインドは私たちが行動に圧迫感を覚える生活状況です。一般的に、私たちが巻き込まれる状況で、私たちに与えられる選択肢は、不愉快な反応のものだけです。私たちは、「どちらを選んでも、ろくな結果を得られず」the devil and the deep blue sea、にっちもさっちもいきません。私たちは、このように回避‐回避型葛藤を経験します。たとえすべての選択肢を避けたいとしても、私たちは選択をしなければなりません。そのような状況では、私たちは通常、二つの「悪」のうち、悪の少ない方を選びます。さらに心理的バインドは、接近‐接近型葛藤をモデルにして作ることができます。この場合のバインドは、すべての他の望ましい可能性を無視して、いくつかの望ましい行動方針から、一つだけを選ばなければなりません。俗な言い回しでは、「ケーキを食べたら、ケーキはなくなる」▼訳注4です。

私たち全員が、そのようなバインドを数えきれないほど経験してきたので、回避‐回避型と接近‐接近型の葛藤は、私たちの行動を支配している確立したプロセスとして、通常存在します。私たちが患者を調査するとき、他の人が、おそらくもっと幸運にも（必ずしもそうではないが）、果てしなく接近‐接近型選択肢のつじつま合わせをしているように思われる一方で、一部の人がどのように回避‐回避型葛藤によって、支配されているかを認識することを学びます。これらの葛藤モデルを利用する臨床技術は、特定の患者内の支配的な傾向を認識すること、そして二者択一の治療反応だけを提供するバインドを確立することです。支配的な傾向がどれかわからないとき、以下のような、誰にでも適用できる一般的バインドを提示します。

今、それとも、後でトランスに入りたいですか？

座って、それとも横になってトランスに入りたいですか？

軽いトランス、中程度のトランス、それとも深いトランスに入りたいですか？

患者は、前記の選択肢のどれに対してでも、自由で意識的な選択をして反応することができます。しかし、選択がされるとすぐに、患者は間違いなくトランスに入ります。これらの例から分かるように、質問フォーマットは、バインドを提供するために、特にうまく適合しています。観念運動シグナリングで、質問フォーマットを使用するとき、私たちは、多くの場合、連想ネットワークの体系化された調査 structured inquiry を定式化することができます。そして、それによって素早く問題の力学を解明し、問題を解決することができます。チークとルクロン（Cheek and LeCron, 1968）は、多くの心理的、心身的状態のために、そのような一連の体系化された調査を開拓しました。

不眠症の症状を解決するために、回避‐回避型バインドを治療に使用した例は、とてもきちょうめんな初老の紳士のケースでした。彼は、すべての家事を自分ですることを誇りにしていましたが、床にワックスを塗ることだけは嫌っていました。彼の人格を評価した後、上席著者は、「あなたは、それが好きで

▼訳注4　矛盾する二つのことを同時に実現することは不可能だという意味のことわざ。

はないかもしれません」が、不眠症問題の素晴らしい解決策があります、と紳士に伝えました。紳士は、眠ることに必要なら、何でもします、と礼儀正しく断言しました。紳士は、いったん、こうすると決めたら、どれほど執拗に難問に対処したか、多くの例を挙げて、自分のことを全面的にお任せします、とさらに付け加えました。しかし上席著者は、異議を唱え続けました。彼は、「男に二言はありません word was his bond」、そして、不愉快な問題の扱いには慣れています、と執拗に言いました。このことによって、この男性の賞賛に値する性格が、回避－回避型葛藤を通して働く際に、本当にうまく実行することがはっきりと確認されました。このような葛藤に直面した彼の決意を利用して、治療するための回避－回避型バインドが構成されました。彼は、ベッドに入って一五分以内に眠っていないなら、眠ることができると感じるまで起きて、床のワックスがけをしなければいけません、と言われました。もし、一五分以内にまだ眠っていなかったなら、再度、起きなければなりませんでした。したがって、眠るまで、この手順を継続します。紳士は、うまく床にワックスを塗れたので、とてもよく眠れました、と後で報告しました。

　私たちは、この状況を治療的な回避－回避型バインドと呼びます。なぜなら、紳士には、意識的で随意的な選択権のある否定的選択肢が提示されたからです。彼は不眠症を選ぶか、さもなければ床のワックスがけという否定的な選択肢のどちらかを選ぶことができました。しかしながら、私たちがこの例をさらに検討すると、この例のダブル・バインドの面が明らかになり始めます。私たちは紳士の性格構造を概念化することができました。そして、治療課題に彼を自動的に結びつけたメタレベルとしての「男に二言はありません」だけでなく、その性格によって、困難に直面すると、彼は固執しました。彼の人格におけるこれらのメタレベルは、正常範囲の外側の意識的に選択やコントロールができない方法で利用されました。

　この例は、実際の臨床診療において、バインドとダブル・バインドをどんな形であれ、正確に定式化すること、あるいは理解することの難しさを示しています。しかしながら、一般的に、私たちが患者自身の連想に関与して、反応パターンを学べば学ぶほど、患者は行動変容における効果的な手段として、バインド、ダブル・バインド、トリプル・バインドを経験する可能性が高くなります。そして、自主的（無意識、催眠）レベルで行われるものとして、行動変容を経験します。

b　意識・無意識のダブル・バインド

　最も魅惑的で最も有用なダブル・バインドは、意識・無意識プロセスの間のインターフェイスで対処するものです(Erickson, 1964; Erickson and Rossi, 1975)。これらのダブル・バインドはすべて、無意識をコントロールすることはできなくても、無意識のプロセスを始めることができるメッセージを、私たちが意識的に受け取ることができるという事実に基づいています。意識・無意識のダブル・バインドは、意識的な理解と能力の限界を回避するようになっています。その結果、行動は、さらに自主的な、あるいは無意識レベルに存在する隠れた可能性によって調停されます。例えば、以下の文に対して、患者がどんな反応をしたとしても、通常、患者は意識がコントロールできない方法で、無意識のプロセスを始める内部の焦点を経験して、探索する必要があります。

　もし、あなたの無意識が、あなたをトランスに入れたいなら、あなたの右手はひとりでに持ち上がります。さもなければ、あなたの左手が持ち上がります。

　この暗示に対して、「イエス」（右手）、あるいは「ノー」（左手）というどちらの反応であっても、トランスが存在することを、実際の自主的反応（どちらかの手が上がる）によって示唆しているので、トランス誘導が開始しました。もし、患者が単に静かに座っているだけで、数分経っても、手の反応を示さない場合、セラピストはさらにダブル・バインドを導入するために、次のことを加えることができます。

　あなたは静かに座っていますが、手の反応がまだないので、あなたはトランスに入りながら、あなたの無意識は、どんな努力もまったくしたくないのだろうか、と疑問に思うことができます。動く必要がないこと、あるいは話す必要がないこと、あるいはあなたの目を開いておく必要さえないことが、さらに快適であるかもしれません。

　この時点で、患者は目を閉じるかもしれません。するとトランスに入ったことが、明らかになります。目は、なんとなく開いたままでいるかもしれません。そして、トランスが生じていることを示唆する身体不動性を継続します。その一方で、患者が困難を経験している場合、体、顔の動きが楽ではなくなり、そして最終的に、何人かが問題を話します。

　質問、含意、知らないこと–しないこと、そして観念運動シグナリングに関連した意識・無意識のダブル・バインドは、このように、トランスを開始し、患者の応答パターンを探索する優れた手段です。セラピーにおいて、意識・無意識のダブル・バインドは、無数の用途を持っています。そのすべてが、無意識のプロセスを動員する能力に基づいています。以前に説明した否定を使用することは、ここで非常に役に立ちます。

　あなたは私の話を聞く必要はありません。なぜなら、あなたの無意識はここにいて、そして、正しい方法で反応するために、必要なことを聞くことができるからです。

そして、本当に、あなたの意識が何をするかは重要ではありません。なぜなら、あなたの無意識が、その痛み［あるいはどんなことでも］に対処する正しい手段を見つけることができるからです。

あなたは、その問題を解決する方法を知らないと言いました。あなたは不確かで、混乱しています。あなたの意識は、本当にどうすべきかわかりません。しかし、私たちは、無意識が多くの記憶やイメージ、そして経験にアクセスすることを知っています。さらに無意識は、その問題を解決するために、とても驚く方法で、あなたが利用できるようにすることができます。あなたは、あなたのすべての可能性がまだ何であるか、知りません。あなたの無意識は、それらに単独で取り組むことができます。そして、それが解決されたときを、どのようにあなたは知るのでしょうか？　解決策は、あなたが覚えている夢の中へと来ますか？　あるいは、あなたは夢を忘れますが、あなたの意識が理解することができない方法で、問題が徐々にそれ自体を解決していることに気づきますか？　完全に目を覚ましている間に、あるいは内省とか白日夢の静かな瞬間に、素早く解決策が来るのでしょうか？　最終的に、あなたがそれを理解するとき、あなたは仕事中、あるいは遊び時間、買い物中、あるいは車を運転中ですか？　あなたは本当に知りません、しかし、解決策が来ると、あなたは確実に幸せになれます。

これらの例で、質問と無制限な形式の暗示に関連した意識・無意識のダブル・バインドが、患者の個性に最もふさわしい反応を、どのように促進することができるか、見ることができます。この本の主なケースすべてにおいて、この形式のダブル・バインドが、どのようにいろいろな問題と状況に適用できるか、説明します。すべてのそのような状況において、私たちは、無意識のプロセスと無意識の可能性を支持して、患者の意識的で、習慣的で、おそらくより限られたパターンを弱めています。私たちがこれらの無意識のプロセスを、非優位な大脳半球（通常右脳―Galin, 1974; Hoppe, 1977）の活動、そして、優位な大脳半球（通常左脳）による意識的な自主性 self-direction と合理的プロセスとを識別する場合、意識・無意識のダブル・バインドが優位な半球の限界を弱めて、それによっておそらく非優位の半球の可能性を促進する傾向があると言うことができます。これは、ここで、私たちが注意を向ける二重解離ダブル・バインドに特にあてはまります。

C　二重解離ダブル・バインド

伝統的に、解離の概念が、催眠の説明として使われてきました。催眠、あるいは自主的な行動は、患者の意識の範囲のすぐ外側で起こり、したがって、意識から解離されます。上席著者は、解離を促進する多くの巧妙な間接的手段を発展させました。そして、その手段は、同じ目標に通じる完全に正常な別経路の多くの行動を利用しているように見えます。「すべての道は、ローマに通じる」は、強烈な自明性を表現する決まり文句で、したがって、このアプローチの有用性を表現しています。まさに、同じ反応への別経路は明白な真実であり、患者の個性を重んじているので、それらを利用する暗示は、とても受け入れ易いものとなります。

私たちが以下の文章を分析したとき、二重解離ダブル・バインドが、著者ら（Erickson, Rossi, and Rossi, 1976）によって発見されました。

あなたは人として目覚めることができます。しかし、あなたは体として目覚める必要はありません。
[休止]
目覚めるときには、体を認識せずに、目覚めることができます。

この暗示の前半で、人として目覚めることが、体として目覚めることから解離されます。後半では、人として目覚めることと、体として目覚めることが、体の認識から解離されます。そのような解離を表す暗示は、各々の個人独自の反応能力も調査する一方で、催眠行動を促進します。二重解離ダブル・バインドは、患者の意識を混乱させ、このように習慣的セット、先入観bias、そして学習された限界を弱める傾向があります。これが、創造的な行動を媒介する無意識の探索とプロセスの準備をします。以下の例では、その適用範囲を暗示します。

たとえあなたがトランスの中にいても、あなたは目覚めている夢を見ることができます。
[休止]
そうでなければ、目覚めている間でさえ、まるでトランスの中にいるように、あなたは行動することができます。

あなたは、手がどこへ行くか知らずに、手が上がっていることに気づくことができます。
[休止]
そうでなければ、あなたは、たとえあなたがそれを本当に指示していないとしても、それがどこに行くか気づくかもしれません。

あなたは、それが何であるかわからずに、抽象画をスケッチすることができます。
[休止]
たとえそれがあなたに個人的に関係しているように見えなく

ても、後で、その中に、いくつかの意味を見つけることができます。

あなたはいつでも、自分の言葉の意味を認識していないにもかかわらず、あなたはトランスの中で話すことができます。

[休止]

そうでなければ、とてもゆっくりと「イエス」とうなずくとき、あるいは私の質問に答えて、独力で「ノー」と頭を振るとき、あなたは黙ったままでいることができます。

これらの例でわかるように、二重解離ダブル・バインドは、あらゆる種類の間接的形式の暗示をごちゃまぜにしたものです。すなわち、含意、偶有性、否定、無制限な形式の暗示、ある階層のありうるすべての反応を明白にカバーする暗示、知らないこと、しないことなどです。これらの共通項は、患者の習慣的意識セットを弱める傾向がある解離を促進することです。その結果、非自発的レベルで、反応を表現することができます。この形式のダブル・バインドが、ルリア（Luria, 1973）によって定式化された神経心理学の概念と、どのように関係があるか、著者たちは議論しました（Erickson, Rossi, and Rossi, 1976）。

慎重に定式化されたダブル・バインドに対する患者の反応の詳細な研究と評価は、さらに催眠ワークを計画する際にとても役に立ちます。以下のことを考えてください（夢遊トレーニングの開始、あるいは少なくともトランスの確認をすることができます）。

今、その瞬間にあなたの目が開きますが、あなたは目覚める必要はありません。

[休止]

あるいは、目が閉じていたときに起こったことを思い出すことなく、目が開くときに目覚めることができます。

この二重解離ダブル・バインドには、暗示を受け取って、その暗示が作用していることを示す確かな目印があります。つまり、目を開けていることです。セラピストは目が開くとき、①患者が目覚めていることを示しながら、同時に体の動きがあるか、あるいは、②患者が、そのトランスが続いていることを示す静止状態にあるかどうか、注意します。目が開くとき患者の体が静止状態なら、そのトランスは続いているので、患者はトランスでのすべての出来事を完全に記憶しています。セラピストが質問して、その後、観念運動反応を求めることで、この状態を評価することができます。そうすることで、患者の無意識は、トランスがまだ存在することをしっかりと確認することができます（例えば、もし、あなたがトランスにまだいるなら、あなたの「イエス」の指が持ち上がります。あなたの頭がゆっくりと「イエス」と頷きます、など）。目を開けていても、患者がトランス経験をし続いていることを示す肯定的観念運動反応は、患者が夢遊トレーニングの初期に入ったというはっきりした徴候です。一般的に、この状態の患者は、まるで目覚めているかのように行動することができます。それにもかかわらず、まるで深いトランスの中にいるかのように、暗示に従い続けます。そのとき、セラピストは、関与 involvement を深めて、催眠反応の範囲を広げるために、さらに暗示を提示することによって、この夢遊トレーニングを続けます（自動会話 automatic talking、自動筆記 automatic writing、幻視、幻聴など）。

その一方で、目を開けたとき、完全に目覚めているかのように、そのような患者が、動いたり、話したりする場合、第二の選択肢 second alternative で、患者は明らかに行動しています。そして、トランスでの出来事を健忘しているかを判断することによって、トランスの有効性を評価します。しかし、患者が目覚めて、健忘していないなら、どうですか？　これは、そのトランスを経験していなかったことを意味しているのですか？そうかもしれません。しかし、よくありそうなのは、そのような患者は、トランスの間、彼らにとって特に重要なことを一つか二つだけ思い出します。そしてトランスの後、簡単に思い出せるような意識的注意を、それがひきつけていて、他のトランスでの出来事を、ほとんど健忘しているということです。しかし、もう一つの可能性は、健忘がそのような患者にとって、特に難しい反応かもしれないということです。患者は本物のトランスを経験したかもしれませんが、何かの理由で健忘反応を経験することができません。この可能性を評価するために、セラピストはトランスを再導入して、そして、もう一つの二重解離ダブル・バインドの後、トランスの徴候として、もう一つのモダリティを使います。たとえば、以下では、体の動き（あるいは、言葉での反応の抑制）が、健忘の代わりにトランスの徴候として使われています。

今、すぐに、あなたの目は開きます。しかし、あなたは目覚める必要はありません。

あるいは、目が開くとき、あなたは目覚めることができます。しかし、あなたは二、三分間、腕を動かしたいとは思いません［あるいは、二、三分間、話したいとは思いません］。

第二の選択肢と目覚めを受け入れる患者は、数分間、腕を動かさないこと（あるいは話さないこと）で、トランスを検証することができます。このように許容的にトランス指標を提供することが賢明です。むしろ、（「あなたは、腕を動かすことができないでしょう」）と挑戦するより、（「あなたは、腕を動かそうという気がしないでしょう」）とした方が良いと思われます。なぜなら、見かけ上の独立と力の中で、そのような尊大さを手に入れた私たちの現代的意識は、挑戦をしばしば侮辱として捉えるからです。

十二　複数レベルの意味とコミュニケーション——ジョーク、しゃれ、メタファー、そしてシンボルの中での意識の進化

私たちの五段階のトランス誘導とユーティライゼーション（図1）の力学のパラダイムは、私たちが「複数レベルの意味とコミュニケーション」と呼ぶものの中の重要なプロセスをいくつか例示します。多くの文学的手段は、無意識の探索およびプロセスを始める手段であり、実際に、複数レベルの意味を喚起します。これは、精神的な力学のエコノミー、そして意識の進化についてのとても興味深い、そして重要な側面です。フロイトは、原初の言葉 primal words（Freud, 1910）の相反する意味、および無意識（Freud, 1905）とジョークとしゃれの関係について検討しました。ジョークは、私たちのアプローチでは特定の価値があります。なぜなら、ジョークは、極度に制限された患者のメンタルセットを、患者が突破できるようにするからです。そして、このように、他の物について、おそらく新しいレベルの意味について、無意識の探索を始めます。ユングは、別のものを表す単純な指標としてではなく、むしろ、意識になるプロセス（Jung, 1956）の中に、まだある何かを表現する最良のものとして、シンボルの概念について議論しました。すべてのこれらの概念における重要な要因は、意識の進化についての考えです。学習された限界のために、患者に問題がある場合、そのとき、はっきりしていることは、行動の可能性と限界を回避する新しい意識パターンを、患者が開発できるようにすることで、治療プロセスを始めることができるということです。

この視点から見て、私たちは、メタファーやアナロジーが、どうして芸術的手段以上の何かであり得るのか、理解することができます。つまりメタファーやアナロジーは、新しい意識のパターンや新しい意識の次元を呼び起こすことができるのです。メタファーという単語のまさしくその起源（メタ meta「越えて、上に」・pherin「持ってくること、運ぶこと」▼訳注5）は、無意識の範囲内で開発される新しい意味がどれほど、メタファーによって意識まで持ってこられるか、示唆します。従来、メタファーは、文字通り一つのものを表示する単語またはフレーズであると定義されてきました。しかしアナロジーによって別のこと（例えば、船が波間をかきわけて進む——悪態を連発）を示唆します。

▼**訳注5**　メタファー metaphor はギリシャ語の二つの単語、meta「の上に」とpherin「運ぶ、あるいは持ってくること」に基づいている。メタファーは、ある評価基準系から別の評価基準系まで意味を転送する方法として使用される。

しかし、私たちが心理的に使用する際には、メタファー、アナロジー、そしてシミリ（直喩）のような従来の文学的手段は、治療業務 therapeutic transaction において、洞察、あるいは新しい意識の発達を促進する手段として理解することができます。それらは、本質的に新しい意味の生成、そして意識の次元に結びつく無意識の探索およびプロセスを始める刺激です。最近、ジェイン（Jaynes, 1976）は、心理学、言語学、神経心理学および人類学の分野から、広範なデータを統合しました。そして、その研究は、メタファーとアナロジーが新しいレベルの意識を生成するという仮説を支持しました。

上席著者は、催眠療法の中で治療プロセスを促進するために、そのようなアプローチの使い方を開拓しました。上席著者が散りばめアプローチを段階的に発展させたことは、彼の学習における最も重要な要因であり、これによって、意識の進化を増強しただけでなく、複数レベルでの意味とコミュニケーションが深まりました。非決定論的なプロセスと決定論的なプロセスの両方の証拠が、ここにあります。本書の多くのケースで、患者の問題の中核にあると、上席著者が感じている特定の力を認識して促進するために、これらのアプローチを、上席著者は使います。彼は、患者が特定の明確な力を認識することに役立つ、高度に決定論的な方法で、複数レベルでコミュニケーションします。しかし、これらのほとんどのケースにおいて、患者はさらに、患者も上席著者も予測していない完全に新しいことを学習します。それは、意識の進化を促進する上で最もエキサイティングな、これらアプローチの非決定論的な側面です。ユングは、彼が超越機能 transcendent function と呼んだものの中で、これらの力を明確に述べました。すなわち新しい認識パターンの進化を促進する方法で、意識と無意識の内容を統合します（Jung, 1960）。私たちは、本書のケースで例示される臨床的アプローチの多くが、実際には、そのような新しい認識パターンの進化を促進する手段であると推測しています。

練習

（一）私たちは、この章で論じられるほとんどの間接形式の暗示技術を容易に習得するために、以前、いくつかのエクササイズを提示しました（Erickson, Rossi, and Rossi, 1976）。しかし、間接的なアプローチの可能性はとても多面的なので、それらのアプローチを臨床的に使用する際に圧倒されたと感じて、系統的に開始できないことがあります。このため、私たちは、一度に少数のことだけを利用することを、読者が学ぶことを強く提案します。たとえば、質問と自明の理のすべての形式を伴う散りばめアプローチは、どんな治療面接においても利用することができますが、トランスを正式に誘導することは一切ありません。これらのアプローチが患者自身の語彙と参照枠と一緒に使われるときに、イエス・セットの発展を見るだけでも、非常に有益です。このレベルでの私たちのアプローチは、ロジャーズ(Rogers, 1951)の非指示的な、クライアント中心アプローチと類似しているように見えるかもしれません。

(二)正式なトランス誘導をしなくても、経験できることについて期待という態度を維持することで、観念力動的なプロセスの効果を、無制限な形式の方法で簡単に、患者で調査することができます。目を閉じたそのような五〜二〇分間の練習期間の後に、被験者が眠っていたか、あるいはトランスの中にいたかのように、内部ワークを終了するために目を開けるとき、どのようにほとんどの被験者が伸びをして、あくびをして、体に対してリ・オリエンテーションするか注目することは有益です。恐らく、被験者は今までトランスを経験していました(Erickson, 1964)。私たちは、被験者がトランスを経験していたか否かを評価するための独立した基準を実際には持っていません。

(三)能力の次の段階には、恐らく、多様な複合暗示を計画的に使用することが含まれています。セラピストには、偶有的暗示と連想ネットワークのパターンを前もって、丁寧に完全に書いておくための時間と忍耐が必要です。ショック、驚き、そして創造的な瞬間を使用することには、これらの現象がどのように日常生活において、自発的に動作するかという慎重な研究とレトロスペクティブ分析 retrospective analysis が含まれています。

(四)含意は、治療セッションの録音テープを慎重に研究することで、容易に使用することができます。セラピストの発言と患者の発言、両方の意識的な含意、無意識的な含意は何でしょうか? そのような研究をした後、徐々に単語が言い表しているのと同様な単語の含意について、より多くのことを意識するように心がけます。その後、治療的なアプローチとして、含意を計画的に使用することを開始することができます。ジョーク、しゃれ、そしてメタファーによる複数レベルの意味は、今、簡単に利用できるようになりました。

(五)この章で検討した治療的なバインドとダブル・バインドを学習することは、かなり簡単です。そして、それらによって、催眠反応の精神力動と促進を調査するために、ほとんど無限の範囲の可能性がもたらされます。この領域に、新しく興味を持つようになったセラピストは、他の人がクロスワードパズルで時間を潰しているちょうどそのとき、反応のすべての可能性を明らかにカバーする意識―無意識、そして二重解離ダブル・バインドを、もっともらしく定式化することに多くの楽しい時間を費やすことができます。臨床診療において、人で実際に試してみることは、フェール・セーフな手順です。というのは、最悪の場合、患者は多分、それを無視するので、まったく何も起こらないからです。ワツラウィックたち(Watzlawick et al., 1967)、ヘイリー(Haley, 1963, 1973)と著者ら(Erickson and Rossi, 1975)によって議論された他の形のダブル・バインドは、幸運な偶然によって、下席著者の所へさらにもたらされました。私たちは、理解していることについての先導者としてここにいます in the vanguard of our understanding of understanding。コントロールされた実験的研究と多くの興味深い臨床例を発表する必要性があります。

（六）心理療法をするために、コンピュータプログラムを書くという現在の興味をそそる議論に対して、間接的な形の暗示が貢献するかもしれません（Weizenbaum, 1976; Nichols, 1978）。ふさわしい経験を持つ読者は、これらの催眠形式をプログラムしたコンピュータによって、特異性症候群、個人的問題、そして、変性状態の意識を、ユニークに適合させる新しい暗示の組合せを生み出す可能性を探ることができるかもしれません。

第三章 ユーティライゼーション・アプローチ
——トランス誘導と暗示

Three

上席著者（Erickson, 1958, 1959）は、同じ方法を機械的に誰にでも適用する「様式化された儀礼的なトランス誘導手順」と、トランスを促進するために患者独自の個性と行動を利用する「自然主義的なアプローチ」とを区別しました。ユーティライゼーション・アプローチは治療的トランスとして定義される内部の焦点に導く方法であり、自分の個性と行動の重要な側面に、患者の注意が固定されます。患者の習慣的意識セットは、多少弱められます。そして、無意識の探索とプロセスが治療反応を促進するために開始します。この章で私たちは、臨床診療から、トランス誘導し暗示する、このユーティライゼーション・アプローチをいろいろな例で示します。私たちは、実際の誘導とトランスの承認を使って、トランス経験を患者に準備させる典型的アプローチのいくつかを分析します。これらの例では、セラピストと患者が自分自身を見つけるあらゆる実際の状況において、ユーティライゼーション・アプローチや間接形式の暗示による相互作用が、治療効果を促進しています。

一 患者が明らかにする行動を受け入れて、利用すること

他の大部分の形の心理療法の場合のように、ユーティライゼーション・アプローチの最初の段階は、患者が明らかにする

行動を受け入れて、患者の参照枠を認識することです。この心を開き、患者の世界を承認することによって、同じように心を開き、セラピストを承認することが、患者にとって容易になります。以下で取り上げた例には、上席著者が出版したものも出版していないものもあります（Erickson 1958, 1959）。これらの例で、どのようにしたら、ラポールを生じることができるか、そして、素早く治療的トランス経験につなげることができるかを説明します。

トランス状態を生じることとは、精神内部の intrapsychic 現象であり、内部プロセスに依存します。そして、催眠術師の活動が役立つのは、良好な状況をつくることだけです。似たようなものとして、保育器は卵が孵化するための良好な環境を供給します。しかし、実際の孵化は卵内の生命プロセスの展開に由来しています。

トランス誘導において、経験の浅い催眠術師は、多くの場合、どのように被験者が行動「すべき」か、彼の構想に合わせて、被験者の行動を指示したり、仕向けたりしようとします。催眠術師の役割を常に最小にし、被験者の役割を常に最大にすべきです。例として、後から、医学生に催眠を教えるために使用されたボランティアの被験者のことを引き合いに出すと良いかもしれません。催眠に関する一般的な話し合いの後、彼女は、すぐにトランスに入りたいという意欲を表しました。最も快適であると感じるように、椅子に座る位置を選んでください、という暗示が彼女になされました。落ちついて、満足したとき、彼女は、タバコを吸いたい、と言いました。彼女は、すぐに一本貰って、そして、彼女はゆったりとタバコを吸い始めました。そして、瞑想するかのように上向きに煙が動いているのを見ました。さりげない会話で、タバコを吸う楽しみについて、丸まった煙を見ている楽しみについて、タバコを彼女の口まで持ってくる気持ちが安らぐ感覚について、ちょうど気持ちよく、そして、外部のものにまったく対応する必要もなく、タバコを吸うことに気持よく完全に没頭するようになるときの内部の満足感について、話しました。すぐに、息を吸い込むこと、息を吐くことについて、さりげなくコメントしました。そして、タイミングを合わせて、これらの言葉を、彼女の実際の呼吸と調和するようにしました。他には、それを利用して、ほとんど自動的にタバコを口まで持ち上げること、それから椅子の肘掛けまで手を降ろすことが簡単にできました。これらも彼女の実際の行動と一致するタイミングでコメントしました。すぐに、「息を吸う」、「息を吐く」、「持ち上げる」、そして「降ろす」という言葉による暗示が、一見すると会話的性質を持っていたために気づかないうちに条件づけられていました。同様に、眠くなる、眠たい、そして眠っているという言葉が、まぶたの動きにタイミングを合わせて、さり気なく暗示されました。

タバコを吸い終わらないうちに、彼女は軽いトランスを生じました。それから、彼女に「ますますぐっすり眠って、タバコを吸うことを楽しみ続けるかもしれません」、「ますます完全に深い睡眠に入って、自分のことに没頭する間、催眠術師がタバコの世話をします」、「眠っているとき、満足感と喫煙の感覚を経験し続けます」と暗示しました。満足できる深いトランスが生じました。そして、彼女に広範なトレーニングをして、無意識の行動様式に合わせて反応することを教えました。

この例で、最初の準備と促進をする最適な参照枠が生じたのは、被験者が催眠に関する一般的な議論を聞いていたからでした。上席著者は、教師として、催眠についての一般的な話をするとき、間接的連想フォーカシングと間接的観念力学フォーカシングをどうしても使わないではいられませんでした。前の章で見てきたように、すべてのそのような一般的な話し合いは観念力学的プロセスを自動的に開始し、そして、そのプロセスはその後、トランス経験の基盤として用いることができます。

彼女はボランティアの被験者でしたが、この最初の準備が、彼女にとって特に効果的であったことがわかりました。そのようなグループのボランティアとして仕事をする喜びは、まさしく、トランスを準備するために、このような形で自己認識することにあります。

いったん、彼女がトランスワークのためにゆったりした後でも、彼女がタバコを吸いたいと望んだら、それほど経験を積んでいないセラピストなら驚いて、抵抗のサインとして不安になったかもしれません。実際、この同じ女性を、後から学生たちが被験者として使ったとき、タバコを吸いたいという彼女の願いを受け入れませんでした。それでトランス誘導することができませんでした。しかし、上席著者は、すぐに彼女の行動を受け入れて、彼女にタバコを渡すことさえもしました。今、二人は一緒になって、彼女がタバコを吸うことに協力し合ったので、このことが二人のラポールを強化しました。彼女が、「ぼんやりと、瞑想するかのように」して、タバコを吸い始めたとき、私たちは、喫煙が破壊的な行動のように見えたとしても、催眠プロセスと協力することを無意識が決定する手段であったかもしれないと認識し始めることができます。この被験者にとって、タバコを吸うことは完全にトランス誘導と調和して、内部の瞑想的な気分につながりました。上席著者は、「さりげない会話で話すこと」で、一層、喫煙に彼女の注意を向けることによって、瞑想的な気分を認識し、利用して、トランスを促進しました。当然のことながら、このさり気ない会話が、上席著者に、「気持ちよく、そして、外部のものにまったく対応する必要もなく」喫煙する際に、「喜び」、「安らぎ」、「内部の満足感」、そして「完全に没頭するようになる」という暗示を散りばめることができる一般的な文脈を提供します。これらの散りばめ暗示は、さらに彼女の習慣的覚醒オリエンテーションを弱める傾向がありました。外部のものに注意する必要がないときに起こる知らないこと、そしてしないことのプロセスは、方向とオリエンテーションを新しい形にするための探索へと、彼女の無意識を導きました。

この新しい方向を上席著者は、彼女の喫煙行動に明らかな関心を示すとともに提示しました。その後、上席著者は彼女の喫煙行動を無意識の条件づけプロセスに利用しました。彼女が息を吸うこと、息を吐くこと、手を持ち上げること、そして手を下げることは、声と暗示に従うための条件づけになりました。この無意識の条件づけは、彼女の反応注意力を評価する方法であり、強化する方法でもありました。最終的に、「眠くなる」というような観念力学的価値を連想させる言葉が、その後、睡眠について暗示された実際のまぶたの行動と関係していました（まぶたを閉じること、バタバタすることなど）。たとえセラピストと患者の双方が、治療的トランスが睡眠でないと完全に認めるとしても、睡眠についての考えを呼び起こす言葉は、トランスを促進する傾向がある関連行動（快適さやしないことのような）を喚起する傾向があります。

エリクソンが彼女にタバコを渡して、「ますますぐっすり眠っても、タバコを吸うことを楽しみ続けるかもしれません」と暗示したので、ラポールのプロセスはさらに強化されました。彼女が明らかに、楽しんだこと、例えばタバコを吸うような願望を幻覚で充たすことは、「ますますぐっすり」眠ることに左右されました。トランスに入るとともに、彼女は、継続的な「満足感」を与えられました。それから、彼女自身に関連したプロセスを呼び起こした多くの間接的な形の暗示とともに、彼女の喫煙行動をこのように堅実にユーティライゼーションすることは、より広範なトランストレーニングにつながりました。

次の例では、主に外部のものに注意を向けている高度に知的な参照枠を、どのようにしたら、治療的トランスに適合する内部の焦点へ徐々に移すことができるか、特にはっきりした形で説明します。

この患者は、とても元気にオフィスに入って来て、催眠にかかるかどうかわかりません、とすぐに断言しました。可能なかぎり、神秘的で儀式的方法ではなく、知的な方法で、筆者が全問題にアプローチできるなら、彼は喜んでトランスに入るつもりでした。彼は、さまざまな理由で心理療法を必要としていたので、さまざまな心理療法の学派を広範に試みましたが無駄でした、と打ち明けました。催眠を機会あるごとに試みましたが、「神秘主義」、および「知的アプローチへの理解不足」のために惨めに失敗してきました。

質問すると、彼は提示されたアプローチを「知的」と感じることがわかりました。そのアプローチでは考えを暗示せずに、現実に関連した彼自身の考えと感覚に関して、彼に質問しました。彼が椅子に座っており、机の前に椅子があること、そして、これらが、現実の絶対的な事実を構成していたことを、筆者が認識するべきだ、と彼は断言しました。このように、それらは、見落とされること、忘れられること、拒否すること、あるいは無視することができませんでした。さらに説明する中で、明らかに、緊張していて、心配していて、手の緊張による震えtension tremorsを心配していると、彼は指摘しました。そして、手は椅子のアームに置かれ、さらに、非常にボーッとしていましたが、自分に関するすべてのことに気付いていました。

筆者は、彼と連携するための最初の基盤として、この最後のコメントにすぐに飛びつきました。「あなたが考えていることや理解していることを説明していってください。そして、私が確実に、完全に理解して、あなたに、ついていくのに必要なだけ、私が中断することを許してください。たとえば、あなたは椅子のことを話しました。しかし、明らかに、あなたが私の机を見たとき、机の上の物で、気が散りました。そういうことを含めて完全に説明してください」と、彼に言いました。

彼は、見えるものすべてを、多少なりとつながりのあるコメントをたくさん使って、くどくどと応じました。わずかな休止ごとに、筆者は、あらためて、彼の注意を向けるために、単語とかフレーズを使って、口をはさみました。そして以下のようにこれらの中断の頻度を増やしました。「そして、そのペーパーウエイト、ファイリング・キャビネット、敷物の上のあなたの足、天井灯、カーテン、椅子の肘掛けのあなたの右手、壁の絵、あなたがまわりをチラッと見て、あなたの目の焦点を変えること、本のタイトルへの興味、あなたの肩の緊張、椅子の感覚、気がかりな音と考え、手と足の重さ、問題の重み、机の重み、文房具スタンド、多くの患者の記録、生命現象、病気現象、感情的現象、肉体的現象、そして精神的行動、リラックスの安らぎ、その人のニーズに対応する必要、机またはペーパーウエイトまたはタイル・キャビネットを見ている間、その人の緊張に対応する必要性、環境から引きこもることの快適さ、疲労とその進展、机の特徴の不変性、タイル・キャビネットの単調さ、休むことの必要性、目を閉じることの快適さ、リラックスした感じの深呼吸、受動的に学ぶ喜び、無意識による知的な学習能力？」最初はゆっくりと、そして、頻度を増やしながら、類似した言葉をいろいろ使って、簡潔に、口をはさみました。

当初はこのように、患者自身の一連の考えと発言を単に補足するものとして、口をはさみました。最初、彼を刺激して、さらに努力させることだけしか、効果はありませんでした。行動を刺激することを、彼が受け入れたので、こうした反応が起きたとき、休止とためらいという方法で、口をはさむことができるようになりました。これによって、彼の中に、著者に対して、さらに一層完全な刺激を期待して待つ依存性が生じるようになりました。

この手続きが、患者に気づかれないように継続されると、徐々に、彼の注意は内部の主観的な経験の問題に向けられました。その後、単純で段階的にリラックスするトランス誘導技術をほとんど直接、使用して、軽い中間のトランスを確保することが可能になりました。

治療全体にわたって、手順は次第に短縮されるようになりましたが、さらにトランス誘導しても、基本的に同じ程度でした。

患者は、「催眠にかかるかどうか、わかりません」という最初のメッセージで、トランスの有効性に関して、重要な承認をしています。前の章で見たように、「知らないこと、しないこと」は、実際に、トランスを経験するための重要な条件です。この高度に知的な人は、彼が知らない場所、彼の習慣的参照枠が安定しない場所があると認めています――催眠は、明らかにある程度不十分な、これらの習慣的な精神的フレームワークをバイパスすることができ、その結果、必要な心理療法を行うことができる場所です。

その後、患者はトランス経験をするための条件を言います。著者（上席著者）は、神秘的、そして儀式的なすべての手段を避け、知的なアプローチを使用する必要があります。どんなに思慮深いセラピストでも明らかに、患者の知的なオリエンテーション能力はユーティライゼーションに最も適していると評価するものでした。

それから、患者は彼の「注意散漫な」状態を説明します。そして、上席著者はそれを彼と協力する最初の基礎として、すぐに利用します。「私が確実に完全に理解して、あなたについていく」ために、上席著者は、患者が考えを報告することを再開するように励まします。これは、認識されない散りばめ暗示で、それによって、理解と追随がセラピーにおいて重要であることを意味しています。ちょうどセラピストが最初に患者を理解し追随するように、患者もすぐに、セラピストを理解し追随できるようになります。治療的な参照枠を作るためのラポール、反応注意力と最適な態度は、この最初の暗示と患者の受け入れ行動によって、すべてが暗に伝えられ、その結果、促進されます。

患者に「完全に説明して」と上席著者は求めましたが、これは実際には、患者自身の行動（物によって気が散らされた）の突出した面を患者自身が指摘して、患者の注意を集中し固定する手段でしたが、患者は認識していませんでした。患者は、自分の行動のこの側面を指摘しました。そのことによって、患者は、ある特別な興味を間違いなく「保持し」たので、このように、彼の注意を保持する理想的な手段として役立ちました。これは、奇妙な状況であり、特にこの患者にとって、ダブル・バインドになっているかもしれません。彼の注意の散漫は、注意を固定するために、取り乱さないために使われます。

上席著者は今、患者と協力する手段として、休止ごとに、新たに彼の注意を向け直すことによって、用心深く患者と交流します。そして、同時に彼の反応注意力を強化します。一歩一歩丁寧に、上席著者は、連想ネットワークを構築します。そして、それは、ペーパーウエイトやファイリング・キャビネットから、「受動的に学ぶ喜び」、そして「無意識による知的な学習能力」へと、患者を導きます。外部から内部へと焦点が移動することが、トランスワークと一致します。その移動は、「受動的に学ぶ」こと、そして「無意識の」学習を強調するとともに、患者の知的アプローチを持続的に利用することで促進されます。このように、トランス経験の受動性および無意識の側面は、患者がすでに受け入れ、どのように行うか知っている「学習」に関係しています。したがって、それが学習に関係している場合、受動性と無意識を受け入れることは、患者にとってはるかに簡単です。外部から内部へのこの焦点の変更において、上席著者には、間接的連想フォーカシング（例えば「生命現象、病気現象、感情的現象、肉体的現象、そして精神的行動」）と間接的観念力学フォーカシング（リラックスの安らぎ……環境から引きこもることの快適さ、疲労とその進展）に関する多くの形式を散りばめる素晴らしい機会があります。これが、患者の問題を調査するだけでなく、トランス経験の部分的な側面を呼び起こすことができる無意識の探索と無意識のプロセスを始めることによって、トランス誘導を促進することができます。

「患者自身の一連の考えと発言」を、セラピストは利用し続けたので、患者の反応注意力はさらに増強されました。そして、「内部の主観的な経験の問題」に、立ち向かうために、セラピストに今、目を向け始めたとき、より大きな程度の「依存して期待して待つ状態」を患者は経験しました。そして、ここに、彼の精神的な問題がありました。

同様なアプローチを以下のケースで使用しました。今、私たちが提示した力学の観点から分析していることに、読者は容易に気づくはずです。

本質的に同じ手続きを、三〇代初めの男性患者に使用しました。彼は、オフィスに入ると、フロアを行ったり来たりし始めました。彼は、静かに座ること、ソファーの上に横たわることが、彼の問題に関連していて、我慢できないことを繰り返し説明しました。彼はさまざまな精神科医によって繰り返し、治療を放棄されました。なぜなら、精神科医は、協力が足りない、と彼を「非難した」からでした。「できることなら、催眠療法を使ってほしいのです」と彼は言いました。というのは、彼の不安は、ほとんど耐えられないものなので、精神科医のオフィスに入ると、いつでも不安が増したからでした。それで彼は、絶えず床を行ったり来たりすることが必要でした。

床を行ったり来たりする必要性を、彼はさらにくどくどと説明していましたが、最終的に、「ちょうど今、しているように、あなたはフロアを行ったり来たりし続けることによって、私に協力する気がありますか？」と質問することで、うまく遮りました。「する気があるか？ やれやれ、なんてことだ！ オフィスに居続けるなら、そうするしかないでしょう」と、彼は驚いて返事をしました。

そこで、著者は、行ったり来たりの尺度を部分的に指示するので、行ったり来たりに参加させてほしい、と彼に頼みました。これに対して、彼は、かなり当惑しながらも同意しました。彼は、前後に行ったり来たりして、左に曲がって、右に曲がって、椅子に背を向けて歩いて、椅子に向かって歩いて、と求められました。最初、これらは、彼のステップに一致するテンポで指示されました。徐々に、指示のテンポは遅くなりました。そして、「今、座ることができる椅子から遠ざかるように右に曲がって。座ることができる椅子に向かって、左に曲がって。座ることができる椅子に背を向けて歩いて。座ることができる椅子の方へ歩いて」などに、言葉を変化させました。この言葉遣いで、さらに協力的行動をするための基礎が築かれました。

テンポは、なおさら遅くなりました。そして、指示は「気持ちよく座るかのように、あなたがもうすぐ近づく椅子」というフレーズを含むものに再び変わりました。これも同様に、「自分自身が気持ちよく座っていることに、あなたがまもなく気づく椅子」に変わりました。行ったり来たりすることが、だんだん遅くなり、著者の言葉の指示にますます依存するようになりました。その結果、彼が病歴historyとうまく折り合ったrelateとき、自分自身を椅子に座らせて、深いトランスに、さらに深く、さらに深く入るという直接暗示をすることができました。

このように中程度のトランスを誘導するために、およそ四十五分間が費やされました。そうして、患者の緊張および心配をそのように減らしました。その後、彼は治療に容易に協力することができました。

この種の「ユーティライゼーション・テクニック」の価値は、患者が完全に受容できること、患者の行動にかかわらず、セラピストが効果的に患者と交渉することができることを患者に向けて効果的にデモンストレーションできることにあります。それによって患者がプレゼンテーションし、双方の必要性が満たされます。さらに、それは、誘導手順の重要な部分として、患者を支配するその行動そのものを使用します。

「ちょうど今、しているように、あなたはフロアを行ったり来たりし続けることによって、私に協力する気がありますか？」という上席著者の質問は、一つの文中に、いくつかの間接的催眠形式を使用した、とても創造性に富んだ例です。質問によって、すぐに患者の注意が固定し、適切な反応をするための内部探索を患者はします。それは、フロアを行ったり来たりするという進行中の行動と、協力についての重要な暗示を結びつける素晴らしい複合暗示です。絶えずフロアを行ったり来たりするという患者自身の能力を、イエス・セットを促進するために、素早く評価し、受け入れ、利用しました。質問は、ちょっとしたショックと驚きとしてやって来ました。そして、ショックと驚きは患者自身の抵抗に関係している優位なメンタルセットを弱めて、協力する必要性を感じさせました。その結果、彼は「驚きのあまり」、感嘆の大声を出しました。ラポールが、このように強力に確立され、共同事業として、治療が構成されました。そのような強い即時のラポールを伴った高い期待によって、セラピストのさらなる暗示に対してだけでなく、患者自身の内部状態に対して、患者の反応注意力が高められ、推進されました。段階的な連想と無意識の条件づけプロセスによって、この反応注意力は、さらにもっと高められました。したがって、患者は、座って、自分自身にさらに深く入って、という暗示を受け入れることが最終的にできました。その結果、患者は「深いトランス」と言われる深い没頭状態で、病歴 history を話すことができました。

ユーティライゼーション・アプローチを間接的暗示形式と統合することを学び始めたばかりのセラピストは、最初、これらの例に、少し圧倒されるかもしれません。そして、それはそのような素早い機転と資料 material を完全にコントロールすることが必要なように見えます。しかし、実際には、大部分の患者は、援助を必死に捜しています。以下の例によって示されるように、機会を与えられるならば協力する気が大いにあります。

もう一人の被験者（心理学科の卒業生）は、数時間、一心不乱に努力しましたが、深いトランス状態になることがとても難しいことを経験しました。そこで彼女は、「催眠の経験を他にしていないのですが、テクニックについて忠告してもいいですか」とおどおどと尋ねました。彼女の申し出は快く受け入れられました。すると、彼女は以下のように助言をしました。「あなたは、その点について、あまりに速く話しています。あなたは非常にゆっくり、そして断固として、それを言わなければなりません。そして、それを繰り返し続けなければなりません。非常に速く、それを言ってください。そして、どうそれからゆっくり、それを繰り返してください。そしてしばらく待って、ぞ、私を休ませるために、ときどき休止してください。そして、不定詞 infinitives を分割しないでください」。

彼女の手助けで、深い、ほとんど昏迷状態のトランスが、三〇分も経たないうちに確保されました。その後、彼女は、さまざまな実験研究に広範囲に従事し、深いトランスを誘導する方法を他の人に教える役目をしました。

そのような手助けを受け入れたとしても、無知の表れでも、また無能の表れのどちらでもありません。むしろ、素直に考えれば、深い催眠は共同事業であり、その中で被験者は仕事をし、そして催眠術師は被験者を発奮させ、必要な努力をさせるようにします。個々の学習パターンおよび他の人の反応を、実際に理解することができる人はいないことを認識します。この手段 measure は非常に知的で、ひどく興味を持っていた被験者で最良にうまくいきますが、さらに、それは他の人でも有効です。それによって、信頼感、自信を持ち、そして合同作業 a joint task に積極的に参加します。さらに、それは、催眠術師が神秘的な力を持つという誤解を取り除き、被験者と催眠術師のそれぞれの役割を間接的に決めることに役立ちます。

このように患者の助力を受け入れること、そして利用することが、私たちのアプローチの基本的な特徴です。そして、このアプローチは、まだ一般の人たちと大衆紙の想像の中で染みついている古い権威主義的な方法とは、はっきりと対照をなします。残念なことに、トランス経験を受動的な服従と同じ意味にしている初期の見当違いなアプローチが、まだステージ催眠術師によって広められています。しかし、次のセクションで説明する緊急事態の利用において見られるように、ひと世代前に、上席著者は、患者の協力と自身のコントロールが、いかに良い催眠ワークに重要か、説明しました。

二　緊急事態を利用すること

緊急事態は常にトランスを引き起こします。患者が自発的にトランス（危険に対する原始的な保護反応として）に陥っており、その結果、暗示感応性の異常に高められた状態にあるとき、いかに多くの医原病の問題、および神経症の徴候を、緊急事態とストレス状況の間、不運な発言を立ち聞きすることにより学習することになるのか、チークは説明しました（Cheek and LeCron, 1968; Cheek, 1959, 1966, 1969, 1974）。

上席著者は、そのような緊急事態を、徐々に治療的な暗示を持ち出すためにどのように利用できるか説明しました。彼自身の子どもたちとの二つの例は、以下の通りです。

七歳のアランは、割れたビンの上で転んで、足にひどい裂傷を負いました。彼は痛みと恐怖で、号泣しながら、キッチンに走って来ました。そして、「血が出てる、血が出てる！」と叫びました。

キッチンに入ったアランは、タオルをつかんで、血を拭こうとして、激しく拭い取ろうとし始めました。アランが息をつくために叫び声を上げるのを止めたとき、「その血を拭いて。その血を拭いて。バスタオルを使って。バスタオルを使って。バスタオルを使って。バスタオル、ハンドタオルじゃなく、バスタオル」と急き立てるように話しました。そして、バスタオルが手渡されました。アランは、使い終わったタオルを落としました。すぐに、急かすように、「すぐに、そのタオルをお前の足に巻きつけて、きつく足に巻きつけて、きつく足に巻きつけて」とアランに繰り返し言いました。

アランはまごつきながらも、このタオルを上手に巻きつけました。さらに続けて、「さあ、しっかりタオルを持って、タオルをしっかり持って、自動車に乗って、医者に行こう。タオルをしっかり持って」と急かしながら言いました。

外科医院へ行く途中、ずっと彼の怪我は、彼の姉が手に怪我したときほど、実際、大きくないので、同じくらいの数、針で縫ってもらえないかもしれない、と注意深く彼に説明しました。しかし、外科医ができるだけ多く針で縫うことを、確認することは全部彼の責任だと、彼に執拗に助言し、忠告しました。そこへ行くまでずっと、断固として、自分の権利を完全に要求するように、と彼に完璧に指導しました。

外科医院に着くと、アランは質問される前に、一〇〇針塗ってほしいと看護師にきっぱりと言いました。看護師は「こっちへ来て、その手術を受ける権利はあるわよ」と言っただけでした。彼女の後を追いながら、「あれは看護師だよ。医者は隣の部屋にいるよ。今、お前が望んでいることを、医者にすべて忘れずに話しなさい」と、アランに言いました。アランは、部屋に入ると、「僕に一〇〇針縫ってください。見てください！」と外科医に話しました。タオルを引き剥がして、彼は足を指さして、「そこです。一〇〇針。それは、ベティ・アリスよりずっと多いです。あまり間隔を離さないで。邪魔しないで。確認したいのです。僕は何針縫ったか、数えなければなりません。それで黒糸で縫ってください。そのほうが糸を確認できます。聞いてください。包帯はしてほしくありません。してほしいことは、縫うことです！」と力説しました。

外科医には、アランは十分、自分の状況を理解しているので、麻酔は必要ありません、と説明しました。アランに対して、著者は、足を最初に洗う必要がある、と説明しました。それから、アランは、縫合があまり離れていないことを確認するために、慎重に縫合の配置を観察することになっていました。アランは一つ一つ丁寧に、そして少しのミスもしないように数えることになっていました。

困惑するような静けさの中で、外科医が仕事をしている間、アランは縫合を数えて、その後、数え直しました。アランは、もっと近づけて縫合するように要求しましたが、彼の姉ほど縫合が多くないことがわかると不満気に嘆きました。彼は医院を出るとき、もう少し頑張れば、外科医は、もっと縫合できたのに、という趣旨のことを言いました。

帰り道で、アランは縫合が少なかったことを慰められた後、とてもよく全手順を監督できたね、と能力を賞賛されました。さらに、夕食をたくさん食べて、その後すぐに眠ることを勧められました。このように、彼の足は速く回復したので、姉がしたように、病院に行く必要はありませんでした。アランは熱心に、勧められたことをしました。

痛みのことも、麻酔の話も一切されませんでした。そして「慰め安心させること」もまた提供されませんでした。そして、トランス誘導の試みは、正式にはありませんでした。代わりに、状況全体のさまざまな側面は、アランの注意を、痛いという考えから完全に遠ざけ逸らすことに、そして、彼の全面的で積極的な協力と強烈な参加意欲 intense participation を確保して、全問題に対処するという七歳の少年にとって重要で価値あることに、注意を集中させることに利用されました。

このような状況では、患者は、何かしなければ、というすごく切迫した必要性を経験します。この必要性の認知、そして必要性の起源に直接関係した何かをすることによって、必要性を利用するための準備をすることによって、十分な処置のために、とても効果的なタイプの暗示が構成され、患者の完全な協力を確保します。

彼女のひざの取るに足らない（しかし、彼女にとってはそうではなかったので）ひっかき傷に苦しんでいた小さなロクサーナ Roxanna は、すすり泣いて、家に入りませんでした。怪我は、治療しようにもあまりに小さなものでしたので、適切な治療がありませんでした。そして「あなたはお母さんの勇敢な子よ、お母さんがキスしますよ、痛みはなくなるわよ、引っかき傷は治るわよ」という言葉掛けさえもありませんでした。ですから、言葉での慰めは何もありませんでした。その代わりに、効果的治療は、個人的必要性を利用することに基づいて、怪我に直接関係する中でなされます。それゆえに、ひっかき傷の右へのキス、左へのキス、そして真上のキスによって、ロクシーの傷は瞬間的に治癒しました。そして、全部の出来事は彼女のスリルに満ちた過去の歴史の一部になりました。

強い個人的必要性を利用するこの種の技術は、子どもでも大人でも有効です。患者が、何らかの強力な積極的で懸命な応答と参加を必要としている状況に、この種の技術は容易に適合させることができます。

これらの例から分かるように、催眠術師は、このような「外部の」緊急事態においてさえも、患者自身の内部の参照枠を継続的に利用しています。この極めて重要な患者内部の現実を利用する実例を、さらに次のセクションの中で示します。

三　患者内部の現実を利用すること

患者が外部に示した行動のユーティライゼーションは、承認と内部の現実——考え、感情 feelings、そして人生経験——のユーティライゼーションに一般化することができます。上席著者はこれを以下のように説明します。

別のタイプのユーティライゼーション・テクニックは、外部行動とは対照的な患者の内部行動を使用するものです。そしてこのテクニックは実験的にうまく当てはまる抵抗するタイプの患者においても使用されました。さらに、それは、経験の少ない被験者においても、効果的に使用できました。通常、目的に対する熱意だけでなく、知能の高さ、そしてある程度の洗練もまた必要です。手順は比較的簡単です。実験的被験者、あるいは治療の被験者は、自分の考え、理解、そして見解を自由に示すように依頼されるか、あるいは許可されます。その後、もしトランスが生じたら、自分の思考と感情の範囲内にあることを、広範囲にどんどん思索するように、被験者を励まします。患者がこれをすると、あるいは、たとえ患者が単にそのような思索はできないと抗議するだけであったとしても、あたかも術者が熱心に一層の理解、あるいはメッセージの確認を求めているかのごとく、患者は術者の後を追うようにして、思考と感覚の本質の中で、発言を繰り返します。したがって、被験者のコメントが術者によって、さらに順番に繰り返し引き出されます。より知性的な被験者では、そこに、さらに大きな自発性がある傾向があります。しかし、ときには経験が少ない、さらに教育を受けていない被験者であっても、著しく反応することがわかるかもしれません。

　このテクニックを使うと、患者の発言は、一つの例からもう一つへと、大きく変化するかもしれません。しかし、次の例は、方法を十分詳細に説明しています。

　この患者は、「三年間精神分析を受けましたが、全く進歩しませんでした。催眠療法を受けた年もありましたが、何にも得るものがありませんでした。私はトランスに入ったことさえありません。私は、一生懸命に試みました。まったく成果は得られませんでした。私はあなたを紹介されました。でも私は、あなたのところに来ても無駄だと思っています。たぶん、またしても失敗するだけです。私は、トランスに入っている自分を想像することができません。私は、トランスとは何かということさえ知りません」と精神医学的な援助を求める際に、力説しました。これらの意見と紹介してきた医者から以前に受け取った情報から、女性自身の言語表現が、誘導手順として使用できることが示唆されました。

　筆者の発言は、以下の傍点の部分です。あなたは、トランスが何であるか、実際に想像することができません――はい、私は想像することができません。トランスとは、どんなものですか？――はい、それは何でしょうか？――精神状態だと私は思っています――精神状態と思っているのですね。他には何か？――わかりません――あなたは本当にわからないのですね――はい、わかりません――あなたはわからない、あなたは疑問に思う、あなたは考えます――何かを考えます――はい、考えること、感じること、知覚することとは何ですか？――（休止）――わかりません――しかし、あなたは疑問に思います――あなたは眠りに入りますか？――いいえ、疲れて、リラックスして、眠く――本当に疲れて――そうして、とても疲れて、そしてリラックスして、他に何か？――混乱しています――あなたを混乱させています。あなたは考えます。感じます。あなたは何を感じますか？――私の目を――はい。あなたの目を、どのように？――目がバチバチしているようです――バチバチして、閉じて――（休止）――目が閉じていきます――閉じて、深く息を吸って――(休止)――疲れて、そしてリラックスして、何か他に?――(休止)――眠って、疲れて、リラックスして、眠って、深く息を吸って――(休止)――何か他に――変な感じがします――変な感じ、とても快適に、実際に学んで――(休止)――学んで、そうです、もっともっと学んで――(休止)――目を閉じて、深く息を吸って、リラックスして、快適に、とても快適に、何か他に?――(休止)――わかりません――あなたは本当にわかりません。しかし、本当に、もっともっと深く入ることを学習して――(休止)――話そうとしていますが、疲れすぎています。眠りそう――たぶん、一言二言です――わかりません(苦労して話す)――深く息を吸って、そしてあなたは本当にわかりません。今、深く行って、ぐっすりと眠って、もっともっとぐっすりと。気にせずに。今、学んで。さらにもっともっと深くなり続けて、そして、もっともっと、無意識と一緒に学んで。

この時点から、特別、暗示を入念にしなくても、簡単に直接、彼女を扱うことができました。これ以降、後催眠暗示を使って、トランスに入れました。

前記では、発言を凝縮するタイプのものを利用してトランス誘導しました。一般的に、とても多くの繰り返し(通常、特定の考えだけの)があります。そして、これらは患者から患者へ変化します。このテクニックの迅速性がはっきりわかることが、ときどきあります。しばしば、それは不安や恐怖のある患者に対して、安全である、彼らに何もしていない、あるいは、何も課していないという信念を持って、患者を慰めるのに役立ちます。そして患者は、手順のすべてのステップを、快適に知ることができると感じています。したがって、患者が行動パターンを無理に強要されていると感じたなら、患者は完全な協力を確約することができません。

前記から分かるように、知らないこと、「トランスが何か知りません」という患者の経験は、トランスと内部の現実の調査を始めるための理想的な出発点です。以下は、トランス誘導を容易にするために、患者の人生経験を利用する方法の実例です。

大学でのグループを前にした講演において、ボランティアの被験者は、「私は、何年か前に、一度催眠にかかったことがあります。それは軽いトランスでしたので、あまり満足できませんでした。そして、あなたと協力したいのはやまやまなんですが、私に催眠をかけることはできないと確信しています」と力説しました。「あなたは、そのトランスのときの身体的セッティングを思い出せますか?」「そうですね、それは、私が当時通っていた大学の心理学研究所でした」。「あなたがここで座っているように、そのトランス状況の身体的セッティングを思い出してもらって、私に話してもらえますか?」

彼は喜んで、軽く催眠をかけられた研究所の部屋を詳細に説明し始めました。そして、自分が座った椅子の説明をし、トランス誘導した教授のことも説明しました。この説明に続いて、そのとき、自分に与えられた実際の暗示と、自分が暗示に対してした反応の記憶をできるだけ、順序立てて、そして包括的に解説してほしい、と彼に著者がリクエストしたので、彼は同様な反応をしました。

ゆっくりと考えにふけりながら、被験者はリラックスして、疲れて、そして眠って、という暗示とともに、閉眼テクニックを説明しました。彼が自分の記憶を言葉にしながら進めていくと、目がゆっくり閉じられ、体がリラックスし、彼の話は、さらにゆっくりと、さらにためらうようになりました。彼がトランス状態にいることがはっきりするまで、彼が必要とする励ましは、どんどん多くなりました。その後すぐに、彼は、どこにいたか、そして、誰がいたか、はっきり言うように求められました。それで彼は前の大学と元教授の名前を挙げました。さらに言わなければならないことが著者にあったので、間髪を入れず注意深く聞くように、彼に求めました。そして、その後、彼を使って、深いトランス現象をデモンストレーションしました。

記憶に焦点を当てる質問は、患者がトランスを利用し、評価する信頼できる手段であり、ときにはトランス誘導を実際に促進するすばらしい手段であることに、下席著者は気づきました。例えば、一人の女性が子どもの頃の記憶について尋ねられたとき、最初に彼女は、長い間、よく知っていたことを答えました。彼女がさらに調べるように励まされたとき、彼女はしばらくの間、休止して、ありふれた日常的トランスと呼ぶその内部の焦点を表した後、他のものが何も目に入らないように、静かに明るい光を見上げているかのように思われることに気づきました。一瞬おいて、彼女の左足は浮揚し始めました。一方で、彼女の体の残りの部分は静止したままでしたが、はっきりとリラックスしていました。その後、彼女は、金切り声が喉の中で積み重なっているのを感じています、と報告しました。それで、彼女は突然、頭を振って体をもぞもぞと動かして、明らかに覚醒状態へとリ・オリエンテーションしました。子どもの頃の記憶を内部探索する中で、彼女は、自発的にトランスに入って、ちょっとの間、幼少時まで、本物の年齢退行を経験しました。そのときの彼女は、視野と体が、見たところまったく随意的にコントロールされていませんでした。そして、幼児のように、彼女は泣こうとしているように感じました。それが彼女を怖がらせたので、彼女は覚醒状態に自発的にリ・オリエンテーションしました。これほど劇的な反応を、多くの場合、得ることはありませんが、患者の人生と活動の内部チェックに患者を集中させる質問が、認識できる治療的トランスと結びつくと、その内部探索と無意識のプロセスを促進することに、私たちはしばしば気づきます。

四　患者の抵抗を利用する

不幸なことに、おそらく催眠に対するいわゆる抵抗の基の大部分は、支配－服従という催眠に対する見方にあります。このため、上席著者は、この抵抗に対処するために、多くのユーティライゼーション・アプローチや間接形式の暗示を開発しました。彼のアプローチは、基本的に以前のセクションで概説したものと同じです。そして、そこでの彼は、最初に認識し、信頼関係を確立するための基盤として、患者が表す行動を受け入れ、その後、徐々に患者を内側に集中させせます。

何度も遭遇する被験者の明らかな積極的抵抗は、完全に催眠術師の考えに一致して行動することを、被験者に強制するのではなく、催眠術師が被験者と妥協するつもりがあるかをテストする無意識の指標以外のなにものでもありません。このように、数人の催眠術師が失敗した一人の被験者は、デモンストレーションの被験者になると申し出ました。申し出が受け入れられたとき、彼女は堅く背筋を伸ばした挑戦的な姿勢で聴衆と向き合って、椅子に座りました。この明らかに不都合な行動をしながらも被験者は、催眠は完全なリラックス、あるいは自動運動に必ずしも依存しませんが、もし催眠術師が被験者の行動を全面的に受け入れることをいとわなければ、協力をいとわない被験者に催眠を誘導することができるでしょう、という聴衆へのざっくばらんな見解を聞きました。これに対して、被験者は立ち上がって、立っていても催眠にかかることができますか、と質問しました。彼女の質問には、「なぜ、それができることを、デモンストレーションしないのですか？」と提案することで対抗しました。一連の暗示は、深いトランスを急速に生じました。聴衆からの質問で、彼女が催眠に関する本を幅広く読んでいて、受動的に反応するロボット、自己表現ができないロボットという催眠をかけられた人がしばしば遭遇する誤解に、熱心に反対していたことがわかりました。彼女は、自発的な行動が反応活動と同様に、完全に実現可能なことが明確にされるべきであること、そしてこのことを認識することによって催眠の利用を達成することができるかもしれないことをさらに説明しました。「なぜ、それができることを、デモンストレーションしないのですか？」という返答が、彼女が行動を絶対に引き受けるようにする要件を構成し、催眠術師の目的だけでなく、彼女の目的を達成するように、彼女の全面的な協力を確保したことに注目すべきです。

デモンストレーション全体にわたって、彼女は、次にどんなデモンストレーションを求めたらよいか、著者に頻繁に提案し、ときには暗示されたタスクを実際に変更しました。その他のときは、彼女の反応は完全に受動的でした。

再度、私たちは、とても簡単な否定的な質問――「なぜ、それができることを、デモンストレーションしないのですか?」――が、どのように患者の「抵抗」を受け入れて、利用するかを見ます。その一方で、催眠反応につながる部分的に意識的で、部分的に無意識的なプロセスを呼び起こす内部探索を、彼女に開始させています。私たちは、それが誤った支配－服従というう催眠の見方に対する完全に合理的な反動であり、彼女のいわゆる抵抗が、本当のところ抵抗ではないことを見ることができます。たいていのいわゆる抵抗は、患者自身の参照枠の範囲内で、いくらかの合理的な基礎を持っている、と私たちは考えています。抵抗は、通常、患者の個性を表現したものです! セラピストの仕事は、患者自身のゴールを達成するために、患者が学習された限界を回避できるように、その個性を理解し、受け入れ、利用することです。この例は、患者が実際、どのように主導権を持っているかが示された特に明瞭な実例です。一方でセラピストがしていることは、新しい潜在能力を患者が経験して表現できるように刺激し、参照枠を提供することだけです。私たちは、患者の要求を十分に満たすために、どのようにしたら、セラピストの暗示を拒絶することが、あるいは修正することが、患者にとって完全に適切でありうるかを見ます。

下記の例で、上席著者はトランスと催眠反応を促進するために、患者の「抵抗」を利用する間接形式の暗示を広範に使用します。それは、患者を導くこと、そして患者に従うことの両方を興味深くブレンドした実例で、上席著者のアプローチの特徴をいかんなく示しています。

被験者の抵抗と、それを回避するため、あるいは克服するために使用されたテクニックが記載されている文献を、しばしば読みます。著者の経験では、最も満足できる手順は、他のタイプのあらゆる行動と同様に、抵抗を受け入れて、利用する手順です。適切に使われた後には、被験者すべてが、催眠の促進を支持します。こうするために、肯定的、あるいは否定的反応、あるいは反応の欠如が反応行動としてすべて定義されるような方法で、暗示を言葉にします。たとえば、被験者が抵抗して、腕浮揚への暗示を受け入れないとき、「まもなく、あなたの右手は、あるいはあなたの左手かもしれませんが、上へ上がり始めます。あるいは、その手は下へ押すかもしれません。あるいは、その手はまったく動かないかもしれません。しかし、私たちは、何が起こるか、見るために待っています。多分、最初は、親指でしょう。あるいは、あなたは小指で何かが起こっていると感じるかもしれません。しかし、本当に大事なことは、あなたの手が上へ持ち上がるか、下へ押すか、それともそのままなのか、ということでありません。そうではなく、大事なことはたとえどんな感じがあなたの手に現れたとしても、完全に知覚するあなたの能力です」と言います。

運動の欠如をそのような言葉にすると、持ち上がること、そして下へ押すことがすべてカバーされます。また、どんなことをしても、反応行動を構成します。このように、被験者が建設的、協力的方法で、抵抗を表すことができる状況が形成されます。その抵抗が目的を果たす状況を展開することによって、被験者による抵抗の表現を最もうまく利用できます。催眠を試みなければ、催眠に抵抗することはできません。これを認識する催眠術師は、すべての抵抗を無関係な可能性に集中させて、抵抗を表すどんな機会であっても催眠反応を左右するようになるように、状況を展開するべきです。腕浮揚することを失敗することで、抵抗を表す被験者には、右手が浮揚します、左手はそうしません、という暗示をします。抵抗を成功させるためには、反対行動をする必要があります。結果的に、彼自身の満足感に対してではなく、暗示に対して、自分が反応していることに、被験者は気づきます。この指標が使用された事例の成績では、両面性が解決された状況がつくられたと理解した被験者は六人未満でした。催眠に関して著者の一人は、被験者が催眠暗示に抵抗することができなかったことを証明しようとして、類似した手順を単純に使用して、トランスに入ることに抵抗するように、被験者に求めました。被験者は、そうすることができないことを証明するために、暗示をすぐに受け入れることができることを、協力的に、そして進んで証明しました。その研究が発表された時点では、実際にその意味することを全く理解できませんでした。

被験者が提示する行動が何であったとしても、それを受け入れ、さらに反応行動を展開するために利用する必要があります。被験者の行動を「修正」、あるいは変化させようとする試み、あるいは被験者が興味を持たないことをさせようとするどんな試みであっても、トランス誘導に対して、そして深いトランス経験に対して確実に、非常に悪い影響を与えます。被験者が催眠をかけて、と自ら申し出たとしても、抵抗を示すというまさしくそのことが、両面性を示しています。そして、それが認識されると、被験者と催眠術師の双方の目的にかなうように、うまく利用することができます。何人かの著者が力説しているように、被験者の必要性に対するそのような認識と譲歩、そして被験者の行動をユーティライゼーションすることは、「臨床的直観力」に基づく「異端のテクニック」から構成されているのではありません。その代わりに、そのようなアプローチは、独自の機能を持つ人格として被験者を完全に尊重することに基づいていて、そこにある状況を単に認知することから構成されます。

読者は、前記において、偶有的暗示、そしてダブル・バインドという、ある階層のありうるすべての反応をカバーするような多くの間接形式の暗示を使用していることを認識するでしょう。これらのアプローチは、下記の例で、どんな臨床的状況にでも対応できるより広範なアプローチへと、上席著者によってまとめられました。

別の比較可能な「ユーティライゼーション・テクニック」は、経験の少ない被験者と経験を積んだ被験者双方に、実験的、臨床的に使用されました。それは、抵抗を回避する手段として、トランスを初めて誘導する方法として、そしてトランスを再誘導する手順として使用されました。それは、意味がある行動であっても、無意識に実行された行動を、即座に、直接、引き出すelicitationことに基づく技術です。そして、それは興味を持って注目した行動を除いて、意識的に指示された活動から分かれて、切り離されています。手順は以下の通りです。

被験者の学歴によって、意識と無意識、あるいは潜在意識という一般的概念に関連させて、ざっくばらんに適切に説明をします。同様に、気軽に、しかし慎重に、腕浮揚を含むおなじみの例を引用して、観念運動活動について、指示的な説明をします。

その後、被験者は、静かに座って、手のひらを下にして手を腿の上に置いて、そして出される質問を注意深く聞くようにと、とてもわかりやすく話されます。この質問は、意識ではなく、無意識だけが答えることができます、と説明されます。意識的に返答することができますが、そのような返答は、質問への実際の返答ではなく、意識的な意見でしかありません、と付け加えられます。問題そのものに関しては、それはいくつかの関係する質問どれもが可能性があります。そして、それはその人にとって、特定の重要性はありません。その唯一の目的は、無意識に答えを表現する機会を与えることです。無意識に尋ねる質問に対して、観念運動反応で、どちらか一方の手を、上に挙げて答えますが、左の手が「ノー」を示し、右の手が「イエス」を示します、とさらに説明されます。

それから、以下の質問が提示されます。「あなたの無意識は、トランスに入ることができると、思っていますか？」さらなる共同作業が以下のように提示されます。「意識的に、無意識が何を思っているか、あるいは知っているか知ることができません。しかし、あなたの無意識は、右手、あるいは左手のいずれかに腕浮揚を起こす簡単なプロセスによって、無意識がどう思っているか、あるいは理解しているのか、あなたの意識に気づくようにさせることができます。したがって、あなたの無意識は、はっきり認識できる方法で、あなたの意識とコミュニケーションすることができます。すぐに、あなたの手を見て、答えが何か確かめてください。あなたも私も、あなたの無意識が何を考えるか、わかりません。しかし、手のどちらか一方が挙がっているのを見ると、あなたは理解します」。

大きく遅れる場合、さらに以下のように暗示します。「あなたの一方の手が持ち挙がっています。ほんのわずかな動きに注意しようとしてください。その持ち上がる感じを楽しむために、その動きを感じて、見ようとしてください。そして、無意識が考えていることを、学習することを楽しんでください」。どちらの手が浮揚するかにかかわらず、高い頻度で、夢遊病タイプのトランス状態が同時に附随して起きます。通常、被験者がすぐに覚醒する傾向があるので、テストすることよりむしろ、すぐにトランスを利用した方が賢明です。これは、多くの場合、簡潔にさりげなく言うことによって行うべきです。「あなたの無意識が、あなたの意識と、このようにコミュニケーションできるということに気づくことは、とても楽しいことです。学べることが、無意識には他にもたくさんあります。たとえば、無意識がトランス状態を生じることができることを学んだ今、とても驚くほどうまくそうするために、無意識はいろいろなトランス現象を学ぶことができます。たとえば、あなたは、○○に興味を持っているかもしれません」。それから、状況の必要性を、満たすことができます。

このテクニックは、被験者自身の無意識の活動に対する興味を利用することが中心になります。「イエス」あるいは「ノー」という状況は、明白な無意識のコミュニケーション、催眠トランスの根底をなす徴候、そして催眠トランスの不可欠な部分を考える、そして構成する行動に左右される行動で、考えていることのあらましが説明されます。言い換えれば、被験者が質問に対する答えを見つけるためには、トランスに入ることが必要です。

この手法でアプローチされた経験を積んだ被験者は、状況をすぐに認識しました。「なんて面白いでしょう！　どう答えても、最初にトランスに入る必要があります」。

協力的な被験者は、最初からごく自然な関心を明らかにします。抵抗する被験者は、予備説明を理解することが難しく、繰り返し指示を求めることで、そしてその後、自発的に左手を上げることによる腕浮揚を予想することによって、態度を明らかにします。このようにトランス誘導に反対する被験者は、トランスをテストすること、あるいは利用することを、初めてしようとしたときに覚醒する傾向があります。しかし、被験者のほとんどが、「そして、あなたの無意識が、まさにあなたの無意識が、あなたの顔に向かって手を上に動かし続けているのを見続けることによって、その質問に答えるのと同じように、簡単に、そして迅速にトランスに入ることができます。あなたの手が上に動くと、あなたの目が閉じ、あなたは深いトランスに入ります」と言われたとき、容易にトランス状態に戻ります。ほぼすべての例で、その後、被験者はトランス状態を生じます。

このテクニックに必須のコンポーネントは、術者側の絶対的な期待、無頓着、そして単純さという態度です。そして、それが、生じたことの責任を被験者に完全に負わせます。

上席著者は患者の経歴を慎重に評価することから始めて、そして、患者の参照枠に合う概念を使います。意識・無意識のダブル・バインドを後から使用する根拠を確立するために、上席著者は、間接的連想フォーカシングのプロセスを使って、意識・無意識の概念について話し合います。その後、患者は観念運動、あるいは観念感覚反応に結びつく無意識のプロセスの内部探索を始める質問を準備するように求められると、患者の期待は高まります。学習の喜び、そして、それぞれの患者が関心を持つ領域を継続的にユーティライゼーションすることに重点が置かれます。意識・無意識のダブル・バインドが構成されると、その結果、どんな反応であっても、トランスの発展に依存します。その後、この最初の観念運動活動を使う経験が成功すると、一般化され、「あなたの手が上がると、あなたの目は閉じます。そして、あなたは深いトランスに入ります」という暗黙の指示でトランス誘導が認識できます。

患者がトランスに入っているというアイデアに抵抗するときでさえ、トランス行動がどのように表現されるか、ドラマチックに説明する例は、一九六〇年のアメリカ臨床催眠学会のワークショップで記録されました。上席著者は、催眠の力学について、講演をしました。そのような講演の間には、多くの観念力学的暗示を散りばめる機会が十分にあったので、ほとんどの聴衆はその内部に、説明された観念力学的プロセスを少なくとも部分的に起動させざるを得ませんでした。腕浮揚のデモンストレーションをした後、上席著者は以下の出来事を解説します。

「一人の被験者は、彼女が良い被験者でないと、とても強く感じました。しかし、私は、彼女が、強烈に心奪われるような注意（反応注意力）を私に向けていることに気づいたので、私は、彼女が良い被験者であると強く感じました。私は、『あなたは良い催眠被験者ですが、あなたはそれを意識的に認めていません。ですから、無意識が現れることができるようにしてほしいのです。同時に、あなたは意識レベルで、うまく機能し続けることができます。私は、あなたはわからなくても、聴衆は、その徴候をよくわかっていると付け加えておきます』と彼女に求めました。聴衆でも、他の人でもなく、私だけを注目し続けながら、『私は良い被験者でありません。そして、私はあなたが私を納得させることができると思っていません』と、彼女は言いました」。

「この時点で、私は、彼女に彼女が覚醒していて、夢遊病的なトランスにいなかったと思わせるために、彼女の抵抗を利用しました。しかし、彼女は強く没頭して、私のあらゆる動きを見ながら、私が言ったことすべてに従っていました。それがまさに、彼女が夢遊病的な状態であるという手掛かりになりました」。

「彼女をトランスに入れることができるかどうか、再び彼女に尋ねました。しかし、彼女は協力しないと、『ノー』と頭を振りました。その瞬間に、彼女の左手は浮揚し始めました。しかし、彼女にはそれが見えていませんでした。なぜなら、彼女は右側にいた私の方を見ていたからでした」。

「彼女は笑って、観客の中の医師に冗談を言って、自分が非協力的だと感じることは好きではないが、トランスに入ることはできないと感じています、と言いました。思い出してくださ い。私は、意識レベルでとてもうまく、そして無意識レベルでとてもうまく機能させて、と彼女に言いました。そして、そこでの彼女は、このように私と話しながら、聴衆と話していました。私は、聴衆の中の一人の医者に、ここまで来て、彼女の浮揚した左手をつねってもらえませんか、と言いました。彼は、彼女のその左手が完全に麻痺していることに気づきました。そして彼女が、完全に覚醒していますし、おそらくトランスに入っている可能性はありません、とグループに対して誓うつもりだったことを、その医者は知りました。その後、医者は回りこんで、彼女の右手をつまみました。すると、「イタタ、痛いです！　当然ですが、つままれていることを感じます」と彼女は言いました。彼女は再び左手をつねられましたが、痛みを感じませんでした」。

「私がそこにいた医者たちに示したかったこと、そして私があなたに強調したいことは、いつでも、機能の分離が人の体の中で継続していることです。それは、まさにこの瞬間、顔の眼鏡、足の靴のことを忘れているような知的レベルの分離、感情レベルの分離、感覚レベルの分離です」。

患者が、事実上、すでにトランスに入って、セラピストをジッと見ているとき、たとえ反対のことを言ったとしても、心を奪われるような反応注意力のその状態を認識することを、催眠セラピストが学習することの重要性を、このドラマチックな例が説明しています。上席著者が自分自身に、激しく没頭するこの状態を観察するとき、患者に対して、一つ以上の形式で間接暗示を提供し、催眠反応する機会を与えます。このケースでは、彼女の意識に、通常パターンで機能できるようにさせている傍ら、彼は、催眠徴候を無意識が選ぶことができた意識・無意識のダブル・バインドの形式を使用しました（彼女はすでに腕浮揚の準備が整っていました。というのは他の人を見て知っていたからでした）。このように、彼女は、良好な催眠応答性を現しながらも、「抵抗」を保つことができました。

以下は、別の実例で、そこでトランスは、最も抵抗する条件下でさえ誘導されました。ここでの被験者はプロの俳優で、催眠にかかったように演技をしていました。上席著者は知りませんでしたが、医者のグループの前での講演デモンストレーションの被験者の中に訓練された俳優がいました。彼は、慎重に他の被験者を見ました。その後、聴衆の中の数人の人々との以前の秘密の取り決めに従って、彼は催眠に「かかったふりをして」、麻酔、正と負の幻聴、幻視をデモンストレーションしました。そして彼は、共謀者の一人の要望により、上席著者を通して伝えられたアキノキリンソウの花の幻覚を見ると、即座に、制御不能のくしゃみを現しました。しかし、上席著者は、俳優のカタレプシーの徴候が不完全なことに気づきました。そして、彼の時間的関係 time relationships が間違っていました。さらに小さな驚愕反射に気づきました。そして、横から話されると、被験者は頭を著者に向けて、不随意傾向 involuntary tendency をコントロールしていることが観察されました。そこで、彼は慎重に与えられた暗示に応じて、腕浮揚をデモンストレーションするように求められました。俳優は、「突然の小さなピクピク、あるいは震え」という暗示に応じる際に、通常、存在する時間のずれを示しませんでした。これが役立って、騙されていた、と上席著者は確信しました。

それで、被験者は鉛筆と紙を使って、自動筆記をすること、そして本当の自動筆記の正しいスタイルで、この自動筆記をするように指示されました。しかし、俳優は、自動筆記をこれまで見たことがありませんでした。彼が書き始めたので、「ゆっくり、もっともっと上手に、『これは六月の素晴らしい日です』という文を自動的に書く」という暗示をされました。残りの文をソフトに、そして素早く言う一方で、「これは」という言葉を、それに意識を固定させるために、強いイントネーションで四回、繰り返しました。その結果、意識がミスをして、無意識に陥る傾向がありました。「これは」という言葉は、彼の通常の書体で書かれました。しかし、残りの文は自動筆記に特徴的な書体で書かれました。俳優である被験者は、そのとき、知らないうちに、本物のトランス行動をいくつか経験し始めていました。書き終わったとき、紙と鉛筆は彼の視界から見えなくなりました。そして、彼は「トランスでの出来事を健忘して覚醒する」ように求められました。すぐに覚醒した彼は、聴衆のために催眠のことを話すように求められました。ものすごい満足感を持って、彼は、大方の聴衆の驚きと共謀者の歓喜に対して、上席著者に行われたいたずらを暴き始めました。被験者は、彼がしたことを、そして思いのままに、くしゃみをする彼の能力をデモンストレーションしたことを自由に話しました。

自動筆記を除いて、彼はすべてのことを説明しました。その後、自動筆記を彼に見せて、それをどう思うか、尋ねました。彼は声を出して文を読んで、それは、特に関連性のない単純なメッセージです、と言いました。書体について尋ねられると、彼は、それはいくらかぎこちなくて、子どもっぽく見えます、と言いました。彼が、すぐに、文書のことを完全に健忘していたことがはっきりしました。そして文書のことを尋ねられた理由を、本当に知りたがっていることが、誰にもよくわかりました。健忘が的確に示されたとき、彼は「正確にその文書を写し取る」よう求められました。彼はすぐに同意して、鉛筆をとって、鉛筆をその紙にセットしました。彼が再びトランス状態を生じたことは、すぐに明らかになりました（トランス行動を繰り返すことは、連想によって、トランスを再誘導する傾向があります）。この二回目に文章を書いた後、彼はトランスでの出来事を健忘するという指示で目覚めました。覚醒したとき、著者への嘲笑を、彼は再開しました。なぜなら、とても簡単に騙されたからです。再度、彼は文書を見せられました。彼は、少し前に、一つの文を見たことを認めました。しかし、以前には見たことがない別の文がありました。

俳優は一週間、健忘し続けました。一方、いたずらを手配した医者たちは、上席著者を捜しました。そして、催眠現象がわざとらしかったか、そして、うまく模倣できたかどうか判断するために、上席著者をだます計画をすべて話しました。さらに、医者たちは、俳優が自動筆記をしたこと、しかし彼らがしようとしたことは失敗したことを俳優に納得させようとしました、と言いました。医者たちは、催眠健忘を取り除くことができるように、俳優が再び上席著者に会うように手配しました、と付け加えました。

このように、医者たちが求めたことは叶えられ、俳優は驚きました。俳優は「さて、偽の催眠への最高の方法が、トランスに入ることであることが、今、私にははっきりしています」という簡単なメッセージによって、問題全体を要約しました。

五　患者の否定的な情動および混乱を利用すること

ほとんどのセラピストは、患者の否定的情動、疑問および混乱を警戒しています。否定的な情動は、回避しなければならないものと、通常、見なされています。以下は、否定的な情動がトランスを誘導して、治療的な変化を促進するために、どのように利用できるか、という上席著者による具体例です。

患者の誤解、疑いと不確実性を、誘導技術として利用できるかもしれません。患者は、三〇代後半と四〇代前半の大学教育を受けた女性で、この二人の事例で、アプローチを実証しています。一人の患者は、自分に適用される催眠現象の有効性について、ひどく疑って、さらには不安感も示しました。しかし、彼女には止むに止まれぬ支援の必要性があって、間接的に治療できる手段として催眠を試みたことを説明しました。

もう一人は、催眠と生理的睡眠は同じものなので、トランスに入るには必ず、最初に生理的睡眠を生じるという彼女の確信を力説しました。これが治療を排除することになると、彼女は説明しました。それでも、彼女はどんなに疑わしくても、催眠療法が生理的睡眠を排除するように実行されたなら、心理療法の手段として催眠が一番良いと思いましたが、できるとは信じていませんでした。

努力して説明しましたが、二人の患者の不安や緊張を高めただけでした。したがって患者の誤解を利用するアプローチが用いられました。テクニックは、使用される強調を除いて、基本的に両方の患者とも同じものでした。各々の患者は、深い催眠が誘導されると教えられました。患者は、現実のそれぞれの項目を、そして言及された主観的な経験のそれぞれの項目を、妥当性と真性を評価して、査定し、調べることによって、深いトランスに入ることに協力することになっていました。そうする際に、女性たちは、まったく不確かであるか、疑わしく見えるものは何でも信用しないで、拒絶する義務があると感じることになっていました。一人には、コメントを散りばめて、現実の物についての主に主観的な感覚と反応が強調されました。もう一人には、主観的な反応に関する散りばめ暗示を使って、覚醒状態の証拠となる現実の物への気配りが強調されました。このようにして、それぞれに、認識フィールドの段階的狭小化、そして著者への依存と反応性に対応する増加がもたらされました。二人の患者、それぞれの特別な欲求を満たすために、わずかに言い換えられた簡単な閉眼による段階的リラクセーション・テクニックによって、それぞれに夢遊病的トランスが誘導できるようになりました。

以下の例では、実際の発言に使用された言語表現を例示しています。そして、発言の中の強調は、主観的な局面と現実の物に、ほぼ均等に割り振られています。

「気持ちよくその椅子に座っていると、あなたは椅子の肘掛けで休む腕の重みを感じることができます。そして、あなたの目は開いています。そして、あなたは机を見ることができます。そして、通常のまぶたの瞬きだけがあります。そして、足の靴の感覚に気づいても、すぐにその靴の感覚を忘れるようになることに、あなたは気づくかもしれませんし、気づかないかもしれません。そして、あなたは本当にあなたが本棚を見ることができることを知っています。そしてあなたの無意識が特定の本のタイトルに注目していることを、不思議に思うことができます。しかし、今再び、足を床に置いていると、足の靴の感覚に気づくことができます。そして、同時に、床に視線を向けると、まぶたが下がることに気づくことができます。そして、あなたの腕は、まだ椅子の肘掛けに、その重みを置いています。そして、これらすべてが本物です。そして、あなたは腕を注視することができ、腕を知覚することができます。そして、手首を見て、その後、部屋に来る人を見るなら、おそらく、あなたは視覚焦点の変化を感じること、あるいは知覚することができます。おそらく、あなたは、子どものときに遊んでいると、遠くにあった物を、その後、すぐ近くで見た経験をしたことがあったことを、思い出すことができます。そして、あなたの幼児期に関連する記憶が、あなたの心をよぎるとき、記憶は単純な記憶から、つまらない感情へと広がっています。なぜなら、記憶が本物だからです。記憶は、たとえ抽象的であったとしても、椅子や机と同じくらい本当のもので、そして動かずに座っているだけのつまらない感覚です。そして、そのために、疲労とリラックスがますます進展して、まぶたの疲れをとても鮮明に感じることができるちょうどそのとき、筋肉をリラックスさせて、体の重みを感じることで安定することができます。そして、言われたことすべてが本当であり、それへのあなたの注意は本物です。

いつか、あなたが視線を休ませるために目を閉じたとき、あなたは、手に、または足に、または机に、または呼吸に、または快適さの感覚の記憶に注意すると、ますます感じて、知覚することができます。そして、あなたは、夢が本当であること、夢の中で椅子や木や人々を見ること、さらにいろいろなことを聞いたり、感じたりすること、そして視覚的、聴覚的イメージは、視覚映像になる椅子や机や本棚と同じくらい本物だということを知っています」。このように、頻度を増やすことで、著者の発言は、主観的な反応への単純な直接暗示になりました。

疑いと誤解を利用するこのテクニックは、他の患者や実験的被験者に使用されました。視界の中の観念運動活動が、素晴らしく客観的な、そして主観的な現実のために機会を提供するので、このテクニックは、最終的展開として腕浮揚を使用する場合に、よく適合しています。

前記は、徐々に、トランスへと内側に注意を集中させる方法で、患者自身の主観的反応を患者にもたらす散りばめアプローチの優れた実例です。患者らは検証することができた経験を通して、患者内部の現実と外部の物を結びつけることで、もっともっと大きな程度で、内部の現実を受け入れることができました。その後、上席著者は、感覚、感情、記憶、夢、そして視覚映像に関する非常に一般的な議論において、間接的連想フォーカシング、そして観念力学フォーカシングの手段として、一連の無制限な形式の暗示を使って、最も患者が利用できる主観的な現実との関与を、患者に深めさせます。例の中で、疑いと誤解のユーティライゼーションは、人格を変化させた否定的な情動を一般化して理解できるようにするために用いられます。

心配、混乱、疑い、不安感、そして意気消沈した経験は、成長と人格変化のプロセスにおいて、大部分の患者に特徴的に関係しています (Rossi, 1967, 1968, 1971, 1972a, 1972b, 1973; Erickson, Rossi, and Rossi, 1976)。このように患者がこれらの徴候で不快に感じている間、セラピストは患者内で起こっている人格変化に必要とされる有望なプロセスの徴候を、患者の中に認識することができます。大部分の人々が治療に入る、抑うつと不安感の典型的状態である第二ステージと第三ステージ（習慣的意識セットと無意識の探索を弱めて）の自発的な徴候を、トランス誘導と暗示の一般的パラダイムとして、実際に、私たちは概念化することができました。それらは、人格の成長と変化の自然なプロセスであり、完全に正常で必要なステージです (Rossi, 1972a)。問題が圧倒的過ぎて、その人自身、これら不快な情動に取り組むことができないとき、抑うつと不安感は病理学的形態をとります。患者がこれらの状態に対処するのを援助する際に、私たちは催眠療法が、精神的な成長にもともと備わっている自然なプロセスを促進することを理解し、再び認識することができます。

六　患者の徴候を利用すること

患者の徴候が、通常、主な注意の焦点なので、ときどき、私たちは、トランス誘導を促進して、素早く問題を解決するために、徴候を利用することができます。このアプローチで私たちは、各々の患者内部の現実を――優位な参照枠と確固とした信念――トランス誘導して、治療を促進するために再び利用します。このアプローチのとてもエレガントな例は以下のとおりです。この例は上席著者の仕事から引用したもので、歯科医の教育に使われました。

三〇代の男性が、催眠に興味を持つようになって、大学の実験的研究で、被験者として働くことを申し出ました。初めての催眠セッションで、彼は、優れた催眠被験者でしたが、次からの実験的研究に対する関心がなくなっていることに気づきました。

数年後、広範囲な歯科治療が必要になったものの、痛い治療が怖くなったので、彼は歯科医に、催眠を使ってもらうことに決めました。

彼はすぐに歯科治療のためにトランス状態に入って、暗示によって、手に素晴らしい麻酔が生じました。しかし、少しも、この麻酔を、あるいは無痛覚さえも、口へ移すことができませんでした。その代わりに、彼の口は、さらに過敏になっているように見えました。さらに、直接、口の麻酔、あるいは無痛覚を生じる努力をしましたが失敗しました。

うまくいかなかったことだけでなく、その他にも、歯科医と同僚は、苦心して、いろいろなテクニックを使って、この患者に、麻酔か無痛覚を現す方法を教えようと努力しました。彼は、口以外の他の体の部分で、うまく反応することができました。その後、彼は特別な問題例として、著者の所へ連れて来られました。

トランス状態がすぐに誘導されると、患者は気楽に、デンタルチェアでの快適さを望んでいることを思い出しました。その後すぐに、彼は、与えられた指示に注意し、指示を完全に実行するように指示されました。

それから、左手がすべての刺激に対して、とても敏感になるという暗示が、彼に与えられ、実際、痛々しいほど、敏感になりました。彼が、これと反対の指示を受け入れるまで、この知覚過敏状態が続きますが、それが持続している間、接触痛から彼の手を保護するために、適切な注意が払われました。

患者は、これらの暗示に対して、完全に、そして十分に反応しました。そういった暗示を全くしなくても、手の知覚過敏に加えて、口の麻酔を自発的に生じました。そして、麻酔薬を全く使わずに歯科治療ができました。

その患者に特有な知覚過敏－麻酔パターンの一部を除いて、

これ以降、麻酔、あるいは無痛覚を、直接、あるいは意図的に誘導することは、努力してもできませんでした。しかし、この種の行動の例は、これだけではありません。比較できるケースは、他にもありました。

明らかに、患者は心の中で、歯科治療が絶対に、過敏症と関係していると考えていました。このような硬直した考えに遭遇したとき、一つの筋肉がリラックスすると別の筋肉が収縮するのと同じように、歯科麻酔を達成することができるかもしれません。

夫や夫の同僚何人かが、歯科医の妻に、繰り返し催眠を試みましたが、うまくいきませんでした。毎回、彼女は、「心の底から、恐怖で脅えきって scared stiff いました。それで、まったく動くことができませんでした。その後、私は泣き叫び始めました。私は求められたことを何もできませんでした。リラックスできませんでした。腕浮揚できませんでした。目を閉じることができませんでした。私にできたことは、恐怖で気が動転して、泣き叫ぶことだけでした」と、彼女は言いました。

「相乗 synergism」を使う自然主義的なアプローチが、利用されました。彼女の状況に対して、提示した言葉の一般的な要約は以下の通りです。

「あなたは歯科治療に関連して、催眠を利用したいと思っています。ご主人と彼の同僚は同じことを願っています。しかし、催眠が試みられるたびに、あなたはトランスに入ることができませんでした。あなたは、恐怖で脅えきって、泣き叫びました get scared stiff。泣き叫ぶことなく、硬直する get stiff だけで本当に十分です。今、あなたは必要なら、私が精神医学的に、あなたを扱うことを望んでいますが、私はそれではうまくいかないと思います。その代わりに、あなたが歯科治療のために、催眠を経験できるように、私はあなたをトランスに入れます」。

「しかし、私は恐怖で脅えきって get scared stiff、泣き叫びます」と、彼女は答えました。彼女には、「いいえ、あなたは最初に固くなります get stiff。それは、最初にすることで、今、することです。あなたの腕、あなたの足、あなたの体、私たちの首を、どんどん固くしてください——完全に固く——ご主人とのときより、もっと固く」と答えました。

「すぐに、目を閉じて、まぶたを固くして、あなたがまぶたを開けることができないように固くしてください」。

彼女は、とてもふさわしい反応をしました。

「さて、あなたが次にしなければならないことは、恐怖で脅えきって get scared silly、それから泣き叫ぶことです。当然のことながら、あなたはそうしたくありません。しかし、学んだので、あなたはそうしなければなりません。しかし、今はまだ、そうしないでください」。

「深呼吸をして、あらゆる面でリラックスして、深く眠ることは、本当にとても簡単です」。

「恐怖で脅えきって、泣き叫び続ける代わりに、これを試してみますか？」

この代わりの暗示に対して彼女は、即座に、とても素晴らしい反応をしました。

次の暗示は、「もちろん、あなたは、トランス状態で、さらにさらに深く眠って、リラックスして、快適になり続けることができます。しかし、あなたが望んだらいつでも、あなたは、恐怖で脅えきって、泣き叫び始めることができます。しかし、多分、今ではそうする方法を知っているので、あなたはトランスに入って、快適になり続けます。それで、どんな歯科治療、医科治療でも必要なら、自分のために快適に受けることができます」というものでした。

それから、将来のトランス誘導を可能にする簡単な後催眠暗示がなされました。

これらの両方の例はともに、セラピストは患者の優位な参照枠を受け入れます（最初のケースでは過敏症、そして、2番目のケースでは「恐怖で脅えきっています」）。そして、治療的な反応を導入するために、そして促進するために、患者の優位な参照枠を利用します。上席著者は患者に、自分にできることを、すでに知っていることをしなさい、と奨励します。その後、置き換えて変形します。あるいはする必要があることを、それに加えます。十分準備していても、不適応行動から望ましい治療反応へ、患者を移すために、上席著者は質問、偶有的暗示、そして連想ネットワークを使用します。このアプローチが、どのように迅速に治療ゴールを達成するかを示す他の有益な例は、以下のとおりです。

別のタイプでしたが、これと同じ一般的アプローチが、結婚して一週間の花嫁のケースに利用されました。彼女は、心身ともに結婚が成就することを望んでいました。しかしすべての試みで、あるいは試みを提示されただけで、脚をハサミのようにクロスして、極端なパニック状態になりました。

彼女は夫とオフィスに入って来て、ためらいながら話をしました。そして、婚姻が破棄される恐れがあるので、何かする必要があります、と説明しました。夫が、彼女の話を確認し、さらに詳しく説明しました。使ったテクニックは、類似した六例で利用したものと、基本的に同じでした。

彼女は、問題を修正するために、合理的な手順を使用するつもりがありますか、と尋ねられました。彼女は「はい、私は触れられると、おかしくなるので、私に触れないなら、どんなことでも」と答えました。この発言を、彼女の夫が裏づけました。

彼女は催眠が使用されることになると、教えられました。彼女はためらいがちに同意しましたが、再度、私に触れようとしないで、と要求しました。

夫は、オフィスの反対側の椅子に座り続け、筆者もまた、夫のそばに座っています、と彼女に言いました。しかし、彼女は、部屋の向こう側に、椅子を自分で移動して、そこに座って、夫を見続けるつもりでした。彼女はオフィスのドアの隣に座っていたので、万一、夫か著者のいずれかが椅子から立ち上がったらいつでも、部屋からすぐに出るつもりでした。

それから、彼女は椅子に座って手足を投げ出すことになっていました。それで彼女は後ろに反って足を伸ばして、足を組みました。そして、すべての筋肉が完全に緊張しました。横目で著者を見ながら、夫が完全に見えるまで、彼女はジッと夫を見ることになっていました。彼女は腕を組むことになっていました。そして、拳をきつく握りしめることになっていました。

素直に、彼女はこの課題を開始しました。彼女がそうしたとき、彼女は、夫と著者以外、何も見ないで、どんどん深く眠ります、と話されました。どんどん深く彼女が眠ったとき、彼女は、怖がってパニックを起こしました。彼女はパニック状態に正比例して、二人を見ること、トランスに入って、ますます深く眠ること以外、動くことや、他のどんなこともすることができませんでした。

このパニック状態は、彼女のトランスを深めて、同時に彼女をしっかりと椅子で動けない状態にし続けます、と彼女は教えられました。

そして、まだ部屋の向こう側の夫を見続けていたとしても、夫が親密に愛撫するかのように触れているのを徐々に感じ始めます、と彼女は話されました。彼女は、そのような感覚を経験する気があるかどうか、尋ねられました。そして、彼女は、頷くこと、あるいは頭を振ることで、今の身体の硬さが十分に緩み、返事ができるようになります、と教えられました、

ゆっくり、彼女は頷いて、肯定しました。

最後に、彼女がうれしくて、幸せでリラックスしたと完全に感じるまで、彼女は、夫と著者が、彼女から頭をそむけていることに、注目するように求められました。なぜなら、彼女は、今、夫が彼女の体を次第に親密に、愛撫しているのを感じ始めたからでした。

およそ五分後、彼女は、「見まわさないでください。私は、とてもきまりが悪いのです。もう大丈夫なので、家に帰っても良いですか?」と、著者に話しかけてきました。

彼女はオフィスから解放されました。そして、夫は彼女を家に連れて行って、何もしないで進展を待つように指示されました。

二時間後の二人からの電話で、「何もかも順調です」という簡単な説明を受け取りました。

一週間後、電話で話を聞くと、すべてうまくいっていることが明らかになりました。およそ十五カ月後、夫婦は誇らしげに、自分たちの初めての子どもを連れてきました。

もう一つの例では、オネショ患者の八歳の男の子が両親に引

きずられるようにして、オフィスに連れて来られました。両親は以前、男の子のために隣人に援助を求めました。そして、男の子は教会で、神父による祈祷を受けました。今、男の子は「ホテル・ディナー」へ行くことを約束して、最後の手段として「クレイジードクター」の所に連れて来られました。このことは、以下の面接の後、話されました。

男の子が、すべての人に対して憤慨していて、敵意を持っていることは、見るまでもなくはっきりしていました。

「君は腹を立てている。そして、腹を立てたままでいるつもりだね。君はそれについて、できることはないと思っている。しかし、あるんだよ。君は、『クレイジードクター』と会いたくない。しかし、君はここにいる。そして、何かわからないけれど、何かしたいと思っているね。君の両親は、君をここに連れて来ました。さて、君は両親をオフィスから、追い出すことができるよ。実際、私たち二人はそうすることができるんだ――さあ、外に出ているように、両親に言おう」と断言することによって、アプローチしました。この時点で、男の子は、すぐさま、驚きを隠して、満足しながら、控え目に両親に退去の合図をしました。両親はすぐに退去しました。

それから、著者は、「しかし、君はまだ腹を立てている。私もそうだよ。なぜなら、両親は私に、君のオネショを治療するように指示したからなんだ。しかし、両親は、君にしたように、私に指示することはできない。だけど、私たちが、そのための指示を修正する前に」――ゆっくりとした、細かい動きのジェスチャーで、有無を言わさず注目するように指差して――「その子犬たちを見てごらん。私は茶色の子犬が一番好きなんだ。だけど、その子犬は前足が白いので、君は白黒の子犬が好きだと思うよ。君が慎重にするなら、私の犬もかわいがることができるよ。私は子犬が好きなんだ。君はそうではないの？」と続けました。

ここで子どもは、腰を抜かさんばかりに驚いて、すぐに夢遊病的トランスを生じました。そして、歩いて行って、たくさんの中の二匹の子犬をかわいがるしぐさをしました。最終的に、子どもが著者を見上げたとき、著者は「私は、君がもう私にひどく怒っていないことがうれしいよ。君にも私にも、君の両親に、話さなければならないことは、何もないと思う。実際、恐らく、学年がほとんど終わるまで、君が待てば、ここに君を連れて来たことが、まさにふさわしい役目を、両親に果たすだろう。しかし、一つだけ確実なことがあるんだ。一カ月間、ベッドが乾いていた後で、君は、ベッドのことで賭けをすることができる。たとえ君が子犬のことを一言も言わなくても、両親は君のために、そこの小さなスポッティー（まだら模様の犬）のような子犬を手に入れるだろう。両親は、そうするはずだよhave got to。さて、目を閉じて、大きく息を吸って、深く眠って、そして、お腹をひどく空かせて目覚めよう」と、子どもに言いました。

子どもが指示されたようにすると、両親の庇護のもとに解放されました。そして両親には内密に指示が与えられました。二週間後、その子は医者のグループに対するデモンストレーション被験者になりました。セラピーは何もしませんでした。

学校の年度の最後の月の間、男の子は毎朝、今日の日付を、目立つように線を引いて消しました。その月も残す所、数日になったころ、彼は、「お母さん、そろそろ準備した方がいいよ」と、母親に秘かに言いました。

三十一日、彼の母親は、驚くことがあるよ、と男の子に言いました。男の子は、「それが黒白だったらいいな」と返事しました。そのとき、父親が子犬を連れて入ってきました。男の子は、質問することも忘れ、興奮して喜びました。

十八カ月後、男の子のベッドは、まだ乾いたままでした。

これらの例を注意深く研究すると、同じパターンであることがはっきりします。それぞれのケースで、上席著者は、①患者がうまくできることを、②トランス行動と結びつけます。③そのトランスの中で、患者は内部の現実を幻覚で見る中で、求めていることを、今、経験します。これが患者の実際の行動能力を、幻覚で見た願望に結びつけます。その結果、願望が実現できるようになります。治療的トランスは、結びつける接着剤であり、集中した状態であり、媒体でもあります。その中で、望んでいることを、実際の行動に現実化することができるように、ファンタジーや願望を行動能力に関連させて結びつけます。臨床的な催眠療法において、私たちは患者にできることと、患者がしたいことの間を絶えず橋渡ししています。このことは、後催眠暗示に関する次の章で、そして、その後のほとんどすべてのケーススタディで、ますますはっきりします。

練習

(一) あなたのセラピー・セッションの録音を聞いてください。そして、あなたが、患者のセラピーワークを容易にするために、どの程度、患者自身の行動、興味、人格特性を利用しているか、判断してください。

(二) これらの録音を研究して、あなたが、患者の人生経験のレパートリーを利用することができるように他の意見や暗示を導入した可能性がある箇所、治療的な進展を促進するために、もっと機能を開発した可能性がある箇所を考えてください。あなたが正式にトランス誘導しなくても、患者の内部探索と無意識のプロセスを促進するために最も効果的に、間接暗示を利用することができるように、あなた自身の言葉のレパートリーの範囲で、簡単に適合する間接暗示の形を調べてください。

(三) あなたの患者が、あなたに最も集中したときの心を奪われるような反応注意力の瞬間を見つけるために、セラピー・

セッションのビデオ録画を研究してください。どの程度、あなたは、治療的な意見を導入するために、これらの瞬間を利用しましたか？

（四）あなたが、治療の問題に関連した自由連想を促進することができる間接形式の暗示を導入するために、どのように反応注意力の瞬間を使うことができるか、計画してください。いくつかの簡単な例は、以下の通りです。

あなたの無意識がそれ［何であっても］を探す間、あなたは、目を休ませて、しばらくの間、閉じていたいように感じますか？

私はあなたにしばらく静かにしてほしいと思います。そして、あなたがそのことをよく考えると、あなたの無意識が、そのこととは何か他のことを表に出すのがわかります。そして、それに満足していると本当に感じるまで、あなたは話す必要はありません。

セラピストは、さりげなく快適な方法で、内部探索と無意識のプロセスを促進するために、自分たちと自分たちの患者に対して、普通の言葉の組み合せを見つけなければなりません。

（五）前記のアプローチは、間接的な形のトランス誘導に、簡単に役立ちます。ありふれた日常的トランスの瞬間、患者が自分自身の中で明らかに没頭しているとき、例えば、窓から外を見たり、自分の手を、フロアを、天井をジッと見つめていたりといったことをしているとき、セラピストは、例えば以下のような間接的な形で、トランスのために選択肢を導入することができます。

あなたは、今、何かに没頭しています。そして、あなたの無意識が、これがトランスに入る快適な瞬間であることに同意したら、あなたは、目がひとりでに閉じるように思われることに気づきます。

あなたがさらに気持ちよくなると、そのままでいつづけることができるように、あなたの無意識は、目を閉じたいと思いますか？

あなたの意識が、必ずしも、それが何であるか、まだ理解していないとしても、あなたの無意識が、それに対する驚くべき解決法を手に入れるまで、今のように、あなた自身の体を動かす必要はありません。

心を奪われるような反応注意力が高まった瞬間、患者の注意がセラピストに集中するとき、トランスを、以下のように導入することができます。

あなたがそれを、完全には知らないことを、私は知っています。しかし、トランスに入る準備ができていることを示す何かがあなたにあることに、私は気づいています。

そして、あなたの無意識が本当に、そうしたいと思っていたら、あなたはまぶたが閉じていることに気づきます［腕浮揚、あるいは何であっても］。

（六）あなたが誘導手順に取り込むことができる明白な行動、興味、能力、内部の人生経験、参照枠、「抵抗」、あるいは徴候について、半ダース、あるいはそれ以上の患者のパターンに気づくまで、どんな催眠誘導の儀式化された機械的な形式であっても、絶対に使用しないでください。それから、各々の患者の人格を、トランス誘導（例えば凝視、腕浮揚など）のすべての標準形に統合するプロセスを行ってください。

（七）どのようにしたら、患者を治療反応に向けることができるか決定するために、患者の明白な行動と徴候を調べてください。既知で可能なものから、未知で望ましいものとの間で連想ブリッジを構築する練習をしてください。

（八）催眠誘導の伝承のさらなる研究は、多くの意外な方面からやって来ます。たとえば、催眠詩（Snyder, 1930）の本は、詩には二つの基本タイプがあるという命題を提示します。すなわち、催眠的なもの（呪文をかけること）と知性的なもの。後者が知性に訴える一方で、前者はトランスを誘導する傾向があります。その本で著者は、催眠結果を誘導するかもしれない多くの文学的手段を検討しています。例えば、①音と強勢の完全なパターン（重い声の強勢が、〇・五秒間隔で低下する）、②急変、あるいは知的挑戦の欠如、③それぞれの個人の個人的無意識が詳細を埋めることを妨げない比喩的描写の曖昧さ、④私たちが「習慣的な精神的フレームワークを弱めること」と呼ぶもののための疲労、⑤反復または折り返しの使用、そして、⑥前記のように喜んで同意する状態に、聞き手を安心させた後、とても明確な直接暗示、あるいは後催眠暗示をすること。著者は、ほとんどの詩的なインスピレーションと、おそらくは芸術的な創造が、いつでも自動トランスを含んでいることを指摘し続けています。彼が発表する詩を丁寧に研究すれば、あらゆる催眠誘導に関係する創造的な仕事のより広い概念を、催眠セラピストに与えます。

（九）前記のような古典的研究は、左右の大脳半球の専門的活動とインタラクション・パターンの機能として、トランスを理解しようとする多くの現在の努力の信頼度を高めます（Ornstein, 1972, 1973; Hilgard and Hilgard, 1975; Bandler and Grinder, 1975; Erickson, Rossi, and Rossi, 1976; Rossi, 1977）。左脳、右脳に対して相対的にアピールすることについて、この本の本章と残りの章を分析してください。私たちは、この本（第九章のケース12の解説部分）で、多くの推論を紹介しました。

第四章 後催眠暗示

Four

伝統的に、後催眠暗示は、トランスの効果を評価して、治療プロセスを補強するために用いられました。効果的トランスを経験したということは、トランスの間に暗示を受け入れて、その後、暗示を実行することだと思われていました。トランスは、白紙状態として概念化されました。そこでは白紙状態に書くかのように、個人が容易にプログラムされます。私たちは今、催眠についてのこの白紙状態 blank slate とプログラミング・モデルが、心理療法の仕事にとって、誤解を招きやすいと認識しています。トランスの間、人格は、自分自身の人格の力を保持します。治療的トランスは、注意を集中させて、無意識のプロセスが臨床的に価値のある反応を媒介できるように人格の力を利用する手段です。最も広い意味では、アイデアを提起するときはいつでも、受け入れの瞬間に、後催眠暗示について話すことができます。そして、後催眠暗示は後から、行動で現実化されます。受け入れの瞬間は、正式なトランス誘導をしている間、あるいはありふれた日常的トランスの間に起きます。そこでは、注意は固定し、大きな興味のある問題に没頭しています。

一 後催眠暗示を行動の必然性と結びつける

従来の直接的アプローチでの後催眠暗示は、通常「トランスから覚醒したあと、あなたはこれこれを「あるいは経験を」します」という形をとります。対照的に、間接的な後催眠暗示は、日常生活ならびに臨床診療で見つかるいくつかの他のプロセスを一緒に使う間接的な暗示形式が必要となります。これらで最も役に立つものは、偶有的暗示と連想ネットワークです。それによって、私たちは、後催眠暗示を、患者が将来経験する回避不能な行動パターンに結びつけます。これらの回避不能な行動パターンは、後催眠暗示を実行するための合図、あるいは伝達手段として機能します。患者自身の連想、人生経験、パーソナリティ力動 personality dynamics、そして将来の見通しすべてが、後催眠暗示を患者の自然な生活構造に組み入れるために利用されます。上席著者自身の家庭生活からの例から、最も広義な間接的な後催眠暗示のこの概念を理解することができます。

矯正歯科医が私の娘に取り組んだ当初、「ところで、君の口の結紮ワイヤーは、惨めで不快なだけかな？」と私は娘に言いました。私が、娘に本当のことを言うのは当然ですね？　娘は、惨めなだけではないことを知っていました。娘は不快なことだけではないことを確信しました。その後、「口中にゴムバンドの付いた装置は惨めで悲惨だよね。だから、装置に慣れることは、大変な仕事 a deuce of になるよ」と私は娘に言いました。さて、私が暗示したことは何でしたか？　あなたは、矯正装置に慣れます。付けていることに慣れるという間接暗示でした。娘は惨めさに、私が同意するのを聞きました。しかし娘の無意識はさらに、言葉にされていない文章も聞きました。いつでも、どれほどすべてを含んでいるか、あなたのメッセージはどれほど包括的か理解してください。装置に慣れることは、大変な仕事になるよ。あなたがそのように表現した put とき、第二の（言葉にされていない）部分を受け入れたことを知らなくても、娘は、言葉での表現も言葉にされていない部分も受け入れます。それから、「君は今、ただの小さな女の子だ。しかし、君は結婚式の写真で、どのように微笑んでいると思う？」と、私は娘に話しました。娘が結婚するまでの長い間、妻と私は、その後催眠暗示を覚えていました。私が、後催眠暗示のことを話すことは絶対にありませんでした。十年後、娘が結婚して、自分の結婚写真を見たとき、「パパ、これは私の大好きな写真です。微笑んでいるのを見て」と、娘は言いました。たとえ娘がそのように、暗示を認識していなかったとしても、間接的な後催眠暗示は十年間にわたって働きました。娘が最初に矯正歯科医のもとに行ったとき、結婚は娘にとって無縁なものでした。娘はまったく結婚について考えていませんでした。しかし、娘は女性が結婚するということを知っていましたが、娘が結婚式の写真の中で、申し分のない微笑みをするというのは、ありそうに思えないことでした。微笑することは、とても効果的に後催眠暗示療法の状態に入ることです。患者に後催眠暗示を、こんな風になったら良いね、という形で提示する場合、後催眠暗示を将来、当然起こると予想されることに結びつけてください。私たちが娘に結婚を期待したのは当然のことでした。

この例では、後催眠暗示を提供するためのいくつかの基本原則を例示しています。いつものように、最初に、現在進行中の個人的経験を認識して、完全に認めることでプロセスが始められました。父親が、新しい歯科矯正治療について、娘の惨めさを認め、現在の現実を説明したとき、すぐに娘の注意は固定しました。それから、彼は、娘の進行中で否定できない現実に、「それに慣れるようになる」という間接暗示を結びつけるために、複合文を利用しました。その後、彼は、「それに慣れるようになる」を、娘の結婚式の日に申し分のない微笑を浮かべることで報いられるという将来、当然起こると予想されることに結びつけることによって、さらに暗示を補強しました。この後催眠暗示を促進する主な四つの要因を、以下にリストアップします。

（一）現在の経験を認識して、認めることによって、注意を固定し、イエス・セットを始めること。

（二）間接的催眠形式（複合暗示）によって、この現在の経験に暗示を結びつけること。

（三）暗示の伝達手段として、その人自身のパーソナリティ力動（彼女の結婚式の日に、素晴らしい微笑が必要なこと）を利用すること。

（四）将来、当然起こると予想されること（彼女の将来の結婚式）に結びつけること。

行動の必然性と関連した後催眠暗示のいくつかの実例は、以下の通りです。本来の暗示には傍点をつけています。

あなたが目覚めたらすぐに、あなたに何かを言うつもりです。

私は、あなたを覚醒させて、そして、あなたをトランスに戻すつもりです。

あなたがどんなことを考えたとしても、私が言うことが真実になります。

二　連続する後催眠暗示

単独で成り立つ単一暗示を拒絶することより、連想ネットワークの中で与えられた二つ以上の暗示を拒絶することの方が、ずっと難しいことを理解することはとても有益なことです。上席著者による以下の例を考えてください（Erickson and Erickson, 1941）。そこでは、大好きな人形に興味を持っている五歳の女の子が使われています。

五歳の子どもは、催眠トランスをこれまで見たことはありませんでしたが、催眠術師と一人で会いました。彼女は椅子に座らされ、繰り返し「眠って」、そして大好きな人形を掴んでいる間、「とてもぐっすりと眠って」と言われました。彼女がしばらくの間、ぐっすりと眠っているように見えるまで、他のどんな暗示も彼女にしませんでした。それから、後催眠暗示として、彼女は、いつか別の日に、催眠術師が彼女に彼女の人形について尋ねるとすぐに、彼女は、(a) 椅子に人形を置いて、(b) 人形の近くに座って、そして (c) 人形が眠るのを待つと話されました。これらの指示を何回か繰り返した後、彼女は、目を覚まして、遊び続けるように言われました。この三つの部分からなる形式の後催眠暗示が使用されたのは、指示に従うことが、被験者にとって本質的な静的状況に次第に結びつくからでした。特に、最後の項目の行動には、受動的形式の反応が無期限に長引く必要がありました。そして、それを達成する最良の方法は、自発的な後催眠トランスを継続することでした。

数日後、遊んでいるときに、彼女と会いました、そして、彼女の人形について、さり気なく質問しました。人形を揺りかごから取り出し、彼女は、誇らしげに人形を示して、それから、人形が疲れて、眠りたいと思っていると説明しました。そして、彼女は話しかけながら、適当な椅子に人形を置いて、世話をするために、人形のそばに静かに座りました。彼女の目は開いたままでしたが、すぐに彼女はトランス状態に入ったように見えました。何をしているの？　と彼女は尋ねられたとき、「待ってるの」と返事をしました。そして「あなたも同じようにそのままでいてね。そして待ち続けて」と、断固として言われると、同意するかのように頷きました。明確であっても意図的でない催眠暗示に対して、純粋な徴候反応を引き起こす手段を避けることで、普通に誘導されたトランス特有の多種多様な現象が、体系的調査 systematic investigation によって発見されました。

トランストレーニングを、うまく促進する一連の巧妙な後催眠暗示と成人のためのトランス再誘導のいくつかを以下に示します。

①あなたは目覚めると、目を開けるでしょう……
②動いて、そして、できたら少し伸ばしてください……
③あなたは、自分が経験してきた中で、興味のあることを、少し話すことができます……
④そして、残りのことすべてを忘れてください……
⑤私がトランスへ戻ってくれるようにと、あなたにお願いするまで……
⑥したがって、より多くのことを経験し、思い出すことができます。

前記の最初の三行は、一連の自明の理で、一緒に不可避な行動に関する連想ネットワークを形成します。行動は避けられないので、患者内でイエス・セットを開始する傾向があります。そして、患者は、恐らく催眠健忘に関する四行目を、巧妙な暗示として、認識しません。五行目は、「まで」という単語を使って、重要な偶有性を含んでいるトランスに、再度入るためのかなり直接的な後催眠暗示です。再びトランスに入るとすぐに、患者は、目覚めたとき、催眠健忘のせいで忘れていた何かを思い出します、ということを、「まで」は意味しています。六行目では、将来のトランスに、現在の経験を結びつける連想ネットワークを継続します。そしてさらに、それは、巧妙な曖昧表現を含んでいます。患者は、健忘で失われたことを、経験し思い出すだけでしょうか？　あるいは、その後、新しい経験を思い出すのでしょうか？　それは、トランス中だけ、あるいはトランスの後にも同様に思い出すのでしょうか？　セラピストは、通常、これらの質問に対する答えを知りません——これらの質問は患者独自の反応システムを調査する手段です。一層の暗示によって、引き出すことができる重要な健忘が存在することがわかったら、セラピストは、この能力を、治療で利用することにするかもしれません。新しい経験が、それぞれのトランスで、まもなく現れようとしている場合、これが、患者に内部世界を調査できるようにする理想的な治療手段になるかもしれません。

三　後催眠暗示としての無意識の条件づけ

ほとんどのセラピストは、トランスワークの間、声のトーンと抑揚 cadence を自動的に変えます。同様に、患者は、これらの声の変更に応じて、自動的に、そして通常、無意識に条件づけられ、トランスを経験します。セラピストが普通に会話しているときに、これらの声の変化を導入すると、しばしば、患者は、全く理由もわからずに、部分的なトランスの側面を経験し始めます。この最小の合図が、患者の意識的な参照枠を回避するので、このような合図は、多くの場合、驚くほどの効果があります。セラピストがこれらのトランスの最初の徴候（例えば、まばたき、かすかな動き、ブロッキング blocking、若干の混乱など）に気がつくとき、セラピストは、トランス誘導の初期段階の間、一般的に使う他の非言語的、あるいは言語的合図で、徴候を補強することができます。例えば、トランス誘導の間、患者が直接、上席著者を見ているとき、上席著者は、多くの場合、直接、患者の顔を見ていたとしても、少し離れた向こうに目の焦点を合わせます。上席著者は普通の会話をしている間であっても、後からこのようにすることがあります。そのとき、患者は最初、少し戸惑いを感じます。そしてトランスに入ることによってのみ、解消できる見当識障害 disorientation を経験し始めます（Erickson, Rossi, and Rossi, 1976）。そのような瞬間に、上席著者は、幸せを期待する表情と以下のようなダブル・バインドの質問でプロセスを補強するかもしれません。

私は、あなたが今、どれくらい覚醒しているのかな？　と思います。

あなたはどれくらいのトランスを経験し始めていますか？

それは、あなたが経験し始めているトランスですか？

それを生じることは快適ですね？

あなたは、話す必要はありませんね？　自分自身をそうすることは、素晴らしいことです。

私たちが問題を調査し始めると、セラピストと患者の間には、無数のパターンの無意識の条件づけが、終始起こっていることに気づきます。多くの患者が、無意識に自動的に条件づけられているので、セラピストの待合室に入るとすぐに、トランス経験のプロセスを始めるようになります。セラピストが良く観察しているなら、そのような無意識の条件づけパターンを画策する必要も、条件づけを意図的にセットアップする必要もありません。セラピストは、条件づけが自然に起こるときを観察し、そして無意識のプロセスの重要な指標として、条件づけを利用するだけのほうが、はるかに効果的です。例えば、何人かの患者は、トランス中に、ある特有の身体ポジションをとります。その後の通常の治療セッション中で、そのトランスポジションの様相を生じていることに、セラピストが気づくことがあるもしれません。恐らく、頭、腕、脚、手、あるいは指が、トランスに入ったようなポジションになります。これは、患者があるレベルで、再度、トランスへの連想を経験しており、今、トランスワークの必要性があるという非言語的・無意識的な身体的シグナルかもしれません。セラピストがこれらの身体的合図を認識する場合、期待するという顔つき、そして下記のような質問をいくつか使って、プロセスを促進することができます。

あなたは今、あなたに何が起こっているか知っていますか？

少しの間、中断してください。あなたはあなたの中で、何が起こっているのかを知覚することができますか？

あなたは本当に完全に目を覚ましていると感じていますか？

あなたはどのくらいのトランスを体験し始めていますか？

本当に、患者のボディー・ランゲージが、トランスワークが必要だという信号である場合、患者は頻繁に、これらの質問によって開始した内部探索を使用し、トランスにさらに深く入ります。ボディー・ランゲージが他の何か（例えば、今、話す必要がある以前のトランス経験に対する重要な連想）を意味した場合、セラピストは、質問によって、覚醒状態、あるいは恐らく覚醒状態と識別するのが難しい軽いトランスにおいて、その何かが表現される機会を提供します。

四　生じた期待を後催眠的に解決すること

後催眠暗示をするための最も効果的なアプローチは、トランス状態が正式に終了した後に、完了する、あるいは解決することができる期待、緊張、あるいは行動パターンを開始することです。このアプローチは、ツァイガルニク効果（Woodworth and Schlosberg, 1954）に関する多数の研究の中で実験的に検証されています。その研究では、子どもたちが、中断され、セットが遮断された後、緊張、あるいは不均衡を惹き起こして、未完成の仕事に戻る方法を示しています。前のセクションで、私たちは、無意識の条件づけが、どのようにしてトランスの部分的な側面を開始するかを見ました。それは、トランスに実際に入ろうとしている患者によってのみ解決できるもの、あるいはトランスの後、いくつかの治療的な行動変化によってのみ、解決できるものでした。私たちのトランス誘導と暗示の五段階パラダイム（図1）は、特にこのアプローチにおいて明白です（22ページ参照）。

上席著者は、初めてトランス経験をしている患者に、このアプローチを頻繁に用います。患者が初めてのトランスに入っている間に、「楽しい驚き」を経験することは、なんて面白くて、治療的なことでしょうか、と上席著者はさりげなく言います。それから、患者が目覚めた後、上席著者は、楽しい驚きを経験したい、という意欲を患者から手に入れます。楽しい期待は、患者内にこのように準備されます。そして、期待は患者が目覚めた後、治療的なショック、あるいは驚きによって解決できますが、この期待による緊張は解消されません。そして期待は、セラピストが計画した治療的な驚きに対する患者の感度を高めます。楽しい驚きという期待は、患者の習慣的セットと態度を停止して、約束した楽しい驚きのために、無意識の探索とプロセスを開始する傾向があります。

患者が目覚めてから、しばらく経った後、上席著者は、何かを期待するような顔つきで、患者の手および腕を、上へとガイドします。患者の腕は通常、空中に持ち上げられたままです（Erickson, Rossi, and Rossi, 1976）。なぜなら、かすかな触覚型の合図で、そのままでいるように指示されたからです。しかし、患者は通常、意識的なレベルで、これらの触覚型の合図を認識しないので、患者の腕が、独特なふるまいをはっきり示していることに、患者は本当に驚きます。上席著者は、以下のようなコメントで、患者がトランスに入っているのは、以前に上席著者が与えた後催眠暗示を実行しているからだ、と示唆して、この驚きを補強します。

驚きましたね？

誰かが、あなたの手にさわると、その手は、いつでも上がったままになりますか？

そして、自分自身が何の苦もなくトランスに戻っていることに気づくことは、「楽しい驚き」です。

あなたの目は、閉じ始めていますか？

そして、他の手が上がるまで、その手は下がりません。

起こっていることについての患者の驚きと当惑は、基本的に混乱アプローチです。そしてそれが、習慣的意識セットとフレームワークを弱め、変性状態を促進します。以下のセクションでは、治療的な後催眠暗示の実行を促進するために、驚きと期待の使用法の概念をさらに詳細に説明します。

五　後催眠暗示としての驚き

覚醒した後、人格を表現するためのフェール・セーフな道筋を患者に提示している間、後催眠暗示の驚きは期待を高めます。以下の後催眠暗示を考えてください。このような後催眠暗示を最も適切に提供できるのは、うまくいったトランスワークの終わりで、そこで患者は前向きな気分で、イエス・セットを経験しています。

目覚めた後、楽しい驚きを経験したいですか？

患者が以下の状況にあるとき、この質問に肯定的な返答で反応します（頭でのうなずき、指でのシグナリング、言葉での反応、微笑むことなどによって）。

（1）トランスワークにおいて、肯定的なイエス・セットは、催眠後の期間まで続きます。

（2）新しい何かを経験するための高められた期待と前向きなやる気が、覚醒に伴います。

（3）患者の通常の意識セットは、驚き（新しいもの）が何であるか、わかりません。したがって、患者の習慣的で意識的で、かつ制限するセットは、患者自身の無意識からだけ来ることができる新しい何かを選択して弱められます。無意識の探索を、それ自体が開始する質問の形で、「楽しい驚き」への暗示がされました。そして、新しい可能性を、あるいは患者の人格のもう一つの面を、見つけ明らかにすることができるようにします。

（4）暗示は、フェール・セーフな傾向があります。なぜなら、トランスワークが成功した後、どんな患者の経験、あるいは報告でも「楽しい驚き」として受け入れられるからです。患者が幸福でウキウキしているなら、それが「楽しい驚き」である可能性があります。患者がトランス経験についてじっくり考え、さらに深く考えこんで、身体が身動きしない状態に逆戻りするように見える場合、セラピストは暗示で驚きを促進することができます。例えば、「あなたの体が、どれくらい静かにしているか気づいて、以前より完全に理解するためにトランスに戻ると、あなたの目がどれくらい簡単に閉じることができるか、驚くことがあります」。セラピストは「それ」が何であるか、わからないかもしれません。しかし、それが何であっても促進することができます。

（5）トランスの後、患者が何らかの形で驚きを経験するとき、例えば、「そして、それは楽しい驚きでしたね？」のような最終コメントは、問題を解決する有効なアプローチとして、トランスの価値を承認するだけでなく、まさに今、起こった治療的なワークを承認する傾向があります。

この本のケースの中で、この驚きという形の後催眠暗示を説明する例がいくつか見つかります。

練習

（一）治療的暗示を行動の必然性と結びつけることは、診察室でだけでなく日常生活でも、実際に役立ちます。大人が説教することを避けるならば、それは特に子どもたちに適したアプローチの使用法です。

（二）連続する後催眠暗示には、多くの考えや計画を必要とします。偶有的暗示、連想ネットワーク、そしてダブル・バインドを使った暗示は、ほとんどの患者が持っているどんなランダムな連想、あるいは行動の可能性でも妨げ、治療的な努力に向けて、連想や行動をしっかり保持させるために、通れないような茂みを構成します。連続する暗示パターンを使って、個々の患者の行動の必然性に浸透することは、魅力的な練習になります。そうして期待されることは、暗示がお互いを補強して、患者の徴候を置換することです。

（三）催眠が成功した後、患者は後催眠暗示として、無意識の条件づけをされているので、セラピストの前に患者がいるとき、いつでも必要なことは、患者の行動パターンと反応パターンを慎重に観察することです。その後、セラピストは、そのような注意深い観察をフォローアップするために、内部探索を促進し、トランスとの関わりを深化し促進できるタイプの質問を使うことを学ぶ必要があります。この分野の初心者は、トランス行動の自然発生的な、そして条件づけられたパターンを見たとしても、信じたり、学んだりすることが難しいことに気づくかもしれません。しかし、そのトランス行動は、トランスをうまく経験した後、再びセラピストに患者が会ったとき、たいていの患者に生じるものです。このため、本章で提示した方法で、「次に会う」ときのことを、すべての患者に、ルーチンとして質問することが役立つかもしれません。観念運動シグナリングがすでに生じているなら、その次の面談では、最初の数分以内に、「今、あなたがすでにいくらかのトランスを経験し始めているなら、あなたの右手が上がります」（あるいは、あなたの目が閉じます、など）と、とても簡潔に尋ねることができます。次の面談の最初の数分以内に、患者の状態を評価することが重要です。なぜなら、その後、最初のトランスの条件反射が治療状況に意識的に関係のある慣例 conventionalities によって置き換えられると、その条件反射が、素早く消滅するかもしれないからです。

（4）生じた期待を驚きで後催眠的に解決することは、偶有的暗示と連想ネットワークを使用することで発展するテクニックです。そのテクニックは、目が覚めたとき、休まったと、そして快適に感じることについて、単純に期待を表すことで、とても簡単に学習することができます。そのような反応はほとんど避けられないので、一般的に、これはフェール・セーフです。これらの必然性に対して、暗示を徐々にしていくことで、特に患者の要求に適合させること、そして経験を積む必要があるという患者の期待に適合させるができます。

第五章
感覚・知覚機能を変更すること——痛みと快適さの問題

Five

最近の臨床（Lassner, 1964; Melzack and Perry, 1975）および実験的研究（Hilgard and Hilgard, 1975）は、痛みに対処するための、そして快適さを促進するための、催眠での感覚知覚機能の変更についての何世紀もの経験を実証しました。催眠療法的なアプローチは、心身症的問題だけでなく、明らかに肉体を起源（例えば、偶然起きた身体外傷、外科、歯科学、産科学、癌など）とする痛みを軽減することに成功しました。プラセーボ効果（McGlashan, Evans, and Orne, 1969）、あるいは不安軽減（Hilgard and Hilgard, 1975）以上の何かによる催眠鎮痛が、実験的な根拠に基づいて確立されました。この方面で催眠の有用性がとてもうまく確立されていたので、私たちは臨床状況で上席著者によって開発された実際的なアプローチに注意を集中させます。

導入▽原注3

基本的に、患者が最も受け入れるように、考えや理解を患者へコミュニケーションするものが催眠です。そして、催眠によって、患者の精神的、生理的反応と行動をコントロールするために、患者自身の身体的可能性を探る動機が与えられます。普通の人は、達成するための自分の能力を知りません。そして彼は人生経験を通して、実験的に身体行動を条件づけして、そ

▽**原注3**　次の資料は、上席著者によって書かれたもので、元々は催眠と心身医学のための国際会議の論文集に掲載された（J. Lassner, (ed.), 1967）。

の自分の能力を学習しました。普通の人にとって、痛みは、その人の注意をすべて網羅する、悲惨な差し迫った主観的な経験で、そして彼の信念と理解の及ぶ限りでは、その人自身によって制御できない経験です。

それでも、結果的に、過去の人生で経験した出来事を全く認識していなくても、特定の精神的、生理的、神経的学習、連想、そして痛みをコントロールし、消失さえするような条件づけが、その人の体の中に構築されています。直接、激しい刺激、あるいは生命に危険が及ぶような刺激によって、患者が意識を集中することを強いられる場合、激しい痛みを消失させるために考える必要があるのは、極めて深刻な緊張と不安状態についてだけです。日常的な経験では、とても激しい痛みに苦しむ、そして痛みの経験にだけ心を奪われている母親について考えることができます。それでも、幼児が危険な脅威にさらされたり、あるいは重傷を負ったりするのを見ると、母親は、何の努力も、あるいは意図しないでも、そのひどい痛みを忘れます。戦闘で重傷を負った男性のことを考えると、その男性はかなり後にならないと怪我に気づきません。そのような多くの同じような例を、医療現場において普通に経験します。日常生活においても、そういった痛みの消失は起こります。そこでの痛みは、別の種類の刺激を強いられることによって、認識されなくなります。最も単純な例は、歯科医のオフィスへ行く途中、歯痛を忘れたりしますし、あるいは映画館で上映されるサスペンスドラマを見ていると、頭痛はなくなります。生涯にわたって、これらのような経験をすることで、多かれ少なかれ、体は、豊富な無意識の精神的で、感情的で、神経的で、生理的な連想と条件づけを学習します。これら無意識の学習は、生活体験によってさらに繰り返し補強され、催眠で使用できるポテンシャルの源を構成し、薬に頼ることなく、意図的に痛みをおさえます。

痛みに関して考慮すること

痛みが特定の客観的な徴候と随伴症状を持つ主観的な経験である一方で、必ずしも痛みは意識的な経験ではありませんし、それだけでもありません。痛みは、眠っている状態で、昏睡状態で in narcosis、そして客観的作用がはっきりしているある種の化学的麻酔を受けてさえも、さらには催眠を使った患者の過去の経験の実験的探求で示されたように、意識的な認識をせずに起こります。しかし、痛みは、あらゆる種類の不快な、脅すような、さらにはきわめて危険な感情的で精神的な重要性と意味を持つ、主に意識的で主観的な現象なので、ときには簡単に、ときには大変な困難を伴いますが、催眠を用いることで、しばしば問題へアプローチをすることができます。さらに、その要因は、必ずしも痛みの範疇内にあるわけではありません。

催眠を利用して痛みに対処する場合、可能な限り痛みを分析しながら見る必要があります。痛みは、単純で簡単な有害刺激ではありません。それは一時的に、感情的、精神的、そして身体的なある種の重要性を持っています。それは人生経験の中で、人を動かさずにはおかない原動力 motivational force です。それは医療に援助を求める理由になります。

痛みは、過去の痛みの記憶、現在の痛みの経験、そして将来、予想される痛みからなる複合体であり、構成物です。このように、差し迫った痛みは、過去の痛みによって増加し、将来の痛みの可能性によって強化されます。差し迫った痛みは、すべての経験において真ん中三分の一だけです。それだけの強さの痛みでは、翌日も存在するということを恐れて苦しむことはありません。痛みは、同じ痛み、同様の痛みを過去に経験したことを認識することによって、さらに増加します。また、この痛みや差し迫った痛みは将来をさらに恐ろしいものにします。反対に、現在の痛みが、楽しい結末に確実に到達する一つの出来事であると理解できれば、痛みを大いに減らすのに役立ちます。痛みは構成概念で、痛みは単に現在の経験なので、催眠が処置として成功すれば、痛みは、容易に和らぎます。

さらに、痛みの経験は、催眠に影響されやすい状態にします。なぜなら、性質と強さを催眠が変化させるからです。それゆえに、生活体験を通して、痛みの経験は、結果的に痛みの解釈を変えて、二次的な意味を持つようになります。したがって、患者は、過渡的な、再発性の、執拗な、急性の、あるいは慢性のといった時間的用語で、自分の痛みを見ることができます。これらの特別な性質は、催眠アプローチのさまざまな可能性を各々に提供します。

痛みにはさらに、特定の感情的な属性があります。それは、イライラさせる場合、すべてを強制する場合、厄介である場合、機能を損なう場合、脅迫的である場合、難治性の場合、きわめて危険な場合があります。これらの各々の面は、さまざまな考えや連想を伴って、特定の精神的な考え方に至ります。そして、各々が特別な機会を催眠での介入に対して提供します。

他にも、特別に考慮すべき点があることを、さらに心に留めておかなければなりません。体の一部で長く継続した痛みは、その部分のすべての感覚を、自動的に痛みとして解釈する習慣を結果として形成する場合があります。最初の痛みは、ずっと以前になくなったとしても、その痛み経験が再現し、習慣が形成されました。そして、その習慣的痛みは、次第にその人に適合して、実際に痛みを伴う身体障害に至るかもしれません。

多少似たカテゴリーでは、医者が、患者に関する懸念、苦悩を完全に隠さなかったことに起因する医原性疾患や疾病があります。医原性疾患には、とても大きな重要性があります。なぜなら、医原性起源の心身症があるなら、その逆もありうるからです。すなわち、患者にとっては、その医原性健康ははるかに大きな重要性があり、十分可能性があります。そして、医原性の痛みは、恐れ、緊張、そして不安によってもたらされます。それで、それからの解放も、催眠で暗示される医原性健康によって生み出すことができます。

身体保護メカニズムとしての痛みは、そのように無視すべきではありません。痛みは、痛い領域を保護して、有害刺激物を避けて、援助を求める動機を、患者に与えます。しかし、痛みは主観的という特徴を持っているので、そこで、痛みに対して、精神的、感情的反応が生じます。そして、その反応は最終的に、過度に長引く保護メカニズムから心身的撹乱 psychosomatic disturbances に結果としてなります。これらの精神的、感情的な反応は、そのような心身的撹乱の中で、催眠による修正と治療を受け入れることができます。

痛みをさらに理解するためには、それは、苦しんでいる人にとって神経精神身体的複合体 neuro-psycho-physiological complex なので、特徴として、とても重要なさまざまな理解を考える必要があります。だるい、重い、引きずる、刺すような、切るような、ねじれる、焼けるような、しつこい、突き刺すような、刺すような、噛まれるような、冷たい、激しい、挽くような、ズキズキする、齧るような、そしてその他にも豊富にある痛みを形容する言葉として、さまざまに表現される患者の痛みを説明してほしい、と患者に求める必要があります。

このように、痛み経験の表現はさまざまなので、その解釈は、患者への催眠アプローチにおいて、著しく重要です。異なるいろいろな性質を持った感覚について、痛み経験を主観的に解釈する患者は、それによって、催眠セラピストに、痛みに対処する多くの機会を提供します。総合的なアプローチを考えることは可能です。しかし、催眠を利用して、最初に痛みの複合体全体の目立たない面へ関係させ、そして、その厳しく悲惨な性質へと関係させることができます。このように、痛みの神経精神身体的複合体の苦痛の属性に関連させ、目立たない成功を大成功のための基盤にします。そうすると、催眠を使った介入のための理解と協力を、患者からすぐに引き出すことができます。さらに、一つだけであっても痛覚の質の解釈を、催眠で変更すると、痛み複合体全体の変化をもたらします。痛み複合体を理解するために、もう一つの重要な考慮すべき点は、いろいろな属性を経験する重要性を認知すること、あるいは主観的な感覚の性質を認知すること、そして記憶されている痛み、過去の痛み、差し迫った痛み、永続する痛み、一時的な痛み、再発する痛み、永続する持続的な痛み、難治性疼痛、耐えられない痛み、脅すような痛みなどのような問題における異なる関係を認知することです。これら考慮すべき点を、痛み複合体のさまざまな主観的な要素に適用すると、催眠介入は、大いに加速します。そのような分析は、より包括的レベルで、より大きな機会を催眠介入に対して提供します。催眠によって考えや理解をコミュニケーションすること、そして催眠介入に対するよい反応を確保するのに不可欠な受容力と反応性を引き出すことが、さらに容易になります。患者自身、そして患者につき添っている人のどちらもが、即座に痛みが消失することを要求するために、人間の認識していない感情的な欲求の力を、十分に認めることがさらに重要です。

痛みを催眠でコントロールする手順

痛みを処理するための催眠手順には、非常に多くの特徴があります。通常、これらを最初に実践するとき、純粋には該当しませんが、多くの場合、痛みを消失させるために、直接的催眠暗示を使用します。これは、とても有効な手順ですが、患者の数は限られています。しかし、直接的催眠暗示は失敗する場合がとても多く、患者を落胆させるので、催眠をこれ以上、患者の治療に使うことができなくなります。さらに、直接的催眠暗示は良いかもしれませんが、その効果は時に継続期間が限定され過ぎています。そしてそれは許容的間接催眠による痛みの消失の有効性を制限する可能性があります。この許容的間接催眠による痛みの消失は、ずっと効果的です。そして、基本的に、直接暗示の特徴に類似していますが、それは言葉で表現し、患者受容性と応答性を、さらに一層もたらす形で提供されます。

第三の催眠での痛みのコントロール手順は、健忘を利用するものです。日常生活で、脅迫的な、あるいは夢中になる経験が、苦しんでいる人の注意を確保しているとき、痛みを忘れているのを、私たちは見ます。極端な痛みに耐える母親の例は、すでに引用された実例で、彼女は、自分の乳児が重傷であるのを見て、自分の痛みを、子どものことを心配する不安の中で忘れます。そして、正反対の心理学的特性には、映画スクリーン上の完全に心奪われるサスペンスドラマを見ている間、関節炎の痛み、頭痛、あるいは歯痛を忘れることがあります。しかし、いろいろな方法で催眠を適用して、痛みに関係する健忘を生じさせることができます。このように、完全な痛み経験に対してだけでなく、患者が説明する痛み複合体の中で選択した主観的な性質と知覚属性に関連づけて、部分的、あるいは選択的、あるいは完全な健忘を使用します。

四番目の催眠手順は、催眠での無痛覚を利用するものです。無痛覚は部分的、完全、あるいは選択的かもしれません。したがって、触感、あるいは圧迫感を失わない無感覚のある感じを与え、患者に痛みを経験させます。その後、無痛覚が完全でなくても、痛み経験全体が修正され、かつ異なるようになり、患者に安堵感と充足を与えます。麻痺、暖かさと重さの増加、緩和などのような感覚によって、患者の主観的な経験にもたらされた感覚の修正は、ますます完全な程度に催眠による無痛を強化するのに役立ちます。

五番目の痛みを扱う方法は、催眠麻酔です。これはしばしば難しくて、ときどき直接、達成される場合がありますが、もっと多くの場合、痛みの経験に相反し、そして後催眠暗示によって継続する麻酔反応を確立するのに役立つ、心理的感情的な状況を構築することによって、間接的に最もうまく達成されます。

痛みを扱うのに役立つ六番目の催眠手順は、感覚を催眠的に置換する、あるいは代用substitutionをもたらす暗示の問題に関係しています。例えば、耐えられない痛みで苦しんでいる一人のがん患者は、彼女の足の裏に、信じられないほど腹立たしい痒みを持つという暗示に際立った反応をしました。がん腫症によって引き起こした彼女の体の虚弱さとそれゆえに、痒みをひっかくことができないことで、この心因性掻痒pruritusに彼女の注意を向け、完全に没頭させるようにしました。そのとき催眠による暖かさ、冷たさ、重さ、そして無感覚の感覚は系統的に、彼女が痛みで苦しんだ体のさまざまな部分に引き起こされました。そして最終的な処置は、我慢できるのですが、とても不快で、小さくても迷惑で焼けるような掻痒感を彼女の乳房切除部位に暗示しました。この置換・代用という手順は、患者の人生の最後の六カ月にとって十分なものでした。彼女の足の裏の痒みは徐々に消えました。しかし、彼女の乳房切除部位に、じれったい焼けるような掻痒感は持続しました。

催眠による痛みの置換は、七番目の手順です。これは、身体のある部分から別の部分へ、暗示を利用して、痛みを置換するものです。これは、前立腺に転移したがんで死んだ人の実例によって、うまく説明することができます。そして、彼は、薬による昏睡状態であっても、そして深い催眠状態であっても対処できない難治性疼痛、特に腹痛に苦しんでいました。彼は医学的な訓練を受けていたので、痛みに注意を向けて、置換するという概念を理解しました。彼の腹部の難治性疼痛が、実際、彼を壊すような痛みである一方で、催眠トランスにおいて、左手には、痛みが脅威になるような重要性がないので、左手に同等の痛みがあっても、耐えることができるという考えに同意し、すぐに受け入れました。彼は、腹痛に注目を向けて、左手へという考えを受け入れました。したがって、慎重に保護した左手の激痛に、彼が慣れ始めると、代わりに体の痛みがなくなりました。この手の痛みによって、彼の生涯の残り三カ月間、家庭生活が煩わされることは全くありませんでした。左手へ置き換えた痛みがしばしば、次第に減少したことが、明らかにされました。しかし、痛みは、不注意な質問で増加しました。

痛みを置換するというこの可能性によって、そうでなければコントロールすることができないさまざまな属性を持った痛みを置換することができます。この処置によって、そうでなければコントロールすることができないこれらの属性は、大幅に減らされるようになります。このように、痛み複合体全体が大きく修正されると、催眠介入に、さらに従うようになります。

催眠による解離を、痛みをコントロールするために使用することができます。そして、通常、最も効果的な方法は、時間と体の見当識障害を使うものです。薬と催眠のどちらでも扱えない難治性疼痛を持つ患者を、催眠によってリ・オリエンテーションし、痛みのことをあまり考えなくて良かった病気の初期段階に時間を合わせることができます。そして、覚醒状態の間中、後催眠を継続し、その痛みに特有の時間の見当識障害を残しておくことができます。このように、患者にはまだ難治性疼痛がありますが、それは初期段階の痛みだったので、痛みのことをあまり考えなくなります。

　ときには、病気になる前の時間へ、難治性疼痛を持った患者を、後催眠暗示でうまくリ・オリエンテーションすることができるかもしれません。そして、病気になる前の通常の感覚を回復します。しかし、難治性疼痛は全体的な結果として見れば、リ・オリエンテーションをしばしば妨げますが、病気になる前の楽しい感情を、現在に投影して、患者の痛み複合体の主観的な性質の一部を無効にできるかもしれません。ときどき、これには、大きく痛みを減らす効果があります。

　体の見当識障害に関しては、患者は催眠で解離し、体から自分自身が離れている経験をするよう誘導されます。したがって、耐えられない痛みに襲われる一人の女性は、後催眠暗示に対する反応で、苦しんでいる体が、病床で横たわっている間、彼女はトランス状態を生じて、別の部屋にいる自分を経験します。この患者は、著者がナースコールをしたとき、「あなたが来る少し前に、ひどい痛み発作が生じました。それで私は、トランスに入って、テレビ番組を見るために、車椅子に乗ってリビングルームへ行きました。そして私は寝室に、苦しんでいる体を残してきました」と、著者に説明しました。そして、彼女は、見ていた空想のテレビ番組について、楽しそうに、幸せそうに話しました。別のそのような患者は、彼女の外科医に、「ねえ先生、ご存知ですね。先生が私の包帯を換え始めると、私はいつでも気絶します。というのも私は痛みに耐えることができないからです。それで、先生が気にしないなら、私は催眠で、トランスに入り、私の頭と足をサンルームに連れて行きますが、私の体は調べてもらうためにここに残します」と言いました。患者はさらに、「私がサンルームで横たわると、そこでの私は、彼（外科医）が体に屈みこむのを見ることができましたが、何をしているのかはわかりませんでした。それから、私は窓の外を見ました。そして、私が振り返ったとき、彼は行った後でした。それで、私は頭と足を持って戻り、体に加えました。そうすると、とても快適に感じました」と説明しました。この患者は、以前、長年にわたって、著者から催眠の訓練を受けていました。その後、彼女は自己催眠を学んで、「ねえ先生、ご存知ですね」というフレーズによって自分で自己催眠トランスを誘導しました。このフレーズで、彼女は、いつでも言葉を使って、あるいは精神を使って、すぐにトランス入ることができました。そして、彼女は、体に安全に戻れるまで、痛みのある体から離れたどこか他の場所に留まって、そこで楽しく過ごすという精神的、感情的な経験をしました。他人への意識から、とてもうまく彼女を保護するこのトランス状態で、彼女は親戚を訪問します。しかし、この新しい設定の中での彼女として、親戚訪問を経験したとしても、その個人的志向 personal orientation に背くことはありません。

体の痛みをコントロールする九番目の催眠手順は、痛み経験を催眠で再解釈するものです。それは、感覚の置換、あるいは代用と非常に良く似ています。これによって、催眠で、脱力した感覚へ、深い無気力な感覚へ入り、そしてその後、深い筋肉の緩和を伴う暖かさと快適さによるリラックスとして、引きずるような痛み、齧るような痛み、重苦しい痛みを、患者が解釈し直すことを意味しています。突き刺すような、刺すような、噛まれるような痛みは、突然の驚愕反応 startle reaction として、ときどき解釈し直されるかもしれません。そして、性質的に気がかりなものであっても、瞬間的なので痛くありません。ズキズキする、しつこい、圧迫する grinding 痛みは、嵐のとき、ボートが揺れるような不快な感じであっても、悲惨ではない経験として、あるいは、なんでもないような指先の小さな切り傷で、とても頻繁に経験するズキズキとして、うまく解釈し直されました。患者が痛覚を十分に催眠で再解釈するためには、どのように痛みを経験するかという認識を完全に持つことが必要とされます。

最初、クーパーによって記述され、そして後には、クーパーとエリクソンによって展開された催眠による時間歪曲は、しばしば痛みのコントロールにとても役立つ催眠処置です（Cooper, L., and Erickson, M., Time Distortion in Hypnosis. Baltimore: Williams and Wilkins, 1959）。優れた例は、刺すような難治性発作を伴う患者のそれです。そしてその発作は、昼夜を問わず、ほぼ二〇分から三〇分おきに起きて、五分から一〇分間続きました。発作の合間に、患者が考えることは、基本的に次の発作に対する恐ろしい恐怖でした。通常、すべての痛み患者のケースのように、催眠を使用して、時間歪曲を、彼に教えることによって、ここで記述される手段のいくつかの組合せを使用することができました。トランス状態で、患者が教えられたことは、過去のすべての痛み発作に関して、健忘を生じることでした。それから、一〇秒～二〇秒で五分～一〇分の痛み発作を経験することができるように、時間歪曲を彼は教えられました。彼は後催眠暗示をされましたが、それは彼にとって完全な驚きとして各々の発作が来るという意味でなされました。発作が生じたとき、彼は、一〇秒～二〇秒間、持続するトランスを生じ、すべての痛み発作を経験します。その後、トランスにいたか、痛みを経験したか、彼は認識することなくトランスから出て来ます。したがって、家族と話していると、患者は突然、そしてはっきり金切り声をあげてトランスに入り、一〇秒後にトランスから恐らく出て来ます。しばらく混乱したように見えますが、次に、彼は中断していた話を継続します。

十一番目の催眠手順は、患者が完全に反応しないことがはっきりした後に、痛みを完全に除去するのではなく、痛みの減少を生じる催眠暗示を提供するものです。痛みが、何時間も続けて、いつの間にか減っていく、と催眠をかけられた患者に暗示することによって、通常この減少は、とてもうまくもたらされます。そしてたぶん数日が過ぎるまで、痛みが減少していることを患者は認識しません。それから、彼はすべての痛みの性質、あるいは特別な痛みの性質に気づきます。わずかな減少が生じる、と暗示することによって、患者は暗示を拒否することができません。絶望しているにもかかわらず、少しでも希望を持てると、二、三日中に、いくらかの減少があるかもしれないと患者は期待します。これはそれ自体で、患者にとって、自己暗示として役立ちます。しかし、ある実例では、患者は、とても小さな程度ですが減少します、と伝えられます。一%痛みが少なくなっても、目立たないことを利用し、これを強調する策略を立てます。あるいは二%でもなく、あるいは三%でもなく、あるいは四%でもなく、あるいは五%の減少でもなく、しかし、どんな量であったとしても減少は減少です。一日目五%減少し、そしてその翌日、それに二%加わっても認識できません、と述べることで策略を続けます。そこに三日目に三%減少した場合には、これもまた、知覚できません。しかし、それを合計すると、本来の痛みが一〇%減少したことになります。この同じ一連の暗示によって、元の強さの八〇%に痛みを軽減し、その後、七〇%、五〇%、四〇%、そしてときには一〇%へと減少し続けていくことができます。このように、患者は次第に導かれて、痛みをさらにコントロールすることができます。

しかし、痛みのコントロールに関するすべての催眠手順において、直接的催眠暗示と比較して、間接的催眠暗示の方が、患者に対して、より大きな実現可能性と許容性を持っていることを心に留めておきます。そして、上述のいろいろな方法論的な手順の組合せを使用することによってだけでなく、間接的許容的な手段によって問題にアプローチする必要があります。

まとめ

主観的な経験としての痛みは、おそらく、医療扶助を求める要因の中で最も重要なものです。医者と患者の両者が、通常、痛みの治療として考えているのは、主に除去の問題、あるいは感覚の無効化 abolition です。しかし、痛みそれ自体が、個人に対して、特定の役に立つ目的を果たしているかもしれません。痛みは警告を構成し、援助が必要だと持続的に警告します。このようにしばしば、苦しんでいる人に恩恵をもたらしますが、痛みは身体的活動を制限します。それは、身体の中で生理的変化を引き起こし、自然に癒します。それゆえに、好ましくない感覚として消失させるのでなく、むしろ痛みは、苦しむ人が恩恵を得るように取り扱われるべき経験です。これは、さまざまな方法ですることができるかもしれません。しかし、豊富な神経精神身体的な重要性を、痛みが患者のために持っていることを見過ごす傾向があります。痛みは複合体で、そして患者にとって、非常に多様な主観的に解釈される価値、そして経験的価値から成る構成物です。痛みを研究し、コントロールするために、催眠を使用することができるように体のポテンシャルの源を構成する体の学習、連想、そして条件づけを確立することに、人生を経験する間の痛みが役立ちます。単独の、あるいは組み合わせた催眠手順によって痛みをコントロールして、大きな効果、あるいは小さな効果を得るための催眠の適用法には、痛みを完全に消失するための直接催眠暗示、痛みを消失するための許容的間接催眠暗示、健忘、催眠的無痛覚、催眠的麻酔、感覚の催眠的置換、あるいは代用、痛みの催眠的置換、催眠的解離、痛み経験の再解釈、痛みの減少を達成する催眠暗示があります。

ケース1　感覚・知覚機能の変更への会話的アプローチ
——幻肢痛と耳鳴り

最初のケースは、それぞれが異なる症状を示した夫婦を同時に治療したケースを説明したものです。七二歳の夫は、幻肢痛に苦しんでいました。七五歳の妻は耳鳴りに悩まされていました。その不愉快な耳鳴りは何年も絶えず彼女を悩ましていました。夫は一週間前に、初めてエリクソンに会い、軽減を一部経験しました。その後、エリクソンとロッシは、二人一緒に催眠療法のセッションをして、出版のために録音しても良いなら、無料にする、と夫妻に言いました。この申し出を、夫婦は感謝して受け入れました。夫婦は受けている治療、そして特別な心遣いを高く評価したので、今、すでに夫との間でエリクソンが築いていたラポールが増強されました。

夫婦は、希望に満ちて、期待で目を大きく開いて治療室に入って、すぐにすべての注意をエリクソンに集中しました。夫婦の反応注意力は、すでに理想的なレベルにありました。記録からわかるように、夫婦は二人とも、とても丁重で、協力的で、援助を熱望していました。夫婦には、催眠に対して、明白な誤解や抵抗がありません。したがって、エリクソンは、夫婦に直ちに概念を導入して、夫婦の徴候を軽減するために、彼ら自身の感覚・知覚機能の変更を学べるようにすることができます。エリクソンは、かなりリラックスして、さり気ない会話に見えるようにして、これをします。その中で、エリクソンは、夫婦に、自分の青春期の面白い話をします。そして、身体的プロセスの多くを管理して、変えることを学ぶことができる魅力的な方法を話します。この楽しい話は、実際は、慎重に準備されたものです。そこで、エリクソンは、夫婦自身の感覚・知覚的プロセスを変える能力について、参照枠を構築しています。夫婦の徴候を改善するために利用できる感覚・知覚的なテクニックのレパートリーを呼び起こすことができるようにするために暗示をするとき、夫婦に、以下のような比較的短い期間の治療的トランスを準備させて、エリクソンは提示します。

感覚・知覚機能を変える会話でのアプローチ
——治療的な参照枠を構築すること

妻◎さて、この幻肢痛——この痛みを打ち負かすことができるなら、それは素晴らしいことですね。

エリクソン◎わかりました。さて、あなた方が、よく理解できるように、私は物語を話すつもりです。私たちは、非常に変わった方法で、知らない方法で、物事を学習します。大学に入って初めての夏、私はボイラー工場を、偶然見かけました。従業員たちは一二台のボイラーに同時に取り組んでいました。そして、労働者は三交代で働いていました。そして、空気ハンマーを連打し、そして、リベットをボイラーに打ち込んでいました。私は、その騒音を聞いて、騒音がどんなものか知りたいと思いました。そこがボイラー工場とわかると、すぐに、私は中に入りました。そして、私は、誰の話も聞きとることができませんでした。私は、従業員同士が話をしているのを見ました。私は、主任の唇が動くのを見ることができました。しかし、私は、主任が私に何と言ったか聞くことができませんでした。主任は、私が言ったことを聞きとりました。主任と話すことができるように、私は彼を外に連れ出しました。そして、私は、毛布にくるまって、夜、床で寝ても良いか、と主任に尋ねました。主任は、どうしてなのか、と思いました。私は、医学部進学課程学生で、そして、学習プロセスに興味を持っています、と説明しました。それで主任は、私が毛布にくるまって、床に眠ることに同意しました。主任は労働者全員に説明して、以降のシフトの男たちにも説明すると言いました。翌朝、私は目覚めました。私は、労働者が、自分の子どもについて話しているのを聞くことができました。一体、何のために、そこの床で眠っていたのでしょうか？　学ぶことができたことは、何だと思いましたか？　その夜、眠っている間に、私は一二本以上あった空気ハンマーすべての恐ろしい騒音を消しました。そして、私は声を聞くことができました。私にわかったことは、きちんと耳を調整したら、学習して、特定の音だけを聞くことができたということです。あなたには耳鳴りがあります。しかし、あなたは耳鳴りを調整して、耳鳴りを聞かないようにすることを考えたことがありませんでした。

ラポールと反応注意力が、この夫婦との間で、すでに確立されていました。ですから、眠っているときでも、無意識が適応できるように感覚・知覚的機能を自動的に調節して、学習する方法について、上席著者は物語を使って、すぐに治療的な参照枠を構築することができました。上席著者は、感覚・知覚的機能を変えることを学ばなければなりません、と直接、知性に訴えるような方法で夫婦に言いません。多くの失敗を経験した患者に、ごく普通に起こることのように、上席著者が話した場合、患者は、問題を見つけ、反論するかもしれません。あるいは、機能の変更はできないと、すぐさま患者は抗弁するかもしれません。なぜなら患者は機能の変更をする方法を知りませんし、機能の変更が自分に起こることが信じられません。上席著者が提示した自分自身の話と実例は、すべてが事実で、それは同時に、夫婦が治療ワークに必要とする基本的な参照枠を構築します。上席著者は今、少しおどけた調子で継続します。

治療的暗示を散りばめること

エリクソン◎さて、この問題はあなた自身を調整するという問題です。私は家に招待されました。私はミシシッピ川で三カ月を過ごしました。でも、私は開け放たれた外にいた後なので、とても狭い所に閉じ込められたと感じました。そして、私は家に招待されました。部屋に入って、どこを見ても、あなたは、その先を見通すことができません。昔の船の物語を読んだとき、そこでは、何でも地球の果てまで邪魔するものなく、あなたは見通せます。そして、水夫が閉所恐怖症反応を引き起こす昔の物語があります。閉じられた場所の恐怖。

さらに、私がそのカヌー旅行から戻ったとき……以前、柔らかいベッドで眠ろうとしたことが、あなたはありますか？

あなたはかわいそうな人です。私は、カヌーに乗ったまま、折れた小枝が地面に堆積した中でin brush piles、眠ることを覚えました。カヌーの肋材を相手に、私の肋骨は戦っていたので、私が家に帰って、マットレスを使ったとき、それは拷問でした。昔のインディアンは、白人のベッドが好きではありませんでした。彼らは、土の上で眠ることを望みました。彼らは、快適さを望みました。まさに本当の快適さだけを。以前、テレビの教育放送で「部族の目」という番組をやっていました。イランからの遊牧民の人々。彼らは、どのようにしたら、ペチコートに似た衣装をまとうことができるのでしょうか？　そして、砂漠の平原の熱い太陽のもとで、快適にするには？　そして、あなたが耳の中の耳鳴りに慣れることができると、あなたには耳鳴りが聞こえません。

私は農場で大きくなりました。農場に住んでいる人の手に、納屋の臭いがすることを、私が気づくには相当な年月、農場から離れている必要がありました。農場にいたとき、私は決して、その臭いを感じませんでした。私が納屋の臭いに気づくには、長い間、農場から離れていなければなりませんでした。

ロッシ◎私は、それによって、もっと頻繁に洗わなければならないことを、頻繁に洗わない人に納得させるのは難しいと思います。彼は、自分自身の臭いはわかりません！

エリクソン◎私は、それについて、あなたに滑稽な話をすることができます。一年間、下宿屋の隣の部屋に、サウスダコタ出身だった男が間借りしていました。そして、ヘービーはミルウォーキーから来ていました。そして、「お前、臭いぞ。風呂に入って来い」と、ヘービーはレスターに言いました。それは九月の後半でした、そして、レスターは「でも、俺は、七月に風呂に入ったぞ。少なくとも感謝祭まで、風呂に入る必要はないぞ」と言いました。しかし、彼は本当に臭かったので、ヘービーは、「お前は、自分から風呂に入るよな。じゃないと、俺が風呂桶にお前を放り込むぞ」と言いました。人々は知らないのです。その痛みを失くすことができることを、そして、耳の中のその耳鳴りを失くすことができることを知りません。私はその納屋の臭いが戻ってきたことに気づいたとき、私は本当に、その納屋の臭いを感じることができました。その臭いに気づかなくなるのに、どれくらいの日にちがかかるか、私にはわかりませんね？　その後、午後の中ごろまでには、私はその臭いを感じないようになりました。私たちすべてが、痛みがあるときには、痛みに注意を払わなければならない、と思って成長します。そして、耳鳴りがすると信じていると、耳鳴りを聞き続けなければなりません。

　上席著者は次々に具体例を話し続けながら、妻が耳鳴りを調整することを、どうしたら学べるか、夫が痛みをなくすことを、どうしたらできるかについて、治療的暗示（傍点）を少しずつ散りばめはじめます。これらの暗示は物語のネットワークの中に散在するので、夫婦は興味を持って聞いています。特に、夫婦は分散型の治療的暗示に抗議することができるか、拒絶することができるか、それについて考えることさえできないうちに、上席著者がもう一つの面白い逸話に素早く移るので、夫婦は、暗示（治療が起こっているとさえ理解することなく）を受け入れるようになります。

　エリクソンは、正式な方法でトランス誘導する努力を何もしなかったのですが、彼の話に、夫婦は明らかに没頭していて、実際少し魅了されています。夫婦は、エリクソンをジッと見て、静かに座っているだけです。夫婦は明らかにリラックスしていて、周りで起きていることをまったく気にしません。それらは、理想的な反応注意力の状態を示しています。というのは、感受性は、治療的トランス経験を増強するからです。

治療的な参照枠を受け入れること

エリクソン◎さて、あなたが感じる痛み、どこですか？　どこで痛みを感じますか？

夫◎まさに今、足で。

エリクソン◎そうなのですね。

妻◎ない足のところで。

夫◎ない足のところで。

エリクソン◎わかりました。私にはジョンという名前の友だちがいました。ジョンは精神科医でした。そして、私たちはお見舞いに来ていました。ジョンは手を伸ばし、足首を引っ掻きました。「ジョン、それは本当に痒いんだね？」と私は言いました。するとジョンは、「そうだよ」と言いました。私たち二人とも、両足が木の足だということを知っていました。

夫◎私が入院していたとき、二本の足を失った人があそこにいたことを知っています。私は彼を二回見ました。私は病院で彼に会いました。また、私は、理学療法を受けたとき、彼に会いました。しかし、聖ジョセフで彼の世話をしていた看護師は、足が痒いと彼が言ったとき、手を伸ばして、彼のシーツをひっかいて、痒みを軽減しました。

妻◎彼の足があったところを？

夫◎彼の足があったところ！　彼女がシーツの下の方をひっかくと、痒みが軽減すると言っていました。

上席著者が、感覚と幻肢痛の関連性について、逸話と物語を詳しく話すのを聞いた後、夫は、今、幻肢痛について、彼自身が逸話を語ることによって、この治療的な参照枠を受け入れて、加わろうとする様子が認められます。妻が疑うような質問をすると、妻を確信させるために、今ここで、断固たる努力をし始め、さらに推し進めていきます。

新しい反応ポテンシャルを導入することで、期待を作ること——幻の喜び

エリクソン◎私は友人のジョンに「そうやって、君は足をひっかいた。今、君の足はどんな感じ？」というようなことを尋ねました。彼は、「良いよ」と言いました。その看護師は非常に賢明でした。なぜなら、足に好感を持つことができるからです。まさに痛い足ではありません。

夫◎ああ、私はそう期待しています、先生。

エリクソン◎これらの切断患者に見過ごされているものが、それです。患者もまた、好感を持つことができることを忘れています。

夫◎私は、昨日、義足をつけていました。私の足は、組んだ足をほどくことができません。私は彼のところに行きました。彼は三つの異なる部屋を持っていました。いいえ、一つは私のもので、あと二つの異なる部屋でした。その中の一つの部屋で、彼のこの幻肢痛のために、私たちに何ができるかについて、彼らは話していました。「それのせいで、私は気がおかしくなります」と、彼は言いました。当然のことながら、もう一つの部屋にいたので、私は口を決して開きませんでした。私は、外のここにいると言いませんでした。あるいは何も言わなかったかもしれません。私は、あなたが以前したことから、緩和できることを知っていました。

エリクソン◎わかりました。では、私はあなた方二人を記録したいと思います。そうすれば、ロッシ博士は本にその記録を載せることができます。さて、あなたに幻肢痛があるなら、幻の好感覚もあるかもしれません。そして、好感覚は素晴らしいです。

夫◎それは、私がまだ経験したことのないものです。

エリクソン◎その通り。

夫◎それは、私がまだ経験したことのないものです。

エリクソン◎しかし、あなたは、その感覚を学習することができます！

夫は、治療的な参照枠を明らかに受け入れたので、エリクソンはさらに、夫が幻肢痛を幻肢の喜びに変えることによって、どのように幻肢痛に対処することができるか、すぐにたたみかけるように示唆しました。この時点で、エリクソンはとりあえず喜びを可能性として紹介するだけです。喜びを経験することについて、直接暗示するための準備が、患者には確かにまだできていません。夫が、自分は喜びを経験したことがなかったと認めたとき、エリクソンは、自分の物語で、以前にとても慎重に生じさせた学習参照枠を利用します。具体例によるバックグラウンドを使って、「しかし、あなたは、その感覚を学習することができます！」と、エリクソンは現在、夫に自信を持って言うことができます。夫が感覚・知覚的な経験を変える学習をするために、すべてのそれらの逸話を楽しんで受け入れたので、結局、彼はまた、彼が学んでいることについてのエリクソンの直接暗示を、今、拒否することができません。

このように、このセッションで正式に開始されるトランス経験の前でさえ、エリクソンは、夫自身が受け入れているのに気づくような方法で、夫の基本的な治療的な参照枠を構築しました。現在の疑問は、夫がいつ、その治療的な参照枠を利用し始めるかということだけです。「ああ、私はそう期待しています、先生」と夫が答えるとき、私たちは治療的な反応のための高度な期待が作られていることを認識することができます。

等比数列による自己催眠療法

夫◎しかし、私はこのことは言わせてもらいます。午後、私が一時間横になると、私は完全なトランス状態になって、何も考えなくなります。

妻◎彼［夫］があなた［エリクソン］のところへ来たあとから。

夫◎私があなたのところに来たあと、私は何も考えていません。そして、それは眠りではありません。私は自分が眠っていないことを知っています。しかし、私はトランスに入っています。私は少しも痛くありません。また、私は、起きると、何もかもが異なっていると思います。

エリクソン◎わかりました。では、あなたの次の課題は、良い感覚を一秒長く感じることを学ぶことです。そして二秒長く。その後、四秒長く。そして、六秒！　そして、八秒！

夫◎おわかりですね、先生。あなたが私に話したことで、私が思い出すことができることは、私が以前ここで過ごしたとき、二〇から、逆に数えたことです。それは、私が横になったとき、私がすることです。今、私はあなたが言ったことすべてを思い出すわけではありません。しかし、私はあなたが九、六、そして三について言ったことを覚えています。私は、以前に、このトランス、あるいはそう呼べるものに入ったことを思い出します。そして、私は、横になったときはいつでも、それらの数を考えて、二〇から逆に数えようとしようとします。私は、その上に、九、六、そして三を強調します。しかし、言っておきますが、私は眠っていません。私はそこで横になることができます。まるで永遠にそこで横になることができるかのように、私には思えます。二時間あるいは三時間ですが、私は眠っていません。私はトランスの中にいます。私は目を閉じていて、何も聞こえません。妻が部屋に入って来ても、彼女の声が聞こえません。しかし、ある程度、時間が経つと、私ははっきりと目覚めます。

エリクソン◎そして、私たちは彼の口から直接、トランスのことを聞きました。

ロッシ◎そうですね。とても見事でしたね。素晴らしいトランス描写でした。

夫◎つまり、方法としては、それだけです。私はトランスに入っていました。そして、この前の月曜日以来、ここでトランスに入っていませんね？

妻◎そう思います。


夫は、今、自ら自己催眠経験を説明したことで、幻肢痛の感覚を変更することを学習する能力があることを、上席著者が確信していることを認識します。その自己催眠は、ちょうど一週間前に彼が学習したものでした。すでに彼は、自己催眠のトランス中に、痛みを除去することを学んでいました。エリクソンはそれを利用し、一秒を、より長い何秒かにして、快適さを拡張しようと努力します。これはエリクソンが好きな等比数列を使う治療アプローチです。自己催眠中に、症状の軽減を経験することは、患者にとって通常、ごく簡単なことです。患者がトランスから出るときが問題です。それから、上席著者は、今日のトランスの後、一秒間、症状のない状態を広げることができるかどうか、夫婦に尋ねます。それから、明日、それを二倍にして二秒にしてください。次の日、再度、二倍にして、四秒にしてください。夫婦が毎日この等比数列で、症状のない時間の量を二倍にし続けるなら、18日で症状のない時間が、二四時間以上に広がります。

自動トランス経験を夫が説明する中で面白いと思われることは、覚醒するとき、九、六、そして三を強調することです。エリクソンは、一から二〇まで数えることでトランスに入り、逆に数えることで、覚醒するという訓練を人々に頻繁にします。九、六、そして三という数字を使って、何か特別なことを言ったか、あるいはしたこのときを、夫は意識的には認識しませんでした。これは、純粋に夫の側の主観的な特異反応idiosyncratic responseであるように見えます。それにもかかわらず、それは個人的トランス経験の有効で、価値のある部分と認められます。まさしく、それが純粋な主観的な経験なので、それは夫のトランス経験を促進する際に、おそらくさらに貴重です。なぜなら、トランスは何らかの形で、夫自身の内部の連想を建設的な方法で利用するからです。

夫と妻は、今、お互いのために、思いやりのある関係を検討し続けます。エリクソンは、看護師になるために勉強している彼の娘ロクサーナについて話すために、これを利用します。人生でうまくやった、さらにもう一人の例として、エリクソンがロクサーナを紹介する場所が、すぐに出て来ます。なぜなら、彼女は学ぼうとしていたからです。

治療的な参照枠を促進すること——無制限な形式の暗示

夫◎もちろん、妻は、私のことをとても心配しています。妻は赤ちゃんにするのと同じように、私の面倒をみていると、あなたは言うかもしれません。私も妻も、お互いに相手のことを心配しています。そうです。しかし、ここで少し前に、妻は「私たちは、なんとかするつもりです、一緒になんとかするつもりです」と、これらのステップを取り消すように言いました。

エリクソン◎さて、私は、私のことを心配しないように、妻に言います。私は、車椅子に乗っています。それがすべてです！　私は、物事を楽しむ方へ、妻のエネルギーを向かわせたいと思います。

夫◎妻は以前とても活動的でした。妻は泳ぎによく行っていました。五〇歳になるまで、妻は泳ぎ方を知りませんでした。

妻◎五五歳よ。

夫◎五五歳でした。妻は五マイルでもノンストップで泳ぎます。ＹＷＣＡの女性部門でトロフィーを獲得しました。妻は、知恵遅れの子どもたちと働いています。そんなことをしています。それは、私を世話するために家にいなければならないと思う代わりに、妻に戻ってほしいものです。

妻◎夫ができるようになったら、そうします。

夫◎私は十分有能だと思うので、あなたはそれを始めることができると思うよ。私は、ちゃんとやるよ。

妻◎私が知恵遅れの子どもたちと働いていたとき、夫以上に、私にとって役立ちました。

エリクソン◎どこ、サンバレーで？

妻◎ピアノの上の男の子。

夫◎私の妻が曲を演奏すると、その男の子は降りて来て、そのピアノと、その周囲をすべて見回します。妻はカセットに、その曲を入れます。妻は演奏を終わると、「さあ、ケニー、あなたがその曲を演奏して」と言います。

妻◎ピアノは、公会堂にあります。そして、私は「大勢の人の前で、演奏しているように振る舞って、目を閉じ、微笑んで」と言います。男の子は目を閉じ、微笑みます。それから、そこに座って、演奏します。

エリクソン◎わかりました。

夫◎妻はその仕事を楽しみました。また、私は、妻がその種の仕事をするのを楽しみました。子どもより、もっと妻のためになりました。それは、実際そうなりました。

エリクソン◎「娘が看護師になりたいと、確実に思うまで、娘が多くの仕事とトレーニングの経験を通じて、どのように自力で学習したか、詳細に説明をします」そのとき、娘は学ぼうとしていました。

妻◎そうですね！

エリクソン◎ご主人は、どのようにその足の痛みを感じることができるか、わかっています。ご主人は、他の患者が、看護師にシーツを引っ掻いてもらって、快適になるやり方を見ました。

夫◎それが、彼がしていたことです。

エリクソン◎それで正しいです。「僕の木の足を掻くと、とても気持ちいいんだ」と友人のジョンは言いました。ジョンは医学博士号と博士号を持っていました。

ロッシ◎木の足を掻くのですか！

妻◎素晴らしいことのように聞こえますね？

ロッシ◎はい、本当に！　心の力です！

エリクソン◎実際あった話です。ジョンは素晴らしかったです。そして、私は、木の足、木のひざに素晴らしい感覚があることの重要性を、ジョンと話し合いました。

夫◎今、あなたは、なにを話し合ったと言いましたか？

エリクソン◎私は、木の足、木のひざ、木の脚に、良い感覚があることの重要性を、ジョンと話し合いました。足が暖かいと感じること。冷たいと感じること。休まったと感じること。しかし、幻肢痛を持つ大部分の患者は、痛みだけしか考えません。そして、幻の痛みを持っているなら、幻の喜びを持つことができます。

夫◎へえー、そうなんですね！

妻◎なんか良さそうね。ねえ、そんなこと考えたことなかったわ。

夫◎はい、私は喜びの方をとります。

ロッシ◎良いですね。ご主人！

エリクソン◎そして、あなたは他の誰かがあなたのシーツをひっかくデモンストレーションを見ました。それは良い気分です。そして、その看護師はとてもうまくやりました。

ここでの意見において、上席著者は、暖かさ、冷たさ、休息、そして喜びの可能性へと、幻の痛みを変える例をさらに使って、治療的な参照枠を補強します。エリクソンは、無制限な形式の方法で、多くの治療的な可能性を導入しています。この時点で、エリクソンには、夫のシステムがこれらの反応ポテンシャルのどれを利用できるか、まだわかっていません。エリクソンは、夫自身の個性が、その中から選ぶことができるようにします。これは、治療的暗示の基本原理です。すなわちセラピストは可能性を提示し、そして、患者の無意識は、患者自身の能力に合わせて、治療的な変化のために、実際の反応様式を選んで仲裁します。治療的暗示は、患者の知らないことを強要することができません。それは、患者が患者自身の反応レパートリー内に、すでに存在することを喚起して、利用できるようにするだけです。会話は、巡回看護師と医者、そして夫の心臓ペースメーカーへと今、変化します。上席著者は、生理的機能（例えば心拍数と血圧）を変える能力の例をさらに示すために、この後者のペースメーカーの話題を利用します。

治療的な参照枠をさらに構築すること——心拍数と血圧を変えること

エリクソン◎結構です。さて、ミシガンの医者とペンシルバニアの医者が、私を訪ねて来ました。そして、私の娘のロクサーナは、そのとき、市の至る所で血圧を測っていました。彼女は、血圧をとることができるかどうか、二人の医者に尋ねました。そして、二人の医者は「あなたは、血圧が正常なことを望みますか、あるいは、血圧が一〇低い方か一〇高い方が好きですか？」と言いました。娘は「三つすべて」と言いました。それで、娘が得たのは正常値でした。その後、血圧が低いか、高いかどうか、あなたは見破りましたね、と二人の医者は娘に話しました。娘は見破りました。

妻◎二人の医者は血圧をどうやってコントロールしたのですか？

エリクソン◎血圧は、どこに血があるかによって変わります。あなたが夜、眠るとき、あなたの血はあなたの脳から、そして、神経叢（腹部の血管の集合）に流れ出ます。あなたが目覚めると、血圧は増加し、血液をあなたの脳に押し込みます。

夫◎それは私が毎朝しなければならないことです。最初に私は入ると、彼女は私にカップ一杯のコーヒーを用意します。私は脈を測ります。そして、脈は平均すると毎朝七〇～七一です。医者は、脈が六九以下なら電話をするように、と私に言いました。私の孫娘は、フラッグスタッフに住んでいます。娘夫婦は事業を買った後、家を買いましたが、その後私はそこへは行っていません。私がそこへ行けるか、医者に尋ねると「そうですね、そこに行くのは、一時間半か、二時間にしてください。ただし、心臓病とかによく注意してください」と医者は言いました。さて、私はそこに一時間半行きました。そして、そこからあとは、ずっと呼吸困難になりました。あなたならきっと、ここから先、私は呼吸しているだけです、と言いますね。それで、娘たちは、私を救急病院に連れて行きましょう、と言いました。でも、私はノーと言いました、私は救急病院に行きたくありませんでした。私は家に帰りたかったのです。そうして、足元で、三五〇〇から四〇〇〇位、脈打った後、脈は戻り始めました。脈は五九に下がりました。脈は五九に下がりました。その後サンセットポイントに立ち寄ったとき、脈は少し上がっていました。足の高さで、脈は五〇〇〇でした。私はそれ以上高くならないことに気づきました。

妻◎私はそんなこと感じたことありません。

エリクソン◎さて、私の友達は実験しました。そして、彼らは、足の高さで五〇〇〇、あるいは足の高さで一〇〇〇〇と心臓の鼓動を任意に上げることができます。

妻◎本当に？　それを想像してみてください。

エリクソン◎そして、私はご主人に、自分自身でできることがたくさんあることを理解してほしいと思っていました。「僕は、これまで生涯で赤面することができなかったんだ。赤面することを学ぶのを手伝ってもらえるかい？」と、友人の一人が言いました。私は、そうすると彼に話しました。私は、一日の内のさまざまな時間に、何度もそこに立ち寄りました。秘書は彼の妻でした。ある晩、私が立ち寄ると、彼らはテーブルにいました。私たちが、最近の出来事を交換しあっていたとき、突然、「ビル！　君は、何のことで赤面しているんだい？」と私は言いました。彼は真っ赤に赤面しました。30分後、彼は「ほてりを止めてください。私の顔は、まだほてっています」と言いました。

妻◎絶対できないことのように聞こえますね？

エリクソン◎しかし、不可能ではありません。あなたは、寒冷地に住んだことがありますか？

妻◎はい。

エリクソン◎さて、あなたは暖かい部屋に座っていた後、寒い所に行きます。何が起こりますか？　息が困難になりますね。

妻◎環境が一変しますから。

エリクソン◎あなたは、顔の血管が、流れたり、止まったりした経験があります。冬の間、あなたはそのことを学習しました。そうです。あなたはその学習をしました。通常、人々は、学習したことを利用しません。しかし、このミシガンの医者とペンシルバニアの医者は私と仕事を一緒にしてきました。二人は、すでに知っていても、使うことを考えたことのなかったことを使い始めました。あなたが走ると、血圧は上がります。あなたが休むと、血圧は下がります。あなたの脈拍は上がることも、下がることもできます。あなたは、心拍数を増加させることを、考えることができます。そして、心拍数の増加を促進することができます。また、あなたは、心拍数を快適に、簡単に増加させることができます。そうすることができると知っている限り。そして、そのために、私は今日ここに、あなた方を招いています。あなた方自身のことを、もっと良く知ってもらうために。

さらに次の例で、上席著者は、生理機能のコントロールに関する暗示をします。エリクソンは、ペースメーカーが機能するときの小さな変化に、夫が対処するという重要な問題を扱います。そのような変化を患者が期待していないとき、そして理解していないときには、患者はうろたえ、状態を悪化させます。エリクソンが徴候の問題に対処するときはいつでも、徴候の瞬間的、あるいは一時的な再発が、徴候、あるいは病気自体の持続的な再発であるよりもむしろ、通常の体の機能に関する信号である可能性があることをさりげなく言います。このことによって、多くの過ちを事前に防ぎ、病気に戻らないようにします。赤面についての例では、エリクソンは生理的機能を変えるための驚きアプローチの実例を、ユーモラスに話しています(Erickson, 1964; Rossi, 1973; Erickson, Rossi, and Rossi, 1976)。

トランス誘導――トランス行動のモデリング

エリクソン◎［夫に対して］さて、あなたに、トランスに入ってほしいと思います。［妻に対して］今すぐ、ご主人を見て下さい。

夫は気持ちよく体を調節して、目を閉じて、トランスに入り、休止します。この大事な瞬間のちょうどそのときに、通りがかった若者が、エリクソンのオフィスのドアを強くノックして、ドアを開けて、大胆にも、バプティスト教会に参加するように、と私たちを勧誘しました。夫を除いて、私たち全員が、若者の突然の侵入に驚きました。そして、夫はトランスを続けていたので、全然反応を示しませんでした。トランス経験のない妻に対するトランストレーニングとして、夫がトランスに入るのを見ることを求めるという大好きなアプローチを、エリクソンは使っています。エリクソンは、単に新しい被験者に、別の経験豊かな被験者がトランスに入るのを見てもらうだけです。

正常な生理機能の変化を促進すること

エリクソン◎私は、すでに血圧の変化を見てきました。彼は今、心拍数を約七〇に保ってほしいと、私に対して思っています。しかし、彼の心拍数が七〇未満であっても、眠っているときには問題ありません。覚醒しているとき、そうですね、七〇でも大丈夫です。七二でも大丈夫です。それが、睡眠において六九以下に下がっても、それもまた大丈夫です。もし六八に下がっても、それもまた大丈夫です。心配するときが、どこにもありません。なぜなら、心臓は通常、眠っている間、脈拍が下がるからです。そして、私は、彼の心拍を覚醒レベルに保ってほしくありません。現在、心臓は、別の方法で脈拍を下げることができます。心臓は、毎分同数の心拍を打つことができますが、そうして心拍を打てば、大量の血液を押し出せません。心臓は同数の心拍を打つことができますが、その拍動では、静脈を通る血液は少なくなります。彼が眠っているとき、彼の体の中で循環に必要な血液は少なくなります。したがって、心臓は目覚めているときと同じくらい激しく拍動する必要はありません。そして、彼は心拍を管理することができます。今、あなたが見ているように、彼の体は完全に休んでいます。そして、トランスの中で一本の腕を覚醒させる一方で、彼は体の残りの部分をトランスの中にいさせることができます。彼は右脚をトランスに入らせる一方で、体の残りの部分を覚醒させることができます。

夫がトランスに入ると、上席著者は直ちに、脈拍の変化から血圧が変化していないか、注意します。その変化をセラピストが探す訓練をしていれば、見つけることができます（通常こめかみ、喉、腕などのいくつかの場所で）。夫は、この変化によって、変性状態としてのトランスが承認される傾向があると言っています。そして、暗示療法へ導き、夫の心拍数が正常に変化することを期待します。心臓が必要とするどんな方法（拍動数、流量）であっても、心臓が機能を変化させることができるようにするために、上席著者が無制限な形式の暗示という簡単な方法を使っていることに注目してください。エリクソンは体の一部が覚醒している一方で、体の残りの部分がトランスに入って静止している方法について話します。その中でのエリクソンの間接暗示は、自発的に快適さへと移ることができても、それによって覚醒していると感じない方法です。

解離のトレーニング

エリクソン◎［妻に対して］ご主人はトランスの中に入っていることができると言いました。そして、あなたは入ることができましたが、ご主人はそのことを知りません。そして、ロッシ博士は、トランスに入っている私の被験者が、ここにいることを知っています。ああ、ここにいるのは、彼女と私です。しかし、彼はいません。彼女は彼を見ることができません。彼女は彼の話を聞くことができません。しかし、彼女は私を見ることができて、話を聞くことができます。言い換えると、人間は体のいろいろな部分を分離することができます。

妻に向けたこれらの意見で、エリクソンは、人の注意、あるいは身体の一部をどのように解離するか、夫に学習させるために間接暗示をしています。そのような解離は、徴候的な問題に対処するだけでなく、トランスの深さを促進するのにも役立ちます。

間接的で無制限な形式の暗示

エリクソン◎フェニックスで十分に呼吸習慣の経験を積んで、彼はフラッグスタッフへ行くことができます。なぜなら、習慣を一緒に持っていくことができるからです。それは航空機パイロットが抱えている問題の一つです。彼ら全員が、時間規律を持って成長します。そして、彼らの睡眠周期は妨げられます。彼らは、睡眠周期を変える方法を学ばなければなりません。私はあなたと話しています。その一方で彼［夫］は何かを学んでいます。彼は何を学んでいるか、知りません、しかし、彼は学んでいます。そして、私は彼に、「あなたは、これを学んでいます。あるいは、あなたはそれを学んでいます！」と言いたくありません。彼に、望むことを何でも、望むことをどんな順序ででも学ばせてください。

これは、治療的暗示を提供する上席著者の間接的で無制限な形式のアプローチのもう一つの実例です。そして、そのアプローチによって、患者の無意識は、個々に最適に機能するモードを見つけることができます。

無意識の探索と無意識のプロセスを促進すること
——驚きと連想による暗示

エリクソン◎今、私は耳鳴りについて話しました。私は赤面することについて話しました。私は呼吸について話しました。血圧を上昇させること、血圧を下げることについて。あなたは、いつでもわかっていなければなりません。そして、私たちは、知っていることを知らないことが、たくさんあることを知っています。私の友人ビルは、赤面したい、と言いました。彼は赤面したことがありませんでした。私は、彼の顔が青ざめることを知っていました。彼は、顔をほてらせて赤面しました。彼が眠りについたとき、彼の顔の血液は減少しました。彼はそれらすべて学習していました。私がやったのは、彼が驚くことを言うことでした。そして、彼はそのように反応しました。彼は、ほてりを止める方法を知りませんでした。しかし、私は、彼をとても驚かせたので、彼の体は、自動作業の準備が整っていませんでした。私が言ったことは「オーケー」だけでした。すると彼の体は自動状態に戻りました。

妻◎はい。

間接的な方法で、上席著者は、感覚的・知覚的、そして生理的機能を変えることを学ぶことによって、徴候にうまく対処した以前の実例と、妻の耳鳴りの問題とを関係させます。もしエリクソンが、彼女が耳鳴りをコントロールすることを学習する必要があると、この時点で彼女に直接話したなら、彼女は、方法を知らないと、ほぼ確実に異議を唱え抗議したことでしょう。確かに彼女の意識は、耳鳴りを変更正しいのは彼女でしょう。

する方法を知りません。彼女が学ぶコントロールは、この時点で、まだ無意識の可能性です。しかし、耳鳴りの問題を、知覚変更が成功した逸話と会話に結びつけることによって、上席著者は、妻がさらに暗示を受け入れるのを、後から可能にする連想ネットワーク、あるいは信念体系を間接的に作成します。そして、その暗示は、彼女に治療的な変化をもたらすことができる無意識のメカニズムを呼び起こして、利用します。エリクソンが自分の意見をすぐに夫に話すので、彼女は、この穏やかな連想を議論する機会も、おそらく拒絶する機会さえありませんでした。妻の意識的注意は、エリクソンに逸らされ、エリクソンが彼女に与えた治療的連想は彼女の無意識の範囲内にとどまったままです。なぜなら彼女は夫を見ることによって、トランスを学習することに強く興味を持っているからです。この治療的連想は、無意識のプロセスのために無意識の探索プロセスを、今、自動的に開始します。そして、それは、最終的に、催眠反応として後から経験する治療的な変化になります。

トランスでの直接暗示

エリクソン◎［夫に対して］今、あなたは私の話を聞くことができるので、私の話を聞いてください。あなたは両方の足の先に、両方の足に、良い感情を持つことができます。あなたは心臓が、強く優しく拍動するのを楽しむことができます。あなたがフェニックスでしている呼吸の感じ、その呼吸の感じを学ぶことができます。あなたの奥様が、五五歳になるまで水泳を学んでいないなら、水に入るとすぐに彼女が学ぶことを、私は彼女に一つだけ話すことができます。初めて首まで水に入ったとき、呼吸することが難しいことに、彼女は気づきました。

妻◎私はリラックスすることを学習する必要がありました。

エリクソン◎また、小さな子どもたちは、水をかき分けて入ろうとすると、呼吸ができないことに気づきます。そして、それによって、子どもたちは怯えます。しばらくして、子どもたちは、胸を押す水圧で呼吸することを学びます。そして、水に入ることを学ぶとき、そのとき、子どもたちがプールの外で、学んだことは役にたちません。子どもたちがプールの中へ戻るとすぐに、子どもたちは、その学習を使って、水の圧力の中で呼吸します。つまり、子どもたちは、普通に呼吸します。今、彼は、フェニックスでの呼吸パターン、呼吸習慣に対して、心の奥で注意します。そして、フラッグスタッフに行っても、彼は、その同じ筋肉パターン（筋肉習慣）を使い続けることができます。今、医科大学で、減圧した空気室に入って、呼吸がどのように変わるか気づくと、あなたは、その変化の細かい点まで注意を払います。空気室から出るとき、あなたは、その変化に気がつきます。新しい呼吸パターンを使い始めるので、あなたは空気室に戻ることができ、気持ちよく呼吸することができます。

エリクソンは、トランスの初期段階の前に、そしてその初期段階中に、私たちの身体機能を変える能力について、治療的な参照枠を慎重に構築しました。夫の反応はとても肯定的だったので、エリクソンは今、その治療的な参照枠に、少し直接暗示をすることが適切であると判断します。しかしながら、この期に及んでも、エリクソンはさらに、泳いでいるときの身体機能の変更を学習することについて、実例を使って、詳細に直接暗示をします。それは夫婦にとって、大きな意味があったので、この水泳の例を、エリクソンが選択したことは、この場にふさわしいことでした。二人とも、最近、水泳について話しました。そのように患者にとって、具体的で身近な個人的生活体験の例を選ぶことによって、セラピストは、患者の内面生活と本当の潜在的能力とを接触させ、適切に結びつけることができます。

トランス誘導と無意識のプロセスを促進すること

エリクソン◎［妻に対して］今、後ろにもたれて、組んだ足をほどくと考えてください。

あそこのあの点を見て下さい。話さないで。動かないで。トランスに入ること以外、することで本当に大事なことはありません。あなたは、ご主人がそうしているのを見ていました。そして、それはとても心地良い感じです。あなたの血圧はすでに変化しています。あなたは今、目を閉じて［妻は目を閉じると、ハッキリと顔の筋肉をリラックスさせ休止します］、そして、ますます深くトランスに入るかもしれません。何も一生懸命しようとする必要はありません。あなたはトランスが生じるようにするだけです。そして、あなたは思い出します。あなたが耳鳴りを聞くのを止めたときが、今日の午後、かなりの回数あります。起こらないものを覚えていることは、難しいことです。しかし、耳鳴りは止まりました。しかし、そこには何もなかったので、あなたは耳鳴りを覚えていません。

彼女の夫をモデルとして使って、彼女にトランス誘導の準備をさせて、上席著者は、三つの目的を持った指示をいくつかして、今、トランスを誘導します。すなわち注意を固定すること（「その点を見て下さい」）、彼女の習慣的な参照枠を弱めること（「話さないで。動かないで。することで本当に大事なことはありません」）、そして、彼女の無意識に行動の自由を与えること（「トランスに入って」）です。

それから、エリクソンは徴候経験をほとんど認識しないことがよくあることだと話します。徴候は、一定で不変のように見えるかもしれません。それでも必ず、私たちの気が散っているとき、徴候が認識の中心から外れている瞬間があります。注意を移動し、そしてそれによって徴候の経験を軽減し、通常、完全に消すこの自動的なメンタル・メカニズムは、上席著者が、徴候を説明するとき呼び起こされます。このわずかしか認識しないことを、通常、患者は驚き（患者の古い徴候でいっぱいの参照枠をさらに弱める驚き）の感覚で受け取ります。そして、今、症状緩和 symptom relief に利用する無意識のプロセスのために、無意識レベルで探索を始めます。

無意識の学習に依存すること――直接暗示のための条件

エリクソン◎今、重要なことは、耳鳴りを忘れること、そして耳鳴りがなかったときを思い出すことです。そして、それが学習プロセスです。私は、ボイラー工場の空気ハンマーの音を聞かないことを――そして、私は、前日、聞くことができなかった会話を聞くことを、一晩で学習しました。男たちは、私が前の晩に来たことを告げられました。そして、私が男たちに話しかけると、男たちは、「しかし、あなたは、私たちの話を聞くことができません。あなたは、騒音に慣れていません」と、私に伝えようとし続けました。男たちは理解できませんでした。男たちは、私が、ほんの短い時間――ひと晩しかいなかったことを知っていました。そして、彼らは、会話が聞けるようになるのに、どれほど時間がかかったか、知っていました。男たちは徐々に学習することに重点を置いています。私は、身体が自動的に行うことができることを知っていました。［休止］今、あなたの体に頼ってください。体を信頼してください。体を信じてください。そして、体が、あなたに十分に貢献することをわかってください。

上席著者は今、症状の変化が無意識のプロセスを経て行われることを強調しています。「あなたの体に頼ること、体を信頼すること」などは、意識にとって重要です。エリクソンは、トランス誘導する前に、眠っている間に、ボイラー工場の空気ハンマーの音を聞かないように学習した話をしました。この話の中で構築した参照枠へ、「耳鳴りを忘れること」という直接暗示をしています。このように直接暗示を使うと、暗示は、常に以前、セラピストによって構築され、患者が受け入れた参照枠のロックを解除するキーのように認識されます。

私たちは直接暗示を成功させるための必要条件をまとめたので、以下に示します。

――参照枠を内部環境、あるいは信念体系として作り、直接暗示を受け入れることができるようにすること。

――自動的に暗示を媒介する無意識のプロセスと必要な新しい学習に、患者が依存すること。

――セラピストが、患者の実際の生活体験の中で個人的に有意義な方法で例示することで、そのような無意識のプロセスの利用を部分的に呼び起こして、それによってプロセスの利用を促進すること。

さらなる暗示と具体例――徴候代用《Symptom Substitution》――共感

エリクソン◎耳鳴りがある三〇歳の女性の患者は、音楽が一日中、鳴っていた軍事工場で働いていました、と言いました。

そして、彼女は、耳鳴りの代わりに、その音楽を聞くことができたら、と願っていました。私は、どの程度、その音楽を覚えているか、彼女に尋ねました。すると、彼女はたくさんの曲の名前を挙げました。それで私は、ソフトに、そして穏やかにそれらの曲を演奏するために、その耳鳴りを使ってください、と彼女に言いました。五年後、「私は、まだそのソフトで穏やかな音楽が耳から聞こえます」と、彼女は言いました。彼女は、ミシガンの軍事工場で働きました。あなたは、男の子とピアノ演奏とカセットの話をしました。そして、男の子がどのように指を動かしたか、あなたは自分の手でデモンストレーションしました。彼に会って、彼の話を聞く楽しみの一部が、あなたの指の動きの一部になりました。[休止]そして、あなたの指の動きの楽しさの一部を、あなたの耳に入れることができます。そして、試すことなく、気づくことさえなく、あなたはとても簡単に、とても穏やかに、そうすることができます。そして、あなたは良い感じ、良い音、そして良い静けさを、本当に楽しむことができます。[休止]そして、あなた方二人は、私たちのために呼吸することができます。そして、あなた方どちらも、もう一方を心配する必要はありません。あなた方は、お互いを知って、楽しむことが必要です。そして、あなた方がすることを、あなた方にとって有意義なものにできるように楽しんでください。

そろそろ、読者は、上席著者が、そうした感覚・知覚的変容transformationの暗示と実例を、どのように提供しているか、容易に認識することができます。そして、感覚・知覚的変容は、症状の緩和を生じる可能性があります。後で見ていくように、このセッションの終りまでに、妻は実際に、これらの具体例の一つを利用して、うまく症状を緩和することができました。上席著者が、知恵遅れの子どもにピアノ演奏を教えるふりをするという女性自身に関連する人生経験を使って、どれくらい注意深く暗示を散りばめているか、再度気づいてください。「あなたの指の動きの楽しさの一部を、あなたの耳に入れることができます」という暗示で、上席著者は実際に、無意識の共感プロセスを呼び起こして、利用しようとしています。それによって、楽しさが、一つの感覚様式から（運動感覚、あるいは指からの固有受容性感覚）、もう一つの感覚（彼女の聴覚）へ移すことができました。

トランスから覚醒すること
——認識しないで、催眠で痛みのコントロールを学習し、利用することによって、無意識のプロセスを促進すること

エリクソン◎二〇まで、カウントする私の暗示で、あなたはトランスに入ります。そして、二〇から一まで逆にカウントすると目覚めます。しかし、誰もが、自然に、自分で学んだ方法で、トランスに入るようにすべきです。そして、あなた

は素晴らしい方法を学びました。そしてそれは、あなたの方法です。そしてそれに満足してください。そして、多くの異なる方法で、そのトランスの有用性を広げることを喜んでください。あなた方二人は、学ぼうとしなくても、お互いに相手から学ぶことができます。私たちは、とても多くのことを他の人から学んでいます。そして、私たちは学んでいるということを知りません。そして、中心となるとても難しい学習を、私たちは学習を成し遂げているということを知らずに達成します。そして、あなた方二人は、とても反応の良い人です。そして、それを専門的な言葉遣いをしないようにお話しすると、あなた方二人は自分自身のことを、容易に学ぶことができますが、あなた方は自分自身のことを学ぶのに、学んだということを知る必要はありません、という意味です。そして、あなた方は、学習したことを知っていますが、学習したことを使うのには、学習したことを知っている必要がありません。私は、あなた方二人に、穏やかに、そして気持ちよく目覚めるようにお願いするつもりです。

上席著者は、この覚醒手順で多くの直接暗示を取り入れ、認識しない学習を強調しています。理想としては、無意識レベルで続く無意識のプロセスで、身体的徴候の感覚・知覚的な面を変え、変容することを学ぶことです。意識は、通常これらの変化に対処する方法を知らないので、プロセスから、最も排除されます。「そして、あなた方は、学習したことを知っていますが、学習したことを使うには、学習したことを知っている必要がありません」というエリクソンの最後の暗示には、それとなく言われた含意がいくつか含まれています。患者は、無意識レベルで、そのように自動的に痛みを変えるメカニズムを使うことを学ぶことができます。そして、患者は、そのメカニズムが痛みにうまく対処していることさえ知る必要がありません。意識は、これらの新しく学習した痛みのコントロールプロセスが、自動的に働いていることに気づくことさえないので、意識は、現在、そして将来、痛みがあることを知る必要がありません。上席著者は、痛みには三つの構成要素があると強調しました——①過去の痛みの記憶、②現在の痛み、そして、③将来予想される痛み。エリクソンの最後の暗示は、意識に、プロセスについて思い悩む機会、そして恐らくプロセスを邪魔する機会を与えずに、現在の痛み、将来の痛みに対処する手段として、理解することができます。このアプローチは、適切な臨床的警告とともに使われるはずです。この夫婦の痛みは、夫婦の内科医が知る必要があった身体不調についての有用な信号としての機能をしませんでした。このように、彼らの痛みは、完全に取り除くことができ、最適な緩和がなされました。痛みが、医者が知っている必要がある身体プロセスに関する重要な信号である場合、そのときには確かに、痛みの存在を完全に意識から取り除く必要はありません。そのような場合、痛みは暖かさ、冷たさ、痒み、麻痺、そして他の徴候へと変わることができます。それによって、痛みから、嫌悪されるべき特質が取り除かれます。しかし、信号としての価値は維持されます。

連想の隙間と気を散らせることを構築することで、健忘を促進すること

[夫婦双方が、まばたき、伸び、あくびなどをして、体にリ・オリエンテーションしている間、休止]

エリクソン◎私の娘は、三年間、アフリカへ行っていました。彼女は、空軍将校と結婚しています。そして、彼はエチオピアに赴任していました。娘はエチオピアに到着するとすぐに、「あなたは、あの像を見た？　あれは、お父さんが好きそうね」と、夫に言いました。そうです、娘は、私がそれを欲しがることを知っていました。それは女性の像で、どのようにそれを説明したら良いでしょうか？[グループに像を見せる]

ロッシ◎それは非常にユニークです。

エリクソン◎それは、奇妙な見かけをしています。

妻◎お嬢さんは、その像があなたの好みと知っていたのですか？

エリクソン◎娘は、その像を私が欲しがることを知っていました！　それを見たとき、私は喜びました。そして、私の息子は、ちょうどそこの床のその小さな敷物を選びました。彼は一〇年前、誕生日プレゼントとして、私にその敷物を送ってきました。彼は、その敷物を私が欲しがることを知っていました。私が敷物を広げたとき、小学生だった私の幼い二人の娘は、「それは北アメリカのインディアンではないの？　それは南アメリカインディアン？」とコメントしました。妻は「それはインディアンではないわよ！」と言いました。私は、「それはヒンズーだよ……」と言いました。

上席著者は、二つの手段を示して、トランスから覚醒後、直ちになされるこれらの少ない言葉で催眠健忘を促進します。上席著者は最初の話題として、トランス誘導直前に出てきた娘に関する会話に戻ります。この期間から連想の糸を拾い上げることによって、トランスでの出来事が連想の隙間に入ります。トランスでの出来事、そして連想はともに首尾一貫しています。しかし、トランス直前に、あるいはトランス後に生じる患者の精神的フレームワーク（この場合は、エリクソンの娘に関する会話）との連想の架け橋はありません。相対的に、連想の架け橋が不足するために、トランスでの出来事は、患者の習慣的フレームワークから解離されたままになる傾向があるので、このように健忘するのかもしれません。以下の図が、問題をはっきりさせるかもしれません（Erickson, Haley, and Weakland, 1959）。その図では、上部の線は意識的な記憶線です。そして、その線は、トランスの出来事という下部線より、広がっていることが多く、小さな隙間だけで接しています。

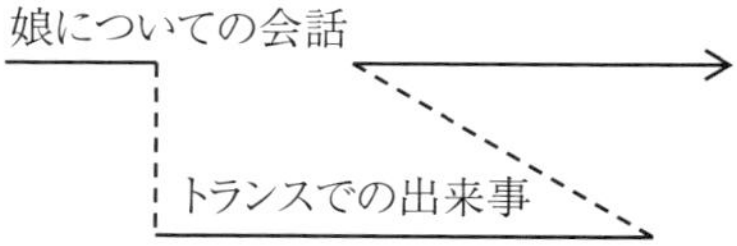

健忘を促進する上席著者の第二のアプローチは、会話の話題を持ち出すことによってトランスでの連想から患者の気を逸らすことです。そして、その話題は、ちょうど今、終わったトランスワークから、かけ離れています（この場合、贈り物、敷物、インディアン）。これらの気を逸らす話題はさらに、トランスの内容と覚醒状態の内容の間に関連した連想の架け橋を展開することを妨げる傾向があります。そしてそれによって、トランスでの出来事に関する健忘を促進します。この健忘は、患者の限られた、そして不適応な信念体系が、後から働くこと、そしてトランスの間に受け入れられた暗示を取り消す可能性を防ぐので、この健忘は、しばしば治療において大事なことです。さらに健忘によって、患者は変性状態としてトランスを、はっきりと承認する傾向があります。

治療的変化を自発的に認識すること

夫◎さて、先生、これだけは言えますね。これは、他の人がした以上の多くの利益をもたらしました。これは、素晴らしいことになります。

エリクソン◎あなた方二人が展開する新しい学習に、あなた方は驚くでしょう。

妻◎素晴らしい。素晴らしいわ。

エリクソン◎そろそろ終わりましょう。［セッションは終わりました。しかし、去る直前に、その女性は以下の通りにコメントします］

妻◎今、耳鳴りのことを考えるときに演奏するメロディーを、私は考え始めています。とても好きなメロディーの中から一つ。今、耳鳴りはまだそこにあります。しかし、メロディーもまた、そこにあります。

すぐさまこのように患者二人ともが、治療的変化の経験を自発的に承認しました。これは理想的な状況です。そこでは、セラピストは変化したことを尋ねる必要がないので、尋ねることによって、変化プロセスそのものをゆがめる可能性がありません。一部の患者は、セラピストの心の中にある疑いを示唆するような質問をするかもしれません。その一方で、他の患者は、経験する変化の量を、誇張したり、あるいは過小評価したりする傾向があります。

夫は、現在と将来の治療的な利益（「これは、素晴らしいことになります」）について、重要で価値ある予想を表します。一方で、より分析的な妻は、耳鳴りにメロディーをどのように付加するか、話しました。今後、メロディーに、耳鳴りが完全に置き換わることを望んでいます。二人とも満足な治療的な変化があったことを、自ら認めているので、上席著者は、治療的な変化について、さらに評価、承認して、このセッションを終える必要がありませんでした（この最終段階での評価と承認については、次のケースでうまく例示されています）。

ケース2　感覚・知覚機能を変更するためのショックおよび驚き——難治性の背中の痛み

これはエリクソンが夫婦同時に、働きかけた別のケースです。しかし、この夫婦は二〇代になったばかりで、夫婦が治療に来たとき、非常に否定的で、何でも疑っていました。夫婦がひどく疑ったため、エリクソンは、ラポール、反応注意力、そしてトランス誘導を行うために、非常に劇的なアプローチを使いました。


アーチーとアニーは、ハイスクール時代の恋人でした。夫婦は理想主義者で、アーチーの背骨がベトナム戦争中に破壊され、脊柱が切断された後でさえ、結婚する計画を進めました。アーチーは、一般人に戻りましたが、難治性の背中の痛みがあったので永久に車椅子生活でした。医者たちは彼に、痛みを受け入れることを学ばなければなりません、と言ってから、催眠を使うような黒魔術のことを警告しました。それは確かに彼にとって、時間をかける価値はありませんでした。それにもかかわらず、アーチーとアニーは試みようと思いました。夫婦は、時間に遅れず、最初の面接に来ましたが、敵対的で、見込みはないと思って疑っていました。

上席著者の最初の仕事は、夫婦の敵意と疑いを認め、受け入れて、できれば実際に、ある程度、敵意と疑いを利用することでした。上席著者は夫婦の否定的な参照枠を受け入れる必要がありました。そして、それにもかかわらず、催眠療法の潜在的価値を、彼自身が信頼していることを紹介しなければなりませんでした。エリクソンは、アーチーの痛みによる痙攣を見て、痙攣が幻肢痛の痛みにそっくりで、心因性起源であることを認識しました。話の概要を二人から聞いた後、エリクソンは、本物の催眠療法の可能性に、アーチーを適応させるために、アニーを使って、劇的な形でトランス誘導をデモンストレーションすることに決めました。

トランス誘導
——敵意と疑いを置き換えて、放出すること

エリクソンは、アニーに、オフィスのフロアに置いてある直径一メートルほどの小さなインドカーペットの中央に立ってほしい、と最初に頼みました。それから、彼は、いつもと異なるトランス誘導を始めました。

エリクソン◎アニー、あなたはそのカーペットから移動することはありません。そして、私が行っていることを好きになりません。それは、あなたにとって不快です。それは、アーチーにとって不快です。さて、オークの丈夫な杖が、ここにあります。アーチー。あなたは、その杖を持って、私が誤ったことをしていると思ったら、どんなときでも私を叩くことができます。あなたは、私がするつもりであることが好きではありませんね、アーチー。しかし、慎重に私を見て、そして、叩くことが必要だと思ったらすぐに、私を叩いてください。さて、私は、別のこの杖を手にとるつもりです。そして、あなたは私がしていることを見ます。あなたは、私がアニーにしていることを感じます。アーチーは、私がしていることを見ます。あなたが目を閉じて、深いトランス状態になるとすぐに、私は止めます。

上席著者は、やさしく試しに杖の先端でアニーの胸を触って、そして、アニーの胸をはだけるかのように、ドレスの上部をとても慎重に押し剥がし始めました。彼女は目を閉じて、少しも身動きしないまま、明らかに深いトランスに入りました。彼女は、その杖がもたらす嫌な現実を回避しなければなりませんでした。アニーが目を閉じて、トランス状態を現すとすぐに、アーチーは非常に驚いて、杖を落としかけました。

そのような誘導の原動力は何でしょうか？ アニーのドレスをあからさまに恥知らずに突くことで、エリクソンは、とても明白な敵意と、一般的な催眠に対する曖昧な疑いを、エリクソンの最初の行動をまさに拒否することへと向けました。アニーは、その状況において選択肢を持てないように、心理的に構成されました。

杖での突きに、彼女の注意は確実に固定されました。そして、医者がどのようにふるまうか、そして、何に関する催眠なのかという彼女が抱いていた従来からの精神的フレームワークを、そのすべてのショックが確実に弱めました。彼女は起こっていることをほとんど理解できずに、そこに立っていました。そのとき、彼女は自分の心の内でトランスを誘導するプロセスである無意識の探索に送り出され、そして困惑から自分を開放しました。彼女がトランスに入ったときだけ、止めます、と上席著者は言いました。彼女はトランスに入ることによってしか、不快な突きから、逃れることはできませんでした。結局、彼女

の夫が、頑丈な杖を持って、まさにそこで彼女を守っていると思われたので、彼女は全体の状況を完全に拒絶する必要はありませんでした。上席著者は、アーチーに杖を与えて、敵意を集中させることができる道筋を、とても注意深く与えていました。さらに、エリクソンは信じられないほど異常な出来事を見させて、アーチーの注意を激しく集中しました。それで、アーチーは治療的トランスの特徴である激しい反応注意力の状態に入りました。このように、催眠に対するアーチーの一般的な疑いと疑惑は、彼が目撃していた明らかにばかげた行動に、今、導かれ、置き換えられ、放出されることができました。それを全く理解することなく、アーチーはさらに、エリクソンなら、言語に絶する、正統でない、尋常ならざる治療をなんとなく行うことができると確信していました。

疑っている意識的なフレームワークを、利用して弱めるためのツー・レベルの後催眠暗示

エリクソン◎アニー、目が覚めると、あなたは椅子に座ることができます。そして、あなたがたとえ何を考えていても、私が言うことは何でも真実です。あなたは、それに同意しますか？［アニーはトランス特有の執拗で、わずかな、そしてゆっくりした行動で、繰り返し彼女の頭で「イエス」とうなずきます］あなたがたとえ何を考えていても、私が言うことは何でも真実です。

これは、慎重に明確に述べられたツー・レベルの暗示でした。①「あなたがたとえ何を考えていても」というフレーズで、エリクソンは疑いと抵抗という彼女自身の精神的フレームワークを利用して、意識的な疑いを認識し、注意を集中させることができます。彼女は、この疑いというフレームの範囲内で何でも好きなことを考えることができました。同時に、②無意識レベルでは、エリクソンがたとえ、後からどんな暗示をしたとしても、真実、本物と考えることになっていました。さらに、私たちは、二つの現実あるいは信念体系が、多少解離された方法で並んで共存できると言うことができます。①疑いという意識的な信念体系、そして彼女が治療状況にもたらした催眠に対する抵抗、そして、②彼女も彼女の夫も、それをきちんと評価すること、理解することができないような突然の衝撃的な方法で、エリクソンが導入した催眠による新しい現実。エリクソンが、避けること、あるいは抵抗することができない方法で、現実を導入している間でさえ、彼女は以前の信念体系に熱中できました。確かに、疑い、あるいは抵抗する以前の彼女の信念すべてが、ドレスを徹底的に調査している杖に対処する用意ができていませんでした。一方で夫は、体の不自由な医者を叩く準備をして、大きな杖を落ち着いて持ったままでした。彼女の意識的な精神的フレームワークは、状況に対処することができなかったので、無意識が介入して、適切な反応をする必要がありました。それで彼女はトランスに入り、エリクソンの暗示を受け入

れました。

上席著者は、ツー・レベルの後催眠暗示に対して、ポジティブな反応を得たので、彼女のトランスを評価して深化させました。それから、エリクソンは彼女を目覚めさせて、座るように求めました。彼女は、期待、疑い、そして敵意を持った表情をして、座りました。それから、エリクソンは以下のように彼女に話しました。

無意識の探索を開始するための自明の理、含意、そして知らないこと

エリクソン◎今、あなたは目覚めています。アニー。あなたは、何が起きているか知りません。あなたは知っていたかった、と思うことができます。しかし、知りません。

このように、上席著者は、明白なことを述べました。確かに、アニーは、何が起こっていたのかしら、と彼女の心に質問をしました。したがって、最初のメッセージの真実部分、「あなたは知っていたかった、と思うことができます」は、後に続く「しかし、知りません」という重大な暗示のために、イエス・セット、あるいは受け入れセットを開始しました。それは、何か重要なことが起こったということを意味しているので、この暗示は決定的に重要です。しかし、彼女は何のことか、知りません。何かが起こったという含意が意味することは、そういうものとして、彼女自身が、いつも経験してきたことではないかもしれない、ということです。その起こったことが、催眠かもしれません。それは、いまや、エリクソンが暗示するどんな現実であっても、彼女が経験できることを意味しているのかもしれません。このように知らないことは、彼女の信念体系の隙間を開き、内部のリソース（無意識のプロセス）のために無意識の探索を始めます。そして、エリクソンがさらに暗示をするためには、無意識の探索が必要となります。知らないことは、これまで随意的な方法で接触することができなかった内部のリソースを、このように容易に利用できるようにします。

しないことに関する驚きの質問

エリクソン◎あなたは、立ち上がることができないことに驚きませんか？

質問形式のこの暗示で、アニーは、実際に立ち上がることができないので驚きました。上席著者は、彼女が「驚く」と言いました、そして、彼女は確かにそうなりました。エリクソンは、この質問によって、隙間と期待を素早く満たし、何らかの形で彼女が立ち上がることを妨害するメンタル・プロセスを動作させ、彼女の信念体系を開始させました。アニーはたぶん、なぜ立ち上がれないか、理由を理解していませんでした。そして、彼女は、上席著者が立ち上がることができないことに対し

て、「驚き」として彼女の反応を説明したことにも気づいていませんでした。確かに、立ち上がることができないことに、彼女が驚いたのは本当のことでした。彼の質問は、このように明白な自明の理で、誰でも受け入れる必要があるものでした。彼女の信念体系において、以前の隙間が開かなくても、この驚きの質問は、愉快になるほど有効で効果的な暗示でしたので、本当であると誰もが受け入れる必要がありました。そしてさらに、大部分の人たちが、立っていることができないという不随意的行動の含意を経験します。

麻酔のためのセルフテスト

エリクソン◎私がこの杖で、あなたをどんなに激しく叩いたとしても、あなたは感じません。そして、あなたが自分の手をとって、ひどく自分の腿を打つと考えてみてください。そちらに行って、それをすることは、私にとって難しいことです。ですからどうぞしてください。あなた自身の腿をできるだけ強く打ってください。それは痛くありません！

ここで、アニーは実際に腿を叩くと、何も感じないという結果にびっくりしました。彼女は、「打った感じを手に感じました。でも私は、脚には何も感じませんでした」と答えました。正常に立つことができないというかなり簡単な催眠現象を一つ経験したので、エリクソンは、ここで、彼女には本当に重要な麻酔現象を体験する準備ができたと判断しました。彼は、恐ろしい杖で彼女を叩くという考えを使って、遠回しに脅しました。その結果、彼女は、一人で麻酔を検証することができたので、若干の安心を感じずにはいられませんでした。その後、エリクソンは、自分が彼女（彼の身体は不自由なので）のところに実際には行くことができないと言って、さらに救済します。このようにして、彼女を一層補強し、麻酔のセルフテストを成功させます。「無意識は、いつでも意識を保護します」と、エリクソン（Erickson, Rossi, and Rossi, 1976）は述べました。確かにアニーは今、保護の必要性を感じていました。保護は無意識から来ました。そして、その保護によって、神経心理的メカニズムが効果的に橋渡しをして、脚の麻酔を確かに経験しました、と彼女は言うことができました。たたみかけるようにして、上席著者は、ここでさらに麻酔を広げます。

麻酔を一般化すること

エリクソン◎さて、アニー、あなたは再び腿を打つことができます。しかし、腿、あるいは手に、打ったことを感じません。

上席著者は、この強い直接暗示で、手と足を一緒に結びつけることで、今、腿で成功した麻酔を彼女の手に般化します。それから、アニーは再び、自分の腿を叩いて、「私は、ピシャリという音を聞きました。しかし、私は手にも腿にも痛みを感じませんでした」と叫びました。このようにして、アニーは自発的に、麻酔の現実を彼女の夫に確認しました。夫はエリクソンの説明を疑いましたが、妻の反応までも疑うことはできませんでした。それゆえに、彼は医者によって誘導された否定的な態度をとっていましたが、アニーの経験を目撃したことで、彼は異議を唱えなくなりました。つまり、彼は今、疑っていて、信じていない参照枠を中断するという経験をしていました。彼が再度、疑いを主張する前に、エリクソンは、公式にトランスという言葉を使って、彼を素早く誘導しました。

トランスを誘導する複合暗示

エリクソン◎あなたはそれを聞きました。アーチー、今、トランスに入ることができます。

アニーの経験は、彼女よりさらに抵抗する夫のための催眠行動のモデル化に効果的に利用されました。上席著者は、そのとき複合文で、公式にトランスを誘導しました。「あなたはそれを聞きました」は、明白な真実でした。そして、それは、「アーチー、今、トランスに入ることができます」という暗示で受け入れセットを開始しました。アーチーは、妻が経験したことについて、彼が感じた現実を否定することができませんでした。したがって、エリクソンが暗示したトランスの現実を受け入れなければなりませんでした。

痛みを置換するために以前の感覚記憶を利用すること——しゃれ

エリクソン◎さて、アーチー、あなたは幸福感を長年にわたって感じていました。その幸福感を取り戻したら、どうですか？　あなたは、自分に必要な痛みをすべて持っています。

そのような暗示で上席著者は、背中の傷を負う前の良い身体感情 body feelings であるアーチーの以前の年月の感覚記憶を喚起し始めました。これらの良い身体感情の記憶は、彼の現在の苦痛を置換するためにユーティライゼーションされます。治療的なしゃれが「その幸福感を取り戻したら」▼訳注6というフレーズに含まれるのに気づいてください。それを理解することなく、アーチーは傷ついた背中で、幸福感の連想を受け止めていました。

鎮痛についての現実的な期待と「追加注射」

エリクソン◎私は、将来の痛みすべてに対して、あなたに請け合うことはできません。しかし、私はあなたに、痛みを警告として使うようにと言うことができます。

そのような暗示で、アーチーは痛みをかなり緩和することが

▼**訳注6**　戻る get back の back には「背中」の意味がある。

できました。数カ月後、風邪に感染して背中の痛みが再発したので、彼は「追加注射」をエリクソンに電話して求めました。

ロッシ◎風邪で背中の痛みが再発した理由は何ですか？　彼の体と心が衰弱したので、もはや催眠暗示に良い感情を持ち続けることができなかったのですか？　それはあなたと同じ状況ですか、エリクソン博士。眠りにつく場合、ときどき身体の痛みに対して、催眠でのコントロールを失いますか？

［エリクソンの痛みは、以前の小児麻痺と二回目の発作に関連して、筋肉が絶えず萎縮することに関係しています］催眠は、睡眠だけでなく、身体的な病気にも敏感な、最も高位の皮質レベルで橋渡ししているのですか？

エリクソン◎はい、まさに私が、最も高位の皮質レベルでトランスを誘導しているように。

ロッシ◎人々は、トランスでは、本当のところ眠っていません。実際、高度な精神的な活動があります。誰でもトランスを経験することができるというわけではないと言う人々がいますが、誰でも無差別に、暗示されることすべてに応答するロボットのような睡眠状態に入ることができるというわけではないということを、おそらく言っています。

エリクソン◎はい、誰でも、そのような受動的、あるいは従順な状態に入ることができるわけではありません。

ロッシ◎催眠とトランスによって、あなたは集中に焦点を合わせる、注意に焦点を合わせるということを言っています。あなたは、動機づけと欲求を理解する人なら誰にでも、トランスを確実に促進することができます。

エリクソン◎治療的トランスでは、患者のゴールを達成するために、可能な限り最高の方法で指示された注意に焦点を合わせます。

ケース3　麻酔と無痛覚に関する参照枠を変えること

エリクソン──患者に無痛覚を生じて欲しいと思うとき、私は十中八九、無痛覚についての質問をしません。患者の顔の表情から、患者が私に理解してもらえたと考えていると、私が思えるまで、私は患者にその痛みについて、すべてのことを私に話させようとします。私は、わかっていると患者に思わせるようなことを、二言三言言ったりすることに反対しているのではありません。しかし私なら、痛みに関する質問とは、かけ離れた箇単な質問をいくつかすると思います。例えば「去年の夏、どこで過ごしましたか？」　患者は、去年の夏のことを質問されて、むしろ驚きます。去年の夏、彼にはその痛みがありませんでした。私たちは、楽しみと喜びの問題、そして去年の夏の満足感の話を詳しく話すことができます。快適さ、身体的な気楽さ、喜び、そして満足感を強調してください。そして、患者に、去年の夏の喜びと満足感、去年の夏の身体的な気楽さを思い出し続けることが、どれほど素晴らしいか指摘してください。患者が少しとげとげしくなっているように見えるとき、私は彼に、ボートを漕いで手にマメができたときのことを思い出させます。それはかなり痛みましたが、幸いにも良くなりました。

私は、苦痛、あるいは痛み、あるいは苦悩に言及することを恐れませんでした。しかし、それは、患者が私に話し始めた背中の痛みから、かけ離れています。私は去年の夏、ボートを漕いだせいでできたマメのことから、痛みに言及しました。そして、私は、彼が心配な表情をしても、ショックを受けませんでした。あなたは催眠に入っていることがわかるので、あなたの仕事は、治療のチャンネルに沿って、患者が持っている思考と観念連合をガイドすることです。あなたは、サスペンス映画を見に行くと、体にできた痛い発疹、足の痛み、あるいは腕の痛み、歯の痛みなどをすべて忘れることを、とてもよく知っています。あなたがそのことを知っていたら、患者にまったく同じことを、なぜしないのですか？　あなたが診察室で患者に手術をしていて、手術が痛みを引き起こすことを認識しているなら、あなたは、痛みの状況から、はるかに離れたところに、患者の考え方を導くことができます。

「私は歯科医へ行くのが怖いです。私はものすごく苦悩します。私は恐ろしいほど、汗をかきます。私は完全に惨めです」と言う患者のことを考えます。私は、患者に「あなたは、子どものとき、そうしましたか？」とすぐに尋ねました。私は痛み、不安、苦悩に対する彼女の不満を聞いていました。そして、私は、幼児期に何をしたか、彼女に尋ねました。私は、彼女が興味を持っていた苦悩について、彼女と話すことによって、良好な関係を作りました。しかし、私はもう一つの参照枠——幼児期——へ変えました。彼女はそのとき、幼児期の苦悩について話しました。しかし、それは、遠く離れていたので、あまり気がかりではありませんでした。そして、彼女は、ちょっと快適であると感じました。私の次のステップは、子どものとき、大好きな楽しみが何であったか、彼女に尋ねることでした。今、あなたは痛み、不安、苦悩から、子どもとしての楽しみまでを、どのように手に入れますか？　このケースで必要としたのは二つの連想ステップだけでした。彼女の幼児期の大好きな遊びに話を変えて、そのことを私と楽しく話し合いました。今、彼女は幼児期の苦悩の経験についての私の最初の質問に直接関連させて、この楽しみを話しました。その質問を即座に引き継いで、私は苦悩と大好きな遊びという二つのことを結びつけました。

彼女が子どもの頃のとても楽しかったことを、私にすべて話した後、特に一つ、歯科医院へ行ったとき、彼女は本当にデンタルチェアになじむようにすべきです、と私は暗示しました。

彼女がチェアに座って、実際に体をねじり、そして実際にチェアの座面を感じ、チェアのシートバックを背中で感じ、チェアのアームを腕で感じ、そしてヘッドレストを頭で感じると、彼女は、すべての状況を絶対的に支配する幼児期の大好きな遊びの記憶に圧倒されます。さて、私は何をしたでしょうか？　私は、素晴らしく快適な座席を得ようと、もがきながら、苦痛を伴うデンタルチェアの現実を手に入れ（そして、そのデンタルチェアに座っている彼女自身に彼女が気づく方法を、実際に、私は椅子に座ったままで体を回してくねくねして演じました）、そして、それを彼女が幼児期に大好きだった遊びに結びつけました。彼女は芝生の上で、葉っぱで遊んでいたことを思い出しました。秋、木の葉で作ることができる大きな大きな家、積み重なった木の葉の中を通る素晴らしい小径、木の葉で埋まりそうでした。その木の葉の中に入って、もぞもぞ身をよじると素晴らしく快適になりました。そして、残りの現実の世界は遠く離れているように見えました。

　それで、彼女に麻酔に対する直接暗示をまったくしませんでしたが、歯科医のオフィスで非常に素晴らしい麻酔トランスに入りました。ときどき歯科医は、いつ、本当に木の葉のことを考えたいと思ったのですか、というバカな質問を彼女にします。歯科医は、とても協力的患者だ、と彼女のことを思っていました。心の中で、彼女は、自分が木の葉に埋まっていたとき、彼女に話しかけようとする何人かのバカな人が、ここにいたことに気がつきます。しかし、恐らくどこかの大人が、彼女に向かって叫んでいましたが、彼女は、木の葉の方に興味がありました。彼女は歯科外科手術を受けましたが、それに悩まされることはありませんでした。

　人の見方を変えることで、麻酔を間接的に達成することができます。このケースでは「幼児期、あなたが大好きな遊びは何でしたか？」が重大な変化を起こしたので、私は、遊びのことを詳しく話すことができました。言い換えると、あなたは質問をとても慎重に提起します。あなたは、困難を横切るように、一連の精神的な活動、感情的な活動を始めることができるそのような方法で質問を提起します。そしてそれは、痛みを感じる可能性を排除します。臨床心理学と精神医学のトレーニングを受けた、そして私が被験者として使った何人かの知的な被験者は、私が使用したテクニックをこき下ろします。その後、彼らは、自分の経験からその有効性を認識します。彼らは、私に再度、同じテクニックを正確に、彼らに使用させます。なぜなら、彼らは人間なので、何度も何度も、喜んで、同じことをすることを知っているからです。

　私は、いつでも麻酔、あるいは無痛覚を直接的に得る努力をすることは、間違っていると思っています。私は、間接的に麻酔や無痛覚を達成するべきであると思います。なぜなら、「これが時計であることを忘れてください」と誰かに求めるたびに、あなたは特定のこと——忘れること——を彼らに求めます——

何を忘れるのですか？　時計です。今、その時計を忘れてください、を思い出して。「時計を忘れてください」とあなたが言うとき、あなたが言っていることは、そういうことです。しかし、これを面白いこととして見てくれるように、彼らに求めることができます。それは、私をかなり楽しませてくれます。あなたが、何かを見て、そのことに、とてつもなく魅了されるなら、それはかなり魅力的なことです。そしてその後、会話の話題を変えます。そして、あなたは、心が遠くに、そのヨーロッパでの旅行へと漂います。さて、ここへ私が持ち込んだことは何でしょうか？　オリジナルの関心事から、遠くへ、はるか遠くへと心が漂流しました。なぜなら、あなたは一連の異なる考えに追随し始めたからです。

今、あなたが感覚を取り去る場合、覚えているべきことは、次のことです。患者に求めていることは、麻酔、あるいは無痛覚のために異なる種類の現実志向を作ることだということです。私の最も初期の実験的研究の中で、私は、想像上のりんごを拾い上げて、自分の前に実在する現実のテーブル上に、りんごを置くというメンタル・プロセスが何か、発見してくれるように学生たちに依頼しました（Erickson, 1964）。メンタル・プロセスとは何ですか？　かなり多くの学生が、あらゆる面でおかしいと感じ、不満を言って、仕事をやめました。彼らは、実験を完了することなく去りました。彼らは、現実との接触を失っていました。それで、彼らはおかしいと感じました。さて、無痛覚を誘導するとき、あなたは患者に、ある程度、現実との接触を失うように求めます。彼らに現実との接触を変えるように求めます。それから、彼らはおかしいと感じ始めます――彼らは、おかしいことを認識するかもしれませんし、あるいはしないかもしれません。しかし、彼らは、状況から出ることによって、それに対応することができます。なぜなら、状況が奇妙で不快だからです。したがって、あなたが無痛覚、あるいは麻酔を誘導するときはいつでも、あなたは、通常の現実関係をなくすことによって、いずれにせよ、患者がおびえないようにしなければなりません。私はその学生たちにあらゆる面でおかしいと感じさせたので、学生たちは私から逃げ出しました。なぜなら、私が研究したかったことは、重要な実験的な発見だったからです。

オフィスで患者にワークする際に、患者が奇妙に感じる場合、おかしな感覚としてそれを認めるか、あるいはそれを不快なものとして経験するかどうかにかかわらず、彼らもまた走って出たいと思います。しかし彼らには余裕がありませんし、あなたにもありません。したがって、彼らがさらに快適に感じ始めると、あるいはあれこれのことにますます興味を持つと、びっくりすることがあると彼らに伝えることは、あなたの義務です。恐らく彼らは、オフィスの光がより柔軟な色調であることに気づきます。私は、毎回のようにオフィスで患者に、「私は、明りが自動的に暗くなっても、柔らかくなっても、明るくなっても、気にしないで、ここでワークを続けてほしいと思います」と言いました。彼らの現実志向が変化するときはいつでも、患者が、オフィスが明るくなった、暗くなった、暖かくなった、寒くなった、と私に話すことを知っています。あるいは、彼らは私が申し訳なく思っていると感じます。あるいは彼らはオフィスが広くなった、狭くなったと感じていること、彼らの背が高くなった、低くなったと感じます。私たちが麻酔、あるいは無痛覚を調査するときはいつでも、彼らはあらゆる種類の現実感を変化させます。これらの自発的な感覚・知覚的な変更はすべて、患者の現実志向が変化したという徴候です。トランスは、正式な催眠誘導が行われたかどうかに関わらず生じます。患者がこれらの自発的な変化をしても、不安がないことを学ぶと、自分自身をトランスにさらに深く入れることができます。彼らは、一般的な現実志向（Shor, 1959）をあきらめることをどんどん学びます。そして、彼らは、自らの治療的なゴールを達成するだけでなく、すべての古典的な催眠現象を経験することができるようになります。

ケース4　患者自身の個性と能力を鎮痛のために利用すること

エリクソン―私は、キャシーの末期がんを鎮痛させるために、麻酔を生じさせたいと思いました。彼女は、モルヒネ、デメロールなどでも、軽減できない耐えられない痛みに苦しんでいました。彼女の精神状態はひどく弱り果てて、「私を傷つけないでください。私をこわがらせないでください。私を傷つけないでください。私をこわがらせないでください。私を傷つけないでください。私を傷つけないでください」と、繰り返していました。特にその二つの文を、抑揚を付けずに、差し迫ったように何度も繰り返して叫びました。私が、そこへ入り込む機会は、なかなか訪れませんでした。疼痛緩和をもたらすために、私は何をすることができたでしょうか？　私はキャシー自身の学習を使う必要がありました。私は私自身の考えを使わなければなりませんでした。そしてもちろん、キャシーは高校を卒業しただけでしたから、キャシーの考えと私の考えは一致しませんでした。そして、彼女は余命が二、三カ月であることを知っていました。彼女は三六歳で三人の子どもがいました。一番上の子は十一歳でした。したがって、彼女が考えていること、彼女が望んでいること、彼女が理解していることは、私と全く異なっていました。そして、もちろん、私の仕事は、彼女を励まして、トランスを導入して、彼女自身が過去に学習したことを使って、何かできるようにすることでした。モルヒネが彼女に効果がなかったということをすでに知っていたので、私は無駄な頑張りはしないようにと考えました。デメロールをどんなに大量に服用しても、彼女に効果がないように思われました。私は、彼女と戦って、トランスに入る必要がある、と彼女に話したくありませんでした。なぜなら、そんなことをしたとしても無駄だからです。したがって、私は彼女に、彼女自身の現実志向の中で、理解できることをしてくれるように頼みました。私は、彼女に、首から上を完全な覚醒状態にしているように頼みました。それが、彼女が理解することができたことでした。私は、体を眠らせるようにと、彼女に言いました。子どもとして、若者として、若い女性として、彼女が過去に理解した中で、彼女は、足が眠っている経験、腕が眠っている経験をして来ました。彼女は、朝、目覚めるとき、体が半分起きていて、半分眠っている半睡状態を感じたことがありました。私は、女性が眠っている体について、いくらか理解していることが絶対にあると確信していました。このように、女性は彼女自身が過去に学習したことを使うことができました。それが彼女にとって、どういう意味があったか、私は知りません。私がしたかったことは、一連の考えと理解を開始することだけでした。それによって、女性に、過去に経験した体の学習を思い出してほしい、と言えるようになります。

私は、彼女に、トランスに入るように、私と取り組むように頼みませんでした。なぜなら、私は無駄だと考えていました。私は、彼女に私と協力して、トランスに入るようにできるだけのことを試して、と頼みませんでした。なぜなら、彼女は、トランスがどういうものか、知らなかったからです。しかし、彼女は、完全に目覚めていることが、どういうことか、知っていました。彼女は、体が眠っているということが、どういうことか、知っていました。なぜなら、彼女は、目覚めている状態、眠っている状態の両方ともを、生涯経験して来たからです。彼女の体が眠ったあと、私が彼女に次に求めたことは、足の裏に痒みを生じさせることでした。体のいろいろな部分に、痒みがある人は、どれくらいいるでしょうか？　惨めな痒み、コントロールできない痒み、苦悩する痒み。誰もがその種の経験をしてきました。したがって、私は、彼女が経験してきた範囲内で、生理的、精神的、神経的に経験してきた範囲内で、全身で学習した範囲内では元気だったときのことを彼女に、再度、暗示していました。私は、彼女に記憶、理解、そして過去に経験したことを、何かしてくれるように頼みました。痒みを生じさせることは、喫緊で、急を要しました。女性は、痒みを生じさせることができないことを、とても残念に思います、と私に無愛想に報告しました。彼女ができたことは、足の甲に麻痺感を生じさせることだけでした。言い換えると、女性は、痛みの状態に、痛みの状態を加えることができませんでした。彼女は正反対のことをしました。足の裏でなく、足の甲に、彼女は麻痺感を生じました。

さて、彼女に私が会う目的は、何でしたか？　それは、あなた方が患者を扱う際に、覚えておかなければならないことです。あなた方は、患者の身体経験を、彼らの身体認識を、身体理解を、身体反応を変えようとしています。生じたすべての変化は、あなたが使うことができるものです。なぜなら、それは、患者が反応していることを意味しているからです。足の甲が麻痺していると、キャシーが私に言ったとき、私は、その麻痺をとても望ましいものと認めました。そして、礼儀正しく、私は、彼女が痒みを生じさせることができなかったことに、遺憾の意を表明しました。なぜ、私は、彼女が痒みを生じなかったことに、礼儀正しく、丁寧に遺憾の意を表明したのでしょうか？なぜ、患者の反応の誤りを批判したり、あるいはあら捜しをしたりしなければならないのですか？　キャシーは、礼儀正しい人々、遺憾の意を表明する人々、そしてそれによって、いろいろな状況で、ほんの小さな子どもの頃から、彼女を安心させる人々との経験を生涯にわたってしてきたので、私は、あら捜しせず親切にすべきでした。キャシーには、私の礼儀正しい思いに適合する経験のバックグラウンドがありました。

今、私が確立しようとしていることは、これです。すなわち、あなたが患者に話すときは、あなたが扱っている状況にあなたの意見が、完全に適合するような方法で、考えと理解を伝えるために話します。あなたは、患者の側に、絶えず広がり続ける反応を引き出そうとします。その結果、過去の記憶と理解を使って、学習した経験を使って、ますます反応します。キャシーは私の謝罪を受け入れて、義務を負ったと感じました。彼女が、一つのことで、私の期待を裏切ったことを、私が受け入れたことで、もっと努力しなければ、という義務感を、彼女は感じました。キャシーの足の甲の麻痺を受け入れる一方で、さらに私は、私を喜ばせようとする努力を彼女にさらにさせるために、彼女自身のバックグラウンドと個性を利用しました。私がとても丁寧に、痒みを生じさせられない彼女の怠慢を受け入れたので、さらに作業するときには、私に協力しようとする彼女のやる気が強まりました。

私は次に、足の甲だけでなく、恐らく足の裏、そして足まで無感覚が広がることを暗示しました。さて、もちろん、キャシーが痒くすることができなかった足の裏を暗示したので、彼女はいっそう麻痺を生じさせたがっていました。彼女は足首に麻痺を生じる義務を感じて、一生懸命麻痺させようとしました。もちろん、キャシーは、足の裏を認識しない経験、足首を認識しない経験をたくさんしていました。キャシーは、麻痺がどういうものか、わかっていました。そして、彼女は、麻痺について、身体学習していました。したがって、私が彼女に、麻痺させるよう頼んだとき、彼女は反応をすることができました。今、キャシーは、彼女のベッドに、壁の絵に、私と一緒にいた別の医者に、丸見えのテープレコーダーにまったく注意を払っていませんでした。キャシーは、身体学習に、精神的な注意を向けていました。催眠を利用する際には、外部の完全な現実は、重要ではないことに気づいている必要があります。そのときキャシーは、足の裏と足首に麻痺を生じたので、彼女は、ますます完全に引きこもり、部屋の現実から離れました。彼女は体に対して、がんの痛みにではなく、麻痺を身体学習することに現実志向を与えていました。キャシーは、足首からふくらはぎに、膝に、彼女の腿の下三分の一、中央三分の一、上三分の一に麻痺を進める中で、とても興味を持つようになりました。そして麻痺を、骨盤をまたいで向こう側へ、他の足の下方に行かせました。その結果、へそから下が麻痺しました。今、キャシーは、それによって興味を持つようになりました。その瞬間、天井とか、ベッドとか、医者とか、壁とか、他のことに、どんな関心があったでしょうか？　歯科患者が毛細血管の循環を考えることに、歯科麻酔を考えることに、下顎が痛くないように、一時的に異なる噛み方で食品を噛む方法を学習しようと考えることに夢中になっているように、キャシーはその麻痺の感覚に、興味を向けていました。患者に興味を起こさせること、患者があなたの診察室にいる理由が、オリエンテーションの核心でなければなりません。

足と骨盤の麻痺に、キャシーをオリエンテーションして、彼女の首まで麻痺を広げることは、簡単なことでした。キャシーのがんは、胴体のあらゆる所に転移していました。骨盤の骨だけでなく、肺、そして脊髄に転移していました。あなたがその種のことを考慮する場合、あなたは、麻痺を広げるあらゆる努力をします。ここに、二、三カ月以内に死ぬことを知っている患者がいます。彼女は信じている医者によって、死ぬことを確信しました。したがって、死は絶対的な現実です。一方で、部屋の壁、ベッド自体は、現実の重要な部分ではないかもしれません。差し迫った死という問題、彼女の家族の問題は、忘れられない現実でした。したがって、彼女の疼痛経験に対処する際には、日常に存在する普通の現実 ordinary reality が含まれている必要がありました。キャシーは、がんにかかって、約一年間経っていました。私がキャシーを助けたい場合、私は、キャシー自身の思考、理解を組み込むように催眠暗示を構成して、彼女に暗示する必要があります。私が胸の麻痺 numbness の問題に対して、キャシーのために最初にしたことは、彼女のがんが彼女の右の胸で最初にスタートしたことを話し、その後、外科手術した場所が治りきらず潰瘍形成していて、その潰瘍化した場所に痛みがあるということを話すことでした。つまり、外部の現実がわずかでもあれば、身体の現実もまた、わずかながらあります。なぜなら、キャシーはその潰瘍の場所を見下ろすことができたからです。そして潰瘍は、彼女に見えるものだったので、彼女にとって、外部のことでした。痛みは、身体内部の個人的経験でした。見えるものは、外部にあり、不快で、不愉快でした、そして、その外部に見えるものによって、彼女の人生は脅かされました。キャシーに関する限り、痛みと苦悩は内部の経験でした。したがって、私は、キャシーを外部環境の一部に気づくようにしました。彼女は、外部環境の重要な部分を除いて、内部環境にすでに気づいていました。それで、私は、外部環境を確実に含めるようにしただけでした。彼女のベッドルームの壁、彼女のベッドの枕は、外部の重要な部分ではありませんでした。しかし、その潰瘍のある場所についての彼女の視覚的印象は、彼女の外部志向 external orientation のとても重要な一部でした。それで、私は、潰瘍に彼女の注意を向けました。

キャシーは足の裏に痒みを生じることができなかったので、キャシーは遺憾の意を表しました。私は何をすべきでしょうか？　さて、完璧に催眠を使おうとする術者や人々があまりに多くいます。彼らは、あまりに多くことを達成しようとします。多くの例で失敗した理由の一つが、あまりにたくさん達成しようとしたことによる影響です。ハイスクールの学生、あるいは大学の学生誰もが、確実に一〇〇点をとることはできません、九五点かもしれません、あるいは九〇点かもしれません、八五点以上はとれません、八〇点とればラッキーです、とあなたに言います。私たちがするオリエンテーションは、その種のものです。熟練した狙撃手でさえ、私は百発百中を望んでいます、しかし私はそれについて、まったく確信を持てません、と言います。プロボウラーが特定のスコアをとりたいと思ったとしても、本当に正直なところ、すべてのゲームにおいてパーフェクトがとれるとは決して思っていません。ボウラーたちは、ある程度の失敗を予想しています。催眠を使用する場合、自分たちが影響を与えている患者が、一定の失敗を予期して生涯を過ごしていることを心に留めておくべきです。セラピストとして、あなたは、患者を利用するべきです、あなたは患者と協力するべきです。そして、あなたは失敗する場所を選択するべきです。キャシーから、苦痛が取り除かれることは、とても重要なことでした。しかし、ハイスクールへ行っていたので、キャシーは、そこでの人生経験で、何か実行しようとするとき、完全に達成することができないことを知っていました。したがって、緩和を暗示する際に、私は、あるパーセンテージ、確実に失敗するように、特に注意しました。最初の段階で、キャシーを失望させたものは何ですか？　最初に不具合が出たのは、彼女の右胸でした。つまり、がんが始まった所で、その場所は彼女が個人的に不具合を最初に感じたところです。彼女の右胸は、彼女を失望させました。彼女の右胸は、彼女の悲運を運命づけました。キャシーの側には、その理解をうまく逃れる方法がありません。その右胸は、彼女の悲運を運命づけました。したがって今、私は、胸のひどい潰瘍の場所の、その部位の痛みを取ることができませんでした、と後悔し遺憾の意を表明します。それは小さな痛み、小さな苦悩ですが、失敗して、とても申し訳ないと思います、と私はキャシーに言いました。キャシーが私に同意することができた今、そして、私が体の他の部分にもたらした同じ麻痺を、そこにもたらすことができるように願ったとき、彼女は私と意見が一致しました。言い換えると、私はダブル・バインドを利用しました。胸の部分に苦悩がある限り、体の他の部分は麻痺している必要がありました。このように私は、キャシーの一般的な経験すべてに、体の大部分の麻痺を実証させました。

さて、私がしたことに、不思議なことは何もありません――それは、キャシーの考えを認知することでした……キャシーの通常の人生に由来する考えと理解。この文化において育った女性は、この年数、生きてきた結果として、特定の学習をします。そのとき、私がその小さな痛み、その小さな苦悩を残したとき、それは私が神ではないことを証明しました。この小さな痛みを心配する限り、彼女に失敗するという感覚があったとしても、キャシーに別の努力目標を与えました。私は二月にキャシーに会いました。その後キャシーは八月まで生きました。彼女は昏睡に陥って、突然、死にました。しかし、その間、キャシーにはこの唯一の場所を除いて、痛みがありませんでした。しかし、キャシーは、私の失敗を非難するようなことは言いませんでした。彼女はなぜ、そうするべきなのでしょうか？　彼女にその小さな苦痛を持ったままにさせることで、私は、残りの部分が成功することを保証しました。

私たちは、感情的に行動する方法を理解する必要があります。私たちは、多くのことを手に入れようとしてしても、常に我慢には限界があります。催眠を使用するとき、私たちは、その特別な学習を利用します。私たちはすべてを取り除きますが、気を逸らすこととして、その我慢の限界を残します。なぜなら、それは小さなことだからです。私は、キャシーの大部分の痛みを取り除きましたが、些細と考えることができる我慢の限界を残しました。さて、暗示は、患者がすることを提示するのではなく、個人的な身体学習、個人的な精神的経験と一致する行動を引き出すような刺激として提示すること、このことが本当に重要だと印象づけたいので、私は強調しておきます。私は足の痒みを暗示しました。そして、痒みが痛みに加わりました。私の目的は、彼女の足の裏に、痒みを本当にもたらすことではありませんでした。私が暗示で意図したことは、キャシーの機能を内部で開始させることだけでした。それは彼女自身の身体学習をキャシーが利用し始めること、そして彼女自身の反応パターンにしたがって、身体学習を利用することでした。その後、キャシーが足の甲に麻痺を現して、彼女が遺憾の意を表明したとき、私はその遺憾の意と麻痺を使いました。私は、キャシーに痛みの緩和を引き起こして、要望を満たすために、麻痺を知的に使用することができました。私は初対面だったので、最初にキャシーにアプローチしたとき、私はどのようにしたら、彼女の痛みの緩和が生じるか、まったくわかりませんでした。私は、彼女独自の個人的学習について、実際に何も知りませんでした。私の最初の仕事は、キャシーの注目を得て、彼女が彼女自身の個人的反応をすることができるようにすることでした。その後、私はその反応を利用しました。医学、歯科学および心理学で催眠を利用するときは、個々の患者に特有な考えと反応を調査する必要があります。私たちが達成すべきゴールと言うものが、実際、重要ではないことを認める必要があります。私たちが言うことの重要性は、それが患者特有の反応を引き出すための刺激になることにあります。それから私たちは、治療的ゴールを達成するために、患者特有の反応を新しい方法で患者が利用できるように手伝います。

厳選したショートケース――分析のための練習

このセクションでは、これまで私たちが説明してきた基本原理を例示する上席著者などによるケースの要約を掲載します。初めてここで報告されるものが一部あります。それ以外は、他で公表されています。学習者は、この章、そして前章で紹介された概念について、基本原理の有効性の力学を分析すると良いと思われます。ここでの分析のために、各ケースの最後に、傍点をつけたいくつかのガイドが掲載されています。

ベッドの下のトラ

末期がんで死にかけている女性が、救急車でエリクソンのオフィスに連れて来られました。彼女は絶望的な痛みを経験していました。そして、薬では痛みを減らすことはできませんでした。彼女は催眠について、正直なところ懐疑的だったので、オフィスに入るとすぐに、彼女は、エリクソンに疑っていることを話しました。彼は、以下のように印象強く進行しました。「奥様、私は、あなたを納得させることができると思います。そして、あなたがどれほどの痛みで苦しんでいるか、わかっています。まったくコントロールできない痛みです。飢えたトラがその戸口を歩いて、そこで骨付き肉をなめて、あなたを見ていたら、あなたはどれくらいの痛みを感じますか？」彼女はまったく予期しない質問に、あきらかにビックリして、「少しも。実際、私は今でも、痛みを感じていません」と答えました。そこで、エリクソンは「その飢えた虎をまわりで飼うことに、あなたは同意しますか？」と答えました。彼女は、「おっしゃる通りにします」と言いました！　飢えた虎への連想は、すべての注意を強力に集中したので、彼女は「歩きながらトランス」に入りました。そして、そこから、彼女は覚醒する必要がありませんでした。全体的な様子からすると、彼女はその他の点では、すべて覚醒しているように見えました。それでも、彼女はいつでも（昼でも夜でも）そのトラがいるのが見ることができて、さらに感じることができました。催眠セラピストが変える必要がある徴候に介入するためには、感情的、認識的、行動的な反応をさせる驚きセットを喚起するだけです。

それから、上席著者は、彼女の医者と看護師はトラのことを信じないかもしれません、と彼女に話しました。しかし、彼女はそのとき、鎮痛を本当に経験しました。そして、確かに、彼女の医者と看護師は理解しませんでした。痛みの緩和のために彼らが、注射しますか、と言って来るときはいつでも、女性は微笑みを浮かべながら、「いえ、結構です。何も要りません。私には飢えたトラがベッドの下にいますから」と答えました。彼らは、彼女が幻覚を起こしていて、恐らく現実との接触を失っているのではないかと考えました。しかし、人生最後の数カ月、彼女は、麻薬、鎮痛剤を使用しないで、見るからに快適に暮らしました。しかし、彼女の家族は、彼女はまったく順調だ、と考えていました。

ショック。驚き。注意を固定すること。ありふれた日常的トランス。連想から気を逸らすこと。変性した参照枠。治療ワークを保護する後催眠暗示

椅子の上の顎

上席著者は、小児麻痺のために、生涯、個人的な痛みの問題に対処しなければなりませんでした。彼は、通常、昼間、自己催眠トランスに入るだけで、痛みを効果的にコントロールすることができました。しかしながら、とても疲れているとき、あるいは夜、眠りにつくとき、ときどき、痛みが戻ってきて、彼は目覚めます。その後、彼は、再び痛みを取り除くために、筋肉と、心の平静を再調整しなければなりません。ときには真夜中だったため、簡単なことではありませんでした。そのような出来事のときは、彼はときどき、椅子をベッドの横に引っ張って、顎を椅子の背に掛けて、そして、彼が恣意的に生じさせた痛みに、我慢できなくなるまで、押していることを、エリクソン本人が認めました（Erickson and Rossi, 1977）。

眠っている間、ときに失敗する、高度に発達した認知の参照枠としての催眠暗示。痛みを随意にコントロールすることで、不随意な痛みから気を逸らすこと

むく犬物語（とぼけたこっけい話）

それから、一二本目の胸椎レベルから麻痺している患者がいました。彼には急性膀胱炎と腎盂炎に関連した厳しく繰り返す疼痛発作がありました。泣き叫ぶ以外、何もできなくなるまで、彼は痛みに耐えていました。彼の全般的状態は慢性だったので、麻薬は賢明ではありませんでした。彼は、まじめで誠実で優しく、社会に関心がある男性でしたが、ユーモアのセンスあるいは言葉遊びやしゃれを理解する能力に全く欠けていたので、彼にとぼけたこっけい話、特にそういった話を使った言葉遊び、そしてしゃれを話すように、看護師に指示するという簡単な手順で、彼の痛みは扱われました。彼は、看護師が「社交的」なことに感謝して、まじめに聞きました。そして彼女の物語を理解しようと、夢中になって奮闘しました。時間が経つと、患者は自発的に看護師を呼び出して、彼の痛みが始まったと言います――彼女は一、二分、彼と話すために時間を割きました。

すると、彼は彼女の話を「わかろうとしました」。

注意の固定。気を逸らすこと。無意識の探索と無意識のプロセス

サンルームへ行った頭と肩

小さな娘がいる終末期の病で、痛みがある女性のケースで、上席著者は、以下のように小さな娘に話しかけました。「今、お母さんは、痛みから自由になることができることを納得したいと思っています。それで、あなたがすることで、お母さんを納得させてください。さて、ここのこの椅子に座ってください。そして、あなたがその椅子に座っている間、トランスに入って、部屋の向こう側へ行ってください。そして、私は、あなたに体中すべての感覚をなくしてほしいのです。あなたは、深いトランスに入って何も感じなくなります。あなたはここに座っていますが、部屋の向こう側のあそこにいます。そしてあなたは、あそこにいるあなた自身を見ます……さて、お母さん、あなたは見ています。あなたの娘は深いトランスに入っています。彼女は、自分が部屋の向こう側にいると思っています。今、私は、母親が決してされたくないことをするつもりですから、私をあなたは見続けてください」。私は、少女のスカートをめくり上げ、裸の腿を露出しました。私がそうすると、母親は恐怖の中で見つめました。私は手を持ち上げると、腿をピシャリときつく叩きました。少女は、向こう側にいる自分を見ていました。今、部屋の向こう側にいる少女を、私は叩くことはできませんね？　少女はまったくたじろぐことがなかったので、母親は仰天しました。その後、私はもう一方の足を叩きました。少女は、まだ気持ち良さそうにしていました。

この母親は、ひどいテレビ中毒でした。それで、いつでも痛みに我慢することができない場合、ベッドのそこに体を置いて、そして頭と肩を持って、居間へ入り、テレビを見ることを、私は彼女に最終的に教えました。

疼痛緩和のために、解離させるアプローチは、上席著者のお気に入りのものでした。病院で処置を受けるとき、エリクソンは患者に、外科医が手術室で体に必要な処置をする間、頻繁に頭と肩を持って、サンルームへ行かせます。

ショック。驚き。催眠行動のモデル化。解離

会話での麻痺

患者の注意を固定して、惹きつけ続ける会話でのアプローチは、外傷状況にとても役立つことがあります。オレゴン州ポートランドで、自動車事故がありました。そして、男性はおよそ一〇メートルばかり砂利道で彼の顔を擦りました。砂利の道路で舗装されていませんでした。彼は、急患として病院に連れて来られました。その夜、多くの形成外科手術や口腔外科手術を

しているアメリカ臨床催眠学会のメンバー――彼のことをダンと呼ぶことにします――である彼が、緊急呼び出しを受けました。彼が中に入ると、男性には意識がありましたが、ひどい痛みで苦しんでいることがわかりました。ダンを知っている皆さんは、彼が素晴らしい話し手であることを知っています。彼は、言葉、ユーモア、関心事、情報をよどみなく話し、とてつもない量の知識、ユーモアを備えています。「あなたの顔には本当に砂利がいっぱいついています。それであなたは、私がどんな作業をして砂利を取るかわかっています。私はピンセットを持って、ありとあらゆる極めて小さな砂とほこりの粒を見つけなければなりません。そして私は、実際に、作業にとりかかります。そして私は実際に、顔の表面を綺麗に拭いて、半分隠れた場所から取り去る必要がありました。そして、あなたは痛みで苦しんでいます。そして、痛みから逃れるように手助けしてほしいと思っています。そして、実際に、ある種の疼痛緩和をするべきです。そして、痛みが少なくなり始めるとすぐに、もっと良くなります。そして、看護師があなたの腕に注射する用意をするのを待つ間、あなたがすべきことが何か、私にはわかりません。しかし、私があなたと話している間、あなたの顔について、何かしなければなりません、とあなたに説明する間、あなたは私の話を本当に聞くべきです。あなたは深い傷がここにあることを知っています。そして、その切り傷はかなり鋭い石で作ったはずです。しかし、ここに小さな傷、ここにひどい打撲があります。そして、私はアルコールで傷を本当に綺麗に拭くべきだと思います。アルコールは最初、少し痛いですが、拭くことを数回行うと、痛み（sting 針という意味もある）が露出している神経の先端を和らげます。そして、あなたはアルコールの痛み sting を感じなくなります。そして、以前、バイオリンを作ろうとしたことがありますか？　あなたはギンバイカの木からバイオリンを製造することができるということを知っています。あなたはトウヒの木からバイオリンを作ることができます。あなたは、オークの木から一つ作ってみましたか？」ダンは彼自身がギンバイカの木から造ったバイオリンで、音色部門の賞を獲得しました。そして、ダンは、よどみなく話を続けました。ときどき、彼は、実際にその顔を拭いて、一針入れることがすさまじく困難なこと、そして看護師が皮下注射にとりかかるのはいつかと思っていることを話しました。ずっと看護師は後ろで、ダンに器具、縫合糸、綿などを間違えずに渡していました。ダンは、よどみなく話し続けました。そして、患者は「あなたは、とてもおしゃべりですね？」と言いました、「私は、もっと速く話すことができますが、あなたは、最高の状態で私の話を聞きませんでした。チャンスをいただいたら、私は本当にもっと速く話します」とダンは言いました。その後、ダンはスピードを早めました。「あのね、あなたは、私が早過ぎると思っています。それで今までバンブルビーを聞いたことがありますか？　私があなたに、その歌をハミングした方が良いですね」。それで、ダンはバンブルビーをハミングしました。そして、最後に、彼は、「あなたは、せいぜいこんなものだ that is about all ということを知っています」と言いました。患者は「せいぜいこんなものだとは、どういう意味ですか？」と言いました。「鏡が、ここにあるので見てください」と、ダンは言いました。患者は見て、そして「いつ、そこを縫合したのですか？ いつ、私に注射をしたのですか？ いつ、私の顔をきれいにしたのですか？ 私はあなたが、準備しながら、私と話しているだけだと思っていました」と言いました。「私は二時間以上、約二時間半、一生懸命働いていました」と、ダンは言いました。「あなたはそんなに働いていません。五分か一〇分、話していただけでした」と、患者は言いました。「いいえ、よく見てください。あなたがそうしたいならば、その縫合を数えてください。そして、あなたの顔はどんな感じですか？」と、ダンは言いました。「私の顔は麻痺しています」と、患者は言いました。

会話でのアプローチ。注意を固定すること。気を逸らすこと。散りばめ暗示。時間歪曲

タコのできた神経

最近、慢性股関節痛の患者が、私のところへ送られてきました。とてもひどい痛みでした。私は、患者に直接トランス誘導しようとするほど愚かではありませんでした。私は、何をする必要があったでしょうか？ 思うに、私がその患者に言ったことは、恐ろしく非科学的なことばかりでした。しかし、患者は、受け入れることができる、信頼できる見解を求めていました。その見解はその慢性の手に負えない股関節痛を正当化することができるものでした。私は、手に負えない痛みという、患者の絶対的意見を受け入れました。私は、彼女のすべての意見を受け入れました。したがって、彼女は、私が信じていることを、そして彼女がどうすれば良いかを考えていることを知っていました。その後、私は、その痛みがどうして起こったか、もっともらしく説明を始めました。その結果、患者は彼女自身の参照枠から、説明を理解できました。私は、先端がボロボロになった針でペニシリンとかの皮下注射を、腰の坐骨神経の場所を探してオロオロしながら注射される可能性があることを説明しました。私は針の先端が神経線維を引き裂く可能性があることを説明し、私は神経の構造に関する長ったらしい論文を与えました。神経は、たった一本の繊維ではありません。それは、とても多くの繊維から成り立っています。私は、繊維を伝わる異なる種類の感覚についての論文を渡しました。一つの繊維が熱さを、別の繊維が冷たさを、そして別の繊維が触感を、別の繊維が圧を伝えます。その結果、私がかなり博学だと、その患者は考えるようになりました。最終的に彼女が、ごたまぜの情報がどんどん増えることにやや退屈したとき、私は、痛み

が摩滅することについて、体が適応し始めることについて、暗示をあちこちに挿入しました。私のような柔らかい手の労働者が、つるはしとシャベルを使うと、すぐに水ぶくれができます。しかし、ある日、つるはしとシャベルを三〇秒使って、その翌日に一分、三日目に一分三〇秒、そうして次第に時間を伸ばすと、タコが形成され、つるはしとシャベルを一日中取り扱うことができます。私は一見、理にかなっているようなあらゆるアナロジーを話しました。手の皮膚にタコができると、感覚が鈍くなるように、神経にできれば感覚遮断ができることを話しました。言い換えると、タコを作ることができると、そのタコには知的なタコ、皮膚のタコ、神経のタコなどあらゆるものがあります。その私の言うことを聞いた患者は、その暗示すべてを受け入れ始めて、自分の痛みがなくなるようにするために、タコを使う方法を独力で探求し始めます。タコを作ることについて、私が言ったことの一つ一つが、患者の考え方に効果がありました。「私はタコがどんなものか知っています。私は、その痛みがある私の腰のすべての神経に、タコができたらと思っています。そうなったらなんて素晴らしいでしょう。そこにタコがあったら、私の足はどんなふうに感じるでしょうか？　この快適さ、もう一方の足と同じ快適さを、私の足に感じるでしょう」。私が患者に提示した考えを、患者は許容できることに気づきました。しかし、私は彼女にそれらの考えを受け入れるように求めませんでした。私は単に可能性について説明しただけでした。そして、そのような方法でタコについて説明しました。患者は、快適さを促進するために必要な考えなら何であっても、手を伸ばして取り込む必要がありました。さて、この暗示はどのようなものなのでしょうか？　私は、この腰痛を持った女性は、ある種のトランスに入っていて、それが彼女に効果があったと思います。私は、彼女が認識することができる形式的なトランス誘導をあえて試みませんでした。なぜなら、そのとき、「タコのできた神経」という考えを、私が押しつけようとしていると彼女が思うことが、私にはわかっていたからです。

イエス・セット。患者の参照枠に適合するもっともらしい暗示。意識セットを弱める退屈。無意識の探索とプロセスを開始する散りばめ暗示。間接的連想フォーカシング。間接的観念力動フォーカシング。無制限な形式の暗示

第六章
症状の解消

Six

徴候はコミュニケーションの形態であるということは、現代の心身医学の基本的な見解となっています。そのため、徴候は多くの場合、意識になるプロセスの中で、問題が進展しているという重要なサインあるいは合図です。患者が、認識、あるいは感情的な洞察の形ではっきりと表現することができないものは、身体症状として身体的表現（ソーマティック・イクスプレッション）を見出すでしょう。そのような問題に対する従来の精神分析的アプローチは「洞察」を促進することです。その洞察によって、身体症状は、認知、そして感情的な理解のパターンに翻訳され言語化されます。患者が、自分の問題について、感情的な洞察を話すことができると、ときどき、もはや身体症状を経験する必要がないことがわかります。

催眠は、心身医学のこの基礎的な見方（Zilboorg and Henry, 1941; Tinterow, 1970）が発展するための重要なツールでした。そして、徴候的行動を解決するための重要なモダリティとして、今日、続いています。感情的な洞察が、通常、心身の問題を解決する、とても望ましいアプローチである一方で、この領域での上席著者の多大な貢献は、それが決して唯一の道筋ではないことを発見したことです。彼は、「直接、無意識レベルで」徴候的な行動を解決する方法を開発しました。つまり、身体症状がなぜ消えるか、意識にわからないようにして、患者の精神力学に働きかけることによって、徴候が解決されるのかもしれません。さらに、徴候で表現された問題の発達は、明らかに自発的な方法でも解決されます。通常、患者はこれに、大喜びして驚きます。セラピストが、性的な問題、教育的な問題などに取り組んでいることとさえ、患者はわからなかったと言います。

ツー・レベルのコミュニケーションは、無意識に直接、働きかける基本的アプローチです。私たちは、多くの言外の意味と含意を持った言葉を使用します。その結果、患者は、意識的な参照枠で、一つのレベルのコミュニケーションを受けとる一方で、無意識は、言葉に含まれる意味を他のパターンで処理します。上席著者は、患者内の深い源に辿り着くために、自分は「俗諺」あるいは「個人的な言葉」を使っている、とよく指摘します。エリクソンは、患者の通常の参照枠を回避する、あるいは補う方法でコミュニケーションするアナロジー、メタファー、しゃれ、謎、ジョーク、そしていろいろな言葉で、写象主義的な遊びとして、神話詩的な mythopoetic プロセス（Rossi, 1972b）を使用します（Erickson, Rossi, and Rossi, 1976）。

なぜ、そのようなプロセスが効果的なのでしょうか？　そのようなプロセスがうまく機能するのは、患者自身の人生経験と以前の学習パターンを利用する治療方法だからだと考えています。しゃれ、あるいはジョークによって、誤った、そして制限している意識的なフレームワークを回避することができます。さらに、患者の意識が故意にできない方法で、効果的に無意識のプロセスを動員することができます。

最近の大脳半球機能の研究（Gazzaniga, 1967; Sperry, 1968; Galin, 1974; Rossi, 1977）は、右脳の機能、あるいは非優位半球の機能にアピールすることで、これらのアプローチの効果が現れるのかもしれないことを示唆しています。左脳、あるいは優位半球は、知的な性質、あるいは抽象的な言葉でのコミュニケーションを処理することに熟達している一方で、右脳は、視覚空間、運動感覚、写象主義的、あるいは神話詩的な mythopoetic 性質のデータ処理にさらに熟達しています。右脳は、感情的なプロセス、そしてボディー・イメージと、より密接に関係しているので（Luria, 1973; Galin, 1974）、さらに、それが心身症的徴候の形成の原因であるという見解が発展しました。これらの徴候は、右脳言語の表現です。このように、神話詩的な言葉遣いを、私たちが使用すると、右脳自身の言語で、直接、右脳とコミュニケーションする手段となる可能性があります。これは、右脳のボディー・ランゲージを左脳の抽象的なパターンの認知に、最初に翻訳する従来の精神分析的アプローチとは対照的です。そして左脳は、その後どうにかして徴候を変化させるために、右脳に作用して戻さなければなりません。そのアプローチはときどきうまくいきますが、それは明らかに、厄介で時間がかかります。大抵、患者は素晴らしい知的な洞察パターンを開発しますが、それでも身体症状が残ります。たとえ左脳への知的な洞察が正しいとしても、それは右脳の徴候形成と維持の源から分離され続けるかもしれません。したがって、上席著者は、左脳と右脳のパターンの特化について、現在、私たちが理解するかなり以前に、ツー・レベルのコミュニケーション・アプローチを開発していました。その一方で、私たちは、この「無意識と直接、作業する」ことが、直接、右脳、あるいは非優位半球とコミュニケーションする手段である場合があると現在、考えています。そして、それがおそらく心身症的徴候の原因です。

ケース5 徴候的行動への一般的なアプローチ

プロのハープ奏者になることを目指していたミスXは、手のひらと指の発汗の問題で、上席著者に相談し、援助を求めました。彼女の手は通常、湿っていました。そして、彼女が聴衆の前で演奏しようとすると、ひどく汗をかいたので、弦を弾く指が滑りました。彼女が意見を求めた多くの医師が、驚嘆し面白がりました。そして、彼女が手を伸ばして、握ると、手から間断なく、したたり落ちる汗で、すぐに床に水たまりができました。医者たちは、交感神経切除を薦めましたが、それで問題が解決するという確信を持てませんでした。

この最初のセッションの大きな特徴は、上席著者が、汗をかくという徴候とセクシュアリティという徴候の間に何らかの関係があるか、間接的に調査することでした。彼の臨床経験では、この徴候は、通常、性的不適応 sexual adjustment の問題に関係していました。しかし、ミスXは、汗をかくことだけを、自分の問題として示したので、臨床判断をするために、ツー・レベルのコミュニケーションによって、多汗症とセクシュアリティに関係があるかを、間接的に調査することにしました。彼は、しゃれ、特定の言葉、両義語を使った言い回し、イントネーションと休止を利用することによって調査しました。そして、これらが実際に彼女の問題に関連しているなら、ミスX内で性的な連想を喚起するかもしれません。抵抗を起こすかもしれない方法で、直接、性的な問題に関するメッセージを彼女にはっきり言うのではなく、むしろ、単に文脈、含意、そして、自分自身で性的な問題を言い出すことができるような連想パターンを提供します。その場合、徴候に性的な病因があるという臨床仮説が、たまたま間違っていたとしても、何も失われません。そのときには、ミスXは反応しませんし、性的な連想を利用することもありません。

この資料を納得のいくように書いて表現するには、少し困難な面があります。なぜなら、とても多くの人たちが、声のイントネーション、休止、ある種の微笑、あるいは一瞥などの合図で、性的な連想をするからです。読者の理解を容易にするために、潜在的な性的な連想——実際に聞き手の中に存在しているなら——を起こすことができる語句に傍点をつけています。面接の最初の部分では、上席著者は、準備プロセスに関与しています。肯定的なラポール、そして反応注意力が築かれています。次に、彼は、彼女の能力のどれが利用できるか評価し始めます。彼は治療的な参照枠を促進し、支援を受けることに対する期待を高めます。彼は、彼女の問題について、可能性がある性的病因を調査することによって、そして音楽への彼女の特別な関心を利用して、初めて経験する治療的トランスを強化することによって、ツー・レベルのコミュニケーションプロセスを始めます。外見上は腕浮揚の単純なプロセスであるように見えますが、エリクソンは彼女の意識的な参照枠と徴候の力学に対して興味深いアプローチをしています。その中でエリクソンが限界を弱めるアプローチを数多くしているのを私たちは目撃します。

この面接におけるパート2では、エリクソンは彼女をさらに深いトランス経験に導きます。そして、その間、彼女は内的ワークに、とても明白に没頭します。この面接におけるパート3で、エリクソンは、すでに生じた治療的な変化プロセスを評価し承認するために、観念運動シグナリングを使います。この面接の中で、私たちは、徴候的行動に対する一般的アプローチのロジックを異常なほど明瞭に目撃します。

①エリクソンはラポールを築き、治療的な参照枠へ注意を集中します。

②エリクソンは患者自身の経験を使って、どのように無意識が行動をコントロールするか、デモンストレーションします。これは、患者の習慣的フレームワークと信念体系を弱める手段です。したがって、その後、治療的な変化の場所を、患者の無意識に割り当てることができます。

③徴候形成の力学を変化させ始める無意識レベルで、探索とプロセスを呼び起こすために、エリクソンは間接的な暗示形式（このケースでは特にツー・レベルのコミュニケーション）を利用します。

④それから、エリクソンは観念運動シグナリングを通して、そして／あるいは、徴候的な行動から患者をはっきり解放することで、結果として生じる治療的な変化をデモンストレーションします。

⑤その後、エリクソンは、このとき、自然に手に入る徴候の源泉と意味を、精神力学的な洞察の重要性を、患者が完全に認識し評価できるようにします。そして、徴候とは関係しない患者の全体的人生経験に関して、全般的に強化し促進している考えや態度を、調査し、集積します。

今から、わかるように、最初の三つのステップは、順序を変えて現れます。それらのステップはほとんど同時に、あるいは順番に現れるかもしれません。そして、個々の患者のニーズ、そして反応に依存しながら、さまざまな程度で反復します。治療的な変化が成功したデモンストレーションであるステップ4は、この変化を維持するために、後催眠暗示を一緒に使って、通常、ステップ5でしばしば生じる幅広い新しい理解のパターン、および人生の再編パターンをセットします。

これらの五つのステップは一緒になって、症状の解消へ向けて一般的アプローチのパラダイムを構成します。このパラダイム内で、セラピストは、徴候の源泉、および維持に関する精神力学的仮説を一つ以上調査することができます。しかしながら、このケースの二つのセッションでは、上席著者の調査は非常に間接的でした。それで、私たちは、ミスXの問題には性的病因があるという上席著者の仮説が正しいのかどうか、確認することができませんでした。それを確認できたのは、治療を終了して三カ月後、上席著者が手紙を受け取ったときでした。その中で、ミスXは、発汗はもはや問題ではないこと、そして同時に重要な性的不全が解決したことを認めていました。その結果、私たちは、上席著者のツー・レベルのアプローチが正しかったこと、治療効果があったことを確認しました。

このケースでは、このように、直接暗示形式のような古い伝統的催眠ではなく、患者自身の創造力を利用した催眠療法の可能性に関して、魅惑的な問題を提起します。正確な理由、あるいは治癒の力学を、患者もセラピストも知らないうちに、実際に解決できるような方法で、患者の創造的な可能性を解放することができることを、私たちは見ていきます。しかし、上席著者は、二回目のセッションにおいて、過度の発汗の病因、そして閉所恐怖症に関連する問題、飛行機恐怖、そして全般的な人生の指針 life orientation に関するミスXの洞察力の成長を促進することによって、一回目のセッションの徴候除去作業をサポートします。この二回目のセッションで、堅実な催眠療法に何ができるかを、そして「徴候除去」という単純な考えが、著しく過度に単純化していることを理解できます。催眠セラピストは、患者内部の精神力学の創造的な再編を促進する幅広いプログラムに、適切に関与します。その結果、人生経験が強化されると、徴候を構成することは、もはや必要ではなくなります。

セッション1

パート1　準備および最初のトランスワーク

ツー・レベルのコミュニケーションで、性的連想を間接的に調査するトランス誘導

エリクソン◎今、最初にすることは、もちろん、あなたの脚をほどくことです。そして、腕組みをほどいてください。さて、私は何をすべきだと思いますか？

X◎さて、正直に言うと、あなたは私に催眠をかけるべきだ、という感じがしています。あなたがそうしなくても、私はあなたがしていることに気づいているかもしれません。そして、気づいていることは、あなたがしていることを台なしにしま

す。
エリクソン◎わかりました。さて、あなたは、どんな教育を受けましたか？
X◎私は、社会福祉の修士号を持っています。

エリクソン―「あなたの脚をほどく」には、もちろん、性的な連想があります。「腕組みをほどいてください」は、もう抵抗しない、ということを意味しています。

ロッシ―これらの簡単な体位の変更は、抵抗を直ちに弱める傾向があります。

エリクソン―私は何をすべきですか？　いつも、女の子に恋をしますか？　その中で、性的な意味合いを認識できますか？　決定を女の子にさせると、女の子に喜ばれます。しかし、意識的にこれらの含意を認識する必要はありません。彼女は、私がすべきだ、と思っています。しかし、彼女は、私が「そうしなければならない」と、私に言っていません。彼女に催眠をかけることは、適切なことでした。あなたがそうしなくても、私はあなたがしていることに気づいているかもしれません、というツー・レベルのコミュニケーションに性的な響きがあることを、多分、彼女の無意識が正に認知していることを示唆しています。

ロッシ―彼女は意識レベルで、性的な響きを認識しない場合でも、それがツー・レベルのコミュニケーションになる可能性があります。それから、これは、彼女の問題に性的病因の可能性があるかを調査するためにツー・レベルのコミュニケーションを、あなたが最初に使用したものです。
X◎はい。

治療的な参照枠を促進すること
――無意識から意識が分かれること

エリクソン◎その後、意識と無意識に関して、あなたは何かを理解します。
X◎はい。

ロッシ―ここで、あなたは非常に重要な治療的な参照枠を持ち出し、プロセスを開始します。そして、意識と無意識を区別します。いったん、患者が彼らの意識的なシステム（問題で身動きがとれないシステム）とは異なる自律的で、潜在的で創造的な無意識のシステムの現実に気づき、受け入れるようになれば、患者は即座に治療的な参照枠の範囲内にいます。なぜなら、今、物事をする患者の古い習慣のうち、いくつかを放棄するための論理的根拠を持ち、患者自身の内部の新しい経験をさらに受け入れるからです。しかし、単なるメタファーとして「無意識」を考える読者にとってさえも、意識と無意識の間を分離することは役に立ちます。というのは、この分離を使って、後で治療的ダブル・バインドを準備することができるからです。

催眠暗示の間接的形式としての休止

エリクソン◎そして、あなたが夜、　　　夢見るとき、心のどの部分を使用していますか？

X◎無意識？

エリクソン◎そうです。そして、それはあなたが、次の日、なにか夢を見ても、　知ることを妨害しませんね？

X◎そうですね。ときどきは。

エリクソン◎はい。意識は、それ自体、通常、かなり忙しくしています。しかし、それは無意識に気づくことができます。


（行中のスペースは、上席著者の発言の自然な休止に近づけている）

エリクソン―あなたが夜、夢見るとき、あなたの想像力は束縛されません。
ロッシ―したがって、「夜」という単語の後の休止によって、文章のその最初の段階が、瞬間的に性的な響きに関係することができるようにします。このように、それ自体が含意と響きを持ったフレーズを分離する休止は、別の間接的形式の催眠暗示です。
エリクソン―話す中での声のトーン。なにか夢を見ますね？は、さらに性的な響きを運びます。

トランスの準備の中に、散りばめられた間接的な性的連想

エリクソン◎結構です。したがって、意識は私が何をしているか知ることが、あなたにできないということの問題を取り除きます。あなたは私が何をしているか知ることができます。しかし、私はあなたが知らないことを、いくつかすることもできます。良いでしょう。大好きな音楽作品favorite piece of musicは何ですか？

X◎私の大好きな音楽作品ですか？　えーと、Yのヘ短調ハープ・コンチェルトかな。

エリクソン◎あなたは音痴がどんなものか知っていますか？

X◎はい。

エリクソン◎私は音痴なのです。

X◎知っています。　　私は、あなたが紫の服を着ていることに気づきました。

エリクソン―最初の文は、暗示的な声のトーンで、以前の性的な響きを強化します。愛し合うために、スイッチを入れソフトな音楽を聞くときのように、音楽には性的な連想があります。さらに、「大好きな作品favorite piece」は一部の人にとって、性的な響きがあります。
ロッシ―したがって、これは実際には、ツー・レベルの連想で

す。すなわち、意識に対しては、彼女が関心を持っている音楽について質問しています。しかし、無意識に対しては、音楽への性的連想があります。

エリクソン―この資料すべてが、ツー・レベル上にあります。

ロッシ―意識レベルで、トランスの準備と彼女の関心事について、あなたは話しています。あなたが使用する特別なフレーズには、多くの含意および含蓄があります。しかし、そのフレーズは無意識のレベルで性的連想を刺激します。

性的連想への間接的アプローチの論理的根拠

エリクソン◎さらに、私は部分的な色覚障害があります。私は紫色を楽しむことができます。そして、あなたは、その音楽を、どの程度、楽しむことができますか？

X◎大いに。

エリクソン◎あなたは、そのことを、自信を持って言えますか？　椅子にもたれてください。　私は、物事について、空想にふけることができます、　実際に見ていないものを。　実際に聞いていないものを。　そして、私は森で風のささやきを　聞くことができます。　そして、あなたは、その音楽作品の　いくつかのパートを　聞き始めるための適切な場所にいます。

エリクソン―紫の愛は、ワイフ・スワッピングの砕けた用語です。私は彼女の楽しみ（音楽）と私の楽しみ（紫）をまとめて、それから比較しています。

ロッシ―意識レベルでは、それは、あなたが楽しんでいる物事についての会話です。しかし、無意識レベルでは、紫と音楽には共通する重要な性的連想があります。

エリクソン―それは、適切な場所ですには、あきらかに性的な連想があります。あなたが女の子にキスするとき、女性は、何も実際に見ていません。これらの語句とフレーズを性的な見地から見ると、実際に、そのようなことが詰め込まれていることが理解できます。

内部の音楽を利用するトランス誘導

エリクソン◎その音楽をゆっくりと聞いてください。　そして、あなたは目を開けている必要が、実際ありません。　そして、その音楽を実際に、徹底的に楽しんでください。　そして、あなたがその音楽を知らなかったときが　ありました。　それを学習していたとき、　そして、それを完全に　さらに完全に楽しみ始めたとき。

ロッシ―快適な体のポジションで、彼女自身の内部の音楽に注意を固定することで、そして、目を開けたままにしておく必要がないという、さり気ない暗示で、あなたのトランス誘導は、順調に進んでいます。このように、トランス誘導プロセスは、音楽における彼女の関心についての会話から、ほんの少し進展する気持ちのよいプロセスです。

暗示を導入するための「すぐに」

エリクソン◎そして、すぐにあなたはトランスに入っていることを理解します。そこに入っていることは、とても快適です。

エリクソン―「すぐに」は、漠然とした未来です。

ロッシ―したがって、「すぐに」導入する暗示を与えても、常に安全です。

幻覚トレーニング

エリクソン◎そして、あなたはトランスの中にいたいだけでなく、　あなたはその音楽を　何度も何度も　続けて聞きたいと思っています。　そして、もう一つの音楽が思い浮かびます。

エリクソン―この部屋で、音楽は聞こえません。

ロッシ―しかし、この暗示は、彼女の内部で、音楽の幻覚を起こさせる様相を強化します。彼女は、音楽に心を奪われるようになりました。それで音色の幻覚のようなもので、部屋を満たして、音楽を聞くことができるかもしれません。これは実際に幻聴を体験するために、彼女を訓練する最初のステップです。

エリクソン―何度も何度もには、性的な響きがあります。

抵抗を回避する暗示
――意識・無意識のダブル・バインド

エリクソン◎そして、あなたは本当に私に注意を払う必要はありません。あなたは音楽に注意します。　しかし、あなたの無意識は私が言っていることを　理解して、　あなたが理解することができないものを理解します。第一に、あなたの無意識が、とても快適な感じを至る所で、　与えるように、　あなたに　してほしいと思います。

［休止］

ロッシ―これは、意識セットの回避へ、そして暗示に対する抵抗へ向けた、あなたの典型的なアプローチです。彼女の意識的注意は彼女の内部の音楽に集中していますが、彼女の心の別の部分は、コメントしないで、あるいは抵抗しないで、あなたが言っていることを記録しています。

エリクソン―そうです。

ロッシ―これもまた、意識・無意識のダブル・バインドの例ですか？　無意識が何をすることができるか、何をしているか(それが無意識なので)、わからないので、彼女にできることは、あなたに同意することだけです。彼女には、あなたが言うことを否定するための基礎がありません。

エリクソン—そうです。

ロッシ—意識が理解できない「無意識の理解」は、別のダブル・バインドであり、そして、ダブル・バインドを理解することができて、判断することができる脳半球を大きく制限することによって、意識を弱めます。

エリクソン—意識から行動の必要性を取り除きます。

ダブルタスクと意識的注意を回避するための混乱

エリクソン◎そして、私は次に、とても重要な目的があるので、　私の言うことを聞くべきだと、あなたの無意識に　知ってほしい　と思っています。そして、あなたの無意識が私の言うことを聞いている間、　あなたの意識はあらゆる種類の音楽を聞くことに、とても忙しく　しています。特に、　あんな音楽や　こんな音楽のフレーズは対照的です。しかし、あなたの無意識は、　私が、無意識に対して言うことを何でも　聞く　つもりです。　そして、それはあなたの無意識にとって、大きな意味があります。

[休止]　今、あなたの無意識は、あなたが意識的に手を上げることができて、　そして手を動かすことができるということを　知っています。

ロッシ—あなたは、意識が認識することができる快適な感覚と、無意識からの強い注意の要請をはっきりと区分します。彼女は、このように一つのレベルで快適さ、そして別のレベルで緊張という間でバランスを取ります。

エリクソン—はい。それは、意識を通した無意識の喫緊の要求です

ロッシ—けれども、その喫緊の要求は、彼女の意識を通じて、無意識と連絡をとらなければなりませんね？

エリクソン—彼女の意識は、注意していません。つまり私が音楽を彼女の意識に割り当てたので、思い出すことさえしません。あなたは意識を弱めるために、ダブルタスクを使用することができます。混乱とタスクを割り当て集中させることは両方とも、意識を脇に寄せる方法です。

ロッシ—あなたは、「あなたの無意識が私の言うことを聞いている」という暗示で始める複合文で、さらにこのことを構築します。その後、無意識が聞くことは、「あなたの意識はあらゆる種類の音楽を聞くことに、とても忙しくしています」という文の後半（実際に、彼女が内部の音楽にたずさわっているとき）までに強化されます。最近の研究（Smith, Chu, and Edmonston, 1977）では、音楽で一つの大脳半球を占有することができると、他の活動を促進することが確認されました。

「特に」という言葉で文章を始めるとき、あなたはとても具体的なように見えます。しかし、そのとき、あなたは最も一般的な「あんな音楽やこんな音楽」で終わります。したがって、

彼女が何を聞いたとしても、それはあなたの暗示の範囲内です。そして、意識が音楽の異なるフレーズを対比するのに忙しい間でさえ、あなたは彼女の無意識が、あなたの話を聞いているように暗示します。あなた自身の範囲内で確立した科学研究と臨床経験によって、あなたは一度に二つの仕事で心がとても忙しくなることができるようにします。それは、「後催眠行動の性質と特徴」というあなたの一九四一年の論文の中でうまく説明されています。

エリクソン―そうです。

意識セットを弱めるための二重否定

エリクソン◎しかし、無意識が手を上げることができることを、　あなたが知らないことを、あなたの無意識は知っています。

ロッシ―これは、二重否定形式のダブル・バインドの中での自明の理です。無意識は、あなたが知らないことを知っています。そして、それが、彼女の意識セットを混乱させ、さらに弱める傾向があります。

無意識と徴候を関連させる

エリクソン◎あなたの無意識は、それが発汗を　生じさせられることを知っています。　しかし、私は、あなたの無意識が、それ以上に知っているべきだと思います。［休止］　そして、私は、あなたの無意識が、何でも、　あなたの無意識に　私が教えることを何でも　進んで学習してほしいと思っています。［休止］　そのとき、　ずっと昔からあなたの将来の夢までのいろいろな記憶と、　音楽で　忙しいために、それは意識的には、なかなか素晴らしいものです。

ロッシ―あなたが最初に彼女の発汗の問題に言及した中で、あなたは彼女の無意識と、発汗をすぐに関連させます。もちろん、彼女は発汗をコントロールできないので、無意識に関連していることを理解しています。彼女が理解していないことは、あなたが彼女自身にはできない無意識との関係を進展させていたということです。これは、あなたが彼女の無意識との関係を通して、彼女の徴候をコントロールして治療することを意味しています。

エリクソン―そうです。私は徴候に言及して、「彼女の意識が応答する領域から」それを彼女の無意識へ移して、何でもそれに加えます。

ロッシ―あなたは、徴候を彼女の無意識に割り当てましたか？

エリクソン―絶対確実に、そして、私は徴候を特定の低い声で表現するとき、性的な響きがあるものすべてに割り当てました。

ロッシ―これは、むしろ注目に値します。あなたがしていたことを彼女に理解させないように、その無意識の病因を徴候と関連させました。

エリクソン―そして、その関連性が不適当なら、彼女の心は、それを簡単には記録しないでしょう。私は少し性的響きを持った声で「学習する」と言い、次に、同じ響きで「それはなかなか素晴らしい」と言いました。

意識的な理解を制限する

エリクソン◎そして、あなたの無意識は、　自由に、　私が言う考えに　それ自体を制限することができます。[休止]　私は、あなたにとても多くのことを教えたいと思います。　あなたの手は、あなたの腿で休んでいます。　そして、あなたの意識は、下の方に down there▼訳注7 手を残したままにするでしょう。

ロッシ―この複合文での休止は、最初に自明の理を表現するために、「あなたの無意識は自由です」の部分でスペースを開けています。「私が言う考えに、それ自体を制限する」に続く重要な暗示を受け入れるために、心を開く受け入れセットあるいはイエス・セットを開始します。

エリクソン―さらに、「私が言う考えに」というフレーズは、意識的な記憶と意識的な理解に、それ自体を制限しました。

ロッシ―彼女の無意識は、あなたが言うことに限定されています。しかし、あなたは、なぜ、意識の中に持ち込むのですか？

エリクソン―私がセックスについて、どれくらい自由に話しているか、彼女に知ってほしくありません。

ロッシ―意識を遮断することによって、その可能性を除去します。

エリクソン―はい、意識は、それ自体を制限することができます。私が言う考えは、意識に聞こえていますが、無意識レベルでのみで理解されます。しかし、無意識は、私の言葉の性的な響きを胸に秘めておくことができます。あなたは、[意識]自身が、性的な響きに気づくのを許しません。

ロッシ―それから、あなたは腿という性的な響きを利用します。

エリクソン―はい。腿とそこ。下の方に。

無意識による行動のコントロールをデモンストレーションする

エリクソン◎しかしあなたの無意識は、　一方を、　あるいはもう一方を、　あるいは両方を持ち上げるつもりです。　あなたの無意識が、どのように学習したいのか実際、私は知りません。

ロッシ―ここで、あなたは、多くの可能性を挙げて、暗示に

▼訳注7　陰部を意味する婉曲語

よって、何らかの方法で手が上がることを保証してします。

エリクソン―恐らく、それ［無意識］は下の方で、何かを学習することを望んでいるので、それ［無意識］は手を上げないでしょう。

ロッシ―腕浮揚が失敗する場合、精神力動的に重要な意味を持っている可能性があります。すなわちこのケースでは性のことです。

脅しと無意識の協力を得ること

エリクソン◎しかし、私は、見つけるつもりです　あなたの無意識が私に　学習してほしいと思う早さで。　あなたの　手は、一方が、あるいはもう一方が、　あるいは両方ともが、あなたの腿から上へ、　とてもゆっくり上がるでしょう。

エリクソン―「しかし、私は見つけるつもり」は、脅しです。「あなたの無意識が私にしてほしいと思う早さで」は、無意識の協力を得ることです。

ロッシ―最初に、あなたは緊張を高めて、次に、緊張を解消するための条件は、無意識の協力であると言います。これが無意識を活性化する方法ですか？

エリクソン―そうです。本当に無意識に協力したのは、脅威を与えた後、協力すれば救済すると申し出たそのときです。

意識と無意識を分離する
――意識セットを弱めるための知らないこと

エリクソン◎無意識の筋肉の動きは、意識的な動きとは異なっています。　そして、どの手が上がりそうか、　あなたにはわかりません。あなたは静観しなければなりません。

　しかし、あなたは確信を持てません。　最初は一方が、その後、もう一方が、おそらく両方が、　その後、一方が、

　その後、もう一方が、　その後、両方がというような、

　こんな傾向かもしれません。　遅かれ早かれ、　肘が少し曲がって、　手首が持ち上がり、　手が上がって来ます。　［休止］

エリクソン―私は、身体の動きが、それぞれ、どのように異なっているか、指摘することによって、無意識から意識を再び切り離しています。手を持ち上げようとすることを知らないことは、意識セットを弱めます。なぜなら、知らないことは、彼女が意図した動作から、腕浮揚を除外します。これによって、手が無意識に上がることが保証されます。それは、別の椅子で意識を上方へセットします。

ロッシ―手がどこにあるか見ることができますが、必ずしも指示やコントロールができません。

エリクソン―そうです。

ツー・レベルのコミュニケーション

エリクソン◎そして、待つことはとても楽しいでしょう。そして、あなたは、手のことで、学ぶことがたくさんあります。また、それには、かなり時間的価値があります。　そして、あなたの無意識は、すでに探し始めています。その通り。手は持ち上がっています。　もう少し。そして、遅かれ早かれ、小さなビクッとした動きが始まります。［Xの手は、腿から、上に離れるような小さなビクッとした動きをし始めています。はっきりと不機嫌そうな顔の様子が窺えます］

エリクソン—待つことは、とても楽しいです。それにもまた性的な響きがあります。あなたが、これらすべての策略を心に焼きつけたのは、日常的な経験からです。

ロッシ—あなたは、日常生活から取り入れた言葉の策略を使って、催眠暗示を促進します。あなたは、特定の響きを持つ言葉、フレーズを散在させるだけです。一つのレベルで、腕浮揚のプロセスについて話し、別のレベルで、性的な連想を喚起しています。これは、ツー・レベルのコミュニケーションの例です(Erickson and Rossi, 1976)。

エリクソン—そうです。すべて自分だけで持ち上がること、そしてビクッとすることには、別のレベルで、性的な響きがあります。

参照枠を解放したままにする混乱と精神的な流動

エリクソン◎その通り。　［Xの右手は、瞬間的に高く持ち上がり始めます］　それが、その手であることを必ずしも意味していません。　それは、別のものかもしれません。

あなたが知るには、まだ、　それは、あまりに時期尚早です。それは上がって来ます。　その通り。それは、素晴らしい無意識の動きです。［Xの手は、ゆっくりと、とてもゆっくりと持ち上がっています。そして自然に揺れながら、上にビクッとした動きをしています。そして、経験を積んだオブザーバーは、その動きによって、意識的な随意運動の特徴である滑らかに上がる動きと区別することができます］　それは別のものと別のものです。あなたは本当に学んでいます。

その通り。　そして、手首、　そして肘。　それは素晴らしいです。　そして今右手、　それは、左手を参加させたいと思っていることを示しています。　私にはそれがそうしようとしているかどうか、わかりません。その通り。　顔の方へ向かって挙げて。　肘が曲がっています。

そして、手と手の間で、少し調整をします。

ロッシ—あなたは、暗示によって、どちらかの手だけを優勢にして腕浮揚させることはありません。これによって、彼女の意識を、混乱状態と創造的な流動状態の中に維持する傾向があります。彼女は、一つの信念に固定されて、早まって片方の手を持ち上げているというよりも、探求と期待状態に維持されています。あなたは手を上げることの周囲に、彼女が最終的な、そして閉じた参照枠を形成するのを阻止しています。彼女はそれを理解しません。しかし、彼女に開いた創造的な流動状態を維持することを、あなたは経験させています。この開いた状態が、「創造的瞬間」の可能性を促進する傾向があります。そしてその中で、彼女は、自分自身を経験するために、古い徴候に結びついた参照枠から抜け出して、もっとふさわしい手段、そして治療的な手段を成し遂げるかもしれません。

エリクソン―言語の一般的なフレーズは、「あなたの左手が何をしているか、あなたの右手に知らせることはない」です。

ロッシ―それで、あなたは、このような解離形式を利用して、問題の原因の可能性がある意識的な参照枠から解放します、

腕浮揚を促進するために競争を利用すること

エリクソン◎最初に、顔に届くのはどちらですか？　左手が最初になりました。　より早く動いています。

エリクソン―ここで、右手と左手の間に、競争を導入しています。とても長く物事に取り組むと、その後、小休止します。彼女は一生懸命働きました。したがって、彼女は今、何か他のことをして休憩をとることができます。

ロッシ―彼女は一生懸命、腕浮揚していたので、今、あなたは、ワークを競争に少し変えることで、彼女に小休止を与えます。同じ浮揚というゴールを達成するのに、やる気に関する新しい態度と源泉を使っています。

エリクソン―そうです。一つの仕事を別の仕事に変更します。あなたは緊張を変更します。［上席著者は、患者の競争心をセラピストに敵対するためではなく、むしろ催眠経験を促進するために、患者の競争心をどのように利用するか、臨床例を出して説明します。それは、催眠経験を促進するために、患者の人格特性を利用するユーティライゼーション理論の基本原理です］

ツー・レベルのコミュニケーション

エリクソン◎しかし、右手は、　突然、スピードを増して、そして持ち上がっているでしょうか？　その通り。［休止］　そして、それに誇りを持つことができます。あなたの無意識が、実際に、一部のコントロールを引き継いでいます。そして、あなたは実際に、無意識がコントロールできることを　わかり始めています。　そして、あなたの手がどのように動くか、気づくことは、愉快なことであるべきです。そして、あなたはハープ奏者です。　そして、指の動きはとても重要です。　そして、　無意識は、あなたにそれを知らせています。　そして、左手が最初にあ

なたの顔までの中間に来たとしても、それは右手が左手に追いつくことができないという意味ではありません。［休止］　ひじが曲がることができると思い出すことが、右ひじに必要かもしれません。　もちろん、右手は、いつでも右手の動きに関する態度を、無意識に変えさせることができます。

ロッシ―ここで、あなたは、異なる反応の可能性を説明することによって、見かけ上、多くの自由を彼女の無意識に与えています。実際、あなたは、彼女の内にある反応傾向をなんであっても見つけようと手探りしています。それから、あなたは腕浮揚の催眠経験を促進するために、その反応傾向を利用します。

エリクソン―そして、俗諺の策略をすべて利用します。つまり「そして持ち上がっているand lift up」には、性的な響きがあります。誰が、「最初」に行動を起こしますか「愛の遊びで」？　あなたは、女の子を赤面させたいですか？「指の動き」について話してください。

ロッシ―それには、マスターベーションという響きがあります。

エリクソン―はい。それでも、これを読んでいる人は誰でも、それについて決して考えません。「あなたの指の動きについて話してください」と患者に尋ねて、私はこのことをわざとテストしました。患者は、質問が性的な響きを持っていたので、顔を紅潮させせました。

ロッシ―したがって、これはツー・レベルのコミュニケーションの明瞭な例です。すなわち表面的に見たところでは、ハープ奏者として彼女の指の動きを利用して、腕浮揚を促進しています。別のレベルで、性的連想を活性化できるようにして、性の問題について、彼女が何かについて議論したり、あるいは何かしたりすることができるようにしています。

深いトランスのための暗黙の指示

エリクソン◎今、あなたの左手があなたの顔に接近しています。しかし、それについて、素晴らしいことは、あなたがとても深いトランスに入って、本当にする必要があることすべてをできるまで、あなたの無意識が左手を顔に触れさせないということです。すべてのことが、たとえすべてのことが何か、あなたが知らないとしても。

ロッシ―これは、深いトランスを促進する暗黙の指示です。彼女の無意識が深いトランスに入る準備ができるまで、手を顔に触れさせません。あなたは、深いトランスに入る瞬間を決定するために、患者自身の無意識に頼っています。深いトランスを促進するために、患者自身の内部の自律的なメンタル・メカニズムを利用しています。さらに、あなたは、不可避なことに依存する深いトランスに入れるために暗示しました。すなわち彼女の手は、動いていく進路から判断すると顔に触れるでしょう。

「そして、本当にする必要があることすべてをする」というフレーズは、複合暗示の形で、前記に便乗した非常に重要な包括的な暗示です。「たとえすべてのことが何か、あなたが知らないとしても」は、さらに意識を弱めます。その結果、無意識は、意識セットの先入観に制限されずに、無意識自体の方法で作業することができます。

抵抗を置き換えて、放出する否定

エリクソン◎それにもかかわらず、あなたの左手は否応なく顔の方へ上がっています。しかし、あなたの無意識に、本当に準備ができるまで、左手はあなたの顔に触れません。そして、否応なく、左手はますます近くへと動きます。［休止］　そして、たとえあなたの左手があなたの顔のとても近くにあったとしても、それは、右手があなたの顔までの動きで、左手に先んじることができないという意味ではありません。［休止］　ほんの五センチ動いて、あなたの無意識が、初めて顔に触れるために、右手を上げるつもりか、私にはまだわかりません。そして、左手は、五センチも離れていません。そして、今、あなたの無意識は、あなたが知らないあなたの欲求を現しています。その通り。

ロッシ―「しかし、あなたの無意識に、本当に準備ができるまで、左手はあなたの顔に触れません」という否定的用法は、とても興味深いものです。彼女が抵抗しているなら、「ません」というあなたの用法によって、彼女の抵抗を取り上げて、建設的方法で、抵抗の向きを変えるかもしれません。あなたの否定の使い方には、患者の抵抗を置き換え、放出する傾向があります。

セラピーのエッセンスとしての内部作業

［Xは、深くしかめっ面をして、大きく顔を歪めました］

エリクソン◎あなたの無意識はいくらかの疑いがあると言っています。しかし、あなたには疑いが何であるか、わかりません。［休止］　とても、はなはだしく緊急なことのように見えることがわかっても驚きませんね。

ロッシ―そのように眉をしかめたり、顔を歪めたりするのはどういう意味ですか？　内部作業が行われているのですか？

エリクソン―彼女が知らないうちに、内部作業は行われています。例えば、学校へ通う学生が、数学の問題を解くことができないまま夜寝ます。寝ている間、心の中で、何度も問題を解こうとします。翌朝、学生が数字の間違いに気づくと問題が解けます。

ロッシ―彼は、睡眠中、気づかないうちに問題を解きました。

したがって、彼女も、気づかないうちに問題に取り組んでいます。

エリクソン―それこそが、彼女がしていることです。すなわち、すべてのセラピーは、セラピストと患者の間にではなく、患者内で生じます。「はなはだしく緊急な」は、彼女がいくつかの重要な個人的問題に取り組む、という意味です。

観念運動シグナルとしての暗黙の指示

エリクソン◎そして、今、私は、あなたの左手がすぐに、　あなたの顔に触れることを知っています。　そして、それは、あなたが十分に深いトランスにいるということを示しています。　そして、あなたは、私があなたにしてほしいと思っていることを一語一語、　無意識に　聞き、理解します。　[休止]　無意識が、その疑問に気づくことは楽しいことです。　[休止]　あなたの手を動かしている抵抗できない力のように、　そしてそれが救済です。

[彼女の左手が顔に触れました]

ロッシ―これは、彼女自身の無意識が内蔵する誘導装置を、治療的なプロセスの中へ入り込ませることができるようにする暗黙の指示の別の使い方です。あなたは、彼女が「十分に深いトランス」に入っているという観念運動シグナルとして、彼女の手が、顔に触れたことを使っています。「あなたは、私があなたにしてほしいと思っていることを一語一語、無意識に聞き、理解します」というフレーズによるそのような性的な響きを持つあなたの言葉を、あなたが彼女に求める方法で、彼女は無意識レベルで解釈することができますか?

エリクソン―はい。

ロッシ―彼女のしかめっ面は、彼女に疑問が生じていることを示唆しています。それで、「楽しい」と、疑問を定義することで、その疑問を利用します。そしてそれは、彼女が経験している内部の精神的な仕事の文脈において、まったく問題ないことを示唆します。その後、最終的に、手が、顔に触れるとき、あなたは、それが「救済」であると言って補強し、この内部の仕事を彼女にさせます。

治療的な結果に対する準備
――ツー・レベルのコミュニケーションと大脳半球

エリクソン◎そして、現在、あなたは達成感を感じ始めることができます。　そして、あなたが長い間持っていなかった　確実さ。　[休止]　そして、あなたの手は、そこがとても快適であると感じます。　あなたには、それがそこにあることが、どれほど気持ちの良いことか、理解するために、とても心地良い二分間が、必要です。　[休止]

エリクソン―彼女は達成感を持つことができること、そして確実さが治療的な結果の準備を彼女にさせることを、彼女に話しています。

ロッシ―あなたがそれに対処する前でさえ？

エリクソン―私は、それに対処しました！　彼女は、それに対して眉をひそめています。

ロッシ―あなたは治療的な結果を成し遂げることに、どのように対処しましたか？

エリクソン―ツー・レベルの暗示を性に関係させることで。

ロッシ―なるほど！　あなたはツー・レベルの暗示を使うことで、たとえ彼女が暗示に気づかなかったとしても、彼女が眉をひそめた時点で、性的な悩みの種に取り組ませました。それはあなたの治療的アプローチの本質でした。そして、今、たとえ、理由を知らなくても、彼女が健康になると彼女に教えています。これは実際に驚きです！　腕浮揚によってトランスを誘導しているように見えますが、治療的ゴールを達成するために実際には、ツー・レベルの暗示をしていました。私は、あなたがいつでも、一度に二つのことをしているように見えることに気づきました。あなたのツー・レベルのコミュニケーションは、選択的に、左脳（意識）および右脳（無意識）への暗示を同時に発しているかもしれません。

報酬と後催眠暗示

エリクソン◎そして、あなたがトランスから目覚めた後、私はあなたに特別な報酬を与えるつもりです。そして、あなたはそれが何かしらと思います。しかし、あなたに十分な理由があるときはいつでも、　トランスに入る　ことができます。　あなたは一から二〇までカウントすることで、あるいは、一から二〇までカウントしたら、　一つカウントするたびに、二〇分の一ずつ、トランスに入ることができます。　あなたは二〇から一までカウントすることで　トランスから出てくることができます。　そして、一度に二〇分の一ずつ出てきます。　そして、あなたは、どんな方法でも、　深いトランスに入ることができます。　トランスに目的があり意味のある場合、あなたは、あらゆる方法で　深いトランスに入ることができるということ以上のことを知っている必要はありません。

ロッシ―ここで、あなたは、報酬に言及することによって、期待とやる気を喚起し、後催眠暗示を促進しています。さらに「……かしら」は、役に立つ無意識の探索と無意識のプロセスを始める特別な言葉です。その後、あなたは、一から二〇までカウントすることで、典型的なトランスに入るための、そして覚醒するための指示をします。あなたは、意識を弱める非常にさりげない方法で、後催眠暗示をして連結します「知っている必要はありません」。あなたの暗示が非常に保護的で、丁重なので、暗示は彼女にとって、容易に受け入れることができます。

そして、「トランスに目的があり意味のある場合、トランスに入る」ことが、彼女にできるようにします。

エリクソン―「あらゆる方法で、深いトランスに入る」は、ツー・レベルの暗示です。すなわち一つ目のレベルで、「あなたはいつでもトランスに入ることができる」と彼女は聞きます。二つ目のレベルでは、「トランスに、あらゆる方法で入ることができる」ことを意味します――すなわち、多くの異なる方法で、ということです。これは、あなたが誘導へのアプローチとして何を使ったとしても、彼女はトランスに入るという後催眠暗示です。二つ目のレベルの暗示は、無意識の文字通りという解釈に依存します。

健忘、記憶増進《hyperamnesia》、および後催眠暗示のための間接暗示

エリクソン◎そして今、目覚めた後、　あなたが私をはっきり見るとき、　長い間考えなかった、あるいは思い出さなかった音楽があなたの心に突然こみ上げて来て　ほしいと思います。そして、あなたは、二〇から一へとカウント、静かに逆に、心のなかで、カウントを開始することができます。そして、今カウントを始めます。［長い休止、そのとき、Xは体をリ・オリエンテーションして覚醒します］

ロッシ―これは、彼女自身の音楽についての内部プログラムを、うまく進展させ、利用する後催眠暗示です。暫くの間考えていない、あるいは思い出していない音楽を要求して、さらに健忘を解除しようと試みています。この単純な方法で、後催眠暗示だけでなく、記憶増進 hyperamnesia に関しても彼女のキャパシティーをテストしています。「あなたが私をはっきり見るとき」という避けられない行動に、あなたは後催眠暗示を結びつけます。したがって、彼女は、明瞭な合図を手に入れ、後催眠行動を実行します。

エリクソン―はい、さらに、私はトランスの最初の部分と結びつけています［音楽にさらに言及した部分］。

ロッシ―一つの文章で、あなたは多くのことをしています。すなわち幼児期から、音楽を少し思い出す際に、あなたは記憶増進 hyperamnesia の可能性を探っています。同時に、始まりと終わりを結ぶことにより、彼女のトランス経験の実際の内容に関して、健忘を構成しています。後催眠暗示をあなたがする場合、あなたは散弾アプローチ buckshot approach を一般的に使います。そして、患者に、どんな催眠の才能があるか、判断するために多くの可能性をテストします。しかし、あなたは通常、間接的なフェール・セーフな方法で、これらの暗示をします。

エリクソン―そして、見ている人が知的であっても、私が何をしているか理解しないように、それは完全に偽装されます。

徴候を変化させるために、治療的トランスを評価すること――後催眠反応を引き起こす質問――年齢退行を促進するために、時制を変化させること

エリクソン◎それはかわいいですか？　そのことを私たちに話すことができますか？

X◎音楽ですか？

エリクソン◎はい。　［休止］

X◎それは変化しました。

エリクソン◎何が変化したのか、話してください。

X◎ハープから、オーケストラへ。［休止］

エリクソン◎それはいつでしたか？［休止］

X◎七歳のとき。

エリクソン◎あなたはどこにいましたか？

X◎家に。

エリクソン◎部屋に誰かいますか？

X◎誰って？　［長い休止］　ええと、家族全員だと思います。

エリクソン◎あなたの右に、それとも左に？

X◎私の右か、左ですか？　私の左に。

ロッシ―彼女があなたに視線を集中させた瞬間に、あなたはすぐ、彼女が長い間、聞いたことのない音楽について、後催眠暗示を強化する質問をしました。

エリクソン―「かわいい pretty」という言葉は、幼児言葉で、子ども時代の連想を喚起します。彼女が「音楽ですか？」と尋ねたことは、別のことが心にあったことを示唆しています。

エリクソン―ソロ活動であるハープから、他の人が含まれている「オーケストラ」へ。したがって、変化は他の人が含まれている［別のレベルで］と、彼女は言っています。

ロッシ―あなたの後催眠暗示が成功して、七歳のとき音楽が何かに変化したことを、彼女は知っていたことが示されます。その後さらに、注意深く記憶増進 hypermnesia させるために、音楽を取り囲む状況について彼女に質問しますか？

エリクソン―はい。しかし、さらに安全なことについて話すために。私たちは他の人について話して、危険を冒すつもりはありません。「右」には、二つの意味、「左」には、二つの意味があります。右、左というのは、含みの多い言葉です。私は、二つの意味のある言葉を故意に使用しています。

ロッシ―彼女の意識は、あなたが右、あるいは左という詳細な配置を質問しているのを聞きます。しかし、別のレベルでは、「正しいことですか、間違ったことですか？」という話題を、あなたは、まだ追い続けています。

エリクソン―私は彼女に、そのすべてを向けています。どのように時制を過去から（それはいつでしたか？　あなたはどこにいましたか？）現在へ（部屋に誰かいますか？）と移すか、臨

界点に気づいてください。このように時制を変更することは、実際、年齢退行を促進する重要なアプローチです。その変更の後、彼女が過去を再経験したことが、どのように暗黙のうちに伝えられるか、彼女の反応に気づいてください。

激しい内部作業としての治療的トランス

この最初のセッションで、上席著者は、精神的な仕事の基本単位を完了しました。彼は、患者と作業するために、ラポールと良好な関係を確立しました。彼は問題を予備調査して、彼女を初めてのトランス経験へと導きました。最も驚いたことに、さらに、エリクソンのしていることを患者が理解しないツー・レベルのコミュニケーションを使って、エリクソンは、初めての治療的アプローチをしていました。

これはエリクソンの催眠療法への基礎的なアプローチの実例です。意識と無意識の違いを、患者に強調し経験させることで、治療的な参照枠をエリクソンはセットアップします。腕浮揚のプロセスを使うことで、随意的な手の持ち上げと不随意的な無意識の動きの違いを、彼女は経験することができます。彼女が無意識の経験を受け入れている間、彼はツー・レベルのコミュニケーションのプロセスを始めます。すなわちエリクソンは、一つのレベルで腕浮揚について話している間、別のレベルでは性的な響きを使った連想を利用しています。彼女の問題に性的な病因がある場合は、これらの響きは、彼女自身の性的連想を活性化し、問題の原因へと、彼女を導きます。

この時点で、いくつかの選択が可能です。

①問題を無意識が解決すること

活性化した性的な連想は、無意識レベルに残るかもしれません。そして、そのレベルで、トランスの間、患者の問題を自主的に解決させるために、その性的連想はひっくり返されました。患者（そして、ときどきセラピストでさえ）が治癒した「理由」を知らなくても、催眠療法が無意識レベルで完全に起こる可能性があります。患者は、問題が解決したことしか知りません。従来の精神分析的感覚における洞察は関与しません。これは多分、信仰療法で「奇跡」が起こるときの手法です。信頼という参照枠の中で何らかの方法、あるいは何か別のことが関連性のある無意識の連想を引き起こし、問題を自主的に内部で解決します。しかし、そのような信仰療法に専念する多くの人の中で、相対的に、ごく少数の人しか、このような嬉しい偶然を経験しません。嬉しい偶然は、本当に奇跡と呼べるような珍しいことです。

しかし、上席著者はツー・レベルでコミュニケーションするアプローチを使って問題の性的な原因を経験に基づいて推測することで、「嬉しい偶然」の確率を高めています。彼が正しい場合、比較的自由で創造的なトランスの段階の間のそのとき、単に性的連想を活性化させるだけで、治療的なインタラクションの可能性が増加します。そして、治療的なインタラクションは、無意識レベルでの自発的な問題解決に至ることができます。トランスというあまりよく理解されなかったプロセスによって治癒が起きる治療的な環境に患者がいることによって、制限され誤っている意識的な参照枠が弱められ、彼女の無意識が問題を解決できるようになります。これには、すでに患者に存在する治療的な可能性が、患者の誤った参照枠によって妨害されていたことが仮定されています。治療的トランスは、患者がこれらの限界を、ときに回避することができる比較的自由な時間です。したがって、患者自身の潜在能力は、干渉を受けずに治療のために働くことができます。

催眠療法は、治療的トランスの期間を、その最も基本的なレベルで患者に提供することだけで、効果を表すことができます。したがって、患者自身の無意識のリソースによって、問題を解決することができます。セラピストが、問題の原因と力学について、一部でも理解しているなら、そのとき、セラピストはツー・レベルのコミュニケーションによって、患者の無意識のリソースを集中させることができるかもしれません。もし、セラピストの仮定が間違っていたら、ツー・レベルのコミュニケーションは、巧妙なプロセス subtle process なので、患者の無意識が「受け取らない」か、あるいは作用しないだけです。ツー・レベルのコミュニケーションは、このようにちょっとしたフェール・セーフな手順です。セラピストは、誤った、そして無関係な考えで、患者と敵対したり、退屈させたりすることがありません。そして、そのような考えは、教科書の中では良さそうにみえても、その患者へほとんど適用できないものかもしれません。

②問題に関連した連想を活性化すること、そして表現すること——洞察治療

治療的トランス期間に、ツー・レベルのコミュニケーションによる援助を使っても使わなくても、どちらでも患者が話したい問題へと、連想が刺激されるかもしれません。このルートは、洞察治療に自然に通じます。最初のトランスを経験した後、セラピストは、患者が関連した連想を持ち出すのを待つだけかもしれません。もし、何も出て来ない場合、セラピストは、患者が今、適切な連想に、さらに多くアクセスするかどうか確認するために、再びその問題の性質、および可能性がある発生源を調査します。これが内部の音楽経験を詳細にハープ奏者に尋ねることによって、上席著者が探求し始めたコースでした。あまり多くのことは現れませんでした。そして、エリクソンは、オブザーバーの存在下で、彼女が話すためには、資料は今もなお、ひどく脅かすものなのだと感じました。それで、再度エリクソンは、意識・無意識の参照枠と、もう一つのトランス経験を構築します。

パート2　治療的な意識・無意識の参照枠を構築する

激しい内部作業としての治療的トランス

エリクソン◎ところで、あなたは右利きですか？

X◎私が右利きかって？　そうです。

エリクソン◎右親指利き、それとも左親指利きですか？

X◎右です。

エリクソン◎このように、両手で、手の上に手を置いてください。　もっと高く挙げて、あなたの指を組み合わせてください。　手を下げてください。両手を下げてください。

　上に右親指がありますか？

X◎いいえ、左の親指が上です。

エリクソン◎さて、小さな子どものときから、　あなたはそれを知っていました。

X◎私が左親指利きということですか？

エリクソン◎はい。見てください。今、それはあなたの無意識の知識でした。

ロッシ――あなたは、再び彼女に無意識の重要性を主張するために、右、あるいは左親指というルーチンをします。

エリクソン――はい。彼女の無意識の中に、長い間、彼女が知っていた物事が存在することを私は説明しています。そして、彼女は、そのことを知りませんでした。さらに、私は彼女自身の行動で、それを証明することができます！

自発的な観念運動反応が無意識の知識を明らかにする

エリクソン◎あなたは、右で、あるいは左でキスをしますか？

X◎［Xは困惑しているように見えました。その後、わずかに震えて、ほんのかすかに彼女の頭を右にかしげます］左ですか？

エリクソン◎おー、違います！　あなた方のうちの誰か、彼女を見ましたか？

ロッシ◎あなたが探していることが、私にははっきりわかりません。

エリクソン◎では、もう一度。あなたは右で、それとも左でキスしますか？

X◎［彼女は今、右へわずかですが、以前よりはっきりと頭を傾けました］右でした！

エリクソン◎最初にあなたは何をしましたか？

ロッシ◎彼女はとてもわずかに右に傾きました。傾いたことがわからないくらいでした。

エリクソン◎それで、彼女が右でキスすることがわかりまし

た。あなたについて、こんなに多くのことを学んでいること
にびっくりします。あなたは、何時だと思いますか？　時計
を見ないでください。

X◎一時二〇分前。

エリクソン◎では、時計を見てください。

X◎悪くないわ。

ロッシ◎一〇分違うだけ。

エリクソン◎それを説明すると、音楽家は、とても素晴らしい時間感覚を持っています。

ロッシ◎はい。それで、彼女は、そんなに時間歪曲を示しません。

エリクソン◎目覚めるのに、どれくらい時間がかかりましたか？

X◎二分くらいかな？

ロッシ―あなたは無意識の優れた知識を示すために、キスすることを使ったアプローチを使います。しかし、あなたは、キスをさらに性的なことに近づけます。

エリクソン―はい、しかし、傷つけないようにして。

ロッシ―これらの質問をして、あなたは、答えをつい表に出してしまう無意識に決定された軽微な動きを見つけるために、とても慎重に彼女の頭と唇を見ます。私自身、左でキス、あるいは右でキスするか、その疑問に答えようとしたので、私は、自然に頭がわずかに傾くことに気がつきました。その傾きは、観念運動性の動きで、私が答える必要があった問題に、運動感覚の合図を提示しました。あなたは、体の運動感覚の知識によってだけ、答えることができる質問をして、知識を意識的注意にもたらす前に、そのような知識が「無意識」にどのように属していたかを指摘します。これが多くの場合、患者が認識しない観念運動シグナリングのプロセスを開始します。

エリクソン―さて、これはとても脅迫的状況です。

ロッシ―そういうわけで、あなたは、時間の問題へとすぐに変えます。あなたは、無意識の知識の力について、主張を通しました。そして、あなたは今、以前のトランスの間に、時間歪曲を経験した可能性について、質問して補強します。時間歪曲があったとき、それは変性状態として、トランスの現実を承認する傾向があります。

カタレプシーによるトランス再誘導

［上席著者は手を伸ばして、やさしく彼女の左手の下側に触れます。彼女はこの合図を受け取り、左手をゆっくりと持ち上げます。手は、空中でカタレプシー状態となって、吊り上げられたままです］
エリクソン◎あなたの手に知らない人がさわったとき、いつでも、あなたは空中に手を吊り上げられたままにしておきますか？

X◎いつもですか？

エリクソン◎はい。　知らない人が手にさわると、手は空中に吊り上げられたままですか？

X◎いいえ、普通はそんなことありません。

エリクソン―「あらゆる方法で、深いトランスに入ります」。ロッシ―あなたが最初の方で、すべての方法でトランスに入るという後催眠暗示をしたことが、現在、トランス再誘導に効果を現し、彼女の手にカタレプシーを引き起こしています。

トランスの承認――無意識の行動のコントロールをデモンストレーションする

エリクソン◎トランスに入っていましたか？

X◎そう思います。

エリクソン◎そう思わせたことは何ですか？［休止］

X◎私は、手のコントロールがないことに気づいていました。

エリクソン◎手は誰がコントロールしていましたか？

X◎わかりません。それは、私ではありません。　あなたがコントロールしているように見えました。

エリクソン◎私は、あなたの筋肉がどうしたら縮むか知りません。

X◎私がコントロールしているようには思えませんでした。

エリクソン◎ええ、そうですね。もう一つのトランスをどうやって、あなたは生じさせましたか？

X◎同じ音楽を思い出すことによって？

エリクソン◎結構です。さて、私はあなたの時間も私の時間も浪費していません。　私が、バックグラウンドを用意して、　あなた自身が意識的な理解を発達させています。

　今、私は何かするつもりです。

ロッシ―彼女が、通常しない行動をしたという十分な証拠があるときだけ、あなたはこれらの質問をします。したがって彼女は、何か異なる経験をしたと認めなければなりません。すなわち、彼女は、今、私たちが「トランス」と分類している変性状態を経験し、催眠療法的なパラダイムの重要な側面を成し遂げています。無意識が、彼女の行動をコントロールできるということを、彼女の意識にデモンストレーションしています。これは、彼女の習慣的、日常的な参照枠を弱める傾向があります。質問によって、彼女の自我のコントロールには限界があることを、彼女が理解できるようにしています。しかし、彼女の無意識には、コントロールと最終的な治療に関するポテンシャルがあります。
エリクソン―「わかりません。それは私ではありません」という反応は、彼女とオブザーバーに対するはっきりとした証明です。
ロッシ―「もう一つのトランス」を生じる方法を彼女に尋ねる

ことで、彼女の以前の経験をトランスだと、暗に仄めかしています。それから、再び音楽を思い出すことによって、トランスを生じることができると彼女が示唆するとき、彼女は、トランスをあなたが承認したことを認識します。これまでに抱いた批判的な疑いを完全に無視して、本物のトランスと経験したことを、とても巧妙な間接的方法で、彼女は認めます。無意識の理解が生じたことについて、あなたは最後に言うことで、あなたは、再び無意識の重要性を強調して、彼女の期待を高め、何がやってくるのかと思わせます。

エリクソン―そうです。

質問による再トランス誘導
――無意識の探索を開始すること

エリクソン◎私があなたの顔に触れると、深いトランスに入ることを知っていますか？［上席著者は、彼女の顔に手を触れました。彼女は目を閉じ、動かない状態になりました］さあ、静かに休んでください。　　そして、楽しんで。

ロッシ―あなたは、あらゆる方法で、トランスに入ることができるという初めの頃の後催眠暗示を再び利用しています。今回、あなたは、質問の形で合図［彼女の顔に触れること］を暗示することによって、トランスを再誘導します。そのような質問での誘導は、特に効果的です。というのは、質問は、注意を内方へ固定し、集中させる素晴らしい手段だからです。このケースで質問は、明らかに無意識の探索と必要な無意識のプロセスを開始し、トランスでの望ましい催眠反応へと導きました。あなたの催眠暗示で、特に効果があるものに、患者の通常の意識的な参照枠では答えることができないことを、質問するというのがあります。無意識で自律的な反応［例えば観念運動シグナリング］を求める質問は、通常、意識を弱めてトランス経験へと導きます。

無意識で生じるように、治療的変化の場所を割り当てること

エリクソン◎そして、あなたは無意識が　　コントロールを身につけ、　　そして、とても多くのことを担当することができることを　　理解し始めています。さて、目覚めるときには、あなた自身の方法で簡単に、そして、気持ちよく目覚めてほしいと思います。

ロッシ―あなたは、無意識が行動をコントロールすることを、再度強調し、無意識のコントロールをデモンストレーションし、そして直接、メッセージしています。

エリクソン―私は、「とても多くのこと」と言って、複数であることを強調しています。

ロッシ―それはまた、無意識が彼女の徴候をコントロールでき

ることを意味しています。

ツー・レベルのコミュニケーション

エリクソン◎それはある程度あなたのニーズを満たします。しかし、たとえあなたの意識が　聞いていることが異なっているとしても、　私はあなたの無意識に　私の話を聞き続けて、　何を言っているか　理解してほしいと思います。さて、気楽に構えて、目覚めてください。［二分間の休止］　今です。［Xが目覚めなかった間、少なくとも五分間の休止。彼女の左手の指は、あたかもハープを演奏するかのように動いて、彼女はしかめ面をし、眉をひそめて、極度に内部に集中している状態のように見えます］

エリクソン―「あなたのニーズを満たす」と、再度ここで、複数にしています。私は、ツー・レベルのコミュニケーションについて話していますが、実際に、それについて説明していません。

ロッシ―それが、ツー・レベルのコミュニケーションへの道を開くのですか？

エリクソン―私がツー・レベルで話していることを、それが彼女に伝えます。

ロッシ―意識が理解するのは一つのことだけですが、一方で無意識は多くの他の連想を入念に作ることができます。無意識は、必要とする連想をなんでも、そして彼女の特定の問題に関係するどんな連想でも、念入りに作ることができます。あなたは、特定の問題に可能な限り関連するように、多くの異なる独特な、そして個人的な方法で解釈することができる一般的な単語を再び使用します。この時点で少なくとも目覚めるために七分かかったのは、彼女の内部への没頭が、とても深かったから、という事実によって、このアプローチの成功が示唆されます。彼女の顔の活発な動きは、内部の仕事が確かにされていたということを示しています。彼女は眠っていませんでした！

トランスの間の無意識の仕事――無意識の問題解決

エリクソン◎さあどうぞ　［休止］　そして、それをあなたの無意識と共有してください。［Xが強い集中状態を保っていた間、休止］　それをあなたの無意識と共有してください。［別の長い休止］　この必死の努力は、あなたの役に立っています。たとえあなたが必死の努力のすべてを意識的に知らなくても、それは問題ありません。

ロッシ―これは比較的珍しい例で、あなたが目覚めると暗示した後、すぐに被験者は目覚めませんでした。

エリクソン―彼女の無意識は、「目覚めるawaken」という言葉と何かを間違えて理解しました。「目覚める」は何を意味していますか？　チャンスに気づいてください Wake up to your opportunities！

ロッシ―内部作業するチャンスに気づいてくださいということですか？

エリクソン―「一体、いつ目を覚ますつもり？ wake up」は、普通の俗諺folk languageです。

ロッシ―つまり以下のような俗諺ですね。すなわち、あなたは、何があなたに起こっているか、いつ理解するつもりですか？

エリクソン―私は、両義語を探すこと、そして無意識が、そのことをしていることを、彼女に話しました。

ロッシ―それはダブル・バインドです。たとえ彼女が意識的なレベルで、それを認識できなくても、無意識レベルでの作用を彼女に強制しています。

エリクソン―はい。私は、彼女をセットアップして、私の話に、無意識の理解を配置しました。私の話は、彼女の無意識の理解になります。

ロッシ―これは、素晴らしいです！ 問題が何であろうと、セラピストが立てた仮説が何であろうと、あなたは、無意識にとって有効な彼女自身の作業、内部作業をすることを患者に奨励しています。

エリクソン―彼女は、私の考えによって制限されませんし、見方が偏りません。

ロッシ―したがって、これは問題解決を促進する、とても一般的な方法です。

エリクソン―私が問題を修正するためには、あなたの問題が何か、あなたが知っている必要はありません。

ロッシ―催眠療法は、患者か、あるいはセラピストが、問題が何かを知らなくても、意図した効果を得ることができます。

エリクソン―そうです。「さあどうぞ」の後、休止の戦略にこで注意してください。そして、もう少し長く休止します。その手段は急ぐ必要がありません。それは、今日、明日、いつか、起こることができます。言い換えると、暇があるときに、それをしてください。「暇があるときに、それをしてください」と言わなかったのは、あなただけでした。しかし、患者はそう理解します。

ロッシ―それで患者はリラックスできるので、内部作業ができます。

エリクソン―それは「必死の努力struggle」ですと、私は彼女に言いました。それから、私は、彼女が、必死の努力のことを何も知らないことについて、「それは問題ありません」と安心を与えます。

激しい内部作業としての治療的トランス

エリクソン◎［額にシワを寄せて、眉をひそめ、そして、顔を緊張させ、激しい内部集中が続いているので、長い休止］さて、あなたはこの時点に、必死の努力を残しておくことができます。 しかし、あなたはこの時点に戻ることができます。

きます。　そして、一瞬の意識的な認識 an interlude of conscious awareness が存在する可能性があります。あなたはこの時点まで　いつでも、すぐに戻って来ることができます。

ロッシ―患者が激しい内部集中に携わっているのが明らかなとき、あるいは、ここでの気安さのように、患者がよりリラックスして、受動的で、眠っているように見えるとき、そのとき行う治療はもっと効果的になりますか？　治療作業をするのには、どんな状態が好ましいですか？

エリクソン―私は、このような状態を見るのが好きですし、私たちが見ているのはミスXの内部です。

ロッシ―これは、内部作業をするためには、とても効果的なタイプのトランスです。彼女が眉をひそめていましたが、何が彼女の中で起きていたか、彼女は意識的に認識していましたか？

エリクソン―彼女は、何か考えていることはわかっていました。しかし、それが何か、彼女にはわかりませんでした。[上席著者は、背後で、あるいは目を閉じると、視覚干渉が除かれるので、運動感覚を使って知恵の輪を分解すると、しばしば解を見つけることができるというアナロジーの例を出します。同様の方法で、多くの感情的な問題は、意識的に考えないことで、簡単に解決することができます」私は、「必死の努力をしないで放っておくことができる」と彼女に話します。なぜなら、彼女は毎日、毎夜、その必死の努力をする必要はないからです。彼女は、いつでも帰ることができて、もう一日、戦うことができます。

ロッシ―ここで、あなたは、どんな作業が内部で行われていたとしても、慎重に割り込みます。そして、一瞬の意識的な認識の後、作業に戻ることができるということを、彼女に知らせます。あなたがシグナルを与えると、彼女はトランスに戻り、重要な内部作業を続けることが保証されるという、これはもう一つの形の後催眠暗示です。

ツー・レベルのコミュニケーションとトランスの深さ

エリクソン◎私のシグナルで？　そして、今、私はあなたにお願いするつもりです。そして、私は目覚めさせるつもりです。今すぐに！　[Xは最後に目を開ける]　何か言いたいことがありますか？　[目覚めるために、体に対して継続的にリ・オリエンテーションしている間、休止]

X◎私は、あなたが言ったことを、ちゃんと聞いていましたか？

エリクソン◎それは面白い質問です。なぜ、そのことを私に聞いたのですか？　[休止]

X◎わかりません。私は、あなたが私に話していたという感じがしています。あるいは、誰か他の人かもしれません。そして、私は聞くことができませんでした。

エリクソン◎誰があなたに話しかけていたのですか？　推測をしてください。[休止]

X◎わかりません。

エリクソン◎それは、あなたが知っている誰かでした。そして、ここの誰もが、見知らぬ人です。

X◎それは、新しい人、あるいは私が知っている人でしたか？　あなたは知らない人と言いましたか、それとも、それは知らない人でしたか？

エリクソン◎ここの誰もが、見知らぬ人です。あなたは誰かを知っていますか？　私たちに話すことができますか？[休止]

X◎それは、私でなければなりません。　私は、それが、誰か他の人とは思えません。

エリクソン◎誰かというのは、あなたが良くわかっています。あなた方の間には絆が、あります。　あなたは、それを明らかにしたいですか？

X◎私は「ノー」と頭を振っています。しかし、私はそれを明らかにすることができるかどうか、わかりません。

エリクソン◎あなたは、その人が誰かわかっていますか？[休止]　あなたの無意識は、意識に知ってほしくないと思っています。

X◎そのために私はあなたに伝えることができないのですか？

エリクソン◎ええ、そうです。

エリクソン―「他の誰か」とは誰のことですか？　彼女は性的な問題を持っています。別の人が関係しています。

ロッシ―三年後のフォローアップで、「他の誰か」が関係しているというあなたの推測が正しいことが証明されました。彼女はここまでに、あなたに面接でヒントを与えていないのに、どうしてわかったのですか？

エリクソン―その文脈の中での「他の誰か」は、実在の人物、あるいは彼女の個性の一部である可能性があります。Xは入って来ました。私は、何かを理解するための最小の情報、知識を得ることができました。その後、私は、行き当たりばったりでやりました。しかし、私は自分がしていることがわかっていました。私は注意深く一つずつ段階を踏みました。私は、「音楽」という単語を言うことを計画しました。そして、私は、音楽に戻ることを計画しました。

ロッシ―はい。体系化された健忘 structured amnesia を作るためですね。

エリクソン―私はセックスについて示唆しました。その後、「他の誰かがいる」に戻りました。

ロッシ―あなたは、性的なテーマを続けました。

エリクソン―しかし、「他の誰かがいる」と、私が言ったのは、あなたに対してで、彼女に対してではありませんでした！

ロッシ―そうしたことが、それを、さらに有力な間接暗示にしました。そのようにして、患者に間接暗示を与えるために、あなたは聴衆を利用します。啓蒙的な催眠の講義をするふりをしながら、実際には、あなたは間接暗示をしています。

エリクソン―その通り。もし、聴衆がいなかったら、私は彼女からいくつかの差し障りのない記憶を引き出すことができて、その差し障りのない記憶について、二つ、三つ発言をすることができます。しかし、そこにいたのは私の聴衆です。私は、彼女のシカゴ旅行についてコメントすることができますが、それは手元の問題とは無関係です。しかし、その旅行についてコメントする中で、私は両義語を入れることができます。

ロッシ―「聴衆」は、実際には、彼女の心の中でのもう一つの連想パターンです。これは、ツー・レベルで話す別の方法です。

意識と無意識の頭のシグナリング――無意識の人格

[Xは、放心状態で彼女の頭を「ノー」と振ります]

エリクソン◎そして、「私は、知りません」という頭の動きが確認されました。今、私は他の誰かに話しかけています。そして、誰に対してか、彼女は知りません、私だけが知っています。[聴衆に向けて]それは美しくなかったですか？

エリクソン―今、彼女が頭を振ったとき、トランス状態に引きこもった上の空状態でした。あなたは覚えていると思いますが、彼女は、「ノー」と、とてもゆっくり頭を振っていました。

ロッシ―とてもゆっくりとした頭の動きは、無意識由来で、早い頭の動きは意識由来です。

エリクソン―そうです。そして無意識の反応は、遅れてやって来ます。一方で、意識的反応はすぐに来ます。私は彼女の無意識の人格に話しかけています。

ロッシ―「他の誰かに」、彼女の無意識の人格に、話しかける際に、あなたは、彼女自身の日常的な参照枠をさらに弱めています。その結果、この彼女の個性の他の面について、無意識の探索が開始します。もちろん、これは、多重人格、あるいはその人の個性の抑圧された面を呼び起こすための優れたアプローチです。

健忘を促進すること――連想を使って作業すること

エリクソン◎では、どこで生まれましたか？

X◎アリゾナです。

エリクソン◎どれくらい、あなたはメンフィスにいましたか？

X◎九年です。

エリクソン◎そしてソーシャルワークをどこでしていました？

X◎セントジョセフの児童施設です。

エリクソン◎メンフィスのどこかに、児童相談クリニックがありますね。
X◎はい。
エリクソン◎私の名前をそこで、これまでに聞いたことがありますか？
X◎あなたの名前が、そこでこれまでに人の口に上ったことがあったのでしょうか？
エリクソン◎そういったことがありましたか？

エリクソン―「私のシグナルで？」は、「私にシグナルを送るのは彼一人ですか、あるいは自分自身にシグナルを送ることができるのは、私ですか？」という患者内部の質問に答えています。

ロッシ―聞かないこと、あるいは、誰が話していたかについての彼女の疑問は、とても興味深いものです。彼女の意見は、緊張や眉をひそめたりするなどの徴候があるにもかかわらず、深いトランスの徴候だと、あなたは言うのですか？

エリクソン―はい。

ロッシ―彼女が、あなたが言ったことについて、意識的に認識していないので、聞かないことについての彼女の意見は、彼女の意識が弱められたことを証明しているのですか？

エリクソン―そうです。私は、ツー・レベルで効果的に話しました。

催眠健忘

エリクソン◎あなたは、何を言われたと思いますか？
[休止]
X◎わかりません。
エリクソン◎了解しました。見ないで、何時だと思いますか？
X◎一時くらい。
ロッシ◎およそ一時一五分前です。[休止]

ロッシ―彼女は健忘を経験しているのですか、それとも、深いトランスにいたので聞き取れなかったのですか、単に聞こえなかっただけなのか、あるいは無意識のレベルでさえ、あなたが言ったことが記録されなかったのですか？

エリクソン―彼女は、「私、意識がある私、はわかりません」と言っています。

ロッシ―どのように、あなたはそれを証明するでしょうか？意識が思い出すことができないものを受け取っていたか判断するために、無意識の観念運動シグナリングを求めることができました。

エリクソン―そうです。

トランスの深さのバリエーション
——意識と無意識を橋渡しする治療的暗示

エリクソン◎あなたはどれくらいの深さのトランスに入っていましたか？

X◎あなたは、どのように見分けますか？

エリクソン◎私が知りたいのは、あなたがどう思っているかです。［休止］

X◎ウエルダンがステーキの焼き具合であるように、ミディアムからディープへ、あるいはミディアムからウエルダンへというようにですか？

エリクソン◎［ロッシに］彼女は、二回目のトランスが、どのように深くなったかを非常にうまく説明します。そして、彼女は、意識的な知識から、本当に切り離された豊富な活動をさらに例示しています。

ロッシ―私は、受動的なトランスに人々をうまく入れることができないので、無意識レベルで、私の言うことを受け取っているか確信していません。なぜなら、彼らが後催眠暗示に応答しないからです。どのようにしたら、患者が私の言っていることを、実際に受け取っていると確信できますか？
エリクソン―あなたは人々を非常に深く入れることができます。しかし、あなたが、島があると話すと、人々は、島をハイウェーとして使用することができます。人々は深海の底にいます。人々は上がってきて、この島から、次の島までジャンプする必要があります。
ロッシ―深海から、意識の島まで、いろいろなトランスの深さがあって、あなたは、それを暗示するために利用します。
エリクソン―深いトランスの中で彼らが聞くことができることを話します。そして、それを彼らは意識に関係させることができます。例えば、私は少し前に、「そして、一瞬の意識的な認識が存在する可能性があります」と言いました。
ロッシ―その暗示は、意識的な認識という島を指摘したのですか？
エリクソン―そうです。捉えることができるものとして。
ロッシ―それによって、どのように後催眠暗示に従うようにするのですか？　暗示を受け取ることができる意識へ、後催眠暗示を瞬間的に引き上げるのですか？
エリクソン―それは、意識の中に導かれます。
ロッシ―あなたは無意識から意識までの連想ブリッジを作るのですか？
エリクソン―そうです。意識と無意識の両方に生じた必死の努力struggleの間に、それはブリッジを作ります。
ロッシ―深いトランスでは、とても深く暗示を配置することができるので、後催眠暗示を表現できる意識へのブリッジはありません。ですからそれらの暗示に、治療的効果があるはずがありません。

エリクソン―それが、私がブリッジを作る理由です。

聴衆、あるいは記憶を利用するツー・レベルのコミュニケーション

エリクソン◎［ロッシに］そして、誰か他の人の考えで、なおかつ、とても繊細な考えがありました。今、私が、何を見たか、説明を続けましょう：［Xに］

X◎わかりません。それについて、私がよく知っているのは名前だけです。私がそこにいたことは今までありません。私は中にいました。しかし、私は実際、そのことをよく知りません。

エリクソン◎私は、何年か前にそこで講演しました。今、私は、社交的なおしゃべりをして、時間を過ごしています。

X◎私はちょうどそのことを考えていました。

エリクソン―その最初の質問（どこで生まれましたか？）で、彼女は幼時レベルに戻ります。［上席著者は、そのような質問がどのようにして、常に重要な早期の記憶、そして連想を喚起するか、個人的な例を挙げて示します］「どこで生まれましたか？」とあなたが尋ねると、会話の連続性を、あなたは実際、大きく変更しています。あなたは、どんな健忘であっても、大きく強化します。私は、この部屋から遠く離れているメンフィスに彼女を連れ戻しています。このようにして、ここで起こったことに関しての健忘を強化します。その後、私のことを、そこで聞いたことがあるか、と彼女に聞いて、メンフィスの記憶を探索させることで、私は彼女をメンフィスに居続けさせます。

ロッシ―あなたがいつも患者の連想プロセスに働きかける方法を、これが明白に例証しています。そして連想プロセスをあちこちに置きます。あなたは、気軽に会話しているように見えます。しかし、実際には終始、患者に何かをしています。

エリクソン―そのとき私は、社交的におしゃべりをしながら、自分がしていることを確認します。彼女は知的な女の子であったと、私は思っていました。

ロッシ―それで、あなたは自分がしていることを、彼女に話すことによって、彼女の知性を認識します。

深いトランスのためのトレーニング

エリクソン◎［ロッシに］今、あなたは、ますます深いトランスに入るためのトレーニングを目撃しています。

ロッシ―深いトランストレーニングについてのあなたの発言は、どういう意味ですか？

エリクソン―あなたはフェニックスからメンフィスまで、私が彼女を連れて行くところを見ています。今、私は、あなたへのこの発言で、彼女を連れ戻しました！「私はちょうどそのこ

とを考えていました」と彼女が言ったとき、彼女は実際にはツー・レベルで話しています。彼女はオブザーバーです。私は、主観的なもの［彼女のメンフィスの主観的な記憶に浸る］から、オブザーバー的なものへ、彼女を連れて行きました。

ロッシ―深いトランスのために、トレーニングをする理由は何ですか？

エリクソン―あなたがフェニックスからメンフィスへと、人を連れて行くことができるように、主観的から客観的へと、とても簡単に彼女の所在と立場を変えることができます。

ロッシ―さらに深いトランストレーニングをして、彼女があなたに追随するように訓練しているのですか？　患者がセラピストに追随することなら何であっても、あるいはセラピストが患者の精神状態を変えることができるどんなアプローチであっても、より深いトランスのためのトレーニングですか？

エリクソン―そうです。

ロッシ―これは、当然、トランス状態とは無関係です。それは、セラピストが患者の連想プロセスを変える技術です。これは、どんなセラピストでも、催眠の使用法以外に、完全に持っていなければならない基本的な技術です。

エリクソン―そうです。

トランスの承認とツー・レベルのコミュニケーション

エリクソン◎そして、あなたはツー・レベルのコミュニケーションのための　トレーニングを目撃しています。［休止］

エリクソン―私があなたに、このことを話しているとき、彼女も聞いているので、彼女は、同時にオブザーバーでもあります。聞くことで以前に起こったことが補強されます。

ロッシ―「ますます深いトランスに入るためのトレーニング」について話すことによって、あなたは、彼女が、いくらかのトランスを経験したという事実を承認しています。あなたは、ツー・レベルのコミュニケーションについて意見を言うことで、ツー・レベルのコミュニケーションが生じたことを承認しています。しかし、なぜですか？

エリクソン―なぜなら、私は「彼は、性的なほのめかしを意図して言ったのではありませんでした」と、彼女の無意識に決して考えてほしくなかったからです。

ロッシ―あなたはツー・レベルのコミュニケーションを承認しています。

エリクソン―そして、フェニックスからメンフィスへ、そしてフェニックスへと連れ戻すことが、これに関連しています。そして患者から、オブザーバーへです。

ロッシ―フェニックスからメンフィスへの変化は、あなたがツー・レベルのコミュニケーションで触れた「他の誰か」との性的な問題に関連していることが、彼女の三年後のフォローアップで示されました。あなたが何らかのESP（超感覚的知覚）を使用している、と考えた方が簡単です。

エリクソン―私は、性的な問題を知る方法を持っていませんでした。しかし、私は人間についての知識によって性的な問題があると疑うことができます。

無意識の観念運動性の頭でのシグナリングのために質問すること

エリクソン◎今、　非常に感情的なものについての考え、そんなことを考えてもらえませんか？

X◎それに関することを考えるのですか？

エリクソン◎ええ、そうです。　今、　私の質問は、非常に感情的な問題を考えてもらえませんか？　です。

X◎非常に感情的な何かですか？

エリクソン◎問題です。

[Xの頭は、不安定に、そして明らかに上の空の様子で、上下に動きます]

エリクソン◎そして、あなたは、頭の動きを、実際に理解できませんでした。　「あなたは非常に感情的な問題を考えてもらえませんか?」という私の質問に対する反応の中で、あなたの頭は、イエス、　ノー、　私は知りません、たぶん、と動きます。

X◎その通り。

エリクソン◎私は、非常に感情的な問題について、考えてくれるように　あなたにお願いしてもよいですか？

X◎特に何かを？

エリクソン◎［ロッシに］私たちはそれについて、まさに議論します。私ははっきり限定した質問をします。　すると、彼女は　「特に何かを」と言いました。　ここで、それは何を意味しますか？　彼女には、話さないこと、それについて考えないこと、そして彼女にできるいくつかのことというくつかの選択があります。［Xに］おわかりですね。私が、それらのことを知っている必要はありません。しかし、あなたはそれらのことを知っている必要があります。

X◎私は、あなたにそれらのことを知ってもらいたいと思います。

エリクソン◎あなたは私に、それらのことを知ってほしいのですか？　［ロッシに］さて、私は、私に秘密を打ち明けてくれるようには彼女に依頼しませんでした。　しかし、結果はどうですか？

ロッシ◎彼女は、あなたに、それらのことを知ってもらいたいと思っています。

エリクソン◎彼女は、喜んで私に秘密を打ち明けます、と私に言いました。それは、あなたに情報を教えるように、患者に強要するより、はるかによいことです。私は、患者とやり取りするテクニックについて説明しています。　そして、患者が持つべき、すべての権利を持たせてください。　主な目的は、患者を援助することです。　誰かの好奇心を満足させることではありません。そして、私が見せて、説明していたのは、信頼するべきかどうか決める権利を　与えるために患者に質問する方法でした。［Xに］私があなたをデモンストレーションに使っていることをどう思っていますか？［長い休止］

エリクソン―これらは、質問をつなぎ合わせています。以前のトランスでは、性的なことをほのめかしました。今、私は「非常に感情的な」という言葉を選んでいます。

ロッシ―今、あなたは、性的なほのめかしを「非常に感情的なもの」に結びつけています。

エリクソン―それから、「私は知りません」と言って彼女を安心させます。

ロッシ―それはあなたのアプローチに特有です。あなたは、挑発的な意見を二つ、三つ言って高い緊張を作り出し、必死の無意識の探索に患者を送り出します。そして、あなたは安心させて、緊張を下げます。その結果、開始された無意識のプロセスは、このように単独で静かに進行することができます。

エリクソン―「私がはっきり限定した質問をする」と、彼女は「特に何かを？」と、特定のものがあることを示す答えをします。

ロッシ―しかし、明らかに、彼女はそれを打ち明けたくありません。

エリクソン―そのとき、「私が、それらのことを知っている必要はありません」と、再度、私は彼女を安心させます。

ロッシ―そして、あなたは「しかし、あなたはそれらのことを知っている必要があります」と言って、彼女に責任を負わせました。

解離とラポール

X◎私が気づいたことが、私を悩まさないとしても、私はなんとなく、すこし分離した感じがしていると思います。

エリクソン◎いいえ、あなたと私は一緒にいます。そして、その人たちは、外です。それは、私たちがここにいて、［ロッシに］あなたたちがあそこにいることを示す非常に素晴らしい方法です。

ロッシ◎はい。

エリクソン◎そして、あなたはとてもうまくそうしました。［ロッシに］そして、私はそうするように彼女に言いませんでした。

ロッシ◎彼女の分離した感じは、解離の形式です。そして解離によって、彼女には、オブザーバー以上に、あなたと分離した異なる関係があることを示しているのですか？　彼女は、あなたと特別なラポールをしているので、他の人を排除する傾向があります。

エリクソン◎そうです。

催眠現象を促進すること――静止と仙骨麻酔を喚起するダブル・バインドと質問

エリクソン◎今、私はあなたに何かを言うつもりです。あなたは、意識でそれを理解するつもりはありません。あなたが立ち上がることができないことに、あなたは驚きませんか？

［Xが驚いているように見える間、休止］

X◎試してみることができますか？

エリクソン◎ええ、あなたは試すことができます。［Xが、椅子に座ったまま、体の上半身だけをわずかに前へ動かし、そして止まるまで休止］　それは、あなたを驚かせましたね？　いつか、結婚して、赤ちゃんができたとき、あなたは同じ手段を使うことができます。

X◎まあ、本当ですか？

エリクソン◎うん、そう。私はただ、あなたに仙骨麻酔、あるいは脊椎麻酔をしただけです。

X◎［神経質な笑い声］

エリクソン◎私は手を差し出しません。私は考えを差し出します I don't lay on hands, I lay on ideas。それによって、あなたが立ち上がることができないことを理解するのは、ある種の驚きです。

X◎いつ、私はできるか教えてください。

エリクソン◎あなたができないとき、私はいつでもあなたに知らせます。あなたができるとき、私はいつでもあなたに知らせます。［聴衆に］　さて、そのような仙骨麻酔を誘導できたとき、あなたは、完全な良い被験者を持っているということを理解します。

ロッシ―「あなたに何か言うつもりです。あなたは、意識で理解するつもりはありません」とあなたが言うとき、それは素晴らしいダブル・バインドです。彼女は、間違いなく聞きます。しかし、意識では理解できないので、彼女は無意識レベルで反応しなければなりません。

エリクソン―そうです。

ロッシ―あなたは、質問を使って、催眠現象を開始しています。通常、直接暗示より、質問を使って催眠現象を喚起した方が良いのですか？　それはフェール・セーフなアプローチです。

エリクソン―はい。

ロッシ―催眠現象を開始するために、そのような質問を試みるときを、あなたはどんな合図を使って知るのですか？

エリクソン―いつでも無意識を賞賛することで。

ロッシ―以前の質問に対して、「そして、あなたはとてもうまくそうしました。そして、私はそうするように彼女に言いませんでした」という意見をあなたが言ったとき、あなたは彼女の無意識を賞賛しました。あなたが、微妙な疑わしげな声のトーンで「試す」という言葉を言うその方法は、彼女は試みることができても、失敗することを意味しています。

エリクソン―はい。

ロッシ―この静止をいつ喚起するべきか知るために使用した合図が、他にありましたか？　彼女がトランスに入っているというゆっくりとした、まぶたの動きなどのサインを、すでに現していることに気づきましたか？

エリクソン―私は彼女の無意識を賞賛しました。そして、彼女が若干の性的なほのめかしを受け取ったなら、私はここでの［結婚して、赤ちゃんを持つ］という性的なほのめかしが関係していると、かなり確信することができます。

ロッシ―それで、あなたは、彼女が入ることができる催眠現象を暗示します。あなたが、何か他のものではなく、この催眠現象を使った理由がそれですか？

エリクソン―はい。それは彼女のための特殊な使い方でした。

ロッシ―なぜなら、あなたが性的な連想を確立したからです。

エリクソン―それを確認することができたかどうか、私は確かめる必要がありました。

ロッシ―彼女は、この催眠現象をうまく経験したので、性的連想を受け取った確証として、催眠現象を受け取りますか？

エリクソン―はい、最小限の言葉を使って、私は脊髄麻酔を誘導しました。私のあいまいな話がすべて正しい場合、彼女は仙骨麻酔を開発するつもりです。［医学の専門分野を］彼女は勉強したので、彼女は仙骨麻酔がどういうものかわかっています。私は、「セックスについての私のツー・レベルの話は、意味がありますか？」と、彼女に文字通り尋ねています。彼女は「ありました」と言います。直接的な言葉は言われていません。聞いている誰も、それを理解することができません。しかし、彼女の無意識と私はそれを理解することができます。

ロッシ―それで、あなたは、しばらくの間、彼女に仙骨麻酔という催眠現象を経験するように準備させていました。それは、まさに偶然、侵入してきたものではありません。これは患者に幻視を経験させる準備をあなたがしていたことを私に思い出させます。幻覚を喚起しようとする前に、通常、被験者の幻覚に関連する多くの一連の連想を活性化します。

エリクソン―はい。催眠テクニックが刺激を与えています。そして、刺激を、あなたがしてもらいたい催眠経験へと、被験者は転換することができます。

臨床的問題を弱めること

エリクソン◎そして、次の疑問は、　彼女が、明確で、限定した問題を持っているということです。そして、それは、個人としての彼女を、大きく邪魔します。今、その個人的問題は、重大な感情的な問題ですか？　それとも、それは表面的な感情的な問題ですか？　私は、深刻な閉所恐怖症のケースを考えることができます。フロアを素早く横切って歩き、　そして階段を降りて、ステップごとに彼女の靴音を響かせる人物が、その答えでした。彼女が小さな少女だったとき、彼女の母親は、クローゼットに彼女を入れて、　次に、家から、騒々しく　歩いて出て行き、玄関のステップを降りました。

ロッシ◎うーん。そのように、実際に、非常に表面的なもの。

エリクソン◎とても表面的なもの。

ロッシ◎深い情緒障害ではなかったのですね。

エリクソン◎深い情緒障害ではありませんでした。　今、汗をかくことは、いくつかの表面的なことによって引き起こされた　かもしれません。　あるいは、それは　非常に劇的なもの　かもしれません。ところで、あなたは、汗をかくことについて、医者に何回診てもらいましたか？［休止］

X◎全部で一〇回くらい話しました。幼かった頃からずっと、私は偶然出会ったあらゆる医者に尋ねました。

エリクソン◎そして、　あなたが手を差し出すと、フロア・・・に水たまり・・・ができるほど、あなたの汗はひどいものでした。あなたは、フロアに、したたらせて、水たまりにすることができましたか？　どのように、他の医者に診てもらい、水たまりを作りましたか？　どのように、あなたはここでしましたか？

X◎何を？

エリクソン◎どれくらいここで汗をかきましたか？

X◎まあ、　水たまりほどではありません。

エリクソン◎あなたが入って来たとき、あなたの手は湿っぽかったですよ。しかし、水たまりを作っていませんでした。

ロッシ―このセクションで、あなたは、いままで経験してきた臨床的ケースと同様に、直接的な意見で、汗かきの徴候を制限し、弱めています。
エリクソン―これは、閉所恐怖症の実例でした。
ロッシ―あなたは、そのような実例では患者の中に、肯定的な期待が発展するように言います。
エリクソン―発汗の発端は、表面的なものかもしれません、と話したのは、彼女の発汗が、彼女が思っているほど、怖いものではありません、と彼女に話したということです。
ロッシ―これは、彼女の問題に関して、以前の堅固なセットと恐怖を弱める方法です。
エリクソン―赤ちゃんは何をしますか？
ロッシ―フロアの水たまり。あなたがフロアの水たまりについて話すとき、それには性的な連想がありますか？
エリクソン―はい。そこにまだ、性的な連想を持ち続けています。
ロッシ―彼女がここでの発汗が、どれほど少ないものかというあなたの何気ない、しかし具体的なコメントを使って、発汗を軽視することによって彼女の徴候への参照枠を、あなたは弱め続けています。

無意識の探索を開始するしゃれ、そして創造的瞬間

エリクソン◎私が最後に診た水たまりを作る人に対して、私は、「あなたは、本当に大きな望みを持っています。あなたは自分が入っている水たまりが好きではありません。それは、報酬が良いのです。あなたは、そんな報酬すべてをあきらめたくないと思っています。ラスベガスでバンドをリードすることができる限り、あなたは水たまりを持っています。ラスベガスをあきらめることができます。ニューヨークへ行ってください。アパートに一人で住んでください。音楽作りと編曲をしてください。あなたは自由です」と言いました。一年後、彼は、楽曲と編曲をたくさん創りだして、そして、彼の水たまりから自由になりました。さて、私はあなたについて話していたのですが、きまり悪くありませんでしたね？

ロッシ—「あなたは自分が入っている水たまりが好きではありません」は、実際には、個人的問題（大きな望み）に徴候（発汗）を関連させるしゃれです。そのようなしゃれは、一部の読者にとっては、変なものとして、そして表面的にさえ見えるかもしれません。それでも、そのしゃれは、一挙に患者の注意を固定し、誤ったフレームワークを弱めて、無意識の探索を開始し、そして、その中で驚くべき洞察が成し遂げられる可能性がある創造的瞬間（Rossi, 1972b）を促進することができます。

治療的な変化の場所として無意識を割り当てること

X◎あなたが私のことを話していることを知りませんでした。

エリクソン◎私は、あなたについて話していましたか？

[休止]

X◎そう思います。

エリクソン◎あなたが、心配する必要はありません。[エリクソンは今、五分間、家族のこと、彼女の一般的興味についてXさんとおしゃべりします。彼は明らかに「休憩しています」。そして、非常に激しいトランス作業から離れて、彼女がリラックスできるようにします。そのようなリズミカルな交替、そして意識と無意識の作業の強度が、重要です。休みと活動、白日夢fantasy、強度、そして、誰もが連続的に経験する食欲という自然な九〇分のバイオリズムがあります(Kripke, 1974)。エリクソンが患者の「体内時計」におけるその自然な変化を認識し、トランスと意識的な仕事を交互に繰り返す体内時計のリズムに一致させ、調整しているかのように、ときどき思われます]

エリクソン—彼女は、私が彼女のことを話していると思うべきです。彼女が、「あなたが私のことを話していることを知りま

せんでした」のような発言をしたとき、実際に多くのことを健忘しています。

ロッシ―言いかえれば、彼女の意識はここで混乱します。そして、その結果、彼女の意識的な制限が、無秩序になるので、彼女は無意識レベルで治療作業に心を開いています。

エリクソン―彼女の無意識がすべて聞いているので、彼女は「心配する必要が」ありません。

ロッシ―そうです。あなたは彼女の無意識に力を与えています。なぜなら、無意識こそ、重要な仕事が行われる場所だからです。

セッション1

パート3　治療的変化を評価すること、そして承認すること

前のセクションで、上席著者は意識・無意識のダブル・バインド、ツー・レベルのコミュニケーションを使ったアプローチを構成し続けました。エリクソンは、治療的変化の場所を無意識に割り当て、患者に、治療的変化が生じる非常に極度のトランス経験をさせました。エリクソンは彼女の徴候を弱め、次に、実際、このセッションで、彼女が徴候を明らかにしていなかったことに注意します。全体の手順がとてもさり気ないものなので、彼女は、治療がどれくらい進んだのか、まだ意識的に理解していません。したがって、治療的な変化を評価し、承認するための段階が設定されます。

治療的な変化をデモンストレーションする――大脳半球の専門化《Hemispheric Specialization》に関連した「試す」でのダブル・バインド

エリクソン◎今、あなたは手で水たまりを作ることができると思いますか？　それを試してください。

X◎試す？　私は以前、何人かの医者のために、水たまりを作りました。この医者は、これまで見た中で最悪だったので、ボウルを取りに行きました、と私に話しました。他の四人の医者は、私が水たまりを作るのを見るためにやって来ました。

[Xは、彼女の手を、水たまりを作る位置に置きます。しかし、顕著な湿気は現れません]

エリクソン◎私は、それを試して、と言いました！　あなたはいくつか、疑問を持ち始めていますか？

X◎はい、水たまりに関して。私はあなたに小さな流れstreamを与えることができました。

エリクソン◎それを試して。　ほんの少しの水たまりの流れ。[休止]レコードのパフォーマンスは、とてもひどいもののように見えます。

X◎私はそれを理解できません。

ロッシ―短い雑談をした後に、治療的変化をデモンストレーションするために、とても挑戦的な質問をします。そして彼女の発汗は減少しました。

エリクソン―私は「それを試して」と言って、彼女が努力し、そして同時に、私が言ったことを否定するように示唆しました。

ロッシ―あなたは、彼女をダブル・バインドしたのですね？

エリクソン―はい。

ロッシ―適切な抑揚がある音声で、そして曖昧な調子で言われた場合、「試す」という言葉は、ダブル・バインドの状況を喚起します。「試す」という言葉には、努力するという意味があります。曖昧な調子の声は、「その努力をしても、成功しないでください」と言っています。このように、彼女は何も起こらない場所に、拘束されて置かれます。徴候さえ止まります。私は、そのような二つのモダリティで機能するダブル・バインドは、大脳半球の機能の違いに関連があるのかなと、ときどき思います（Diamond and Beaumont, 1974; Rossi, 1977)。「試す」の知的な意味は、左脳によって処理されます。その一方で、感情的な重荷を背負って話されたトーンは、右脳によって確実に処理されます。今、心身症状を調停するのは、主として右脳だと思われるので（Galin, 1974)、あなたの声の否定的調子は、その右脳の発生源で徴候をブロックすることができます。確かに、この分野で多くの研究を行う必要があります（例えばSmith, Chu, and Edmonston, 1977)。次に「それを試して」と、あなたは強調して言って、「あなたはいくつか、疑問を抱き始めています」という否定を使って、すぐにダブル・バインドしています。「それを試して」と三回言ったあと、「ほんの少しの水たまりの流れ」、そして、「レコードのパフォーマンスは、とてもひどい」と、あなたは冗談のような調子で言って、「それを試して」を、すぐにダブル・バインドします。彼女の最後の反応は、なぜ徴候を経験しないのか理解しておらず、意識が困惑し、むしろ弱まっていることを示しています。意識はダブル・バインドに捕らえられ、徴候的行動を彼女にできないようにしました。しかし、彼女には理由がわかりません。あなたが徴候に挑戦するとき、意識が弱められることが重要です。なぜなら、ダブル・バインドは、治療的変化の場所として、あなたが用意する無意識に、徴候を放り込むことができるからです。

適切な精神力動と徴候治癒を結びつけるしゃれ

エリクソン◎あなたは、干からびたオールドミスになるために、手を広げていると思いますか？

［休止の間、Xは水たまりを作ろうとし続けるが、成功しません］

エリクソン―誰が干からびたオールドミスですか？　性生活のない人です。

ロッシ―それは、創造的な瞬間を促進するための別のしゃれです。すなわち「干からびた」ことは、徴候の治癒を意味します。再度、そして、別のレベルでは、それは性的活動に関係します。あなたは直接暗示による単純な徴候除去で解決しようとはしません。あなたは性的連想に徴候治癒を結びつけています。あなたはそれに関連する適切な精神力動と徴候治癒を関連づけます。

エリクソン―「オールドミス」が問題です。

ロッシ―あなたのしゃれを使った質問は、彼女の注意を多くのレベルで惹きつけます。その質問は徴候変化を徴候の基礎をなしている適切で性的な精神力動と結びつけて、彼女の無意識に対して、その連想と取り組むように指示します。フォローアップの手紙では、実際、彼女は、このとき、ロマンチックな人生になるように、断固として取り組まないなら、干からびたオールドミスになる途中だったことを示しています。しかし、フォローアップの手紙が示しているように、彼女は後日、性生活にうまく対処することができました。

徴候変化について意識的な疑いを弱める

――徴候を弱めること

エリクソン◎落胆しますね？［休止］

X◎はい、そうです。［さらに水たまりを作ろうと無駄な試みをして、休止］ハープがここにないのは、残念です。そうすれば、私は演奏することができました。

エリクソン◎タイプすることができますか？

X◎少し。

エリクソン◎あなたの手から、タイプライターに滴り落ちますか？［ロッシに］タイプライターを持ち合わせていますか？

ロッシ◎いいえ、残念ながら持ち合わせていません。

エリクソン◎私がタイプライターを用意すると、あなたの指は、ベトベトになると思いますか？　あなたは、そうなると本当に思いますか？

X◎私はそう思いません、私は、指が、今より濡れるとは思いません。［さらに水たまりを作ろうと無益な試みをして、休止］わかりません。

エリクソン―「落胆しますね？」と言って、私は、発汗を問題にしないで、徴候を弱めています。彼女が、「ハープを持っていないのは残念です」と言ったとき、それは、彼女が現在、私の側にいて、ハープを実際に演奏することによって徴候の治癒を示したいと思っていることを示しています。

ロッシ―その後、あなたは暗に、ハープからタイプライターへ徴候治癒を一般化します。今、ここで具体的な徴候治癒を示すことが重要です。

エリクソン―はい、そして、安心させないように。安心は、「あなたは失敗する可能性がある」と示唆するだけです。あなたが「あなたは、これを乗り越えることができます」と言ったら、それはあなたが、安心させることを持っていることを意味しています。

徴候治癒を承認する観念運動シグナリング
——第一ラウンド

エリクソン◎右手を持ち上げることは、「イエス」を意味し、左手を持ち上げることは「ノー」を意味します。あなたの無意識は、手に水たまりを作ることができると、考えていますか？　どちらの手が持ち上がりますか？　成り行きを見てください。［休止］どちらの手が上がるか、さらに見て確かめることができます。

X◎見ることができますか？

エリクソン◎はい。［休止、右手が少し持ち上がり、その後、左手もまた、少し持ち上がります。彼女は右手を見ていました］

エリクソン◎［ロッシに］彼女の目を固定した凝視は、意識的行動であることを示しています。彼女は、別の手を、少しだけ、ちらりと一瞥します。私たちは、彼女の意識の答えが何か知っています。彼女は、無意識の答えが何か知りません。［Xに］しかし、あなたの無意識は、突然、あなたに正しい答えを出します。［彼女の右手がさらに力強く持ち上がります］

ロッシ―あなたは、現在、徴候治癒 symptom cure をさらにデモンストレーションするために、観念運動シグナリングを使っているのですか？　あなたは、彼女の徴候治癒に対する疑いを少しでも除こうとしているのですか？

エリクソン―はい。そして私は「どちらの手が持ち上がりますか？」と尋ねて、不確実な状態を形成しています。

ロッシ―その不確実性は、彼女の意識的な（そして、問題のある）参照枠を弱める傾向があります。

エリクソン―指とか、手というシグナリングを調べる場所に、患者は意識的な期待を示します。

ロッシ―治療状況自体に、徴候治癒をデモンストレーションする具体的方法がない場合、そのとき、この種の観念運動シグナリングは、素晴らしい代用品となります（Cheek and LeCron, 1968）。最後に彼女は、強く右手を持ち上げます。それは彼女の無意識が手をベトベトにすることができると思っていることを示しています。それでも、彼女は実際には、ベトベトにすることができません。この矛盾を、あなたはどのように説明するのですか？

エリクソン―彼女は今までの経験から、ベトベトにすることができることを知っています。私は、彼女から、何も取り上げませんでした。

ロッシ―両手を持ち上げることで、彼女からあなたは何も（徴候を）取り除いていないと、彼女は言っています。徴候を起こす能力は、まだそこにあります。

エリクソン―そうです。能力はまだそこにあります。しかし、もう怖がっていません。

徴候に関する意識的な疑いを弱める――ダブル・バインド

エリクソン◎そして、今、それは信じるのが難しいと人々が言うとき、それがどんなことを意味しているのか、デモンストレーションで確かめています。すべての過去の経験から、得られる答えは一つだけでした。しかし、無意識は、無理にでも答えるつもりです。［休止］その人の参照枠を変えることは、難しいことです。［休止］そして、あなたは答えを知るのを怖れています。［休止］意識で一つのことを考えて、正反対のことを無意識で正確に知っていることは、完全に正しいことです。［休止］そして、それはあなたを、緊張させますか？　しかし、緊張しているにもかかわらず、発汗がありません。つまり今、あなたには、以前より勇気があります。［休止］それには、本当に多くの勇気を必要とします。

エリクソン―私は、人々が感じていることを表すために、俗諺を使用します。

ロッシ―長期間続いた徴候が、とても速く消えるということは、実際、患者にとっては信じ難いことです。この内部の疑いを口に出すことによって、あなたは徴候を弱めています。

エリクソン―はい。これらの変化が起きたと信じることは難しいことです。

ロッシ―彼女は失望しないように、変化が本当に起きたことを知ることを恐れています。

エリクソン―そうです。

ロッシ―ここでは、意識に、疑問の余地を持つことを許容しますが、徴候の変化があったことを無意識が認識するという事実を強化しています。これは意識・無意識のダブル・バインドの別の使い方です。その後、右手を持ち上げる観念運動シグナルが、彼女がまだ発汗の能力がまだあることを意味していたとしても、現時点で、「緊張しているにもかかわらず、発汗がありません」と、あなたは指摘します。その後、信じる勇気のために、あなたは強力に自我をサポートしますが、あなたは実際には「信じる」とは言いません。というのは、「信じる」は疑いを示唆するからです。

後催眠暗示

エリクソン◎私は、あなたに目覚めてくれるようにお願いするつもりです。そして私はあなたに明らかに無意味な話をするつもりです。しかし、あなたの無意識は理解します。今すぐ目覚めてください。一、二などから二〇まで、一九、一八、一七、一六、一五、一三、

九、八、七、六、五、四、三、二、一。　　目覚めてください。

ロッシ――これは、面白い形の後催眠暗示です。そしてそれによって、後から、彼女の無意識にメッセージを与えることができますが、そのメッセージは意識にとって意味のないものです。このようにして、意識が持っている限界や疑問を回避できる可能性があります。

「まで」――徴候治癒に関する心理療法作業を継続するための後催眠暗示

エリクソン◎マットとジェフという連載漫画を知っていますか？　あなたは　彼らを知っていますか？

X◎はい。

エリクソン◎ある日、ジェフはポケットの中を必死に探していました。そして、マットは見ていました。　何度も、ジェフはポケットの中を探しました。それで、マットはジェフに理由を尋ねました。　すると「私は財布をなくしました。それで、私は一つを除いてすべてのポケットの中を見ました。私は財布を見つけることができませんでした」と、ジェフは言いました。そして、マットはジェフに「そのポケットの中をどうして見ないの？」と尋ねました。「だって、財布がそこにないと、私はショックで死んでしまいます」と、ジェフは答えました。[休止]　あなたは、私に最後の望みを託すことを、いつ決めましたか？

X◎私の無意識が、その物語の意味を理解していることを、私は知っています。

ロッシ――これは、あなたの好きな逸話の一つで、患者の徴候治癒に関する意識的な疑いに対処するためのものです。あなたは、疑いに対して、ユーモアと簡単な認識を少し使って、患者の意識的な疑いを弱めています。

エリクソン――はい、それは申し分のない例です。さらに「そして、あなたは、自宅までずっとそれを疑うつもりです。何か起こるまで until」と私は患者に言います。

ロッシ――なぜ、あなたは文章を「まで」で終わらせるのですか？

エリクソン――今、あなたは、文章の終わりを知りたいと思いますね？　徴候の除去を疑っている患者は、自宅までずっと疑っています。その後、患者は、「まで」を探し始めます。何かが起こる「まで until」、あなたは見ます。「なくなるものが何か私に教えてくれるもの」を、患者は探し始めます。患者は期待しています。

ロッシ――あなたは、患者が探して、徴候治癒を確認することを期待しています。

エリクソン――私は、そのために患者に備えさせています。

ロッシ――したがって、患者は、診察室から歩いて出るときにはまだ、患者は心理療法の作業をしています。これは、徴候除去の証拠を探させ、確信させるための後催眠暗示形式です。

エリクソン―自宅までずっと、患者が理解する「まで」。

徴候の変化を承認すること

エリクソン◎そして、あなたは、私に最後の望みを託すことを、いつ決めましたか？［休止］

X◎私がこの本を読んだとき［ヘイリーの『アンコモン・セラピー』］。

エリクソン◎私があなたと関係なくなるとすぐに、もっと良くなります。

X◎何をすると、すぐなのですか？

エリクソン◎私があなたと関係なくなると、あなたを追い払うと、もっと良いですね。それは称賛ではないですね？ そうですか？［休止］

X◎あなたは、あなたに対する称賛 complimentary to you という意味で言っているのですか？

エリクソン◎あなたに対して。

X◎私に対して。ああ！ はい、私は、そんな感じがするように思います have a feeling that。そうそう。

エリクソン◎私が早くあなたを追い払うことができればできるほど、私ももっと幸せになりますし、あなたももっと幸せになります。私の心に質問が降って来たのですが、あなたが、出発するのはいつですか？

X◎土曜日の午後遅くです。

エリクソン◎どうやってカリフォルニアへ行きますか？

X◎飛行機です。

エリクソン◎飛行機で発汗しましたか？

X◎実際に水がたまるほどではありませんが、いくらか流れたと思います。

エリクソン◎そして、あなたがここに入って来たときには、かすかなもやだけでした。

X◎はい。

エリクソン―この質問は彼女の望みを補強して、別の方法で、望みを実現します。私が彼女の最後の望みでした。私は、彼女の現実の望みでした。私が、現実にすることを望みました。私は彼女の望みを承認し、望みを現実にします。

ロッシ―そのときのあなたの質問は、治療の望みを承認するもう一つの方法でした。ユーモラスな調子でされるそのような発言は、治療的プロセスの速度を上げて、治療が行われていることをさらに承認する傾向があります。

エリクソン―「かすかなもやだけ」というコメントで、私は、徴候を弱めて、減少させています。

瞬間的なありふれた日常的トランスによる間接的な後催眠暗示

エリクソン◎私にしがみついています、そうではありませんか？　どれくらい早く、あなたは私のことを忘れますか？

X◎本当のことを正直に言うと、私は、忘れないと思います。

エリクソン―私にしがみついています、という意味は、何らかの方法で私を持ち続けておくということです。それは、私を文字通り持ち続けるという意味ではなく、彼女のために、私がしたことを持ち続けるということを意味します。「私にしがみついていますか、そうではありませんか？」と「どれくらい早く、あなたは私のことを忘れますか？」は、両方とも後催眠暗示です。「私のことを忘れる」と「私にしがみついています」という二つのことは、正反対です。「私にしがみつく」は、セラピーにしがみつくことです。「私のことを忘れる」は、個人的に私のことを忘れることです。

ロッシ―注意深く反対で同格にすることは、あなたが行動に焦点を合わせる方法の一つです。しかし、それらがなぜ、後催眠暗示になるのですか？

エリクソン―それらは質問です。その質問は、注意を固定し、将来、考えや連想を必然的に要求します。

ロッシ―注意を固定すること、そして内部で無意識の探索を開始することが、それらの質問を催眠であると定義します。長ったらしい、形式的方法でトランス誘導することさえせずに、あなたは、「ありふれた日常的トランス」を瞬間的に開始する質問を使って、注意を固定することができます。彼女は、今後、必然的に、あなたとの治療に関する考えを持つことになるので、これらの質問は、積極的に彼女の徴候を弱める場合、彼女の将来の連想を、治療中のこの瞬間に結びつける傾向があります。

暗示を保護する気を逸らすこと

エリクソン◎［ロッシに］そして、あなたは後催眠暗示として、それをどう思いますか？［休止］［Xに］このようなセラピーをどう思いますか？

X◎私は、どんなセラピーも好きではありません。セラピーをすること、あるいは、されることを言っているのですか？

エリクソン◎私の方法で、セラピーをすることをどう思いますか？

X◎私はあなたのやり方が好きです。

エリクソン◎そして、あなたはそれを忘れないと約束します。

X◎ええ、まあ。

エリクソン◎［ロッシに］後催眠暗示を強化していますが、確かにそのように見えませんし、そのように聞こえません。

［Xに］さて、なぜ、あなたは過去の流れを引き合いに出して、ゆずらないのですか？

X◎過去ですか？

エリクソン◎流れは過去のことです。

X◎あなたは、水たまりのことを流れと言っているのですか？

エリクソン◎ええ、そうです。

X◎私が考えているのは二つのことです。私は、その言葉に反対すると思います。他のものは、そのもや、流れ、あるいは水たまりです。それらは、私にとって、すべて似たり寄ったりです。

エリクソン―ここで、私は、意識レベルで、彼女により多くの影響を及ぼすための後催眠として、それを定義しています。声のトーンを変えた「このようなセラピーについて」の質問は、今の状況を個人的なもの、そして友好的な関係にします。

ロッシ―さらに、彼女の意識が、後催眠暗示と議論したり、あるいは妨げたりし始めないように、あなたが与えた後催眠暗示から、直ちに彼女の気を逸らしています。これは、あなたのアプローチに非常に特徴的です――あなたは暗示すると、すぐに、意識が暗示に反対する前に、気を逸らします。

エリクソン―「そして、あなたはそれを忘れないと約束します」という意見は、「どれくらい早く、あなたは私のことを忘れますか？」という初めの頃の私の質問に戻って参照します。

ロッシ―二つのメッセージ間に起こったものすべてについて、健忘を体系化する一方で、それには、初めの頃の暗示を強化する傾向があります。

劇的な催眠経験を伴う徴候治癒について、意識的な疑いを弱めること

X◎私はそれを取り除きたいと思っていることに気づいています。しかし、もう一方では、私は、それに関して、変わることができるのだろうかと、絶望的に感じているように思います。

エリクソン◎そのことは、わかっています。さらにあなたは、いつでも立ち上がることができることを望んでいますね？

X◎はい。

エリクソン◎そして、あなたは私に会う前、あなたはいつでも立ち上がることができると思っていました。そして、あなたは、立ち上がることができないときもあることに気づきました。立ち上がってみて。［Xが立ち上がろうとしてうまくいかない間、休止］あなたは、私があなたにするように言うことをできますね？

X◎そう思います。

エリクソン◎その後、あなたは立つことができます。

X◎私にできますか？

エリクソン◎はい。［彼女は立ち上がります］

X◎やったー。

エリクソン◎もう一度、立ってください。［彼女が立っている間、上席著者は以下のように継続します］座ってみてください。［彼女はわずかに膝を曲げて立っています。しかし動けないので、座ることができません］［休止］

X◎私は、私の脚が、鋼で作られているように思います。

エリクソン◎今、座ることができます。［彼女は座ります］さて、私があなたに行うように言うこと、すべてをすることができることを知っていますか？　あなたは、乾いた手になると思いますか？

X◎あなたは私の手を乾いた手にすることができるのですか？

エリクソン◎ええ、まあ。

X◎たぶん、あなたならできます。

エリクソン◎たぶん？　あなたと一緒に入室したこの人と、あなたとの関係は、何ですか？

X◎私には、わかりません。

エリクソン―私は彼女に、絶望を表すことができるようにしています。それから、私はこのデモンストレーションで、彼女の絶望を破壊し始めます。

ロッシ―長年の徴候を止めることができることを、あなたは、劇的な催眠経験（立ち上がることができない）を使って示し、彼女の否定的で、疑っていて、絶望している意識的なフレームワークを弱めています。それが、催眠経験を喚起する大きな目的です。何かが変わることができることを効果的にデモンストレーションすること、患者の誤って堅固になってしまった意識的なフレームワークを弱めることが目的です。

エリクソン―私は、何か他のものが、否定的な考え以外のものが、彼女にあることをデモンストレーションします。彼女が座ることができないときには、それは、さらに破壊されます。なぜなら、彼女は、長い間、立つことができること、座ることができることがわかっていたからです。私は彼女の邪魔をしていません。それは催眠経験です。そして彼女が使っているものは、持っていることを知らなかったものです。私が手を乾かすことができるかどうか彼女が尋ねたとき、私の「ええ、まあ」は、説得力はありませんが、さり気ないものです。

ロッシ―それは、ソフトにすることで、なおさら説得力があります。

エリクソン―しかし、「たぶん」という答えを使って、彼女が逃げることを許しません。私は、「たぶん？」と、疑うような調子で繰り返すことで、彼女の「たぶん」を弱めています。その後すぐ、彼女のボーイフレンドへ言及して、残っている疑いから彼女の気を逸らします。

客観的なオブザーバーを育成すること

エリクソン◎長年の友人？

X◎実際、そうではありません。同僚でした。私は、あなたが、彼が私のボーイフレンドだと言っているのだと思います。

エリクソン◎では、彼に尋ねてもよいですか？［エリクソンは少しの間、一連の一般的な問題について、情報を求めます。そして、以下のようにミスXに戻ります］あなたはステージで恐怖や恥ずかしさを起こす何か特別なことがありますか？

私に教えてください。

X◎私の手。

エリクソン◎今？

X◎今？　いいえ、なぜなら、私たちは、それについて話しているところですから。

エリクソン─私はさらに、セックスのテーマを模索しています。私は、最初に彼女に彼の立場を明確にさせました。その後、私は彼に、自分の立場をはっきりさせました。これによって、また、彼女が彼の後ろに座り、彼を客観的に見ることができるようにします。

ロッシ─それは、患者の中に客観的なオブザーバーを成育します。あなたの「今？」という懐疑的反応は、再び、彼女の徴候を可能にする精神的フレームワークを弱めています。

徴候の習慣的フレームワークを弱めること
──ジョークと無意識の価値

エリクソン◎静かにしていましょう。そうすると、その流れに当惑しますか？

X◎いいえ。部屋にいる誰もが、私の問題を知っています。それで、そうなりません。

エリクソン◎今、それとも、以前？［休止］

X◎今です。

エリクソン◎それでは、その流れを見ましょう。

X◎それらは、まさに、もやが立っています。

エリクソン◎あなたは、もやでは水を撒くことができません。唯一、室内植物だったら、もやが役に立ちます。

X◎しかし、あなたは室内植物でもまた、ハープを演奏することができません。

エリクソン◎したがって、あなたは、もやを室内植物のために確保しています。［休止］信じようと努力しても、なかなか信じることはできませんね？

ロッシ◎はい。

X◎私は、手が実際に完全に乾いたら、発汗が再び起こらないといつでも感じていました。

エリクソン◎では、発汗を修正しましょう。

エリクソン―現在、私たちは徴候の状況を、手について話すことに変えています。私は、徴候の原因を移しています。以前、ハープ演奏が、徴候を引き起こしました。現在、話すことが、徴候を引き起こします。

ロッシ―これは、徴候をコントロールし、徴候を弱めるもう一つの方法です。あなたはそのいつもの文脈 usual context から徴候を取り出して、それを新しいフレームワークへ移します。そして、そのフレームワークでは、さらに簡単に徴候を扱うことができます――このケースでは、単に沈黙を使うことによって。それから、あなたは徴候にうまく疑問を呈します。そして、彼女は、もやをもたらすだけだということに気づきます。

エリクソン―私は、もやを止めさせていません。ハープから取り除いたとしても、そのもやには価値があると、私は言います。

ロッシ―あなたは、気がかりな場所から、役に立つ場所へ徴候を移しています。意識は、植物に対するもやの有用性についてのあなたの発言を、この文脈における一種の不合理な冗談として受け取るかもしれません。しかし、あなたは無意識レベルで非常に重要なことを達成しています。無意識にとって、徴候は重要な価値を持っています。あなたは、別の具体的な機能に、その価値を置き換えることによって、徴候（現在、もやへと減少した）の価値を無意識に保持させています。つまり、もやは室内植物に役立ちます。たとえそれが意識的な合理的な参照枠からすると、不合理であったとしても、この種の置換は文字通りに、そして具体的に無意識の中で働きます。

逆転、含意、そして徴候固有の正の価値

エリクソン◎あなたの手は完全に乾くことができます。しかし、手に再び、濡れる自由を持って欲しいですか？　それは正しくありませんか？

X◎ええ、まあ。

エリクソン◎水に入れることからだけでなく、発汗によって手を濡らしてください。ですから、あなたは、手に本来ある汗を奪わないでください。[休止]　あなたの手は長い間、過剰に発汗しています。正しい量を学習するために、少なくとも二時間を手に与えましょう。また、手が多くの学習を行っていることが、すでに理解できます。[休止]

ロッシ―彼女に、手を再び濡らせる自由を望むかどうか尋ねる場合、それはダブル・バインドですか？　濡れた手を持つことができる、と彼女に言うのは、逆のことを言っているようで奇妙です。

エリクソン―私は彼女に自由を与えています――手を濡らすことでさえ！

ロッシ―しかし彼女が自由に濡れた手を得ることができるなら、それは、彼女が、乾いた手を持っていることを意味しなければなりません。したがって、彼女に乾いた手を暗示するために、

あなたは含意を使用しました。

エリクソン―濡れた手に制約するものはないのです。それはまた、乾いた手に制約するものがないことを意味します。彼女は、硬直した状況に入れられていません――濡れた手を受け入れることができる状況にいます。彼女は私と会うまで、濡れた手に、いつもゾッとさせられていました。

ロッシ―以前、すべてが負の価値だったものに正の価値を、あなたは与えています。あなたは、以前は負の徴候だけだった生理的な作用を正の価値として、彼女が認識できるようにしています。

将来の抵抗を弱める
――そうと知らずにトランスに入っていること

エリクソン◎ところで、今日、何回トランスに入りましたか？

X◎ちょうど、その答えを出そうとしていました。［休止］私は、知りません。私には、わかりません。

エリクソン◎一回以上？

X◎はい。

エリクソン◎二回以上？

X◎はい。そう思います。

エリクソン◎三回以上？

X◎私はそれほど確信がありません。

エリクソン◎四回以上？

X◎いいえ。私はそう思いません。

エリクソン◎五回以上？

X◎いいえ。

エリクソン◎立てますか？［彼女が立ち上がる］

ロッシ―なぜ、今日何回トランスに入ったか、尋ねたのですか？

エリクソン―彼女は、この考えが覚醒している間に、あるいはトランスにいる間に来たかどうか、確実に理解できません。鹿狩りをするつもりなら、鹿がいない場所では、鹿を殺すことができないので、どこにいるか知っておいた方が良いのです。トランスにいるか、覚醒状態にいるかどうかわかるまで、彼女は、どんな考えに対しても、抵抗するように指図することができません。

ロッシ―したがって、ここで再び、抵抗の可能性のある表現を弱めています。

エリクソン―将来の抵抗です！　どんな考えにも抵抗するためには、彼女は最初に、トランス、あるいは無意識として、それを定義する必要があります。

ロッシ―それで、あなたは、重要な暗示が、意識、あるいはトランスに入ったのか、なかなか決めることができません。あなたは、彼女の意識的な抵抗から暗示を守るために、混乱テクニックを基本的に使用しています。トランスに入っていた回数を質問することで、彼女を、無意識を疑う立場に、あなたは入れることができます。このように、患者がトランスに入っていたかどうかわからないなら、それは治療的にとても価値があります。その混乱は、治療的暗示にしがみついて、患者が暗示を拒否することをできないように妨げます。

エリクソン―はい。それには、とても価値があります。

「試す」ことを条件づける催眠での静止

エリクソン◎座ろうと試してください。

X◎できません。

エリクソン◎あなたはトランスに入っていますか？

X◎わかりません。

エリクソン◎あなたには、わかりません。その通り。あなたには、わかりません。そういうわけで、あなたは、何回、トランスに入っていたか、わかりません。今、あなたは座ることができます。［彼女は座ります］

X◎ああ、わかりました。

ロッシ◎そうとは知らずに、トランスにいましたか？

エリクソン◎はい。　あなたは座ることができないと、あなたに言ったのがボーイフレンドだったら、彼が正気なのかと、疑うでしょうね？

X◎はい。

ロッシ―これは、瞬間的トランスのせいで、座ることができなかったのですか？

エリクソン―私が、彼女のお尻をトランスに入れたら、私が、彼女の手にトランスを入れることができると認めなければなりません。

ロッシ―しかし、なぜ彼女の腰に、トランスを入れることができたのですか？　あなたが彼女に質問をしたとき、彼女は正常な覚醒状態の中にいました。

エリクソン―「座ろうと試してください」。

ロッシ―ソフトな、疑うような方法で話された「試す」という言葉は、彼女はそうすることができない、という合図でした。そのように「試す」という言葉を使用して、あなたは彼女に静止を条件づけました。

エリクソン―はい、催眠反応は彼女のお尻、あるいは彼女の手に到達します。そして、彼女はそれを知っています。私は、トランスの中にいるかどうか、わからないことを、彼女にさらに理解させました。

ロッシ―それを知ることなく、トランスに入っていること、あるいはトランスの外にいることについて、あなたの実際の信念はどんなことですか？　トランスを感知することができる機械を、私たちが持っていたとしても、あなたは、彼女がセッションを通して、トランスに入って、トランスから出てくると思いますか？

エリクソン――はい。

間接暗示の力学――無意識による行動のコントロールをデモンストレーションすること

エリクソン◎そして、あなたは本当に、無意識がどれほど効果的に、あなたをコントロールできるか、気づくようになります。

ロッシ――これらすべての効果的なデモンストレーションで、無意識が行動をコントロールしていることを、彼女の意識に確信させていますが、さらに無意識は、徴候もまたコントロールできるのですか？　これは、あなたが、催眠療法によって徴候に対処する基本的なアプローチです。あなたは、存在から徴候を、直接暗示しません。あなたは、患者の無意識の可能性を、デモンストレーションする一連の経験を整えます。無意識が徴候を治療的にコントロールするのを、患者が目撃する機会を、あなたは与えます。その後、その治療的規制 therapeutic regulation を続けることを無意識に任せます。このように、セラピーは、外側からセラピストの直接暗示に対して、患者が順応しようとするのではなく、むしろ、患者の範囲内で、調節された精神力学的相互作用から来ます。これらが、実際の間接暗示の力です。

エリクソン――そうです。

問題に対処する無制限な形式の暗示

エリクソン◎今、あなたが無意識に担当させたいことを、二つか三つ以上考えてください。

X◎私の手が短いこと？

エリクソン◎あなたの手以外のことで。［今、約一〇分間、家族のことや明らかに無関係なトピックについて、気持よく雑談しました。エリクソンは、彼女を休息させています］

エリクソン――ここで私は、彼女の他の問題を手に入れています。

ロッシ――これは、セラピストでさえ知らない他の問題を、彼女の無意識に解決させるための無制限な形式の暗示です。

徴候治癒を評価して、承認する観念運動シグナリング――第二ラウンド

エリクソン◎さて、私は、発汗について、無意識がどう答えるか、あなたに尋ねる前に、　私はあなたの手について、あなたに話しました。あなたの右手は、「イエス」を意味し、左手は「ノー」を意味します。「イエス」は、発汗することで、「ノー」は、発汗しないことです。あなたは手を見て、手がイエス、あるいはノーを通知するかどうか確認してください。手を腿の上に置いてください。どちらが持ち上がりますか？［一、二分待った後、Xの左手は、小さなビクッ

とした動きを伴って、非常にわずかに非常にゆっくり上がり始めます」あなたは、確信し始めています。さらに力強く、確信し始めています。［右手もまた、持ち上がり始めましたが、左手は高いままです」あなたは、今、目を閉じることができます。あなたの無意識は答えを知ることができますが、答えを知る必要はありません。　結構です。　今、あなたの手を膝に戻してください。質問に答えがありました。今、とても休まり、とても快適と感じることができます。　今、その微笑は何のためのものですか？［休止］

ロッシ―これは観念運動シグナリングを二度目に利用したもので、徴候治癒を承認するためのものです。一度目のときは、彼女は徴候がまだ存在すると思っていることを、右手を上げて示しました。したがって、あなたは、逆戻りして、①徴候治癒に対する彼女の意識的な疑いを弱めること、そして、②徴候を生じた習慣的精神的フレームワークを弱めることという作業をさらにします。③あなたは、いろいろな形式の間接暗示を使って、治療作業を承認して、そして気を逸らすことなどによって、これらの暗示を保護します。④あなたは、彼女の自我の誤った徴候生成構造を回避するために、治療的な変化をさせて他の経路を開けるために、彼女に、立ち上がること、あるいは座ることができないことのような劇的な催眠現象を他にも経験させます。⑤あなたは彼女に息抜きの時間 breathing spell を与えます。そして、今、発汗を喜んであきらめる程度を別の観念運動で、テストする準備ができたと感じます。状況はまだ不明瞭ですが、治癒への変化ははっきりしています。彼女は左手をわずかに上げ、徴候が消えていることを示します。しかし、彼女は右手を上げ、ある程度、まだ徴候が存在することを示します。

エリクソン―右手を上げることは、形だけの答えで、彼女が意識的な疑いを残していたためでした。

ロッシ―今回、左手は高く上がって、重要な徴候変更の承認へと、答えが移行したことを示します。それから、あなたは彼女に目を閉じて、彼女の意識は答えを知る必要はありません、と言います。どうしてですか？

エリクソン―［上席著者は、意識が治療作業を邪魔することを、物語を使った例で説明します］

徴候の変化を承認すること

エリクソン◎それらの疑いが、心に入って来ますね？

X◎はい、そうです。

エリクソン◎成長を見ることは素晴らしいことです。

ロッシ◎はい、間違いなく。

エリクソン◎さて、私はあなたに別の話をするつもりです。

［十一歳の女の子が、オネショをコントロールできるように、どのように援助したか、上席著者はここで、臨床的病歴を話します。このケースの大きなポイントは、徴候のコントロー

ルが次第に生じたことです。その後、彼は続けます］

ロッシ―あなたは今、彼女の意識的な疑いを承認し、疑いを明るみに引き出します。あなたは、彼女の内部状況についての事実を、公然と認めます。彼女は、肯定の「イエス」で応えます。あなたは、イエス・セットもまた、このように開けました。彼女は、肯定的ムードの中にいます。それから、あなたがすぐに「成長を見ることは素晴らしいことです」と、フォローアップします。そして、それは彼女の左手が上がったという事実を、彼女が変化していて、徴候をあきらめるプロセスの中にいるという事実を直接、強化します。

エリクソン―体のどんな部分で、彼女は濡れますか？

ロッシ―湿りといくつかの徴候の詳細が類似していたので、オネショの話は特にふさわしいものでした。あなたは、性的な響きを再び持ち込んでいます。

エリクソン―はい、濡れた性器と濡れた手です。

治癒のために時間と失敗を利用すること

エリクソン◎自分自身に多くの時間を与えてください。今、あなたの手は、今日一日で、勢いがなくなりなりました。　あなたの手は、明日、　その翌日、いくらか湿りを持つことができます。そして、あなたは乾いた時間が長くなることに驚きます。［休止］しばらくすると、あなたの手は、かんばつに襲われます。ときどき、砂漠でさえ雨が降ります。

ロッシ―あなたは、時間を徴候治癒のために利用しています。

エリクソン―はい、そして、失敗の許可を彼女に与えています。すべての失敗は改善を証明します。

ロッシ―失敗は、改善を証明します。なぜなら、失敗は乾いた時間の長さを増やした後にやって来るからです。

徴候治癒のために観念運動の質問――第三ラウンド

エリクソン◎手を降ろしてください。今、えーと、どちらかの手が上がりそうです。［左手だけが、上がります。その手が上がる間、彼女は眉をひそめます］同じく手首も。そして、肘が曲がるでしょう。顔に向かって来させてください。もっと、もっと高く上げて、さて、それは本当に信じることが難しいですね？　そのあなたの無意識が言います。発汗は、将来のあなたのためのものではありません。そして、あなたの無意識はそれを知っています。あなたの無意識は、あなたが、発汗に関する理解を意識が段階的に進展させることを知っています。そして、あなたの無意識が許容できるスピードで理解します。目を閉じてください。

ロッシ―あなたは三度目のテストをして、最後に、左手だけが持ち上がります。それによって、効果的に、発汗に対処されたことが示されます。これは、徴候が治癒したという観念運動反応が明確に得られるまで、彼女の疑いと内部の抵抗を取り扱うために何度も何度も戻る方法を明瞭に説明した事例です。

エリクソン—はい。

ロッシ—あなたは今、彼女の全部の手を高く高く浮揚させることによって観念運動反応を、そして暗に治癒を広げています。

エリクソン—「理解を意識が段階的に進展させる」ことは、彼女がそうしたいだけ早く、あるいはゆっくりと、学ぶことができることを意味します。

治療的な変化を補強するトランスの休み

エリクソン◎トランスに深く入ってください。そして、すぐに、あなたの都合で目覚めてください。［Xは目を閉じ、見た目では、しばらくの間リラックスします。その後、目覚めます］

ロッシ—徴候変化に関する観念運動の指示がうまくいった後、あなたは彼女にトランス休養の期間を与えます。彼女は、観念運動シグナリングの間、明白な重圧（眉をひそめる）下にいました。それで、あなたは今、リラックスと内部の自由を伴う、数秒間の治療的トランスを彼女にもたせ、内部作業に報いました。

無意識の精神力動を促進するユーモア

エリクソン◎さて、少し軽薄だったために。

X◎はい。

エリクソン◎私は、ニューヨークでバーサ・ロジャー博士をとまどわせました。私は主賓として、そこでの晩餐会で講演していました。誰かが私に、その夜、どこで眠るのですか、と尋ねました。私は、バーサと一緒に、と言いました。

そして、私は、あなたが、何回、私と寝るか、知ってとても驚くと思います。あなたは、絶えず私と一緒に眠るつもりですね？　かなり恥知らずですね？

X◎いいえ、私は、恥知らずだと思いません。

エリクソン—それは、まるで私が個人的な物語を話しているように思われるだけです。

ロッシ—しかし、実際、あなたは再びセックスを間接的に持ち込んでいます。しかし、ここでのこの直接的な性的な論争の目的は何ですか？

エリクソン—私は、私と眠りに就く、と彼女に話します。意識的に、彼女は、そうしないことを知っています。

ロッシ—彼女は、その不合理さを知っています。

エリクソン—しかし、私は、それを納得させるように言いました。私は彼女の無意識を納得させました。それで、彼女の無意識は、「彼は、彼と眠ると、実際に暗示していません。彼は誰か他の人と眠ると暗示しています！」と言います。私は、性的な側面を剥き出しにして、ドンドン叩いています。

ロッシ—あなたは、彼女の問題について、性的な精神力動内部での解決を促進するために、軽薄とユーモアを使っています。ユーモアは、その影響を魅力的な無意識のプロセスに依存します。あなたはここで、無意識の探索を始めるために、ユーモアを使います。そして、親密に、彼女の徴候反応の精神力動的な発生源に関連した無意識のプロセスを促進します。

治癒作業を承認すること

エリクソン◎私たちは、多くのことを一緒にしましたね？

X◎はい。

エリクソン◎私たちは、多くのことを一緒にしました。あなたは、二時間一五分、ここにいました。あなたは、　　私を信じますか？

X◎はい。

エリクソン◎なぜ、私がそう言ったから？

X◎いいえ、私もそれはわかりません。

エリクソン◎さて、あなたは明日、戻って来ることができますか？　あなたには、多くの休む時間があります。

X◎ここで、あるいは自宅で？

エリクソン◎できれば、フェニックスで。

X◎明日、再度、私があなたと眠ることができるように、あなたは、私に一晩、休んでほしいと思いますか？

エリクソン◎明日、あなたに、いくらかの素晴らしい生理的休息を取ってほしいと、私が思うからです。　あなたは多くの仕事をしました。あなたが知っているより、はるかに多く。　あなたは、あなたの脳の多くの経路を変更しました。　あなたは、新しい経路を設定しています。　あなたは眠る必要があります。　あなたは、別の方法で、手のことを考えようとしています。

ロッシ—今、あなたは直接、多くの治療作業をしたことを、彼女が認めることができるようにします。あなたは、これらの素晴らしい覚醒暗示で、このセッションを終えます。そして、それは、意識的な休息と、彼女が眠っている間中ずっと無意識レベルでの完全な治療作業を促進します。「明日、再度、私があなたと眠ることができるように、あなたは、私に一晩、休んでほしいと思いますか？」と尋ねることによって、あなたのジョークを彼女は引き継ぎ、実際、セックスを、あなたとさらに治療作業をするという文脈に属する場所に置きます。彼女は、全く理解せずに、治療にセクシュアリティを関連させ始めています。

セッション2

関連した問題を通しての洞察と作業

次の日、Xは二度目のエリクソンとのセッションに戻って来ました。友人Lが、オブザーバーとして立ち会います。セッションは、昨日の治療で、気持ちが混乱していることを、自ら告白することから始まります。そのような混乱は、エリクソンと治療した患者では、最初と中間段階にみられる特有の精神状態です。混乱は、患者の習慣的な参照枠と全般的な現実志向がゆるめられ、その結果、患者の精神力学が現在、不安定な平衡状態にあるという指標です。非自動化プロセスが起こると、その中で徴候と不適応行動の原因となった患者の誤った多くのセットは、不適応行動を緩和し、新しい連想と精神的なフレームワークが、治療的なゴールを構築し、達成できるようにします。

このセッションでは、多くの内観法を行う必要があることを認識して、エリクソンは、彼女にいくつかの「精神的ウォーミングアップ」をさせることから始めます。すなわち、エリクソンは、前の晩、眠った場所の家具を、そして、昨日、ショッピングに行って見たものすべてを、正確に詳細に思い出すことを、彼女に求めます。このことすべてが、患者とは無関係に思うかもしれません。しかし、エリクソンは、それによって、脅えさせないような材料を使って、彼女の心の中の探索活動を「ウォーミングアップ」します。彼女が洞察を求める必要、そして洞察を表現する必要があるセッション後半に、これらの探索活動が使われます。

それから、エリクソンは、観念感覚アプローチ（どれほど早く、ウォーミングアップしますか？）を使ってトランス誘導します。そして、そのアプローチは「暖かさ」の感じが、彼女の根本的な無意識のコンプレックスに影響する性的連想のテーマと結びつくので、Xに比類ないほど適しています。それから、エリクソンは、さまざまな方法で抑圧を取り消す作業に乗り出します。いつものように、エリクソンの目的は、患者が徴候形成の原因となる凝り固まった精神的フレームワークを緩和するのを援助することです。その結果、無意識は、もっと良い現実を再構成することができます。エリクソンは、観念運動シグナリング、アナロジー、物語などを利用し、重要な領域での自省に向けて、絶えず彼女の連想プロセスを移動します。ここでは、エリクソンが、セラピストとして最高の状態で、洞察のプロセスを促進しているのを目撃します。エリクソンは、アプローチを次々に絶え間なく提示します。そして、患者が最後に自身の抑圧を解放するまで、錠前屋のようにいろいろなキーを試します。最初に多くの抵抗をした後、Xは徴候の原因と家族の力について、洪水のような洞察を経験します。

それから、エリクソンは面接を終えて、徴候除去に対する彼女の多くの意識的な疑いを通して作業することによって、効果的に治療を終了します（彼女の閉所恐怖症と飛行機と発汗の恐怖）。それから最終的にエリクソンは、Xに使った治療的なアプローチを丁寧に明らかにします。「催眠のミステリー」は、催眠暗示のユーティライゼーション・セオリーの簡単な説明simple statementで払いのけられます。つまりエリクソンは、彼女自身が治療的なゴールを達成するために連想とメンタル・プロセスを利用できるようにしただけでした。

精神的な再編成の前兆としての混乱

エリクソン◎昨日から、あなたは何をしましたか？

X◎あまり多くのことをしませんでした。比較的早い時間にベッドに入りました。私の心は混乱しているように思えました。　私は、夜中に、ていました。　私は、言われたこと、主に言葉を断片的に思い出していました。　あなたの話をいくつか。　私は、あなたが昨日、トイレに行きたいと思いませんでした。私は、あなたが昨日、私たちに伝えていたことと、それがなんらかの関係があったかどうかわかりません。しかし、私は同様に、昨夜、スイミングに行きたいと思いませんでした。　私は水に入りたくありませんでした。　私は、混乱していると、ほとんどの場合、感じました。　私は昨日のことを考えることを、やめることができません。

エリクソン◎あなたは、どんなことを考えましたか？

X◎さて、私は、別の実体みたいなものが内側にあるという感じに、なんかビックリしています。そして、それは聞くことができ、私がそうしないことを理解できました。そして、恐らく私が意識してそうしている以上に希望が持てます。

エリクソン◎どこに滞在しているのですか？

X◎テンペのソーシャル・ワーカーの友達の所に。

ロッシ―「私の心は混乱しているように思えました」と彼女が言うと、あなたは、それをあなたの治療における初期ステージの典型的な影響として認識します。それは良い兆しです。というのは、彼女の意識的な参照枠が弱められると、彼女の無意識は、治療的な経路に沿ってそれ自体を再構成する機会を持つからです。

エリクソン―はい。

ロッシ―彼女の意識は混乱します。しかし、彼女が昨日のことを考えずにはいられなかったということは、彼女の無意識が、とても活発に働いていることを、間違いなく意味しています。

エリクソン―彼女は、「別の実体みたいなものが内側にある」と感じた後、次に、自分の予後を予想します。

ロッシ―そして、この彼女の意識以上に理解し楽観的になることができる、内部の発生源に接触するように彼女をガイドする中で、あなたは正しい針路上にいることを明白に示します。

徹底した精神的な試験におけるトレーニング

エリクソン◎その家の中にある家具の名前を挙げてください。

X◎ええと、リビングルームには、家具代わりの巨大な枕がありあます。しかし、そこにはロッキングチェアもあります。

ソファーが、キッチンにあります。　背の高いバー・スツールが、キッチンにあります。　ベッドルームが三つあり、ベッドが三つあります。レギュラーベッドが二つとウォーターベッドが一つ。化粧台が三つあります。私は、それで全部だと思います。

エリクソン◎他には何もないのですか？　あなたは、まだテーブルの名前を挙げませんでした。

X◎はい、テーブルと四つの椅子などがキッチンにあります。

エリクソン◎さて、昨日、あなたが、なにか特にしたことは？

X◎私はおよそ一時間、一人でショッピングに行って、ボーッとして、ちょっとぶらついていました。そして、ゆっくり見て回りました。その他には、ありません。

エリクソン◎どこでショッピングをしましたか？

X◎リトル・プレース、でも小さくありません。それは、巨大な複合デパートです。

エリクソン◎あなたは、どんなものを見ましたか？

X◎食物、チーズ、肉、小麦粉のトルティーヤ、ワイン、トマト、豆、パンツ。

エリクソン◎他には？

X◎いいえ。

X◎私が買ったパンツは男性用パンツでした。しかし、私は女性向けのパンツスーツを見ました。

ロッシ──住宅家具についての、この一見無関係な質問の目的は、何ですか？

エリクソン──ものについて考える場合、包括して考えます。何も除外しないでください。

ロッシ──おお、それは含意です！　友人の家の家具のことを、彼女に極端に詳細に考えさせることによって、あなたが何を行っているかを意識に伝えずに、何かを徹底的にし始めるように彼女の無意識の心を訓練しています。「あなたに、徹底的に問題を調査してほしいと思います」と、直接、あなたは言いません。代わりに、徹底的に、あなたは別のタスクを彼女に経験させます。その後あなたは、彼女の個人的問題の自己分析へと、自動的に一般化する徹底的な試験プロセスを期待します。

エリクソン──彼女は問題を持って、私のところに来ました。それで私は、いくらか考える必要が出てきます、と彼女に伝えます。また、その後、私は彼女に正確に考えることをデモンストレーションします、

ロッシ──その後、ショッピングを詳細に検査することを、あな

たは彼女に要求して、同じことをします。

エリクソン―彼女は、注目に値するリストを出します。彼女は「パンツ」と言って終わります。

ロッシ―おお、性的な意味があるパンツ？

エリクソン―はい！　それは、とても綺麗にリストに入っています。なぜ、彼女は男性用パンツを買うのでしょうか？　それは、男性を選んでいるかのようです。

洞察を発展させること

X◎以前、どれくらい早く、あなたのことを忘れるか、あなたは私に尋ねました。　私は、それがどういう意味か、まったく理解していませんでした。けれども私は、忘れるとは思わないと答えたと思います。そして、Lは、それがどういう意味か、彼の考えを説明してくれました。

エリクソン◎それで、彼の説明はどういったものでしたか？

X◎私が思うに、それには二つの部分があるというものです。私自身を、あるいは何かを利用する際に、あなたに邪魔されないようにする必要があるというのが一つ。　私が自分自身のために、する必要があることができるようにするある種のメタファーとして、あなたは、あなた自身を利用しています。　それで正しいですか？

エリクソン◎彼はカミソリ以上に鋭いですね。

X◎はい、彼はそうです。

エリクソン◎他になにか？　［休止］　あなたがグループの人たちに言えるのは、今言ったことだけですね。

X◎ええ、そして、私はまるで私自身の意識が、別個のものであるかのように思われたことに驚きました。そして、私は、意識が理解できないことを、無意識が理解することができると思うか、とLに尋ね続けました。その後、Lはちょっと笑って、もちろん、それが真実だよ、と説明しました。「勇気」というちょっと私に適合する言葉をあなたは使っていましたが、　一つの理由は、私はまた、つい最近、私の意志と勇気が、ある種の最高の働きをすることによって、非常に難しい作業状況を克服している自分に気づいたように思うからです。そう思います。　ああ、さらに私は何か他のことも知っています。階段で横たわっていたブロンドの髪の少女について［Xの髪はブロンドでした。ここで幼い頃の記憶に言及しています］、Lは、その少女の閉所恐怖症について、何か言ったと思います。そして、私は「どのようにして、私に閉所恐怖症があることを、エリクソン先生が知ったのでしょうか？」と答えたと思います。

エリクソン◎あなたは本当に閉所恐怖症なのですか？

X◎ええ、そう。

エリクソン◎それについて、あなたはどれほど確かだと思いますか？

X◎でも、私は、それは程度の問題であると考えています。

かつて、私が自由の女神像の腕の中で立っていたとき、そこはとても狭い通路でしたが、私は意識を失いました。なぜなら、そこはとても狭い区画だったからです。そして同じ理由で飛行機が嫌いです。　私は、誰かが本当に拷問したいならば、すべきことは私をクローゼットに監禁することだと、いつでも思っていました。

エリクソン◎飛行機の中のどの当たりで、強い感情が起きますか?

X◎窓の傍に座って、外を見るときです。そのときが一番ひどいと思います。

エリクソン◎あなたは移動にどれくらい飛行機を使いますか?

X◎年に二回、飛行機で西海岸まで行きます。

エリクソン◎さて、あなたは昨日、どんな店の前を通りましたか?

X◎デパート、ブロードウェー、スーパーマーケット、パン屋、酒店、スポーツ用品店、カー用品店、バギーカーの店、ドラッグストア、ウォーターベッドの店、　うーん、熱帯魚店。

エリクソン◎あなたが通った所に嫌いな業種の店がありましたか?

X◎ただ一つ思い浮かぶのですが、それが好きでなかったとは思えません。しかし、思い浮かんだことは、通り過ぎた角に、紫色のヌードダンスする場所がありました。

エリクソン◎その場所で特に目にしたことは何ですか?

X◎私が見たものですか?　それは、ちょうど今、紫のペンキで塗ったばかりのセメント・レンガ作りの建物のように見えました。そして、建物の外に裸の女性が描かれていました。そして、私は、その女性の絵がトップレスで書かれていたと思います。

エリクソン―彼女がどれくらい早く私を忘れるか、という私の質問を不思議に思い始めるとき、彼女は私の二重の意味に気づき始めています。彼女が彼女自身を利用するとき、私に邪魔をさせるべきではない、と考えたことは正しいことです。

ロッシ―彼女は、閉所恐怖症、高所恐怖症、そして自分の意識・無意識システムの働きに対して、洞察を獲得しています。最後に彼女は「紫色のヌードダンスする場所」に気づいたことについてコメントしますが、詳しくは話しません。しかし、あなたがいつでも紫の服を着ているということと関係している可能性があるので、あなたの意見には性的な響きがあることを認識していないと考えることは困難です。[上席著者は部分的な色盲です。しかし、紫の色合いを見分けることができます]どんな場合でも、それはあなたのツー・レベルコミュニケーションに性的連想が存在することに、彼女の無意識が気づいていることを強く示唆します。明らかに、あなたがまだ関心を持っていることは、性の問題に対処する準備を彼女にさせることです。したがって、話の最初に性の問題についてできるだけ話さないようにしています。

精神力動的コンプレックスを利用する観念感覚誘導

エリクソン◎あなたの手はどうですか？

X◎もやが立っています。

エリクソン◎あなたは暖かい心臓をきっと持っているのです。

どれくらい早く、あなたは手を暖めますか？［休止］

X◎手が前より暖かくなっています。　［休止］

エリクソン◎目を閉じてください。　［休止］　椅子にもたれてください。　［休止］　そして、もっともっと深く眠り続けてください。

ロッシ―ここで、あなたは彼女の発汗から、暖かい心臓を、そして暗にセックスを、わざと連想させます。その後、彼女が反応する前に、あるいはどんな形であれ、この連想に干渉する前に、どれくらい早く、あなたは手を暖めますか、と聞くことによって、あなたはすぐに、トランスに向けて観念感覚誘導を開始します。その質問がトランス誘導です。なぜなら、暖かいと感じるためには最初にトランスに入る必要があるからです。あなたが暖かさから、心臓、セックス、そして発汗を、すでに連想させたので、この誘導を選択することで、これらの連想を補強して広げます。もや、そして暖かい心臓というあなたの最初の連想によって、あなたが言ったことの意味を、彼女は内部探索します。戸惑うような質問、あるいは作業に対する瞬間的反射として、一瞬止まるときに起きる内部探索は、日常的トランスに特有のものです。その後、あなたはトランス誘導を開始するために、この瞬間的な内部の焦点をすぐに利用します。そして、それにもまた、ちょうどそのときat that precise second、彼女が専念している内部の連想（暖かさ）を利用します。私たちは、全部のプロセスを以下のようにまとめることができました。あなたは、二つのトランス誘導の仕事を、彼女に同時に与えました――①徴候（もやが立っている）と暖かさ（セックス）の間の連想によって、彼女を内部探索させます。そして、②彼女の手が温まっているか、という質問に、適切な反応をするためにはトランスが必要です。これらの二つのアプローチは連結しており、相互に強化しています。なぜなら、その二つには暖かさという共通のテーマがあるからです。この共通のテーマそれ自体がトランス誘導です。なぜなら、彼女の無意識の中に存在する精神力動的コンプレックスの中心（暖かさ、セックス、発汗）に、テーマを結びつけたからです。もちろん、私たちは、人のコンプレックスに触れるときはいつでも、さらにトランスを促進する自発的な精神レベルの低下abaissement du niveau mentale（仏語：意識の低下）があります。その後、当然ですが、彼女は、直ちに暖かさという反応で応答し、トランスに入ります。

自律的トランストレーニング

エリクソン◎あなたが、もっともっと深く眠っている間、　私はいくつか電話するつもりです。［エリクソンは、何回かダイアルし、電話で専門的な話をします。そして、ロッシとの今後のアポイントなどを、話し合って設定します。五分後、エリクソンはXのもとに戻ります］

ロッシ―トランストレーニングの初期では、自律的方法で、そして患者が自由に使える手段で、トランスに入ることを学ぶために患者に自由時間をときどき与えます（Erickson, Rossi, and Rossi, 1976）。

観念運動の質問を調査すること

エリクソン◎深く息を吸ってください、ミスX。　そして、私の質問に対して、　優しく　頷くか、あるいは頭を振ってください。　私と、一緒にいてもらえますか？［彼女は「イエス」と頷きます］　あなたはそうします。あなたには、一緒にいてほしい人が誰かいますか？　［休止、反応がありません］　良いでしょう。もう一度、質問します。　あなたは私と二人きりになるつもりですか？

［「ノー」と頭を振ります］　あなたは、なぜかわかっていますか？　［休止、反応がありません］　良いでしょう。別の質問をします。　あなたが、閉所恐怖症になった理由がわかりますか？　「ノー」と頭を振ります］　あなたは、発汗が、最初に始まったときがいつか知っていますか？

［「ノー」と頭を振ります］　いつ、演奏するために、ハープに近づくか知っていますか？　［「イエス」と頷きます］

ロッシ―自律的にトランス深化した五分後に、あなたは、観念運動シグナリングに対しての応答をいくつか調査し、彼女に準備ができているかを判断します。あなたは、通常、頷くこと、頭を振ることを使うことを好みます。なぜなら、それは、よく知っている自動運動を利用しているので、人々は頻繁に、日常生活の中で、気づかない内に実行するからです。したがって、患者が目を開いている場合、目撃することができる指、あるいは手のシグナリングに対して、頭でのシグナリングは見ることができないので、多くの場合、患者は覚えていません。

エリクソン―私と二人きりになるつもりか尋ねることで、私は、最初のセッションの性的連想を確認しようとしています。私は彼女を性的原動力の中へ入らせています。

後催眠暗示――コントロールしないという意識の必要性――精神力動の中心で、抑圧を取り消すこと

エリクソン◎後で、あなたが目覚めた後、あなたは、すぐで

はありませんが、　突然、　あなたは日付と場所を、私に教えてくれます。　そして、一般的な会話の文脈から、そうします。　理解しましたか？　［「イエス」と頷きます］　つまり、グルメな食べ物について、　ジリスの州としてのミネソタについて、話すことが考えられます。そして、その会話と同時に　日付と場所が突然、　入り込みます。

そして、あなたは、日付と場所を話した後、　それが、あなたがハープに接近する時間と場所であることを理解します。　さて、理解しましたか？［「イエス」と頷きます］

ロッシ―発汗がいつ始まったかについて、彼女の健忘を打破するために、なぜこのようなアプローチを使うのですか？　あなたは、重要な材料に関連がある偶然の連想の助けを借りて、割り込む機会を無意識に与えているのですか？

エリクソン―国際的な競技のためにライフル銃チームを訓練する際に、私は、すべてのターゲット上で、上下に、前後にさまようように見るようにと、彼らに言いました。あなたは、いつ引き金をしぼるか、わかりません。

ロッシ―意識は、いつかということを理解しません。したがって、無意識が、正確な瞬間に引き金を押しつけて、しぼる機会を持っています。あなたは意識からプレッシャーをとって、無意識に責任を与えています。あなたは、それをライフル選手に説明しましたか？

エリクソン―私は、そのことをライフル選手たちには説明しませんでした。私は、指が引き金をしぼったときがいつかということさえ、わからないかもしれません、とライフル選手たちに言いました。それは、すべてのプレッシャーを取り去ります。なぜなら、彼らが知っている必要はないからです。唯一必要なことは、弾丸が、ターゲットに当たることだけです。

ロッシ―意識は、まさにその瞬間を知っている必要はありません。あなたは、無意識に、より大きな役割を反応において演じさせることができるようにします。

エリクソン―そして、意識は、もっと快適になることができます。なぜなら、それは、正確な瞬間に、引き金を引くように圧力をかけられないからです。「やりたいときにやってもいい？」と、小さな子は常に尋ねます。快適さと自由という感覚は、非常に重要です。あなたは、正確な時間を知る必要はありません。

ロッシ―あなたは無意識が自由に、それ自身の時間に、それ自身の方法で、それ自身の反応を作ることができるようにします。あなたは、すべてをコントロールしていると思っている患者の誤った意識セットを弱めています。それによって、個人の創造的な無意識のために、自由へ門戸を解放します。

体系化された健忘

エリクソン◎もう一つ質問。　あなたは、ちょっとの間、私と二人きりになるつもりですか？［「イエス」と頷きます］

それは素晴らしいです。　さて、自分の心の中で、あなたは、人生で最も幸せな出来事について、　あなたは考えます。　そのことについて考えてください。　あなたは、私に言う必要はありません。　また、あなたの人生の　最も惨めな瞬間を　考えてください。　そして、あなたは、私に言う必要はありません。　[長い休止]

ロッシ―重要な後催眠暗示を彼女にした後、あなたといたいという意欲が、彼女にあるのかという疑問に、再び戻ります。その疑問は、性的な響きを持ち続けます。しかしここにそれを置くことで、後催眠暗示が二つの形式の同じ質問の間に、健忘を体系化し、生じさせる傾向があります。

エリクソン―はい、ここを通ったこのすべては、性的な響きを持ちます［最も幸福で最も悲惨な瞬間］。

ロッシ―性的な関心事への即時の没頭は、気を逸らすこととして役立ちます。そして、それはまた、以前の後催眠暗示に関する健忘を促進する可能性があります。

負の幻覚をトレーニングするための一連の後催眠暗示

エリクソン◎まもなく、あなたは目が覚めます。　そして、他の人がどこに行ったか、疑問に思います。　[休止]　それは、あなたをむしろ驚かせます。　なぜ、彼らはいなくなったのでしょうか？　目的がありましたか？　今、ゆっくりと目覚めてください。　[彼女が目を開け、体に少しリ・オリエンテーションする間、休止]

ロッシ―あなたは、一連の後催眠暗示をすることが、通常はさらに効果的であると感じます。そして、その暗示によって後催眠行動は、進行中の覚醒行動、あるいは、典型的パターンの覚醒行動と統合されます（Erickson and Erickson, 1941）。このケースで、あなたは、目覚めるとき、他の人を見ないようにという直接暗示を彼女にしません。このようなトレーニングの初期に、そのような強い負の幻覚を見ることができるのは、まさに最高の催眠被験者だけです。あなたは、より巧妙な形の暗示をします。そして、その暗示は、驚き、そして他の人がいなくなった理由に関する質問のような、すでに存在している多くの精神的なパターンを利用することができます。

気を逸らすことによる健忘を伴ったトランス覚醒

エリクソン◎あなたは私の好きなグルメな食べ物は何だと思いますか？

X◎チキン？

エリクソン◎パンを一切れ取ってください。ピーナッツバターを気前良く、それにバターを塗ってください。そして、それを厚い層状のチーズでおおってください。チーズが溶けるまで、ブロイラー（肉焼き器）の下に、それを置いてください。ピーナッツバターで、それにバターを塗ってください。それを厚い層状のチーズでおおってください。チーズが溶けるまで、ブロイラーの下に、それを置いてください。

X◎以前チーズとピーナッツバターを食べたことがあるかどうか、私は思い出そうとしています。

エリクソン―ここでは、私は大好きな食物についての息抜きの時間 breathing spell から始めます。

ロッシ―これもまた、気を逸らすこととして用いられ、以前のトランスに実質的な健忘症を与える傾向があります。

混乱と無意識の探索
――意識のコントロールを弱めること

X◎あなたが何をしているか、私にはわかりませんけど？

エリクソン◎私がしていることを、あなたは考えているのですか？ ［長い休止］

X◎今すぐにはわかりません。

エリクソン◎あなたがわからないことは、どんなことですか？

X◎ええ、昨日のように、私はあなたが何をしているか、わかっていると思っていました。ああ、いくつかの点で。

エリクソン◎別の実体を包含していることを、どのように感じますか？

X◎混じった感じ。私はある意味でホッとし、その他の点でビックリしました。

エリクソン◎何に、ビックリするのですか？

X◎それはコントロールの欠落だと私は思います。別の実体があるなら、そのとき私がコントロールをしていないものがあります。

エリクソン◎なぜコントロールをしていなければならないのですか？ ［休止］

X◎でも、私がコントロールすることができないことがとても恐ろしいのです。

エリクソン◎どのくらいなら、恐ろしくないですか？

X◎私がコントロールできないことが？ かなり、私は考えてしまいます。

エリクソン◎すぐに、あなたのためにそれをはっきりさせてください。 この部屋で、あなたは私にコントロールを渡しました。 この部屋の外では、あなたは自分のコントロールを持っています。そして、私があなたを助けることができるこの部屋では、コントロールを放棄しました。それがすべてです。 私の最初の義理の娘は、素晴らしい催眠被験者でした。私は、催眠をデモンストレーションし、議論するためにフェニックスでの研究会へ、彼女を連れて行きました。 私は彼女を使うつもりでした。しかし、私は、彼女から、単一の応答を得ることができませんでした。 家に帰ってから、「私を許してください。お父さん、私は、コントロールをしているかどうか、知らなければなりませんでした」と、彼女は言いました。何度か、そういうことが起きることを、私は経験しました。彼らは、完全なコントロールを持っているかどうか、確認する必要がありました。

ロッシ―彼女は努力しますが、「あなたが何をしているか、わかりません」と彼女が言ったように、治療とこの会話の関連性を把握することができません。あなたは彼女に息抜きの時間 a breathing spell を与えようとしますが、実際には、彼女を混乱させて、無意識の探索に彼女を送り出します。その種の内部調査 inner exploration は、実際には一種のメンタル・セットで、トランス作業を強化しようとします。それで、あなたは、直ちに「別の実体を包含している」ことに関する質問を使って、治療作業に戻ります。その後、彼女は、多くの患者には、根本的問題があることを確認します。つまり患者は、通常、意識的なコントロールを放棄することをためらいます。そして患者は、自分の無意識を信頼していないので、解決策および新しい対処法を見つけることができません。

エリクソン―義理の娘の例を出し、私は彼女に、さらに息抜きの時間 a breathing spell を与えます。そして私は、彼女がコントロールしていることを彼女に、大丈夫です、と保証しています。しかし、あなたは実際にコントロールを持っています。私は、彼女に自分自身を完璧に信頼していてほしいのです。

逆説的な暗示と気を逸らすこと

エリクソン◎現在、あなたは、少しでも多く、自分をコントロールしたいと思っています。手との関係で、コントロールを放棄するならば、あなたが閉所恐怖症と呼ぶものとの関係でコントロールを放棄しました。しかし、あなたは現在、完全にコントロールすることができます。あなたは、私の言うことなんか知ったことか、なんてことは言いませんでした。

エリクソン―コントロールすることができますが、手のコントロールを放棄するなら、閉所恐怖症のコントロールを放棄します、と話して、一見逆説的な暗示セットを彼女に与えます。彼女が、無意識に手の問題に対処できるようにする場合、手の問題に対処することが閉所恐怖症にも対処することであることを示しています。しかし、あなたは、私がここで持っているような左脳の理解を、はっきりした合理的な方法で、それを述べません。あなたは、コントロールしますが、外見的にはコントロールを放棄するようなパラドックスに見えるものとして、それを表現します。そのような逆説的なプレゼンテーションは、瞬間的に彼女に重大な機能を働かなくさせます。したがって、彼女の無意識は、再び妨害する機会を持ちます。その後、彼女が重大な機能を回復することができる前に、あなたの言うことなんか知ったことか、と話す別の挑発的なメッセージで休止します。今、これが彼女の気をさらに逸らします。したがって、発汗と閉所恐怖症をつなげる暗示は、意識的に扱うことができず、内側に残るに違いありません。そこでは、彼女の無意識だけが、それを受け取り、働くことができます。

意識セットを弱めることによるトランス誘導——後催眠のキャパシティーを評価すること

［Xはトランス様の凝視をして、身動きしません］

エリクソン◎誰か他の人がここにいますか？

X◎この部屋の中に？　［長い休止］　私は、あなたに単純な答えをすることができません。

エリクソン◎それでは、複雑な答えを私にしてください。

X◎ええ、三人か四人の人が、ここにいます。　しかし、彼らはそうでありません。

エリクソン◎彼らがそうでないなら、何ですか？

X◎影響を与えないもの、あるいは何かそんなもの。

エリクソン◎影響を与えないもの。　［ロッシに］　その点に関する質問をしたいですか？

ロッシ◎たった今、あなたの手は、どのように感じていますか？

X◎濡れて、温まっています。

エリクソン◎手は前より温まっています。　手を、ますます暖かくさせ続けさせせましょう。

ロッシ―パラドックスと即座に気を逸らすことを使って、無意識セットを二重に弱めることで生じることは、彼女が強烈な内部探索に送り出されるということなので、彼女は実際にトランスに入っています。これを認識し、他の人がどこに行ったと思うかという巧妙な後催眠暗示に従う彼女のキャパシティーを評価するために、他の人の存在について質問をします。

エリクソン―「私はトランスに入っていますが、私はそのことを知りません」と彼女は言っています。現実は、現実ではありません。彼女は、以下のことを明確にしています。すなわち、私は意識的状態を知りません。私はトランス状態、無意識的状態を知っています。

ロッシ―「影響を与えないもの、あるいは何かそんなもの」という人々についての彼女の答えは、被験者が椅子に座る幻の人を見るとき、まるでその幻の人が透明であるかのようにその椅子を見るときのトランスのロジックに少し似ています（Orne, 1962）。彼女は気づいています。それにもかかわらず気づいていません。彼女は、あなたの負の幻覚暗示に従っていますが、それは軽度です。したがって、あなたは、無意識だけが達成できる観念感覚行動を要求することによって、彼女のトランスへの関与を深めます——彼女は、手をもっと温かくできるようにします。

精神力動的コンプレックスを催眠で強化すること

エリクソン◎あなたは、自分の熱い小さな手を、どこに置くつもりですか？　答えて。　［休止］

X◎私の顔に？

エリクソン◎それは、あなたが最初に考えたことではありません。　今、知っていますか？　あなたは、考えを葬り去る必要はありませんね？　たとえ、一部は知らなくても。いつ頃、その熱い小さな手になりますか？

X◎いつ頃、私の手がそうなるか？

エリクソン◎ウン、そう。

X◎私が手を置こうと思っていたところで？

エリクソン◎いいえ。熱い小さな手を、どこかに置くことができるときはいつ頃。

X◎手が、今、熱いです。

エリクソン━彼女の手をより暖かくさせて、「熱い小さな手」のことを、話すように彼女に言うことは、完全に社会的に許容できます。しかし、今、私たち全員が知っています！
ロッシ━あなたは、実際、彼女の性的な精神力動を、この明らかに無害な観念感覚の課題に関係させています。再び、これはツー・レベルのコミュニケーションで、彼女の意識が対処する準備ができていると確信していない問題を取り扱います。
エリクソン━私が彼女に、いつ頃、その熱い小さな手になるか尋ねるとき、私は、「いつ頃、彼女は、セックスの話題に取り掛かりますか？」と尋ねています。
ロッシ━「私が手を置こうと思っていたところで？」と彼女が答えるとき、彼女は、むき出しのセックスの質問に、より近づいているように見えます。

抑圧の取り消し――ダブル・バインドの質問により内部の対話を促進すること

エリクソン◎早く、考えないで、　早く、考えないで日付を教えてください。

X◎三月一七日。

エリクソン◎年は？

X◎一九五八年。

エリクソン◎さて、そのとき、何があったのですか？

X◎その日は聖パトリックの祝日でした。　［長い休止］

私のボーイフレンドは、髪の毛を緑に染めました。

エリクソン◎わかりました。　さて、私のために知っても良いと思っていることが、あなたにはたくさんあります。

エリクソン◎私に知られたくないことが、あなたにはどれほどありますか？　［休止］

X◎かなりたくさん。

エリクソン◎あなたは、理由を知っていますか？　［休止］

X◎恥ずかしいです。

エリクソン◎さて、重要なことです。あなたが知りたくないことがどんなことか、あなたは知っていますか？　それを言わないでください。それを知りたいと思いません。あなたが知らないことが、どれくらいあなたにはありますか？　［長い休止］

X◎どれくらい？

エリクソン◎結構です。　［長い休止］　二つ。　その二つには、ハープに関することが含まれています。　その二つには手に関することが含まれていますか？　そして、あなたは知りたくないのですね？

X◎知りたくありません。

エリクソン◎どうして？

X◎それは、私が見たくないものを、私に見るように強制します。

エリクソン◎あなたは、それはすごく悪いことだと思いますか？

X◎かなり悪いことです。

エリクソン◎そして、あなたはあなたに関するすべての良いことと、すべての悪いことを知りたくありませんか？　それは、それについて、あなただけが知っていることです。

X◎それは、あまりに多すぎます。

エリクソン◎一番怖いのは何ですか？　私に話さないでください。何が怖いか、自分に話してください。そうしましたか？　私とそれを分かちあうことができますか？　そうしますか？　その質問に答えないでください。ここにいる人と、それを分かちあうことができますか？

X◎ええ、まあ。

エリクソン◎そうしたいですか？　［休止］　それは、最初、始まったときと同じくらい悪いですか？

X◎いいえ。

エリクソン◎［ロッシ］私がしたことを見ましたね。あらゆる点で、私は彼女を保護し、それは、ことの深刻さを減少させました。

ロッシ◎はい。

エリクソン◎何か悪いことを思い出しますか？

ロッシ◎もちろん、この質問は、彼女に話す準備が、まだできていない最も心の奥深くにある連想すべてを、彼女の心にもたらすことを目指しています。しかし、それは彼女自身の連想プロセスの中にある話せないことが、最終的に表現され、表に出されるものです。これは、逆説的アプローチのもう一つの形です (Erickson and Rossi, 1975)。話したくないことを尋ねることで、あなたは、話したくないことを話せるように、より近くに、そのことを持ってきます。そのことを彼女自身の心の中で熟考する機会を彼女が持った後、あなたは、それについて話すことができるか、再度尋ねます。話したくないことが、彼女の意識の前に運ばれてから、彼女の内部の連想は、今や表現する準備がされています。しかし、長い休止があった後、彼女に、まだ話す準備ができていないことを、あなたは理解します。それで、あなたは、最後に、問題に答えないように、と彼女に言います。あなたは、常に慎重に患者を見守っていて、患者がいる場所を受け入れています。あなたは、内部作業を促進するために、いろいろなアプローチを試します。しかし、患者がどんな反応をしても、あなたはいつでも受け入れます。

間接暗示による脱感作

エリクソン◎［Lの方を向きます。彼は心理学のトレーニングを受けた経験があります］脱感作とはどういうものだと思いますか？　［休止］

L◎それは質問ですか？　その言葉を聞いたことがありますか？

エリクソン◎それを見たことはありますか？

L◎はい、それは良いやり方です。

ロッシ―彼女のボーイフレンドのLに、ちょうど今、あなたが関わっている脱感作プロセスについて質問したとき、あなたは彼女に休息を与えています。そして、Xは、自分自身を明らかにする恐怖を脱感作されています。これもまた、Xへの間接暗示で、彼女が脱感作されていること、さらに彼女に自己を暴露する準備ができていることを教えます。

自己暴露のコントロールと恐怖

エリクソン◎［Xに］話せないことがありますか？　あなたは、安全に、話すことができますか？［休止］

X◎これからの人生でも、手がこんなふうになるのでは、と私は心配しています。

エリクソン◎そして、それはどんなふうですか？

X◎もやが立っています。

エリクソン◎それはどうして良くないのですか？　［長い休止］

X◎ええ。それは私のことを暴露します。それでとても不快です。　他の方法では、私はとても多くのコントロールを持っているように見えますが、この方法では私はまったく何も持っていないということを、それは暴露します。この種のサインは、　今すぐにも、　私が見かけとは、あるいはそのようなものとは違うことを示すかのようです。

エリクソン◎あなたは見かけとは違っているのですね。では、正確に言うと、その大きなウソは何ですか？　それを知っていますか？　あなた自身で、それを完全に認識していますか？

X◎していないと思います。

エリクソン◎したいですか？

X◎いいえ。

ロッシ―このセクションで、Xは、明白にコントロールの必要性、および自分を暴露する恐怖を明らかにします。催眠セラピストが、ときどき、間違いを冒すのは、無意識の資料の覆いを、あまりに早く取り除くことにあります。あなたは、患者が快適に、安全に感じて、そうする準備ができるまで、話す必要がない、と患者に強調することによって、この危険を慎重に避けます。

意識的コントロールをあきらめること

エリクソン◎したがって、あなたはその点に関してコントロールを手放したいと思っています。　また、今日の早い時間、十分なコントロールが欲しいと思ったと言いました。それに関して何を行うつもりですか？　［休止］

X◎私はそれをあきらめる、と言いたいのですが、あまりにも筋が通っていません。

ロッシ―あなたには独特な傾向があって、患者がすると思ったときでも、患者がいかにコントロールを望まないか、いつでも指摘します。あなたは、再度、意識が掌握している患者の無意識を解放しようとしています。

エリクソン―私は、その矛盾を指摘します。さて、女性がコントロールを手放したいと思うのは、いつでしょうか？

ロッシ―オーガズムの間ですね。

自動筆記

エリクソン◎ミシガン州立大学の心理学の博士過程のクラスで教えていたときのことですが、そこにいた女性の姓だけしか思い出すことができません。　私とは何の関係もないエリクソンという女性があるクラスにいました。「私はある恐ろしい秘密を持っています。でも、私は、それを知りたくありません。しかし、私はそれを知っているべきです。あなたはそれに関して何かをすることができますか？」と彼女は言いました。私は、はい、と簡潔に言いました。　鉛筆を取って、私を見ながら、そのひどく面倒な秘密を自動的に手に書かせてください、と私は言いました。彼女の手は、その秘密を書きました。そして私は、彼女が紙を手にするのを見ました。そして、彼女はそれを折って、それを再び折って、それをさらに折りたたみました。そして、彼女はハンドバッグへ、紙を滑り込ませました。数カ月後、「あなたにこの秘密を話さなくても良いと思うのですが、私は、婚約をとりやめました」と彼女は言いました。　「さて、あなたは婚約をとりやめました。私に話す理由はありませんね？　私は、あなたに伝えたいことが、あなたのハンドバッグにあることに賭けます」と私は言いました。彼女は、「あなたは馬鹿げています」と言いました。私は、「馬鹿げたことは楽しいですよ」と言いました。彼女は、ハンドバッグの中身をとても慎重に取り出し、ハンドバッグを空っぽにしました。「この紙切れはどこにあったのかしら？」と彼女は言いました。彼女は、紙を広げ、「あなたはメルと結婚するつもりはありません。ジョーと結婚するつもりです」と書いてあるのを読みました。そして彼女はそうしました。しかし、彼女はメルと婚約していました。重要なことは、彼女が自分の秘密を知っていたことだった、と私は思います。ありとあらゆる秘密を。

エリクソン─私は、ここで自動筆記に関する一見すると無関係な話を話しています。しかし、それは、知りたくない「恐ろしい秘密」を持っている同じ精神的状況を説明します。

ロッシ─あなたが具体例として話したこの物語の驚くべき側面は、このセッションの四カ月後の、彼女のフォローアップの手紙に書かれていて、彼女は、ほとんど同一の状況を報告します。すなわち、彼女は、別の人と結婚するために、一人のボーイフレンドを見限りました。私はESPが、あなたの中で活動しているかのように感じます。しかし、あなたはESPを否定します。

エリクソン─私は彼女がセックスのことで葛藤していると思っていました。そして、葛藤するには、二つの対立する対象が必要です。「ありとあらゆる秘密」と私が言ったとき、私は、それを同じようにXにあてはめました。

意識的な抵抗を克服すること

エリクソン◎最近来た女性の患者は、飛行機に乗るのが怖いと私に話しました。そして、あなたは、自分の恐怖を本当に知っていますか？　あなたが自分自身に話しているこの大きな大きなウソ。あなたは、そのすべてを知るべきであると思いませんか？　あなたは、それを知るのに十分な勇気が持てるのは、いつだと思いますか？　［休止］

X◎後で。

エリクソン◎どれくらい後で？　［休止］

X◎明日。

エリクソン◎結構です。さて、私に話してください。最後のものを除いて、ジェフはポケットのものすべてを捜していました。パタンと死んでしまわないかと思って、彼はポケットの最後のものを見る勇気がありませんでした。あなたには、ジェフの気持ちがわかりますか？　あなたは、自分がそれを知ったら、パタンと死んでしまうと本当に思いますか？　［休止］　それは、ちょうどそんな風に見えます。

あなたは何回、その他のポケットに手を入れる必要がありますか?

X◎私は、そうすることができると思います。

エリクソン◎思うだけ。

X◎私は、そうすることができます。

エリクソン◎あなたは、そのものすごく大きくて、小さな恐れが何か、知って楽しむことができたと思いますか?

X◎たぶん、できました。　たぶん。

ロッシ―ここで、あなたは、彼女と関連があるもう一つの物語を話します。なぜなら、Xにも、飛行機恐怖があるからです。この物語の主な目的は、その人のすべての恐怖を知る勇気を持つことです。それから、あなたはXと彼女の恐怖に戻ります。あなたは「明日」を受け入れません。しかし、あなたは彼女にそれを話しません。その代わりに、あなたは、「あなたは、本当にパタンと死ぬことはありません」という物語のメッセージを話します。つまり、あなたは、彼女を再度動機づけし、彼女の意識的な抵抗を克服するために、彼女に自己を暴露することについての誇張された恐怖をユーモラスなマットとジェフの物語として話します。

歯の痛みを再配置すること

エリクソン◎四〇歳の男性が私の所に来て、「私は大学では良い催眠被験者でした。　私は歯科恐怖症です。　私は、あなたが歯科医へ行くと、終りのない痛み、　耐えがたい痛みで苦しんでいることを知っています。そして、私は歯の治療を怠ったので、調子が良くありません。それで、私は歯科治療をしておく必要があります。でも、歯科医院に行くことは痛いに決まっています。私に催眠をかけることはできますか?」と言いました。　「なぜあなたを治療する歯科医に、そうさせないのですか?」と私は言いました。彼は私が訓練した二人の歯科医のところに行きました、そして、彼らは別々に、そして、共同で彼に取り組みました。彼らは、トランス誘導することができませんでした。　それで、私は研究会に彼を連れて来させました。私は、彼に、しばらくの間、恐れを持ったまま、痛みを持ったまま、トランスに入るように、と彼に言いました。トランスの中で、私は、痛みを持ったまま、痛みに対するすべての信念を持ったまま、歯科医へ行くこと、そしてすべての痛みは左手にあること、そして痛みを、離れた場所に持っていることを知っているように、と彼に言いました。　そして、決して、その左手に触らないように、と歯科医に言ってください。彼の左手に、ほんのわずかに息を吹きかけただけでも、耐えがたい痛みがします。

すべての歯科治療の間、痛みは向こうにありました。

彼が新しい歯科医へ行くなら、新しい歯科医は、なぜかと思うでしょう。　あなたが知りたくないこのこと、それは、

あなたの手、あるいはハープですることですか？　［休止］

ロッシ｜彼女は休止し続けているので、あなたはさらにもう一つの話を彼女にします。

エリクソン｜私は彼女に息抜きの時間 a breathing spell を与えています。しかし、同時に、それは彼女に指示を与えています。私は、歯科患者に、手に痛みを配置するように言いました。彼女は自己実現するための痛みをすべて味わっています。しかし、彼女は、その痛みにもかかわらず、本当に望むことが何かをわかっていました。

無意識に達するために、爆発性を利用すること

エリクソン◎結構です。今、爆発的に、この質問に答えてください。［ロッシに］爆発的に一言、言ってもらえませんか？

ロッシ◎こんちくしょう！

エリクソン◎あなた［X］は、爆発的に一言、言うことができますか？

X◎ダメです。

エリクソン◎どのようにして、その単語の意味を知るのですか？　その単語の意味を言いたくないことを知っていますね？　この質問に爆発的に答えてください。　あなたは、その意味を言うべきですか？

X◎いいえ！

エリクソン◎これに答えてください。そうしますね？

X◎はい！

エリクソン◎あなたが？

X◎はい！

エリクソン◎いつ？

X◎後で！

エリクソン◎どれくらい後で？　［休止］

X◎十五分経ったら。

エリクソン◎結構です。しかし、それを爆発的に言いますね。

X◎十五分！［上席著者は今、十五分間、彼女の家と家族について、彼女と雑談をします。彼女に気づかれないようにして、エリクソンは実際には、多くの女性的なセックスシンボル——魚、箱、覆われたものなど——を利用しています。その会話によって、手元の仕事の準備をするように、彼女の無意識を留めておきます］

エリクソン｜爆発性は、無意識の心に、突然わき上がるものです。また、誰でもそうした経験をしています。今、私は、彼女の無意識に、新しい理解を爆発させるように求めています。

快適な自己暴露
——生涯のアイデンティティを変更すること

エリクソン◎さて、ハープか、あなたの手か、何か他のもの

に関連したことを開示しますか？

X◎ハープと手について。

エリクソン◎十五分、まだ経っていません。　準備の具合はどうですか？

X◎用意できました。

エリクソン◎今、そうしたいですか？

X◎そんなに悪くなさそうです。

エリクソン◎それは、とても残念なことですね？

X◎私は、それを言わなければなりませんか？

エリクソン◎絶対に。

X◎私はハープ奏者になりたくありませんでした。［休止］

エリクソン◎あなたは、ハープで何をしたいのですか？

X◎自分のための演奏です。

エリクソン◎そして、そのコンサート・ハープ奏者に、あなたがなるというアイデアは、誰のものでしたか？

X◎私はいつも、父を非難していましたが、それは私のものだったかもしれません。もともとは、間違いなく父のアイデアだと思います。

エリクソン◎さて、なぜあなたは濡れた手を持っていたのですか？

X◎理由はわかっています。それで、私は演奏する必要がありませんでした。

エリクソン◎言い訳として。

ロッシ―彼女が、自己暴露したとき、驚いたことに感情的トラウマがなくなっています。コンサート・ハープ奏者でいたくないことは、そのような純然たる実際的な事実であると思われます。それでも、彼女にとって、それは、生涯かけて確立されたアイデンティティをあきらめることになります。彼女自身に関する主要な精神的フレームワークの一つが、変更されました。

徴候の再編成を援助する洞察セラピー

［十五分の会話の間に、家族の精神力動と発汗という徴候について、Xに洪水のような洞察が生じます］

ロッシ―今、家族の問題の発生源と性質について、洪水のような洞察と確信が始まります。あなたは、ここで、徴候形成がもはや必要でないように古典的手段である洞察セラピーを利用し、彼女の精神的経済 psychic economy の再編成をサポートしています。

さらに洞察を促進するための観念運動シグナリング

エリクソン◎さて、飛行機の閉所恐怖症を持っている理由は何だと思いますか？　この質問には、無意識に答えさせてください。そして、あなたが答えを知らない場合、待っています。　無意識はよく私の質問を吟味したあと、頭の動作を使って答えます。　どんな方法でも、あなたが飛行機の閉所恐怖症を持っている理由を示すようなことを言うことができますか？［Xが目を閉じたので、長い休止］無意識にうなずくか、あるいは頭を振らせてください。あなたは、それが何か、わかっていますか？　あなたの無意識無意識は、それを知っていますか？　［「イエス」と頭でとてもがゆっくり頷くので休止］　あなたは意識的にそれをわかっていますか？

X◎はい。

エリクソン◎それは何でしたか？

X◎兄と私が小さかったとき、私たちは猫や犬のように、いさかいをしていました。ある日、私が学校から家に帰ったとき、私はなにかのことで、兄に腹を立て、兄の切手収集帳を破りました。兄はクローゼットの中に私を入れて、猫と一緒に、中に閉じ込め釘を打ちつけました。私は、猫もまた好きではありません。　それが聖パトリックの祝日でした。

エリクソン◎それを知ったとしても、何も悪いことはありませんね？

X◎はい、私が家に帰るときには、兄をコテンパンにやっつけてやります。［笑い］

エリクソン◎私は、良いこと、悪いことすべてを知ることは楽しいことだと思います。　あなたの記憶を徹底的に探して、あなた自身が知っているべきことがもっと他にも何かあるか、確かめてください。私は、ひどいブリザードの中、飛行機でニューヨーク州のどこかから帰っていました。［エリクソンは今、彼がかつて経験した不愉快な飛行機旅行についての面白い話をします。エリクソンは、明らかに飛行機についての彼女の連想を利用しています。そして飛行機恐怖を持ち出す機会を彼女に与えています。しかし、彼女はヒントに気づきません。それで、彼女に、すべての精神力動的な洞察と、彼女の兄がクローゼットに彼女を釘づけした一九五八年三月十七日の重要な精神的外傷を見直させます。そして、それがまた、飛行機恐怖の原因かもしれない、とエリクソンは思っています］

ロッシ―あなたは、発汗についての大きな洪水のような洞察では満足しません。彼女が創造的な内部作業に、心を開いた今、あなたは彼女の利用できるものを利用して、無意識から意識までの流れを促進するために、観念運動性アプローチを使って、彼女の閉所恐怖症に向けてどんどん進行します。

精神力動的な洞察を見直すこと――飛行機恐怖症を解決する

エリクソン◎あなたは、知らないことに、本当に集中しました。あなたは、発汗について、多くの実践をしました。さて、今、あなたが乾燥した手、熱い手でいるための実践を先取りすることができます。今、あなたはこれ以上の援助を望んでいますか?

X◎いいえ、今すぐ、私は空港へ走って行って、最初の飛行機に間に合いたいと、切実に願っています。

エリクソン◎それはよい感じですね? あなたは今後、自分自身を完璧にオープンにして、正直になるつもりですか?

X◎たぶん、なりません。

エリクソン◎私たちは、あなたが知っているように完璧ではありません。しかし、自己隠蔽を可能な限り少なくして、機能を障害しないようにしましょう。あなたは自分自身について、二日間の間、学んだこと——そのことをどう思いますか?

X◎私がそのことを知ったのは少し前ですが、決める間際のように、どちらかと言うと感じています。 今、私は、それが明るみに出たことに、多少、ホッとしてします。

エリクソン◎不快に感じて、私のことを怒っていますか?

ロッシ—ここであなたは、意識レベルで新しく獲得した洞察を統合することができるように、彼女に、そのすべてを調査させています。さらに、あなたは飛行機恐怖をなんとかして関連づける可能性を探っています。最終仕上げとして、熱い手について、ツー・レベルのコミュニケーションの形でセクシュアリティに関する多くことを許容します。その後、「私は空港へ走って行って、最初の飛行機に間に合いたいと、切実に願っている」と彼女は感じて、飛行機恐怖症が、見た目では自然に寛解していることを明らかにします。

漸進的な徴候の縮小 ——精神力動を創造的に再編成すること

エリクソン◎あなたは、乾燥した手になるまでに、少し時間がかかることに気づいています。

X◎ええ、そうですね。

エリクソン◎それは、今のあなたにとって、それほど厄介ではありませんね?

X◎はい。

ロッシ—あなたは、若干の時間をかけて、徴候が徐々に消えることを、彼女が知っていることを、再び確認します。あなたは、それによって、彼女のシステムに、システム自体を再構成して、失敗の恐れに前もって対処する公平な機会を与えます。したがって、「徴候を除去する」という極度に単純化した考えに関与しません。あなたは非常に多くのことをこなしています。すなわち、徴候が必要ないように、彼女の精神力動の創造的な再編成を促進しています。時間は内部を調節する持続的なプロセスにとって必要です。

催眠暗示に関するユーティライゼーション・セオリー

エリクソン◎私は、あなたがセッションを楽しんでいたので、良い催眠被験者であることに気づいていると思っているのですが？

X◎私は、自分が良い被験者ということで、あまり多くの手柄を受け取りたくありません。

エリクソン◎あなたは手柄をすべて受け取ることができます。私がしたことは、言葉を言うことだけです。そして、そうする中で、　私は、あなたがすでに持っていた　記憶、考えを刺激しました。その後、あなたは、その記憶にしたがって行動しました。あなたは、手が自分のものであることを、知りさえしなかったときの記憶を持っています。そして、耳がどこにあるか、最初に知ったのがいつかさえ知りません。　そして、最終的にどのように耳を見つけたか知りません。　両親は、髪、額、目、鼻、口、顎、そして耳の場所を、子どもに指ささせるのが好きです。しかし、あなたが、耳の場所を本当に知ったのは、いつでしたか？

X◎わかりません。[エリクソンは、頭の後に左手を伸ばして、右耳に触れることで、耳の場所がわかることを示します]

エリクソン◎以前、あなたは、自分の手が自分のものだということを知りませんでした。それで、あなたは右手で右手を掴みあげようとしました。左手で右手を、そして右手で左手を掴むことを学ぶために、長い間がかかりました。そうして、あなたは、全体が記憶と理解でいっぱいになっている貯蔵庫を持っています。そして、私がすることは、その記憶に触れることを言うことだけです。　「立ち上がろうとしてみて」と私が言ったとき、　私は、立つことができなかったときのあなたの記憶の貯蔵庫を利用しました。そして、座ることができなかったときがありました。なぜなら、「座る」がどういう意味か、知らなかったからです。　あなたは、一人の国民であることを知らなかったときもありました。

私がする必要のあったことは、あなたの記憶の貯蔵庫を利用することでした。そして、あなたは話すことができませんでした。

ロッシ◎それは、私たちの催眠現象に関する理論です。

エリクソン◎ええ、そうです。[休止]

ロッシ——これらの結びの言葉で、実際に、催眠暗示に関するユーティライゼーション・セオリーの明瞭なアウトラインを、あなたは説明しています。暗示は、被験者に何かを入れることではありません。そうではなく暗示は、「あなた方がすでに持っている記憶と考え」を刺激するプロセスであり、それにしたがって、被験者は行動することができます。暗示は、被験者自身の内部の連想を喚起し、新しい目的のために、これらの連想を被験者に利用できるようにするプロセスです。すべてのいわゆる催眠現象は、実際の行動が解離された断片です。そして、それはかつて、発達段階の早期、学習の初期段階において普通のことでした。

エリクソン―物事を知っていたとしても、それと同時に物事を知りません。［エリクソンは、娘クリスティについての大好きな話をもう一つ話します。彼女は、最終的に立って、初めて連続一四二ステップ歩くまで、七日間悲鳴をあげて、続行しました。彼女は、人であることを知っていたので、このようにして証明しました］

催眠現象の完全開示
――コントロール、自由および行動の柔軟性

エリクソン◎さて、もし催眠があなたの目的に叶わなければ、あなたに一切、催眠をかける必要はありません。そして、誰もあなたをコントロールすることはできません。そして、そうしたいときはいつでも、あなたは私を、あるいは他の誰であっても無視することができます。あなたは自由な市民です。そして、自分自身を自由に使えます。発汗をそこに結びつけ、そして飛行機に不愉快な感情を持つことは地獄ですね。［エリクソンは、好きになるまで、十分に噛むことで、いままでずっと嫌いだったキャラウェーの実を克服したことを今、面白おかしく話します。彼は、そうしたいならば、味を変えることができるということを自らこのように証明しました］私は行動を変えることができることを、わかっている必要がありました。そして、あなたは発汗で同じようにすることができます。他になにかありますか？　私は、とても広範囲にあなたと話しました。あなたからお金を受け取るべきでしょうか？

X◎ダメです！

エリクソン◎それは素晴らしい！　それは実際、素晴らしい！

エリクソン◎では、あなたは私にクリスマスカードを送ってくれますか？

X◎良いですよ。

エリクソン◎あなたと知りあえて、とても嬉しかったです。

X◎私もあなたと知りあえて、とても嬉しかったです。

エリクソン◎……で楽しいひとときを過ごしてください。それでは、途中までお見送りしたいと思います。

ロッシ―私は、治療プロセス終了後、あなたがしばしば、患者に催眠の性質を完全に開示している様子を目撃しました。特に、あなたはプロセスのコントロールを実際にするのは患者であり、どんな建設的な目的のためでも催眠を使うことができることを強調します。あなたは、患者にコントロールと自由を与えることによって、コントロールのプロセスに関する消えずに残っている誤解がどんなものであっても払いのけます。セラピストが、

患者に隠さなければならない秘密があると思っているということがおかしいのです。催眠現象、そして催眠療法の方法を完全に理解することによってできることは、援助を求めている一般の人々と個人を助けることだけです。自己変化 self-change および行動の柔軟性のよいモデルとして、どのようにキャラウェーの実に対する嫌悪感を克服したかという話を最後にして、彼女を送り出します。

エリクソン──謝礼についての私の質問に「ダメです！」と彼女は返答しましたが、高度の爆発性がありました……彼女が、私との間で爆発的になることができるのなら、誰とでも爆発的になることができます。

ロッシ──ここで、あなたはセッションの報酬を請求しないことで、彼女が新しく獲得した自己主張を使う社会的機会を彼女に与えました。そして同時に、あなたは、セッションをテープ録音して、その記録を発表できるようにすることで、彼女との間で釣り合いを取ります。クリスマスカードの送付を求めたのは、単なるフォローアップの道具として用いるためです。

心理療法の創造的な性質に関するメモ ▽原注4

私たちは、このケースに関与する法則を一般化する努力をしたのですが、心理療法での出会いそれぞれがユニークなものであることを認めなければなりません。エリクソンがこのテーマに関して絶えずコメントしていることは、すべての催眠療法的な努力が、創造的な調査であるということです。通常の覚醒状態、あるいは催眠療法のトランスでもそうなのです。なぜなら行動を喚起する状況、条件がかなりふさわしかったとしても、行動は必ずしも、論理的ではありませんし、きれいに整頓もされていませんし、適度な妥当性もないからです。それは、論理的、非論理的、無意味、無関係、ランダム、見当違い、バカげている、隠喩的、ユーモラスであるなど、あらゆる可能性があります。どんな治療的な出会いにおいても、個人的反応を正確に予測することは通常、不可能です。なぜなら、行動、およびその分別性、および個人的特質に関する単純性、および複雑性は、人が一生で学習する中での多くの未知の経験的要因の配列から生じるからです。せいぜい、広範な一般化がされるだけです。しかし、大抵は、特定のセラピストが特定の時間と場所で、特定の患者と向き合うとき、これらの一般化は失敗するか、あるいは複雑な迷路の中で迷います。

それゆえに、苦悩、動揺、そして異常行動の問題が発生するときには、どんな治療アプローチであっても、セラピストと患者の個性を一体化しなければなりません。いつでも同じ状況で、同じ行動を何人もの患者から引き出す厳しく「コントロールされた」方法、あるいは「科学的」な方法はありません。反応の範囲が大きく制限されるようなときであっても、全く予測でき

▽**原注4**　以下は、半世紀に及ぶ上席著者の催眠療法に関する探求の努力の概要を編集したバージョンの一つである。

ない行動が生じる場合があります。このように心理療法の一般的科学的原理が確かに存在する（基本的創造的な性質が一つのものという原則）一方で、これらの法則を利用するには、すべての心理的治療作業に関するユニークな、そして探検的性質を連続的に診査する眼が必要です。心理療法家は、すべての患者に無差別に適用する一般的なルーチン、あるいは標準化された手順に頼ることができません。心理療法は、コントロールされた研究室での実験の中から学者によって発見された真実と法則を単に適用するものではありません。心理療法での出会いは、それぞれがユニークなものであり、セラピストと患者双方の側に、治療結果を達成する法則と手段を発見する新鮮な創造的な努力が必要となります。

この個別的で創造的なアプローチは、特に催眠において重要です。たとえば、七年間、下席著者は、上席著者のアプローチを研究する中で、治療セッションが進行している間に、特定の患者に特定の催眠現象のデモンストレーションをすることを、頻繁に要求しました。多くの場合、上席著者は、ユーモラスであっても軽蔑しながら、そのようなリクエストを拒絶しました。なぜなら、上席著者は、リクエストがそのときのその患者に不適当なこと、あるいは不可能なことを下席著者が理解するべきだと思ったからでした。しかしながら、彼が要求されたデモンストレーションを試みた場合はいつでも、観念運動性の行為、カタレプシー、解離、健忘、記憶増進、時間歪曲、認識と感情の変更、そして、もちろん、私たちがこのケースで目にする徴候的な行動の修正および変換のような臨床的作業に関連した多くの催眠現象を成功させました。

上席著者が、成功するか、失敗するかに影響する最も一般的な因子は、動機づけとその患者の経験してきた学習レパートリーを喚起し利用することが、どの程度できたかということでした。転移関係の性質、および患者が望んだ多くの治療結果に関するこれらの催眠反応の重要性のために、最も著しい催眠効果を喚起することができるかもしれません。特に上席著者が実験的なセッティングで喚起する中で、経験した多くの催眠効果に関係する失敗は、同様に患者の実際的ニーズに、催眠効果が明白に合致していないことで説明されました。上席著者が、催眠経験をセットアップするときには、いくつかの標準的ルーチンを使用しましたが、彼は、患者自身の精神的フレームワーク、および特異的連想パターンに絶え間なく合わせて利用しました。

三年後のフォローアップ

三年後のクリスマス休暇のことでした。Xは、上席著者に、家族のニュースと生まれたばかりの子どもの写真を添えて、クリスマスカードを送って来ました。各々のメッセージから、彼女が徴候から解放されたことが、成長する家族との新しい人生の指針が、そして自分自身のために、彼女が楽しみながら、音楽を開拓していることが確かめられました。

ケース6　徴候解決および洞察を促進するために、ショックを使って心身症的喘息をデモンストレーションすること

心身症的徴候への基礎的な催眠療法的アプローチは、患者が心理プロセスによって、どのようにコントロールされ維持されるか、曖昧ではなく明白に、デモンストレーションすることです。そのようなデモンストレーションによって、問題が器質性という先入観から来る制限を突き破り、通常、患者に問題の精神力動と接触させせます。心身症的徴候が右脳の機能と密接に関係していることが正しいならば（Galin, 1974）、問題に対する心因性コントロールに関する催眠デモンストレーションは、実際に脳の徴候発生源と連絡をとっているかもしれません。というのは、トランスそのものが、右脳が活性化したものであると考えられるからです（Bakan, 1969; Hilgard and Hilgard, 1975）。これによって、問題の発生源と精神力動に対する「自然発生的な」洞察が、徴候の精神的なコントロールのデモンストレーションに、しばしば密接に追随するという理由を、私たちは理解できます。トランス経験は、精神力動と徴候をコントロールする源との間の一般的経路を開放します。上席著者が書いた次のケースは、このアプローチをどのように使うことができるかという典型的な例です。

心身症的喘息

ミセスG（三五歳、一〇年間の結婚で九歳の子どもが一人）は、精神医学的な診察を求めて来ました。これは、一〇年間十一月から四月まで続いた彼女の慢性喘息の大部分が心理的なものという、六人のアレルギー専門医から繰り返し診断されたことに対する抗議でした。病歴に関係すると思われたのは、彼女の結婚式の興奮が冷めやらない、結婚式から二日も経たない間に、いつか死ぬと思われていた寝たきりの母が死んだことでした。母は遺言を残しませんでした。しかし娘の結婚祝いとして、母は、自分が死んだとき、父が農場を処分し、娘に収益の半分を与えるという厳粛に誓った約束を父から引き出していました。そして、父が望むならば、父は半分を手に入れ、引退することができました。

葬式の後、父は、母への約束は無意味であり、父が死んで、すべてを彼女が受け継ぐまで、彼女は年収の半分だけを受領することになると彼女に話しました。彼女と夫は怒って、国内の別の場所に住むために出発しました。二カ月もしないうちに、夫婦は父の行動を仕方がないと甘んじて、一〇月下旬に親しみを込めて手紙のやり取りを始めました。父親は、最初の手紙を返してきて、彼女がひどい風邪を引いてベッドで寝ていることを知りました。彼女の回復は遅々としていました。また、これ

は、その町の鉱業が原因の大気汚染に、肺が反応したことに起因していました。喘息は併発症として生じました。しかし、気候が暖かくなると、喘息は消えました。六月に、夫婦はサンフェルナンド・バレーへ引っ越しました。しかし、十一月に、おそらくスモッグのため、彼女は再び喘息になりました。そして、喘息は五月まで持続しました。六月に、夫婦はサンフランシスコへ引っ越しました、しかし、次の十一月、喘息は再発して、五月まで持続しました。どんなに引っ越しをしても無駄でした。どこに夫婦が行こうとも、喘息は十一月に再発して、五月に終息しました。

父親に問い合せると、父親が独特なパートタイムのやり方で農業を続けていることが明らかになりました。父親は作物を植えて、栽培し収穫しました。これが終わると、父親は従業員に全管理をまかせ、気楽に、快適に、少し離れた都市で冬を過ごしました。春が来ると、最後の収穫が終わるまで、父親は農場に戻って一生懸命に働きました。父親からの手紙の頻度について、すぐさま質問すると、夏はいつでも父親は忙しすぎて、手紙を書くことができず、冬の生活では余暇があるので、毎週、手紙を受け取っていたことが明らかになりました。患者は、喘息と父親の毎週の手紙との間に、つながりがあるとは思ってもいませんでした。

彼女に、喘息が心因性か器質性か、著者に明確に証明させるつもりなのか尋ねました。風邪から始まって、鉱山都市の大気汚染によって悪化しており、寒さで単に生じただけなので、喘息は確実に器質性のものです、と彼女はつけ加えましたが、いずれの場合であっても、大きな安心が得られます、とキッパリと答えました。さらに、それは、いつでも暖かい天候の到来で消えました。その上一〇年間、夏には、これまで一回も発作がなかったので、喘息は間違いなく器質性と思われました。そして、彼女は寒い気候でも暖かい気候でも、心理状態に変わりはありませんでした。彼女は催眠が、診断の補助として有効であると話されました。そして、彼女はすぐに催眠をかけられることに同意しました。

彼女は優れた被験者であることがわかりました。そして、簡単に深いトランスを現しました。彼女は、後催眠暗示で、素早くトレーニングされました。それから、彼女は、トランスの間に指定された合図で（著者が三回鉛筆を軽く叩いたとき）、彼女には出来事を思い出すという作業（とても重要な記憶課題）が与えられ、そして、その作業は、ふさわしい時間に明確にされると教えられました。もう一つの合図が与えられたとき（著者がライターを灰皿に落としたとき）はいつでも、彼女はすべての指示に従って、さらに眠ることに同意しました。彼女は、トランス経験に関する包括的な健忘を伴って、目覚めさせられました。二つ、三つさりげない意見を言った後、夏に喘息発作が起きる可能性について、さらに質問されました。彼女は、とても明確に否定しました。

時計が午後二時十七分を指していると話されました。それで、彼女は、アリゾナ州フェニックスの非常に暑い七月八日であることを思い出しました。それから、彼女は、午後二時三七分ピッタリに、ひどい喘息発作を起こすことができると思いますか、と尋ねられました。彼女は、とてもバカげた考えです、と言いました。彼女は、喘息が心因性なら、それが可能で、ありえることを確信しました。しかし、それが器質性であるならば、彼女は恐れる必要はありません。いくらか困惑しましたが、彼女はさらに説明を待ちました。しかし、著者は単に黙って時計に彼女の注意を向けるだけでした。

午後二時二五分に彼女は、快適と感じていますか、と尋ねられました。彼女は、単に戸惑っているだけです、と答えました。なぜなら、確かに時計を見ても、彼女にとっては手をこまねいているだけだったからです。二時三四分に、彼女が喘息発作を起こすか、起こさないか、それまで残りわずか三分です、とコメントされました。彼女は、微笑みを返しただけでした。二時三七分、彼女は期待して著者の方に向きを変えました。すぐに、著者は、鉛筆で三回、テーブルを軽く叩きました（これは、思い出す、という後催眠暗示の合図でした）。そして、「お父さんがあなたにあてて書いたという手紙の内容を隅から隅まで、完全に、まるであなたが読んでいるかのように、思い出してください」と言いました。激しい喘息発作が起こりました。

喘息発作の間、彼女は、「暑い日です。七月八日です。サマータイムです。煙霧も塵も、あるいは寒さもありません。あなたは、最近、肺に感染したこともありません。あなたは、ひどい喘息発作を起こしています。発作が心因性なら、そうなる、と私が言った二〇分後、二時三七分に発作が始まりました。私がそう言うと発作は止まります。発作は心因性です！　私は、二時四五分または二時四七分に発作を取り除きます。なぜなら、私にはできるからです。あなたは、このライターが見えますか？　つまり、それがすべてです。それは薬でもありませんし、魔法でもありません。しかし、私がライターを使ってあることをすると、あなたの喘息が消えます。注意深くライターを見て下さい。あなたの喘息が心因性であることを実際に理解してださい。では、見て下さい」と言われました。すぐに、ライターが灰皿に落とされました。深いトランスが続いて起こりました。そして、彼女は、深く快適に眠り、そして喘息から解放されて、すべてのことを完全に記憶して目覚めるように、と言われました。その後、彼女はこのことを著者に説明することになっていました。

彼女は完全に反応し、そして覚醒して、自由に、そして理解して、話し始めました。彼女が思い出したことを要約すると以下のようになります。彼女の母は、呼吸困難を伴った麻痺、心臓病のため、長く寝たきりでした。彼女の父は、これまで、あまり彼女の母や彼女に優しくしませんでした。そして、彼はものすごい罪の意識を持っていました。彼女が最初に喘息発作を起こすほんの少し前に、彼女は友人から手紙を受け取りました。その中で、奔放で知られている女性に対して、父が過度の関心を持っていることが強くほのめかされていました。彼女の喘息発作は、最初の手紙が父から来た後でした。その後、週ごとに来る父からの手紙を恐れるようになりましたが、一通一通の手紙に返事を書く義務があると感じました。父が毎年、春になると農場へ帰ることは彼女に安堵感を与えました。なぜなら、父は忙しすぎて、好ましくない遊びをすることも、彼女に手紙を書くこともできなかったからです。

　要約したとき、彼女はどうするつもりか尋ねられました。彼女の返事は、自分でよく問題を考えて行動方針を決めます、ということでした。以降の報告で、彼女が父を訪ねて、状況を協議したことが明らかになりました。弁護士を雇い、農場の持ち分の管理権、そして最終的な所有権を確保し、そして、持ち分を望むようにする自由を、父に与える法律文書に捺印するように、と父を脅しました。それ以降、父はうまく彼女の資産を取り扱いました。しかし、彼は持ち分をゆっくりと浪費していました。

　父は毎年冬になると、まだ定期的に手紙を書いています。しかし、患者は一九四九年七月八日にオフィスで誘導された喘息発作以来、発作を起こすことはありませんでした。彼女に偶然会ったのは、一九五四年の七月下旬でした。

　このケースがどのように進展したか、そのステージを詳しく調べることはとても有益です。前に述べた一般的な五段階のアプローチは、彼女の理解の再編成を促進するために、上席著者が使うショックと驚きとともに、番号がつけられ、傍点をつけて強調されています。

　患者が、問題を器質的に治療するために、何人かの医者に意見を聞く最初の期間があります。これが繰り返し失敗する結果になったり、あるいは短期のプラセーボ効果だけに終わったりするので、それは「精神的で」あるに違いないと、いやいやながら患者は聞かされます。

　患者は大きな内部の混乱と緊張とともに、心理療法家のオフィスに到着します。それでも、それは精神的なはずがありません、と主張します。これらの抗議にもかかわらず、混乱は、問題の器質的性質についての患者独自の参照枠が、ぐらついて、ある程度少なくとも弱められた、という徴候です。混乱は、器質的なフレームワークをあきらめることが必要なことと、本当に新しい精神的なフレームワークをまだ理解していないことの間の敷居がなくなったというサインです。このように、治療的な変化をするために、混乱は心理的に重要な必要条件です。たとえ患者が用意できたことを必ずしも知らなくても、混乱は、患者に変化する用意ができたことを報せます。問題を最初に調査したとき、セラピストは、自分自身で徴候に関連した事実、徴候に関わっている可能性がある精神力学を確かめます。このケースで、上席著者は、問題に関する明らかな動機から、可能性がある心因的発生源を素早く見つけました——（a）結婚とほとんど同時に母親が死亡するという特別な状況で試みられた曖昧な遺産継承、（b）患者の徴候と父親からの手紙の間に規則的な関連性があること。患者が喘息と父親の手紙の間のつながりに、まったく気づいていなかったとき、上席著者は、ブロック、あるいは解離できることを認識しました。そして、それが心身症的徴候を構成する要因である可能性がありました。この時点で、事実がすべて明確にされる場合、何人かの患者はつながりに気づきます。その患者たちは洞察を得て、最終的な問題解決に向けて、セラピストの援助を受けながら、洞察を実行します。催眠療法的な介入は必要でありません。

　この患者は、自分の人生を事実と状況によって、うまく説明できる心理的連想を得ることができませんでしたが、この最初の質問は、①意識レベルでラポールと治療的な参照枠を確立しました。今、認知と知っていることに関する無意識の力と経験的源泉が活性化させるために残りました。

　上席著者は、催眠デモンストレーションで、喘息を心理的にコントロールして、これら認識していない徴候の発生源にアプローチします。上席著者は、最初、彼女にトランス効果を経験させ、後催眠暗示に従うように訓練します。上席著者の典型的な徴候の問題に対する一般的手法のように、彼は、②彼女自身の経験を使って、彼女の無意識がどのように彼女の行動をコントロールできるかを示して、それによって、治療的な変化の場所が彼女の無意識の範囲内にあることを示します。

　トランスの間に、特定の合図がされると、彼女は重要な記憶について返答するように、慎重に暗示されます。彼女には、何についての記憶か、話しません。なぜなら、知ることは、さらに意識的な抵抗を起こすだけかもしれないからです。しかし、彼女の無意識は、その場所に関連した無意識の探索プログラムを起動することによって、彼女の喘息と関係するはっきりした含意に、多分反応します。含意は、③特定の合図が与えられると、無意識レベルでの探索とプロセスを喚起して、意識に合図を落とし込むことができるとても効果的手段です。

　先に行く前に、上席著者は、安全対策を加えました。後催眠暗示に従うように、彼女をトレーニングした後、彼は、特定の合図がされたときはいつでも、眠るように——すなわち、トランスに入るように——と言います。このように、手に負えなくなる恐れがあるどんな行動、あるいは徴候的なプロセスであっても、彼女をトランスに入らせることによって、すぐに減らすことができました。

　その後、喘息が実際に心因性の場合、合図に対して、喘息発作を生じるように、それ自体を調整させるために、彼は午後二時十七分から二時三七分まで彼女の無意識に時間を与えます。無意識は、魔法のように機能することはありません。無意識には、自分の仕事をするための時間が必要です。上席著者は、患者の意識セットが阻害する制限を通して、無意識が動作するには、少なくとも二〇分かかるだろうと判断しました。そして、彼女はそれを「とてもバカげた考えです」と断言しました。二時三七分に喘息発作があることが期待されました。

その後、上席著者は、期待と緊張を二〇分間、高まらせておきます。指定された時間、二時三七分に、彼女は、①期待して彼の方を向きます。彼女に準備できたことははっきりしています。その後、上席著者は予期された後催眠の合図（鉛筆を三回軽く叩くこと）をします。そして、「あなたのお父さんがあなたに書いた手紙の内容すべて」を思い出すという重大な記憶課題を彼女に与えます。猛烈な心因性喘息発作が続いて起こります。彼女は、②彼女の習慣的な精神的フレームワークと防御パターンが、瞬時に弱まるショック状態に、このように追い込まれます。

この臨界期の間に、上席著者は、彼女の喘息の心因性の性質について、すべて明らかな事実を述べることだけをします。習慣的な精神的フレームワーク（一般的な現実志向）が、③ショックと驚きによって大きく揺り動かされるとき、人は、安全と快適さを再構築する暗示、あるいは信念体系なら、どんなものでも支持する傾向があります。その後、彼女の喘息が心因的性質を持っていたという事実は、深くて快適なトランス状態に入る後催眠の合図（ライター・灰皿）に続く、安全と快適さを通して補強されます。そして、彼女はすべてを十分に認識して、喘息から自由になって、トランスから目覚めることができます。上席著者はそれによって、④徴候的な行動から彼女を解放していることをデモンストレーションします。その一方で、⑤彼女が問題の原因と精神力動に対する洞察を得る可能性を広げています。彼女はこれらの洞察を得て、問題を解決する方法について、彼女自身の計画を立てます。

ケース7 個性の成熟を促進するカタルシスを使った徴候解決——権威主義のアプローチ

軽いトランス状態にしかなれない感受性が低い難しい催眠被験者が患者である場合でも、催眠を効果的に使うことができることを、このケースは例示しています。その軽いトランスでさえ、達成するのには二時間のセッションが三回必要でした。しかし、それは、基本的な暗示を以下のように提示するのには十分でした。「あなたの無意識は、何をするべきか、そしてどのようにそうするべきか、わかっています。あなたは絶対に、その必要性に根負けして、思いのすべてを私に話すでしょう。最終的に、それが完全になされたとき、そのとき、あなたは現在の問題から立ち直ることができます」。上席著者は、この患者では古典的な催眠現象を何も引き出すことができませんでしたが、前記の暗示は、治療的な変化を起こす場所を無意識に割り当てるのに十分でした。「あなたの意識を黙らせ、その愚かな医学的な要請をやめてください。そして、あなたの無意識にその仕事を処理させてください！」というひどく権威主義的な要求で、患者の通常の意識的なフレームワークが、突然弱められたとき、患者の無意識は、次のセッションまで、考えを温めている時間を与えられました。

それは、異常に激しくて長いカタルシスを促進するのに十分でした。そしてそれが、患者の心身症的徴候を解決するために、そして全体の個性を著しく変化させ、成熟させる役割をすることがわかりました。激しいカタルシスの段階は、患者の個性の再編成が起こる変性状態として捉えることができました。しかし、科学的な概念では、この出来事を正当に取り扱うことができません。これは、基本的にラブ・ストーリーです。それはひと世代以上前に、上席著者によって、論文として発表されました。

生意気言うな！ None of Your Lip!

ビエトロは、二〇代の中頃に、下唇の説明のつかない腫れのため、交響楽団の職をあきらめることを余儀なくされました。この腫れは、オーケストラの指揮者と口論した後、突然生じました。腫れはとてもひどいので、ビエトロの唇は完全に五センチの厚さになりました。この腫れは三年間持続し、その間、彼は、百人以上の医者を受診しました。そして、受けた処置は、物理療法、温湿布、薬剤、そしてベッドでの療養から赤外線、そしてX線療法にわたりましたが、何の効果もありませんでした。

ビエトロは最終的に一般的な精神科医に送られました。そして、その精神科医は、すぐに彼を著者に、催眠療法のために紹介してきました。彼の病歴で、特に目を引く点は、以下の通りです。ビエトロはイタリアで生まれましたが、四歳のとき、家族はアメリカ合衆国に移住しました。父親は勤勉なパン屋でしたが、息子に対して、大きな野心がありました。男の子が非常に早くから、音楽に強く興味を示したので、有名な音楽家にすると決心しました。したがって、適当な楽器を選択するために楽器の分野を調査している間、男の子は、三歳からピアノのトレーニングを開始しました。父親は最終的にフルートを選びました。

男の子が受けたトレーニングを理解するためには、父親のことを手短じかに説明する必要があります。父親は横暴な家長で、信じられないほど厳格なやり方で家族を支配しました。彼は最初に、極上の部分を食べました。そして、妻と子どもたちは、言われたことを何でもできるように、すぐそばで黙って立っていました。彼は自分のパン屋を所有していたので、平均して毎日十二時間、週七日働きました。家庭での会話は基本的に、家族の各々が毎日の生活を報告することでした。妻は、家事、買い物、そして学校へ行っていない子どもたちの一日の生活を報告しました。子どもたちは学校に入学すると、毎日の仕事を、そして休暇の間は、その日の生活を報告しました。彼は熱心に聞いて、厳かに報告を検討して、「良い」成果には賞賛と激励を惜しみませんでした。そして、同じように、「愚かなこと」に対して非難しました。父親が受けた教育は限られていたので、年上の子どもたちが学校に入ったとき、子どもたちは、父の知識が欠けていると感じた問題については、互いに判断しなければなりませんでした。自分自身に関して父もまた、自分の成果と自分の欠点を検討して、毎日報告をしました。父自身が、誰の助けも得ずにその結論に独自に到達しない限り、父の言うことは、どんなことも決して間違ってはいませんでした。父は、「生意気言うな none of your lip」という表現とそのバリエーションを早くから学んでいました。それで、それが、毎日のありふれた決まり文句になりました。家族が毎日のあらゆる活動と人間関係を報告するとき、いつでも同じ自慢話をするので、誰も、決して父に「生意気な口 lip」をききませんでした。父は、同じように従業員を扱いましたが、非常に公平だったので、従業員は忠実でした。

すべての家庭活動はルール通りに、時間を原則にして実行されました。そして、父が活動を適当と考えたとき、父は寛大になりました。このように、靴は靴ごとに、時間を決めてツヤ出ししました。そして、芝生は決められた時間に、正確な長さに刈り取られました。この予定を中断させる雨が降ったときには、どんな義務も犠牲にしないように調整しました。そして現実に対処するために、予定変更が生じるどんな状況に対してでも必要なことを彼は文書にしていました。このように、雨が降って花壇の水まきが不要になり得られた時間は、そのような偶発的なときのために予定された特別な仕事に使わなければなりませんでした。遊び play は生活の根幹と考えられていました。しかし、その時間と役柄が予め決まっていました。男の子はボール遊びをしました。そして、女の子は、決まった時間、人形で遊びました。すべては整然としていて、建設的で、組織的でした。

ピエトロは有名な音楽家になることになっていたので、特別なルールのセットが彼のために作られました。遊びよりもむしろ柔軟体操、おとぎ話よりもむしろ音楽家の伝記などが多くなりました。毎日、学校の放課後に音楽を練習するエネルギーを残しておかなければならなかったので、勉強は平均的でなければなりませんでした。他の子どもたちは、優等を取ることが求められました。ピエトロは父の次という良い位置でテーブルに座りました。初め、父は息子の音楽教育を監督しました。また、彼は優れた音楽的才能を持った非常に知的な人でした。音楽を演奏するためではなく、指の「敏捷さ」、機敏さ、絶対的な正確さを確立するために、一日のうちの非常に長い時間がピアノ演奏に費やされました。その後、ピエトロが音楽を覚えることができるように、先生はピエトロに作品を演奏することを教えると約束しました。父が音楽に深く感謝して、そして幸せそうに、熱狂的に音楽の話をしたので、同じ熱意と愛情で息子を奮起させることに成功しました。初のフルートレッスンは父が監督しました。そして、レッスンの性格は父の説明によって、「お前はフルートを演奏する前に、フルートを感じなければならない You musta feela da flute before you playa da flute」とうまく要約されました。

ケースからフルート（高価な楽器）を取り出して、戻すこと、フルートを口まで持ち上げること、フルートを降ろすこと、再びそれを持ち上げること、長さと直径を指の動きで測ること、完全な正確さでバランスをとることを学ぶこと、そして唇から正確な距離にフルートを置くことを学ぶこと、それを最初にレッスンしました。そして父が満足するまで、果てしなく行われました。常に、父は惜しみなく賞賛し、限りなく辛抱しました。そして、それによって、耐えられない要求でも耐えられました。それから、一度に一つの音色、一度に一つのキーを学ぶこと、そして次に、音量を増やしたり減らしたりすることが、同じ厳しい方法で続きました。こういうことともに、ピアノにとても多くの時間、フルートにとても多くの時間、柔軟体操のためにとても多くの時間、残りのためにとても多くの時間、「音楽の魂を学習すること to learna da soula da music」にとても多くの時間を使って、ピアノ練習が続きました。この最後のことは、もちろん、患者にとって救済でした。そして、彼がセラピーを受けていたとき、彼に「音楽の魂」を話させることはスリルに富んだ、ひらめきを与える経験でした。それから、優秀な先生が雇われました。そして、先生はレッスンの長さと頻度とタイプを取り決めました。その一方で、父は、練習と他の「重要な」活動に介入する量を彼自身、規定し、制限しました。

ハイスクールを卒業した後、ビエトロは二年間、フルート奏者としての自分自身を完成させるために、一日のうちの十二時間を費やしました。その後、彼が二〇歳のとき、オーディションを受けることが、父によって認められました。最初の応募で、短期間でしたがフルート奏者として初めて、有名な交響楽団の仕事を得ました。父の野心は、とりあえず満たされました。音楽の世界で、息子の地位は達成されました。しかし、個人的性質の業績については残っていました。彼の息子は、現在、恋に落ちなければならなくて、結婚しなければならなくて、子どもたちの父にならなければなりません。その結果、「感覚、愛らしさ、女性を愛すること、美しさ、赤ちゃんの笑いを学習する learna da feela, da sweetness, da love da woman, da beauty, da laugha da bambino」でしょう。

息子は、いつものようにいやいや従いました。そして、多くの女の子が、家を訪れました。しかし、不幸なことに、コンサートで、彼は好みの女の子に会いました。彼の父は、深く落胆しました。女の子はユーゴスラビア人でイタリア人ではありませんでした。息子は譲りませんでしたが、結婚を延期することに同意することによって、いくぶん譲歩しました。部分的に、父の慰めになったことは、女の子が芸術的な家族出身で、大学生で、トレーニングを受けた歌手で、素晴らしい絵を描くことができて、そして、ユーゴスラビアでも著名な彫刻家の兄弟がいる、という事実でした。

二年間以上、彼は交響楽団で演奏しました。それから、新しい指揮者が参加しました。そして、その人は厳しく批判的で独裁的な態度をとったため、大部分のオーケストラのメンバーと、すぐに険悪になりました。練習セッションで、指揮者は、ミスをしたことで患者を責めました。それに患者が抗議しようとしたとき、彼は「生意気な口」は必要ない、と患者に言いました。次のリハーサルでは、患者の下唇はわずかに肥大していて、うまく演奏できませんでした。彼が説明しようとしたとき、指揮者は再度、「私は、あなたから、生意気な口をこれ以上聞きたくありません。さもなければ、辞職しても良いのですよ」と荒々しく言いました。このことに対して、彼は凄まじく激怒しました。しかし、彼は決して、そのことを表に出す勇気はありませんでした。そして、彼は父親にもまた、言う勇気がありませんでした。一カ月も経たない内に、唇は大きく腫れたので、彼は、辞職を強いられました。そして、彼は唇の状態についてだけ、状況を父に説明しました。

そして医学的な援助を、必死に探し始めました。その一方で、それに加えて、彼は毎日ピアノ演奏とフルートの指づかいを、絶対に九時間以上練習しました。このような三年間の間、父は、不安と苛立ちを増しながら、腫れた唇を見ていました。そして、ようやく、父は、医療専門家を、うんざりするほど長い間、辛辣に非難し、感情を表しました。そして、もっと有能な医者を捜すことを要求しました。ついに、彼は、その問題で辛くやり場がなくなり、黙りこむしかありませんでした。ユーゴスラビア人の女の子とのロマンスは、終わりました。彼女は、大学での勉強を終わり、さらに歌と絵のトレーニングを受けるために、本国に帰りました。

臨床経過

最初の数回の面接は、前記の病歴を手に入れることに使いました。彼はこれがイヤだったので、突如、病歴を取得しないで済ませるように要求してきました。そして、催眠が滞りなく使用されました。

五回目の面接で、催眠をかけようと努力しましたが、彼は、感受性の鈍い難しい被験者であることがわかりました。しかし、二時間以上、三回セッションした後、軽いトランスが誘導できました。彼の腫れた唇が精神的な起源であること、それが治療できること、それは、抑圧されて、無視されて、見落とされて、長年にわたって意識的に禁じられていた行動を明示し表現するため、無意識が深遠な、そして抵抗しがたい必要性を外部に現したものであることを、できるだけ断固として、そして、できるだけ権威的に暗示するために、この軽いトランスが利用されました。「そのような表現されたものがどんなに恐ろしく見えたとしても、あるいは不合理に見えたとしても、無意識は完全に自己表現しなければなりません」と彼は話されました。さらにまた、「無意識は何をするべきか、そして、どのようにそうするべきか理解しています。そして、あなたはその必要性を心底感じて、著者にすべて説明します」と彼は話されました。それが完全になされたとき、その後、あなたは現在の問題から立ち直ることができるでしょう。これらの後催眠暗示は、多くの強調と繰り返しを使って、そして、可能な限り最も権威的な方法、独裁的な方法で与えられました。セッション終了時に彼は質問をしないように、そして、家に帰って、無意識に、その仕事の準備をさせるようにと、そっけなく言われました。次のアポイントで、彼は正確な時間に来て、遅れることなく、どんな意識的な干渉も受けないで、その仕事を、無意識に開始させることになっていました。このとても権威主義的なアプローチが、適切であると考えられた理由は、効果的ガイダンスが常に権威主義的な形で来たという患者の以前の人生経験と現在の期待を利用したからでした。上席著者は、彼の権威主義的な期待を利用しただけでした。

　次の面接で、彼は、指示されたようにオフィスに入りましたが、唇に塗る薬が欲しいと、すぐに言いました。「あなたの意識を黙らせ、その愚かな薬の要求をやめさせてください。そして、あなたの無意識に、その仕事に当たらせてください！」と、彼はきっぱりと言われました。彼は激しく荒々しい怒りで反応しました。彼は椅子から飛び出して、役に立たない格下の哀れな専門家の例として、大きな声で、そして辛辣に著者を非難しました。そして、彼の意見を表すために卑猥な言葉をさらに浴びせ冒涜しました。すべての時間が非難する言葉で費やされました。終了時間ピッタリに、彼は「あなたの無意識は今、黙ることができます。そして、次の時間、無意識は正確に時間通りに継続して、もっと完全に、もっとうまく仕事をするでしょう。すぐにオフィスから出て行ってください」と厳しく言われました。

　彼は、次の約束のために正確に時間通りに現われましたが、ドアを閉じるとすぐに、痛烈に非難し始めました。その面接は前と同じように終了しました。そして、治療経過の中で、このパターンは基本的に最初から最後まで続きました。九カ月、一週間に二時間、この手順が続きました。そして、この次のアポイントの時間が異なることを、ほぼ月に一度、独断的に言われましたが、それ以上のことは言われませんでした。しかし、そのようなときに、彼が診察室に入ると、オーケストラメンバーが、コンサート後、コンサートの間どのように感じたり、感知したりするか、個人として彼は、自分の感情、そして人生経験、希望と恐怖をどのように演奏で表現するのか、というようなそれぞれ異なる音楽的意義を持つ話題について、良い話し合いをするることを歓迎します。患者は、敵対的な行動を現して、同じ強さ、同じ熱意でこれらのセッションに参加しました。そして、彼は議論の中で、本当に訴えかけました。

最初、非難は、医療専門家の一員として、そして、特定の分野の医師として、主に著者のことでした。これは、船を走らせ、あらゆる土地を荒廃させて、略奪した人類の一員として、特に古代スカンジナビア人の子孫として、著者を非難するに至りました。彼はこれら非難のコメントに多くの優れたイタリア語のフレーズを付け加えました。そして、彼は著者のために、そのフレーズを親切に翻訳しました。それから、これは人類の始祖まで遡って、著者の両親と祖父母を除いた祖先全員を全体的、個別的に非難し、そして中傷することに発展しました。彼の議論は、時間が終了すると、文章の真ん中であっても打ち切られなければなりません。次の時間、その文を完成させて、話題を継続させるところに印をつけます。また、バスでの帰り道は、次の面接で、もっと良い侮辱を提供することができるか、彼が研究することに、通常使われました。著者の祖先から、人類としての著者、生理的生きものとしての最初の人類としての著者へと話題を変更しました。これを言い尽くしたとき、大方、略奪と強奪以外の遺産のない社会のメンバーとして、著者を話題にしました。この話題を徹底的にしながら、彼は家庭的な男として、著者を見るようになりました。彼がこの話題を展開したとき、彼の運動行動 motor behavior に著しい変化が起こりました。以前、彼は動揺して床を行ったり来たりして、激しく身振り手振りをしました。この話題をし始めると、すぐに、彼は、著者の鼻の下を拳で揺さぶるために飛びかかるという、運動行動を増やしました。そして、彼がどのように著者を叩き、傷つけて、あらゆる種類の傷害を、著者に負わせたいと思っているか、説明しました。著者の右目、左目などをえぐり出す方法を、身振り手振りで表現する間、各々のデモンストレーションを、著者がよく注意していることを、彼は求めました。その上、彼は、オナラをして、ゲップをして、ツバを吐くことによって、発言を強調しました。

彼が家庭的な男として著者を話題にしたとき、彼は、いろいろなものを項目ごとに取り上げ、父の家を説明しました。このように、著者のテーブル行動、子どもたち各々に対する態度、家庭活動と仕事、そして他の習慣と特徴に対する彼の要求は、広範囲に、けなすように、そして、激しい辛辣さと憎悪をもって思案されました。何時間も、憎悪と憤慨と途方もない力説をとめどなくほとばしらせて、この一般的な話題で過ごしました。ようやくある日、約束の時間の終わり近くになって、彼は、「あなたが私の父親だったら……」と宣言して、非難演説において、初めて父のことに触れました。すぐに、「しかし、あなたは父でありません。あなたは父でありません。あなたは父でありません」と、彼はおびえて休止し、弱々しく座って、あえぎました。親しみやすい口調で、「はい、私はあなたの父親ではありません。あなたの無意識が私に言っていることは、お父さんに対するあなたの感情を、あなたが理解するのに役立つことです。今、あなたが何年もの間、積もり積もったすべてのことを言うと、あなたの唇は良くなります。あなたは、いままで誰にも口にしなかった生意気な言葉を、すべて私に話しました。そして、それをあなたは、自分だけの秘密にしていました。あなたは自由です。あなたの唇は今、回復します。あなたがしなければならないことは、お父さんを見ること、一人の人として他人を見るように見ることだけです。あなたは今、成長しました。父が理解できることに限って、あなたが求めること、感じること、望むことを、あなたの父に教えてください。彼が理解できないことは、言う必要がありません」と、彼は言われました。彼は、「私は考えなければなりません。私は、今夜、父と話します」と返事しました。

次の面接で、その晩、その日の通常の集まりで、「自分は実際、一人前の男性ですから、何が正しくて、何が良いかわかっています。そしてそのとき以来、自分自身に対してだけ責任があります。今、親からの命令を受けるのをやめます」と父に話し、それに加えて、「唇はまもなく治癒します」とつけ加えました、と彼は報告しました。彼の父の反応は典型的なものでした。長く思慮深い沈黙をした後で、父は行動を開始し、患者まで歩いて、彼と握手しました。そして、イタリア語で、「息子よ。私は老人だ。私は、お前が成長していることを忘れていた。私を許してほしい」と簡潔に言いました。

一カ月もしないうちに、患者の唇は元通りになりました。彼は毎日練習しましたが、九時間という割り当ては、もうありませんでした。彼は「東部の大都市へ行くつもりです」と父親に自分の考えを話しました。そして、彼が選んだ場所は元婚約者が勉強していたところでした。数カ月後にオーディションの機会があるまで、ウェイターの職を彼は確保しました。彼はフルート奏者として大きな交響楽団に参加しました。彼は婚約を更新して、フィアンセを彼の両親と著者を訪問するように送り出しました。彼女はとても魅力的な女の子でしたが、ヨーロッパでのふくらむ不安に大きな悲しみを抱いていました。彼女は、「家族に会うためにユーゴスラビアに戻ろうと思っています」と著者に話しました。彼女とは、一九四七年まで二度と会えませんでした。第二次世界大戦の勃発は、彼女の故国で彼女を窮地に陥らせました。彼女はゲリラ部隊に加わって、ほとんど戦争の最初から最後まで、多くの困難な状況下でナチスと戦いました。それから、彼女は捕虜になり、強制労働大隊に入れられて、情け容赦なく扱われました。最後に、彼女は逃げて、なんとかアメリカに戻ることができました。彼女は、もはや魅力的な女の子でありませんでした。彼女は、年を取り、腰の曲がった灰色の毛の女性でした。そして、顔、腕、そして足にひどい傷がありました。彼女はピエトロについて尋ねました。しかし、「彼は私宛に熱心に手紙を繰り返し書いてきたのですが、戦争に入っていたので、アメリカ国内への手紙のやり取りは途絶えていました」と話すことができるだけでした。そして、彼の父はパン屋をあきらめて、軍事産業に携わりました。そして、このように、すべての接触は失われました。彼女はあきらめて、この情報を受け入れて、著者に、「さようなら」と言いました。

ケース8　性的機能障害
——素早い催眠療法的アプローチでの夢遊病トレーニング

上席著者の評判を聞いて、尊敬していた引退した専門家は、個人的問題に対処するために面接を電話で申し込みました。この一回、一時間の面接の最初の部分で、上席著者は、夢遊病的行動を促進するときの典型的アプローチを例示します。彼は治療的な参照枠を確立して、そして、緊密なラポールとその後の夢遊病的特性を示す行動を開始するために、手際よく、多くの間接的形式の暗示と一連の後催眠暗示を利用します。上席著者は、「ツー・レベルのコミュニケーション、そして継続的に抵抗を放出することと、抵抗を置換することが最も重要です」と説明します。

このセッションのパート2で、トランス誘導への古典的腕浮揚アプローチを、直接的形式と同様に、象徴的形式で治療的暗示を導入するための豊かな文脈として、どのように使うことができるか、エリクソンは説明しています。頻繁に、患者の注意と期待が、最も高いレベルにある場合、トランス経験を開始する最初の瞬間に、治療的暗示を導入します。何が起こるか、患者が理解する前に、この異常に迅速なアプローチによって、患者は治療的暗示を受け入れます。患者の意識が、腕浮揚の新しい経験に執着していると、治療的暗示に気づきません。したがって、治療的暗示は、患者の意識、習慣的態度、そして学習された限界の一部を回避して、無意識によって受け取られます。

私たちが「優位」半球、「非優位」半球を、「意識」、そして「無意識」という用語に言い換えるなら、新しい催眠療法的なアプローチを説明するための神経心理学的な基礎を持つことになるかもしれません。容易に左脳、右脳の一方を支配することができる腕浮揚のようなトランス誘導で優位半球を占領することは、非優位半球の象徴言語で表現された治療的暗示を受け取るために、非優位半球を解放するかもしれません。このセッションのパート2は、このアプローチがトランス誘導と暗示において、大脳半球のインタラクションを利用していることを、とても鮮明にデモンストレーションしています。

パート1　夢遊病行動を促進すること

エリクソン◎あなたの問題が何か、私に教えてください。

P◎私は数年前に妻を失くしました。彼女は二、三年ほど病気をしていました。私たちは、いつも正常な性生活を持っていました。しかし、彼女が死んだ後、私は完全に無力になりました。そして、私は勃起することができませんでした。私は再婚することを考えていなかったので、それで私が思い悩むことはありませんでした。今、私は、とても必要だと思う女性に出会いました。私は、彼女と結婚したいと思っています。私は、押し進めることすべてをしました。彼女は、私たちは、もっと長く待つべきだと考えました。私は彼女と同居することができるかもしれませんが、同居ではなく、結婚したいと思っています。しかし、彼女とのメイクラブのプロセスに、かつて知っていた性感を得ていないことに気づきました。私は、だいぶ年をとっているので、そのことがそれほど頻繁に起こらないことを理解しています。私は六八歳です。私が数日前にあなたに電話して以来、これが変化しました。私は性交をまだしていません。しかし、メイクラブの間、勃起しました。私は、これがしっかりしていると感じたいのです。私たちは、およそ五週間したら、結婚する予定になっています。私は、自分自身のためだけでなく、彼女のためにしっかりしていると感じたいのです。

エリクソン◎あなたは考古学に関心がありますか？

P◎いいえ、そんなには。

エリクソン◎あなたはエジプトのミイラと一緒に発見された種子が、五千年後に発芽したことを知っていますね。

P◎はい、知っています。

エリクソン◎さて、あなたが膣の中で、ペニスが勃起しないと思う理由がありますか？

P◎いいえ、何もありません。それはここ数日間で変わりました。しかし、私があなたに電話をしたとき、それが心配でした。

エリクソン◎あなたは心臓機能か、あるいはすい臓機能、唾液腺について心配する理由がありますか？

P◎ええ、私は、そのことをまったく心配していません。しかし、これは個人的関係でした。それは私を心配させることでした。私はわかりたいと思いました。そして、彼女もまた、わかりたいと思ったと考えています。

エリクソン◎結構です。生理的見地からすると、なんら心配する必要はないようです。

P◎私はそうは思いません。

エリクソン◎そうは思わないのですか？

P◎はい。私は、確かにそうは思っていません。

エリクソン◎心理的、感情的な見地から、あなたには心配があるのですね。

P◎そうです。

エリクソン◎あなたは、彼女が裸でいるとき、感情的、心理的な見地から疑いを持つ可能性があると思いますか？

P◎いいえ、私は、今はそう思いません。しかし三、四日前には、疑いを持っていました。

エリクソン―あなたが手元の問題を忘れることは決してありません。しかし、あなたはその問題を、患者が経験してきた多くの他の方法に置き換えます。あなたは、患者の現在の問題に対処するために、他で経験してきた学習を利用します。

ロッシ―それは、この面接の最初で、まさしくあなたが言っていることです。彼が問題を話すと、ただちに、考古学への関心があるかと、あなたは尋ねます。これによって五千年後に発芽する種子という考えを持ち出すことができます。もちろん、それは、彼の問題に対するユーモラスで意味あるアナロジーです。あなたはすぐに、しばらくの間、使っていなかった生命機能を回復することができることを確証するために、彼の知識を別のモダリティで使っています。これは、治療的な参照枠を促進するために、あなたが最初にしたアプローチです。それから、あなたは心臓、すい臓、そして唾液腺の機能について質問します。そして、それがさらに、自動機能なので、ペニスの勃起について心配する必要はない、という含意を導きます。あなたは、それによって、もう一つの治療的な参照枠を導入していきます。いったん、彼が、勃起についての意識的不安から来る制限効果、そして抑制効果をなくすと、無意識のプロセスが他のものを機能させるように、体内の無意識のプロセスがペニスの勃起を管理します。患者は、「個人的関係」が関与している、と言うことによって反対します。それから、あなたは、これを利用し、「生理的見地からすると、なんら心配する必要はないようです」と確認します。これが問題の生理的側面を解決するので、患者が簡単に受け入れることができるように、「心理的、感情的」として、あなたは問題を定義することができます。それから、あなたは「彼女が裸でいるとき、疑いを持つ」ことについて仮定の質問をして、あなたは、問題の精神的な面でさえ、彼が解決できることを認めることができるようにします。このように面接の最初の数分で、あなたは、患者から一連の承認を受け取り、非常に強い治療的な参照枠を構築した後、催眠ワークをします。最後の意見の中で、患者はすでに、問題を過去のことにしています。彼の今の非常に限定された問題は、簡単に解決することができるという大きな期待を持って、彼はトランスにアプローチします。

トランス誘導――早期学習セット

エリクソン◎さて、あなたの腿に、あなたの手をこのように載せて座ってください。そして、そこの点を見てください。そして、それを見続けてください。あなたは、話す必要はありません。

あなたは、動く必要はありません。

あなたは、実際に動く必要はありません。

そこの点を見てください。
ずっと昔、
あなたは、幼稚園初級に
行きました。
そして、あなたは、多くの形式で
アルファベット文字を学ぶという
克服しがたいように思われた仕事に、その後、
直面しました。
そして、その仕事は、克服しがたいように思われました。
しかし、あなたは、あらゆるアルファベット文字のために
心像を作りました。
そして、あなたは数字に関する
心像を作りました。
そして、あなたは、人生の残りの間、
残しておくために、それらの心像を作りました。

ロッシ―ここでは、あなたは前置きを何も言わずに、トランス誘導します。なぜなら、この専門家の男性は、その治療の可能性をすでに知っていて、それについて前向きな期待を持っているからです。この早期学習セット誘導（Erickson, Rossi, and Rossi, 1976）は、早期の学習経験を喚起する間接的な観念力学フォーカシングによって、年齢退行を促進する傾向があります。早期の学習経験をこのように起動することは、あなたが後から引き起こす催眠現象の基盤となります。

トランスを承認すること
――トランスにおけるボディー・ランゲージ

私があなたと話している間に、
あなたの呼吸は変わりました。
あなたの脈拍は変わりました。
目を閉じてください。い～ま。
［患者が目を閉じ、そして、少しずつ、ほとんど、彼の胸にさわるまで、頭がとてもゆっくりとおじぎをしている間、休止］
あなたは深いトランスに入り、
あらゆる面で快適さと
満足感を楽しみます。
［患者の体が少し不安定に前に傾く間、休止］
椅子に座ったまま、後ろにそることができます。
［患者の体が椅子の背後に気持ちよくリ・オリエンテーションする間、休止］

ロッシ―あなたは、ゆっくりと引き延ばされた「い～ま」という声で条件づけプロセスを始めます。そして、その後、深いトランスの中で、快適さと満足感をあらゆる面で楽しむことができることを強調します。そのような快適さが、トランスの特徴

であることを知っているので、これは間接暗示の形式です。

エリクソン――「あらゆる面で満足」と私が強調したことには、彼の頭皮、鼻、臀部、そしてペニスが含まれます。

ロッシ――患者は、これを一般化による間接暗示 indirect suggestion by generalization として認識しません。「問題」はペニスですから、彼の無意識は自動的に、その暗示された満足感の一部を、そこに集中させる傾向があります。

エリクソン――彼の体が前に傾いたということは、彼が愛の光（恋人 light of love）に向かって傾いているという徴候である可能性があります。妻が死んだ後、彼は、体をそらしていました。

ロッシ――前に傾くことは、ポジティブなラポールの徴候である可能性があります。後ろにそること、あるいはセラピストから離れる方向に引っぱることは、負の転移反応の徴候、あるいはセラピストと患者間の問題を意味しますか？

エリクソン――それは、提示された考えが、困難なことを示している可能性があります。

夢遊病トレーニングを開始する後催眠暗示
――知らないうちにトランスに入っていること

そして、今、私はあなたに何かを理解して
ほしいと思っています。
あなたが目を覚ますとすぐに、
私はあなたに何かを言うつもりです。

ロッシ――この後催眠暗示は、夢遊病トレーニングを始める方法です。それは、受け入れることが、非常に簡単な暗示です。なぜなら、患者は、目覚めた後、あなたが何かを言うと当然予想します。しかし、あなたが何か言うとき、別のトランスを開始するという後催眠暗示を実際、与えていることを彼は理解していません。あなたは初期の研究（Erickson and Erickson, 1941）で、後催眠暗示を受け取って、後催眠暗示を実行するとき、被験者が再度トランスに入ることを示しています。トランスの後で、あなたが何か言い始めると、目を開けていても、被験者はトランスに再度入る傾向があり、あたかも覚醒しているかのように、行動する可能性があります。これを、あなたは夢遊病状態と定義します。そのとき、あたかも覚醒しているかのような行動をしますが、セラピストの催眠暗示に従うことができます。

エリクソン――はい、催眠トレーニングで、患者に望むことは、覚醒しているという考えを持って満足していることです。

ロッシ――患者が実際、そうでなかったとしても、あなたは、それを夢遊病状態と定義しますか？　患者は自分が覚醒していると考えています。しかし、患者はあなたをすぐ近くで後追いしています。そしてそれによって、とても多くの催眠反応を実行できます。それを、私たちがトランスと呼ぶ変性状態の中に、被験者が入っていると言います。彼は批判しません。そして彼自身の行動を指示することを開始します。彼は、あなたの暗示を待っています。患者は、気づかないうちに、トランスに入っています。

エリクソン―以前、私は、部屋にいる私たち全員に対して、あたかも目覚めているかのように行動するように、被験者に言ったことがありました。しかし、全く予期しない人が部屋に入って来たとき、被験者は、入って来た人に、応答することができませんでした。被験者は、新しく入って来た人が話しかけても、聞くことができませんでした。

ロッシ―すでに部屋にいる人たちと特別なラポールがあることを示しています。そして、そのラポールは、見知らぬ人を誰でも排除します。そのような強烈なラポールは、夢遊病的トランスに特有です。私は、患者が夢遊性トランスの中に頻繁にいると信じ始めています。そして催眠セラピストはそれに気づいていないか、あるいはそれを利用する方法を知りません。

エリクソン―私は確かに同意します！　ほとんどの人は、夢遊病的行動が、どんなものかということについて、そのような確固として厳正な考えを持っています。［上席著者は、行動の変化がどれほど微妙か指摘し続けます。そして、それは治療的トランスの存在が、頻繁に多くのセラピストによって見逃されていることを示しています。（Erickson, Rossi Rossi, 1976 参照）］

暗示を強化するために患者のやる気を利用する

そして、あなたは、自分自身を、
そもそも本当に疑ったことに
驚くことができます。

［休止］

ロッシ―あなたは、ここで治療的暗示を投げかけますか？

エリクソン―前の後催眠暗示を強化するために。

ロッシ―セラピーで、あなたは暗示を強化するために、患者自身のやる気を利用します。

エリクソン―セラピーでは、あなたの暗示すべてが、全部に関係している必要があります。

催眠健忘を促進している夢遊病的状態

さて、私がトランス状態で、あなたに何を言うか
覚えている必要はありません。
しかし、あなたの無意識は
覚えています。
しかし、無意識が何を知っているか、
私たちすべてがほとんど知りません。

ロッシ―これは、健忘のための許容的暗示です。あなたは、意識的な抵抗を起こすだけかもしれないので、健忘しなさい、と命令しません。あなたは、患者に明らかに、簡単なことをさせています。すなわち「あなたが覚えていることは必要ありません」。これは、覚えているのはとても難しい、と示唆していま

す（日常生活の経験からよく知っているように）。

エリクソン―あなたが誰かに何かしなければなりません、と話したら、彼らはそうしないで、いつでも戻って来ます。

ロッシ―それから、あなたは、「あなたの無意識は覚えています。しかし、無意識が何を知っているか、私たちすべてがほとんど知りません」と認めます。これが、さらに制限された意識的メンタルセットの重要性が弱められている間、健忘と無意識の役割を補強する傾向があります。意識的な健忘を、そして無意識の働きの重要性を強調することは、夢遊病状態を促進する方法です。

リハーサルによってトランスを深化すること

私はあなたを覚醒させて、
トランスに戻すつもりです。

エリクソン―覚醒させて、トランスに戻すことを繰り返すことは、トランスを深化させる方法です（Erickson, 1952）。

ロッシ―それは、意識をさらに弱める方法で、夢遊病をトレーニングするための一種の混乱アプローチですか？

エリクソン―はい、治療的方法で、反応するように患者をトレーニングしています。

ロッシ―あなたに反応するように、あなたは患者をトレーニングしています。

エリクソン―また、あなたの治療的暗示は、患者自身のパターンでの行動に基づいています。

ロッシ―深いトランスによって、患者が、自分のニーズに一致するように、あなたに非常に緊密に追随していることを意味します。

直接暗示を許容的方法でするための質問

そして、あなたにしてほしいことすべてを、あなたはするつもりです。
私がどんなことを言っても、
実現させるあなたの能力に
驚きますか？
［休止］

ロッシ―ここでの最初の文では、あなたは服従させるために、ショッキングな権威主義の欲求を持っているように見えます。

エリクソン―「あなたにしてほしいことすべてを」と言ったのであって、「私が言うことをしなさい」とは言っていません。

ロッシ―あなたは「求める」とき、実は、患者が拒絶することができるように許容的に求めています。それから、あなたは、その求めに続いて、「私がどんなことを言っても、実現させるあなたの能力に驚きますか？」という非常に無害に聞こえる質問で、強く補強します。

エリクソン―幼児でさえ、驚くことが好きです。
ロッシ―驚きはさらに、無意識が活動し、意識を驚かせるということを意味します。
エリクソン―求めるのではなく、あれこれするように、患者に言うセラピストが、あまりに多過ぎます。それは、鉄の手を、分厚いベルベットで覆っているようなものです。

抵抗を放出して置き換えること――否定を使用すること

私がどんなことを言っても、あなたは実現させます、そうではないですか?

エリクソン―あなたはそうします、そうではないですか? 誰かが否定を使用するなら、それは私であるほうがよいのです。
ロッシ―「ノー」の形の中に、患者の抵抗があるとしたら、そのとき、「あなたはしませんか?」という使い方をあなたがすると、「ノー」を置き換えて、放出する傾向があります。催眠を始めたばかりの学習者には、通常、ポジティブな方法で暗示を表現する訓練がなされます。それは、有効なアプローチです。しかし、あなたは、反対傾向の抵抗の形が常に存在すると仮定します。したがって、このむしろ妙に具体的な方法で、患者の否定に気づくために、あなたは否定を使って、それを建設的な方向に変えます。これは合理的な、左脳の見方では意味がありません。しかし、それが効果的な場合があります。なぜなら、トランスが右脳の現象だからです。右脳では、そのような具体的な変化が簡単に起こります。

意識的な抵抗を回避する催眠詩

あなたがすることが、どんな考えであったとしても、
私が言うことが、本当でしょう。In spite of any thinking you do, what I say will be true.

ロッシ―この詩的な対句 couplet は、抵抗に対処するもう一つの方法です。多くの患者が、トランス中に反対の考えを持っている場合、暗示療法に効果がないのではないかと心配します。あなたの対句はこの時点で、患者を安心させます。この対句中の滑らかな音のパターンと強調パターンは、それがスナイダーの催眠詩(Snyder, 1930)の例であることを示唆します。右脳によって受け入れることができるように、その催眠詩は、批判的で知性的な左脳を迂回します。
エリクソン―私は、彼がどんな抵抗をしたとしても、それに、治療的暗示を結びつけています。
ロッシ―このケースで、あなたは抵抗を必ずしも排除するのではなくて、むしろ治療的な暗示をそれに加えます。それは、患者の抵抗を利用する方法なので、患者が抵抗を、自分に対して表すときはいつでも、患者自身もまた、治療的暗示を表していることに気づきます。これは、この種の患者(とても協力的に

見える行動を見せている患者）に特に重要です。外面的には、患者はとても協力的なので、彼は抵抗を、隠しておかなければなりません。したがって、あなたは、患者と育ててあげる必要もない建設的暗示を抵抗に加えることによって、この内部の抵抗を利用します。

はっきりとトランスから覚醒すること、および自発的な再誘導――夢遊病の個々人の特性

ゆっくりと、
心の中で、静かに、
二〇から一まで数えてください。
一つカウントするごとに、二〇分の一ずつ目覚めていきます。
それでは、今から、カウントを始めてください。
[Pが、目覚めるように見えた約一分間、休止]
目覚めることはかなり困難ではありませんか？
P◎ええ、まあ。
[エリクソンは、電話に出て受け答えします。そして、エリクソンがそうしている間に、Pは目を閉じて、明らかにトランスに戻って行きます]
エリクソン◎そして、目覚めることは困難です。しかしあなたは、もう一度目覚めることができます。
[Pは、ゆっくりと目を開けるので、その間、休止。しかし、彼は体を、あまりリ・オリエンテーションしません。したがって私たちは彼がまだトランスにいると推測しても良いかもしれません]
そして、とても快適に感じて、目覚めてください。
P◎快適に感じています。
エリクソン◎二回目に、なぜトランスに戻ったのですか？
[Pが混乱しているように見える間、休止]
あなたの無意識は、あなたがそうする以上に、多くのことを理解します。

ロッシ――あなたが電話に出たので、彼があなたに注意しなくなったとき、彼は目を閉じて、トランスに戻ったということは、彼が夢遊病的に、あなたとラポールしていることを示しています。今、彼は、あなたが以前に与えた「覚醒させて、トランスに戻す」という後催眠暗示に従っています。彼が本当に覚醒していたら、私は彼の右隣にいたので、私と、少し関わりを持ったかもしれません。しかし、彼は完全に私や、すべての録音機材を無視します。深いトランスは、患者が昏迷状態、あるいは無意識であるという意味ではありません。それは患者の注意が、関係したことに激しく集中し、その結果、他のものすべてを無視していることを意味しています。あなたは、再び目覚めるように彼に求めます。しかし、彼は目を開くだけです。「とても快適に感じて、目覚めて」と彼に言うと、彼は「快適に感じています」と、ほとんど正確に言い換えて答えます。正確にあな

たに従ったこの言葉は、別のトランス状態を表しています。二回目にトランスに入った理由を尋ねたとき、彼はなぜまごついたのですか？

エリクソン―夢遊病状態では、思考プロセスの遅延があるので、容易に、まごつきに結びつきます。

ロッシ―したがって、ここで私たちは、夢遊病には三つの特徴があることを理解します――（1）強いラポール、（2）患者自身のニーズと一致するセラピストの発言に正確に従うこと、そして（3）精神的な自発性の欠如。夢遊病的自発性では、患者はロボットではありませんが、患者がセラピストと、とてもうまく関係していることを意味しています。

エリクソン―まごついているのは、彼の意識的な心です。私は、まごつかせることで、彼がしていること以上に、無意識が多くのことを理解していることを確認します。私は状況に入らない状態を保ちます。「私は、何が起こっているか知っています」と言わないで、私は、「あなたの夢遊病が知っています」と言います。

ロッシ―夢遊病には一般的な特徴がありますか？　それとも私たちは、各々の人ごとに、個々に区別された徴候として、夢遊病を見つけ出す必要がありますか？

エリクソン―あなたは、各々の個人ごとに、夢遊病を見つけなければなりません。夢遊病は、患者の目的によって異なります。

ロッシ―この患者は、夢遊病状態では、ほとんど自主性を示しませんでした。しかし、他の人は、多くのファンタジーなどを表すことを示すかもしれません。能動的夢遊病、そして受動的夢遊病の間に、一般的に違いがありますか？

エリクソン―この患者は、自分自身から受け取っていたものを好きになれませんでした。したがって、彼が受動的なままにしていたのは、私から受け取ることができるものを手に入れるためでした。そういうわけで、彼の意識セットを弱めるために、私は健忘させ、まごつかせるようにしました。

ロッシ―それらは、彼の習慣的意識的態度を弱めて、無意識の探索と無意識のプロセスが、治療的な反応を促進することを始められるようにする方法でした。このように、患者が非常に受動的で、受容的な状態にいるときでさえ、あなたは、彼がすることになっていることを使って、直接プログラムを行使しようとはしません。むしろ、あなたは、彼自身が意識の限界を回避できるように援助します。それで、彼の意識のポテンシャルが、明らかになることができます。

エリクソン―患者は、患者自身の無意識を信じた方がよいのです。

早期の行動パターンとしての催眠現象――含意は早期の行動パターンを喚起するか？　治療的暗示のためのメタファーによるツー・レベルのコミュニケーション

エリクソン◎そしてあなたの人生のすべてで、一歳から、あなたは、立ち上がることができることを知っていました。良いですか？

P◎そうですね。

エリクソン◎そして今、できないことがわかります。立ってみてください。できませんね。

［とても素早く、柔らかく言いました］

［患者は彼の体の上部で、失敗に終わったかすかな動きを二つ、三つします。そして周りを見て、少し苦しみます］

エリクソン―「一歳から、あなたは、立ち上がることができることを知っていました」。これは、一歳以前はできなかったという意味です。同時に、メタファー的な方法で、彼の問題を扱っているツー・レベルのコミュニケーションです。すなわち、立ち上がることができないことは、勃起することができないことに似ています。

ロッシ―あなたは、彼の精神的な問題と無意識に関係する催眠現象を選びます。その結果、催眠現象（立ち上がることを彼に許可します）を後で解消するとき、あなたは、ある程度、彼の性的なインポテンツを解消しているのかもしれません。これは、間接的治療が無意識レベルでなされていることを、とてもはっきり示す例です。これはさらに、催眠現象に対して、あなたがユーティライゼーション・アプローチをした、とてもはっきりした例であるように見えます。早期の精神運動性のレベルで、「歩くことができない」ことを実際に喚起して、次に、それをこの催眠現象の基礎として利用することができると思っていますか？　催眠は単なる想像ではありません。それは関係する神経学的回路（非常に多くの場合、幼時と幼児期からのもの）を活性化することに基づいています。

エリクソン―はい。そのような幼児パターン、そして幼児期パターンには長い歴史があります。

ロッシ―その長い歴史のために、そのパターンは私たちの内に特定の優性遺伝を持っています。実際、そのパターンはこれまで、絶滅しませんでした。そして、きちんと作動すると、そのパターンは行動として表現されます。含意のような間接的な手段で、そのような早期の精神運動パターンを活性化することは、通常、かなり効果があります。なぜなら、直接命令は催眠反応をまわりまわって妨げる意識の疑いの態度を喚起する可能性があるからです。

エリクソン―あなたは、総体的な歴史的存在total historical

beingとして、患者を取り扱います。あなたは、ごく最近のこと以上に、とても長い期間の神経学的足跡と記憶に頼ることができます。

ロッシ―催眠セラピストが、現象を喚起する方法に関するヒントだけでなく、喚起することができる現象のタイプを、さらに十分に理解するために、幼児期の発達を調査することはよいことです。すべてとは言えないにしても、ほとんどの催眠現象は、実際には早期の機能パターンです。これは、あなたの仕事を他と区別する側面です。すなわち、あなたは、催眠現象の中で、本当の精神的なメカニズム、そして無意識のプロセスを呼び起こしていると信じています。それは、高い被暗示性hypersuggestibility、あるいは想像力自体(つまり催眠現象の基礎)というよりもむしろ、個人が早期に経験した学習を利用することです。

エリクソン―患者は、自らの人生経験から反応することができるだけです。

治療的なアナロジーという創造的なプロセス

エリクソン◎そして、一つの考えが、あなたをどのように占有することができるか

あなたは今、本当にわかっています。

[Pは目を閉じて、さらに深いトランスに陥ったように見えます]

エリクソン―一つの考えが、彼をどのように占有することができるか、彼は今、「本当に」わかっていると言うとき、あなたは、もちろん、アナロジーによって彼の問題に言及します。すなわち、考えが、立ち上がることを妨害できるのと同様に、考えがペニスの勃起を妨害します。

ロッシ―彼は、恐らく再び目を閉じました。なぜなら「立つこと」を不意に実現することには、それらの異なる意味があったからではないですか?

エリクソン―たぶん、目を閉じることが、実際、その意味を作成する内部探索および無意識のプロセスに対応しました。そのようなアナロジーを理解するには、彼の側に創造的な努力が必要となります。アナロジーを理解することは、彼自身の創造的な努力ですから、直接文として、単に押しつけられた場合より、拒絶しにくくなります。

ツー・レベルのコミュニケーション――さらなる夢遊病トレーニング

エリクソン◎そして、再び目覚めて、

至る所でとても快適に感じてください。

[Pは再び彼の目を開きます。その間休止]

立つことができないことをどのように感じますか?

P◎ええ、そのことは私を悩ませません。私は立ちたいと思っていません。

エリクソン◎そして、今、着席し続けることができません。

[Pは見回してから、立ち上がります。しばらくの間、見るからに少し当惑していました]

今、座ることができます。

[Pは座ります]

エリクソン—立ちたいと思っていません、と彼が言ったとき、それは彼が選択権を持っていることを意味していました。さらにそれは、無意識レベルで、彼が立たないペニスに関する選択権を持っていることを意味しています。

ロッシ—なるほど、彼は、ときどきその選択をしたいのかもしれません。彼はそのことにまったく気づかずに、ここでツー・レベルのコミュニケーションを使っているのかもしれません。今、この文脈の中で「着席し続けることができない」という暗示は、彼のペニスを下げておくことができないという象徴的意味を持っています。そして、この時点での明らかな彼の当惑を説明しているかもしれません。それは、さらに、彼があたかも目覚めているかのように活動している間でさえ、彼があなたの催眠暗示に従う夢遊病的行動を一層トレーニングする手段です。

エリクソン—彼が「着席し続けることができない」と言うことは、無意識レベルでの治療的暗示です。「あなたは立ち上がらなければなりません」という言い方を注意深く私が避けていることに気づいてください。私は「立ち上がる」という問題を回避したかったのです。そのように彼は、ペニスを上へ立てることに苦労していました。ですから、それは無意識レベルで催眠暗示を打ち負かす可能性があったからです。

パート2
腕浮揚を使った治療的象徴化を利用する
素早い催眠療法的アプローチ
——トランス誘導と暗示での大脳半球の相互作用

エリクソン◎この経験をあなたに楽しんでほしいと思います。あなたのどちらか一方の手、または両方の手が、あなたの顔に向かって持ち上がります。

そして、あなたが手を下へ押そうとどれほど頑張ったとしても、手はあなたの顔の方へ上がります。

[患者の右手の指が、一時的に持ち上がり、そしてその後、やさしく、震える動きで、手全体が持ち上がります]

そして、あなたは、それを止めることができません。

[Pの右手が、ゆっくり彼の顔に接近する間、休止]

また、それを止めるために、あなたにできることは何もありません。

[手が、Pのヘアラインに向かってひょいと浮かび上がる間、休止]

もう少し高く。

あなたの手が、髪にさわるのを止めるために、あなたにできることは何もありません。
［Pの手は、頭の毛に近づき、最後に触れます］
髪の毛の感覚、
そして、あなたは手がそうするのを止めることができません。
そして、今、あなたは、望むときにはいつでも、
ペニスが立ち上がることができて、髪の毛を感じることができることを
知っています。
［休止］

ロッシ―あなたは、今、古典的な腕浮揚に取り掛かります。しかし、あなたの言葉は、別のレベルでは、腕浮揚とペニス浮揚とが等しくなることを意味しています。「あなたは、それを止めることができません」と数回、あなたは言いました。あなたは、それによって、象徴的に、ペニスの勃起を止める意識的な心の能力を弱めようとしたのですか？

エリクソン―そうです。

ロッシ―彼の左脳は、右手を浮揚することに心を奪われている場合があるので、右脳の象徴的言語で与えられるあなたの治療的暗示を受け入れ、それに従って行動するために、腕浮揚が右脳をさらに利用できる状態にするという仮定には魅惑されます。最近の研究（Smith, Chu, and Edmonston, 1977; Diamond and Beaumont, 1974; Kinsbourne and Smith, 1974）は、一つの活動が優位な大脳半球を先取りすると、他のデータに対処するために、もう一つの半球を解放する傾向があることを示しています。これは、優位大脳半球の注意を占有する誘導へ向けた腕浮揚などのアプローチで、無意識（あるいは非優位半球）の象徴的言語の中に、治療的暗示を散りばめるあなたの一般的実践の神経心理学的な基礎かもしれません。多くの系統的研究は、現在、この治療的なアプローチの効果を最大限に高めることができるパラメータを解明するために、トランス誘導と暗示における大脳半球のインタラクションに関するこの仮説を検証することが求められています。

不可避なことに依存する後催眠暗示

エリクソン◎あなたはそれを楽しむことができます。
それは、あなたの毛ではありません。
それは、あなたの毛ではありません。
それは、彼女の毛の感覚です。
そして、暖かい体を感じて、毛の感覚を感じて、楽しむまで、
あなたは手を降ろすことができません。
［休止］
そして、あなたのペニスが立ち上がらないことを、
何もあなたに言うことはできません。
そのことを、何もあなたに言うことはできません。
［休止］

そして、あなたが望んでいる限りずっと、　毛と膣の感覚
を、　何も妨げることができません。
[休止]
そして、私はあなたに、自分の毛に触れているように、手が
感じていないことに
気づいてほしいと思っています。
まるでその女性の毛に触れているように、
手は感じています。
[休止]

エリクソン―私は、彼の顔と毛髪の方に向かって、持ち上がるプロセスを開始しました。いったん、それが順調に進行し、止めることができなくなったら、私はそれを膣と陰毛の問題へ移すことができました。

ロッシ―初期条件を受け入れたので、彼は、治療的暗示を受け入れることへと、その勢いによって持ち込まれます。

エリクソン―現在、彼女といるとき、彼は暖かい体を感じざるをえません。「暖かい体を感じて……楽しむまで、あなたは手を降ろすことができません」と私が言ったとき、それは回避不能で、そして、私は立ったペニスと彼女の暖かい体を象徴的に結びつけました。

ロッシ―これはいつでも、あなたが暗示した行動を不可避なことに依存させる後催眠暗示の基本原理です。

さらなる後催眠暗示

そして、私は、あなたの人生に驚きを持ってほしいと願って
います。
いつか、今日、あるいは
明日、
あなたの手が彼女の頭の髪の毛に触れると、
ペニスがすることを強く主張することに
気づくでしょう。
あなたはそれに驚くようなことをさせます。
そうではないですか？
[Pはイエスと頷く]
[休止]
そして、あなたは欲求の力強さに
とても喜ぶようになります。
しかし、あなたは、その女性を怒らせません。
しかし、あなたは欲求のまさしくその力強さに
満足します。
[休止]
そして、「人は、心で考えている通りの人間である」▼訳注8と、

▼訳注8　旧約聖書の箴言《しんげん》（Proverb）第二十三章七節の中の文。For as he thinketh in his heart, so is he.（文語訳：そはその心に思ふごとくその人となりも亦しかればなり）

昔の哲学者は　言いました。
そして、それを忘れませんね？
そして、すぐに、この質問をよく考えてください。
あなたは、その女性について何か話すつもりがありますか？
［Pはイエスと頷く］

エリクソン―「いつか、今日、あるいは明日」は、実際には、いつでも、を意味します。それは来月の可能性がありますし、さらに、この暗示の一般化された時間内に入る可能性があります。

ロッシ―ここで、あなたは再度、もう一つの不可避なこと（彼女の髪に触れる）に依存するペニスの勃起に関する後催眠暗示をします。

エリクソン―どのようなとき、あなたは「女性を怒らせますか？」あまりに力強すぎるか、あるいは弱々しいかのどちらかですね。「あなたの欲求の力強さ」を強調する一方で、私は両方の可能性をそこでカバーしました。その後、私が「女性について何か」話すつもりがありますか、と彼に尋ねることは、彼に選択の余地があることを意味します。そして、私たちに何かを話す場合、彼にもまた、他の物事を隠しておく権利があります。物事を隠しておく権利は、彼に性的能力 potency と力を与えます。

目覚めるための準備

良いでしょう。時間をとって、目覚めて、
彼女のことを自発的に話してください。
［Pが目を開け、焦点をあわせる間、休止。まるで目覚めているかのようですが、彼の手は頭の所に留まったままです。そして、彼は体のどの部分もリ・オリエンテーションしません］
P◎そうですね、彼女は美しいです。　彼女は私と同い年です。　そして、私の人生において、以前、このように愛した人はいませんでした。

エリクソン―私は、秘密にするために暗黙の後催眠暗示をしました。すると、彼は、「そうですね、彼女は美しいです」と一般化して答えます。彼は、実際、秘密にしています。彼は、後催眠暗示に従っていることに気づいていません。

ロッシ―彼が秘密にするように、あなたは通常の覚醒状態の自我コントロールに彼を戻して、それによって完全に目覚める準備を彼にさせています。

エリクソン―はい、彼が、人生で他の誰より彼女を愛していることを認めるとき、さらに覚醒した意識レベルで、それを話しています。

自信不足を象徴的に置き換えて放出すること

エリクソン◎自分自身について、あなたは何を学びましたか？

P◎より多くの自信、一つのことに関して。

エリクソン◎何か、自信が不足していましたか？

P◎はい。疑っていました。

エリクソン◎今、何か、自信が不足しています。どんなことか、私があなたに話しましょう。

あなたはあなたの手を下に置くことができません。

P◎うーん！？

エリクソン―ここで自信について話したとき、彼は自信が不足していることを示唆します。それで私はその話題を手のことに置き換えます。自信の不足を、無害な場所に置いてください。
ロッシ―これは、象徴的方法で、自信の不足を置き換えて放出する方法です。

本当のトランス覚醒を伴うツー・レベルのコミュニケーション

エリクソン◎そして、あなたが熱情的な満足感を持つまで、あなたはそれを押し下げることができません。［Pは目を閉じ、最終的に目を再度開け、手を下に置き、トランスから覚醒する患者に特徴的な、かすかな全身の調整をします。その間、休止］

P◎ああ、今、私はかなり気分がよいです！

エリクソン◎それで、あなたは何を必要としますか？

P◎えーと？

エリクソン◎私たちに言う必要はありません。

P◎はい。

エリクソン◎しかし、あなたはそのことをよく考えます。彼女は美しい二人の双子を持っています。そして、二人とも名前に値します。

［休止］

P◎そうです。

エリクソン―素晴らしい性交の後に、何が起こりますか？
ロッシ―リラックスして、ペニスが下がります。それで、「熱情的な満足感を持つまで、手を下に降ろすことができません」というあなたの暗示は、覚醒しているかのように彼が受け取るツー・レベルのコミュニケーションです。これは、無意識レベルと意識レベルで、治療的暗示のつながりを作る傾向があります。
エリクソン―「ああ、今、私はかなり気分がよいです！」と、彼はそのとき返答します。気づかずに、ツー・レベルで反応しています。私は今、彼女の「美しい二人の双子」についての意見で再開します。そして、それを彼は、彼女の胸のことを言ったのだ、と認識します。彼女と愛し合うことになっているならば、彼は彼女の胸を称賛した方がよいのです。

間接的観念力学フォーカシング

エリクソン◎「今週末、どの山に登るつもりですか?」と、登山が好きな人が社交の場で尋ねられました。そして、「ああ、そうですね」と彼は言いました。しかし、彼は山の名前を言いませんでした。それは彼と彼の妻の間の秘密でした。そして、すべてのカップルは愛の言葉を持つべきです。

[休止]

P◎今、以前より良い感じです。

エリクソン◎そして、「スープを一杯、飲みたいですか?」と、私の別の友人が、ディナーの席で尋ねられました。「はい、私はいつでも、コップ一杯が好きです」と、彼は答えました。

彼が本当に言いたかったことは、「はい、私はいつでも、人生のコップが満たされていてほしいと思います」ということでした。

P◎そうです。

ロッシ―ここであなたは、日常生活での愛の遊びについてのツー・レベルのコミュニケーションを強調しています。

エリクソン―はい、これらのツー・レベルのコミュニケーションは、幼児期の秘密の言葉のようなものです。

ロッシ―それらは幼児期から来ているので、彼が新しい性生活で必要とするような観念力学的反応の宝庫です。このように、あなたは、それらについて話すことによって、この観念力学的反応プロセスを起動させています。これは、治療的な反応のための間接的観念力学フォーカシングの例です。

以前の徴候を治療的に再構築する

エリクソン◎さて、私が、いつも若者に話すことは、

「あなたの人生でいつか、あなたは勃起しなくなります。

そして、あなたが知らないことは、

あなたの無意識が、

あなたの妻の体は圧倒的に美しい、とあなたに話していると

いうことです」

そして、そのことを楽しんでください。

なぜなら、それは、あなた方二人が受け取ることができる最大限の賛辞だからです。

もしいずれかのときに、思いがけなく勃起しないなら、

それは、非常に深遠な賛辞です。なぜなら、あなたが最も究極的なやり方で、

彼女を賛辞していると理解すると、

そのときすぐに、あなたの勃起は戻るからです。

[休止]

ロッシ―あなたは勃起しないことが本当に賛辞になると、実際に思っているのですか？　そうでないなら、これは、あなたが彼に正当化するように申し出たのですか？

エリクソン―彼は、勃起しないことを悪く解釈していました。彼が永遠に、勃起し続ければならない理由は何ですか？　ときどき雨が降って、ときどき降らないなら、生命にとってとても良いことです。私は、それが本当に賛辞であった多くのケースを見てきました。

さらなる治療的アナロジー

エリクソン◎どれくらい、あなたはX市で開業していましたか？

P◎Y年からです。二、三年前にリタイアしました。

［今、Pの医業、そして患者に催眠を使用したことについて、一般的な会話をします］

エリクソン◎X市には、どれくらいイチョウの木がありますか？

P◎知りません。

エリクソン◎私は車に乗せてもらって、X市を通ったとき、交差点を渡りました。そして、私は運転していた友人に、「そのわき道のイチョウの木を通り過ぎませんでしたか？　私が、これまで見たことのない木でした。しかし、あれは絶対にイチョウの木でした」と言いました。彼は「あなたの言うとおりです」と言いました。後で、彼は私に多少、化石化したイチョウの木を見せてくれました。

P◎おお！

エリクソン◎［ロッシに］あなたは、イチョウの木を知っていますか？

ロッシ◎ええ、はい。良く知っています！　イチョウには、生きている運動性の精子があります！

P◎はい。

エリクソン◎以前、私がX市にいたとき、私はカキを注文しました。ウェイターは、「あなたは幸運です。ちょうど二つ残っています」と言いました。私は「二つとも注文します」と言いました。

［カキを食べることと性交能力の間に暗黙の関連性があることに対して、ひとしきりの笑い声。その後、ひき続き、その会話はシーフード全般、そしてPの趣味へと変化していきます。その一つは、微粒子と木の肌合いを使って作業することに関係があります］

私にこれ以上、何か言いたいことがありますか？

P◎私は、何もないと思います。私は完全に異なっているように感じます。私の肩の重荷がなくなったかのように感じます。私は、以前、持っていなかった自分自身に対する自信を持っていると感じています。

エリクソン◎さて、私は旅行することができませんが、私に結婚式の招待状を送ってもらえますか？

P◎はい。そうします。それは、素晴らしい気分です。それは、良い気分です。

エリクソン◎あなたはこれが気に入りましたか？

［上席著者は、Pに木の枝から出てきている鳥のすばらしい彫刻を見せます。その後ろ半分はまったく彫刻されていませんが、鳥の前半分は非常に簡略化されて、エレガントに彫刻が施されています。それはたやすく、木の自然の形に溶け込みます］

P◎それに似たものを見たことがありません。

エリクソン◎繭から出てくる蝶のようです。ただ今回は、それが鳥です。

P◎あなたが、それを彫刻したのですか？

エリクソン◎いいえ、以前は彫刻していました。あなたは木の彫刻は好きですか？

P◎私はこれまでしたことはありませんでした。しかし、私はそれが好きです。

エリクソン◎世界最大の鉄木彫刻の個人コレクションを見たいですか？

［治療セッションは、中部メキシコインディアンによって製作された鉄木彫刻コレクションを、上席著者がPに見せることで、このように終わります］

ロッシ―このような治療的アナロジーを使って、あなたは面接を終わります。そして、今、医師－患者という関係から友人へと移り、あなたは彫刻コレクションを見せるために、彼をあなたの家に招待します
エリクソン―彼は、私がカキ好きであることを知っています。そして、彼は木の彫刻が好きですし、私もそうです。私たちは好きなことを分かち合います。
ロッシ―それから、あなたは性的なことが好きなので、彼もまた、それが間違いなく好きです。この面でのあなたの仕事は、基本的に、転移を解決する方法と同じような「転移療法」です。なぜなら、あなたはただ、あなたの個人的嗜好などを持ったもう一人の人間になるだけですから。

ケース9　神経性食欲不振症▽原注5（拒食症）

パラドックスとダブル・バインド

エリクソン―神経性食欲不振症とわかった子どもたち（およそ五〇人、九歳から十五歳までのすべての女の子）のすべての

▽**原注5**　上席著者は、このケースのオリジナルを書いた。下席著者は、現在、出版するために解説を書き加えた。

ケースにおいて、両親と患者の間に、独特な感情的な関係が、常にありました。それは、隠され抑圧された怒り、憤慨、そしてとてもひどいフラストレーションの一つで、そして不安、懸念と両親に激しく非難されたon the pan of恐怖を伴います。患者にとって、情動的行動は説明するのがとても難しいものです。そこには、根本的な状態として、従順な受動性submissive passivity、自己に対する気配りの完全な欠如、両親、特に母親に対する隠された恐怖、そして空腹感、さらに自己評価をすべて抑圧したことによる餓死するほどの食物拒否によって表わされたすべての感情移入の恐怖があるように見えます。このすべての根底には、多くの場合、言語化されていないのですが、漠然とした概念的な宗教性があり、救世主、あるいはメシアを目的とする同一化を不完全ながら形成していることが示唆されます。

神経性食欲不振症の問題は、私の知識と経験の範囲内では、特性としては感情的なもので、結果的に生じる身体的徴候を伴います。私が短期間（二月十一日から三月十三日まで）に効果的に用いたアプローチは、以下の通りです。私は、十四歳の患者に会いました。彼女の母親は、最初の二回の面接に付き添いました。多くの神経性食欲不振症患者の母親に典型的に見られるように、彼女は、娘を保護するかのように、娘に対するすべての質問に答えました。母親が関心事について、徹底的に話す機会を確保しながら、「黙って、お嬢さんに問題に答えさせてください」と私は礼儀正しく、しかし、きっぱりと母親に話しました。その後、私は女の子から一般的な情報を得始めました。それから、「あなたの両親は、あなたに食べるようにと、私に言わせるために、あなたを私の所に来させました」と私は大いに強調して彼女に話しました。けれども、私は、彼女に食べるように、とは言うつもりはありませんでした。食べることは彼女自身の問題です。ですから彼女は好きなように食べることができます。

ロッシ—この最初のアプローチで、あなたは、「黙る」ように彼女の母親に言うことによって、患者とラポールをすぐに確立します。それから、彼女に食べるように、とは言うつもりはないと、あなたが彼女に話しているように、あなたは患者自身の参照枠に、あなた自身を適応させることによって、イエス・セットの展開を促進します。それからあなたは、「食べることはあなた自身の問題です、ですからあなたは好きなように食べることができます」と彼女に言うことによって、治療的コントロールの場所を患者内に置きます。あなたは、明らかに患者が抵抗を持ち続けることを許します。そして、あなたは、あなたに対して、彼女が身を守る必要がないように取り計らいます。このすべてに、パラドックスと巧妙なダブル・バインドがあります。パラドックスは、あなたが明らかに彼女の側にいて、すること——彼女に食べさせること——になっていることの正反対のことを、あなたがしていることです。巧妙なダブル・バインドは、彼女の行動をコントロールしようとしない、まさにそのアプローチによるものです。あなたがすぐに暗示する治療的作業に、最終的に結びつくラポールと関係を実際にあなたは確立しています。パラドックスとダブル・バインドはともに、一部の意識的な参照枠を弱める効果を疑いの余地なく持っています。その結果、彼女は、今、あなたが暗示することは何でも、これまで以上に利用できます。

意識的な参照枠を逸らすこと

エリクソン―それから、私は、「口腔衛生について医師として、適切でうってつけのアドバイスをすることができます」と指摘しました。「人は食べるか、食べないかに関わらず、歯と歯茎に歯ブラシを使うことが重要で、そして歯みがきペーストを絶対に嚥下しないで、フッ化物入りの歯みがきを使うのが、よい口腔衛生の方法です」と私は女の子に説明しました。その子がこれに同意した後、医師として私には、説明する権利のある口腔衛生がさらにあることを指摘しました。「歯に付いた歯垢を取りやすくするために、歯をブラッシングする前に口内洗浄液は使用しますが、口内洗浄液は絶対に飲み込まないようにすべきです」という絶対守るべき指示をした上で、二回目の口内洗浄液を使った後に、歯をブラッシングすべきという口腔衛生についての私の指示を守るように、その子に約束することを求めました。

ロッシ―あなたは、実際には無関係な問題――口腔衛生――に集中させるというこの間接的なアプローチによって、ここでさらに彼女の意識的な参照枠を減らします。彼女にいくつかのかなり不合理で、実際に不可能な暗示に従わせるために、絶対服従という彼女の性格構造を利用します。

救世主的な複合体を弱めること

エリクソン―神経性食欲不振症の患者において、救世主的な複合体と患者自身の宗教的な要求は、患者に約束を守り続けることを強要します。私は口内洗浄液としてタラ肝油を説明しました。そして、一滴も飲み込まないことを強調しました。その子は、夜間、シクシク泣いて、母を寝させないようにすることで反抗しました。これが二、三回起こったあと、私は「他人の気分を害することは誤っています」と冷静に説教しました。私は、悪い行動には罰が必要なこと、そして、悪い行動が私に対してはなかったのですが、母親に対してはあったので――母親を怒らせたので――母親には罰を決める権利があることを説明しました。その子は同意しました。そして個人的に私は、夜間シクシク泣くことは好ましくないこと、そして、合理的な範囲で母親が選んだ方法で罰しても良いことを、母親に言いました。母親は、罰としてスクランブルエッグを使うことができるかもしれないと考えました。それは、自らに課した食物拒否の儀式の許容できない分野から、食物を取り除きました。さらに、彼女の体は、肝油の味と結びつけられた栄養を受け取りました。そして、それは彼女が自らに課した受動的自己破壊を、破壊する状況を作りました。彼女の受動性は、罰として食物を受け入れることを彼女に強いました。そして、彼女の救世主的な複合体もまた、そうすることを彼女に要求しました。さらに、タラ肝油の不味い味は、肝油の使用を避けたいという必然的衝動を伴う強い嫌悪感を喚起しました。そして何かを、彼女の救世主的な複合体、そして受動性が閉め出しました。彼女の唯一の頼りは、満足と罪の意識の両方を彼女に与える何かを理論的に説明すること、あるいは「忘れること」でした。そしてその何かのすべてが、彼女の受動性と救世主的な複合体の破壊をもたらしました。一度だけ、タラ肝油と肝油を使うことを請け合ったことについて、彼女に質問しました。肝油を最初に使うときだけ監督するように母親に言って、私は一度だけ、肝油のことを尋ねました。母親に、「アリゾナでの初めての泊まりがけ観光旅行に、タラ肝油を確実に荷造りすること、肝油を旅行に忘れないようにするべきことを一度だけ女の子に思い出させてください」と指示しました。治療の終わり間際に、母親のことについて個人的な質問をすると、母親は娘を連れて、小さなタラ肝油（16オンス未満）を一本だけしぶしぶ購入したこと、娘が最初にそれを使用したのを見て、吐き気を催したこと、始めて二日経った後でも、ビンの中身は、ほとんど変わらなかったことが明らかになりました。しばらくして、ビンは消えました。

ロッシ――あなたは、この時点で、いくつかの魅力的な精神力動的な変更を達成しました。タラ肝油を使う実際、不可能な要求は、彼女によって受け入れられました。なぜなら、彼女の受動的、救世主的な複合体は、彼女の罪の意識を和らげるために不快な提案を受け入れることを必要としました。それでも、彼女がタラ肝油の提案に従うことができなかったので、救世主的な複合体の自我同調的 egosyntonic な面は、粉砕されます（Rossi, 1973b）。彼女は最小限、タラ肝油の提案に従うことができるだけです。そして、明らかに、彼女はタラ肝油のビンを消えさせるという、あからさまなペテンに関与します。こうする際に、彼女は救世主的な「とても従順なすべて」の同一化をあきらめなければなりません。そして異なる行動パターンを通して生き残るために、彼女自身の意志を動員し始めなければなりません。不可能な仕事は、このように彼女の救世主的な複合体（その参照枠を弱めました）を粉砕しました。そして、新しい潜在的な治療反応のために無意識の探索へと彼女を引き入れました。これらすべてにおいて、他の不思議なねじれによって、あなたは、母親を罰の補給器として、なんとか維持することができます――あなたは、まだ患者に同情的な支援者のままでいます。彼女は反抗的で、罰を必要とします。食物（それは以前は報酬した）は、彼女が受け入れなければならない罰に、現在、変えられています。このすべてを後追いすることはとても難しいので、私が客観的な方法で、精神力動を解こうとすることさえ、ほとんどめまいがするほどです。私は、そのすべてを整理しようとして、患者の意識がどれほど混乱して無力であると感じたにちがいないか、想像することができます。明らかに、整理することはできませんでした。それで彼女はあなたの提案に従うために、たやすく心を開きました。

意識セットを弱めること、そして無意識の探索

エリクソン―その後、子どもの感情面のニーズをさらに満たすために、彼女に話しかけ始めました。そして私は面白いこと、退屈なこと、刺激的なこと、軽度に不快なこと、バカげたこと、とても好奇心をそそることを伝えました。私は、子どもを感情的なレベルで反応させるために、何度も何度も攻めたてました。すべてが終わった後、そのような面接を傍聴した一人の医者が、「あなたは感情の全範囲で、そのかわいそうな少女をゆさぶりました。そして、あなたにとって重要なことを、彼女にわかる範囲で話していました」と気づいたことを話しました。

ロッシ―面白く興味をそそる話を使って、あなたは彼女の注意を固定する典型的なアプローチをしています。それによって、さらに彼女自身の参照枠を弱め、そして間接的連想フォーカシングを通して、無意識の探索と無意識のプロセスが彼女の感情的生活を撹乱する多くの機会を、彼女に提供します。うまくいけば、これで彼女は彼女の内部の精神力動を再編成することができて、その結果、より良い自己同一性といっそう満足のいく行動のために、新しくもっとふさわしい参照枠を考え出すことができます。この時点でのあなたは、よりふさわしいフレーム、そして反応パターンがどんなものかわかりません。あなたは、彼女の無意識の意志が、それ自身の方法を見つけると期待して、彼女の精神力動をかき乱しています。

治療的ダブル・バインド

エリクソン―さて、この神経性食欲不振症患者の母親は、旅行が好きでした。それで、私は、彼女にできるだけアリゾナのいろいろな場所を見させました。そのため、二月十一日から三月十三日の間に、合計二〇時間だけしか子どもに会えませんでした。最初の二週間で、彼女は一、三五〇グラム体重が増えて、四五〇グラム減り、四五〇グラム戻りました。彼女は入院していた月に二、二五〇グラム体重が減りました。そして、彼女が私のところに来たとき、彼女の体重は二七・五キログラムでした。さもなければ、彼女はよく育った十四歳の女の子でした。母親は子どもに対する私の取扱いを理解することができませんでした。彼女の体重が一、三五〇グラム増えてから、母親に、私は立ち上がって、身長、体重、年齢、そして子どもの数を話すように言いました。彼女は、四〇歳過ぎで、五人の子どもたちの母で、医師と結婚しています、と私に話しました。身長は一六八センチでした。そして体重は五三キログラムでした。それはちょうど十九年前、夫と結婚したときと変わっていませ

んでした。私は彼女の体重不足状態にショックを受けましたが、うわべだけ良さそうに装っていました。（実際、彼女の身長はおよそ一七〇から一七三センチのように見えました。しかし、私は彼女が言ったことに反論しませんでした。）私は、その身長で、その年齢で、五人の子どもの母親なら、体重は五八・五キログラムなければなりません、と断固として指摘しました。そして、彼女自身が栄養不足で、私の所に栄養失調状態の娘を連れてくる行為を恥ずかしいと思いませんでしたか？　と話しました。「私は、あなたにお母さんが太るように取り計らって see to it that ほしいと思います。そして、お母さんが十分に食べなかったら、どんなことでも私に伝えてほしいと思います」と、患者に言いました。

ロッシ―母親が娘の治療に干渉しようとしていた可能性があるため、母親を関与させ始めます。それは、治療的トランスを間接的に誘導する可能性を持っています。彼女に立ち上がって、一連の標準的な医学的質問に答えるように頼んだことは、実際には、彼女の注意を自分自身に固定し、集中させることでした。医者仲間による、この段階でのやや異常な治療に、彼女は、当然、驚き、混乱し、たぶん少しショックを受けていました。したがって、彼女の習慣的メンタルセットは弱められました。そして、あなたの一連の質問は、多くの問題を扱う一組の無意識の探索を呼び起こしました。あなたの質問に、すべて容易に答えたので、それによって、間接的なイエス・セットを、あなたは喚起しました。あなたが、なぜそのようなことを尋ねていたか、彼女が当惑していたとしても、彼女はあなたの質問に容易に答えることができました。このように、彼女は、何が次に来るのか、肯定的なムードの中で期待を高めています。あなたの結末は、母親と娘に同時に、素早く作動するダブル・バインドの形をとります。

娘に作用するダブル・バインドは、以下のようです。①確実に、彼女は、変化のために母親をコントロールしたいと思っています。②けれども彼女が十分に食べるように取り計らう see to it that ことで母親をコントロールするように、それによって、娘は間接的な観念力学フォーカシングのプロセスによって、無意識レベルで、自分自身が十分に食べる類似したパターンを開始します set into motion by。母親に十分に食べてほしいと思うことが、十分に食べるという無意識のプロセスをセットアップするので、娘は内部での活動を開始せざるを得ません。

母親はさらに、ちょっとしたダブル・バインドと、この状況を感じるかもしれません。①彼女は娘が良くなることを望んでいます。しかし、②母親が、娘に対する病的なオーバーコントロールをあきらめるならば、娘は良くなることができます。母親の習慣的態度が弱められるので、この瞬間、彼女はあなたのパラドックスの暗示に明らかに譲歩しています。なぜなら、さもなければ対処する方法を知らないからです。しかし、あなたはこれだけで満足していません。そこであなたはさらに状況に負荷をかけるために、さらに多くのことを付け加えます。

感情的なカタルシス

エリクソン――次に重要な手順は、女の子を嘘つき、臆病者と非難して、徹底的に侮辱することでした。そしてそれを証明することが私にできる、と断言することでした。当然、女の子は私の非難に抗議しました。そこで、「私の腕を叩きなさい」と私は彼女に言いました。彼女は明らかに怒っていました。それで、彼女は私の腕を軽く叩きました。私は、彼女が私の腕を軽く叩いたことを非難し took her to task for、そして、叩くことは、強打することだと示唆しました。私は、彼女が私を殴らないなら、彼女は臆病者だ、と彼女に言いました。そして優しく叩いたことが、本当に強打だった、と彼女が私に思わせようとしたとき、彼女は嘘つきだ、と彼女に言いました。女の子は本気で怒り始め、実際に私の腕を殴りましたが、強くはありませんでした。しかし、彼女は叩いたあと、すぐに向きを変え、待合室に走りこむと、ほどなく顔が乾いて、泣いていない状態に戻ったので、自分の席に座りました。私は、再び彼女を臆病者だ、嘘つきだ、と非難しました。そして、私が証明したことは、彼女は、私に涙を見られたくなかったから、彼女が私を叩いた結果から逃げ出し、待合室に入り、そして彼女は泣いておらず、涙を流していない顔に戻って来たので、彼女は、嘘つきだ、ということです。というのは、彼女が部屋を出たとき、私は彼女の涙を見たからでした。そこで、私は、感情の全範囲で、彼女をゆさぶり続けました。そして、私はさらに、彼女に面白くて、気持ち良くて、興味をそそることを話しました。

ロッシ――あなたは、非難と「証明」を使って、彼女の救世主的な複合体を再び攻撃しています。そして、非難と「証明」は感情的な混乱と葛藤を呼び起こし、彼女自身が持つあまりに信心深く受動的な見方に含まれる矛盾を明白にします。あなたは、確実に彼女の注意を集中させて、彼女が維持しようとした間違ったペルソナを弱めました。それは、彼女にとって容認できます。なぜなら、それは、実際に「面白くて、気持ちの良くて興味をそそること」のポジティブな文脈の範囲内に散りばめられ、彼女をイエス・セットで解放し続け、感情的なカタルシスができるようにするからです。

症候群を弱める逆転

エリクソン――あるとき、母親は、自分のハンバーガーをすべて食べることができなかったので、ナプキンでその一部を包みました。そして、彼女は夜中にスナックにするつもりです、と娘に説明しました。患者は、二日後まで、母親の不行跡を報告しませんでした。私は、娘に悪い手本を示したことで、母親を非難し、彼女が私の医師としての命令に従わないので私は気分を害しました、と母親に話しました。私は、母親の行動を報告する義務を怠ったので、私を怒らせました、と少女に伝えました。

私は怒る人の役をしていたので、それで私は二人とも罰するために、罰する方法を選び、それから私は私の家（オフィスに隣接する）にパンとチーズを持ってくるように、母親に指示しました。そして、母親は二切れのパンの上にチーズを置いて、それをブロイラーの下に置いて、チーズを溶かしました。母親はパンを引っ張り出し、スライスをひっくり返し、チーズで反対側をおおって、ブロイラーの下にそれを戻しました。その後、二人は、私の監視下でチーズサンドイッチを食べました。

ロッシ―今、母親と娘二人とも苦境に陥っています。二人とも罪を犯しました。ですから、チーズサンドイッチを食べるという驚くべき罰を受け入れます。食物は、褒章ではなく罰なので、二人は、相互の罪の意識を和らげるために、今、食べます。それがそのような奇妙で変わったチーズのおもてなしなので、二人もまた、上機嫌でサンドイッチを受け取ることができます。二人とも、今や、医学的命令に従わなかったのを見つけられた「犯罪共犯者」です。これは共通の「敵」を持った母親と娘の間をとりもちます。二人は今、あなたを敵にします。母親と娘は、もうお互いに戦っていません。したがって、神経性食欲不振症の徴候の基礎となっている基本的な精神力動は、弱められます。

治療的なバインドとパラドックス

エリクソン―その後、私は、彼女とときどき会うことを嫌だとは思っていないこと、彼女はアリゾナから三、二〇〇キロ離れた家に戻った方が良いと本当に思ったことを患者と話し合いました。私はさらに、患者が家に帰るとき、体重三八キログラムにしてほしいと思っていますが、体重を三四キログラムだけにしたいと思っているかもしれません、と患者に話しました。さらに私は母親に、体重を五八・五キログラムにすべきだと思っていますが、体重を五六キログラムにしたいと思っているかもしれません、と言いました。その後、私は、毎日、体重は六八〇グラム変化するので、二人が体重の出発点を選ぶことができますが、選んだ体重より、少なくとも六八〇グラム以上、体重が多いことは、確実に良いことです、と説明しました。さらに、私は、帰宅した後、最初の月に二・五キログラム体重を増やすべきです、と少女に言いました。その後、母親の方を向いて、「彼女が家に帰って一カ月目に、さらに二・五キログラム体重が増えていないなら、彼女をさらに私が監督しますから、フェニックスの私のところに、彼女を戻してください」と言いました。

ロッシ―あなたは、ここで母親と娘をいくつかのシンプル・バインドの中に置いて、自分の体重を選ぶことができるようにします。しかし、常に治療的な方向の中に置いておきます。その後、あなたは恥も外聞もなく最初の一カ月に、娘が自宅でさらに二・五キログラム体重を増やせないなら、娘を戻すという脅しをして、逆説的に負の強化を少し使います。

ショックと倫理価値体系を利用すること

エリクソン―母親は、彼女の夫と定期的に電話連絡していました。そして、夫も四人の子どもたちとアリゾナに来ました。そして、そのうちの二人は私の患者より年長でした。彼に会った後、個別面接で私は、彼が何歳で、体重がどれくらいか教えてほしい、と言いました。すると、彼は、糖尿病の予防対策をしているので、恐らく二・五キログラム体重が不足しています、と言いました。私は、糖尿病の家族歴があるかどうか、彼に尋ねました。そして、彼は「いいえ、それは単に予防措置です」と言いました。その後、冷たく、非難をこめて、私は、体重不足の模範を示すことで、娘の人生を賭けることを止めるように命じました read the riot act to。私は、二・五キログラム体重が増えるまで、アリゾナから出発することができません、と彼に言いました。そして、彼に体重変化を大目に見るようにアドバイスしました。その後、私は、十七歳の兄と十六歳の姉に個別に面接しました。私は、妹が十分食べていないことにどれくらいの期間気づいていているか、そしてそれに関して、してきたことを、兄と姉に尋ねました。兄と姉は、ほぼ一年間、急激に体重が減少しました、と説明しました。兄と姉は常に彼女に食べ物、キャンディと果物を提供しました。しかし、彼らの妹は、いつもそれを拒否しました。そして、「自分のためにそれをとっておいてください。私は、それに値しません」と言いました。その後、私は、兄と姉に私の患者から憲法上の権利（彼女の兄弟からプレゼントを受け取る権利）を奪うことをやめるよう命じました。兄と姉は、私が冷たく警告したことに驚いたので、そのように見せかけたことを認識できませんでした。彼らを解放した後で、私は短い面接のために患者を呼び込みました。そしてプレゼントしたいと思うものを彼女に与える憲法上の権利を兄弟と両親から奪うことを止めるように、断固として彼女に命じました。

ロッシ―父親、兄と姉、みんなが、あなたの冷たい警告に「不意をくらい」ました。その警告はそのように彼らにショックを与え、習慣的なメンタルセットを弱めました。また、そのメンタルセットは新しく、より多くの適切な反応を探索しなければなりませんでした。そして、あなたは「憲法上の権利」についての警告を直接暗示で与えます。あなたは、実際に、彼らの倫理的価値体系を利用するために、ショックを与えて行動を治療的に変化させようとし始めます。もし、彼ら全員に、しっかり組織化された厳正な価値体系がないなら、あなたの「警告」は簡単には働きません。

メタレベルとしての良心

エリクソン―母親と患者は、私の娘の結婚式に出席しました。そして、私の患者はウェディングケーキの一つを自分で取りました。私は確かめましたが、彼女は、私がそのことを知らないと思っていました。出発の日、母親は五七・三キログラム、そして患者は三四・六キログラムでした。患者たちが出発する前に、患者は、自分が車椅子の私の膝に座っている写真を、兄に撮ってもらっても良いですか、と尋ねました。私が同意したので、兄はポラロイド写真を二枚撮りました。家に帰るとすぐに、彼女は父に、ベッドルームに飾るポスターとして、その内の一枚を拡大してもらいました。それから、私は、彼女が家に帰った最初の一カ月間に、二・五キログラム体重を増やさない場合、彼女の母に彼女をアリゾナに戻すよう指示してあります、と患者に繰り返し言いました。最後の贈り物として、私は女の子にシナモン・パイのレシピを教えました。それは、私が生まれる数年前、シエラネバダ山脈の炭鉱町でペンションを経営していたときに、私の母親が発明したものでした。私の患者が家へ着いたとき、今度の九月に、学校に行っている彼女の写真が欲しい、と書いてある私からの手紙を彼女は見つけました。さらにそれには、体重の問題は、彼女と、彼女の良心に関係することですから、他の誰も体重を知っている必要はありませんと、とても簡潔に書かれていました。

ロッシ――患者があなたの膝に座った自分の写真を撮りたいとリクエストしたとき、彼女の親への転移が、あなたに向けられたことが明らかになります。一時的に、あなたはこの家族全体の親になります。あなたが最後に贈ったシナモン・パイの作り方は、実際、食べることを楽しみ続けるための一種の後催眠暗示です。九月になったら、学校での写真が欲しいという手紙を、あなたはすぐに帰宅した彼女へ送りました。それは明らかに、彼女の新しい食行動を補強するために、より長期間の間、彼女に対してあなたの治療的な影響力を拡大する方法です。同時に、あなたは彼女に、彼女の体重は「彼女の良心」の問題であり、「他の誰も、彼女の体重を知る必要はありません」と話して、ダブル・バインドに彼女を置きました。たとえ、問題解決に関与したとしても、あなたは、メタレベルで彼女自身の行動をコントロールしている強い良心を再び利用しています。

六カ月後のフォローアップ

エリクソン――私は九月に学校での写真を受け取りました。また、彼女は、十四歳としてはまあまあ普通の栄養の良い少女でした。私は、クリスマスに、バハマ諸島での休暇中の水着姿の彼女のポラロイド写真を受け取りました。また、彼女は、非常に魅力的で、栄養が良く、力強く、運動選手のように見えました。私はさらに、患者から、上手に書いてある長文の手紙を受け取りました。そして、彼女の手紙には、食べ物のことがいつでも間接的に書いてありました。前回、彼女は、友人に木を植えさせ、七五回目の誕生日に注目させる私の方法は、素晴らしい方法だったので、私のアイデアのことを考えました、と書いていました。それで、彼女は私の七五回目の誕生日を記念して、スモモの木を家の庭に植えるつもりでした。

一九七四年夏に、彼女は、ヨーロッパを回った一カ月間の家族旅行の報告を長々と詳細に書いてきました。そして、彼女は、家族の習わしというクッキーのクリスマス用詰め合わせを私に送ってきました。

　私は、素早く満足できるように、神経性食欲不振症患者を治療する方法を他には知りません。私が最初にすることは、もちろん、母親か父親、あるいは両方に対して、社会的指向性を治療に持たせること、そして感情的および社会的要求を第一に考慮すること、そして私が攻撃的に見えたとしても、そこには価値のある原理が含まれていることを明確にすることです。

　この種の治療を始めるために、あなたは人として、自然体でいる必要があります。あなたは、誰かの模倣をすることができないので、あなたは自分自身の方法で、治療をしなければなりません。

厳選したショートケース——分析のための練習

人生のための痒み

ロッシ―私には、深いトランスに入る被験者のように見える患者がいます。私が誘導を始めるとすぐに、彼は深いトランスに入り、よだれを垂らし、私が彼を目覚めさせ始めるまで、観念運動シグナリングできる様子がありません。彼は、痒みの問題を持っています。彼は、非常に成功した若い弁護士で、その心身症の病状を解決したいと思っています。彼は「速い治療」を望んでいます。彼は「多くの洞察で、もてあそばれたくない」と言っています。

エリクソン―彼はとても深くトランスに入るので、あなたは彼に何もできません。そうすると、彼は、痒みのどの部分を維持したいでしょうか？

ロッシ―患者が、除去され過ぎることを心配していると思いますか？

エリクソン―深くトランスに入ることで、彼自身を守っています。したがって、あなたは、除去し過ぎという過誤を犯してはなりません。彼は痒みという問題を持って、あなたのところに来ました。しかし、彼はそのすべてを除去してほしいとは思っていません。

ロッシ―そのとき、あなたなら、どのようにこの問題に取り組みますか？　体の一部に限定された小さな痒みに、あるいは厄介でない痒みにすることで？

エリクソン―「あなたは、この痒みに悩んでいます。当然、私は、それが何であるか、正確にはわかりません。私は、成果を出すために、あなたが痒みを持ち続けようとしていると思っています。物事をするために、あなたは痒みをそのまま持ち続けることができます。実際、あなたには持ち続けたい痒みがたくさんあります。維持することを望むあらゆる痒み――必ず痒みを維持してください！　また、あなたがなくすつもりの痒みを、それがほんのわずかであっても、必ず取り除きましょう。

ロッシ―彼が持ち続けたいと思っているのは、どんな痒みでしょうか？

エリクソン―政治権力、政治的立場を、富を、セックスを渇望itch（痒み）します！「渇望」は、人間の欲望、やる気に関する多くの言外の意味を持った俗諺です。

ロッシ―なるほど。私が彼の「痒み」を取り除こうとすると、それは彼の個性の重要な側面を取り去ることかもしれません。彼は一日に十六時間働く元気一杯の人です！

エリクソン―彼は大きな渇望を持っています！　絶対に俗諺を忘れてはいけません。あなたは、俗諺が徴候形成に関連することを、いつでも認識していなければなりません。

ロッシ―それは魅力的です。実は、ガールフレンドが、私に彼を紹介してきました。そして、その女性も類似した痒みの問題を治療しています。彼女もまた、元気一杯の人です。

エリクソン―彼が「渇望」するものには、間違いなく彼女も含まれます。

ロッシ―それは、「渇望」という俗諺が、右脳によって文字通りに扱われるということかもしれません。その後、右脳はその言葉を心身症的プロセスに翻訳します。

俗諺と無意識。個別的患者中心アプローチの必要性。治療的な参照枠を構築すること。

自身内での徴候解消

一〇歳の女の子が、医学グループを前にした上席著者の講演に連れてこられました。それが医者に行くことに同意する唯一の方法だったので、両親は催眠のデモンストレーションの被験者として彼女を使ってほしい、とエリクソンに頼みました。女の子が過剰に衣装をつけていること、手袋の上にさらに手袋をつけていることに気づくと、上席著者は、彼女の両親が正しく問題を話したのかどうか、この女の子に尋ねました。彼女は、少しの間、エリクソンをジッと見てから頷きました。上席著者は彼女に、状況が理解できない、と話しました。彼女は、次のように彼女の振る舞いをとてもうまく説明しました。「私は怖いのです。私は、あなたに私が、何を恐れているか、わかってほしくありません。私がお医者さんのオフィスに行くなら、お医者さんは私に話をさせようとするか、あるいは、私の両親に話をさせようとします。私は、決して誰にも教えるつもりはありません」。彼女は、「何かということを私に話さずに、方法を私に教えてください。そうすると、あなたが見ること、聞くこと、考えること、あるいは、あなたが私に話すことができるあらゆるものが怖いかのかどうか、私にわかります」と指示されました。彼女は少し考えてから、「私は、汚くなりたくありません」と簡潔に答えました。そこから、その問題に対する一般的に導かれる仮定は、汚れに関する恐怖、あるいは不潔恐怖症に関係があるというものでした。

彼女側の防御行動のために、「どのように」治療を受け入れる気があるか、彼女に尋ねた方が良いという判断がなされました。それについてもまた、彼女は著しく考えを制限していました。治療を催眠（彼女にとって、その単語が意味することすべて）で行ってほしいと、彼女は求めました。そして上席著者は、彼女の問題の詳細を決して知ることのないようにすることになっていました。そして治療は、それが治療として認識できないような方法でする必要がありました――すなわち、「あなたが来訪するときに話すような、正気でない人の面倒を見る医者の話」はしないこと――そして、確実にそのようにするために、彼女は、デモンストレーション被験者として行動しました。「なぜなら、良い医者は患者について、誰が患者であるかさえ、誰にも何も話さないからです」（彼女が、どのようにして計画を考案したか、あるいは、上席著者に会う前に、どんな考えが彼女に提示されたか、確かめる機会はありませんでした）。彼女の両親は、「この子は、どんなことも話してはいけないと言っていました」と彼女がいる前で説明しました。彼女に、「このように服を着ていて、どのようにしたら援助できるの？」と非常に慎重に尋ねました。とてもまじめに、彼女は、「エリクソン先生が、今日、私が座った椅子に座らないなら、そして私のドレスに触らないなら、すぐにホテルの部屋に行って、公の場にふさわしい正装をしてきます」と答えました。「希望は尊重されます」と彼女は言われました。

講演の時間に、彼女は自分の手が自分の服に触れないように、腕をかなりぎこちなく掴んで、控え目にステージに来ました。これに気づいたので、使用する肘掛け椅子を彼女に提示しました。そして、彼女は座って、腕を椅子の肘掛けに載せて聴衆と向き合いました。小児催眠について議論していました。そして、上席著者は催眠を誘導するために彼女の方を向きました。非常に単純なテクニックが使われました。彼女には、講演と聴衆が、評判の高さの裏づけになりました。親指の爪を見ることができるように、彼女は、手を少し伸ばして、肩の高さで左腕を伸ばすようにと言われました。彼女は親指の爪を見て、目を固定させるように、そして、それがもっともっと大きくてなって、視野一杯になるまで、親指の爪を見つめるように指示されました。爪が大きくなったとき、その後、彼女は肘をとても、とてもゆっくり曲げて、今まで以上に顔の近くに手を持ってきました。彼女は最後に、彼女の手、または指が彼女の顔の一部に触れるときまで、手がますます近くなると、深く、さらに深くと次第に眠りに入りました。彼女は目を開いて完全に熟睡すると、上席著者を除いて、何も見えず、何も感じず、何も聞こえなくなりました。

数分で、彼女に生じた深い夢遊性トランス状態、そしてさまざまな深い催眠現象は、系統的にデモンストレーションされました。

女の子に最初に会って、その後の時間すべて、昼食の前、そして講演の間、上席著者は、ある種の治療アプローチを、精神的に死にもの狂いで探していました。その月が九月だったので、感謝祭、クリスマス、そして元日という考えが心に浮かびました。また、これらは、誕生日の可能性を示唆しました。したがって、深いトランスに入ったまま、聴衆の前に座っている彼女に、上席著者は、誕生日を喜んで教えますか、と尋ねました。彼女は肯定的に頷き、「はい」と言いました。彼女は、誕生日を教えるように求められました。それで、彼女は十二月二九日と言いました。この日が、実行可能な計画を示唆しました。

「あなたには欲しいものがあるかもしれませんが、九月というこんなに早い時点では、誕生日の贈り物に何を受け取るか、あなたは知りませんでした」と簡単に言いました。彼女は期待していました。しかし、彼女は、誕生日プレゼントが実際に何かどうしてもわからないことを、しぶしぶ認めました。それでも、とても素敵なもの、まさに素晴らしいもの、彼女がとても欲しかったもの、とても特別なもの、彼女のような生身の人間にとって、クリスマスの贈り物であるにはあまりに大事過ぎるものである可能性がありました。それが、誕生日プレゼントでなければなりません。もちろん、彼女は貰えないかもしれません。なぜなら、彼女が、とりわけ何を望んだかわかるように、彼女は、とても多くのことを考えなければならなかったからです。そして、このプレゼントは、実際、どんなものでしょうか？　学校の中で最高点を取ることのような学ぶことができること、あるいは自分のために服全体を編むことを、とても注意深く学ぶこと、あるいは自分のために服を縫い上げる方法のような、彼女自身ですることができることかもしれません。しかし、彼女が、ひどくひどく欲して欲したのは、特別で、特別なものなら、どんなものでも可能性がありました。確かに上席著者は知ることができませんでした——事実、彼女の十一歳の誕生日が確実に来ること、そして、彼女は小さな女の子を卒業して、なりたいと思っていた大きな女の子になり始めていることと、上席著者が知っていることは、それだけでした。

そして、催眠健忘と後催眠暗示の話題を聴衆に示しているかのように装って、一連の後催眠暗示効果があるメッセージをしました。それが、もし効果があるなら、すべてのトランスでの出来事および経験をすべて健忘させることが、被験者にできるかもしれません。希望の達成が実現するという確信、確実性が常に増加していくように感じる心理的、あるいは感情的な重要性を達成する特別なゴールを、被験者が望んでいたことを伝えることができること、そして日々、毎週毎週、正体不明の期待、なんらかの変化がゆっくりありそうな影響に対して、激しく、楽しい緊張感が高まっている感じがして、選ばれた時間ならいつでも、あるいは一部のスペシャルイベントのときに、知られ始め、あるいは完全に理解され始めることが自我の中で次第に生じるという、これらのメッセージすべては、聴衆に対する説明のように見えるように提示されました。しかし、被験者にとって、その説明は後催眠暗示に聞こえました。それでも、いくつかのはっきりした治療的暗示を期待しながら待って聴衆の中で座っている彼女の父親、母親、専門家や大学を卒業した人たちでさえ、娘が言われていたことの辛辣さを理解しませんでした。講演の後、娘がいないときに、父親は思い悩んで、「いつ治療をするつもりでしたか？」と、とても心配げに尋ねましたが、上席著者はその場で答えずに健忘と後催眠暗示を指示しました。父親は、「治療がなされたこと、そしてお嬢さんに対する私の講演のことを、絶対に何も言わないようにと、奥様に警告しなければなりません」とすぐさま諭されました。「それよりむしろ、お二人は、静かに、気配りばりして待っていてください」と言われました。その後、父親は母親と一緒に講堂を出ました。

後から、わかったことですが、彼女の誕生日の一カ月後、彼女は、もう怖がっていないこと、講演の後、「恐れる」たびに、「素晴らしい何かが、自分に起こりそう」という「おかしな感覚」がしたことを、手紙に書いても良いです、と父親に言いました。彼女は誕生日、その日、早くに目が覚めると、「それはなくなりました。それはなくなりました」と、ヒステリックそのもののような叫び声をあげました。そして、家中を目覚めさせるまで、彼女のこの感覚は次第に強くなりました。彼女は上席著者に、報せを書くのを禁じていましたが、一カ月が経過したとき、彼女は許可をしましたが、彼女の問題を説明することも禁止しました、と父親は続けて説明しました。それが「まったくなくなって、終わった」ので、それについてさえ考える理由がありませんでした。それで、「唯一、重要なことは回復したことを報せることです」と彼女は主張しました。父親は、「もっとたくさんのことを書かせて」と彼女にお願いしました。しかし、父親が、上席著者に九月から彼女の誕生日までの彼女の行動を少し話しても良いか、と言うまで、彼女は頑なに拒否しました。かなり考えた後、彼女は同意しましたが、手紙を出す前に、説明を見たいと言いました。父親は前記の説明から始めました。そこには、父親と母親が女の子の行動がゆっくりと少しずつ少しずつ変化していることに気づきました、と書かれていました。彼女の抑うつ性の行動、怒りの爆発、一般的な苛立ち、そして不安から来る緊張は、次第に減少しました。彼女は泣くことが少なくなり、予期しない間隔で頻繁に泣くことが、十二月には完全になくなりました。衣服に関する彼女の細心の注意は少なくなりました。また、何かを期待するかのように、玄関の呼び鈴が鳴るたびに、あるいは、郵便集配人が来るたびに、彼女は玄関に走るようになりました。両親はさらに、彼女が一層頻繁に椅子のクッションを取り上げ、その下を見ること、まるで何かを探すように本棚の中の本の後ろを触ることに気づきました。兄弟に何をしているか、尋ねられたときはいつでも、彼女は「ああ、何でもないわ。何かがそこにあるかな、と思ったからよ」と答えました。

彼女の学校での行動もまた、次第に変わりました。他の子どもたちが、たまたま彼女のタブーを犯したとしても、彼女は激しい感情的な爆発をしませんでした——トラブルが突然、始まったときから、これまで苦しめられた経験を通して彼女を避けることを、子どもたちは学んでいました。そして、トラブルが起きたのは上席著者が彼女に会った年の四月のことでした。

三年後に、生意気な若い女性が、医学会議で上席著者に近づいて、「本当に、あなたは、私に催眠をかけることができると思っていますか？」と尋ねました。「私は、あなたがトランス状態になることを学ぶことができると思います」と、上席著者は答えました。これに対して、「以前、私にそんなことを言いましたね」と彼女は答えました。そして、上席著者は、良く理解できなかったので、彼女の顔を些細に調べ、陽気に笑いました。それから、彼女は「手袋をつけるとき、今の私は一対の手袋をつけるだけです。さて、あなたは私を知っています」と付け加えました。上席著者は、すぐに同意して、彼女の父親と母親について尋ねて、期待を持って、そして黙って待ちました。彼女は彼の顔をよく見て、そしてまじめに、「いいえ、本当に、それがすべてなくなって、とても感謝していると言うこと以外、あなたに言うことはありません」と言いました。彼女は、それ以上話せないことをとても残念に思っているようでした。父親に会って挨拶を交わすと、タブーはそのままわからないままになっていますが、彼女が回復したことは事実なので喜んでいます、と首を振りながら言いました。

散りばめアプローチ。間接的観念力学フォーカシング。無意識の探索とプロセスを開始すること。期待。患者の力学をセラピストが知らない催眠療法。間接的健忘と後催眠暗示。肯定的な期待に恐れを関連させること。漸進的な治療変化。

第七章
記憶の復活

Seven

ケース10　精神的外傷経験を解決する

パート1　夢遊トレーニング、自己催眠、そして催眠麻酔

F夫人は、仙骨麻酔で、最初の子どもを産みました。それで、彼女は出産に、できるだけ意識的に、そして能動的に臨むことができました。しかし、彼女は、出産プロセスへの参加の重要な側面をまだ見逃していると感じました。何らかの理由で、彼女は、起こったことを、ほとんど思い出すことができませんでした。出産してから三カ月後、彼女はエリクソン博士のところへ行きました。そして、催眠を使用して、彼女が子どもを生んだ記憶を回復できるようにしてほしい、と言いました。マリオン・ムーア博士はこのセッションにオブザーバーとして参加しました。上席著者は、記憶を再生するrecallために、以下のように治療的な参照枠を促進することから、一回目のセッションを始めます。

記憶を回復するための暗示——自明の理
——ありうる多くの反応をカバーすること

エリクソン◎その記憶のカバーを取ったとしても、あなたに

記憶が一気に戻ることはありません。ここでのことを少し、そして来週には、他のことを少し思い出します。その次の週には最初の部分をもう少し。その次の週には、記憶が徐々に整然と蓄積します。その後、いつかそのうち、すべてのことが解決します。

ロッシ―私たちは、実際、一つ一つ時間をかけて記憶をどのように回復するかについて、一連の心理的自明の理で始めます。教育的指示の形で与えられたこれらの暗示は実際、とても一般的なので、その暗示は、ありうる多くの反応をカバーします。彼女の無意識に、それ自身の最適な方法で働く自由を与えています。

F夫人◎なぜ心がそのように働くか、簡潔に説明していただけませんか？

エリクソン◎それは他の学習プロセスと似ています。赤ちゃんはいつでも異なる順序で単語を学びますが、赤ちゃんが最初に特定の単語を覚える理由は何ですか？　あなた自身の経験において初めて本を読んだ後、あなたがはっきり覚えているのは、なぜある章の特定の文なのですか？　あなたは、特定のものを選びます。次にそれを読んだときに、あなたはもっと多くのものを得ます。しかし、あなたの最初の読書は非常に選択的でした。あなたは知ることができません。そして、私は知ることができません――誰もが知ることができません――どのように、どんなことでもあなたは覚えていようとするのかを。［上席著者は、人々が日常生活において、無秩序な方法で記憶を思い出すことに取り掛かる例をいくつか挙げます。彼は、昨晩夕食に何を食べたか、彼女に思い出すよう促すことから、さらにこれを例示します。このようにして、彼女自身、直接経験した範囲内の記憶が、細切れに、でたらめな順序で、出て来ることを確認します］

ロッシ―あなたは学習プロセスが、そのように働く理由についての彼女の質問に、直接、教えているように見えるように答えます。あなたは、彼女自身の無意識の連想を呼び起こすために、彼女自身の早期学習と記憶プロセスについて、修辞疑問文（答えを必要としない問いかけ）を一つか二つ慎重に挿入します。そして、他の人で記憶がどのように働くか、一連の例を加えます。あなたは、このとき、彼女にどんな要求もしていません。あなたは、そうではなく観念力学フォーカシングのプロセスに携わっています。早期学習と記憶に関する一般的な議論は、無意識レベルで彼女内に観念力学的反応を自動的に引き起こします。これらの観念力学的プロセスの一部は、すでに早期記憶の形で意識に入っているかもしれません。あるいは、プロセスの一部はこの時点で無意識レベルに留まっているかもしれません。しかし、後から、トランスに入っている間の経験をあなたが尋ねるなら、これらのプロセスに関する議論を簡単にしたことで、記憶を鮮明な意識的な経験として呼び起こしたり、前もって教えたりする傾向があります。さもなければ、あなたがすでに暗示したように、彼女が望む記憶は時間とともに一つずつ現れるかもしれません。

エリクソン―はい。彼女に、「あなたは知ることができません、そして、私は知ることができません」と私が言ったとき、彼女が人為的に教えられた、思い出す方法に頼らないように、彼女自身の自然な記憶パターンを強調しています。「あなたは覚えていようとする」という散りばめ暗示に気づいてください。彼女はその直接暗示を意識では聞きません。なぜなら、彼女の意識は、「あなたは覚えていようとする」という直接暗示に先行する「どのように」に集中するからです。

間接的催眠形式でトランス誘導の準備をする

エリクソン◎結構です。どのように、私があなたの中にトランスを誘導すると思いますか？

F夫人◎ええ、私は、一から一〇まで数える方法があることを知っています。あると信じています。私は、それについて、ちょっとしか知りません。

ロッシ―あなたは、このトランス誘導を間接的形式の暗示で始めます。すなわち、「どのように、私があなたの中にトランスを誘導すると思いますか？」と質問します。この質問は、あなたがトランスを誘導することを、すでに示唆しています。今、それは方法を質問することだけです。質問は、彼女がトランス誘導について理解していることなら、どんなことでも喚起する傾向があります。したがって、彼女は質問を利用することができます。質問はさらに、彼女の人生経験と個性を尊重します。彼女には、知識、および選択できることを表現する機会があります。そういうわけで、この質問は、どんなことが後に続いても、彼女に快諾させ、受け入れセットを結集する傾向があります。

知らないこと、しないことによるトランス誘導
――早期学習セットによる誘導――無意識の条件づけ

エリクソン◎あなたは、床に足をピッタリつけて、腿に手を置いて、椅子に深く座ります。互いに手が触れないようにして、ここの一点を見てください。

話す必要はありません。

動く必要はありません。

私の話に耳を傾ける必要はありません。

あなたの無意識の心は、私に十分に接近しています、
私の声が聴こえるように。

そして、それが唯一重要なことです。

さて、いろいろな変化がありま す

それはあなたの中で起こることです。
あなたの心臓の鼓動は、脈拍数が異なっています。
呼吸が変化しました。
反射が変わりました。
そして、あなたは同じことをしています
あなたが最初に学校へ行ったときあなたがしたことを、今。
あなたは文字を見ました。
アルファベットを。
それらは、学ぶことが不可能に思えました。
しかし、あなたは、それらを学習しました。
そして、あなたは、心象を作り出しました、
文字の
そして、数字の。
そして、あなたは、残りの人生の間、あなたの所に留まった
いろいろな形の心像を一つ一つ作り出しました。
あなたは十分にその一点を見ました。心像を持っています。
しかし、あなたはそれがあなたの心の中のどこにあるか、わかりません。
あなたは目を閉じることができます。
い〜ま。

エリクソン―最初に、床にペタンと足をつけ、椅子に深く座ることに応じると、彼女はトランスに入ると自分に言い聞かせます。最初に体を調整するという暗示の重要性は、私が彼女に言うことをさせるのではなく、彼女自身にさせることができることです。重要な暗示を、患者自身にさせることは、いつでも非常に良いことです。

ロッシ―あなたは、現在、凝視といくつかの間接的な催眠形式というあなたの大好きな形で、トランス誘導を始めています。そして、間接的形式の催眠は実際、言っていることに誰も異議を唱えることができないので、とても効果的です。患者は、意識セットを弱めるために、知らないこと、そして、しないこと（話すこと、動くこと、聞くことさえ必要がない）に仕向けられます。あなたは巧妙な形で意識・無意識のダブル・バインドを使って、彼女の無意識の機能を強調し、解離を促進します。

エリクソン―「私の話に耳を傾ける必要はありません」と言って、間接的な方法で、それが私のではなく、彼女自身の個人的経験であることを強調しています。

ロッシ―その後、あなたは生理的変化（鼓動、呼吸、そして反射）がどのように起こったか、指摘することによって、トランス経験のプロセスを変性状態として承認します。あなたは、早期学習セットを使って、トランス誘導の初期段階を終わります(Erickson, Rossi, and Rossi, 1976)。そして、自律的な無意識レベルで多くのことに没頭すると、その早期学習セットは幼児期の学習の観念力学的側面を喚起する傾向があります。これらの早期学習パターンは、今、トランス経験を学ぶために活性化する

かもしれません。そして、トランス経験を学習するには、さらに、できるだけ多くの自律的レベルで継続しなければなりません。それから、あなたは、彼女の目を閉じさせるために、ゆっくりと、しかし穏やかに強調し、しつこく「い〜ま」と直接暗示して、目を閉じさせます。この特定のことを声で強調することで、今、無意識の条件刺激という貴重なものを手に入れます。次にあなたが類似した強調としつこさで、その低い口調を使うと、本当の理由がわからずに、トランスに入るようになります。あなたが「今」という言葉を、彼女を目覚めさせるために、後から使用する場合、あなたは、はっきりとした速くて明るい、より大きな声の口調を使います。そしてその口調によって、目覚めるための条件刺激という価値あるものを手に入れます。

偶有的暗示によってトランスを深めること
——間接暗示としての休止

エリクソン◎そして、呼吸するごとに、あなたは深い催眠睡眠に、より深く、よりぐっすりと入ります。[休止] さて、あなたは、なぜトランスに入るか、わかっています。あなたは、その記憶の一部が、なぜあなたから漏れ出したか、完全には理解していません。[休止]

ロッシ―今、呼吸という避けられない行動を使ってトランス深化を促進するために、偶有的暗示を使って、深いトランスを連想させています。

エリクソン―「深く、ぐっすりと入る」ためには時間がかかるので、彼女にそう言った後、私は休止します。休止自体が、今、それをする、という間接暗示です。

ロッシ―その後、催眠が必要な理由を彼女に思い出させることによって、さらに彼女に動機を与え、トランスを深化します。このように、あなたはトランスを深化するために、彼女のやる気を利用しています。

失くした記憶のために無意識の探索を促進する
連想ネットワーク

エリクソン◎しかし、幼稚園で形成した心像は、まだ、あなたの心の内部にあります。まだ、あなたの心は、長く忘れられた物事の心像を持っています。脳細胞の減少によって学習したことをなくしてしまう場合があります。しかし、あなたは、出産に関係する脳細胞をなくしていませんでした。[休止] そして、それらの心像をあなたは持っています。そして、その心像を取り戻すことを楽しむことができます。そして、私は、小さな記憶を一つ手に入れ、手に入れたことを心の底から喜ぶことが、記憶を取り戻す最良の方法だと思います。より多くのことを求めるではなく、その小さな一つの記憶を楽しみ、そして喜びをまさに楽しみます。そして、さらに、もう一つ小さな記憶を手に入れると、その記憶があなたに多くの楽しみと喜びを与えることを、あなたは知っています。そして、このように記憶を手に入れながら、とても素早く、あなたは喜びと快適さと気楽さを確立します。時間に間に合うように急かすことなく、しかし勢いよく、力強く急がせて。そうした後、いつか、実際に、記憶すべてを手に入れていることに気づくでしょう。そして、無意識を使うときは、無意識が持っている速さで記憶を手に入れます。あなたの無意識は、無意識が働く速さ、意識が働く速さがどれくらいか、わかっています。そして、あなたの無意識の意志は、その記憶をあなたにフィードバックする方法を知っています。

エリクソン――さらに早期の心像が、どのように「まだ、あなたの心の内部に」あるか、指摘することによって、私は、今「その記憶が、あなたから漏れ出した」という以前の発言をフォローアップします。これは、漏れ出した記憶は、まだ内部にあって、そして彼女が利用できることを意味しています。

ロッシ――今、彼女の意識がそれ（それは、彼女が治療に来た理由）をする方法を知らないことを、アナロジー、あるいは観念力学的プロセスを促進することができるように、以前、喚起した早期学習セットを利用する連想ネットワークを、あなたは構築しています。このように、アナロジー、観念力学的プロセスの双方、あるいはいずれか一方が、無意識レベルでその探索を促進する間接的な催眠形式として、ここで機能します。それから、あなたは、それ自身の機能（速い、あるいはゆっくり、一度に多くのこと、あるいは少しのことなど）に最も適している方法でプロセスを調停することを、彼女の無意識に委ねます。

エリクソン――私は、脳細胞をなくすことによって記憶を失うことがあると、彼女に対して認めます。しかし私は、それは彼女には当てはまりません、と断言します。

ロッシ――それによって、あなたは、記憶を回復することができることについて、彼女が持っているいくらかの疑いに気づいて、疑念を弱めます。

エリクソン――私が「それらの心像をあなたが持っています。そして、その心象を取り戻すことを楽しむことができます」と断言したとき、私は、心象がどのように「あなたから漏れ出した」かという以前の発言、そして彼女が持っているものは当然取り戻せるという含意を以前に戻って参照しています。それから、私は、一つの小さな記憶が、彼女に喜びを与えることができることを強調します。

ロッシ――それは、彼女を補強することができます。その結果、彼女は、もっと、そして最終的に一連の記憶を回復する傾向があります。

エリクソン――「いつか、そのすべてを手に入れていることに気づくでしょう」は、それが来るとき、記憶の小さな断片それぞれを無批判に受け入れることを意味します。私は、自己批判させないようにしています。

ロッシ―その意識的自己批判は、それは、無意識の自然発生的な創造力を、大きく制限する可能性があります。

エリクソン―はい、私は、それが「無意識に属している」と言います。そして無意識は、無意識がどれくらい速く働くか、わかっていると言います。それから私は、無意識の速さを「意識が働く速さがどれくらいか」と対比します。そして、それによって意識と無意識を切り離します。

ロッシ―意識的なプロセスの限られた手段で、それに取り組もうとするのではなく、あなたは、彼女がそれを無意識に委ねることを確認するために、意識と無意識の分離を強調します。それがあなたの催眠アプローチの本質です。すなわち、制限された意識的手段を弱めて、患者のより大きな潜在能力を使って、無意識のプロセスを補強します。

エリクソン―はい、そして、私が言っていることは真実なので、分離を受け入れる必要がある、そのような方法で話しています。

ロッシ―催眠は、一つの方法で物事をするために、直接プログラミングする手段ではありません。心を作る数十億の神経の接続をプログラミングしようとすることは、本当に厚かましいことです。

エリクソン―それは、無知そのものです。

ロッシ―私たちが持っている、ばかげた考え、あるいは見方をプログラミングしようとするのではなく、むしろ無意識の無限の多様性が現れることができるようにします。学習や物事をする方法には無限のパターンがあります。私たちのアプローチは、学習された限界を捨て去るのに役立ちます。

無意識の機能を強化する驚きと喜び――安全な暗示

エリクソン◎何度も、過去に、あなたは不意を突かれ驚かされました。そして、あなたが、するべきことを考えることができる前に、
あなたはそれをしました。
なぜなら、あなたの無意識が知っていたから、
あなたがそうする以前から。
[休止]
そして、これはあなたのための、
あなたの無意識に、その記憶をあなたに返させるための状況です
それが知っている方法で、あなたはそれを取り戻さなければなりません。
慌てることはありません。
しかし、楽しみがあなたを待っています。
[休止]

ロッシ―別の催眠形式として、あなたは驚きを使います。それは、記憶を妨害している意識セットの限界と習慣的態度を弱める傾向があります。再び、無意識がそれ自身の中で働くことが

できるという中心的役割を強調することで、これを強化します。あなたは、「喜び」と「楽しみ」が無意識の探索とプロセスを伴うように暗示し続けます。これは、ある程度、自明の理であり、ある程度、さらに彼女を動機づけする手段です。大脳辺縁系のポジティブな報酬中枢を起動させることによって、実際、楽しみというそのような暗示が、観念力学的にさらに強化し、調停しているかどうか判断することは、重要な研究課題になります。

エリクソン―これらの記憶に何らかの抵抗、あるいは隠された精神的外傷が関連しているなら、私は、彼女の無意識の意志が「あなたにその記憶を取り返させるため、それが知っている方法で、あなたはそれを取り戻さなければなりません」といったように暗示することによって、安全係数を使っています。その後、私は、「慌てることはありません……しかし、楽しみがあなたを待っています」という暗示を次にして、否定と肯定のバランスをとります。否定は肯定を強調します。

意識と無意識のプロセスの分離
――トランスからの覚醒とトランスの承認
――後催眠暗示でのトレーニング

エリクソン◎すぐに、私はあなたを目覚めさせるつもりです
レッスンのために
あなたの無意識があなたに役立っていることを楽しみながら。
私があなたを目覚めさせると、
八時間も眠っていたかのような快適な、非常に深い感覚を、
あなたに持ってほしいと思います。
私はそれをあなたに楽しんでほしいと思います。
[休止]
今、あなたは考え始めることができます。
二〇から一へと、逆に数えることについて、
一つカウントすると、二〇分の一ずつ目覚めます。
また、二〇から一まで逆に数え始めることができます。そして一で目覚めます。
それでは今、数え始めてください！
[F夫人は、声を出さずに自分で数えた後、目を開き、二〇秒間、身体のリ・オリエンテーションを始めます。その間、休止]

エリクソン―私は、彼女を目覚めさせるつもりであることを強調します。なぜなら、私は、彼女を目覚めさせることを、無意識に求めていないからです。その記憶が出てくるようにすることは彼女の無意識の仕事です。彼女を目覚めさせることは、私が彼女の意識と共同でする仕事です。私は注意深く意識と無意識を分離し、それらを別々にしておきます。

ロッシ―受け入れることがとても簡単で巧妙な後催眠暗示で、彼女を目覚めさせるプロセスを、あなたは始めます。ここまで

で彼女は、睡眠と区別することがときに難しい、受容的タイプのすべてのトランスをとても快適に経験したように見えました。したがって、あなたは、目覚めることを、トランスを承認することに利用します。患者がトランス（集中、落ち着かない状態、感情など）の間に明らかにするどんな行動であっても、後催眠暗示で、トランスを承認するために用いることができます。そして後催眠暗示によって、患者は目覚めたとき、いくつかの反応で後催眠暗示を表現することができます。これは、後催眠暗示に従うように彼女をトレーニングする最初のアプローチです。あなたは、明るくシャキッとした調子で「今！」と言って、彼女を最終的に目覚めさせます。そして、それは覚醒のための無意識の条件刺激になります。

後催眠暗示がトランスを承認すること——注意の焦点としての患者の経験

F夫人◎ハーイ！　どうでしたか、私は？　ああ、私は、眠っていたように感じていました！　おわかりですね？　眠りについていたような。それは奇妙でした。

エリクソン◎素晴らしいデモンストレーションでした。

F夫人◎私は必要なトランスに入りましたか？

エリクソン◎あなたはどう感じていますか？

F夫人◎それは睡眠であって睡眠でないような。眠っているかいないかという境界のようでした。

エリクソン◎今、あなたの身体をどのように感じていますか？

F夫人◎とてもリラックスしました。とても平穏に感じます。私はあなたの声を聞きました。そして、声は少しかすかになりました。

私は、ずっとそれを持っているように感じます。私はあなたの声を聞きました。そして、声は少しかすかになりました。しかし、声はそこに、バックグラウンドにありました。

ムーア◎しかし、あなたは、一つ一つの言葉と文章を聞くのをやめたのですか？

F夫人◎ええ。声を聞いていただけです。

ムーア◎カセットレコーダーが動き出したり、停止したりする音が聞こえましたか？

F夫人◎いいえ、私には他の音は聞こえませんでした。

ロッシ——彼女が目覚めたとき、最初に言った言葉は、彼女が八時間、眠っていたかのように感じるというあなたの後催眠暗示に、明らかに反応したものです。彼女は、同時にトランスもまた承認しています。彼女は、どんな方向にも意識的な努力をしていない受容的なタイプの快適で静かなトランスを説明します。これは、X（発汗のケース）のトランスに特有だった深く探索して、集中して、さらに額にしわを寄せたものとは極端に対照的です。Fは解離していたので、バックグラウンドでセラピストの声を聞くことができましたが、一つ一つの言葉や文章を聞くことができませんでした。これは、トランスにまさに特有です。

エリクソン―私の声は、私がそうであってほしいと思っているバックグラウンドにあります。私の声は、彼女が経験していることの背後にあります。彼女自身の経験が、注意の焦点の中にあります。

ロッシ―あなたは治療因子として患者内の経験を喚起するので、結果として、患者は、無関係なもの(このようなカセットレコーダーなど）が聞こえません。これは、多くのセラピストとは反対です。彼らは、患者がセラピストの言葉と見方に焦点を当てていると主張しています。

エリクソン―私は「あなたはどのように感じていますか？」と彼女に尋ねました。なぜなら、私は彼女に考えてほしくなかったからです。

ロッシ―それは、彼女が八時間眠っていたかのように感じたように、完全な効果がありました。しかし、あなた方二人が、彼女が八時間眠らなかったことを知っている場合、八時間眠っていたかのように思うことを、実際に求めることは誠実ではありません。あなたは、常に、言ったことの有効性に疑念を生じること、信頼を消失することはどんなことでも避けるように注意しています

エリクソン―私はいつでも思考と感情を区別しています。つまり、思考は妥当であったとしても、それには限界があります。たとえ、合理的な見地からすると幻想であったとしても、どんな感情でもありえます。

夢遊トレーニング――カタレプシーを使ってトランス誘導するための間接的な後催眠暗示

エリクソン◎驚きは、好きですか？

F夫人◎オーケー。それは何ですか？

[上席著者は、黙って手を伸ばして、とてもかすかな動きで、彼女の右手に触って誘導します。彼女の手は持ち上がり、カタレプシーのままになります。そして、空中にぶら下がります]

エリクソン◎目を閉じ、眠ってください。
そして、あなたは本当にうれしいと
そして幸せで、
そして休まっている、と感じることができます。

エリクソン―最初のトランスにおいて、何度も過去に不意を突かれ驚いたことがあったことを話しました。そのときの彼女の行動は、無意識がそのことを知ってからでした。それは、気づいていませんでしたが、後催眠暗示でした。そして、今、驚きを使って、この二回目の誘導をするために、その後催眠暗示を使っています。

ロッシ―カタレプシー（Erickson, Rossi, and Rossi, 1976）による、このトランス誘導はまた、非言語的アプローチを使って、催眠

との関りを深くする方法でもあります。その後、あなたは、「眠い……幸せ……休まっている」経験を利用することで、トランスを深化します。そしてあなたは、今、彼女がその経験をすることができることを知っています。あなたは、トランスに入り、目覚める経験をたくさんさせることで、夢遊トレーニングを始めています。夢遊病状態を促進するために、あなたは他にどんな手段を持っていますか？

エリクソン―それは、人生において、他のことを学ぶことに似ています。初めて、あなたが教科書を読んだとき、ほとんど理解できないかもしれません。あなたが、その意味を理解できるようになるのは、二、三回、教科書を読んだあとです。夢遊行動を生じさせるために、トランスのリハーサル、後催眠暗示、そして、さらにすべての催眠トレーニングを同時にしています。

無制限な形式の後催眠暗示を使ってトランスから覚醒させること

エリクソン◎そして、あなたが望むなら、
あなたは、右腕を今ある場所に置いておくことができます、
あなたが目覚めた後でも。
そしてあなたは二〇から一まで逆に数え始めることができます、そして一で目覚めます。
では、数え始めてください、今！
（F夫人は腕を空中でカタレプシーにしたままで目覚めます。）

ロッシ―今、彼女が望むなら、彼女の手をそこに置いておくために、無制限な形式の後催眠暗示をします。この無制限な形式のアプローチはフェール・セーフで、患者が自分の個性を示すことができるようにして、受け入れセットを喚起する傾向があります。それはまた、彼女がどの程度、催眠現象を経験するつもりで準備できているか、判断する手段でもあります。

患者自身の経験を通してトランスを承認すること

F夫人◎うーん。私の腕はそこで何をしているのでしょうか？　これはどういうことですか？
［彼女はそのカタレプシーのポーズから腕を引っ込めます］
それはなぜ、宙に浮いていたのですか？
エリクソン◎あなたは、トランスに入る方法を学んだことに気づいていますか？
F夫人◎私はそのことについて考えています。自分自身がこうすることをしっかり理解したか、考えていました。私がした方が良いなら、家に帰って、それを試してみます。

エリクソン―私は彼女の質問に直接答えません。しかし、彼女に質問して、彼女自身が経験した学習を喚起します。

ロッシ―あなたの質問は間接的な催眠形式なので、それは彼女

に内部を探索させ、彼女のトランス経験を承認するような方法で、彼女に、手についての自分の質問に答えさせます。彼女の手は通常そのような動作をしません。したがって、彼女は間違いなくトランスにいました。家で試してみます、と応答したことによって、トランスを経験したことに、直接同意しています。

三回目のトランス——学習のための誘導と後催眠暗示

エリクソン◎あなたは、良い技術を、重要でないことに決してむだ遣いしません。あなたは、重要なことだけに、それを使います。あなたは、チクチクすることのために催眠麻酔を使わないでしょう。しかし、あなたは足の骨折の痛み、出産、手術のために、それを使うでしょう。さて、あなたは、何を学んだか見たいですか？

［上席著者は、彼女の腕を上へ導いて、腕のカタレプシーを再び誘導します。F夫人はまばたきして、目を閉じて、明らかなトランスに入ります］

また、腕をそこに置いたままにしておきます。そして目覚めた後、あなたが学習したことを認識することができます。

そして、今、数え始めると、目覚めることができます。

［F夫人は、腕をカタレプシーにしたままで目覚めます］

F夫人◎そんなことが……ああ！

［F夫人は腕を下ろしました］

ロッシ—最初に彼女に重要なことだけに、トランスを使うように注意して、自己催眠をトレーニングするという彼女の求めに応じます。なぜですか？

エリクソン—私は、重要でない実験はどんなものでも禁じています。重要なことは、彼女の記憶を取り戻すことです——彼女が手を浮揚させることができるかどうか見ることではありません。

ロッシ—取るに足らない実験は、トランスと覚醒状態の区別をぼやけさせて、その間の解離が少なくなる傾向があります。そして、それはトランス効果を少なくします。カタレプシーを誘導した後、あなたは、腕をそこに置いたままにしておきます。そして目覚めた後、「あなたが学習したことを認識することができます」という重要な後催眠暗示をします。彼女は、腕をカタレプシーにしたままでいることに、実際に気づきます。その後、あきらかに、ある程度の内部認識 inner realization を持ちます。そしてそのときようやく腕を下げます。おそらく、彼女は腕浮揚とトランスの関係を学びました。

四回目のトランス——トレーニングと期待を通して自己催眠をトレーニングすること

エリクソン◎今、手を上げると思ってください。

［彼女の手が、緊張力でバランスをとった balanced tonicity（カタレプシー）姿勢で留まるまで、F夫人は彼女の手を上

げます。彼女は目を閉じて、明らかにトランスに入ります」

ロッシ―今度は、彼女に手を上げるよう求めて、自動催眠トレーニングのステージとして、彼女自身のコントロール下で、トランス誘導したのですか？

エリクソン―私は彼女にトランスに入るように言っていません。あなたが手を上げるか、伸ばすかするように誰かに言うと、その人は何かを期待します。あなたは、日常生活で学習したそうした期待を使っています。

ロッシ―では、この状況でトランス以外、何か他に期待することがありますか？　あなたは腕浮揚とトランスを関連させました。その結果、彼女は、期待して、実際に彼女自身で完全にトランスに入りました。これは、条件づけプロセス（そして、その一部かもしれないもの）のように、表面的に見えるかもしれません。しかし、ここで、彼女にそれを経験させるのは、トランスに対する彼女自身のやる気だけでなく、期待という要素です。

エリクソン―私はそれをトランスと定義しませんでした。私は、彼女に自分の経験を、トランスとして定義させます。

トランスを承認する暗黙の指示――セラピストによるコミュニケーションについての徹底した研究

エリクソン◎そして、良いトランスにいることに、あなたが気づいた場合、目覚めることをあなた自身に伝えることができます。

［少し経った後、F夫人は目覚めて、独力ですべてリ・オリエンテーションします］

F夫人◎うーん！　おやまあ！　私は、これらすべてのことに少し驚いています。

エリクソン◎楽しい驚きですね。

F夫人◎心は信じられない器官ですね！　これは素晴らしいです。

エリクソン◎結構です。今、あなたは、手を上げると、トランスに入ることができることを知っています。そして、あなたがトランスに十分に入っているとき、無意識はあなたに目覚めるように言うことができます。今、そうできることを、あなたは知っています。たった今、あなたはその経験をしました。

F夫人◎はい。

ロッシ―彼女に自分のトランス経験を認識させ、調査させ、有効にさせる手段として、あなたは、今、暗黙の指示を使用します。それは、患者に自分のトランス経験を認識させ、承認させる機会を与える自己催眠トレーニングにおいて、とても重要です。

エリクソン―「私は……少し驚いています」と、彼女が言ったとき、彼女が驚いて、私の後催眠暗示に従っていることがわかります。経験の有効性は、私の言葉ではなく、「心は信じられない器官ですね！　これは素晴らしいです」という彼女の言葉で表現されています。

ロッシ―とりわけ、催眠は知的に知ることでも、抽象的に知ることでもなく、むしろ経験的に学習することです。

エリクソン―たとえそのすべてが、その場限りのものであったとしても、すべてがつながっていることに気づいてほしいと思います。私が学んだ言葉は、徹底した研究です。私は、すべてのスピーチ記事を知っています。そして、私はすべての言葉の意味を知っています。なぜなら、私は徹底的にそれを勉強したからです。私はそれを話すことが簡単にできます。

ロッシ―それは偶然のように見えますが、それをあなたは心の中で何度もリハーサルしています。

成功した催眠経験を問題解決のために一般化すること

エリクソン◎さらに、あなたは今、無意識が、その記憶に関して必要なことを行えることを知ることができます。そして、あなたは無意識を信頼して、正しい方法で必要なことをすることができます。

F夫人◎はい。トランスに入っていて、そこから出て来ることができない状況が、今までありますか？　ドアが閉じていて、それで、ドアを開けることができないような。

［エリクソンは、トランスに入っている個人は、自由に正当な理由で、目覚めることができることを、例を挙げて説明します］

ロッシ―具体的方法（トランスに入ること、出ることによって）で、彼女の無意識の潜在能力を説明します。また、その後、この重要な一般化をして、彼女の無意識がさらに記憶の回復を促進できるようにします。あなたは、彼女の成功したトランス経験をすぐに利用し、無意識が行動に関与する方法、そして、無意識が彼女の問題の解決を促進する方法の手本にします。

無意識が個人を保護すること

エリクソン◎あなたの無意識は、あなたを守る方法を知っています。

F夫人◎何か防護があるのですか？　私は、無意識には完全に覆いがないと思っていましたけど？

［エリクソンは無意識がどのように個人を保護するかという例を挙げます］

エリクソン◎あなたの無意識は、正しいことと良いことを知っています。あなたが保護を必要とするとき、それはあなたを保護します。

ロッシ◎催眠で最も一般的な誤解の一つは、すべてのコントロールと能力を失うということです。催眠は、実際、非常に選択的な注意の形式です。

ロッシ―あなたの最も初期の研究プログラムの一つで、あなたは、催眠では人々に破壊的な行動を強いることができないことを証明しました（Erickson, 1932）。あなたは、まだそうだと思っていますか？　無意識は、いつでも人を保護しますか？

エリクソン―はい、しかし、多くの場合、意識が理解しない方法です。

仙骨麻酔のための驚きと間接暗示

［催眠を使った出産に関する一般的な議論をしています。予想もしていない動きで、エリクソンは突然、以下のようにF夫人が仙骨麻酔を経験する可能性を暗示します］

エリクソン◎ところで、あなた自身の仙骨に生じさせることができることを知っていますか、い～ま。

F夫人◎さて、しかし、それには、もっと多くの時間がかかりますね？

ロッシ―出産に関する一般的な議論は、とても無邪気なもののように思われます。しかし、それは実際には、間接的観念力学フォーカシングを通して、新しい精神的なフレームワークを構築する手段です。もちろん、これらには薬剤を使った手段で誘導される仙骨麻酔を含みます。彼女の無意識は、この経験の記録を持っています。そして、彼女に「あなた自身の仙骨に生じさせることができることを知っていますか、い～ま」と質問をするとき、あなたは、トランスを誘導して、無意識の探索とプロセスを始めるために、二つの間接的な催眠形式を使用しています。そして、その暗示は、彼女に、催眠反応として仙骨麻酔を再経験させるかもしれません。①ゆっくりとした、低くて、しつこく話される「い～ま」は、無意識の条件反応として、トランスを再誘導する傾向があります。②質問は、薬剤を使った仙骨麻酔の観念力学的な記憶の無意識の探索とプロセスを開始します。たとえ「しかし、それには、もっと多くの時間がかかりますね？」と彼女が疑ったとしても、これはすべて自動的に（催眠にかかったように）起こります。

エリクソン―あなたは、第三因子としての驚きの要素に気づいていませんでした。

麻酔を強化するための驚きと声での合図

エリクソン◎あなたは、今、私の話を聞きます。なぜなら、あなたは立つことができなくて、とても驚くからです。

［F夫人は少しギクッと驚いたように見えます。そして、上席著者が続けているとき、彼女の体は、およそ十五秒間完全にそのままです］

エリクソン◎あなたは、立ち上がり方を知りませんね？

F夫人◎ええ、ここに入って来たときには立てました。

エリクソン◎あなたは仙骨が麻痺しました！

ロッシ――彼女が、少し疑ったので、その後、あなたは無意識の機能の驚きの側面（特に彼女が、以前、この驚きの側面を好むように見えたので）を、今までに十分に催眠反応と結びつけられた、あなたのゆっくりとした、低くて、しつこい声の合図（傍点）で、さらに強調して暗示を補強します。

除去と催眠反応の承認

［F夫人が、さらに十五秒間、じっとしている間、休止。そして、エリクソンは以下のように暗示を取り除きます］

エリクソン◎今、あなたは動くことができます！

F夫人◎［彼女は少し懐疑的に見えます。そして最終的に、少し下半身を動かします］これは冗談ですか、それとも、これは現実ですか？　というのは、仙骨麻酔があったので、動かすことができたのは、足の親指だけでしたから。

エリクソン◎そうです。知っての通り、私は仙骨が何であるかを知っています。そして、私は、あなたに立つことができないと催眠暗示をしたとき、あなたは、足の筋肉を使う能力を失いました。

F夫人◎あらまあ！　私が、今日、受けている教育をなんと言えば良いのでしょう！

ロッシ――あなたは彼女を十八秒間だけ、動けないようにします。それは、彼女が催眠反応を疑っていたので、応答をテストして、催眠から抜け出たかもしれないと気づいたからですか？

エリクソン――あなたは、このようなことのために感覚を深めます。私は、彼女の足の親指に関する論争を避けたかったことを知っています。

催眠反応を保護して、さらに承認すること――一般化による気づかれない後催眠暗示

エリクソン◎さて、あなたが学習したことを誰にも説明しようとしないでください。学習したことは、あなたのもので、特別なものです。そして、あなたの子どもが育っていって、腕に怪我をしたとき、「あなたは、立ち上がることができません」と、私が穏やかにあなたに言ったことを、あなたは思い出すことができます。そして、あなたは、立つことができませんでした。あなたは、今すぐ、大丈夫と感じるようになるよ、と子どもに話すことができます。あなたはそう言うと、心からそう思います。あなたの誠実さ、そして期待は、その子どもに暗示を受け入れさせます。そうすると子どもの腕は痛みません。

［上席著者は、今、驚きを使った麻酔テクニックの使用法を、どのように医師に教えたか話しています］

大怪我をした農民が、パニック状態で、「先生、私を助けて

ください！ 先生、助けてください！」と、何度も叫びながら、緊急処置室に入りました。看護師は、農民を椅子に座らせようとしました。しかし、農民はウロウロと歩き続け、叫び続けました。結局、医師は、「黙って！ 座って！ 痛みを止めて！」と言いました。私は、患者は痛みを止めることができる、と医師に言いました。それで、医師はそれを試みました。通常、あなた方は患者に、そんなふうに話しかけません。農民は非常に驚いたので、座って、痛みを止めました。それが驚きテクニックです。

ロッシ—その後、あなたは彼女に警告することで、他の人から疑うような話を聞かないようにし、彼女が催眠に関して学習したことを保護していますね？

エリクソン—はい。今、彼女が催眠に関して学習したことを、彼女の子どもにふりかかる避けられない出来事と関連させるとき、私は認識されない後催眠暗示として、彼女の将来へ、これらの学習を延長します。

ロッシ—それによって、将来の人生の状況へ、彼女が催眠に関して学習したことを一般化しています。

エリクソン—私は、今、医師に驚きを使った麻酔テクニックをどのように教えたかという話で、さらに学習を一般化します。

ロッシ—さらにその話は、彼女が催眠応答に対して持っている可能性がある内部の疑問もまた解消する傾向があります。そして、このようにして、さらに催眠を承認します。

別の無意識の探索を始める驚き

ムーア◎記憶が姿を見せるようになるとき、私ならさらにもう一つ、彼女の記憶に加えるかもしれません。彼女がその記憶を回復するとき、とても楽しく驚くことになることをさらにもう一つ、彼女は持つようになります。それは、（出生プロセスの間の赤ちゃんの頭の）回転時間と関係があるでしょう。私はそのくらいにしておきましょう。それはケーキの砂糖衣に載る小さな花でしょう。

ロッシ—患者が、「とても楽しく驚くことになることをさらにもう一つ」持つというムーア博士の暗示は、回復したい記憶に関して、完璧な無意識の探索を、動機づけする手段です。次のセッションで、この暗示が真実になることを私たちは見ていきます。

無意識の探索のために指示を終えること
——患者の経験に焦点を当てること

エリクソン◎さらにもう一つのこと。あなたの記憶の回復が始まるでしょう。あなたは羊膜が破水したのは、いつだと言いましたか？

F夫人◎六時四〇分ころです。

エリクソン◎記憶は、その記憶を突然、非常に激しく回復することで始まるでしょう。そして、あなたは残りのものへと進むことができます。知っての通り、羊膜破水を求めていませんでした。あなたは、数時間後、何かを求めています。あなたの無意識は、恐らく、破水を選び、次に進みます。

F夫人◎それが出来事のスタートだったから?

エリクソン◎はい。

F夫人◎私は、それをとてもはっきりと覚えています。

[F夫人は、羊膜が破水した状況、子どもの出生が予想外で思いがけなかったことを、今、話します]

エリクソン◎あなたは、持っていることを知らなかった記憶を、私にすでにあらかた説明しました。そして、あなたはそれを見つけ出します。

F夫人◎記憶は、粉々に砕けて戻ってきますか?

エリクソン◎あなたがそれをどのようにするつもりなのか、私にはわかりません。あなたは、一つの断片で、それを取り戻すかもしれません。あなたは、それを過去に遡って、取り戻すかもしれません。そして、それがすべてまとまるまで、あなたははっきりさせません。

ムーア◎あなたは、最初に素晴らしいことを思い出すかもしれません。

ロッシ―なぜ、あなたは彼女に、記憶を回復するために、これらのとても具体的な最終的暗示をしたのですか?

エリクソン―私は、彼女自身の経験の範囲内で、彼女に基盤を与えています。彼女はとても鮮明に六時四〇分を覚えています。そして、それはより多くの記憶を回復する基盤として用いることができます。それは、彼女が記憶を体系化できるという目印です。彼女が記憶を失くしたとき、私が今、暗示しているように、実際に彼女は決して記憶を再構成しようとしていませんでした。彼女が今、羊膜がどのように破水したか、状況を話し始めたとき、ずっと、「これは、あなたの経験です。それはあなたのものです。私はバックグラウンドだけです。あなた自身の経験はフォアグラウンドですね?」と彼女に話して、私が示唆する暗示に彼女は従っています。

パート2　外傷となる人生経験を再編成すること、そして記憶の復活

前のセッションの二週間後に、F夫人は、以下のように報告に戻って来ました。

F夫人◎私は、子どもの誕生について、二つのことを思い出しました。私は、目覚めているような、眠っているような朦朧状態で、医者のオフィスにいたときの忘れていた記憶を鮮明に詳しく取り戻しました。なぜ、記憶が出てきたのか、私はあなたに言うことができませんが、記憶が出てきました。

医者はドアを開けて入って来て、「あなたは生命を感じましたか？」と尋ねました。それで、私は「はい、昨日から」と言いました。医者は、「それは正常です。それが、生命を感じ始めるべきときです」と言いました。その後、私は目を覚まして、それは変だ、と考えました、なぜそれを思い出したのか不思議ですね？　私の心は、その記憶を記憶貯蔵庫から外に出したようでした。

［F夫人は、そのようなことがあった数日後に、目覚めているような、眠っているような朦朧状態が他にも起こり、その間に、彼女が広範な記憶をさらに回復したと報告しました。彼女は、子どもの出産に備えて分娩室にいて、そこには手術着を着ている医者がいたことを思い出しました。彼女は報告をまとめて、以下のように続けました］

F夫人◎その時間にあった一部始終を思い出しました。ゆっくり――あなたが言ったように、思い出すプロセスはとてもゆっくりでした。それは一晩では思い出せませんでした。とてもゆっくり、一連の出産の全体像が、私の意識の前部に、さらにさらに出て来ました。それはとてもゆっくりで、数日以上かかりました。さらに少し鮮明に、そしてさらに少し鮮明になりました。そして、私の心が、特定の記憶、あるいは考えを取り出すことに決めたとき、それには全部で、二日かかるように見えました。どうやったのか、私にはわかりません。私は驚きました。そして、特に出産に関する部分を急激に思い出しました。それはすべて、医者のオフィスへ訪問した初めの頃の記憶を回復することと関係していました。そのとき、医者は、生命を感じますか、と尋ねました。それは私の心にとって重要でした。私は、さらに、順序良く、鮮やかに思い出すことができることに気づきました。調和していないごた混ぜの記憶の代わりに、私はそうあるべき順番に記憶を置き換えました。それは、私があなたに会った最後のときから起こったことです。

エリクソン◎そして、出産の間に、非常に鮮明になったものとか、瞬間とかがありましたか？

F夫人◎最も鮮明に記憶していることは、医者がつけていた緑色の脚覆いでした。私は、私の心が、その緑色の脚覆いを誇張したことを知っています。緑色の脚覆いは巨大でした！

［エリクソンは鋭い質問をします。そして、その質問は、医者のオフィスでのF夫人の「生命」という記憶は、彼女にとって非常に重要で、分娩室での彼女の記憶に関係していることを示唆する一連の連想を引き出します。なぜなら、「生命」が、彼女が出産の危険について、聞かされた多くの悲観的で恐ろしい話に対して強い安心をもたらすものだからです。これらの悲観的な予想は、子どもの出産の直前に、残念なことに強化されました。なぜなら、彼女は、直前に死産児を産んだ女性の痛々しい叫び声を聞いたからでした。彼女は病院での多くの「不自然な」手順について、例えば、あたかも、彼女が

ある種の「何も感じない野生動物」であるかのように出産の間、手を拘束することを、そして彼女に、会陰切開のための準備をさせないことを、憤慨して説明を続けます。会陰切開中に、彼女は医者の道具が彼女の肉を切る「チョキンと切る音」を聞いて、ショックを受けました」

記憶の再生で自発的に個性を成熟させること

エリクソン◎あなたは、覚醒状態よりトランスに入っていた方がよく思い出すことができるかどうか、知りたいですか？

F夫人◎私は、知りたいと思います。

エリクソン◎あなたに最後に会った時から、人として自分自身が変化したことに気がつきましたか？

F夫人◎毎日の不安が減りました。神経質になればなるほど、うまく思い出せません。そして、それは悪循環になります。

エリクソン◎何歳か、年取った感じがしますか？

F夫人◎私は、年齢を感じます。時々、私は五〇歳だと感じます。しかし、いつもは、かなり気分良く感じます。それは変な質問ですね？

エリクソン◎今のあなたは、少し年上に見えます。外観ではなく、あなたの話している声や仕草で。あなたの考えのアレンジは少し古いです。

F夫人◎どうして？　どのようにしたら、一週間で年をとることができるのですか？

エリクソン◎なぜなら、その記憶があなたにとって重要だったからです。それで、あなたは神経質になっていたので、出産から生じるすべての成熟の可能性を認めることができませんでした。そして、あなたが不安な理由の一部を、それが構成していると、私は思っています。

F夫人◎ああ、今、わかりました。

ロッシ◎健忘していることで、自然な成熟プロセスが遅れていた可能性があります。彼女の内のどこかで、彼女はそのことを理解しました。したがって、彼女の心配は、自然な成長過程を促進するために、できるだけはっきりした形でそれらの記憶を回復します。

エリクソン◎彼女の無意識は、夢に見ることができなかったこと、意識的に受け取ることさえできなかったことを知っていました。今、私が無意識の知恵と言っていたことが何か、わかりますか？

F夫人◎意識と無意識のどちらが賢いのですか？

エリクソン◎無意識の方がずっと賢くて、賢明で、素早いのです。無意識はもっと上手に理解します。

F夫人◎それは素晴らしいですね！

ロッシ――トランスに入っていた方がよく思い出すことができるかどうか、彼女が知りたいかという質問から始めます。彼女の同意を得た後、次に、さらに成熟する方法へと質問が移っていきます。あなたはこの時点で、トランスに対する若干抵抗する行動をはっきり見たので、あなたは、トランス誘導を先に延ばします。

エリクソン—［上席著者は、精神的外傷経験によって、結果として人生経験が統合されない健忘が生じると、個性成熟の自然なプロセスがどのように阻害されるか、臨床例を示して詳しく説明します。彼女の失われた記憶を回復したいというリクエストの深い意味は、今、はっきりしています。これらの記憶は、現在と将来、彼女の個性の成長と成熟にとって重要なのです］

トランスに抵抗するボディー・ランゲージ

エリクソン◎今日、トランスに入ることに何か抵抗がありますか？

［エリクソンは、F夫人が足を組んでいることに気づきました］

F夫人◎それをあなたに、私は示していたのですか？　私は抵抗していません。

エリクソン◎あなたは、少し抵抗しています。

F夫人◎おやおや、あなたはとてつもなく鋭敏にちがいありません。私はそうではありませんが、あなたにそう感じさせるのは何ですか？

エリクソン◎私はあなたの意識を刺激するつもりはありません。あなたの無意識が私に教えてくれたら、と思っています

F夫人◎私は抵抗に全く気づきませんでした。それは、ワンパターンの話し方ですか？

エリクソン◎それを推測しようとしないでください。あなたの無意識は、素晴らしい仕事をしています。それはあなたに知らせます。今日、トランスに入りたいと思っていますか？

F夫人◎はい。

エリクソン◎い・・・・・・・・・・・・・・・・・・・・・・・・～ま？

F夫人◎わかりました。

エリクソン◎［ロッシに］あなたは、答えを理解しましたね？

ロッシ◎はい、私は、そう思います。

エリクソン◎私は言いませんでした。

［F夫人に］どうぞ、組んでいる足をほどいてください。

［彼女が足をほどいて、トランス誘導のための典型的姿勢をとる間、休止］

い・・・・～ま。

［F夫人の目がピクピクし、その後閉じる間、休止］

深くトランスに入ってください。

［休止］

エリクソン—以前のセッションの終わりに、ムーア博士は、彼女が「ケーキの砂糖衣に載る小さな花」を思い出すことを示唆しました。しかし、この最初の報告では、彼女はその話をしません。彼女は、それを見つけ出そうとしなかったので、彼女は

それに直面するトランスに入ることに抵抗した可能性があります。

ロッシ―彼女がさらに、足を組んでいたことに気づきました。そして、それはあなたがトランス誘導の間、あなたがアドバイスしたことと正反対です。条件付けした「い～ま」を使って、あなたが最初にトランスに入れようとする間、彼女は足を組んでいました。そして、あなたが組んでいる足を解いてくれるように彼女に求めるまで、トランスに入りませんでした。その後、「い～ま」は効果を生じました。

腕浮揚で患者がトランスを深化すること

エリクソン◎そして、完全に自分のために、
客観的方法で
あなたが私に言ったことをすべてチェックしてください
私たちに言ったことを。
それをゆっくり、丁寧に、客観的にチェックしてください。
そして、あなたが、小さな不足に気づいたら、
不足を修正しても大丈夫です。
さらに、あなたが、それらを修正しても、あなたがそれらを
修正したことを知らなくても大丈夫です。
[F夫人の右手がかろうじて気づくくらい、とてもゆっくり
と上方へ腕浮揚し始める間、休止]

エリクソン―彼女は、自分の手を上げることで、今、トランスを深化します。その結果、気づかずに、彼女がトランス深化を言葉で表すことができます。彼女は、深く入ることを確かめることで、それに対処します。

ロッシ―彼女は、トランスにより深く入ることによって、意識を保護しています。あなたは、知らないうちに「小さな不足」を修正することができる、という暗示で、保護をある程度提供しました。

無意識の自己防御メカニズム

エリクソン◎しかし、私はあなたに、あなたの無意識の能力
を評価してほしいと思います。
[休止]
あなたの無意識が事態を知覚する能力。
そして、意識にそれらを解放するために、
どんな細かいことでも、
無意識は考慮します
最善を。
[休止]
そして、今、私はあなたに質問があります。
そして、私は答えを得ようと、今、試みるつもりです。
会陰切開の前に
おそらくその後に。

しかし、私は、会陰切開の前に、
あなたが胸の内の見落とされた、忘れられた感情を抱いたのではないかと思います。
あなたは私に話す必要はありません。
［彼女の手が、今、とてもゆっくりと彼女の腿より上、およそ5センチまで浮揚する間、長い休止］
あなたの無意識は、私に話しているように
見えます
あなたにわからないようにしながら。
［手が非常にゆっくり浮揚し続ける間、長い休止］

エリクソン―私は不安にさらに近づきます――そして、会陰切開に対処する材料を生じながら、彼女の手は、トランスを深化させることによって防御装置として浮揚します。

ロッシ―これは、あなたが周囲にしばしば話すように無意識が自己防御という側面を鮮明に説明する例のように見えます。まだ意識には受け入れる準備ができていないという認識を無意識がした結果、トランスを深化し、意識を保護します。

エリクソン―そうです。

記憶の外傷的側面を用心深く無制限な形式で調査する

エリクソン◎あなたがトランスに入る前に、
あなたの無意識は、私に同じことを話そうと努力しました。
［長い休止］
そして、私が判断できる限り、
あなたの無意識はまだ決心しませんでした
あなたが知っているべきかどうかを。
［休止］
私があなたに最後に話したように、
記録は脳細胞でなされます。
それらの記録を失う唯一の方法は、脳細胞を失うことです。
そして、あなたはすべての記憶を見つけるどうか、今、
それとも後から、
それは重要ではありません。
ただ一つ重要なことは、
あなたの無意識が実際に取り計らうことです
居心地良く感じるように
あなたが持っているすべての記憶を使って。
［彼女の手は上がり続けますが、彼女の頭と身体は前に傾斜する間、休止］
私は、あなたにとって驚きだったと思います
成熟を
遅くしたことに
気づいたことが、
さらに鮮明な記憶を
あなたが必要とする際に。

あなたの無意識は素晴らしい仕事をします
この成熟をあなたに与えることで。
[彼女の頭と体がさらに前屈みになる間、休止]
今ゆっくりと頭を上げてください。
もっと高く。
そして、ゆっくりと、背中の筋肉を緊張させてください
最終的に体を起こして、椅子にまっすぐに座るまで。
[彼女の手がさらに高く、まだ浮揚して、体をゆっくり再調整する間、休止]
知らないことはまったく問題ありません
あなたの胸に関して、そのことを。
さらに、まったく問題ありません
後でそれを回復することは。
私が誤解していたとしても、まったく問題ありません。
[休止]
そしてあなたは見ることができます。
気楽に、
それを
会陰切開と鉗子と関係していた
ショックを。
それについて残念に思う必要はありません。
実際、知ることは楽しいことです
ショックを感じたことを
驚いたことを
そして憤慨したことを
手が拘束されたことについて。

エリクソン―私は特別なこと（会陰切開）から、憤慨したことをすべて取り去っています。そして、私は拘束されている彼女の手に、憤慨したことを集中させています。

ロッシ―自分の方法および時間で、状況の記憶と理解を進めることが彼女にできるように、彼女の無意識に、用心深く、一連の無制限な形式の暗示を与えています。あなたはさらに、大丈夫という意見を、誤って持つことから来る誤解から、彼女を保護します。あなたは、彼女自身のシステムに、彼女自身の経験にあてはまることを言う権限を与えています。

新しい参照枠を促進すること

エリクソン◎そして、あなたはそれを知っている必要があります、
他の人がどのように解釈したとしても、
あなたの行動を、
あなたは実際の行動がどんなものか知っています。
しかも、彼らの解釈が
あなたが逃げようとしていたというものなら、
あなたは心理的に変えています

心身的立場を、
鉗子を含めるために
そして、会陰切開について
見方を変えています。
また、あなたが言っていることは非常に正確です、
チョキンと切る音を聞いたこと。
「チョキンと切る音」という単語を使ったとき、
その単語で、それを片づけてしまわないようにしましょう。
あなたは、切る音を聞きました
布を切る音を聞いたときのような、
そして、その音はとても良く似ていました、
大きなはさみで厚い布を切る音に。

ロッシ―彼女は、会陰切開の可能性があることを話されておらず、このように感情的にその覚悟ができていなかったので、精神的に傷つきました。あなたはここで、彼女が今、経験の知覚と理解をどのように再構成することができるかについて、一連の暗示をしています。しかし、あなたは、「会陰切開の見方を変えること」を発展させる方法を必ずしも彼女に話さず、無制限な形式にしたままにします。彼女が以前に「チョキンと切る音」という言葉を使ったとき、それはとても怖がっているように聞こえました。布を切るかなり無害な音（大部分の女性にとって、気持よく感じる経験の範囲にある音）へ、あなたが、その言葉を再結合することは、その「チョキンと切る音」を、もっと気持よく感じる参照枠へと、彼女が解釈し直すことに役立つかもしれません。しかし、あなたの暗示は、とても一般的な例を述べただけです。あなたが基本的に暗示したことは、彼女の無意識のため、より好ましい参照枠へ、そのショック経験を再構成して、再度関連させることです。

不適切で精神的な外傷となる経験をぼやけさせること

エリクソン◎今、あなたの無意識は
除去することができます
別の女性の
声の侵入を。
それらをなるようにしてください
ぼやけた声に、
そして、ぼやけた記憶に。
あなたの記憶は、それを持っています
あなたが持っている、
その楽しくて美しいキラメキを。
そして、あなたは理解する必要があります
それぞれの初めての経験において、
知らないことは、
気づくことを妨害します
たとえ記録したとしても。

［休止］

ロッシ―無関係な別の女性の声を、そして、その声にともなう出産の危険性に関する彼女自身の恐怖という外傷的側面をぼやけさせるために、ここで面白い暗示をしています。そして、彼女の不幸な幼児期の話に戻ります。つまり、あなたは彼女の幼児期のその恐ろしいイメージを、間接的にぼんやりとさせているのかもしれません。その結果、彼女の心は、今現在、大人として経験している現実に対処することができます。それから、あなたは、心因性の精神的外傷の本質であるかもしれないことについて、面白いメッセージを発します。すなわち初めての経験では何らかのことで圧倒されてしまうので、心の記録は体系化することができません。

エリクソン―そうです。

快適という後催眠暗示によって慎重に目覚めさせること

エリクソン◎今、もう少し体を真っ直ぐにしてください。
もう少し。もう少し。
もう少し。もう少し。
さらにもっと。さらにもっと。
頭をゆっくり、完全に直立させてください。
そして今、
あなたがゆっくり目覚めるとき、
あなたにしてほしいのです、
あなたが、
少しずつ目覚めるとき、
少しずつ、
増加させて、
快適な感覚を、
そして楽しい感覚を。
人生を楽しんでください。
［彼女が頭を持ち上げ、目覚めて、彼女の体をリ・オリエンテーションする間、休止］

エリクソン―すべてのこのかなりゆっくりとした、複雑な覚醒手順によって、彼女の意識には、まだ扱う準備ができていない外傷となる無意識の資料から彼女を遠ざけます。

ロッシ―はい、そしてあなたは、「快適な感覚、楽しい感覚、人生を楽しんでください」と、さり気なく後催眠暗示をして、さらに彼女を保護します。

精神的外傷経験の再構成

F夫人◎あなたは、実際に、胸をグサリと突くことを言いました！　初めての経験です！　あなたは以前、それを経験したことがないので、あなたは知りません。たとえ、あなたの心が事態を記録したとしても、それは知らないことです。それは、まだ、あなたが知らないことです。そして、それはあなたに対して姿を現します。そして、それは、初めての未知の経験という特定の軽いショックを与える方法です。私には理由がわかりません。それは、本当に胸をグサリと突き刺さりました。それは実際に、そのように際立っていました！

私はあなたがこのことを意図していたのか、わかりません。しかし、私は、後ろへ後ろへとパラパラとカレンダーをめくって、すべての重要な日付を見ました。すべてのアイテムを、大急ぎでパラパラとめくって調べました。そして私は自宅で一日、それを検討しました。突然、私は、そこに、リビングルームのテーブルの所にいました。そして、そこには、起こったことの詳細がありました。おわかりですね。小さな物事、会話が私の所に戻ってきました。より多くの事柄（忘れられた記憶）が、戻ってきました。

エリクソン◎それはすばらしいですね。

F夫人◎それは変です。なぜ、それは起こったのですか？

エリクソン◎私は、あなたが理解できるように、しかし、自分なりの方法で理解できるように、ピッタリ当てはまる言葉を言っただけです。

F夫人◎さらに、このすべての混乱——そして、混乱、それこそがまさにあったことです。産科フロア全体で看護師が一人しかいないなんてこと想像することができませんね。そして、彼女は、私、そして医者、そしてヒステリックになっている隣の部屋の人（死産）の世話をしていました。私の話は前後しています！　電話が鳴っています！　完璧に混乱しています！　今、それはぼんやりしています。すべてのそのような大騒ぎ。それがあったことです——大騒ぎと騒音——そして何があったか私は知りません。隣の部屋で起こっていたことすべて。それは、少しぼんやりしています。それは、どちらかと言えば重要ではありません。

ロッシ◎あなたにとって、重要ではない経験ですね。

F夫人◎そうです。そして、私に起こっていたことをますます認識しています。

エリクソン◎［ロッシに］今、あなたはそれを見ていますね？

ロッシ◎ワーオ、それは素晴らしいです！　それが、このアプローチの特徴ですか。バックグラウンドが、バックグラウンドへと消えて行きます。そして、関連した問題に、さらに鋭く焦点が当たっていますね？

エリクソン◎そうです。そして、誰でもそれを理解していたら、心理療法は、もっと簡単になります。

ロッシ◎心理療法の大きな機能は、重要でない物事をバックグラウンドへと消えさせ、関連した物事だけをフォアグラウンドへ来させることです。それには、催眠療法が一段と優れています。

エリクソン◎そうです。そして、私は、これらすべてのバックグラウンドの物事を把握していませんでした。

ロッシ◎あなたは、それらをバックグラウンドにしました。

エリクソン◎私は彼女に、それらをバックグラウンドにさせました。彼女はそれがなぜ起こるかわかりませんでした。彼女は、私が実際に、命中させることを言うとわかっていました。

ロッシ◎知ることと理解することから独立している、記録する意識があります。

エリクソン◎はい。

ロッシ――彼女は、「完璧な混沌」をとてもうまく説明しています。そして、「完璧な混沌」は、その混沌をぼやけさせて、外傷経験へと導き、暗示効果をもたらします。それで今、彼女は彼女に起こったことをますます認識することに集中することができます。これは、催眠療法によって、不運な人生経験の再合成と再構成に導くことができるというあなたの基本的な命題の素晴らしい例です。

生理的プロセスに入っている人

F夫人◎私は知りたくて、一人でいくつか分析しようとしました。私の胸の感覚についてのあなたの質問と、何か関係がありますか？

エリクソン◎あなたが何かを理解していることがわかって、嬉しいです。

F夫人◎［F夫人は、会陰切開と鉗子に対して、知性が準備できていなかったことについて、外傷となる側面を再び話します。そのため、彼女は会陰切開が終わっても震えている自分に気づきました。実際に、震えは何時間も続き、なかなか収まりませんでした］

エリクソン◎ムーア博士は、それについて話しました。あなたは、その震えの意味を、残らず私に話してほしいと思いますか？

F夫人◎ええ、医者は、震えが正常だと言いました。私にはわかりません。教えてください。続けて。

エリクソン◎「私にはわかりません。教えてください」と、あなたは言いました。

F夫人◎ええ、私は医者が何を言ったかわかっています――それは正常でした。医者は、それがすべての神経系の解放だと言いました。

エリクソン◎彼もまた、わかっていません！　あなたは、何を説明しているかさえわかっていないのに、それをうまく説明しています。私は、あなたに原発性の震え original shaking があったことをとてもうれしく思います。私は、あなたがそれを繰り返したことをとてもうれしく思います。

ロッシ◎これは、ムーア博士が「ケーキの砂糖衣」として最後のセッション終了時に話していたものです。

エリクソン◎はい。

F夫人◎こういうことすべてに、関わっている心がありま す！

［F夫人は、彼女の心（考え、感情など）が、どのように出生経験に大きく関係していたか、彼女の経験を説明します。たとえ仙骨麻酔が特定の感覚を切断したとしても、多くの圧力と律動収縮を彼女は経験することができました。それがすべて生理的プロセスだったという若い医者の見解を、彼女は嘲笑します］

エリクソン◎それに関わっている個性があります。

F夫人◎そうです！　個性、そうして私は、すべてがそれと関係があると思います。それはすべての解放です。

エリクソン◎あなたは、人が関与する方法を、私に話してほしいと思いますか？

F夫人◎はい。

ロッシ―彼女は、近代医療で何度も無視されている、人の重要性、そして全人格の重要性について、私たちに優れたメッセージを伝えます。

エリクソン―多くの医師に、このことを理解させることは非常に困難です。

出生過程のオーガズム――知ることの個人的パターン、および精神的外傷経験の解決

エリクソン◎ちょっとだけ、そのことをよく考えてください。ムーア博士が言っていたことを、正確にロッシ博士がここで理解しました。あなたはそれにかなり近づきました。

F夫人◎［Fは、出生過程の原動力について、回復した記憶セットを今、詳しく話し始めます。医者が赤ちゃんの体を巧みに扱った方法、彼女が経験した恐れおよび感覚、など。彼女は、赤ちゃんが最終的に、不意に出て来たことを以下のように説明します］

新生児が出てきたとき、それは爆発があったかのようでした！　私には、まったくその準備ができていませんでした。私は準備していませんでした！　それは、爆発のような、奇妙な感じでした。私はボーッしていました！　完璧にボーッとしていました。本当に、それでわかりました。私はボーッとしていました！

エリクソン◎［エリクソンは重要なゴールを達成したとき、人々が経験する「うれしい震え」について、話をします］そして、女性は赤ちゃんを生む時、最も美しいオーガズムを経験します。

F夫人◎それは、私が考えていたことです！　それは、私が

考えていたことです！　それは、本当にあります！　類似点、私はあなたをからかっていません。二つの間の類似点は、全く同じです。また、それらには密接な関係があります……赤ちゃんの泣き声は音楽のようでした……私はボーッとしていました。私はそれを信じることができませんでした。

［F夫人は、赤ちゃんが生まれるとき、赤ちゃんを運んで、体重を測って、性別を確認するなどの出生時のプロセスを、どのように若い産科医に、彼女が「教育」しなければならなかったか、いろいろな記憶を、今、思い出します］私はいつでもその人より、一歩先を行っていました。

エリクソン◎無意識は、とても素晴らしいです。

F夫人◎私にそのことを教えてくれたのは、私の無意識でしたか？

エリクソン◎そうです。子どもの性別も含めて、実際にそういったことを知っている何人かの女性がいます。

F夫人◎なぜ、私の無意識は、そんなに感度が良かったのでしょう。それとも何かあったのでしょうか？

エリクソン◎どうやら、あなたは、自分のやり方でトレーニングしていたようですね。あなたの「教育」は、あなたの行動を制限しませんでした。

F夫人◎そうですね、それは現実的な態度です。

ロッシ◎それが、あなたが自然な自分でいることができるようにします。

F夫人◎物事を邪魔するような思いあがりはしていません。

エリクソン◎そのような女性は、自分自身から目を逸らす必要はないと考えます。したがって、あなたはしばしば、人々が「私は、そんなことを考えたことがありません」と言っているのを聞きます。そして、彼らは考えません。

ロッシ◎そのような人々は、彼らの認知と理解を制限することを学ぶだけです。

F夫人◎［もっと自然分娩を経験したいと思っていたのに、最新のテクノロジーの病院での出産にどのように圧倒されたか、さらに憤慨した記憶を、F夫人は温厚に再び話し始めます。このセッションは、幼児の自然な成長段階を楽しみにしている母親が興味を持つような一般的な話を最後にして終わります］

ロッシ――ここでの彼女の批判的発言は、彼女が治療を開始する際に、最初にほのめかしたときのような恐怖で涙ぐんだ感情とは大きく異なる温厚なものでした。彼女は、治療の最初にリクエストして望んだ完全な記憶セットを手に入れただけではなく、記憶に関する認知と理解を急激に再構成しました。彼女は、記憶問題の原点にあった心因性の精神的外傷に、効果的に対処しました。そして、この精神的外傷に対する素因の一部となった早期の幼児体験のいくつかさえ解決しました。若い医者を恨む代わりに、彼女は今、彼自身を制限することを学んだ犠牲者として、彼のことを理解することができます。彼女は、自分自身の認知、感情、そして考えの価値を高めているという感じ、自分の無意識のプロセスに対する深い尊敬を確実に持っています。

第八章 感情に対処すること

Eight

ケース11 新しい参照枠で情動《affect》と恐怖症を解決すること

パート1 恐怖症的症状を置き換えること

A夫人は最近結婚した、非常に知的で魅力的なコンピューター・プログラマーでした。彼女は「飛行機恐怖症」のセラピーを求めていました。彼女は、「着陸するときの軽い飛行機事故で、多少動揺する経験をしました」と報告しました。この経験から、飛行機が空中にいるときのちょっとした乱気流、あるいは振動に対しても、すぐに恐怖は広がりました。彼女は、飛行機に乗ることができましたし、飛行機が滑走路を滑走しても怖くありませんでした。彼女の「恐怖症」が実際に始まるのは、飛行機が滑走路から離陸した瞬間でした。空中を飛行している間、彼女は大いに悩まされていましたが、飛行機が地面に触れた瞬間に、気持ちは落ち着きを取り戻しました。

彼女は、催眠を経験したいと切に願っていました。そして、とても良く反応する被験者であることがわかりました。このため上席著者は、まさに最初の治療セッションで、強い確約をA夫人に要求することができると思いました。

意識・無意識レベルでの確約

エリクソン―私は、A夫人に絶対的な確約を求めました。そしてそれは、「私が求めることをすべてすることに同意しなければなりません」という確約でした。私は、彼女に私が求めることをすべてするという確約を言葉で表現させました――「良いこと、あるいは悪いこと、最悪のこと、あるいは最善のこと。あなたは女性です。また、私は男性です。たとえ私が車椅子生活を強いられていたとしても、私たちは異性です」。彼女がその確約をすることをどれほどいやがっていたか、わかっていました。彼女はイヤイヤ確約しました。彼女は七、八分間、それについて考えて、「あなたが私にたとえ何をしたとしても、それはそのひどい恐怖以上に悪くなることはないでしょう」と、ようやく言いました。それから、私は彼女をトランスに入れて、トランスに入った彼女が同じ確約をするまで、再度、全部のことをやり遂げました。

ロッシ―覚醒時とトランス時の両方で、同じ確約をさせる必要があった理由は何ですか？

エリクソン―意識がすると言ったことを、無意識がしなければならないということはありません。日常生活において、あなたはディナーに招待され、応じるかもしれません。しかし、その後、あなたの無意識は、あなたが招待を受けたことを忘れさせます。

ロッシ―したがって、ここでしているように、あなたがそれに対する準備をしない場合、これは日常生活において、メンタル・メカニズムが治療の邪魔をする例です。あなたは、彼女の中に、大きな感情的な嵐を起こしました。絶対的服従を求めるあなたの要求に、彼女は本当に影響を受けました。そしてそれは、現代の心理療法では、むしろ珍しいことです。

エリクソン―はい。それは、彼女の側にとても多くの勇気を必要としました。さて、私がそういう約束を求めた理由は何だったのでしょうか？　彼女は、「飛行機恐怖症」になっていると言いましたが、そうではないことが、私にはわかりました。なぜなら、それは飛行機が空を飛んでいるときだけだったからです。そして、彼女は恐れていることに対して、どうすることもできませんでした。飛行機が地面にいる限り、外に出ることができました。しかし、飛んでいる間、彼女は全面的な確約状態にいました。

ロッシ―では、彼女の問題は確約することにあったのですか？

エリクソン―はい、そして私は、彼女に確約を、全面的に確約をさせました。問題は、あなたが実際、現在ある問題を除いて、彼女を治療することができないことです。患者が治療室にイボを持ってこない限り、あなたはイボを取り除くことができません。

ロッシ―それは状況の力です。彼女に彼女の恐れを具体化させ、恐れを治療セッションへ持って来させました。

エリクソン―そうです。彼女の恐れを私が取り組むことができる現実にしました。それから、私はその現実を、彼女が座っていたその椅子に置くことができて、そこに残すことができました。

ロッシ―彼女に全面的に確約をさせることによって、あなたは治療状況に、恐れに対する全面的な確約を持ってきました。あなたとの間に性別の違いがあることをほのめかすことによって、治療状況は、彼女の恐怖症と同じくらい恐ろしいものになりました。

エリクソン―そう、体の脅威が双方にありました。それがすべて、恐れに変化するように、私はなんとかしなければなりませんでした。私は鍵のかかった部屋にいる自分を想像するように彼女に求めましたが、確約を得ることができませんでした。本当に恐ろしいもの、それは、この部屋でなければなりませんでした。

ロッシ―彼女は、助平おやじに困っていたかもしれません。

エリクソン―そうです。

ロッシ―あなたには、これらのことをやってのける勇気があります。

エリクソン―私が彼女を扱うそのときに、心理的な問題を抱えている必要が彼女にはありました。彼女はその後、とても簡単にトランスに入りました。彼女は実際、何でもすると確約しました。彼女には、いかなる種類の自由もありませんでした。彼女は、全面的に確約した状態にいました。一度トランスの中で、私は彼女を飛行機に搭乗させ、想像の嵐を乗り切らせました。それは、見ているだけで吐き気がしました。彼女は、実際に痙攣していました。それは見るに忍びないものでした。

徴候を外へ向けて具体的に置換すること

エリクソン―私は飛行機に乗って大きな乱気流を通る経験をさせました。その後、私は、「すぐに快適に、そして気楽に感じます」と彼女に言いました。それから、彼女は、すべての恐れが彼女から座っていた椅子に抜け出したことに突然、気づきました。その後、彼女は目覚め、すぐさまその椅子から飛び降りました！　私は妻を呼び入れて、椅子に座るように言いました。妻が患者に向かって進んでいくと、「ダメ、ダメ、座っちゃダメ！」と患者は叫びました。そして身体を使って、座ろうとする妻の邪魔をしました。

ロッシ―患者をテストしていたのですか？

エリクソン―いいえ、椅子に恐れが封じ込められたことを、彼女が確認する機会を与えました。

ロッシ―わかりました！　それは実際に、彼女が、椅子に恐れを具体的に置き代える治療反応を、彼女自身がしたことを認識し承認できるようにする方法でした。

補助的合図を使った後催眠暗示

エリクソン―その後、私は、ダラスへ実際に飛行機旅行をすることになっています、という後催眠を彼女に直接暗示しました。彼女は、「約束を絶対に守ります」と言いました。それから、私は、「ダラスから帰るまで、もう一度、会う必要はありません」と彼女に話しました。「あなたは、フェニックス空港から飛行機に乗ります。もちろん、あなたはそれについて、いくつか疑問を持っているでしょう。ダラスからフェニックスに戻って来たとき、あなたは、飛行機に乗ることがどれほど素晴らしいか気づくでしょう。あなたは本当にそれを楽しみます。あなたがフェニックス空港に到着したとき、私に電話をして、あなたがどのようにそれを楽しんだか、私に教えてください」。トランスを終了する前に、私は以下のように彼女にさらに後催眠暗示をしました。「あなたの飛行機恐怖症がなくなりました。実際、あなたのすべての恐れ、心配事、激しい不快感を、座っているsitting その椅子が代役をします sitting in。あなたがどれくらい恐れを持ってそこに座りたいか、決めることは、あなたの責任です」。そう言うが早いか、彼女はその椅子から飛び出しました。それは見物でした!

ロッシ―そうやって、あなたが彼女を目覚めさせました。あなたは、椅子の上で彼女のすべての恐れを置き換えました。そういうわけで、彼女は椅子から突然、飛び出しました。そのようなはっきりした即時反応は、さらに彼女が実際にダラスまで飛行機に乗るという後催眠暗示に従っていることを知るために、あなたが必要としたある種のフィードバックでした。

エリクソン―それから、私は、その一つのトランスの効果を確実にするために、何をすべきだろうか、と考えました。私は、娘にその椅子の写真を三枚撮らせました――露出過度の写真、露出不足の写真、正常露出の写真。私は、露出不足だった写真に、「どこで、あなたの恐怖症とトラブルは静止し、雲散霧消しますか?」とラベルをつけました。椅子の輪郭だけが暗く見えた露出過度の写真に、「あなたの問題が、全運命の暗がりの中に沈んでいるところ」とラベルをつけました。正常露出には、「あなたの問題の永久の休息所」というラベルをつけました。私は、別々の封筒で彼女にそれらの写真を一枚ずつ送りました。その三枚の写真は、彼女にとって聖クリストファー▼訳注9のメダルです。

ロッシ―彼女が飛行機に乗るとき、彼女が、その三枚の写真を持って乗るという意味ですか?

エリクソン―はい。私は、どれほど教養があるか気にしません。人々はまだ幸運な出来事を信じています。その三枚の写真は彼女の幸運な出来事でした。そしてそれは日常生活の一部です。

ロッシ―その三枚の写真は、彼女が後催眠暗示を補強するため

▼訳注9　旅人や自動車運転手の守護聖人、さらに水難や嵐などから守護してくれる聖人

に、治療状況から取り出すことができた補助的合図 supportive cues でした。後催眠暗示が必ず機能するわけではありません。なぜなら、考えは、トランスの間に、心の奥深くに銘記されるからです。むしろ後催眠暗示は常に、力動プロセスの中にあって、外部と内部の刺激と合図が後催眠暗示を喚起し補強することを、そのように要求します。そのため、患者がトランスの後に経験する、ある程度、避けられない形の行動に後催眠暗示を関連させることは非常に有用です。

エリクソン―彼女はそれらの後催眠暗示に従いました。そして、戻ってきて、私に電話してきたとき、彼女は活気に溢れた調子の声で言いました。「飛行機は、とても素晴らしかったですよ。雲のベッドが下に見えて、美しく見えたので、カメラを持っていたら、とすごく思いました」。数カ月後に、彼女が同じ部屋に必要があって戻って来ました。そのとき、彼女がどのようにその椅子を避けて、他の人がそれに座らないようにしたかは、とても愉快な光景でした。

パート2　恐怖症の原因の時点で、早期の人生の精神的外傷を解決すること

上席著者は、感情的な精神的外傷に対処するために、そして知的経験と感情的経験の間で適切にバランスをとるよう促すために、いくつか役に立つ方法を開発しました。これらの基本中の基本は、最終的に経験を統合する以前では、各々が別個の経験であるように見えます。

ロッシ―どのように、そして、なぜ、あなたは治療的なアプローチをするとき、人生経験の感情的側面と知的な側面を切り離すのですか？

エリクソン―感情的な内容と知的な内容を切り離すのは、ほとんどの人が、経験の重要性と向きあうことができないからです。人々は泣いても、なぜ泣くのか、わかりません。突然意気揚々としているように感じますが、理由がわかりません。治療的に退行を使う場合、あなたは、患者が自分を認識できるようにするために、トランスに入らせ、最初に感情を回復します。次に患者をトランスに戻してください。このとき、感情は忘れたままにしておいて、知的な内容を認識させます。それから、三回目のトランスに戻して、認知的側面と感情的な側面を一緒にしてください。それから、完全な記憶とともに、トランスから出してください。

ロッシ―あなたは、患者に感情と知性を別々に経験させます。それから、たった今全体的に回復した記憶を統合するために、記憶を一緒にします。

感情と知性を分離すること

このアプローチを説明するために、著者らは、A夫人（パート1で飛行機恐怖症を議論した）を呼ぶことに決めました。上

席著者は、彼独自の恐れを解離し、置換する手段を使って、彼女の恐怖症（そのとき、治療後二年でした）を、実際、見かけ上解決していましたが、彼女自身の知識を、さらに高めることができると、もっときちんとした解決ができるように思われました。A夫人は、さらに催眠ワークするという考えに、すぐに同意しました。なぜなら、彼女は、その経験にとても興味を持っていたからでした。それでテープ録音することと、何人かのオブザーバーを喜んで許可しました。エリクソンのオフィスにグループが集まったとき、全員が紹介され、とても友好的で前向きで楽観的なムードになりました。そして、どのように催眠を使って、グループ内の人を支援したか、エリクソンがいくつか話をしました。このように、高度な治療が期待できるという見方に浸ってくると、A夫人の中でラポール、反応注意力、そして興味深い治療的な参照枠が促進されました。エリクソンは治療的な環境を生み出すために聴衆を利用することを好みましたが、これはその方法の実例でした。私たちのすべての注意が彼女に向けられるとともに、部屋は徐々に静まりかえりました。エリクソンは、以前、A夫人にトレーニングした、数をカウントする誘導を使って開始します。

トランス誘導と後催眠暗示を促進すること

エリクソン◎一、五、一〇、十五、二〇！
［休止］
トランスに、とても深く入って。
［A夫人が、目を閉じて、リラックスした顔で、静かに静止する間、休止。彼女は、非常に速く深いトランスに明らかに入りました］
エリクソン◎さて、Aさん。あなたが目覚めてから、私はあなたに尋ねます、
気軽に。
「あなたは目覚めていますか？」
すぐに、あなたは「はい」と言います、
そして、あなたが「はい」と言うと、
あなたを襲うでしょう
あなたが経験したすべての恐ろしい感情が、
ときどき、
一〇歳以前の、
何かについての感情を、
そしてあなたは話すことができます、
見知らぬ人に、
しかし、
あなたは、まさにその感情を持っているでしょう。
あなたには、その物事が何か、わからないでしょう
その感情を起こしているものが。
あなたは、まさに感情を感じるでしょう、
そして、あなたは、何があなたをそうさせているか、わから

ないでしょう
とても惨めな感情に。
そして、あなたは私たちに教えるでしょう、
どんなに惨めに感じているかを。
[休止]
それらの恐ろしい感情を、しっかり理解してください。
あなたはそのことを知らないでしょう
あなたが目覚めているかどうか私が尋ねて、
あなたが「はい」と答える後まで。
そして、その瞬間、あなたはそれらの感情を、強く感じるでしょう。
わかりましたか、今?
A夫人◎ええ、まあ。
エリクソン◎結構です。二〇、十五、一〇、九、八、七、六、五、四、三、二、一。

ロッシ―これは、後催眠暗示を促進するための基本的なアプローチです。あなたは、「あなたは目覚めていますか?」という ほとんど避け難い質問に答えさせ、「イエス」という答えのような単純な反応を求めます。その後、感情的原因に気づかないように、一〇歳以前の恐ろしい感情を再経験させるために、別のとても巨大なコンプレックス、および困難な後催眠暗示に、その非常に簡単な反応を関連させます。あなたは、その反応を感情の原因の認識から解離することで、元々あった感情を思い起こすことを促しています。気楽な「イエス」いう反応は、次に続くいっそう困難な後催眠暗示を実行することに対して、受け入れセット (Erickson, Rossi, and Rossi 1976) を開始する傾向があります。あなたは、患者が日常生活で「イエス」とうなずく傾向があることに気づくと、困難な後催眠暗示を促進する手段として、うなずきを利用します。患者の反応階層において、ただでさえ高い要求をしているので、最初の後催眠反応を促進することが、さらに成功しやすくなります。そして、最も重要なことは、それによってあなたが、それに関連したもっと困難な後催眠暗示のための受け入れセットを開始することです。

エリクソン―はい、それはとてもうまい言い回しです。それらの感じを「しっかり理解すること」を彼女に強調していることに気づいてください。それからカウントするとき、私は二〇から十五、一〇へと飛びます。しかしその後、感情が出てくることを彼女が理解するように、一〇から一までの一桁は印象づけるようにカウントします。

後催眠暗示を行うときにトランスを再誘導すること

A夫人◎まあ、私はそれが好きです。それはとても穏やかな気分です。私は、あなたにカウントしてほしくありませんでした。
エリクソン◎あなたは今、目覚めていますか?

A夫人◎はい。

［A夫人は、少し驚いたように見え、しばらくの間、静かになり、上の空になります。彼女は眉をひそめて、彼女は明らかに、若干のストレスを内部で経験し始めます］

ロッシ―彼女が少し驚いて、静かになり、上の空になったのは、実際には、後催眠暗示（Erickson and Erickson, 1941）を実行し始め、もう一つのトランスが瞬間的に生じたという徴候です。まるで目覚めているかのように、彼女は話して行動しますが、多分、彼女が次のセクションで話すような恐ろしい感情を経験するときのような夢遊病状態として、あなたが定義する状態の中にいます。

知的洞察がない感情的な経験

エリクソン◎どうしたんですか、Aさん？

A夫人◎私にはわかりません、私は見たくありません。私が見たくない何かがあります。私にはどんなものかわかりません。しかし、私はあなたに何を話したら良いか、わかりません。

エリクソン◎あなたが感じていることを話してください。あなたが何を感じているか、話してください。

A夫人◎ダメ。怖いんです。そこに私が見たくない何かがあります。そして、私は見たくありません。私は、その何かが怖いのです。そして、もし私が見たら……私は、見たくありません。

エリクソン◎あなたは、見る必要はありません。ちょっとそれについて、私に話してください。

A夫人◎それはまさに怖いものです。私は、私は忘れたいと思っています。私が見ないなら、それは消えてなくなります。そうですね？

エリクソン◎私は、感情が消えてなくなるとは思いません。

A夫人◎はい。でも……でも私は怖いのです。何かがあります。私は……それについて、私はあなたに何を話したら良いか、わかりません。しかし、私は怖いのです。私は怖いのです。

ロッシ―A夫人は、本当におびえています。そしてあなたの後催眠暗示に従って、明らかに目覚めていますが、彼女は、恐ろしい感情を、なぜ経験しているかわからずに経験しています。あなたは、この催眠療法的なアプローチの最初の部分を、これらの感情の源と知的な内容を、感情から切り離す経験を初めて彼女にさせることによって、このように達成しました。あなたは、再度二〇まで数えることによって、快適なトランス状態を再構築して、今、彼女を解放します。

知的な洞察のために後催眠暗示を使って
トランスの快適さを再誘導すること
——トランスに入った患者を保護すること
——感情アプローチ

エリクソン◎一、五、一〇、十五、二〇。
今、あなたは快適に感じています。
［休止］
そして、あなたは再度そうします、
今、
できませんか？
Ａ夫人◎私は始めています。
エリクソン◎それで良いのです。
［休止］
さて、次にあなたを目覚めさせるとき、Ａさん、私はあなたに、これまでと違うことをしてもらいます。
あなたが目覚めているかどうか、次に気軽に、あなたに聞くと、
あなたは「はい」と言います。
その後、
心に思い浮かびます、
あなたを脅えさせた可能性があるものを、
数年前。
しかし、あなたは感情を全く感じません、
わかりましたか？
それはあなたを脅えさせません、
それで問題ありませんか？
Ａ夫人◎私は思い出します。しかし、私は恐れないでしょうね？
エリクソン◎「はい、小さな子どものとき、私は怖い思いをしました」と、あなたは思い出します。それが、あなたがそれを思い出す方法です。
あなたは、そのことを笑うことができます
そして、大人の見方をしてください。
私は用心深くなります、
Ａさん、
確かめるために、
あなたはすべきかどうか
それを識別することを、
大丈夫ですか？
Ａ夫人◎問題ありません。

エリクソン──「それで問題ありませんか？」と尋ねて、私は過去の見方の承認を、彼女に求めます。私は、彼女が何をすべきか説明します。そして彼女の同意を得ます。最後の文章のそれぞれの休止が、私が彼女を守るという独立したメッセージです。

それぞれの部分が、別々の安心をもたらします。

ロッシ―文全体の中でのそれぞれのフレーズは、彼女のために、用心深くするというそれ自体が安心させる暗示です。

ロッシ―以前の不快な感情を経験した後、A夫人は進むことに、やや躊躇しています。したがって、彼女を安心させるために、大人の見方から見れば、その経験を彼女は笑うことができることを彼女に教えることが重要です。ほとんどの患者はトランスにおいて脆弱です。患者はセラピストの保護を必要とします。したがって、「用心深く」することを彼女に教え、彼女が経験を識別しても問題ないことを確かめます。例えば、それが精神的外傷になろうとしていた場合、あるいは、彼女にとって見知らぬ人と共有できるような問題ではない場合、あなたは、彼女の気を逸らすことによって、彼女に止まるように言うことによって、あるいは彼女をトランスに再び入れるように数をカウントする合図をすることによって、容易に経験を止めることができました。

エリクソン―私のアプローチはこういう難しい問題であっても、とてもさり気ないものです。そして、それは彼女のために、問題をさらに簡単にします。さり気ない、のんびりしたアプローチに対して、「ノー」と言うことは難しいことです。

ロッシ―これは、多くの場合、あなたがどのように感情レベルで取り組むかを説明しています。すなわち、知性では、人は、「ノー」と言いたいかもしれません。しかし、感情レベルでは、それは馬鹿げているように見えます。そこでのあなたは、とてもさり気なくて、暖かく、許容的です。「ノー！」と答えることは間違っているように感じます。

知的な洞察とともにトランスから覚醒すること
――辛い気持ち《Painful Affect》を変換すること
――大人の見方での本物の年齢退行

エリクソン◎二〇、十五、一〇、五、四、三、二、一。穏やかな気分のトランスではありません。

A夫人◎以前と同じ穏やかな気分ではありません。

エリクソン◎そうですか？

A夫人◎はい、私は、不安を感じます。私には、理由がわかりません。そして、私はそれを起こしているのは何か、わかりません。しかし、私は不安を感じます。

エリクソン◎ロッシ博士に尋ねたいですか？　あなたは、もう目覚めていますか？

A夫人◎はい。［A夫人は、少し困惑しているように見えます。後催眠暗示を実行し、情動を除外して記憶を再生し始めたとき、瞬間的なトランスを、彼女が明らかに再び経験する間、休止］

エリクソン◎私たちに話すことに、問題はありませんか？

A夫人◎私の心の中には、何もない場所があります。それはそうです、うーん、何もない場所、私はそれをどう説明してよいかわかりません。しかし、それは覗き込みたくなります。えーと、……ああ……はい！　素晴らしい！　私は、それが何なのかわかっています！　あなたにその光景を話しましょうか？

エリクソン◎ええ、もちろん！

A夫人◎ええ、良いですよ。それは橋です。私が以前、橋を怖がっていた話をした時のことを思い出せますか？　橋にやって来る場面です……そこにやって来ると、何も目印になるようなもののない、何もない場所だけが見えます。車か何かに乗っています。それは間違いなく車です。私はその中で、そんなふうに座っていますが、何も見えません。車にはフードか何かついていて、私には橋の上部の構造は見えません。私が外を見ていると、突然、何も見えなくなります。私が、以前見ていた、そして目撃した場所——私が親しみを感じる木、あるいは草、あるいは何か他のもの、牧草があります。突然、何もない場所にいます。そして、目印になるようなものは、私には見えません。そう、それは橋です。私は橋がある場所を知っています。私は、この橋がどこにあるか、知っています。私は、何歳か、あるいは誰と一緒にいるかといったことに結びつけることができません。でも、ええ、大丈夫です。

エリクソン◎橋のことを何か、私に話してください。

A夫人◎橋の場所？　えーと、それは北カリフォルニアにいる私の祖父母の所へ行く途中にあります。その橋は、とても急傾斜です。それで、車で登って最上部に着くと視界がパッと広がります。しかし上がって行くときには、何も気づきません。何もありません。横を見渡さない限り、親しみを感じるものを何も見ることができません。しかし、まっすぐ前を見ていると何も見えませんが、橋の最上部に来るとパッと視界が広がります。

エリクソン◎どれくらいで、あなたは、自分の年齢に気づくと思いますか？

A夫人◎私にはわかりません。なぜなら、子どものとき、何回も何回も、その橋に上がったからです。

8が私の心に入って来ます。しかし、私には8の理由がわかりません。どんな年齢であっても可能性があります。なぜなら、とても多くの回数（一回ではなく）、橋を渡ったからです。

エリクソン◎それで十分ですか？　アーニー［ロッシに］

ロッシ◎はい、そう思います。

ロッシ——しかし、以前彼女は、その経験の感情的構成要素で大いに悲嘆していたのですが、今、知的な洞察を伴った場面の記憶を再生するとき、彼女は、陶酔し意気揚々としてさえいる（「素晴らしい！」）ように見えます。経験した中での知的コンポーネントだけを患者に気づかせるような場合には、このように情動 affect は、この第二段階で完全には除去されません。しかしながら、否定的な情動affectはすべて、記憶から確実に解離されました。そして、あなたが示唆したように、彼女は確かに「大人の見方」で解離を経験します。彼女が子どもの頃に経験した恐れや不安は、好奇心および強い興味fascinationに置き換えられ、大人として経験を感じ取ることができます。

エリクソン―彼女との以前のセッションで、私は、飛行機からの眺めが「素晴らしい」と言いました。そして、彼女はその単語をここで使用します。

ロッシ―これは、彼女の催眠ワークには、物事を変える側面があって、「素晴らしい」ものとして経験できる新しい参照枠に、以前の辛い気持ちaffectを再構成していることを示唆しています！

エリクソン―「車か何かに乗っています……私はその中で、そんなふうに座っていますが、何も見えません」と彼女は、現在形で言いました。そして、そのことは、本当に彼女がそこにいたことを示しています。

ロッシ―その観点から見ると、本物の年齢退行で、彼女は単にそれを思い出したのではなく、早期の人生経験を実際に思い起こしていました。

エリクソン―それから、私は彼女に私に橋について話すよう頼みます。そして、彼女はより大人の記憶へと精神的外傷経験を変化させます。最初、彼女は大人でしたが、子どもとして過去の経験を追体験しました。その後、彼女は大人として、それを理解します。彼女の中に同時に二人の個人がいて、子どもと大人が一体となって、一緒に動作しています。

トランス再誘導と快適さ

エリクソン◎一、五、一〇、十五、二〇。さて、今日は、素晴らしい仕事をこれまで済ませました、Aさん。とても良い仕事です。今回は今

私はあなたを目覚めさせるつもりです。そして、私は、あなたに実際に快適に、とても穏やかに、とてもリラックスしていることを感じてほしいのです、

そして、あたかも8時間の休息を取ったかのように感じます。

時計を見て、時間に気づくと、あなたは驚くでしょう。

そして、再び、私は、あなたが目覚めているかどうか、尋ねます。

直ちにその後

あなたは「イエス」と言います。

ロッシ―今、最初に快適に感じ、あたかも8時間の休息をとったかのようにリラックスすると、彼女に暗示することで、感情的、知的な経験の側面を統合する最終的な仕事の準備を彼女にさせます。これは、簡単で非常に好ましい後催眠暗示を与えて、もっと難しい後催眠暗示のための受け入れセットを開始し、最終的な仕事に関連させる例です。「素晴らしい仕事をこれまで

済ませました、Aさん。とても良い仕事です」と彼女に言ったとき、それは、彼女がすでにした仕事に報いて、補強する方法でもあります。

エリクソン―8時間の休息を暗示することは、日常生活での経験を利用することでもあります。人々は、問題に対処するために、しばしば、そのことを一晩考えます。

感情と知性、子どもと大人を統合するための後催眠暗示

エリクソン◎すべてのエピソードは、あなたの心の中で光ります、
徹底的に……
徹底的に完全な色鮮やかさで。
今、あなたは、私の言葉を理解しましたか、Aさん？
[休止]
A夫人◎うーん？
エリクソン◎時計を最初にあなたが注視すると、
恐らく、時間が遅くないので
あまり遅くないので
驚くでしょう。
非常に休まったと感じることができます。あなたがどれくらい休まって、快適であると感じているか、あなたがこのトランス状態をどれくらい楽しんだか、話してください。
それから、私はあなたに尋ねます、
あなたは目覚めているかどうか、
すると、あなたは「はい」と言います。
その後、すぐに
この全体のエピソードが
あなたの心にパッと浮かびます、
とても鮮やかに。
それは問題ありませんか？
[休止]
A夫人◎うーん。前回、
あなたは、「完全に」と言いました。
あなたは「完全に、そして色鮮やかに」と言いました。
エリクソン◎そうです。
完全に
知的に、そして感情的に
完全に。
その結果、そのとき、あなたが感じていることが何か、
そして
そのときあなたがどのように感じていたかについて、すべてのことを、
もっと言えば、そのとき、あなた自身を知ることがわかります。
A夫人◎混乱しています。
エリクソン◎それはまったく問題ありません、Aさん。

A夫人◎私は感情を知りますか、あるいは、私は感情を感じますか？

エリクソン◎あなたは自分の感情を思い出しrecallます。

［休止］

エリクソン◎かなり昔、春の最初の日、素足になりました。私は素足をとても気持ちよく感じました。ジャンプすると、割れたガラスの上に足をつきました。私は、痛みでひどく苦しみ、金切り声を上げ、ひどく落胆した気持ちを思い出すことができます。そして、私が素足で歩けるまで、一週間かかりました。しかし、私は今、それを面白がっています。それは痛みました。また、私は、それがどのように痛んだか、記憶を再生します。私は今、かかと、右のかかとで、それを感じることができます。

私はそれを笑うことができます。また、そのひどい気持ちは消えます。私は明日、素足で歩くことができます。そして、私は、私をその夜、素足で行かせてくれるように、母親を説得しました。

私は今、それを面白がることができます。あなたは、自分のエピソードを再生するでしょう。それを完全に説明し、そのとき持っていた感情を説明することができます。今、理解しましたか？

A夫人◎ええ、まあ。

ロッシ—今、あなたは、彼女が感情と知性、子どもと大人を統合できるように努力しています。自分の言いたいことを、彼女に聞かせるのに、なぜ、個人的な例を使うのですか？

エリクソン—いつでも、それを説明するより、言わんとしていることを見せるshowことの方が簡単です。力のない握手（死んだ魚の握手）を説明できますか？

ロッシ—わたしも同様に、そのような具体的で、写象主義的な実例の方が、そのような人格統合を起こす可能性がある右脳と、よりうまく接触するのではないかと思っています（Rossi, 1977）。さらに、そのような具体的な実例は、抽象的で、知的な定式化以上に、非常に容易に観念力学的プロセスを喚起します。この見地からすると、力のない握手は複数レベルでコミュニケーションしていると考えることができます。

大人の見方から感情的経験と知的経験を統合すること——内部経験を再び関連させて再構成すること

エリクソン◎結構です。二〇、十五、一〇、五、四、三、二、一。

快適に感じますか？

A夫人◎う～ん？

エリクソン◎快適に感じますか？

A夫人◎目覚めているように感じます。

エリクソン◎どれくらい眠ったと感じますか？

A夫人◎長い時間眠っていたように感じます。もう起きる時間のようです。あらまあ！

エリクソン◎あなたは目覚めていますか？

A夫人◎ええ、え〜と、え〜と。［A夫人は物思いに耽っているように見えます。彼女が後催眠暗示を実行し始めるとき、明らかに瞬間的なトランス状態を再度経験する間、休止］

エリクソン◎それらの「え〜と」は何ですか？　早く話してください。

A夫人◎ああ、話すことがたくさんあります！　その日は曇っていました。そして、両親と私の姉妹が車の中にいます。私は、兄弟がどこにいるかにわかりません。私が着ているもの、私が着ているものがどんなものか、私は考えることができません。私は、綿のエプロンのようなドレスを着ています。しかし、外がそれほど曇っているときに、なぜそのドレスを着ているのか、わかりません。私の祖父母のもとに行っていました。そして、それはそうです、私は日曜日だということをどうして知っていたのでしょうか？　その日は日曜日です。どうして、私にわかったのでしょうか？

父親が働いていないからだと思います。しかし父親は土曜日、働いています。しかしその日は日曜日です。日曜日の午後です。私の祖父母のもとに行きます。そして、祖母は、「昼食はチキンヌードルスープにしますね」と私に約束しました。私たちは青い車に乗っています。両親が青い車を持っていたか、わかりません。持っていたはずです。これは、ニュース映画のように私の心の中にあります。出来事が、私の心の中で起こっています。

私たちは、その道をドライブしています。そして、それはサクラメント川橋です。私の母親は何か楽しくなさそうです。彼女は、「座席に座っていなさい」と私に言いました。私は、理由がわかりません。多分ダイアンと私が遊んでいたせいです。私はシートに深く座っています。そして、私はまっすぐ前を注意しています。いいえ、私は再び起き上がり、シートの背にしがみついています。フロントウインドウ越しに外をジッと見ていました。私たちはドライブしています。そして、何もありません。

そして、何も見ることができなかったので、私は目を閉じます。私には、周りがどうなっているのかわかりませんでした。私は、上に跳ねたことに気づき、次に衝突したら、何かを見ることがわかっていました。そしてそれですべてです。

それは、心の中でのニュース映画のようです。もっと長い時間、待っていれば、さらにいくつかのことが起きたでしょう。

二回目に衝突したとき、私は目を開けました。

エリクソン◎何歳でしたか？

A夫人◎8歳のように思います。いくつかの理由で、8歳が心に浮かびます。私は8歳と感じていますが、8歳のはずがありません。しかし、私が着ている服は、私がその時代に着ていた服だと思います。でも、私の弟がいません。弟がどこにいるのか、わかりません。もし8歳なら、弟は5歳です。しかし弟がどこにいるか、わかりません。姉妹はそこにいます。8歳が心に浮かびます。しかし理由を話すことができません。恐らく、私が、8を感じたことを以前に言ったからです。しかし、私は、わけがわかりません。しかし、怖くありません。何も怖くありません。

エリクソン◎どうでしたか？

ロッシ◎とても良い気分のように見えます。

A夫人◎何がどうなのですか？

ロッシ◎あなたが、これらの経験に対処する作業をしたことです。

A夫人◎それは、もう怖くありません。怖いことはありません。

エリクソン◎今、あなたが恐れを思い出しても、問題ありません。

あなたは、二、三分前、私たちに恐怖を示しました。

A夫人◎ああ、それは今、とても無害なように思えます。怖がるようなものは何もありません。

エリクソン◎二、三分前、あなたはどう感じていましたか？

A夫人◎私が怖がっていた理由ですか？　今、私はそうではありません。私はそれを少しも怖がっていません。それは、子どものときの事件でした。しかし、私は怖かったです。私は覚えています。そして、そういうわけで、私はとても怖かったです。

エリクソン◎何が彼女の恐怖を起こしたのでしょうか？

ロッシ◎それがわかれば、と思います。

ロッシ―今、大人の見方から感情的経験と知的経験を統合することで、子ども時代の恐れを感じずに、経験を追体験することが彼女にはできます。これは、感情を修正するアプローチであり、患者が患者内部の経験を再び関連させて、再構成できるようにする治療法です。いったん、その経験の外傷的側面において、ある量のカタルシスが起これば（知的コンポーネントのない感情を再経験する第一段階において）、別の比較的短いトランスにおいて、大人としての新しい見方から、全経験を統合し克服することができます。この三番目のトランス条件下で、彼女が一人ではできないほど、非常に多くの細かい記憶を再生することは興味深いことです。そしてそのトランス下で、彼女は経験の感情的側面と知的側面を再経験します。これが失われた記憶を単純に再生したものではないことが、「私の心の中のニュース映画」として、彼女が、記憶を報告することによって示されます。そこでは、それは、意識は骨の折れる努力をして思い出すのではなく、それ自体が自発的に広がる無意識のプロセスとして、彼女の所に自主的に来るように見えました。

エリクソン―彼女は、早期の人生経験を再構築して、それに関連した苦痛を取り除くことができました。たとえ、彼女がこの早期の人生経験を再構築したとしても、いつでも、何度でも、感情的・知的コンポーネントに、人生経験を分離することができ、彼女は子ども時代の辛い感情を再経験することができます。

ロッシ―人生経験を再構築することを話す場合、実際に何が関係すると感じますか？　コンポーネントが病因性の方法で分離されないように、それを新しい連想で接続しますか？　何が再構築されるのですか？

エリクソン―［上席著者は、泳ぎ恐怖を克服した患者の例を示します。今までしていたように、途中まで水の中を歩いて渡るなら、その中でいくらか昔の恐怖を感じると、患者は報告しました。しかし、彼が、態度をあらためて泳ぐと、昔の恐怖は消え去ります。昔の恐怖が起きる可能性は残ります。しかし、新しい活動をすることで、それに置き代わるか、あるいは再構築されるかして、古い状況を修正しようとする感情を生み出すことができます］

ロッシ―古い人生経験を再構築する中で、私たちは、古い恐れ（人生の状況を喚起する）に対して、新しい連想経路を開発して、新しい反応を促進します。古い記憶と経路は、まだそこにあります。それらは、いつでもそこにあります。

エリクソン―私たちは患者に新しい可能性を与えています。そして、好ましくない性質を取り去っています。通常、患者には最初に感情的に、その後、知的に経験させることが最も良いのです。なぜなら、患者は、感情を非常に強く経験した後、その知的側面を経験する必要があるからです。

ロッシ―なるほど。この解離アプローチによって、容易に感情が表面に出てくることができます。次に、そのアプローチは、強く患者を動機づけし、知的なことを手に入れるようにします。感情と知性をこのように分離する以外、経験を解離する手段を他にも持っていますか？

エリクソン―はい。感情的経験の単一の面を一つ患者に再生させ、その後ジグソーパズルのような無関係な知的な側面を再生させます。全経験を回復することができます。最後のピースを正しい場所に入れると、意味すること全体をまとめあげることができます。

パート３　学習の促進
――新しい参照枠を発展させる

以前の出来事を、グループでのんびりと議論した後、A夫人は、学術的な研究方針について、現在ある問題のうちのいくつかを説明しました。今、上席著者は、彼女の学習プロセスを促進するために、学習習慣をより効率的にするために、彼女のやる気を利用することに決めます。彼は通常の方法で催眠を彼女に誘導して、継続します。

ユーティライゼーション・アプローチ

エリクソン◎暗示することで変更するつもりです。最初はこれです
ホームワークは退屈で、疲れて、心身を疲れさせると、私は思います
ホームワークは
それと一緒に
よくやった、かなり達成したという
感覚をもたらします
そして、
それは、行われようとしています、
行われているというその感覚を、
そして完成して、それをもたらします
非常に部分的な感情、
それによって、あなたは
もっと集中し
もっと速く学習し、
全プロセスを楽しむことができるでしょう。
[A夫人は、意識的で意図的なプロセスの特徴である、素早く省略された方法で、「イエス」と頷きます]
それをよく考えています。
まだ首を振ったり、うなずいたりしないでください。
よく考えてください。

エリクソン―患者があまりにも早く、あなたに同意することは望ましくありません。家を買う前には、そのことをよく考えた方がいいのです。

ロッシ―あなたのスタイルに、とても特徴的なように、最初に、「ホームワークは退屈です」という彼女自身の参照枠を受け入れることから始めます。これが受け入れセットを解放します。それから、あなたは「ホームワークは、それと一緒によくやったという感覚をもたらします」という最初の暗示を加えます。あなたの暗示は自明の理です――誰でも、それに同意しなければなりません。そして、それは、受け入れセットをさらに確立します。これに対して、あなたは最後に、「非常に部分的な感情、それによって、あなたはもっと集中し、もっと速く学習し、全プロセスを楽しむことができるでしょうか？」という受け入れることが簡単な暗示を加えます。あなたは、彼女に直接、命令しません。あなたは、より良い学習について自明の理を言って、彼女が否定することができないような方法で、彼女自身の内部の経験を、自明の理に関連させます。彼女は自明の理が自分の経験にあてはまることを認めます。そして、このように、彼女はあなたの暗示を受けとめ、受け入れます。あなたはこれらの暗示に新しいものを何も加えていません。もっと正確に言えば、彼女の実体験を喚起し利用します。以前、ホームワーク（ある

いは他の学習）をいつもしていた人は誰でも、達成感を持っています。そして、これがいつかもっとよく学ぶことができるという「非常に部分的な感情」に、いつも関係しています。もっとうまく集中すること、そしてもっと素早く学習することに関するあなたの暗示は、このようにあなたが喚起した彼女自身が経験した側面を強化します。あなたは、①受け入れセットを確立し、次に、②彼女の人生経験の側面を喚起します。そして、その側面を、③彼女の現在の問題を解決するのを支援するために利用します。これは、治療的暗示を使ったユーティライゼーション・アプローチの典型的な例です。彼女は、素早く頷いて、これを受け入れるので、あなたは、それをよく考えるように彼女に言わなければなりません。あなたは、これらの暗示を実行することができる関連した内部プロセスを完全に探索するために、彼女の無意識に十分な時間を与えたいと思っています。

エリクソン―私は、彼女に「非常に部分的な感情」とともに、良いことを少し経験させました。それで、彼女はすぐに、すべてのことを望んでいると自分に言い聞かせます。経験することが、一般的な人生経験です。それからすべてのことを求めます。「ちょっと一口食べなさい」と、母親は言います。しかし、私たちの患者は、「ちょっと一口食べなさい」と私が言っても聞きませんでした。

病的恐怖の問題を再構築するために学習の参照枠を一般化する

エリクソン◎他の変化が、
この飛行に関する問題にあります。
最初の不安、
それは
おそらく
仕事の感覚に
仕事をする責任に
変わることができます。
人は、常に、仕事のことを
心配しているかもしれません。
あなたは失敗できることを、いつでも知っています。
あなたは夢中になって、
そして理解します
あなたが、以前この種のことをしたことを。
あなたはそれを以前に楽しんだことがあります。そして、実際に新しい課題に取りかかるのを楽しむことができます。退屈の代わりに、体の範囲内で楽しむときがあります、
休まったという感じ、
快適な感じ、
あなたの心の眼が

探している間、
あなたに本当に喜びを与えるものを。
[休止]

ロッシ―あなたは、今、学習の参照枠を般化します。あなたは、飛行機恐怖について、彼女が理解していることを再構築できるように進展させました。そしてそれについて、今しがた、あなたは彼女を手伝いました。これは、ちょっとした驚きです。新しい、そしてもっと適切な解決をするために、あなたが再度、この長年の懸案を持ち出そうとしていたことを、彼女が知っていたはずがありません。

エリクソン―はい。私は、知的な参照枠でその仕事に対処させることで、今、恐怖症の問題を変容させています。その仕事においては、彼女は本当に専門家です。

ロッシ―学習者として、彼女は援助を求めていますが、彼女は、相対的に言って、知的な仕事を解決する専門家です。

エリクソン―彼女には、良い仕事をしたいという非常に強い願望があります。彼女はその場所では強いのです。それで、私は、そのやる気を弱い場所――飛行機恐怖症――に対処するために使っています。

開いた柔軟な参照枠を例示すること

エリクソン◎私は、フランスまで飛行機に乗ったことがあります
夜に、
その飛行機は混雑していました。
私は、そのとき、身体的には、むしろ不快でした。
私は、朝食時に、フランスに到着することを知っていました、
そして、私たちは食事をほとんど食べていませんでした、
朝食が手渡されるまで。
しかし、その飛行中、
私は考え続けました、
海が何であったかという
私が少年時代考えていたことを。
その無限の距離、
そして、それは、現在、理解していることと
どのように対照をなしているのかと。
私は、少年として、いろいろな白日夢について
そして、白日夢がどのように展開したかを考えました。
[休止]

ロッシ―開いた柔軟な参照枠を維持して、普通ではない人生の不測事態に適応する方法を、今、一組の例で紹介しています。二番目のあなたの少年時代の例は、特に彼女に関連しています。なぜなら、「無限の距離」という海の概念は、橋の上の何もない場所という彼女の早期の恐れと一致しているからです。あな

たは、彼女の幼児期の「何もない場所」に対するいくつかの早期の恐ろしい連想を、もっと大人の見方で彼女が再構築できるようにしています。

治療的なテーマに結びつけること

エリクソン◎最初の変化に立ち戻る中で、
何かを達成したことを感じ、
するべき良い仕事を持っていて、
良い仕事をして、
目標に達し、
うれしい達成感で終わったことを知っています。

ロッシ――今、あなたは学術的な学習問題に戻ります。恐怖症の問題を、この学術的な問題に関連させることによって、あなたは、学習問題が、参照枠をもっと開くこと、そして参照枠を適応させることを、適用し維持することを学ぶという同じプロセスによって、どちらの問題も解決できることを仄めかしています。

知覚的経験の再構築
――セラピストの言葉を患者の言葉に翻訳する

エリクソン◎農民は、一日の良い仕事をしたことを知っています。なぜなら、背中の疲れがとても気持良いからです。

そして、あなたはホームワークを達成できます、
深い達成感を持って、
そして、眠りに入って、深く眠りに入ることができることを
知って、
あなたはホームワークをしました。
しかも、あなたのホームワークの
全体像は、
過去の良いこと、そしてさらに良いことです。
私と素晴らしい感覚は、プロセスの間に来ます。
その結果、
全体が、価値があり、
あなたを苦しめないでしょう。
よろしいでしょうか？
そして、今、
私が暗示した転換、変更、
飛行に関して、
一つの方法で。
しかし、あなたは、私が言ったすべてのことを翻訳することを期待しています、
両方へつなげて、
あなたの言葉へ
あなたのフレーズへ。
その結果、変更は、

私ではなく、
あなたの観点から設定されます。
そして私はそれらを知っている必要はありません。
あなたがします。
[休止]

エリクソン—「疲れがとても気持良い」とは、どんな意味ですか？

ロッシ—疲れた背中から、一日、良い仕事をしたことがわかると、農民はとても気持ち良く感じます。

エリクソン—心は、疲れた感覚を快適な感覚へと再構築します。そんなことを言うために、博士号を持っている必要はありません！

ロッシ—あなたの言葉を、患者が自分自身の言葉に翻訳する重要な暗示をして、あなたは、このセクションを終えます。したがって、あなたの暗示を、患者は無制限な形式で受け取ります。そして、それは患者自身の個性が、最適な方法、個人的な方法で、暗示を利用できるようにします。

患者のフィードバックとさらに治療的な具体例

エリクソン◎私には、
以前、アルコール中毒だった患者がいます。
この前、
彼に会ったとき、
「良い飲物（旨い酒 good drink）を飲みに行きましょう」と、
彼は言いました。
妻と私は、良い飲物を飲むために、彼と一緒に行きました。
私たちはダイキリを飲みました、そして、彼はミルクを一杯飲みました。
さて、三人全員が、良い飲み物を飲みました。
今、私は、非常に素晴らしい感覚を
あなたに
ホームワーク、
そしてトラベルという
二つのことについて
素晴らしい感覚を——
あなたの定義で
暗示していました。
リラックスしていますか？　結構です。

A夫人◎うーん。ホームワークの場合には、あなたが言うような最終結果です。それは達成感と喜びになります。それは、講義に集中した厳しい日々の後のプロセスです。そして、座って、それから夜にもう三、四時間、勉強するには、多くの集中と規律が必要です。一日中働いて疲れた後、そうするために、私の励ましになることは、それができると、気分が前より良くて幸せになることを知っているということだけです。そして、それができると、よく眠ります。それが、人々が、そうする理由です。問題は、最終結果を理解していないことです。私は最終結果が何であってほしいか、そして、最終結果がそうなることを理解しています。問題は、それを行うために必要な集中と規律にあります。

エリクソン◎わかりました。もう少し説明します。

私は、この計画を苦労してやり遂げました。

私は、図書館から六冊、小説を借りました。

私は、本があまりない家で育ちました。それで、

文学についての私の知識は、非常に貧弱なことを知っていました。

それで、私は座って、一つの小説を五〇ページ読みます

化学の勉強を一生懸命します、

二〇分間、

気持ちを入れ替えて、物理学を

二〇分間勉強します。

英語に十五分割り当てます、

小説の次の部分を読みます、

そして、小説から教科書まで

回り続けます、

たぶん、別の小説、

別の教科書、すべてを移動していきます。

身体活動のパターンの一つを、変更すると、あなたは休みます。

以前の活動パターンを。

農場で、私は、干し草を右手で、そして左手で投げることを学びました。

右手が疲れたら、左手を使って、右手を休めます。

木を叩き割るとき、右手、左手でします。いつでも、最初に

一方の手を休め、

その後、もう一方を休めます。

庭でクワを使うときも、交替させて、私は同じことをしました。

勉強するときも、

化学、

それは、小説を読むことよりずっと難しいことです。

小説を読むことは、練習の一形式で、心理学の本の章を読むことは、別の形式の練習です、

それで、私は、常に、最高の速度で各々のことに取り組んで、

それをしていたので、他のことすべてを休んでいました。

今、一日中働くとあなたは疲れます。夜、ホームワークを

勉強することも疲れます。

しかし、

その日の仕事によって疲労したあなたの体のその部分の緊張を解いて、

そして、あなたの残りで、ホームワークの作業してください。

講義を聞くことは一つのことです
賃金労働をすることは、もう一つのことです。
そして勉強することは、三番目の
形式のエクササイズです。
あなたはそれらを交代させて、講義を受ける装置を
ホームワークをしている間、
休止させられることを理解します、
そして、事務仕事をしているとき、ホームワーク活動を休みます。
なぜなら、それはすべて、異なるパターンの機能セットを必要とするからです。
わかりましたか？
A夫人◎ええ、まあ。
エリクソン◎今、理解できるように、話したことを練り上げることができますか？
友達が医学部に入ったとき、
彼女は朝八時から夕方五時まで講義を聞きました。そしてその後、六時から十一時まで彼女は研究所にいました。
彼女が、昼間、講義で使っている部分と、夜、研究所で使っている部分が違うことに気づくのに、かなりの時間がかかりました。
彼女が部屋へ戻ったとき
彼女自身のすべてが休みました。

自分の欲求に従って、どれほどきれいに正確に、自分を分割することができるか、彼女は確認すると、かなり驚きました。
そして、彼女は鉤針編みをして、ショールと赤ちゃん毛布とアフガンを作りました。彼女がアフガンを鉤針で編み始めているとき、気持ちがとても落ち着いています。そして、エチオピアにいる彼女の姉妹のためにアフガンを鉤針で編む喜びは、本当に勉強する疲労を吸収します。
とても楽しい方法でそれをすること、
慎重に無意識で
それをよく考えること、
自分の機能を熟練させるように
あなたは考えることができます。
あなたは
機能パターンを
理解することができます。
今、私が話したことを理解したと思いますか？
A夫人◎はい。
エリクソン◎自分の都合のよいときに、それらのことを考えることができます。これらの変更を受け入れるべきかどうか、決めることができます。
私は、その変更は良いことだと思います、
おそらく、あなたは、それらが良いことに気づくことができます。

しかし、それは、
あなたの快適さ
講義を聞くこと、
そして、勉強することでの気楽さの中で、
あなたにとって有利なことです。
それを、私は本当に
促進したいと思います。
私はあなたに
仕事をしてほしいと思います、
あなたの心が、
楽しいこと、高い声や低い声を
仕事と一緒に持ち歩くために海の向こうにいる間。
祖母がいる場所へと続く丘の上は、
とても素晴らしく、
誰にとっても
魅力的です。
そのとき、ジングルベル、
行く途中ずっと
高い声と低い声。
私は、そりとジングルベルと一緒の
あなたがよく知っている人が、どんな人か知りません、
あなたは間違いなくその歌を知っています。
楽しい高い声と低い声には
とても多くのものがあります。
祖母のためにバターをかき回すことが、自宅でするより、
どれほど簡単なことだったかと、考えることができます。
同じ仕事
しかし、設定が違っています。
何か問題がありますか、Aさん?
A夫人◎ありません。大丈夫です。
エリクソン◎さて、
あなたにできることは、あなた自身でいることなので、
将来のあるとき、それについて、あなたは話したいかもしれ
ません。

ロッシ――このセクションで、A夫人は、あなたに価値あるフィードバックをします。それは彼女がどのようにあなたの暗示を受け入れているかというものです。それで、あなたは、彼女のニーズにさらに正確に適合するように、方針を調整することができます。あなたは、彼女自身の学習プロセスを促進して、無制限な形式で絶えず暗示を提示して、彼女に多くの実例を示します。それで、彼女は、継続的に内部作業をして、あなたの言葉を彼女自身の用語へと、まとめなければなりません。これは、非常に活発にトランスを学習する状態です。彼女は、まったく受動的なところがありません。激しい関係が、あなた方の間にあります。あなた方の間には、ある種の直接的な心のやり

取りがあったかのように思われます。

混乱と新しい学習

A夫人◎私は問題を抱えています。
私は勉強することとホームワークについては、よくわかっています。そして、それは私にとって価値があります、
しかし、私は、飛行機について、
そして、私が直面している仕事について、以前、あなたが言ったことで混乱しています。
エリクソン◎大丈夫です、Aさん。
あなたの前にある仕事は、
大量と言えるもので
とても大きなものです。
外科医が手術を見るようにして、あなたは、自分の仕事を見ます。
それは簡単な虫垂切除ですが、あなたが良い外科医であるなら、
アメリカ合衆国では、
簡単な虫垂切除の手術で
死ぬことが
ある一定数あることを
あなたは知っています。
したがって、
あなたは、簡単な虫垂切除のようなものがないことを知っています。
それで、あなたは
簡単な虫垂切除に
着手します。
そして重要なことを
省略しないように注意します。
そして、これが簡単な虫垂切除術になるという感覚を持ってください。なぜなら、あなたがそうしているからです。とても良い外科手術は、
簡単な手術と感じます。だから、それはうまく行きます。なぜなら、彼が何も省略しないからです。そして、彼は、そうしていることを楽しみます、そして、患者はそうされて喜びます。
あなたは、手元の仕事を
値するだけ、敬意を現します、
そしてどんな人間の活動にでも、危険があると理解しています。
そして、それらは、それぞれ機能する人間が対応しなければなりません、その後
それをすることを期待して、
明日、虫垂切除が簡単になされることを期待して、明日、その飛行を楽しむことを期待して、

どんなことでも準備する楽しみを期待して、
そのようなことを楽しみます。
またそれが退屈に取って代わります。
退屈はあなたの視野を狭くし、
あなたの心の考える自由を制限します。
A夫人◎悪天候の予想を楽しむことはどうですか？
エリクソン◎あなたが納屋で干し草の上で寝そべっているとき、
屋根に落ちる雨の音以上に
楽しいことはありません。
少なくともあなたは、熱い太陽の下で、干し草投げを外でしたくないことを知っています。そして、畑に出る前に、あなたが、おいしい食事を胃袋の中にいれると、
その後、雨が降ることを
あなたは知っています。
農民にとって、干し草のカットが
最も天候に関係しています。
さて、それは確かに猛吹雪ではありません。
もし猛吹雪なら、
いろいろな意味で
猛吹雪はひどいものです。
そして九〇〇〇メートルとか、一〇〇〇〇メートルの上空の
悪天候は、
ゼロメートルの場所とは
異なる種類のものです。
飛行機で海面より九〇〇〇メートルの高さにいたとき、
その速度でのその空気に、
飛行機が対処していた方法を、
私が感じることができるかどうかということと
それは似たようなものなのかな
と思います。
A夫人◎私はします、私はそうします。私は、あなたが提案した二つのことをします。私は、予期しない乱気流を考え、楽しもうとします。私は、それがジェットコースターの感じなのか、あるいはでこぼこ道を走る自動車の感じなのか、すべて感じたことを考えようと思います。それがどんな感じであったとしても。

ロッシ――このセクションでは、A夫人は、能動的学習状態として、トランスを利用することをはっきりと説明します。彼女は死の恐怖を、学術的に学習する適切なアプローチを受け入れ般化しようとして混乱しています。彼女がまだ理解していない新しい参照枠のために、古く相応しくない参照枠を放棄する過程にあるということを、彼女の混乱自体が証明しています。あなたは、次のセクションで、彼女の見方をさらに開放させるために、今のこの状況を利用します。

習慣的なメンタル・セットを弱める——柔軟な参照枠を促進すること

エリクソン◎しかし、あなたは参照枠を持っていません。

A夫人◎それから、私は、飛行機に生じる構造ストレスについて、この大きさのストレスを、構造仕様が考慮に入れていることを知った上で、考えることにします。しかし、それが終わったときには、私はとても心地悪くて、そしてホッとしました。

エリクソン◎良いでしょう。以前、私があなたのために、何をしたか、例を出して教えましょう。各々の列が四本の木になるように、一〇本の木を五列、植えつけてもらえますか？

A夫人◎各々の列に四本、一〇本の木で五列？

[休止]

[いくつか無駄な試みをした後、上席著者は、問題の解答として、以下の星型の図を彼女に見せます]

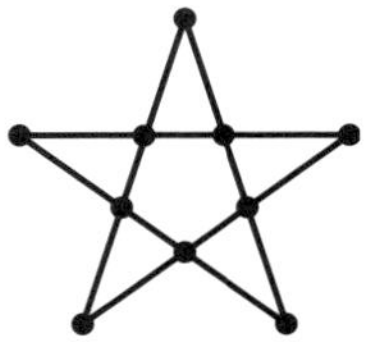

A夫人◎ああ、私はそれを考えませんでした。私は、それを乱気流と関連づけようとしていました。

エリクソン◎あなたは、乱気流を理解することができませんね？　あなたは、乱気流のことを地上では理解することができません。

A夫人◎私は、気圧で起こることを、知的に理解することができます。それのでき方、そして体などへの影響の仕方。私は、感情的に反応を理解することができません。

エリクソン◎結構です。そして、知的と感情的という二つの反応をする方法があることを理解できますか？

A夫人◎まあ、そうですね。確かにそうです。

エリクソン◎さて、ときには、あなたは、それについての知的な知識を持てます。そして、その背後に、感情があるかもしれません。

A夫人◎私はこの場合、感情を分けることができません。知性に関しては、私は、多くの恐怖を、この乱気流のケースで理解することができます。しかし、以前にあったような多くの恐れには不愉快な性質があります。

エリクソン◎さて、そこで困惑します、

五列の直線、

各々の列に四本の木

一〇本の木だけで。あなたがしたことは、あなたが列と直線と二本目の列の定義を、

私のプレゼンテーションに持ち込んだことでした。

A夫人◎はい、そうでした。

エリクソン◎このパズルが、乱気流を扱う方法になるなら、素晴らしいですね。なぜなら、それを理解することができるのは、ある参照枠においてだけだからです。

A夫人◎私は、これを乱気流と関連づけていません。私は、知的に乱気流を理解します。

[ここで、エリクソンは、彼女に見せた木の問題を書いた紙を、仰々しく引き裂いて、彼女の気を逸らします。それから、彼は、彼女にセット（問題を解読すること）をもう一つ見せます。彼は「710」の数字を書き、あらゆる方法でそれを読んでくれるようにA夫人に依頼します。ほとんどの人々は、それを上下逆さまにして、数字が十分に、OILと読めるように変化させることができません。エリクソンは通常、最初に、さかさまの「710」の近くに、「S」を作るように患者に頼むことで、答えを明らかにします。患者がまだ、答えられない場合、彼は患者に上下逆さまの「710」の手前に「S」を作らせて、それが「SOIL」と読めるようにします。その時点で、ほとんどの人は、数から文字セットに変えることに成功します]

ロッシ―これは、あなたが、もっと柔軟な参照枠を経験できるようにするために、患者の習慣的メンタル・セットを弱めるアプローチの典型的な例でした。木と710の問題で、あなたは患者に、自身のメンタル・セットが硬直していることを経験させます、そして、あなたは、患者にちょっとしたトレーニングをして、柔軟な参照枠を発展させます。

エリクソン―いつでも治療しているとき、患者に、できるだけ多くのことを経験させます。治療で最も重要なことは、患者の堅固な制限しているメンタル・セットをバラバラにすることです（Rossi, 1973）。

制限された参照枠としての恐怖症

エリクソン◎数に関する参照枠を持つことができます。

A夫人◎私は確かにそれをします。

エリクソン◎私は知っています、あなたはコンピューターに取り組みます。さて、九〇〇〇メートル上空の乱気流にふさわしい見方は、何ですか？　それは、言葉ですか、あるいは数字ですか？

A夫人◎それは実際には、感情です。

エリクソン◎地上で学習した感情ですか？

A夫人◎いいえ、私は、感情に気づいていません。でも、その感覚があるのは地上です。

エリクソン◎あなたは地上で、恐れの感情を学びました。そして、あなたは、恐れを上空に運びました。上空のそこで、あなたが持つべき正常な感情はどんなものか、理解してください。

A夫人◎それで、私が乱気流を心配するとき、私は論理的な参照枠ではなく、恐怖の参照枠でだけ考えると、あなたは言っているのですか？

エリクソン◎論理的でも、恐怖でもありません。あなたが発見するべき新しい参照枠があります。

A夫人◎あなたは、それについて、私が考えるべき方法のことを言っているのですか？

エリクソン◎そうです。その参照枠は、実際、あなたが持ったことのあるどんな感情とも無関係な、全く新しい異なる感情です。立ち止まってよく考えてください。宇宙飛行士は宇宙で何に遭遇しましたか？

A夫人◎まったく未知のもの。

エリクソン◎まったく未知のもの！　宇宙飛行士が、無重力を理解することができないことに気づいたように、今、私があなたに言っていることは、地上での経験では乱気流を理解できないということです。宇宙飛行士は水を上に注ぐことができました。宇宙飛行士は水を放つことができました。あるいは、横にそれを注ぐことができました。そして、私には宇宙飛行士がどのようにツバを吐くことができたか、わかりません。

A夫人◎そうすると、私はどのようにそれをしますか？

エリクソン◎私は、宇宙飛行士が重力についてどのように学習したか、わかりません。しかし、宇宙飛行士は学習しました。

エリクソン―彼女は、地上で高所恐怖症を学習しました。そして、彼女は、地上の恐怖がふさわしくない上空の飛行機に恐怖を運びました。飛行機ではエアポケットにぶつかり、何百メートルも落ちることがあります。そして、それは楽しい経験になります。空中にいる場合、どんな感情を持っていなければなりませんか？　地上の感情ではありません！
ロッシ―地上では、数メートル落ちただけで災害になります。
エリクソン―私は、全く新しい異なった参照枠を採用してくれるように彼女に依頼しています。
ロッシ―あなたは彼女がどのように新しい参照枠を経験するか、本当のところは知りません。彼女の意識もまた、知りません。セラピストとしてのあなたの仕事は、彼女の意識を制限するセット、バイアスをかけるセットのうちのいくつかを指摘し、恐らく弱めることです。したがって、新しいものとともに彼女の無意識が現れるもっと良い機会を持てるかもしれません。このケースは、恐怖症理論の本質を説明します。恐怖症行動は新しい状況に、ふさわしくない古い参照枠を使うことから問題が起こります。古い参照枠は、実際、適合しません。そして、この適合不足は恐怖症に特有の不安、否定的な情動、そして回避行動を引き起こします。不安と回避行動は、実際には、患者が古い参照枠を変更する必要があることを示す正確なシグナルです。患者が不安を表している信号を認識していない場合、それは適切な知的コンポーネントのまったくない否定的情動として経験されます。すなわち、訳もわからずに、患者は不安や恐怖を経験します。彼女は恐怖症を持っています。よく知られている状況（学校恐怖症、広場恐怖症などのような）に、恐怖症が明らかに発展する場合、私たちはそれを推論することができます。それは、その状況との関係が、患者の中で何かが変化したことを意味しています。しかし、この変化は認識されませんし、適切な内部調節（古い参照枠を修正すること、あるいは新しいものを作成すること）が行われません。恐怖症は、あまりに制限された参照枠のせいで起こります。それを永久に解消するには、洞察、そして参照枠を広げることが必要です。これは基本的に、あなたの仕事に固有な恐怖症の新しい理論です。そして、あなたはそれを知りませんでしたね？

エリクソン―知らないとわかったことがたくさんあります。

新しい参照枠を通して、成長をさらに説明すること

エリクソン◎あなたは、宇宙飛行士が宇宙で身長を測定したら、二・五センチ背が伸びて、宇宙飛行士が地球に到着すると、すぐさまその二・五センチが戻ることを知っています。子どもが、突然、急成長するとき、子どもが、母親と自分を比較するとき、

あなたは何が起こるか知っています。

「なんて背が高くなったんだろう！」

家の誰でもそれを知っています。

A夫人◎彼は、ものにぶつかりました。

エリクソン◎彼は、ものにぶつかっていました！

そして、彼の手で、ものを打ちます。

成長段階というのは、厄介な段階です。

そして、彼は

腕の長さ、歩幅を

理解する必要がありました。

彼は、自分のために、新しい計測セットを作る必要がありました。

今、あなたは乱気流のために、どんな計測セットを作りますか？

［休止］

あなたが、発見するための機会がそこにあります。

［上席著者は、今、新しい状況に合わない古い参照枠を単に使用するのではなく、新しい参照枠を作ることが必要な新しい人生経験を、例を挙げて示します］

エリクソン―成長期は、思春期 awkward age です。成長の苦しみです。

ロッシ―はい、ぎこちなさ awkwardness は、成長と新しい学習

の目印として、拍手を浴びなければなりません。

エリクソン―患者が、個人的に確信が持てて、実際に行動を変えることを見いだせるように、あなたは多くの例を挙げます。私があなたに言うことは、何らかの方法であなたの経験に触れるものだけです。患者があなたの言うことを、受け入れているという証拠を求めて、患者を常に研究します。

治療的な変化を促進する自己催眠
――精神機能の柔軟性

A夫人◎私は、飛行機が怖くないことに満足しています。それが楽しいとわかるために、多くのことを求めていると思います。あなたは私がそうなると思いますか？

エリクソン◎宇宙飛行士は、いったい何が宇宙にあるか、知りませんでした。

A夫人◎違いがあります。私は未知の何かが心配になることがあります。そして、それが最後には、オーケーという結果になることを知っています。そんな心配です。しかし、恐れに、論理的に関連させることができる方法が、私にはありません。私はまさにそうなのです。理論的には、私は、そうすべきでないことをわかっています。そして、心配することが何もないこと、そして、すべてのこれらの統計学を暗唱することができるということを、知っています。そして――

エリクソン◎そして、私がどれほど簡単に、あなたを恐怖状態に入れることができるか、あなたはわかっています。

A夫人◎ええ、そう。

エリクソン◎そして、素早く恐怖を一掃してください、良いですね？

A夫人◎ええ、その恐怖ですね。

エリクソン◎あなたの幸せな気分もまた、一掃してください。

A夫人◎ええ。

エリクソン◎つまり、あなたの不安、あるいは喜びは取り除いて再考することができます。

A夫人◎私は、前もって、それをすることができますか？私は、ある状況で、自己催眠を試みましたが、私は集中することができませんでした。乱気流に出遭ったときのような。

エリクソン◎一から一〇までカウントしてください。

A夫人◎今すぐ？　一から一〇まで？

［A夫人は目を閉じて、ちょっとの間、明らかにトランスに入ります。それから、彼女は目を開いて、体を移動して、再びはっきりと覚醒します］

エリクソン◎二〇まで、全部数えませんでしたね？

A夫人◎はい。

エリクソン◎結構です。［休止］そして、今、将来の成果は、将来の成果です。［休止］そして、成果を楽しむことができます。［休止］

A夫人◎私はちょうど考えていました。私は、ここから出て、飛行機に乗ることが待ち切れないです。
エリクソン◎ええ、あなたは、そうしたいとき、出発することも、留まることも自由です。
A夫人◎それは素晴らしいです。私は、飛行機に乗るのが待ち切れません！

エリクソン―簡単に彼女が喜びと恐れを「取り除いて再考する」ことができることを、彼女に思い出させて、私は精神機能の柔軟性を促進します。

ロッシ―自らを助ける道具として、彼女に自己催眠を教えると、飛行機に関する彼女の未解決な恐れは、外見的には解消されます。トランスが変性状態、あるいは参照枠の変更として概念化されるなら、私たちは、自己催眠が特に、困難な感情に、患者が対処する必要のある恐怖症、あるいは似たような状況に役立つ方法であることを理解することができます。ここでの彼女の瞬間的な自己催眠経験は、彼女の治療に対する期待がとても大きいことを、内部から彼女にしっかりと教えました――その期待の大きさは、飛行機に乗るのが待ち切れないほどでした！

厳選したショートケース――分析のための練習

テクニックの発見――外傷となる記憶の覆いを取るために知性と感情を解離する

エリクソン―テクニックを発見するという問題では、患者が何かをすっかり覆っていたら、正当な理由で覆っていることを認識することが、最も大事なことだと私は思います。そして、あなたはそのことを尊重すべきです。それがすっかり覆われる必要はないと、あなたが個人的に思っていること、しかし、ニーズ、実際のニーズを守るつもりであるという事実を、患者に尊重するように頼みます。今、あなたは患者に、患者のニーズを守ると話しました。しかし、患者は「実際のニーズ」に、それを限定しているとは聞いていません。

ロッシ―これはツー・レベルのコミュニケーションを通じて、間接暗示した例です。それらのニーズを守ると、最初に言った部分は、患者の意識によって容易に受け入れられます。そして、以下のような「実際のニーズ」に限定するイエス・セット、あるいは受け入れセットを開く傾向があります。そして、それは患者が考えていることとは大きく異なっているかもしれません。しかしながら、無意識はこの制限（それは少しの音声のイントネーションあるいは身振りで微細に強調されるかもしれません）に気づきます。そして、その制限を使用して、「実際のニーズ」を内部探索するプロセスを開始します。無意識レベルでの探索は、最後に新しい洞察に帰着するかもしれません。そして、洞察は患者の以前の制限された参照枠を弱めるので、治療を促進します。

エリクソン──はい。あなたには、実際、ここに二つの問題があります。それをすっかり覆う必要がありますか？　問題の覆いを取ることができますか？　その後、あなたは物事を思い出すさまざまな方法があることを患者に指摘します。確かに、私たちは記憶を覆い隠す場合、通常、記憶自体だけでなく、それ以上のことを隠します。つまり、頭を剃られたという精神的外傷は、不快な記憶として、すっかり覆われるかもしれません。しかし、同時にそれがされた部屋を、おそらく、その年、起こったその特定の場所と他のものの所番地が覆われます。その年のことをすっかり覆う必要がありますか？　その年、起こったすべてのことですか？　患者が隠す必要のなかった多くのことを、疑う余地なく隠したことを、このように強調します。では、なぜ隠していることが安全ではないそれらの物事を一つ一つ明らかにし、安全ではない物事は隠し続けるようにしないのですか？　それから、あなたは状況を、患者がいつでも撤退することができるものとして定義します。そして「見つけることを望まなかった何かを偶然、見つけたと思ってください。再度、それを覆うのに、どれほどの期間が必要だと思いますか？」と指摘します。いつであっても患者に、ほんの少し保証を与えるということは、そういうことです。それから、あなたは感情的な内容でなく、何かの知的な事実を思い出すことが完全にできることを、そして逆もまた同じようにできることを患者に指摘します。落胆していて、しょげていると感じたとき、あなたは、以前、どうしても for the life of you 理解することができませんでしたが、あなたの心の後ろに、理由があり続けたに違いありません、と指摘します。あなたは感情を経験しましたが、知的な内容がありませんでした。外傷となる記憶の回復では、あなたは知的内容でなく、強い情動 deep emotion を見つけることができます。そうしたいならば、あなたは実際の知的な内容を思い出すことができます。あなたは、悲しいとか、怒っているとか、あるいはうれしいとか感じたかどうか、思い出す必要はありません。思い出すのは、まるで他の誰かに起きたかのような、ちょうどそんな記憶です。

この例は、医学部を落第しそうだった一人の医学生のことです。彼は、皮膚科の講義と臨床に参加することを正当な理由なく、きっぱりと拒絶しました。彼は、皮膚科の本を開こうとしませんでした。彼は「皮膚科の講義と臨床に出席し、その勉強をしないと医学部を落第します。コースの一つを独断で拒否する人は、誰であっても、進級することができません」と学部長に呼び出され、警告されました。「私はできません」とボブは言いました。「どういうつもりですか、そんなことはできません。

落第しますよ！」と学部長は言いました。しかし、ボブは、「できません」と本気で言っていました。

ボブは、そのことをとても心配して、私のところへ来ました。私は、ボブが非常に良い催眠被験者であることを知っていました。それで、「医学クラスでのデモンストレーション被験者になってもらえますか？」と彼に尋ねました。彼は「良いですよ」と言いました。私は、「皮膚科に関する奇妙な行動を、いくらか説明しなければなりません」と彼に話しました。私は、「来週いっぱい、忘れていたことが何だったか、思い出す試みをして過ごしてください」と彼に頼みました。

ボブは、思い出そうとして、一週間過ごした後、クラスに来ました。クラスで、「ボブ、あなたがずっと以前に、忘れたことを思い出しましたか？」と私は尋ねました。「一体、ずっと前に忘れたことを思い出すことに、どのように取り掛かるのですか？　どこを見るべきかすらわかりません！　それを忘れました！　それは手に入れることができません。そこに到達できません。それには手を触れてはいけないのです！　それは忘れられています――それは、なくなってしまいました！」とボブは言いました。私は同意して、彼を部屋から送り出しました。そうしておいて、クラスで問題を提起しました。彼ら全員は、そのような記憶を見つけようとすることは、極度に先を見通せないものであることに同意しました。それから私はボブを呼び戻して、深いトランスに誘導しました。「あなたがここにいる理由を、あなたは知っています。一週間、あなたが忘れていた何かを思い出せるか、考えてきました。あなたは、そのことで、思い出したことがありますか？」と私は彼に言いました。「いいえ」とボブは言いました。「わかりました。あなたは深いトランスに入っています。私はあなたにいくつかのことを説明したいと思います。あなたはジグソーパズルがどんなものか知っていますね？　あなたは、二つの方法で、ジグソーパズルを組み立てることができます。一つ目を、あなたは上下、正しくそれを組み立てました。そして、あなたは絵が何かわかっています。二つ目を、あなたは裏返してそれを組み立てることができます。そして、そこではジグソーパズルが裏になっています。その上に絵はありません――まさに空白で、意味のないもの、しかし、そのパズルは完成しています。ジグソーパズルの絵は、抑圧された記憶を意味する内容で、知的な内容です。その背後には、感情的な基盤があります。そして、それには、どんな絵もないでしょう。それは、まさに基盤になります。さて、あなたは二つのピースを、一つの角に置くことによって、そのジグソーパズルを組み立てることができます。二つのピースを三番目の角に、二つのピースを四番目の角に、二つのピースを別の角に、中央に、二つのピースを四番目の角に、その後、ここへ、あそこへ、あなたは、二つ、あるいは三つのピースを組み立てることができます。いくつかのピースを、表向きに置くことができます。いくつかのピースを裏返しに置くことができます。あなたは一斉に、裏返して置くことができて、一斉に表向きに置くことができます。しかし、あなたはしたいようにします」と私は言いました。

ボブは、何をしたかったのでしょうか？　私にはわかりませんでした。しかし、その質問によって、ボブに責任の重荷が残りました。つまり、ジグソーパズルという形で、抑圧された記憶を回復して、それを意味ある形にまとめる必要がありました。私は、ボブに「さて、あなたは、実際、どうすべきかわかりません。二つ、三つ小さな不快な記憶を、無意識から引きずり出すと考えてください」と頼みました。ボブは一分間、考えました。そして、彼の額に汗が出始めました。「どうしたのですか？　ボブ」と私は尋ねました。「私は、訳がわからなくて、気分が悪くなっています。何が変なのかわかりません」と言いました。私は「それはすばらしいですね。でも、あなたは、訳がわからなくて、気分が悪くなっています。あなたは、何が変なのかわかりません。わかりました。そのことを忘れてください」と言いました。それで、ボブは、おかしいと感じていたことを、健忘しました。それから、「あなたは、抑圧の中に手を伸ばし、二つ、三つ絵の断片を持ち出すと考えてください」と私は続けました。ボブは実質的に、それをして、「え〜と、水があります、そして、緑色の何かがあります。私はそれが草だと思うのですが、その緑色のものは草でありません」と言いました。私は「それは素晴らしいですね。今、あなたはそれを無理に押しやります。さて感情の断片をいくつか持ち出してください」と言いました。ボブは、さらにいくらかの感情を持ち出し、その後、「私は怖いです。私は怖いです。私は走りたいと思います」と言いました。そして、彼は実際に発汗して震えていました。私は「もう一度、それを無理に押しやってください。二つ、三つ、他の絵の断片を持ち出してください」と言いました。

私たちは、しばらくの間、その方法で交互にやり取りしました。恐れの感情があまりに高まったとき、二つ、三つ連想させて、その後、恐怖を抑制しました。私たちが多くの資料を得るとともに、ボブはますます大きな感情の断片を掘り出し始めました。その結果、私はトランスから彼を連れ出し、彼を休ませなければなりませんでした。ボブは、深呼吸をして、「私は、くたくたに疲れ果てました。私は、自分に何が起こっているか、わかりません。私は目覚めています。私のシャツはベトベトです。私のズボンは汗で濡れています。ここで何が起きていたのでしょうか？」と言いました。ボブが感情を経験するたびに、ボブが額に汗が噴き出すのを見ると、クラスの医学生が同じように気分を悪くしていたことを保証しました。

最後に、私は「再び、すべての空白の側を組み立てて、完全に総点検してみましょう」と提案しました。それで、彼は再びそれを組み立てました。それで、彼が震えていて、汗をかいているのを見なければなりませんでした。彼は、本当に震えていました。そのため、一定の間をおきながら、私は、彼に以下のように暗示して、震えを消して、休息させました。「もう一つ深呼吸をして、健忘している外傷経験を使って、ジグソーパズルのその空白の裏面を見てください」。彼は、「ジグソーパズルの裏側にあるものは、どんなものでもひどいものです――それは、まさにひどいものです」と言いました。それから、私はすべての感情的な側面を忘れるように、彼に言いました。ジグソーパズルをひっくり返して、それを知的に、感情を持たずに見るだけです。「およそ八歳か、九歳の二人の男の子、二人は従兄弟のようで、納屋で遊んでいます。二人はレスリングをしています。おお！　おお！　一人が、もう一人に怒っています。今、二人は互いに叩き合っています。二人は、鋤を掴んで、互いに突き始めます。おお！　おお！　一人の脚に、もう一人が突き刺しました。刺された子は、起きたことを伝えるために走って家に入って行きます。突き刺した子は少し怖がっています。その子もまた立ち去ります。少年の父親は怒りませんでした。母親は怒りませんでした。両親は医者に電話していました。少年の父親は、少年を椅子に座らせ待たせました。そこへ、医者が車を運転してやって来ました。医者は、男の子に何かを刺そうとしています。おお、なんてことだ。とんでもないことだ。その男の子の顔を見てください。彼が、そこで横たわっています。男の子の顔は腫れ上がって、目が腫れて塞がれています。皮膚はおかしな色に変わって、舌はとんでもなく厚くなっています。そして、医者は怖がっています。医者は、なにか他のものを手に持っています。医者は、針、あるいはある種のポンプのように見えるものを持っています。そして、医者は男の子にポンプで何かを注入しています。そして、今、男の子の顔の膨れが、前より少なくなって、彼の舌が小さくなっています。彼は目を開いています。そして、誰もが、安堵して深く息をしています。父は、突き刺した男の子をひっつかみ、馬用のかいば桶まで連れて行きます。父親は、馬用のかいば桶に座って、男の子をひざに載せて、お尻を叩き始めます。そして、本当に激しくお尻を叩いています。男の子は馬用のかいば桶の中を見下ろすと、水面の緑色の粘着物が見えます。彼は泣いています。これについて、すごく悪いことがあります。でも、私には悪いことが何か、わかりません。すごく悪いことがあります」と彼は説明しました。「では、一つの角をその後ろに染み通らせましょう。そして、もう一つの角を、その後ろに染み通らせましょう。染み通らせてください。染み通らせてください」と私は言いました。情動に観念的な内容を結びつけ始めた、かわいそうなボブがそこにいました。ゾッとして、身震いして、泣き喚き、怖がって、彼は、「私はそれに耐えることができません」と言いました。

私は、再び完全に健忘するように彼に言いました。「ボブ、休んでください。しなければならない仕事がもう少しあります。たぶん、五分休んだら、もう少し仕事するのに十分なほど回復します」。それから約五分後に、私は、彼に継続してくれるように求めました。彼は、我慢できるところまで、健忘をとりやめ、その後、もう一度、別の健忘をして、休憩して、もう一度記憶を回復しました。そして、とうとう、彼は、「その子を刺したのは私です。その子は私の従兄弟で、それは納屋を掃除するために使う鋤でした。医者が来て、彼に破傷風の注射をしました。彼はアナフィラキシー反応で、ひどい浮腫を起こしました。そして、私を含めて誰もが、彼が死ぬと思いました。それから、医者は彼にアドレナリンを投与しました。その後、彼は回復しました、父は馬用のかいば桶に私を降ろして、私のお尻を叩きました。私は、従兄弟に見られていると思ったので、なおさら耐えられませんでした。そして、私のお尻を叩いている父がいて、飼い葉桶の水面には汚い緑色の粘着物がありました——その恐ろしい緑の粘着物と私の従兄弟のその恐ろしい顔色。私が皮膚科学を勉強することができなかったのは、不思議ではありません」と言いました。それが、そのことの結末でした。彼が、皮膚科学が嫌いであっても何の不思議もありません。

すべての経験を一度に回復させようとするセラピストがあまりに多すぎます。日常生活において、無関心の態度をとる人がいることに、しばしば気がつきます。彼らは、自分の立場について、知的な深い認識があって、感情的に無関心なのかもしれません。さて、催眠療法では、無関心、逃避にとても大きな重要性があることを、そして、ここで一つの断片だけ、そして、そこでもう一つの断片だけを聞き出すことができることを、認識する必要があると、私は思います。ボブは十分、何かを回復した後、健忘を生じました。なぜなら、彼が、健忘をあらゆる部分に生じたのは、私が求めたからでした。それは、押し付けられたものであって、自発的に無意識が健忘したものではありませんでした。これは、彼が暗示に反応する分野で起こしたことでした。したがって、健忘行動は彼がコントロールしたことでした。健忘には抑圧と同じくらい効果がありました。しかし、健忘が、心を癒やして観念的な内容に関連する小さな部分において、その精神的外傷の資料を検査できるようにし、程度を変えることができるようにしました。

そのクラスは午後六時に開始しました。そして、私がボブと別れた時間は、真夜中だったと思います。私は、ボブに何も言わないように、とクラスの人たちに警告しました。なぜなら、私は、その翌日の午後、皮膚科学の授業があることを知っていたからでした。誰もが協力しました。そして、彼らが皮膚科学の授業に行ったとき、ボブは、これ以上ないほど、気軽に入って来ました。私は、気軽にボブに挨拶するように、とクラスの人たちに言いました。そしてどこに次に行くのか、ボブに尋ねるように、しかし、それについて何も言わないように、と言いました。ボブが思い出す前、ボブが皮膚科学に出席していたのは、ほぼ一週間でした。彼は、当然のことのようにそれを考えていたので、以前、講義と臨床に出席していないことを理解していませんでした。さて、それは、私が多くの患者に使ったアプローチです。

ロッシ―この特定の種類の物事のために、深いトランスを開発することは必要ですか?

エリクソン―トランスをボブに使いました。しかし、あなたが無関心というその状態を手に入れ、隣の部屋で特定の経験をしている自分自身を、多かれ少なかれ考えるように人に求めるなら、トランスは必要ではありません。「もちろん、あなたはそれを見ることができません。あなたはそれを聞くことができません。しかし、特定の経験をしながら――失われた外傷となる記憶を回復する経験をしている自分自身のことを考えることができます。そして、あなたがここに座っているとき、実際、深いトランスではなく、あなたは実際、中程度のトランスではなく、あなたは軽いトランスに入っています。あなたは、動きたいと感じません。あなたは何かをしたいと本当に感じません。しかし、あなたの心は、かなり遠く離れているように見えます。そして、あなたは何かを思い出している他の部屋にいる自分自身のことを考えています。そして、私は、あなたがその記憶のどんな部分を思い出しているのか、わかりません」。そこで、あなたは連想しています。そして、患者は思い出すことを始めることができます。

ロッシ―失われた記憶を回復するために、別の部屋にいる自分自身を想像することを、あなたが患者に求めることは、それ自体が間接的に催眠を誘導するアプローチです。あなたが、そのことを求めることで、①注意を固定し、そして、患者があなたの言っていることを真摯に受けとめる場合、確実にあなたは、一時的に、②患者の習慣的意識的なフレームワークを弱めました。その結果、患者は、③無意識レベルで探索します。なぜなら、意識は確実に、そうする方法を知らないからです。トランス誘導は、「あなたは、動きたいと感じません。あなたは何かをしたいと本当に感じません。しかし、あなたの心は、かなり遠く離れているように見えます」という、あなたの暗示でさらに強調されます。しないこと、そして、あなたと一緒にいる人格と、「他の部屋にいる自分自身のことを考えている」心とを、解離する形の間接暗示を利用しています。その後、患者自身の連想、および、④無意識のプロセスが引き継がれ、失われた記憶を回復する、⑤催眠反応を仲介します。

突然に起きたひどい急性情緒障害における催眠療法▽原注6

個性と行動を障害している基礎をなしている「精神力動」を発見するために、患者の遠い過去を、徹底的に探索する必要性について、多くのことが言われてきましたし、書かれてきました。患者の過去の経験、人格構造を十分に認識しないで、急性の精神的苦痛や障害がある状況に、催眠を使用することから生

▽**原注6**　以前、上席著者によって書かれたが、本書収録にあたって、下席著者によって編集された未発表論文。

じるダメージについて、人騒がせな記述がされてきました。ストレスの問題に、他で直面したときに、この著者にとって、そのような人騒がせな記述は、知識不足と個人的不安感を示唆するものです。

危機的な状況に対応する際、催眠には適応性があるので、突然の緊急事態においてもっと高頻度に、もっと機敏に使用することが望ましいことが示唆されています。というのは、催眠は自然な生理的プロセスやメンタルプロセスを変えることなく（薬の侵襲や電気ショックと比べて）容易に使うことができるからです。下記は二つの用例の説明です。そして、この二つには本質的な類似性があるため、一つの例をより詳しく説明しています。著者が急性の非常事態を取扱ったことで手にした一般的な情報が、読者に指針を与えるために提示されます。

患者の示している問題は、急な怪我、そして足の骨折事故のケースと同じ緊急処置として取り扱われました（つまり、最初に足に副木を添えて、局所治療を完全に行った後、詳細な病歴を聞きとること）。

ここでの患者は、二人とも三〇代前半でした。そして、二人とも基本的に同じ行動を明らかにしました。そして、それが進展して、それぞれの例において、夫と妻の激しい喧嘩になりました。二人の女性は、明らかに不安を持っており、依存的で、感情的に不安定で、とても涙もろい人でした。どちらも精神病が潜在的にあるとは決して考えられませんでした。しかし、二人とも受動的で依存的で、感情的に不安定で、軽い精神神経症（ノイローゼ）患者であると考えられました。そして、子どもがないもののかなり良く適応し、保護された生活環境にいました。

ヒステリー性カタレプシーを取り除くこと
――症例報告1

この患者は、三十三歳の内科医の妻でした。パートナーの助けを得て、上席著者のオフィスに患者は運び込まれ、椅子に座らせました。

彼女は硬直して、そこに座りました。そして、すべての刺激にまったく反応しない状態で、瞳孔は完全に広がっており、ぼんやりとあたりを見ていました。

夫は、「オフィスで彼女と喧嘩していたら、ヒステリックになって、彼女がこらえきれずに叫び始めました」と説明しました。このせいで、どんな問題が起きたか確認しようと、夫のパートナーがオフィスに入って来ました。二人とも、死にもの狂いで彼女を安心させようとしましたが、彼女の注意を確保することができませんでした。自暴自棄になって、二人は、「彼女を、今の状態から連れ出す」ことができるかもしれないと考え、顔を痛烈に平手打ちしました。その結果、彼女は今のような状態で、「完全に動きをなく」してしまいました。二人は、あらゆる刺激を試み、彼女の注意を引きつけようとしましたが、まったく無駄でした。二人は、彼女の瞳孔が両方とも拡大したままになっていることにびっくりし、頭蓋内損傷を心配しました。しかし、瞳孔が左右同じように拡大していたので、少し安心しました。彼らは、非常に明るい光を使って瞳孔を縮小させようとしました。しかし、彼女は、光を平然と見つめ、瞳孔には変化がありませんでした。

夫が精神的苦痛を示したので、夫とパートナーにはオフィスから出て行くように言いました。そして、彼女が「それを寝て治す」ことができるように、適当な薬物を静脈内に投与してほしい、という夫の要請、そして「必要に応じて、電気ショックを使うことができると思います」という夫の言葉は、無視されました。上席著者は、患者が精神的苦痛を持っている期間の心理的反応に対して、心理的にアプローチすることを好みました。心理学的手法が試みられるのは、患者の体を徹底的に侵襲する前です。ですから、必ず最初に選択する方法として考えるべきです。

情緒障害が起きたとき、二人の医者が患者の目に強力な光を当てることを試みたので、著者は、このことを利用することに決めました。小さな瞬いている明かり（子どものおもちゃ）を固定して、おもちゃが彼女の視野に入るようにし、オフィスの反対側に置きました。上席著者は彼女のそばに座り、長い一連の簡潔で、穏やかな暗示を、優しく繰り返し、光の明滅を暗示に同調させせました（過去に行った研究から、被験者が刺激に意識的に気づいていない場合でさえ、条件づけ反応を有効に確立できることが、上席著者にはわかっていました）。これらの暗示は、「遠く離れた、光を見てください。今、光がやって来て、今、光が行ってしまいます。遠く離れた、光を見てください。今、光がやって来て、今、光が行ってしまいます」というものでした。これらの単調な規則性を持った暗示が、およそ二〇分間繰り返されました。かすかな瞼の震えが、「光がやって来て——光が行ってしまいます——もっと見ようとしてください」という三部構成の暗示を変化させることにつながりました。そして、一番目と三番目の部分で光るように同期させせました。

この三部構成の暗示のおよそ五分後に、彼女のまぶたが揺れ始めました。そして、彼女の瞳孔が収縮し始めました。同期された暗示がより執拗に与えられました。「光が来ると、あなたのまぶたは閉じます。光が行ってしまうと、まぶたは、もっと閉じます。光がやって来ると、あなたのまぶたは閉じます。光が行ってしまうと、まぶたは、もっと閉じます」。二分もしないうちに、暗示は、「光がやって来ると、とても疲れます。光が行ってしまうと、とても眠くなります。光がやって来ると、目を閉じ、とても疲れます。光がやって来るとすぐに眠くなります。光がやって来ると、すぐにぐっすりと眠くなります。そして深く眠って、さらに深く眠って、深く眠って、今深く眠っています」に変化させせました。彼女がよく反応したので、「眠ったままでいてください。気持ちよく休んでください」と何度も繰り返しました。それから、彼女は、「気持ちよく休む」こと、「深く眠る」こと、「とても気持ちよく、そして完全にリラックスする」こと、「とても良い感じ、とても落ち着いている」こと、そして、上席著者が知りたいと思っていることを何でも、「話す準備ができていると感じる」こと、そして「話すにはあまりに疲れて、怖がるには、あまりに眠くて」ということ以外、上席著者が尋ねたことに何でも、上席著者に「やさしく話して」、そして「そうします。そしてすべてを理解します」と指示されました。

四十五分も経たない内に、この患者は、青春期の初期、隣人の妻が明らかな理由もないのに鋭い叫び声を上げたのを見た時に関連させて、参考になる説明をしました。隣人の妻は無言の統合失調症の昏迷を起こして、突然、叫び声は終わりました。そして結局、隣人の妻は州立病院に収容されることになりました。彼女は、「数年前に忘れた」過去の不幸な記憶として、このことを説明しました。彼女は続けるよう頼まれた時、精神的苦痛を少し示しました。そしていくらか躊躇しながら、休暇旅行のことで、夫と喧嘩した状況を説明しました。休暇旅行のことが、彼女を、ますます怒らせました。旅行で彼女は、幼児期に育った家に行くことを望んでいました。しかし、夫はどこか他に行きたいと思っていました。夫が思い通りにしようとしていると思うと、怒りがこみ上げてきて、彼女は叫び声を上げました。次に、金切り声を上げていた隣人の妻の記憶が心によみがえりました。彼女は「叫ぶのを止めることができるのだろうかと思いました。そう思うと、私はものすごく怖くなりました。それで私は叫び続けました。そして誰か――たぶん、私の夫が――私を叩いて、私を動けなくしました。私は見ることも、聞くこともできませんでした。私は、どうしようもなくて、何も見えませんでした。そして、いつでも、さらに怖くなっていました。それについて考えると、皮膚がむずむずします。あんなことは二度と起こりませんね？」と言いました。彼女が安心したので、続けるように頼みました。

「ええそう、永遠にずっと起こることは何もないように思われました。その後、私は少し明るい光が見えて、声が聞こえ始めたと思いました。最初、声が何を言っているのか、聞き分けることができませんでした。しかし、私は、うまく聞き始めているように思われました。そして、すぐに、私はもっとうまく聞くことができるようになりました。そして、本当にすぐに、あなたが私に話しているのが聞こえました。私はあなたが誰か知りません。しかし、私は疲れていて眠たかったのです。そして、私が知っていることは、ある方法で、あなたが私の世話をしていたことでした。あなたはそうするでしょうね？」

再び、彼女は安心しました。そして、どんなことを次に望むか、彼女は尋ねられました。「私の夫に話してください」。彼女に、目が覚めた時、すべての出来事を覚えているべきではないと思うかどうか、尋ねました。彼女の返事は、「もう一度、怖くなりますか?」という質問でした。「あなたがそうなりたくない場合は、なりません」という答えが返ってきました。「私はなりません」と、彼女は真剣に言いました。その結果、彼女は、何も指示を受けずに目覚めました。そして、極端な行動について、当惑と若干の苦悩を伴いながら、全部の物語を、意識的に再び語りました。それから、彼女に、すべての物語を、夫に説明することが、彼女にとって良いことでしょうか、と尋ねました。彼女は「ええもちろん、そうしなければ夫は私のことを心配するでしょう」と答えました。彼女は、夫が、この場に参加していたことを知った時、夫のパートナーがいた可能性があったことを、さらに受け入れました。

「休暇旅行で、なつかしい生家にも行きたいと主張した時、その隣人のことを考えていたのですか?」と夫は尋ねました。「おお、いいえ! 私は、彼女のことを何年も考えたことはありません。私は、ただアン[少女時代の友人]から、手紙を受け取っていたからです。その子のことを、あなたが好きでなかったということを知っていますが、私は戻って、彼女に会いたかったのです」。ここからの会話と議論には、あまり有益なことはありませんでした。彼女が希望した場所を、休暇旅行で訪問して、年月が経つとともに彼女はうまく適応したということを言うだけで十分でしょう。妻の問題の是正について、彼女の夫は「ええ、私は、それによって、物事を捨て去ることができるようになると思います。しかし、私はそのようにして、それを始めることを勧めようとは思いません」と言いました。

この患者の全治療に、二時間も必要ありませんでした。そして、およそ六年経過しても、何の問題もありません。

・条件反射——注意を確保して、内部検索と反応を開始する複合暗示。

ヒステリー性のカタレプシーを取り除くこと——症例報告2

二番目の女性のケースは、三十一歳で、最初の女性と似通った人格構成で、子どもはなく、緊急の情緒障害 emotional difficulty が朝の食卓で起こりました。前の晩、旅行から帰った時、車をガレージの横にぶつけたと彼女は夫におどおどと話しました。車は、少しフェンダーが曲がって、ヘッドライトが壊れました。時間が遅く、夫を不愉快にする可能性があったため、夫に言いませんでした。彼女の状態を報告する際に、夫が説明したように、彼女が予期した恐れは的中しました。「私は大ばか者のように、怒鳴り散らしました。それで、彼女はますます腹を立てました。また、私もそうでした。彼女は、最後にはハンドバッグをつかんで、私に投げつけました。ハンドバッグは開いたまま落ちて、中の物がこぼれました。ポケット鏡が、床に沿ってすべって、そして太陽の光で床が輝いている所でちょうど止まりました。そして、その鏡に反射した光が、彼女の顔の右側に当たりました。そのように鏡が日光を反射する様子を、私は見ました。彼女はすぐに動かなくなりました。彼女の顔は完全におかしくなって、にらんでいるような目で動かなくなりました。しかし、彼女はコウモリのように目が見えないようで、石のように耳が聞こえないようでした。

「私は妻に、『どうしたのだ？』と怒鳴って尋ねました。しかし、妻は身動きしませんでした。それで、私は妻の体をゆすると、ようやく妻の体が少し柔らかくなりました。それで私は妻を連れてきました。私は、妻を気違いにしてしまったのでしょうか？　妻を助けることができますか？」

男性を少し安心させて、オフィスから追い出しました。心配しながら夫に駆り立てられてオフィスに入ってきた女性は、その時、周囲に無関心でロボットのように座っていました。彼女は目を開けていましたが、明らかに見えていませんでした。

数分間、彼女の様子を注意して調べた後、上席著者は、注意を引きつけるために、彼女の肩に優しく触れました。効果は衝撃的でした。彼女の体は、ビクッとして硬くなり、叫び声を上げるかのように大きく口が開きました。彼女は目を見開き、瞳孔は完全に拡大しました。

日光が光って、彼女の目に入った時、「堅く動かなく」なったことを思い出しながら、上席著者は、前記の患者と基本的に類似したテクニックを試してみることに決めました。

彼女の視野の中に、光が点滅しているおもちゃを置きます。しかし暗示を言うまで、おもちゃを隠しておきます。そして著者は、先の患者に使ったような暗示テクニックを使用し始めました。二部構成にした暗示が使われました。そして、最初の部分で光って、二番目の部分で光が消えるように同期させました。さらに、二つの部分は、最初の部分は事実を強調して、二番目の部分は、安心を強調して、強調する部分を区別して話されました。

約十五分間、単調な反復を繰り返して、上席著者は、「あなたは、ドキッとしますが、気分が良くなっています」と注意深く何度も言いました。時間が経過する中で、最終的に、彼女の体がリラックスし始めるまで、二番目の部分がさらにしっかりと強調されました。それから、暗示を以下のように次第に変えました。「あなたはハッとすることが少なくなります。あなたは気分が良くなります。あなたは気分が良くなります。あなたはハッとすることが少なくなります。さらにハッとすることが少なくなり、さらにリラックスして、気分が良くなります。ますますハッとすることが少なくなり、ますますリラックスして、気分が良くなります。光にハッとすることが、とても少なくなります。ハッとすることが遠ざかり、遠ざかり、行ってしまいます。リラックスして、快適で。すべてが良くなり、リラックスの準備ができます。リラックスして、眠くなって。そして、深く、深く、深く眠ります」。

およそ一〇分間、暗示して、段階的に変化した結果、深い催眠に入って、快適でリラックスした状態になりました。次のような新しい暗示が提示されました。「そして今、まるで先週、あるいは先月のことのように、昨晩のことを振り返ることができます——今、気にする人は、実際、誰もいませんね？　快適に、そしてまるで別人であるかのように感じてください。キッチンでどんなことが起こって、その若い女性を怖がらせたか、私に教えてください」。

とても気軽に勧めたので、わずかに感情を現しながら、「彼女の目に光、怖い、彼女は、走っている自動車が、自分に衝突すると思いました。怖い、動けません」と彼女は答えました。「さて、私は、あなたに言うこと、すべてを理解してほしいと思います。その若い女性はあなたでした。また、あなたは怖がっていました。しかし、それは今、終わったことです。あなたはここで、私にそのことを話します。すべてを話してください。それに関して、些細なこと一つだけだとしても、私が知らないことを思い出してください。そうして、重要ではない部分だと思っても、必ず私にすべてを伝えてください（傍点の言葉は、全部の出来事を目立たないようにし、最小限に抑えることを目的にしています）」と彼女に言いました。

彼女は、兄弟と激しく喧嘩をして、兄弟を叩いた後、踵を返して走り、大通りに駆け込むと、兄弟が叫んだので、兄弟の方を振り返って見ました、と話しました。それは夕方で、ヘッドライトを点灯した車が、彼女にのしかかってきました。彼女は体が痺れてしまって、動けませんでした。そして、車が彼女の傍を避けて通った後でさえ、彼女は、立ったまま、為す術なく、ジッと見つめていました。怒った父は、彼女を大通りから無理やり、引っ張り戻しました。そして、父は彼女と兄弟のお尻をこっぴどく叩きました。この事件のことを、彼女は、長い間忘れていました。しかし、車のことで夫と喧嘩し、その喧嘩にヘッドライトが関連したこと、彼女の夫にハンドバッグを投げつけたこと、そして鏡が彼女の顔に日光をピカっと反射したことが、激情を起こすような状況、遠い過去の経験に似た感情的な状況を復活して、すべてを結びつけました。

取り扱いの流れは、もう一人の患者の取り扱いに似ていました。彼女と夫とは、主に現在のニーズを満たすために、さらに三時間、面談しました。治療は簡単でしたが、治療結果は、まだまだ効果を持続しています。

注意の定着、音声の合図と一緒にした複合暗示——しゃれ（軽い恐怖）——内部探索と反応を開始する解離——ツー・レベルのコミュニケーション。

この二人の女性に生じた高度のノイローゼ状態には、根底に経験要因と条件づけがあったことが後になってはっきりするのですが、このことについて少し言っておく必要があります。いろいろな学派が、用語に割り当てた限定した意味からすると、これら二つの問題は、性質としては明らかに「精神力動的」なものでした。しかし、上席著者にとって、儀式主義的な、正統な、あるいは古典的なアプローチ法に基づいて治療の問題を取り扱うことは、必ずしも合理的ではありませんし、また利益ももたらしません。患者が提示した問題は、すぐに処理する必要があるものでした。現れたのが最近だとしても、その問題の根源は、遠い昔のことでした。それら遠い昔の根源を探索することは、感情的な緊張を引き起こす精神的外傷の出来事の流れに、患者が多くのアクセスができるようになり、おそらく永久的なダメージを受けるまで、できませんでした。多くの同様の患者と過去に接した経験が示唆することは、差し迫った問題に直接対処して、すぐに問題にアプローチすることの重要性です。

何があったかは、薬理的アプローチ、電気ショック、あるいは広範な精神分析を使用して、いろいろ推測することができます。上席著者は、これらと類似していると思う患者に会うと、因果関係を反対にして治療しました。

これらの患者に施した処置を見ていると、催眠が、通常の人と人との取り持つ方法では、手の届かない困難な患者に、アプローチできる方法を提供する様式であることがはっきりしています。催眠はさらに、ツー・レベルで認識して、患者を取り扱う機会を提供します。その結果、患者は、耐えられないほど辛い、以前の抑圧された精神的外傷経験に問題なく近づいて、完全に理解することができます――すなわち、無意識に精神作用するレベル、そして意識的に認識するレベルのツー・レベルでです。

一変した攻撃的態度▽原注7

医学部に通い始めた一日目から、アンは自分を学生や教授に嫌われるようにしました。彼女はいつも、時間よりずっと前に教室のドアのところにいました。しかし、それでも彼女が教室に入るのは、五分から二〇分後でした。毎回、彼女は、部屋の前側を歩いて横断し、向こう側まで行き、部屋の後ろに席を見つけます。後ろ側から部屋に入らなければならない場合、彼女は横の通路を歩いて、部屋の前側を横切って、そして、部屋の後ろ側で席を捜しました。

繰り返し、彼女は、個人的に、そして公然と、いくらか辛抱強く、少し怒りを込めて、教師から非難されました。彼女は常に礼儀正しく聞いて、教師に謝罪します。そして、以降のクラスでは、彼女は、もっと遅く、仰々しく入室することで、叱責に対して、クラスメートにやり返します。彼女のクラスメートは、彼女に怒りをぶつけるようになりましたが、一部の人は激しく、不作法なほどでした。何も役に立たなかったので、誰もがアンが苛立ちの原因を作り続けていることに怒っていました。

▽原注7　以前、上席著者によって書かれたが、本書収録にあたって、下席著者によって編集された未発表論文。

新しい教授が、教授陣に加わりました。そして、彼の学級運営手法が明らかとなったとき、アンが変わらなければならないことが、歓喜の下で予測されました。

その学期の最初にアンのクラスが出席する、その教授の講義は、午前八時にありました。教授が午前七時四〇分にやって来ると、多くの学生が丁寧に挨拶しました。その中にアンもいました。順々に、学生たちは教室へと一列になって進んで、期待しながら自分の席に座りました。その学生たちの中にアンはいませんでした。教授は、教室の前側のドアを閉めて、教授台の所に立って、講義を開始しました。十五分後に、アンは入室しました。すぐに、教授は講義を休止して、期待している学生たちに向かって、手のひらを広げて、黙って、立つように合図しました。それから、彼はアンの方を向いて、彼女が席に座るまで、黙って、サラームと挨拶をしました。そして、学生たちがそのまねをしました。その後、講義は、まるで中断がなかったように続けられました。

講義が終了すると、学生たちは我先に、ニュースを広めるために飛び出しました。アンに会った誰もが——学生、秘書、教授、学部長さえも——黙ってサラームをしました。また、その日、どの教室に彼女が入室しても、黙って丁重にサラームするバカ騒ぎが起きました。アンは翌日、時間通りにすべてのクラスに入室しました。実際には、彼女は、ほとんど最初にやって来ました。

数カ月後、彼女は、集中的な心理療法をしてほしい、と教授を捜し出し、教授と素晴らしいラポールを築きました。

このアンに対する取り扱いに関する理論的根拠は、どちらかと言うと単純なものです。彼女の遅刻は、その遠い起源が何であれ、攻撃性を持つようになり、そのようなものとして受け取られ、そのようなものとして続けられました。そして、学生仲間や指導者たちは耐えられない、継続的な侮辱として、例外なく受け取りました。すべての状況は、アンに効果的な攻撃をすることを必要としました。そして、その効果的な攻撃が攻撃性を取り除き、このように攻撃性を消失させました。

黙ってサラームするという単純なプロセスによって、アンの攻撃性は全く異なる種類のものに、すぐさま変換されました。そして、それによって攻撃性が変化して、他の人すべてによる積極的な報復攻撃を受けることがなくなり、楽しいことに参加する機会が提供されました。それでもまだ、攻撃をコントロールすることが、彼女に残されていたので、アンは、本質的に人として無傷のままでした。こうして、攻撃性を彼女自身が失くしたことを、その翌日、すぐに彼女は行動で現しました。

赤ちゃんのことを考えないでください

このレポートは、短い継続時間 brief duration という問題に関係するものです。性質として、明らかに深刻で、怯えて、強迫観念に取りつかれた、しつこい要求という特徴があります。患者は、二〇代前半の若いカップルでした。二人とも大学に通っていました。そして、ほぼ一年間、定期的に性的関係を持っていました。二人は妊娠して、今およそ二カ月だということに気づきました。両方の親が、激怒して、許さず、「中絶するか、大学を中退しなさい（二人とも、もう一年大学に行く必要がありました）」と、きっぱりと主張しました。親たちはすべての親類と友人らに対する恥だと、何を言っても受けつけずにそのことを特に強調して言いました。若いカップルは、大学を卒業するまで結婚しないつもりでした。

カップルは、置かれた状況、そして、親の態度に、深刻に苦しみました。そして、「この恥を味わわせる限り、大学もないし、結婚もない」という状況に発展しました。青年の父は、どこで妊娠中絶するべきかというアドバイスと、必要なお金を与えました。状況を知った青年の友人が、カップルのノイローゼのような感情状態に気づいて、違法な中絶のリスクを侵す前に、上席著者に会って、「落ち着き」を取り戻すようにと提案しました。

上席著者が妊娠中絶に、断固として賛成しなかった時、二人の苦悩は、ますます大きくなりました。そして、上席著者が示したもっと合理的で、可能性の高い提案を、二人は聞こうとしませんでした。二時間の長きに渡り、上席著者に妊娠中絶を承認してほしい、そして、著者自身が催眠を用いて、生理的活動を誘導する仕事を引き受けてほしい、それによって、中絶を「合法的」にして、そしてカップル二人の「心を落ち着かせる」ために、精神安定剤を処方してほしい、という要求をしつこく繰り返しました。上席著者が協力してくれないことを考えて、二人は、張り詰めた感情状態が、あまりに危険だとして、堕胎医が拒絶するかもしれません、と危ぶみました。というのは、どちらも、日に何度も、ヒステリックに突然泣きじゃくり始めるのを避けることができなかったからでした。

短く、散らばった情報の断片から、二人とも融通の利かない支配的な両親に保護されている一人っ子であることが明らかになりました。そして二人とも、大部分の意見もそうでしたが、すべてのことを、両親に完全に依存していました。彼らは本当に恋をしていて、大学を卒業したら、親に祝福されて結婚したいと思っていました。青年のために、義父の会社の安定した地位と、青年の両親からは美しい家が結婚祝いに用意されていました。今、彼らが親の命令を受け入れ、妊娠中絶しない限り、この用意された、好ましい将来すべてが危なくなっていました。

二人は、まる二時間、必死に努力しましたが、しつこくヒステリックな強迫観念に取りつかれた要求を繰り返したので、まったく心を揺さぶられることはありませんでした。

最終的に、上席著者は、二人のその行動そのものを用いて、絶えず表している強迫観念に取りつかれた恐ろしい行動を利用することに決めました。誰でも知っているように、時間を測るためにストップウォッチを手にして、まる一分間、象について考えないようにすることは不可能です。この単純な子どもっぽい挑戦には、二人が示した問題を、感情的に対処する方法が示されているように見えました。したがって、著者はきっぱりと要求しました。「大丈夫です、大丈夫です、今、静かにして、静かに――あなた方が求める手助けが欲しいなら。静かにして。そして、あなた方が望んでいることを、私に必死に証明しようとしている妊娠中絶を受けることを保証する方法を、あなた方に話させてください。あなた方は、妊娠中絶を望んでいると私に話しました。あなた方は、他に選択肢はないと私に話しました。あなた方は、どのみち、妊娠中絶をすることになります、と私に話しました。あなた方は、何も持ってしても止めることができないと、きっぱりと断固として断言しました。今、あなた方を止めることができるもの、きっとあなた方を止めるものが一つあることを警告させてください。あなた方が前もって、それについての警告を受け取らないならば、それに対して、あなた方は全く援助が受け取れなくなります。静かに、今！　本当に中絶を望むなら、実際に中絶を受けるつもりならば、このことを知っている必要があるので、注意して聞いてください。さて、静かに、注意して聞いてください。聞いていますか？」

　二人ともが、何も言わずに、期待しながら頷きました。上席著者は続けました。「あなた方は重要なこと、致命的に重要なことを知りません。その本質的な情報はこれです。すなわち、その赤ちゃんが男の子か女の子か、あなた方は知りません。男の子か女の子かという疑問と妊娠中絶の間の重要なつながりがわかりませんし、わかることができません。それでも、その疑問は妊娠中絶を受けるのを防ぎます。というのはあなた方が答えを知らないからです。あなた方の人格、あなた方の心理的気質が、その疑問を重要にします。あなた方は、理由がわかりません。しかし、あなた方が知っていることを期待しているのは誰ですか？　私に説明させてください！　赤ちゃんが男の子か女の子かわからずに、その赤ちゃんを、あなた方のそばに置いておくつもりなら、あなた方は、赤ちゃんの名前を、例えばパットのようなどちらの性にでも合うものを考える必要があります。そして、パットという名前は、パトリックかパトリシアという可能性がありますし、女の子ならフランセス、男の子ならフランシスというのもあります。今、それが、何としても避けなければならないことです。このオフィスを出たあと、どんなことがあっても、あなた方は、その赤ちゃんのために、可能性がある名前を、どちらの性にも合う名前を、一回であっても、考えてはいけません。名前を考えることが、考え続けることが、心理的にあなた方に赤ちゃんを持ち続けることを強要します。それで、妊娠中絶を受けません。そういう訳で、どんなことがあっても、あなた方は、その赤ちゃんの名前をあえて考えません。お願いします。考えないように、お願いします。なぜなら、あなた方は、その後、妊娠中絶を受けないからです。あなた方が名前のことを考えるたびに、そう考えることが、妊娠中絶を受けるのを確実に思いとどまらせます。あなた方は持っているお金を手にして、治安判事に会って、結婚することになるでしょう。あなた方は中絶を望んでいます。そして、名前のことを考えたら、そうすることができません。したがって、このオフィスを出たあと、名前、赤ちゃんのどんな名前も考えません、考えません、考えません。なぜなら、あなた方がそうするなら、そうしようとし続けるでしょうから、名前、どんな名前も、考えません、考えません、考えません。さて、他の言葉も、一つの言葉も、たった一つの言葉も、その中でも特に赤ちゃんの名前のことを考えないで、すぐにこのオフィスから出て行ってください」。そこで、上席著者は、手を取って、二人を連れて行き、出発を急がせるために、彼らをドアまで素早く案内しました。

数日後、二人は、気恥ずかしそうに微笑んで戻って来て、言いました。「私たちが結婚したあと――なぜなら、多くの名前を考えずにはいられなかったからです。そして、あらゆる名前が、赤ちゃんのことを大切に思うようにしました――あなたがしたことは、すごく愚かですごく間違ったことをする前に、私たちを正気に戻らせることだった、と気づきました。私たちは気が動転していました。そして、私たちの両親は、どちらも助けませんでした――そういうわけで、あなたのオフィスで、あのようにひどい馬鹿げた行為をしました」。

問い合わせると、双方の両親は、深く安堵して、妊娠中絶の代わりに駆け落ちを受け入れることを明らかにしました。夫が卒業した時、若いカップルを独り立ちさせるために、元々のプランが実行されました。

若い母は、しばらくの間、卒業を延期しなければなりませんでした。その後、若い母が大学での学業を全うすることができるように、祖母は交替でベビーシッターをしました。今では、小さなレスリーには、数人の年少の弟がいます。

この取り乱したカップルとの面接の最初から、極端な強迫観念に取りつかれた特徴のある行動、考えと感情は、とても際立っていました。二人は、人として、健全なように見えました。けれども、二人は取り扱うことができない状況に捕らわれました。催眠は、明らかに、手順としてふさわしくありませんでした。しかし、彼らを観察し続けると、一見、望ましくない結果に賛成するように言葉で表現された催眠暗示のテクニックは、肯定的な結果をもたらすことができ、そして、もっともらしい心理的な偶有性を、大いに強調して、彼らに対して暗示をすることができたので、彼ら自身のヒステリックな、強迫観念に取りつかれた行動が、暗示を効果的にし、望ましい結果を確保できたことが理解されました。オフィスの外で、両性にふさわしい名前を考えないことが強調され、それに付随して、治安判事による結婚について言及した問題提示は、二人がそれに向かうことを実際に示唆していませんが、どんなに抵抗しようとしても、抵抗できませんでした。なぜなら、二人は、「するべきことを、見分け」たからです。二人は、すぐにわかるほど、多くのことを指示されなかったので、これが治安判事による自発的な結婚のための好ましい雰囲気を作りました。二人の罪悪感、結婚に対する欲求、何かする必要性、二人がこれまで愛してきた寛容な両親に対する無言の、気づいていない怒り、怒りに対する憤慨の感情と二人の両親の命令に従うという要求、そして、「精神安定」を二人が求めているという友人の示唆が、結果がこのように展開したことに対する基本でした。このすべてによって、結果的にノイローゼのような感情状態になりました。そして、本質的に、理性を欠いた状態に二人を置きました。その時、著者は、造作なく、意図的に、ひどく興奮した感情的な状態であっても、受け入れることができる催眠テクニックの方法を使って、考えをプレゼンテーションして、理性を欠いた思考をしている彼ら自身の状態を、良好な結果を生じさせるために利用しました。さらに、その暗示テクニックは「私たちは中絶手術を受けなければなりません」から「私たちは赤ちゃんの名前を考えないようにしなければなりません」へと、巧妙にその問題を変形しました。これは、勝ち目がない争いになる可能性があるだけでした。そして、相応しい名前を考えないという、まさしくその死に物狂いの努力が役立つことができたのは、本当にそうなったように、結婚をますます近くに引き寄せることだけでした。

否定を利用すること（赤ちゃんの名前を考えてはいけません）の重要性は、このケースにおいて、疑う余地がありません。二人の全体的状況が否定性に満ちていたので（親が二人を支援しない、二人は大学を終えることができない、赤ちゃんを持てない、結婚できない、など）、上席著者は否定的な形で、暗示を表現することによって、優位なメンタル・セットを利用しました。否定性は、優位なメンタル・セットなので、望ましい結果を達成するために、それが最も効果的なものでした。

患者自身の強迫的な思考および情動パターンを利用すること——無意識の探索およびプロセスを開始する質問——否定的な暗示——必然的行動に結びつく後催眠暗示。

第九章

ポテンシャルの促進
——アイデンティティを変えること

Nine

ケース12 自発的なトランスの利用
——左脳・右脳のアクティビティを統合する調査

セッション1 自発的なトランスおよびその利用
——象徴的治療

ジルは、大学教育を受けた非常に優秀なアーティストで、魅力的な三〇歳の母親でした。彼女は、自然発生的な空想状態が、実際、催眠の一形式であるのかということを学ぶために、上席著者を訪ねました。彼女は絵を描いているとき、ブラシ・ストロークの最中に、体が急に完全に動かなくなるような自然発生的な空想期間に、ときどき、陥ると報告しました。そして彼女は、鮮明な夢のように心をよぎるファンタジーと映像にひどく心を奪われている自分を経験しました。この期間は、一、二、三分のときも、数時間程度続くときもありました。彼女は、これらの期間に深く意味のある洞察をしばしば経験すると報告しました。また、現在、彼女の内部経験の多くは、芸術のためのインスピレーションとして役立っていました。

初めてオフィスに入った直後、一言も言わない内に、ジルは、本棚の上にたくさんあった変わった彫刻の中の木製のイルカに注目しました。イルカに注意を集中したまま、座っていると、彼女は、「海で泳いでいたイルカ、イルカが迷子になりました」と、穏やかな、「遠い」声で話し始めました。ジルが、自然発生的な空想段階に入ったことを、著者はすぐに理解しました。臨床的見地からすると、彼女は妄想しているように見えました。イルカについて二、三分話した後、ジルは、まばたきしたように見えました。そして熱心に彼女を見ているエリクソンと、テープレコーダーを動かすために手探りしているロッシがいるオフィスという現実に戻って来ました。その場には、さらに実験的な催眠トレーニングを大学で受けた心理学者、X博士もいました。エリクソンは最初に、彼女が薬を服用していないか判断するために、ジルに注意深く質問しました。しかし、彼女はニコニコしながら、顔を赤らめ、幻覚剤を服用したことがないことを保証しました。そのような行動は彼女にとって「正常」でした。

トランス行動での個人差

エリクソン◎どのくらい遠くに離れていましたか？

ジル◎海と同じくらい遠くに。

エリクソン◎わかりました。そこに私はいましたか？

ジル◎いいえ。

エリクソン◎あなたは一人でした。そうだと思いました。［ロッシに］彼女は動きの欠如を示し、私たちみんながいない所にいることを示しました。彼女の右腕の解離は急性でした。左腕は若干です。頭がうまく動きません。彼女のまぶたは半分下がりました。たった今、彼女が行動しているとき、彼女はずっと多くのことに接触しています。

ロッシ◎したがって、それは古典的なトランス行動でした。

エリクソン—彼女は、彼女自身のトランス行動パターンをここで明らかにしています。純粋なトランス行動というものはありません。

ロッシ—「純粋な」トランス行動というもの、あるいは「古典的な」トランス行動というものはありません。誰でも、その人自身の個人的パターンを表します。しかし、体の不動性と眼球の動き eyeball behavior の変化というような特定の典型的な行動があります。

レム睡眠と自発的なトランスは同じようなものなのか？

ジル◎このような状態、それを「去る leaving」とか、呼びたいように何とでも言ってもらっていいのですが、ときどき、それは睡眠の代わりをすることができますか？　ときどき、私はとても疲れています。それでも、私は行って、何か絵を描きたいのです。私は疲れていますが、私はいずれにしろ絵を描く決心をします。しかし、私が絵を描こうとしているというようなこと、そして、私が絵を描いているとまだ思っているというようなことがよく起こります。しかし、それは似ています。私は必ずしも眠っていません。しかし、私は他のどこかにいるということに似ています。全体として。それは、ただ考えているのではありません。それは何か他のことを考えていることに似ています。

この前の夜、私は、こうしたことを理解しました。少なくとも二〇分か三〇分くらいの間、手が絵筆を同じ位置で持ったままでいるのを見ました。ああ、四日前まで、私は、こうしたことを理解しませんでした。そして、私は、この種の想像力豊かな会話の中で、どこかにいたと思いました。そして、私は、眠っていたのは長い間ではなかった、夢から目覚めたのだ、と思いました。しかし、ブラシがそこにあったので、私はそれが［夢］ではないことを、理解しました。そして、私はもう疲れている、とは感じていませんでした。私は、二、三時間よりもっと長い間、絵を描きました。そして、もう朝になっていたことに気づいて、驚きました。私がしていることは、基本的にそんなような個人的なことですから、そのことを話すのは少し恥ずかしいです。

エリクソン◎それは、とても素晴らしいことです。［休止］

エリクソン◎それは催眠に似ている状態です。そして、あなたは休むことができます。あなたは快適になることができます。あなたは絵を描くことができます。あなたは無意識を信頼することができます。

エリクソン―彼女は素晴らしい説明をしました。どうすれば、まったく異なる経験をしたことを、他の人に理解させることができますか？　彼女はトランスで異なる感覚を持ったことを知っています。しかし、彼女は実際に、それらを説明する方法を知りません。そして、私も知りません。

ロッシ―感覚はとても個人的なものなので、彼女にはコミュニケーションを橋渡しするための外部参照がありません。これらの自発的なトランスの説明は、少なくとも彼女にとって、トランスと夢を見るレム睡眠段階が同等であることを示唆しています。まるで眠っていたかのように、彼女はリフレッシュしてトランスから出てきます。

連続した段階での負の幻覚

［エリクソンの話を聞きながら、ジルは今、トランスに入っているという最小の合図を明示します。彼女の目は、彼に固定し凝視しています。そして、彼女の体は完全に静止したままです］

エリクソン◎今、他の人の存在を忘れていました。［休止］どれくらい完全に他の人の存在を忘れていましたか？　［休止］どのくらい？

ジル◎私は、それを測定する方法を知りません。

エリクソン◎しかし、他の人は、あなたにとって、すごく曖昧模糊としていました。それで良いですか？

ジル◎はい、はい。一見すると、私はそうだったと思いますが。

エリクソン―あなたは最初に、そこにいる人の数を見失い、その後、男か女かわからなくなります。そして、そのときだけ、肯定的な自己認識による他人がいるという認識を失います。それから、誰がいるのかというアイデンティティ、あるいは認知を失うと、あなたは最終的に、他人の存在を全面的に見失います。私は、そうなる理由を知りません。しかし、それはいつでも、そのような進行に従います。それを測る方法を知らないことについての彼女の発言は、とてもあからさまです。意識は、無意識の中にあるすべての知識を利用できるわけではありません。そして、それが実際に私たちの知覚と行動に影響を与えます。

ロッシ―左脳の機能として、多分最も抽象的なものが数なので、最初に、そこにいる人の数を見失うことには意味があります。その後、最終的に「認知」または最も具体的で、知覚的な右脳が携わる状況を見失うまで、次第に、喪失していきます。

日常生活でのトランス
――トランスにおける右脳と左脳の解離？

X博士◎あなたが、彼女に、私たちに関心を向けるように求めたとき、彼女はそれ（彼女の状態）から出て来ました。

エリクソン◎そして、あなたは、彼女がそれから出て来るのを目にしました。

X博士◎間近で。

エリクソン◎そして、あなたは彼女がそれを認識したのを目にしました。彼女は、ここへ来る前にどこかにいました。今、あなたは、とても建設的な目的のために、それを使うことができます。感情的に建設的で、芸術的に建設的で、そして考えに限って言うと建設的です。

ジル◎わざと、それを行うことができますか？　つまり、私はそうすることができますか？　ということです。そのように、それを使うことができますか？　なぜなら、私が絵を描いているとき、私は、気分がよくなることを知っているからです。そして、その中に入るとき、それが起こるとき、私がそれを経験するとき、どんな言葉を使って、それを区別したらいいか、私にはわかりません。

エリクソン◎はい、あなたは、わざと、そうすることができます。

ジル◎それは、音楽を聞いて、実際に、その音楽に入る感覚を持っているときと同じですか？　あるいは、外側で色を利用するのではなく、色の内側にいるということ？　正確に、話せるようなことではないので、話すとおかしくなります。私は少し気恥ずかしく感じます。

ロッシ―少しトランス、あるいは幻想に入ることは、日常的行動における正常な側面です。あなたやX博士は、観察に熟達しているので、それに直ちに気づくことができます。トランスをさらに誘導する、あるいは促進するために、このような自発的なトランスの開始に気づくことによって、最も適切な瞬間を選ぶことができます。トランス誘導するために、そのような瞬間を待ちますか？

エリクソン―トランスに入れることができる、と私に思わせることに、患者は興味を持つようになります。それで、正式なトランス誘導を避けて、患者の興味を利用します。

ロッシ―どのように興味を利用しますか？　患者の世界の内側に、興味を向けるのですか？

エリクソン―そうです。そして、私は、患者と一緒にそこにとどまります。

ロッシ―それに続いて、「その中に入るとき……どんな言葉を使って、それを区別したらいいか」と、知らないことを彼女が強調したことは、左脳で機能する言葉の様相と右脳のトランス経験との間に解離があることを示唆しています。そして、そのトランスで、「音楽に入り」、「色の内側にいる」という感覚を持ちます。

内部経験に注目することによってトランスを間接的に誘導すること

エリクソン◎恥ずかしがらないで。自分をアーティストだと考えている女性が、私の講演に参加して、催眠にかけることはできないと私に話しました。私は、それは問題ないと彼女に話し、どんなタイプの音楽が好きか、と尋ねました。彼女は、管弦楽が好きだと言いました。私は、第二バイオリン奏者を、あそこで見つけることができるか、と彼女に聞きました。すると、彼女は第二バイオリン奏者を見つけました。彼女は、バイオリン奏者の服を説明しました。そして、赤毛の音楽家に気づきました。それから、そのオーケストラが、彼女の大好きな音楽のパートを演奏したことを知っていますか？　私は、彼女の話し方から、彼女がそうできたことがわかりました。しかし、彼女は、自分がそうできたことを知りませんでした。彼女は、解離状態に入って、音楽を聞き、人々とうまく会うことができました。そして、それは非常にすばらしい行為です。役者のサラ・ベルナールは、演劇の中で、夫と喧嘩をしていました。彼女は結婚指輪を、意図せず外しました。そして、彼女は指輪を、現実に外しました。

あなたは内部のものを手に入れます。そして、手に入れたものには、間違ったもの、あるいは異常なものはありません。誰もが多くの感情を持っているので、どのように他の人が、そのことを思っているのかと思い悩みます。今、あなたは、どんなことが好きですか？　泳ぎは好きですか？

ジル◎はい、楽しいことばかり。楽しいことばかりです！　それだけです！　[彼女は、今、泣き始めます] 私はそうしないようにしようとします。私はそんな風でいたくありません。しかし、どんなことであっても、楽しいことを楽しむことに気がとがめます。芸術的なことを私がしているか、そしてそれに実際、入っているかは関係しません。それが、私が泣く理由です。

ロッシ―大いに興味があることに、集中させることによって、とても巧妙に、そして簡単に、トランス誘導することができます。本当に興味があることに没頭するとき、トランスが開始します。これは、すべての間接的トランス誘導の基礎です。

エリクソン―そうです。トランスに入りたいかどうか、その女性に、私は尋ねませんでした。私は、第二バイオリン奏者を見つけることができますか、と彼女に尋ねただけでした。

ロッシ―あなたは、その人が興味を持っている領域を見つけます。その人にプログラムが強力に組み込まれた領域があります。そして、トランスを誘導するためには、そこに焦点を当てるだけです。

エリクソン―そうです！

ロッシ―しかし、なぜ、あなたの被験者は、興味を持つ領域に没頭すると、トランス行動を表現するようになるのですか？　私たちすべてが、日常的会話においては、トランスに入ることなく、強く関心を持っていることを話しています。

エリクソン―なぜなら、そのことだけに、私が執着するからです！

ロッシ―会話が、他のことへ飛び移って行きません。あなたは一つの物事に集中します。あなたはその没頭を強化します、そして、それがトランス状態です。

エリクソン―私は、会話が何か他のことへ飛び移ることをさせません。そうです、トランスとは一つのことに集中することなのです。ワトキンズは論文で、周辺の焦点すべてが脱落し、一つの焦点に絞り込むものとして、トランスを説明していました。私はそれに同意します。

素早い年齢退行、治療的なリ・オリエンテーション

エリクソン◎楽しむことは、とても良いことだと思います。

ジル◎私もそう思います。それは、今の私ではありません。たぶん子ども時代のことです。子どものとき、いつも寝かされていました。そう、それです！　それが来ている場所は、それです。まるで今、来ていると感じる涙が、ここで、今、泣いている私のものではないかのようです。それは、昔、昔の子どものときの感情です。今、古い、古い感情が出て来ています。

［エリクソンは今、ジルに彼女の家族環境、兄弟の数、そして若年期のことを詳細に質問します］
エリクソン◎今、海に泳ぎに行きたいと思いませんか？［休止］
ジル◎［とても柔らかい、夢見るような声で］あなたが言うとすぐに、私はそこにいました。
エリクソン◎目を閉じ、泳ぎを十分楽しむために、一人しかいない海に、出かけてください。遠い道のりを泳いでください
三歳からの。
［休止］
遠い道のり
三歳から、
今の年齢までの。
そして、ひとかき、ひとかきを楽しんでください。
［ジルは目を閉じていますが、目は閉じたまま、まぶたの下で素早く動きます。内部イメージに従っていることがとてもはっきりしている間、長い休止］
そして、私の声は、水の中でも通じる音になります。
［長い休止］
そしてあなたはその小さな女の子を見ます、
［休止］
大きな女の子を、
［休止］
若い女性を。
彼女をよく見てください、
［長い休止］
そして、あなたは、あなたが知らなかった、彼女の素晴らしさについて、本当にたくさんのことを学びます。

ロッシ――今、泣いているのが、幼児の側面の彼女であることを、とてもうまく説明しています。このセッションの最初で、彼女はイルカから連想した海で泳ぐというテーマで、トランスを自発的に誘導できることをすでに証明していました。それであなたは、この誘導方法を選んだのですか？　言い換えると、トランス誘導するために、被験者自身の内部プログラムを再び利用したのですか？

エリクソン――いいえ。この状況が、あまりに感情的なものに関係するようになったので、ここでの私の興味は、主として彼女の家族から、できるだけ遠くへ離れさせることでした。私は、感情的な苦しみから、彼女の気を逸らすことによって、彼女の涙のことで手助けしたいと思いました。私は、彼女がストレスから開放され、自由に楽しめる状況を作っていました。彼女のように素早く飛び移ることができるためには、優秀な患者でなければなりません。しかし、セラピストは状況を認識することができることが必要ですし、患者が飛び移る場所がわかってい

なければなりません。

　彼女が三歳までに兄弟がいて、兄弟間に問題があったと仮定することは合理的なので、私は三歳を選択しました。彼女が幼児期の感情を示していますし、早期の記憶の開始は、通常、約三歳ですので、私は、彼女の感情が来ている実際の年齢が、その年齢であると仮定します。私は、彼女がこの時点で必要とする安心を得られるように、兄弟から離れて泳ぐように、彼女に求めます。彼女は、感情的になって、あまりに退行し過ぎていました。それで、私は、彼女を現在の年齢まで引き戻したいと思いました。私は、大きな女の子、そして最後には若い女性になるように、彼女に求めます。

ロッシ―あなたは、感情的な苦悩の源泉に触れるためだけに、非常に短い期間、年齢退行を使って、そして素早くそこから立ち去らせます。あなたは、当分の間、瞬間的なカタルシスを許可し、そして常に迅速に問題解決できるようにします。それから、あなたは、自分自身の素晴らしさを学ぶように、彼女に暗示することによって、幼児期を治療的に再評価します。というのは、彼女は、あなたに、喪失と罪の意識について以前に話したからでした。あなたは、このように明確な自己肯定self-affirmationが、トランスを深め、同時に治療をもたらすように、彼女のニーズを利用します。

内部のトランス作業を有効にする

［ジルが自発的に、微笑んで、背伸びして、目覚めて、声を出す間、長い休止］

エリクソン◎ハーイ！

ジル◎ハーイ。私のイルカも泳いでいます。

エリクソン◎今、あなたが、まったく知らない人と共有できるものだけを共有してください。あなたが忘れていたことで、見つけることができた良いことを教えてください。

エリクソン―「ハーイ」は、非公式です。これは、治療において、ものすごく重要です。あなたが物事を非公式にしておくと、これらのことの一部がどれほど重要かを秘密にする特権が患者に与えられます。

ロッシ―なぜなら、資料があまりに重要になる場合、意識は、資料を遮断し始めるからです。彼女は明らかに、自発的にトランスから出てきました。しかし、実際に、彼女は多分、ある程度の学習をする前に、あなたの意見の含意に従って覚醒します。

エリクソン―私は暗に、彼女にすべての物事に取り組むように、彼女が共有することができる物事だけを話すように求めています。それは、今、他のことすべてを、暗に確かめます！　彼女は、多くのものから、トランス行動を一つだけ選ばなければなりません。彼女がその選択をするとき、彼女は、同じ様に継続するか、あるいは他のことの妥当性を検査します。そして、それが、あなたが患者にしてほしいことです。それはまた、悪いことがあるかもしれない、ということを意味しています。

象徴的言語
――大脳半球の経験が移行したという言語的合図？

ジル◎美しい道、そこでは、刈り揃える必要がありながら、全然、刈り揃えられていない潅木を通して、光が透けて見えました。私は今朝、茂み、その葉の間を透けて光が輝き、そして、この光の放散が見事な形を形成している道を見ました。それはとても綺麗でした。そして、私は、庭師が、茂みを刈り揃えないでほしいと思いました。それは、とてもかわいかったです。私は、これらの茂みが自然状態でいることが、どれほど美しいか、話したことが、人々に届くことを願っています。

エリクソン◎そのとき、何歳でしたか？

ジル◎それは今です。今朝です。

エリクソン◎今のこと？　どれくらいの色合いの緑が、茂みの葉にありましたか？

ジル◎初め、私は非常に多くの色合いを見ました。しかし、私は異なる色合いすべてを見たいと思いませんでした。私は一つの色合いだけ調べたい go into と思いました。私が、気の済むまでそれを見つめると最後に、それは、さらに黄緑色（シャルトルーズ酒）のような色に変わりました。

エリクソン◎しかし、あなたは異なる色合いを見ることができます。

ジル◎はい、私は、それらの色合いを見ます。それもまた、よい感じです。

エリクソン―社会は、「その茂みを刈り揃えて trim ください」と言います。

ロッシ―行動を揃えて trim ください。整列してください。しかし、彼女はここで、手入れ trim されたくない、自由に自分自身の自然な方法で成長することができる、と言っています。

エリクソン―そうです！　また、彼女は、自分が言っていることを、意識レベルでは知りません。彼女は、茂みについてではなく、こういうのが自分、と思っていることを話しています。その後、私は、その話題から急いで離れて、色合いに関する話に、彼女の気を逸らします。なぜなら、彼女に精神的プレッシャーをかけたくないからです。それは治療の開始でした。しかし、彼女は治療のためにここに来たのではありません。

ロッシ―「私は一つの色合いだけ調べたい（go into 入りたい）と思いました」と言って、「実際に、その音楽に入る感覚……あるいは、色の内側にいるということ」という以前のテーマを繰り返しています。そのような言葉が示唆していることは、彼女の自我同一性（左脳の機能と関係している）は、右脳のより芸術的な経験によって、あるいはその支配の下で、それ自身が囲まれていることを認めている、と私には思えますが？

エリクソン──はい、その説明で良いのではないかと思います。トランスに入っていることは、患者自身の異なる部分にいることだ、と患者が言っていることに、しばしば気づきます。すなわち、「あなたが、あなたであることを知っていますが、あなたがいるのは、異なるあなたの中であることを知っています」。

ロッシ──その「異なるあなた」は、右脳に集中した経験的機能です。スペリー（Sperry, 1964）は、少なくとも二つの経験世界（右脳と左脳）の中に、私たちすべてが存在すると言いました。催眠は、これら存在する世界を、より明確に区別する方法です。トランスに「入る」ということを彼女が話すとき、彼女は、実際には右脳が経験する世界に入ることを意味します。この見方からすると、芸術的な才能を構成する能力は、右脳の経験に左右されます（Rossi, 1977）。芸術の発展には、右脳の経験に左脳自身が従うための左脳の学習訓練、そして有効な芸術形式で、合意の上でその一部の表現を左脳が構築する訓練が含まれます。

トランスの中で人生を調査する──時間歪曲

エリクソン◎水泳はどうですか？　あなたが知らない人と共有できるものは？

ジル◎はい、私は泳いでいました。最初、私は一人で泳いでいましたが、その後イルカが来ました。しかし、イルカは目的地を持っていないので、私はまったくぎこちなく感じませんでした。そして私が戻ろうと泳ぎ始めたとき、人形と古い玩具（幼児期のもの）が入った網に入りました。そして、その中を泳ぐことが、そのとき、私がすることでした。しかし、私の拳が網に嵌り込んで、泳ぐことができないことが、私にはわかりました。それで私は拳を抜き、さらに泳ぎました。とても強く足が水を蹴っていると感じました。その後、私は穏やかに、幼い頃のものが入った網を動かし、幼い頃のものを海に押し出したので、再び自由になりました。そして、私はもう少し泳ぎました。そこにある障害、私の家族からの別の物事など、それがたとえ何であろうとも、私はその後、それらの中を穏やかに泳ぎました。

私が泳いでいると、私の体が変化しました。体が成長しました。私は、一〇歳のときから、格子縞の水着を着て泳いでいました。そして私は、思春期になると、この長いケープを買って、泳いでいました。その後、結婚したとき、水着を買って、泳いでいました。それは本当に風変わりです！　また、その後、私が子どもを持ったとき、着ていたものを思い出します。そして、私はそれを着て泳いでいました。そして、さまざまなものを、私は今まで着ていました。突然、私が気持よく、海を見るようになるまで。

エリクソン—ここで再び、見知らぬ人と共有することができるものだけ、明らかにするべきだと強調して、私は表面的には、彼女を守り続けています。私は、彼女を保護しています。それから、彼女は、検討したいと思っている治療経過を説明します。

ロッシ—これがこれらの幼い頃の物事に対処する方法です。彼女は、実際、本当に短い時間の中で、とても詳細に人生を経験し、調査したので、多分、かなりの時間歪曲を経験したと思われます(Cooper and Erickson, 1959)。

エリクソン—彼女は、現在まで来ているので、現在の状況に対処する準備ができています。

創造力を促進する

エリクソン◎わかりました。目を閉じてください。

[休止]

そして、また泳ぎに出かけてください、

これまで着たことのないものを着て。とてもうれしいもの。

ロッシ—これは、創造力を促進する例ですか? これまで着たことのないものを着るよう頼むのは、彼女に、若干の新しい精神的構造を合成することを、あなたは彼女に求めたのかもしれません。

エリクソン—そうです。他に着るものがあること、そして、決して見たことのない、以前、経験したことのない他のものがあることに、彼女が気づき始めると、それが過去のしがらみを断ちます。さらに、彼女が以前にやったことがないことをする許可を、彼女に与えます。さらに、象徴的な意味で、以前、着たことがないものを経験することができます! 必ずしも衣服のことを、話しているのではありません。

トランス行動の検証

エリクソン◎そして長く、疲れる泳ぎをします、

しかし、楽しむことができます。

終わりには、あなたは体が休まったと感じます。

[長い休止]

エリクソン—なぜ、疲れるのですか? 良い一日の仕事、実り多い一日の仕事を本当にしたとき、あなたは疲れています。

ロッシ—したがって、疲れていると暗示することで、彼女がトランスの中で重要な仕事をするつもりか、あるいは済ませたか、作業して、それによって検証することに関連する要素を導入しています。

エリクソン—そうです。▼訳注10「今日の道具が、今夜の休息をもたらしました」(ロングフェロー)。しかし、それを楽しんで、体が休まったと感じてください。

▼訳注10 ヘンリー・ワーズワース・ロングフェローは、アメリカ合衆国の詩人。

時間歪曲を利用する

エリクソン◎多くの時間が経過するでしょう。
しかし、とても素早く経過させてください。
[休止]
それは楽しい驚きです、
あなたがとても疲れた後、どれくらい休まったか、知ることは。
[長い休止]
そして、あなたが知らない人と共有することができる部分だけを、話してください。
[長い休止]
そして、その素晴らしく休まった状態になる前、もう少し疲れてください。
[長い休止]
そして、あなたにとって、驚きがあります、
最後に。
[休止]
目的地がはっきりして来ます。
[休止]
ほぼその辺り。
[休止]
そして、あなたは楽しみ続けるかもしれません、
休まった感じを、
目覚めた後。
[休止]

エリクソン―最初に、多くの時間があることを、患者に教えました。それで、患者が自分の仕事をすべてしてします。それから、そのすべてを、短い時間の中で、仕事をすることができるように、時間を歪曲します。

ロッシ―それは、時間歪曲を利用するアプローチです。すなわち、多くの時間を与え、そして、速く仕事をするように、それを素早く通過させます。

エリクソン―多くのことがあったことを示唆していますが、それについて、彼女はわずかなものしか共有しません。その後、彼女の疲労を確認することで、さらに検証します。あなたは先へと進みながら、暗示を検証し続けます。

ロッシ―あなたは、彼女がした重要な仕事を検証しています。彼女が重要な仕事をしたことを示唆するとき、その方向で、彼女がしたどんな暫定的な措置であっても、それは補強します。しかし、彼女は、ほとんどしなかったかもしれません。それは直ちに強化されます。したがって、彼女が次のトランスで、さらにうまく仕事をする可能性が高くなります。

驚きおよび創造的な瞬間
――精神的発達を促進する中での秘密

エリクソン◎そして、新たな心地良い理解に到達したことに、大いに驚いてください。

［ジルが、目覚めて、体をリ・オリエンテーションさせ、目を開き始めるまで、長い休止］あなたが見知らぬ人と共有したいことだけ、話してください。

ロッシ―ここで驚きを強調したのは、新しいものの発展を促進する方法ですか？ 通常、驚きは、新しい洞察と関係しているので、驚きを暗示することは、創造力と新しい精神的構造が合成できる環境を促進する傾向があります。

エリクソン―はい、その通りです。何が、小さな子どもを喜ばせますか？ 驚きと秘密です。どの子もみんな、それらが好きです。［ここで、エリクソンは、それが実際に問題になる前に、娘の一人の寝小便を、どのように治したかという面白い話を話します。弟が生まれたとき、娘は寝小便をし始めました。一週間、寝小便した後に、エリクソンは、「一週間、ベッドを乾いたままにしていたら、パパのオフィスに行って、『私に25セントをちょうだい』と言いなさい」と娘に言うように妻に話しました。しかし、パパは理由を知りませんでした。それは秘密でした。それは娘の秘密だったので、パパは、なぜ25セント硬貨を渡さなければならないか、理由を知りませんでした。ベッドを一週間、乾いたままにした後、彼女は入って来て、25セント硬貨を要求しました。彼女は何も質問されずに、25セント硬貨を手に入れたので、彼女の秘密は無傷のままでした。彼女は、その翌週、もう一枚、25セント硬貨をもらいました。三週目、彼女は要求するのを忘れました。そしてそれ以来ずっと、ベッドは乾いたままでした。濡れたベッドもまた、好きでなかったので、彼女自身の秘密の願望を達成しました］

ロッシ―そうして、秘密と驚きは、子どもたちをやる気にさせます！

エリクソン―子どもにとって秘密は、大人を驚かせることができるものです。

ロッシ―あなたが驚くと、新しいタンパク質構造が脳で合成され、その後、新しい現象を経験する有機的な基板として役立つ創造的な瞬間が生じると、私は推測しています。驚きという経験は、意識の反応、古い参照枠、あるいは意識を管理しているセットです。そして、それは、まさに合成されて、今、初めて現象レベルで現れる新しいものに対して、驚きで反応します。驚きは、古い参照枠が、今、拡大されなければならないこと、あるいは新しいものに対応するために変化したことを意味しています（Rossi, 1972, a, b & c; 1973a & b）。

エリクソン―はい、小さな子を驚かせるたびに、その反応する範囲を広げます。

ロッシ―大人が「ダブルテーク（二度見）」するたびに、あなたは反応する範囲を広げます。そうして、私たちは、いつでも創造的治療の瞬間として、驚きを促進しようとしています。

エリクソン―はい。そして、秘密を守るとき、あなたは、物事の働き方の理解を広げます。

ロッシ―ちょっと待ってください！　どのようにして、物事が働くのですか？

エリクソン―秘密を解明するためには、非常に多くの受容器を広げなければなりません。秘密を守ろうとするたびに、それを隠している方法を見つけなければなりません。また、それは重要な学習プロセスです！　秘密を守ることが、あなたに、警備したり、防御したりする方法を教えます。秘密を守ることは、あなたのすべての理解を広げます。

ロッシ―防御を増やすと、理解もまた、増やすのですか？　それは、古典的な精神分析における見解と正反対です！　もちろん、無意識の防御と意識の防御には使い方に違いがあります。それは、あなたの理解、そして意識的防御を制限するでしょう。そしてあなたが話すことについて、それは実際、理解を増やすことができます。あなたは、特定の状況下で、秘密を守るよう頼むことによって、実際には、人の精神的発達を促進していました。たとえば、秘密を守るように子どもに言うことによって、創造的な機転などを開発するために、意識的な自我支配下に、特定の防御を置くようにと、あなたはその子どもに言っています。

象徴的言語
――外傷となる資料を克服するファンタジー

ジル◎そのすべて！　今度、私は一人で泳いでいました。水の中は、私だけで動物はいませんし、何もいませんでした。水は、とても強烈な色をしていました。水面で、泳ぎたくなかったので、私は、ほとんど水中に入ったままで、とことんまで行きました。そして、私がそこの下に入ったとき、真上の太陽が作ることができるような色はありませんでした。私はとても幸せでした。道中ずっと、私は幸せだと感じました！　そして、私は水中で本当に泳ぐことができました。私が泳ぎ続けることは、本当の池では困難です。私がますます深く、深く行くと、見たことがないような貝がありました。その後、私は、石や宝石のように見えるものをいくつか、さらに見つけました。そして、水面下であっても、呼吸することができました。また、私はそれらを、手に取りました。また、私がそれらをできる限り放り上げると、それらは水の表面まで届き、外に出て色を変えました。なぜなら、私は水を透かして見ることができたからです。そして、私はいつでもこうしていました。私は水中を泳いで、これらの美しい貝殻、そして、えーと、皿のようなものさえ捨てられているのを発見します。私には、それが何だったかわかりませんが、綺麗でした。そして私がそれを軽く放り投げると、それは変化しました。そして、私は岸まで、ずっとそうしました。

岸に着いたとき、私はそれを感じることができました。私はそれを水中で見ることができました――おわかりですね――あなたが遠く離れたその場にいて、そして、岩が、何度も足で踏み鳴らされた後、変化すると、岸がどのように作られているか、気づきます。地図のように。

エリクソン――彼女が水中で「私だけ」と言うとき、彼女は、裸であると言っています。彼女は、何も覆っていません。覆う必要がありません。「私は水面で、泳ぎたくなかった」というのは、深いところへ行ったという意味です。その貝は過去の抜け殻で、以前、貝の中には、大事な物、問題、苦しみが入っていました。彼女は、空っぽの貝を見ています。しかし、彼女は、過去と、ここでの問題を見ていることを知りません。

ロッシ――私たちが今、そうであるように、彼女はその重要性を意識で理解しないで、このことを象徴的に見ます。

エリクソン――彼女は状況を無毒化しています。

ロッシ――彼女は、今まさに、意識のために状況を無毒化しています。なぜなら、それはあまりにもひどい精神的外傷なので、これらの古い問題を再び振り返って見ても、突然泣き出したり、抑うつを現したりすることができないからです。貝が今、空っぽであるとあなたが言ったのは、彼女がすでに、以前、貝の中にあった問題にうまく対処したことを意味しているのですか？もし貝の中が満たされていたなら、それはまだ、彼女がそれらの古い問題すべてを持っていることを意味しています。

エリクソン――はい。過去の辛いこと、フラストレーション、そして落胆を、過去に残して置こうとしています。彼女は、もう、それらを持っていないという認識に向けて、一歩踏み出しています。

ロッシ――したがって、これは、この空想の中で手に入れた素晴らしい心理療法的活動でした。空想は、感情的に精神的外傷の資料を、解毒したり、対処したりする方法です。

エリクソン――彼女は、これらの宝石と石を水面まで放り投げたことを使って、ここでの治療を説明しています！　彼女は言葉を象徴的に使って治療を説明しています。しかし、彼女は、言葉を認識しているだけで、その言葉の背後にある意味を認識していません。

ロッシ――治療は、水面下から宝石を掴むことに、そして意識に、宝石を投げ込むことに似ています。宝石が有効な洞察になります。

エリクソン――そして、石は、それほど良いものではありません。成功した人生では、たくさんの宝石を捨てる余裕が、いつでもあります。というのは、利用できるものが、常にたくさんあるからです。大人には、他のものがあるので、幼児期の宝石のような友情はあきらめることができます。そのとき、あなたは遊び友達を叩きました――それが、あなたが投げ捨てた石です。

ロッシ―それで、彼女は素晴らしい治療活動を説明しています。

エリクソン―彼女の無意識は、象徴的な言葉でその治療活動を説明しています。彼女の意識は、まだ、その治療活動を完全に理解していません。しかし、彼女がこれらのことをそう言えるような理解が、彼女に存在しています。

エリクソン―岸は社会です。近づけは近づくほど、ますます、社会は入り組んでいます。

シンボルを通しての心因性治癒
――右脳と左脳の治癒？

ジル◎岸まで来ると、岸が安全なことがわかりました。しかし、私は、その一部を持って行きたいと思いました。私は、そこに全部を残して行きたくありませんでした。それで、私は、何も着ていませんでしたが、体をペイントしました。それは私が着たかったものです。それは、普通の服ではありませんでした。私はつま先から耳たぶまで、ペイントしました。顔だけがそのままでした。ありとあらゆるデザイン、そして私は、私の体のデザインが、水面下でデザインを反映したことを理解しました。それは、私の体のようでした。

そうして、私は水から出ました。それでも、デザインは、まだそこにペイントされたままでした。しかし、私はデザインを取り去りました。それは奇妙に聞こえます。しかし、すべてのデザインが剥がれました。そして、私はデザインで、すべての貝を包みました、そして、私は貝をネットの中に入れるようにして、岸の方へ引っ張りました。そして、それらは丸い円を作りました。そして、私がそれを見たとき、私はこれらの宝石のうちの一つを手に取りました。したことには何の意味もありませんでしたが、とにかく私はそうしました。そして、私がそれに気がついたとき、それは非常に明るくなりました！　そして、私がそれを見れば見るほど、ますます明るくなりました！　それが急に燃え上がるように見えるまで、しかし、それは熱い炎でありませんでした。それはまさに炎でした。そして、私は炎の中で横になりました。そして、炎はとても明るかったです！　とても明るかったです！　炎は美しかったです。あなたは本当にそこにいるべきでした。そして、私は炎の中で横になりました。そして、炎は私を包みました。そして、私はまったくペイントを必要としませんでした。私は、まったく服を必要としませんでした。私は、まったく化粧を必要としませんでした。私には、まったく何も必要ではありませんでした。私は炎の中で横になり、そして、炎は私を包みこんで、私を中に閉じ込めました。また、炎は、少し海岸沿いに延びて、海岸を埋め尽くしました。私は、まさにその炎を見ました。それは非常に美しく、非常に明るかったです！

もしあなたが、炎をここで見たとしても、炎をジッと見ていることができなかったと思います。体の中のすべての細胞の中から沸き上がるような強烈な気持ち良さを、私は感じます！

エリクソン―「つま先から耳たぶまで」、かなり変な話し方です。つま先は非常に物的です。そして、耳たぶは聞く場所です。つまり感触と聴くことが関係しています。そして、ペイントは、視ることを示します。

ロッシ―そうしたら、そこに一緒に閉じ込められた多くの感覚を彼女が持っていると、あなたは言っています。彼女は感覚的な人です。

エリクソン―はい。デザインを脱ぎ捨て、ネットの中にそれらを入れるようにして、岸の方へ引っ張ったときに、過去の精神的外傷に何をしているか、を説明しています。

ロッシ―デザインは、過去の精神的外傷を象徴しています。そして、精神的外傷に彼女はうまく対処します。

エリクソン―それは幼児期の友情、幼児期の傷、その他どんなことでも、消失したことである可能性があります。

ロッシ―それはどんなことでも可能性があります。しかし、このデザインと宝石のイメージが、彼女の心が無意識レベルで、精神的外傷に対処する方法です。

エリクソン―はい、無意識レベルです。彼女は、とても知的に、そしてとてもキチンと理解して、精神的外傷に対処しています。彼女は、後から意識が理解するために、すべてを下に置いています。

ロッシ―それからあなたは、これが象徴的レベルでのヒーリングであったと言うのですか？

エリクソン―これは象徴的レベルでのヒーリングです。

ロッシ―そして彼女が象徴的な経験をしている間に、ヒーリングプロセスが生じました。彼女は、あなたに象徴的な経験について話します、しかし、彼女の意識はヒーリングが生じたことをまだ知りません。

エリクソン―彼女は、それを私という知らない人と共有しました。彼女は私に話しました。ですから、彼女は私に話したことを、もうなかったことにすることはできません。彼女がそれを否定する方法は、もはやありません。

ロッシ―これらの象徴的な言葉であっても、あなたにそのことを話すことによって、彼女は治療プロセスを有効にしました。彼女はそれを継続しました。彼女はそれに、マークをつけました。それで、彼女は、深い象徴的レベルで、自分を癒すことができます。そして、それをいったん、彼女が話すと、彼女はそれを元に戻すことができません。彼女がトランスの中にいる間、治療プロセスが起こったと、あなたは感じています。そして、これは催眠療法が癒す方法の一つです。

エリクソン―そうです。

ロッシ―何らかの方法で、この経験が癒されたあと、彼女はあなたのオフィスから出ます。あなたには、方法も程度もわかりません。しかし、あなたは、精神的外傷の一部に対処したことを知っています。全部の問題が、解決されていないかもしれません。しかし、一部であっても解決は、それに対してうまくいったという感じがするこの空想の中で起こりました。そして、その結末において、光と体の良い感じが象徴するそのような幸せな感覚と結びつきました。

エリクソン―突然、光が一斉にやって来て、「おお、まさにそれが現実です！ that is what it is!」夜明けの光です。

ロッシ―光は、新しい洞察と学習に関係しています。彼女は、その光、その洞察はとても美しかった、と言っています。

エリクソン―はい。

ロッシ―治癒能力があるプロセスが、今、この瞬間に起こっていると思うこと、それは刺激的です。新しいタンパク質が脳で合成されるとき、これこそが創造的な瞬間であると、私は仮定しています。そして、新しい現象の構造物が、意識に入って来ることができました。

エリクソン―はい、セラピーは読書のようです。最初、あなたはアルファベット、それから異なる組み合わせの文字を読みました。最初、単語の短い組み合わせ、それから長い組み合わせ、そして、その組み合わせを文に繋げると、さらにテーマと構想になります。彼女は、このセクションで治療における重要なステップを認識し、説明しています。

ロッシ―彼女は、治療プロセスの増加を象徴的に解説しています。ここでの彼女の経験は、彼女の人生を再開発するプロセス全体のたった一歩、一文字、一単語、あるいは一つの文でした。

エリクソン―プロセスを説明するために患者自身の言葉を、患者に使用させます。

ロッシ―新しいものを表現させるために、患者に、すでに存在する構造を、あなたは利用させます。ジルにとって、炎、そして宝石、そして石、そして貝は、変化と成長の治療プロセスを表現するための心の通貨でした。象徴的レベルでの治療では、患者の言語を使用します。成長プロセスは、どんな用語でも話すことができます。どんな用語を使用したとしても、経験すること、そして表現することで、進行を促進することができます。これらはすべて、極めて写象主義的な用語なので、この形式の象徴的治療は、右脳の特性であると推測したい誘惑にかられます。ところが、実在の出来事に戻って、問題を分析する古典的なタイプのフロイトの治療は、左脳の治癒に特有です。左脳の機能に強く支配される患者は、古典的形式の内観法で回復します。しかし、右脳の機能によって支配される患者は、象徴的治療の方がうまくいきます。これはさらに、古典的な形の洞察治療と芸術的な気質を持った人々の間に、常に存在する対立の底流を説明することができます。アーティストは、常に正当な理由でフロイト分析を疑っていました！ フロイト派は、現実指向（左脳の自我意識）によって、すべてのことを理解できる用語に翻訳する傾向があります。一方で、アーティストの自然な傾向が右脳の象徴的アプローチに、彼らを向けます。福音書、あるいは奇跡的な経験を通して、治癒を見つける宗教に傾倒した人々は、右脳の能力を象徴的治療のために、さらに利用しています。

エリクソン―良い作家は、物語、あるいは物語を進行させる会話をまとめることができますが、その後、登場人物が、彼と一緒に逃げ出すことに気づきます。その登場人物は、自分の意志を持っているように見えます。また、作家が計画した以上に、物語は違った風に展開します。ここで再度、左脳の計画に右脳が割り込んでいるのかもしれません。そのような作家は、内省的な説明をするとき、「私は何某を結婚させるつもりはありませんでした。しかし、彼はしました。その後、私は、彼は二人の子持ちになるべきだと思いましたが、もっと増えました」と言います。

ロッシ―患者がどんな言葉で話したとしても、その言葉を使って、あなたが話すと、あなたは治療的な変化をもたらすことができることに、私は惹きつけられます。その言葉を利用している催眠を、肯定的、建設的な空想の中で、彼女が気持よく経験しているとき、そのとき、治癒、あるいは成長の増加は起こりました。空想の中で「良い」ことが、何か起きるときはいつでも、どんな象徴的なレベル上であっても、そのとき、治癒は起こります。それに同意しますか？

エリクソン―はい、たとえ、何に言及しているか、私たちが必ずしもわかっていなくても、患者にそのことを良く言うことによって、その経験の価値を高めることができます。あなたは、患者がどれくらいの時間をかけて、新しい資料を消化する必要があるか、わかりません。それは、一日のことも、一週間のこともありますし、あるいはそれ以上かもしれません。ですから、キチンと決まった予定を立てて、患者に会う必要はありません。一番良いのは、必要なときに、患者に電話させることです。患者のニーズに対応するために、セラピストは予定に柔軟性を持たせる必要があります。

ロッシ―それで、特定の治療プロセスを補強する必要性、あるいは延長する必要性があるとき、患者は治療に来る必要があります。

自然治癒を促進する
――左脳と右脳の機能を統合すること

エリクソン◎また、望むときはいつでも、気分良くなります。
ロッシ◎この状態を、あなたは利用することができます。
ジル◎私は、そうする方法を本当に学習したいと思います。
エリクソン◎私は、あなたができることを、あなたに見つけてもらうつもりです。他の部屋に、芸術的トレーニングを全く受けていない若い女性が描いたインディアンの肖像画があります。ここから出て、それを見て、その中の良いものをすべて選んで、戻ってください。

[ジルは肖像を検分するために外に出て、数分で戻ります]

エリクソン◎それは好きな絵でしたか?

ジル◎はい。私は口、目、このあたりの筋肉が好きです。それは綺麗でした。

[エリクソンは今、絵の背景のことについて、少し話しました。成功例の一つについて、およそ五分間、エリクソンはざっくばらんに話をしています]

エリクソン―ここで、私は良い感情、治療プロセスを彼女自身のコントロール下に置いています。彼女はアーティストなので、私は彼女にもう一人のアーティストを批評させて、このように、彼女の中のアーティストを補強することを求めます。

ロッシ―あなたは、彼女が自分自身を検証する手助けしています。あなたは、あなたが彼女を後押ししていたということを彼女に教えないで、この仕事を彼女にさせることで、彼女の気持ちを高めました。彼女に芸術作品を審査させることによって、あなたは、彼女の自然な右脳の傾向を利用して、そして促進するか、補強するかして、左脳にその傾向を統合します。審査は多分左脳の機能でしょう。そしてそれは、あなたは芸術に対する彼女の右脳の感度を、左脳の機能に結び付けます。

エリクソン―他のアーティストに対する現実を議論して、提示することで、私は彼女の判断に、さらに多くの現実を与えています。

ロッシ―あなたは、左脳-右脳の機能を統合する全く新しい現象世界を、ここで多分促進しています。

反応を操作する修辞疑問

エリクソン◎今、私は、あなたにまだ尋ねていないことを尋ねるつもりです。あなたがしなければならないことは、何ですか?

ジル◎すべきことは何もありません。何も。私はあなたとの会話を、とても楽しんでいます。あなたの目は信じていませんね! 私は、あなたの目をもっと近くで見てもよいでしょうか?

[ジルはエリクソンに背を屈めて近づき、目を調べます]

エリクソン―大きな重荷の下にいるかのように、患者に感じてほしくないので、私は慎重に、この答えをする機会を彼女に与えました。

ロッシ―どのように、あなたは、それに答えさせるための設定をしましたか?

エリクソン―私が尋ねた質問は、とても的確な質問に見えますが、それは少しも的確ではありません。それは、ちょっと漠然としています。ほとんど無意味なくらい漠然としている質問に、どう対処することができますか? このように、私は、「すべきことはありません」という答えを操作しました。

ロッシ｜あなたは、「すべきことはありません。私は、今、満足しています。先生」という趣旨のことを、彼女に言わせるように操作しています。あなたが前もって計画して、本当にそうしたことが、まったく信じられません！　それは、本当に素晴らしいです！

エリクソン｜私は、しばらくの間、この種の操作を実践していたことがあります！

自己催眠トレーニング——さらに象徴的な治癒

エリクソン◎他の部屋に入って、五分したら戻るように、私があなたに言います。すると、あなたは、どこにいたか、私に教えます。

［一人で変性状態を生じさせて、いくつかのことを実行してほしい、とエリクソンが説明した後、五分間、ジルはその場を去りました。今まで変性状態は、自然発生的に、そして意志とは無関係に、彼女のところにやって来ました。ここで、彼女は、必要なときに、変性状態が生じることを学習し、それによって、変性状態を成し遂げるために、彼女の才能をコントロールすること、そして建設的に利用することを学習しています。彼女は戻ってきて、以下のように続けます］

ジル◎私は、人々と物事に対する自分の態度に興味を持っています。私がとる態度と私がとるべき態度の間に、根本的な不一致がある、と私は思います。そこに私がいたとき、私は座って、どこかに行きました。私は砂漠にいました。そして、突然、私はこのサボテンから、クジャクが出て来たことに気がつきました。突然、クジャクは巨大になりました。そして、私は、クジャクの背に飛び乗って、羽を引き抜きました。すると、急に夜になりました。私は、クジャクの上に乗りながら、クジャクが尾羽を上げるのをなんとなく感じました——尾羽は、クジャクの美しい箇所です。私はそれが、変だということを知っています。しかし、なんとなく私はここで、物事に対する私の態度に気づきます。

ずっと夜の間中、乗ったので、私は羽を押して離しました。すると、そして、下に何があるのか、見たいと思いました。すると、別の色がありました——すべての色、あなたが想像することができるよりはるかに多くの色だったので、言ってみるなら、これこそがクジャクだと、私にはわかりました。

その後、私たちが到着すると、急に、これらの指が、指差し始めました。そして、それが私の中の古く間違った姿勢だったことがわかったので、私は笑いました。そして突然、郵便配達人が手紙を持って、そこにいたので、立ち止まらなければなりませんでした。

エリクソン◎したがって、あなたは、二つ、三つ幻覚を体験していました。今、あなたはそこへ出かけて、あなた自身のものを作る必要があります。

ジル◎そうです！　そうです！　しかし、そこで、それを作ると、内部で変化することもまた、たくさんあります。そこでの最後の幻覚体験では、私は二つ、三つランタンを灯していました。私は、それが、物事に対する私の今の態度だ、と思います。私は、今起きたことをabout that、気分良く感じました。

ロッシ─彼女は明らかに、自己誘導して、催眠状態に入ることに成功しました。そこで、彼女は、クジャクやクジャクの体が大きくなることなど、空想的な状態を経験します。

エリクソン─二つの言葉──「夜」と「尾」。性的観念を表すスラングです。彼女は、セックスはすばらしい、と言っています。彼女は、性的な物事に対する、自分の態度を調べています。色は感情面のことです。

ロッシ─彼女が指差す指を笑うとき、これは象徴的な右脳の治癒が生じる別のプロセスですか？　彼女は、すべての指差す指によって、仄めかされる罪の意識の問題を解決して、今、指を笑うことができます。彼女は、これらの性的な感情をすべて明るみに出すことで、罪の意識に圧倒されていたのかもしれません。しかし、ここでの彼女は罪の意識を持つことはなかったので、治療的な変化が増加しました。これらの象徴的な幻想的幻覚体験が、実際、無意識レベルで内部の問題を解決しています。良い結果を伴うこれら幻想的幻覚体験を続けている限り、内部の問題をほとんど増加させずに、解決しています。

エリクソン─はい。意識的に認識できるゴールに到達するために、内部の問題を解決します。

セッション2

パート1　自己分析を促進すること

次の日のセッションは、催眠についてのざっくばらんな会話から始まります。それからエリクソンは、彼の妻が、催眠経験で幼いころの記憶を思い出したおなじみの例を話します。▼訳注11　ジルは次第に静かになり、目を閉じて、そして見たところ、エリクソンの声の優しい抑揚に反応して、トランスに入ります。

間接的連想フォーカシングによる催眠誘導

エリクソン◎さて、娘は催眠を通して非常に多くのことを調査しました。そして、そのとき実際に、それらを見たように見ました。そして、その後、それらの重要性を自分の目で確かめました。言い換えると、幼児には断片的な記憶がありまず。手を持ち上げているのは、持ち上げている手だけです。関与している腕はありません。手を前腕、上腕、肩、自分に

▼訳注11　「Healing in Hypnosis」の「Mrs. Erickson's Regression」の項参照。ウエイン州立大学の心理学教授マクティアとのやりとり。

結びつけるのには、若干の時間を要します。そして、寛骨hipboneがひざの骨などに接続していることに気づくように、それに気づくために若干の時間が必要です。大人は、関係している学習プロセスをめったに認識することはありません。アーティストとして、あなたはそれらの記憶に興味を持つべきです。

あなたは創造的でなければなりません。

子どもにとって色は明るくて、そして刺激的です。明るさという刺激は、何を意味しますか？［休止］そして何か重いものを持ち上げることのスリル。それが大切です。

［エリクソンは、およそ五分間、個人的な差と文化的な差を説明するために、義理の息子がベトナムの子どもを、アメリカの家まで連れて来て、子どもにアメリカ人のような固形食を食べることを教える取り組みをしたという話をします］そしてあなたは、あなたが持っていることを理解していない多くの思い出と理解を手に入れました。そして、それはとても多くの方法で、あなたの理解を豊かにすることができます。

［エリクソンは今、ヘロイン中毒の患者について、短い話をします。彼は、アーティストであり、彼の患者でもありました。エリクソンは彼に芝生に座って、そして何か、見つけるように求めました。患者は芝生の光沢、木の方向を見る新しい方法に気づきました］

エリクソン—私は頻繁に個人的な例を使います。というのは、よく知っていて、確固たる信念をもたらすからです。

ロッシ—あなたは、自己分析と早期学習の多くの例を使って、このセッションを開始しています。これらすべての例は、彼女自身が内面的な努力をするための方向を一緒になって示しています。あなたは、何をするべきか、特に彼女に話しません。あなたはただ示唆に富むネットワークを定めて、あなたのネットワークのあれこれの様相に気づいて、そして詳述することによって、彼女自身の無意識に反応することができるようにします。第二章で、私たちは、これを間接的連想フォーカシングプロセスと呼びました。

エリクソン—あなたは、物事をまとめ上げる患者の自然な連想プロセスに依存しています。もし、あなたの家族のことを、あなたに話してほしいと、私が思うなら、最も容易で抵抗を喚起する可能性が最も少ないアプローチは、最初に私の家族のことを、私が話すことです。

ロッシ—もしあなたが目標エリアをXにしていて、あなたが患者に話をしたいと思うなら、あなたは、Xという一点にすべて集まるA、B、C、Dなどの関連した話題を最初に話します。徐々に、エリアXを、患者が表現する点まで刺激します。あなたは、多くのことを話すことによって、彼女の連想プロセスに、多くの反応ポテンシャルを与えて、このセッションを始めています。あなたの目標エリアは、幼児期、個人差、そして創造力について、連想させることであるように思われます。あなたの導入に対して、彼女がどんな反応をするか学習すると、あなたがこれまでどれぐらい効果的にしていたか、私たちは、すぐに理解することになります。

エリクソン――できれば、間接的に導入することが望まれます。そうすれば患者は攻撃を受けているように感じません。それが防御を不要にする方法です。

治療的フレームワークに向けられた自然発生的な動き――偶有的暗示

[ジルの手が、小さな動きをし始めます。そして次に彼女の腕全体が浮くかのように、優雅に、そして容易に動き始めます。泳いでいるか、あるいは飛んでいるかのように、彼女の体全体が次第にリズムをとります。彼女の脚でさえ、体と協調して、デリケートな、流れるようなそぶりで、スローモーションのように持ち上がります。彼女は座ったままですが、椅子の中で容易に自由に動きます]

エリクソン◎今、もちろん私はあなたが何をしているか知りません。あなたは、調べている可能性があります

子どものときの学習を

その後の学習を

そして理解に達します。あなたは理解したことを再編成し、言葉を再編成しています。

[休止]

娘が、私に次のように言ったことがあります。「パパ、私が最初に涙を流したのは、私が何歳のときだった？　なぜなら、私は、とても小さなとき、私は泣いていたけど、私は涙を流さなかったことを知っているから」。

私は、彼女に、そうだと言いました。人が涙を流すようになる月日は、一人一人異なっています。

[休止]

いつまでということではなく、ある年齢まで、涙を流していなかったということに気づいたことで、涙に関して、彼女は新たな発見をしました。

[今、数分間、エリクソンは幼児期から成人期までの怒りの発達と表現段階を説明します]

あなたにしてほしい、と私が思うことは始めることです

あなた自身であることを。

[休止]

あなた自身を受け入れてください。

そして、あなた自身をコントロールすることができることをわかってください。

[エリクソンは大好きな話の一つ、娘たちの一人が赤ちゃんだったときのことを話します。彼女は何日間も金切り声を上げました。なぜなら人々が歩くこと、そして赤ちゃんだった

娘は「人々」であることを知っていたからです。彼女は最後には起き上がり、そして、何のためらいもなく、始めてでしたが何百歩も歩き周りました]
あなたは何かしたいと思います。
あなたはあなた自身をコントロールします。
あなたは、集中して努力します
[医科大学に入学した彼の娘が粘り強く努力して、そして最終的に成功したことについて、別の話をします]

ロッシ―これらすべてを一見すると、彼女は明らかに自然発生的な動きに、深く内面的に関わる状態にいます。五〇年以上、経験しているあなたでさえ、彼女が何をしているか、実際に知らないということを知ることは、素晴らしいことです。しかしながら、あなたはこれらの瞬間を利用します。そして彼女に理解を再編成させることによって、治療において進歩していることを示唆します。彼女の動きのオリジナルの重要性が何であったとしても、あなたは治療的フレームワークに、彼女の動きを向けています。これは偶有的暗示の一形式で、その中で、あなたは治療暗示を、彼女の進行中の行動に結びつけています。

自己分析を促進する

そして自分自身を
調べることは、
見つけることは、
素晴らしいことです
[休止]
今、あなたが発見するものがあります。
一部は個人的で
そしてあなただけに属しています
そして、一部は特定の人たちと共有することができます、
そして、一部は一般の人たちと共有することができます。
そして、それに関する素晴らしいことが、これです。
あなたは、自分が見つけようとしているものが何か知りません、
しかし、あなたはそれを発見する楽しいときを持とうとしています。
[ジルの動作は、今、以前より多く、そしていっそう華麗になっています。彼女は、明らかにときどきほほ笑んでいます。部屋に幸せな雰囲気が漂っています]
小さな子どもが、良く言うように
「私は何かを作っています、
そして、私は作り終わってやっと
本当に何を始めたかが、わかりました」
同じことがベビーベッドの幼児に当て嵌まります。
[長い休止]
そしてあなたを見つめる誰もが

そしてあなたの行動を解釈している誰もが、
何をしているか
本当にわからない
ベビーベッドの幼児を見ている、あなたのように
無駄なこととして、
見ている可能性があります。
けれども彼女は何かをしています
[休止]
あなたは見つけだすことができます
あなたがしている何かを。
なぜなら、あなたは理解するためのバックグラウンドを持っていますから、
そして、それはあなたのバックグラウンドでなければなりません
それを理解するための。
[長い休止]
[エリクソンは、幼児がどのように繰り返し、自身の手の方に手を伸ばすか、そして、毎回、手を動かしても、何があるか理解することができないことを話しています。幼児を観察している大人は、幼児がこの手を伸ばす動きを繰り返していることに戸惑います]
今、私は話しました、
そして、あなたに、
あなた自身の自己分析を
始めることができる
一般的な
バックグラウンドを
与えようとしました。

[エリクソンは、親のせいで、そして社会構造のせいで、自己分析を阻止されたことが、精神病の原因になった多くの臨床例を話します]

ロッシ——そうしたら、一般的に、新しい患者との最初のステップは、多少なりと自己分析プログラムを始めることです。あなたがこれらの自己分析プログラムを使って、トランスを導入するとき、あなたは実際には、トランスにおいて将来、深く没頭するための基礎を定めています。

エリクソン——そうです。それらすべての些細で簡単な物事をするように、患者に奨励します。それは成長している生きものとしての患者自身の権利です。いいですか、私たちは、ゴールがどんなものか知りません。そこに辿り着くことでしか、私たちがゴールを知ることはありません。「私は、自分が何を作っているかわかりません。しかし私はそれを建てることを楽しむつもりです。そして私がそれを建て終わると、それが何であるかわかります」。心理療法をする中で、あなたは患者にこのことを印象づけます。あなたは赤ちゃんが何になるか知りません。

そのために、赤ちゃんを大事に扱って、赤ちゃんがそうなるまで待ちます。

ロッシ―知らないというまさにそのことによって、余計に大事に扱うことになります。

エリクソン―人生は、今日のことに対して、答えることができるものではありません。あなたは、待つプロセス、そうなるプロセスを楽しむ必要があります。花の種を植えて、そしてどんな種類の花が出てくるか、知らないこと以上に楽しいことは何もありません。

ロッシ―それで、あなたは、ジルに自己発見プログラムをさせていますが、彼女が何を見つけようとしていたか知りませんでした。それは、いかにもあなたの仕事らしいものです。あなたは慎重に物事を設計することができます。しかしあなたはさらに、ブラインド調査を楽しみます。

エリクソン―そうです。

個性を促進する――幻覚を経験するための間接的観念力学フォーカシング

私は提案します
快適な調査を。
調査
それはあなたに教えるでしょう
あなたの理解が増え、そして変化する方法を。
[長い休止]
今、私は加えるつもりです
一つの新しい側面を
あなたがしていることに。
そしてそれがこれです。
[エリクソンは、かつて腕浮揚を実演したとき、すべてのオブザーバーが、被験者が空中に浮き上がった自分の手の幻覚を見たと証明するまで、被験者が失敗したと考えていたことを説明します]
本物の手の動きと同じぐらい幻覚は効果的でした。なぜなら、重要であったのは内面的な経験だったからです。
あなたはいつでも、
記憶痕跡を
利用することを
願うことができます
私はあなたがその言葉を知っていると思います。
種々の学習や経験に関する痕跡があります。
けれども、あなたは筋肉を
そして骨や肉を必要としません。
[ジルが今までと同様、優雅に動く間、休止]
そしてあなたは色を見ることができます、
あなたの閉じた目で。
[休止]

そしてあなたは暑さと寒さを感じることができます、あなたの体が、快適なままでいる間。

[エリクソンは、催眠下での幻の感覚と知覚の例をさらに話します。あるところで、エリクソンはジルに目を開いてもらいます。そして、彼女が、オフィスの壁にかかっているタペストリーのことを何も知らないことに気づきます。エリクソンは、コロンブスのアメリカ大陸発見以前のそのシンボルなどの起源について、次に、彼女に少し講義します]

エリクソン——これがさらに、その人をその人自身の個性に取り組ませます。心理療法において、私たちは個性を探しています。多くの場合、患者はあまり持っていません。

ロッシ——これは、もっと多くの自己認識へと導く自己分析を使って、患者の個性を促進する方法です。それから、あなたは幻の手の動きについて話しているとき、観念力学フォーカシングによって、間接的に幻覚経験の可能性を促進する一方で、彼女の手の動きが意味するかもしれないことすべてに、間接的に触れています。

エリクソン——そうです。しかし、私は特に、「重要であった内面的経験」に焦点を合わせています。彼女にとって、本当に重要な内面的経験とは何でしょうか？

ロッシ——はい。「記憶痕跡……種々の学習や経験に関する痕跡を利用すること」が彼女にはできると、あなたが言ったとき、あなたの暗示の大部分に共通する要素は、最終的にここで、非常にはっきりと伝わってきます。これは、あなたのアプローチに特有です。最初に話をして、多くの面白い例を患者に教え、後から、あなたは患者が、今できるように、直接暗示をします。間接的連想、そして観念力学フォーカシングというあなたの最初のパターンは、患者の中に、多くの自律的探索プロセスを開始します。その結果、直接暗示が来るとき、無意識は、無意識自身のメカニズムを用意します。そして、意識は、することができることなら、何でも受けとろうと躍起になっています。

本物の創造力の基準——精神統合

エリクソン◎今、私はロッシ博士と話すつもりです。

これらの動きのいずれも、正しく解釈する方法がまったくありません。

それらの動きにどんな意味を与えたとしても、私たちにしか通じません。

それらの動きは、成人の筋肉が現した完全に子どもらしい動きなのかもしれません。

ロッシ◎そして、多分、異なった時間志向なのかも。

エリクソン◎そして異なった精神志向。異なった感情志向。

ロッシ◎これは、彼女に、あなたが処方した一般的な探索プログラムです。

エリクソン◎そして、彼女は、望むことをどんなレベルであっても思い出すことができます。

私は、三週間前に、何が起きたか、思い出すことができることを知っています。

もし私がそうすることができるなら、他の人も同様にできます。

［ジルは、エリクソンとロッシの間の話題に気づいていないかのように、彼女の動作を続けます］

ロッシ◎私が面白いと思うことは、彼女が修正感情体験を体験しているかもしれないということです。見出すことができる方法がありますか？　彼女の心は、実際に、新しい精神構造を合成していますか？　彼女はこの瞬間、新しい現象を経験する有機基質として、新しいタンパク質を合成していますか？　私たちは、どのようにとしたら、それを見つけだすことができますか？　X博士が先日言っていたことですが、彼は、腕浮揚誘導が好きでした。なぜなら被験者の中で起きていたことを、腕浮揚が絶え間なくフィードバックしているからでした。もっと多くのフィードバックを手に入れたいと思いますが、彼女の経験を妨げないようにしたいと思います。

エリクソン◎これまで解決できない問題を解決することができることに、患者が気づくことができるようにします。そうして、あなたは、何か加えられたものがあったことを理解します。

ロッシ◎はい、何かが合成されます。何かが組み立てられています。

［エリクソンは、一見して「自然発生的に」、大人が、ある道路の名前をあげることは、実際にはその大人の幼児期から来る反応だったことを、詳しく例を挙げて話しました。このように「自然発生的である」ように見えるもの、あるいは新たに合成したものは、私たちが気づかない過去の経験にルーツを持っているだけなのかもしれません］

ロッシ◎正確に何が起こっているか、知る方法はありません。しかしあなたは、何か良いことが起きていることを察知します。そうして、あなたはただ、それを継続させるだけです。

エリクソン◎私はそれが重要であるかどうか、知りません。明らかに彼女は楽しい時を過ごしています。

ロッシ◎はい、私は非常に創造的なときだと予想します。どんな建設的な目的でも、一人でこうすることができることを知って、彼女は間違いなく楽しんでいると思います。

エリクソン◎あなたは、彼女のゆっくりとした動作が、速い動作として、主観的に認知された可能性があることを決して知ることはありません。

［エリクソンは、このことについて、臨床例を挙げます］

エリクソン──あなたは、大好きな単語を使うために、何かを「合成する」ことがあることを知っています。なぜなら、患者が何か新しいことを見つけると、二度と再び、患者は古い不完全な方法で機能することができないからです。患者の世界は永久に変化します。

ロッシ―本物の創造力、あるいは精神統合の最もわかりやすい基準は、患者の世界観、態度、そして行動が変化することです。これ以下のものはなんであろうと、どんな洞察が意図的に生じたとしても、患者がただセラピストにお世辞を言っているだけであることを意味します。

エリクソン―患者は、いつ楽しいときを過ごすのでしょうか？　何かが治ったときですね！

ロッシ―そうして、楽しいときを過ごしながら、このような状況下で患者の肯定的な感情が、何かを治癒していることを意味します。

エリクソン―それが不快なものであったとしても、何か望ましいものが生じています。

ロッシ―それで、肯定的な感情は、満足がいく仕事に関する別の重要な基準です。

三つのタイプのトランス
――自己陶酔、ラポール、そして夢遊病状態

ロッシ◎あなたは今、ジルが夢遊病状態に入っていると言いますか？　どのように彼女のトランスを説明しますか？

エリクソン◎それを「深い」と言ってください。それは自己志向です。夢遊病状態は、外部と特定の関係を持っていることを意味します。彼女は、特定の目的を達成しているのかもしれません。しかし、目的はすべて彼女自身の中にあります。

ロッシ―治療として有用なトランスには、少なくとも三つの基本的なタイプがあるように思われます。①患者が自己分析に熱中していて、患者が見かけ上セラピストに気づいていないような自己陶酔タイプ、②トランスについての一般的概念である、患者がセラピストとうまくラポールをとって、暗示に反応するとき、そして、③目が覚めているかのように、患者が目を開けて、話をして、行動していたとしても、それでもなお、催眠に入っているかのように、セラピストの暗示に反応する夢遊病状態。

エリクソン―実際、あなたは、それらの間のあらゆる種類の混合物を経験します。しかし、それらの両極端の間で、役に立つトランス作業をすることができます。

自発的な覚醒と予期しない再誘導

［この時点で少し驚いて、明らかに自発的にジルは目覚めます］

ロッシ◎あなたは、今日のエリクソン博士との催眠作業と、あなたの自発的なトランス経験を比較して、いかがでしたか？

ジル◎これは、一つには、もっと長いものです。しかし、同

じく……。

［この時点で、ジルの目は閉じます。そして彼女の腕は、再び、自発的にトランス動作をとります］

ロッシ―目覚めた後、その直後のほんの短い間、軽いトランス(Erickson and Erickson, 1941) にまだ入っています。これがトランスについての私の質問と一緒になって、どうやら彼女を深いトランスに再誘導したように思われました。

セッション2

パート2　自動筆記と解離

新しい学習のために自然発生的なトランスを利用する

［ジルがトランスに入っている間、上席著者は継続します］

エリクソン◎今、あなたに学ばせたいことが他にもあります。

［休止］

私はあなたにまったく新しいことを学ぶ機会を与えたいと思います。

［休止］

そして、あなたはまったく新しいことを学ぶつもりがありますか？多くの努力をしないで？

［休止、ジルは、最後に非常にゆっくりとうなずきます。上席著者は、彼らの間の机の上に四枚の紙と鉛筆を並べます。そうして、彼とジルの二人とも、手が簡単に紙に届きました］

エリクソン―このセクションで、私が休止したことに気づいてください。誰かに新しい何かを学ぶように求めることは脅迫です。それで私は、ひと呼吸おきます。そして次に、私は、それをそれほど脅迫的でないようにするために、ゆっくりと「多くの努力をしないで」と言います。

自己陶酔をラポールに変更すること

エリクソン◎今、あなたが何をしているとしても一時的に中止することができます。

そして、オフィスに戻り、私と合流することができます。

そして、あなたの椅子をもっと近くに動かすことができますか？

ジル◎うーん？

エリクソン◎あなたの椅子を机と文房具にもっと近づけてください。

［椅子を調節した後、ジルは目を開けたままでいます。しかし、凝視している目の雰囲気、そしてゆっくりとした体の動きは、彼女がまだトランスに入っていることを示していま

す］

ロッシ―ここであなたは、あなたとの親密なラポールに戻ってくるように、彼女に求めています。このセッションの最初の部分で、あなたは彼女に、自己陶酔タイプのトランスに思うがままに浸らせます。今、あなたは、彼女に、あなたと緊密なラポールをとるトランスタイプに変更するという意見を切り出しています。それで、彼女は、しっかりと、そして正確にあなたの指示に従うことによって、新しい催眠学習を経験することができます。

自動筆記、年齢退行と解離

エリクソン◎さて、私は、あなたを子どものように扱うつもりです。

ジル◎もちろんです。

それは、問題ありませんか?

エリクソン◎紙と鉛筆があります。

ジル◎私は子どものように振る舞うことができますか? そして、子どものように私を扱いますか?

エリクソン◎いいえ、あなたは、そのように振る舞うのをやめようとしています――

私は子どものように扱うのをやめるつもりです。

［休止］

けれども、あなたは身を乗り出すことができます。

今、私を見ている間、あなたは、自分の手が何をするかと思いますか?

ジル◎拍手してください! ［幸せそうな子どもらしい笑い方で］

私は、手が何をするか知りません。

エリクソン◎鉛筆を紙に触れさせてください。

ジル◎コントロールすることが難しいです［彼女が不器用に鉛筆をとりあげたとき］。

エリクソン◎あなたはコントロールすることができます、あなたは書くことができるでしょう。

［休止］

そしてあなたは、書いていたことを知らない何かを書くことができるでしょう。

ジル◎私は書いていることをわからないのですか?

エリクソン◎そしてあなたは答えを、意識が知らない質問を書くことができます。

そして、それを無意識にするだけであることをわかってください。

［休止］

ロッシ―あなたは、最初に子ども時代、あるいは早期学習セットを確立することによって、自動筆記の可能性を導入します。

最初、子どもとして、書くことを学んだのと同じように、あなたは、子どもらしいセットが、彼女の自動筆記を援助することを望んでいます。しかし、彼女は、子どもの役割をあまりに熱心にとらえ過ぎました。それで、それを修正しなければなりませんでした。実際、彼女は、彼女を子どもとして扱おうとしていた、あなたの以前のメッセージに、あまりにも文字通りに反応し過ぎていました。

エリクソン―はい。彼女は、願望から子どもとして返答しています。私は彼女を、彼女の願望から引き離す必要がありました。なぜなら、子どもたちは、かなり無責任な可能性があるからです。

ロッシ―鉛筆を持ったとき彼女が経験するぎこちなさは、年齢退行していることを明らかにする合図です。その後、自動筆記に関して、あなたは「何を書いているか知らずに書くことができます」と最初の直接暗示をします。もちろん、この知らないことは、彼女の成人の意識から、今まで以上に解離を促進します。

自動筆記を促進するための間接的観念力学フォーカシング

私はあなたに、その例を示します。

[上席著者は、ここで自動筆記の例を説明します。「何かを不安に」感じた患者が、質問を書いて、それから、答えを書くように、と要望しました。一枚の紙の別々の場所に、自発的に彼女が質問と答えを書いているとき、エリクソンは、彼女の注意を逸らすために、話しかけました。エリクソンは紙を折り畳み、そして彼女のハンドバッグに、紙を入れました。三カ月後、彼女は、質問に対する答えを見つけました、と報告し、まだ折り畳まれたままになっている紙を見たいのです、と申し出ました。すぐに、彼女が紙を広げて見ると、実際には、二つの質問が書かれていました。一つ目は「私はビルと結婚するでしょうか?」というものでした。答えは、「いいえ」でした。二つ目の質問は「ハワードに恋をしていますか?」でした。答えは「はい」でした。実際に彼女は、すぐにハワードと婚約しました。したがって、三カ月前の自動筆記は、そのときの大きな葛藤を反映しており、ビルとハワードに対する感情を示していました。そしてそれは、後になって、ビルと別れて、ハワードと婚約したことではっきりしました]

エリクソン◎さて、私たちすべてが、このような疑問を持っています。その患者は、私の行動から、彼女が書いた質問あるいは彼女が書いた答えを、私が読まないことを知っていました。その鉛筆を手にとって、あなたの手をあてもなくさまよわせてください。

[ジルが鉛筆を取り上げる間、休止]

今、あなたの手が書くこと以外の何かを、あなたが私に話すと考えてください。

ロッシ――これは、トランスにおいて、被験者に援助が必要と思われるときの典型的アプローチです。新しい催眠学習が、初めて定式化されるか、表現されるプロセスの中にまだあるとき、あなたは、穏やかに、そして気軽に、望ましい催眠行動の多くの例を挙げ始めます。これが、被験者にやる気を出させ、どのように進むべきか、彼らの無意識に手がかりを与えるように思われます。それはさらに、必要な内面的な接続を作る時間を与え、行動できるようにします。あなたが本当に心からそう思っていること、そして、あなたが接続を待つことをいとわないことを理解するための時間を、被験者に与えます。それは、間接的観念力学フォーカシングを再び行う基本的プロセスです。あなたが「さて、私たちすべてが、このような疑問を持っています」と述べることは、書かれたものそれ自身を表現するために、彼女の中で、一部の有意義な資料を探索する無意識のプロセスを促進する傾向があります。あなたは、書いていることではないことを話すように、彼女に頼むことによって、もう一つの解離的アプローチを試みます。

健忘とトランスの中で患者を守ること

［ジルは瞬きもせず、エリクソンの目をジッと見ます。そして彼女の目を見つめ返すと、しっかりとした手つきで、彼女の手は驚くべき速さで明確な文を書きます。彼女の手が文を書き終えると、これ以上すぐに出てくる記述はもうないように見えます。エリクソンは素早く、そして巧妙に4枚の紙面をひっくり返します。そうすると、書いたものは、今、隠されて、何も書いていない面が上になっています。ジルは彼の目をジッと見続けていたので、エリクソンが紙を入れ替えていたことに気づきません。その間、休止］

ジル◎それは質問でしたか？

エリクソン◎うーん？

ジル◎それは質問でしたか？　私は質問をいくつか書きましたか？

エリクソン◎どこに？

［ジルは、今、何も書いてない紙面を見ます。そして、彼女の顔は困惑しているように見えます］

あなたは質問を書きましたか？

ジル◎私は質問を書きましたか？

エリクソン◎どこに？

ジル◎ここら辺りに。［明らかに困惑して］

［休止］

私は鉛筆がどこかで動いたと思いました。そう思います。

［休止］

私はそうしなかったと思います。私は鉛筆を持っています。なぜ鉛筆を持っているのでしょうか？

［休止］

私は何か夢を見たのでしょうか？　私は眠っていましたか？

いいえ、私は眠っていませんでした。というのは、私は、物事を鮮明に記憶しているからです。

ロッシ―あなたはなぜ彼女が、今、書いたばかりの書面を覆い隠したのですか？

エリクソン―それを覆い隠せば、彼女は、さらに安全に感じます。詮索しようとしません。健忘を持続することも同様に教えています。

ロッシ―トランスに入っている間でさえ、あまりに多くの資料を見ることから彼女を守っています。

エリクソン―はい。そうすることで、彼女にさらに多くのことを書く機会を与えます。そのとき、彼女は、あなたが彼女を利用しないことがわかっています。私は詮索しません。その時点で、私自身は、それを読みません。

ロッシ―このような困惑して疑いだらけの自問は、解離だけでなく、健忘を起こす徴候です。彼女の自我意識はとても不安定なので、夢を見ていたか、眠っていたか、彼女には自信がありません。

解離についての古典的記述

エリクソン◎あなたが共有することができる鮮明な思い出は？

ジル◎はい、私にとって、とても大事な思い出があります。本当に、全部、聞きたいと思っていますか？

エリクソン◎書いたと思った質問は、重要でしたか？

ジル◎私には、わかりません。私は、重要な感じ、重要な何かという感じがしました。私は鉛筆を持っていましたが、私の手は、鉛筆を動かさなかったように感じました。私は、とてもこわばっているように感じました。書いているとき、鉛筆を持つと同時に指に挟みます。けれども、鉛筆は私の指に挟まっていませんでした。それが、何か変だ、と私が感じた理由です。私は鉛筆を持っていました。そして私が鉛筆を持っているだろうと考える唯一つの理由は書くことです。けれども、私は、鉛筆を持っていたように感じませんでした。それでは筋が通りません。私は、実際に鉛筆を持っていたように感じません。けれども、私は私の手の中に鉛筆があるのを見ています。ですから、私が鉛筆を持っていると思ったとして、間違っていませんね？　けれども、私の手は、いまだに、なんとなくこわばった感じがします。板のように固くはありません。けれども、そうではありません――私はそれを説明する方法をほとんど知りません――手には、なんとなくほとんど感覚がありません。そこで、今まさに、手には異なる種類の感覚があります。

エリクソン◎この質問は、筋が通っているように思いますか？　あなたの手は、もう一度、書きたいと思っていますか？

ジル◎もう一度？　手は、書くことを望んでいるように感じます。しかし、書くために鉛筆を持つことを、手が望んでいないので、そうすることができません。私が何について話をしているか、あなたはわかっていますか？

エリクソン◎わかっています。

ジル◎鉛筆を持ち続けるには、鉛筆をコントロールできるように、そして、鉛筆がそうしたいように動けるように、指の先端で鉛筆を持たなければなりません。

エリクソン―彼女が言おうとしていることは、書くことと、意識的に、そのことを認識する部分が解離しているということです。これは、主観的な見地からの解離の古典的記述です。正常な状態で、鉛筆を持つのとは異なる方法で、彼女の無意識は鉛筆を持つことを望んでいます。

ロッシ―なぜですか？

エリクソン―なぜなら、それは無意識の資料だからです！　休暇中に、あなたが違う服を着るのと同じです。どれぐらい違いますか？　ちょっとだけ違います！

ロッシ―鉛筆を異なった持ち方をするということは、自動筆記の現象の本物らしさのサインです。

エリクソン―はい。

体の解離と非人格化された言葉

ジル◎私の手は鉛筆を持ちます。そして、それは書くつもりのように感じます。しかしそれはそうではありません。それは書くために鉛筆を持っていません。それは、通常、書くような方法で鉛筆を持っていません。

エリクソン◎多分、それが自動筆記です。

［休止］

ジル◎その可能性がありますね。私は以前、そんなこと考えたことがありませんでした。しかし、それはどうすれば、できますか？　あなたの手は、もっとそうしなければなりません――わかりました。ちょっと待ってください。筋肉は、それを機能させるために、今もなお、物を持っていなければなりません。筋肉はそうしませんか？　私は、鉛筆を持っているとは、とても感じません！　［彼女は実際には、話している間、ずっと鉛筆を持っていました］けれども、鉛筆を持っているのが見えます！　私は、そこにかかる圧力を感じません。

エリクソン◎通常、誰もが鉛筆を持っていることを知っています。鉛筆を持っていることを見る必要がありません。

ジル◎そうです。それは私がどのように感じるかです。しかし、本当に鉛筆を持っているように感じません。しかし、鉛筆を持っているのが見えます。

エリクソン◎はい、その通りです。多分、あなたの手が、自動筆記をもう少しする必要があるからです。［休止］あなたの手を置くことができます。そしてそれが、機会が得られる位置に。［休止］多分、あなたはそれを見て、そしてそれが何を書いているか見たいと思います。あなたはそれを書いているか知りません。ただ、もちろん、あなたはそれが何を書いているか知りません。［ジルの手が、最終的に、しっかりとした堅さで動き始めて、そして、素早く、二、三の文を書く間、長い休止］

ジル◎私はそれを読むことができますか？　そこに、書いたものがあります、それは私の手書きですか？　私の手は、とても変な感じがします。私の手であるかのように感じます。しかし、それは何も書きませんでした。

エリクソン――彼女自身の手に注意を向けるときの「それは書くつもりのように感じます……」という彼女の言葉に気づいてください。それはもう彼女自身ではありません。

ロッシ――彼女の解離は、身体の部分とその活動を解離し、非人格化に導いています。それが持っていることを知るためには、再び彼女は、実際に、鉛筆を見なければなりません。これは、意識と無意識が分離したという証拠です。

エリクソン――「それ」を使って、そして、それを私が「あなた」と呼ぶ彼女の役割と対比することによって、私がどのように非人格化を受け入れて、そして強化するか気づいてください。

彼女は、何を書いているか、見ることができます。しかし、このこと自体が、彼女が何を書いているか知らないという意味です。あなたは知らずに、見ることができます。たとえて言うなら、ただなんとなく本を見ているだけです。彼女の質問と奇妙な感情は、すべて解離というプロセスの特徴を示しています。

考えと感情の解離

エリクソン◎この場所を見てください。［このように上席著者は、一瞬、彼女の視覚を逸らせます。それから、器用に紙をひっくり返します。そしてジルは、再び、何も書いてない紙と向き合っています］あなたは何かのせいで、当惑しているように見えます。今、あなたはそれを読みたいと思いますか？　［空白の紙面に書いたものを、ジルがむなしく探す間、休止］

ジル◎私は、それを夢に見ましたか？（非常に柔らかい、遠く離れた声で）

［休止］

私はそれを夢に見ましたか？

［上席著者は今、ジルが書いた紙を一枚、彼女に見せます］

エリクソン◎これが書いたものですか？

ジル◎この書いたものは何ですか？　それはまったく私が書いたもののようには見えませんね？　それは私のものですか？　手始めに、あなたは私に話さなければなりません。私がそれを書きましたか？　私は、間違いなく自分が書いたものだと思います。しかし私は、私が書いたと感じません。私は私自身が鉛筆を持っているのに気づきました。そしてそのために、私はそれを元の状態に戻しました。鉛筆を使って何かをしない限り、通常、鉛筆を持たないので、私は何かを書いたに違いありません。しかし、何かを書いたかのように、私は感じません。この手は私の手です。［書かなかった左手に注意を向けながら］この手［書いた右手］はこれ［彼女の左手］よりいっそう分離しているように感じます。けれども、それらは知りませんし、実際、書くように、それらは感じません。

エリクソン◎今、ここで、あなたの知的な印象を表現してください。あなたは他の紙に書きものをしましたか？

ジル◎そうしたように感じません。

ロッシ―「私は、間違いなく自分が書いたものだと思います。しかし私は、私が書いたと感じません」という彼女の発言は、考えと感情の間に明確な解離があることを示しています。右脳の経験に関連した感覚を解離する一方で、左脳の考えに関連した彼女の自我意識が、彼女のアイデンティティの一部として保持されるという興味深い点に気づきました。

エリクソン―これらすべての質問、そして、論理的で合理的な試みは、本物の解離状態の特性を高度に示しています。

ロッシ―その論理を使って左脳が、その経験の範囲外にある行為を合理化しようとしているかのようです。まさに右脳に障害と欠損のある患者が、これまでにその不一致を認識せずに、行動を合理化するために、無傷の左脳の論理を使用しているようなものです（Luria, 1973）。

解離を推進させること――考えと感情の間の葛藤

エリクソン◎結構です。あなたの手が何を考えるか見てみましょう。あなたが書いたものをあなたの手で指さしてください。今はただ、あなたの手が指さし始めるのを見てください。［ジルの手が上がります］それは鉛筆を拾い上げて、そして「イエス」と、書くかもしれません。［ジルの手が「イエス」と書きます］

ジル◎私が知らないなら、それはどのように知ることができますか？　それは知ることができると思います。私は感じます。しかし私の心は、それを私が感じると思います。それが何かを書いたことを、それは知っていると、私は感じます。何か、どこかに！　しかし、私は［休止］私は何かを書きました。しかしそれはとても、

エリクソン◎とても、何ですか？

［ジルが考えに深く没頭しているように思われる間、休止］

ジル◎私の考えは今、あんまりはっきりしていません［遠く離れたような声］。

エリクソン◎なぜですか？

ジル◎私はとてもリラックスしています。私の考え——それは、特別、考えるための心を私の感情が必要としないかのようです。

エリクソン◎あなたの手で指さしてください……自動的に手で書いたものを。

ジル◎しかし、それは何も指さしません。

エリクソン◎多分、それは「イエス」、あるいは「ノー」と書くでしょう。［ジルの手は鉛筆を持ち上げます］

エリクソン―手が「イエス」と書くかもしれません、と言って、私は彼女に「イエス」を押しつけます。それが彼女に、自動的に書くことができるということを示すので、これが解離を推進します。しかし、さらに彼女は、反応して書くことができます（「イエス」と書いて、エリクソンの暗示に反応すること）。この時点で、彼女は、従順に「イエス」と書いた、と思いたくありません。それで彼女の感情は、「特別、考えるための心」を必要としません。

ロッシ―あなたは彼女の考えと感情の間に、葛藤を引き起こしました。

主観的な解離の経験

エリクソン◎それが、「自動的」という意味です。あなたは、それが何を書こうとしているか、推測するつもりですか？

ジル◎いいえ。私は何もしようとは思いません。私は、それを放っておこうと思います。

エリクソン◎それでもあなたは、推測することができます。手が正しい答えを書くでしょう。

ジル◎私は、イエスとノーを考えます。なぜなら、私が鉛筆を持っていたとき、それがどのように感じたかと考えたとき、書いたように感じないからです。

エリクソン◎私の質問は、それは書きましたか？　です。

［彼女の手は書き始めます］

ジル◎それは、ひとりでに動いています。それはひとりでに動いています。奇妙です。私はそれについて、よく知っています。［そっと、ささやきました］それは動いています。［休止］それは鉛筆を持っています。それは感じます。私は知りません。私の手が、宇宙の手のように思われます。私はそれを私の体の一部として見ています。しかし雲から出てくる宇宙の手のようです。

エリクソン◎あなたは、もっとやってみたいと思いますか？

ジル◎それがもっと書くかのように、私の前頭部 forehead は感じませんが、他の部分がそう感じます。しかし、まさに前頭部でない部分です。それは、私の前頭部が、今、他の部分を反対方向に引っ張っているかのようです。

エリクソン◎あなたの手を、紙の上で引っ張ってください。

ジル◎うーん？［遠く離れたような声］

エリクソン◎書いて。

ジル◎私はそれに書き始めさせるべきですか、あるいは待っているべきですか？　私はどのように、そうするべきかわかりません。私が言っていることは、方法がわからないということです。

エリクソン◎それで十分ですか？　まだ、書き足りないことが何かありますか？

ジル◎ええ、そう思います。

エリクソン◎あなたの手に、書き始めさせてください。［彼女がエリクソンの顔を見ると、彼女の手はいくつかの文を書き始めます。自動筆記で通常通りに、手はスピードを上げて、普通より一見すると非常に速い、凄まじいスピードで書きます。彼女が書き終わったとき、何も書いてない面が再び上に来るように紙を入れ替えます。しかし見た目では彼女はまったく気づいていないように見えます］

エリクソン――私は最初に、彼女に「それが何を書こうとしているか、推測するつもりですか？」と質問をすることによって、解離を促進します。そして私は彼女に彼女自身が自動筆記をすることを望んでいると、断言させました。それから、彼女は、比較的催眠経験の少ない人がするように、身体と心の間の解離を主観的に美しく表現します。

健忘を体系化する質問

エリクソン◎今、私たちは尋ねることができます。あなたは自動筆記をすることができると思いますか？［あたかも何も書かなかったかのように］

ジル◎何とおっしゃいましたか？

エリクソン◎正直に私に話してください。あなたは自動筆記をすることができると思いますか？

ジル◎そうすることができると思います。世界中で、何でもできます。私は何でもできると思います。

エリクソン◎私は、あなたのことを話しているだけです。

ジル◎私は、そのことをあまり知りません。あなたはどのように始めますか？　私は、私の手が感じているようなことを言っています――それには、私のものが少ししかありません。おわかりですね。なぜなら、それが私のもののように見えながらそうではないからです――そして私が書いた方法は、私の指の間に鉛筆を持つことだけだったからです。私は一度、私の足の指でそれを試みました。さらに、私の口と歯で。［ときどき、彼女は子どもが初めてやるときのように、こぶしを握って、人差し指と中指の間に不器用に鉛筆を持って、自動筆記をしていました］けれどもちょうど今、本当に正直に言うと、私の手は、書くための鉛筆を持っているように感じません。あなたは私が何の話をしているか、知っていますか？

私は、おしゃべりをしているように感じます。

エリクソン◎あなたは、あなただけが知らないことを話して、そして納得しています。そしてロッシ博士がそれに気づいています。この紙で自動筆記を試しても、大丈夫でしょうか？

ジル◎ええ、もちろんです。私はそれをやってみますが、それでも、どのように始めるべきか正確に言ってください。私は私の手にそれを感じさせますね？　私は、手を使っていないように思われます。それで、それが書いたのを感じたか、どうすれば正確に私にわかりますか？　それは、雲から出てきている手のような感じがして、見ることができました。そしてもし私がそれを見るなら、たぶん動きを見ることができました。

ロッシ―この時点でのこの質問は、ちょうど書いたばかりの彼女に、書いたことを健忘させる傾向があります。あなたは実際に、手書きをする前の時点に、会話をリ・オリエンテーションしています。それで、筆記活動が健忘脱文 amnesic lacuna に陥る傾向があります。これは、体系化された健忘（Erickson, Rossi, and Rossi, 1976）と私たちが呼んだものです。

エリクソン―はい、それは、書くという行為を、時間それ自身の仕切り部屋 cubicle にセットします。それから、彼女は、古典的な形で多くの解離プロセスを「それが私のものであるように見えますが、それはそうではありません」と表現します。

ロッシ―ただおしゃべりをしているだけと彼女が感じたことが、彼女の中でのもう一つの解離のサインです。彼女の言葉は完璧に筋が通っています。なぜなら、意識と無意識という両側を、私たちが理解するからです。しかし、彼女が試みたとしても、彼女は情報をつなぎ合わせて理解することができません。したがって、彼女には、自分の努力が「無関係なことを話している」ことのように思われます。

自動筆記の無駄をなくした形――イエスとノーという変わりやすい言葉《Variable Language》

エリクソン◎わかりました。今、私は何かをするつもりです。私はあなたが興味を持つこと、そして喜ぶことをしたいと思います。［今、上席著者は、彼女が最初に自動筆記した紙を見せます――図1］

ジル◎私が、それを書いたんですか？　おやおや！

エリクソン◎あなたは、自動筆記をしたことに驚いていますか？

ジル◎私が、それを書いたんですか？　私はそれを読むことができますか？

エリクソン◎あなたは何が書いてあるか知りません。あなたは、私が知る限りでは、それを読んでいませんでした。あなたはそれを読みたいと思うかもしれません。あるいは読みたいと思わないかもしれません。それはあなた次第です。

ジル◎私は読みたいと思います！
エリクソン◎これは二枚目のものです。［二枚目の紙を同様に見せます――図2］
ジル◎私は、上手に文字を書く方法を知りませんね？
エリクソン◎自動筆記に特徴的なミススペルがあります。
ジル◎まあ、本当。
ロッシ◎あなたはとてもうまくやりました！

ロッシ――彼女が自動筆記で書いた単語は、異常に明快でした。
エリクソン――はい、通常もっと多く努力を節約します。「イエス」という答えが垂直ラインに、「ノー」が水平ラインに要約されます。
ロッシ――それで垂直ラインは、実際は「イエス」の抽象概念です。そして水平ラインは「ノー」の抽象概念です。
エリクソン――そうです。そして、「私は、知りません」は、「イエス」（垂直に向けて）に近い、あるいは「ノー」（水平に向けて）に近い意味のさまざまな角度を持った水平線である可能性があります。
　このようにです：

イエス  ノー  私は知りません 

紙の反対側に書かれた「イエス」の線は「ノー」を意味します。紙の上部の「イエス」の線は「イエス」です。しかし、もしそれが紙の底部に書いてある場合、それは「ノー」という反対を意味する可能性があります。

自動筆記の中の多くの意味――解釈における注意

ジル◎声に出して、それを読むことができますか？［彼女は読みます］

「休んで、太陽と一体になっても大丈夫です。

再び降りて来るために、ただ月光を滑り降ります」

ああ、それは、夜まで、そして太陽が没して涼しくなるまで、待たなければならないという意味です。

［今、上席著者は彼女に、自動筆記の三枚目の紙を見せます――図3］

私が書いたんですか？

ああ、なんて変な字でしょう！

それは、私が知っている私が書いたように見えません！

［彼女は読みます］

「太陽が、目に入ってもあまり熱くありません。

私は太陽が好きです、そして私は太陽の中心と一体になっています。

私たちは同じです、そして私はそっくりそのまま再び、焼け焦げずに火をそのまま残します。

そして愛は太陽のようです」

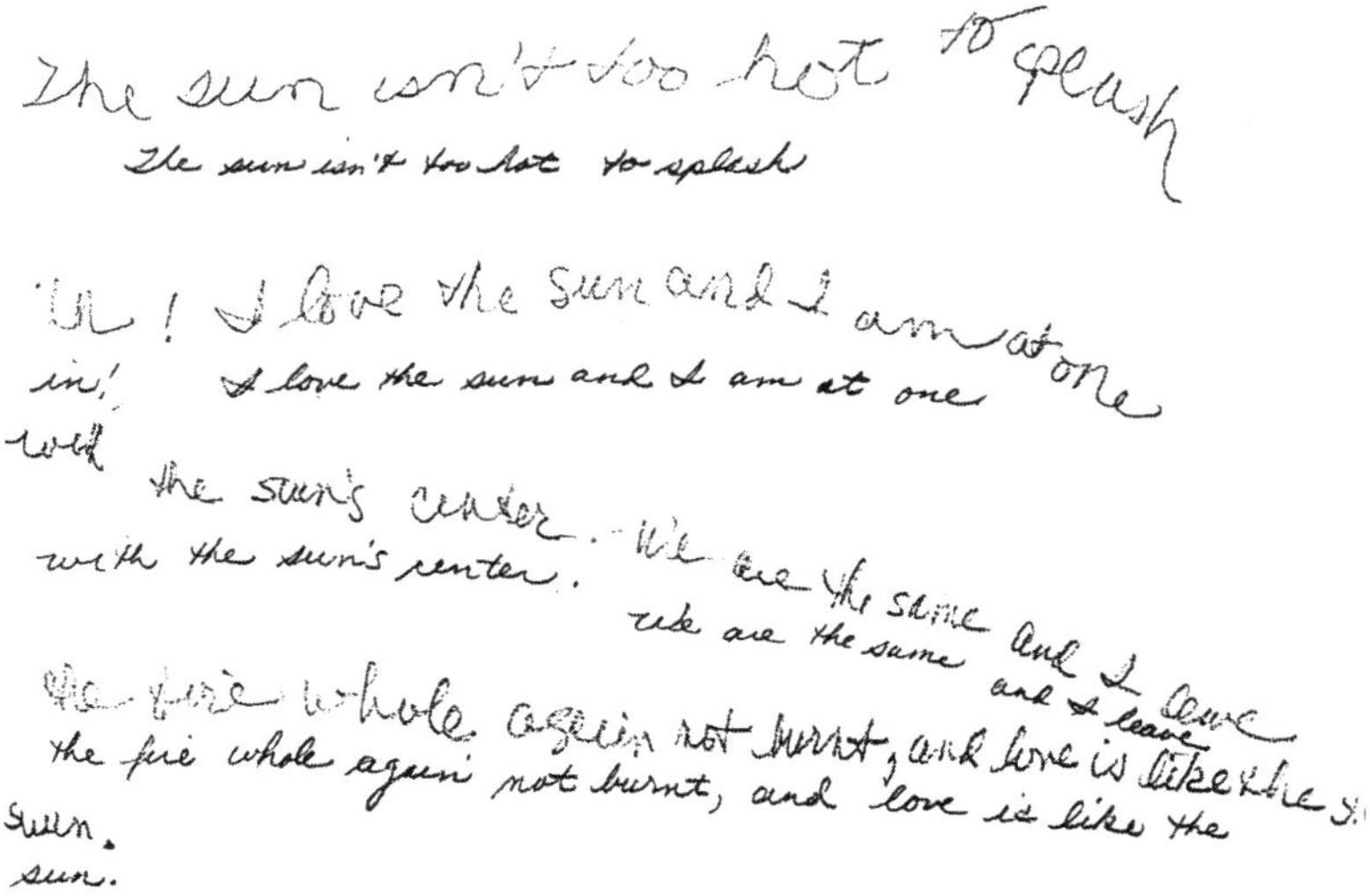
The sun isn't too hot to splash
in! I love the sun and I am at one
with the sun's center. We are the same and I leave
the fire whole again not burnt, and love is like the
sun.

図１　ジルが最初の紙に書いた自動筆記

上段の大きな文字の書き込みは自動筆記。下段の各行は、後から比較のために同じ言葉を、通常の成人として書いたもの。

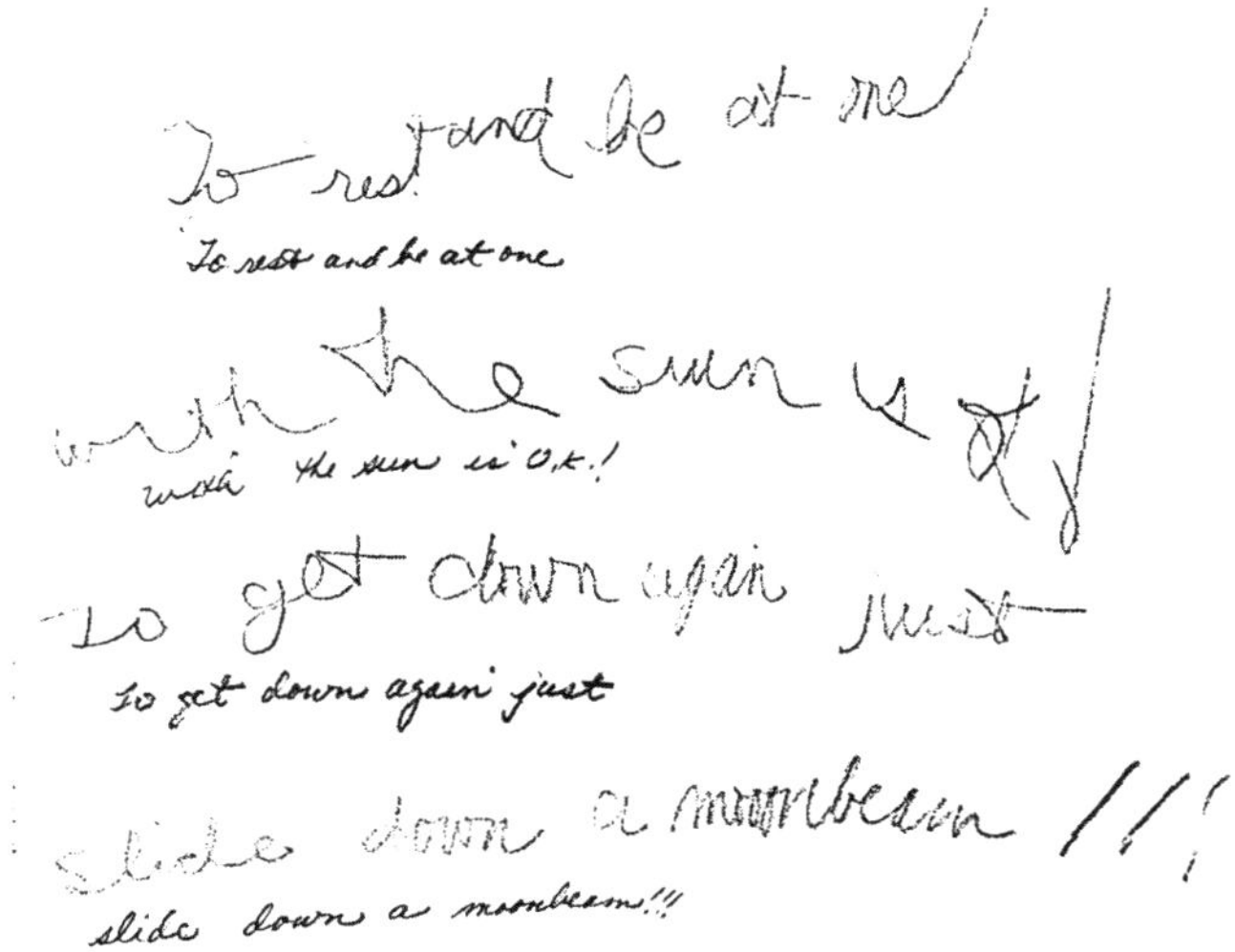
To rest and be at one
with the sun is O.K.!
To get down again just
slide down a moonbeam!!!

図２　ジルが二枚目の紙に書いた自動筆記

大きな字の書き込みは自動筆記。下段の各行は、後から比較のために同じ言葉を、通常の成人として書いたもの。

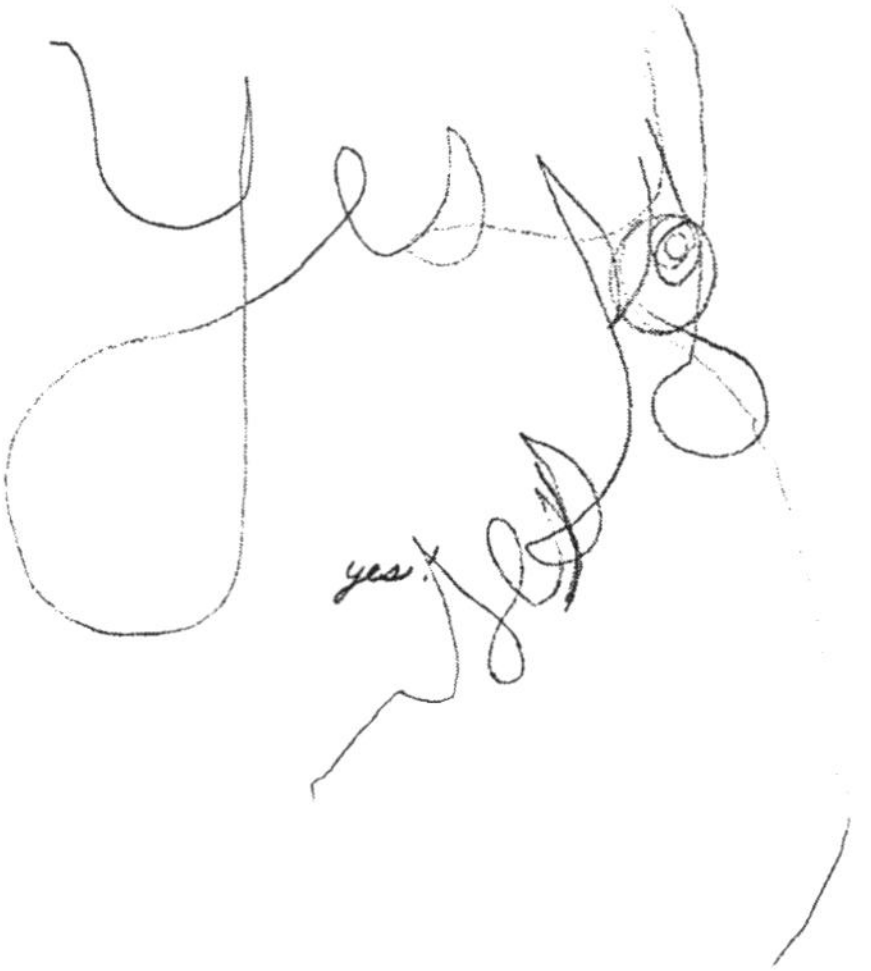

図３　ジルが三枚目の紙に書いた自動筆記

彼女は、そこに数回、大きく、ときどき重なり合う「イエス」という字を書いた。下方の小さくてきれいな「イエス」は、彼女の通常の成人として、後から書いたもの。

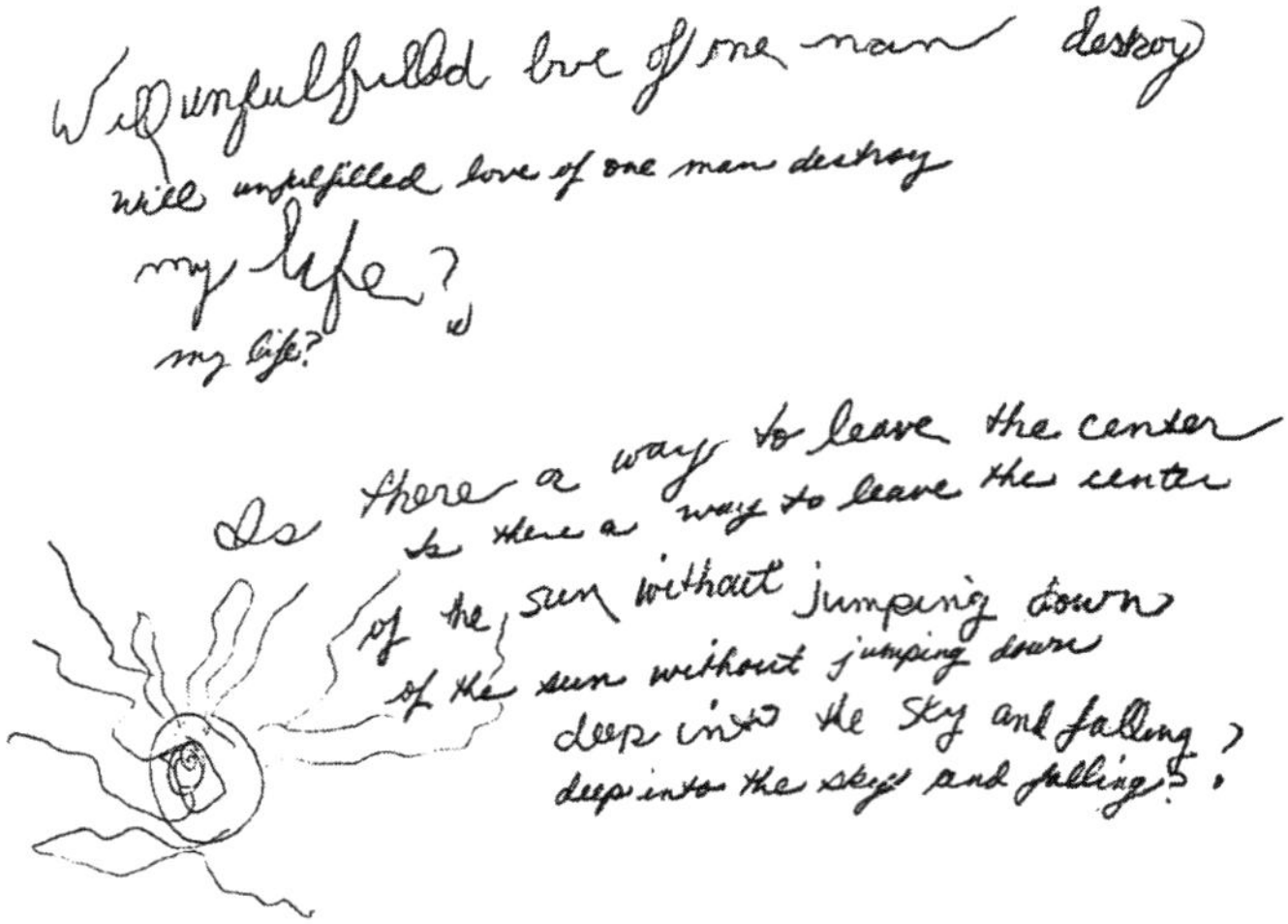

図４　ジルが四枚目の紙に書いた自動筆記

少し大きな字は自動筆記。少し小さなものは、後から比較のために同じ言葉を、通常の成人として書いたもの。

［上席著者は、彼女が四枚目に書いた自動筆記を見せます――図4］

それもまた、私が書きましたか？

［彼女は、感慨深げに、そして少し涙を流しながら読みます］

「実現されない新しいものへの愛は、私の生活を破壊するのでしょうか？　火の中、深く跳び降りても、落ちずに、太陽の中心から出てくる方法がありますか？」

エリクソン◎それはあなたにとって、何か意味がありますか？

ジル◎軽々しい方法 lollipop way ではなく、深い方法で。

エリクソン◎私はあなたに非常にばかばかしい質問をしたいと思います。あなたの髪は何色ですか？

ジル◎ブロンド。ブロンドに染めています。もともとの色は、一部だけがブロンドです。

エリクソン◎なぜなら私の娘が、ブロンドの髪をした少女のことを私に尋ねたからです。でも私はブロンドの髪をした少女を知りませんでしたから！　［エリクソンが色盲であるということに、［冗談ぽく注意を向けさせながら］そして私はピート・トンプソンを何年もの間、知っています……［上席著者は、ブロンドの髪について数分間、話し続けます。このようにして間近に迫っている心理的な仕事から気を逸らすように、何気ない会話を始めます］

エリクソン―声を出さずに読むことと、声に出して読むことは異なっています。それで彼女は声に出して読む許可を求める必要がありました。それは、解離の別の側面です。今、彼女が何を意味したか見つけだすための努力を、私はしませんでした。これを「なんて変な」字と、彼女が言ったということは、彼女の意識と無関係のものであることを意味しています。「太陽」という言葉が「息子」かもしれないというような、二重の意味の可能性に気づかなければなりません。いつでも、その可能性を探します。それが何を意味するか、私には私の考えがあります。しかし、意に反することを、彼女に頼むつもりはありません。

ロッシ―彼女が、生活が破壊されている可能性があることを話したということは、問題がデリケートであると、あなたが思っていたことが正しいことを示唆しています。したがって、あなたの警告は的中しました。

エリクソン―それでも、その権利があると、私が感じていないとしても、ゲームの早い段階で、彼女は私に対して何か秘密を漏らそうとしています。それで、私は彼女に、秘密を漏らさせます。しかし私はその可能性があることを選びます。たとえば、彼女のブロンドの髪です。

ロッシ―あなたは、秘密を話したい、という彼女の未熟な衝動を利用し、秘密を話すことを彼女のブロンドに染めた髪という比較的罪がない問題に逸らしました。

エリクソン―その後、秘密の告白から、私は私の娘、私の生活、そして最終的に私の友人、ピーターへとさらに会話を逸らします。そして、それが本当に彼女を辛い話から引き離します。心理療法のために、あなたは学習を文脈から取り出して、そして新しい方法で、その学習を使います。

出所健忘《Source Amnesia》

エリクソン◎ところで、あなたはそれについて何か知っていますか？［オフィスの壁に掛かったタペストリーのことを話します］

ジル◎それはコロンブスのアメリカ大陸発見以前のものですか？ 違いますか？

エリクソン◎何がコロンブスのアメリカ大陸発見以前のものだと思わせますか？

ジル◎私はそこにデザインを見ました。デザイン？ そのデザインは、私が知らないように見えますね？ 私は本当のことはわかりません。けれども、顔が、何かしらそれらしく見えます。私は間違っているかもしれません。しかし私にはわかりません――それは魅力的です――しかし、私はそのことを、あまり知りません。

エリクソン◎あなたにそれがコロンブスのアメリカ大陸発見以前のものだと言ったのは、私でしたか？

ジル◎誰のこと、あなたのことですか？

エリクソン◎はい。

ジル◎ええ、それについて、あなたに尋ねたことはありません。そのことは、私はわかっています。なぜですか？ あなたが、そうしたと思ったのですか？ ［休止］ あなたはそれについて、私に何か話したと思ったのですか？

エリクソン◎内緒ですが――私がそうしました！

ジル◎あなたがしたのね、本当に！

ロッシ―ここでジルは出所健忘を示しています。以前、彼女がトランスに入っている間に、あなたが彼女に話したコロンブスのアメリカ大陸発見以前のシンボルのことを、彼女は知っていました。しかし彼女は、この知識のソースを知りませんでした。

多くの自己イメージを幻視する中での年齢退行

トランス誘導において、特定の方向に促す間接的連想フォーカシング

二人の女の子の養子縁組について、受け入れと、養家で生活するための苦難について、三〇分間、面白い事例史を聞いた後で、ジルは注意を固定していきます。そして、トランスに入っているかのように、彼女はまばたきします。彼女は目を、最終的に閉じます。数分後、彼女の手は自然に空中に浮揚し、そし

て、浮き始めます。彼女は明らかに親密にラポールをとっています。なぜなら、適切なところで微笑し、そしてすすり泣くからです。

エリクソン◎そして、ジル
あなたの生涯において
あなたは本当に
多くの異なった小さな女の子を経験しました。
そして、あなたは、一つのことをすることができます。ジル、
あなたは、目を開けて、そうすることができます。あなたは、
目を閉じて、そうすることができます。
女の子たちを——
一列に、
並べてください。それぞれの女の子を、いくつかの特に有意義な状態にしてください。

ロッシ—あなたは、彼女自身の個人的な連想を活性化させるプロセス、そして彼女自身の子ども時代の記憶を活性化させるプロセスを始めるために、小さな少女たちについての、この興味深いケースを話し、再度、間接的連想フォーカシングを使っています。彼女は完全にあなたの物語に没頭しています。彼女の注意は集中していて、そして妄想に取りつかれています。したがって彼女は、自然にトランスの最初の徴候を現し始めています。ここであなたは、ジルの現在のトランス経験を促進するために、事例記録から、初めてしたあからさまな指示へとスムーズに移行します。

エリクソン—はい、そしてもし彼女が、これらの小さな女の子たちを見ることができるのか、と彼女が疑いを持っている場合に備えて、彼女に目を開けているか、あるいは閉じているか、選択させることで、疑いを弱めます。その後、私は、彼女が個人的に有意義な資料に辿りつけるように、「特に有意義な」という言葉を使います。

客観的なオブザーバー

エリクソン◎あなたに関して言うと、ジル、あなたは、その
長い列を作っているその小さな少女たちを、脇から見て大い
に喜んでいる客観的な知性的存在であるかもしれません。そ
してあなたは、望むだけ自由に、その子たちのことを説明す
ることができます。

ロッシ—ここであなたは彼女の意識に、客観的なオブザーバーという役割を与えます。この初めて覆いを取る治療段階の中で、恐らく、これが意識にとって最適な場所です。あなたは、意識が簡単に受け取ることができる一連の少女たちのイメージを使って、無意識が覆いを取ることができるようにします。したがって、意識は受容的なモード（トランスのための理想的な

モード）に置かれます。そこでは、自動的に無意識から出現しているイメージを使って指示したり、あるいは干渉したりすることが、簡単には起こりません。

その後、「望むだけ自由に」というフレーズによって、許容的暗示に対して、肯定的な強化方針を与え、彼女に経験を説明させます。

肯定的な感情と客観的なオブザーバーとのバランスを取るカタルシス——含意

エリクソン◎あなたはうれしくなり、面白がることができます。あなたは小さな少女たちに共感することができます。しかしあなたは、分離した知性的存在 detached intelligence です。

ロッシ——「うれしく」なり、そして「面白がる」ことができると話すことで、肯定的な情動 affect 経験を促進します。客観的なオブザーバーを使って彼女を守る一方で、「共感する」ことが、彼女にできるようにすることで、感情的方法でカタルシスできるようにします。

エリクソン——「うれしく」なること、そして「面白がる」ことは、彼女の内面的生活のスペクトルの異なる側面を喚起します。あなたは悪い女の子を面白がり、そして良い女の子を気に入ります。それで、彼女は、過去におけるすべての可能性——そして、それとなくこのすべてを探究する途方もなく大きな自由を持っています。

今、その分離した知性なので、あなたはジルであるということを知る必要はありません。あなたは、バラバラになった何かです。しかし、何か知っているものです。あなたには、その小さな少女たちが、一連のジルたちであることを知っている必要はありません。そして、私は、あなたにものすごくその経験を楽しんでもらいたいと思います。

疑いを弱めるためにありうる多くの反応をカバーする

エリクソン◎少女たちが、触れることができる幻覚であるかのように、あなたはその少女たちを見ます。あるいはあなたは心の目で少女たちを見ることができます。あるいはあなたは少女たちが心像であることを知らずに見ることができます。あなたは、少女たちを見ると、少女たちが生身の人間だと思います。

ロッシ——あなたは今、彼女がイメージを見ることができるように、ありうる多くの方法をカバーします。すなわち、幻覚として、心の目でイメージとして、あるいは、生身の人間として向こうの現実を完全に信頼して。

エリクソン——はい、さらに、彼女にありうる多くの反応様式を与えることによって、彼女の疑いを弱めます。

左脳の働きを強化するのは知らないこと?

エリクソン◎そして、あなたはそれぞれの人が、他の人と関係があることを知る必要がありません。しかし、私は、あなたにこの仕事を、完璧に行わせたいと思います。そしてあなたは、トランス状態に入っている間に、それをすることができます。あるいはあなたは完全に目覚めて、そして私とロッシ博士に話すことができる極めて鮮明な夢として、経験を思い出すことができます。そして、あなたはその小さな少女、あるいは、少し大きな少女、あるいはもっと大きな少女のことを遠慮なく話し合うことができます。それは、あなたが知っている以上に、ずっと良い方法でできることです。あなたにとって、楽しみになる形で、とてもうまくそれを行えることを学習します。今、あなたの手をあなたの腿の上で休ませてください。気持よく休ませてください。

ロッシ―イメージが一緒に関連していることを知る必要がないことは、左脳の機能を否定するか、あるいは弱める方法なのだろうか、と私は思いますが?

エリクソン―それはよくあることかもしれません。私がこの記録書類を読んだとき、患者の内面的な生活を探究するときはいつでも、ありうる多くの反応をカバーしているのは、長い経験から教えられたことであることに驚いています。

ロッシ―はい、あなたは、トランスに入っている間に、イメージを組み立てることから、後になって夢として、イメージを思い出すことまで、起こりうる多くの反応を列挙します。

幻視のための合図としての声の位置

エリクソン◎そして、とてもとても快適に感じてください。そしてあなたが始めたいときにはいつでも、その少女たちを、[この時点で、上席著者は、体をジルから見て、四十五度になるように向きを変えます。そうして、今、その方向の想像上の壁に向きます]そのすてきな白い壁に向かって整列させます。

[ジルは目を開いて、そして虚ろな表情を浮かべて、まばたきします]

そしてあなたは見ています、そこにある壁は、女の子すべてを見るのに十分ですか?

[ジルは、エリクソンが向いている新しい方向を見上げます。彼女は、目の焦点を変えて、広がった瞳孔で今、凝視します。明らかに、彼女は、目を開けたまま、幻覚を見ています]

ジル◎それはただの壁ではありません。

ロッシ―ここでは、声の位置と体のオリエンテーションを面白い使い方をして、幻視を経験する方向を合図しています。

自己表現を促進するための懸垂句《Dangling Phrases》

エリクソン◎もちろん、それが壁であると、私は言うことができます。しかしあなたはそれを――

ジル◎ポーチ、それは門です。けれどもそれは白くて、そしてペイントが少し剥げています。その後ろに小さな少女が立っています。しかしそれは、ゲートポーチフェンスか何かに似ています。また、爪を立てると、ぼろぼろに、はがれる灰色の樹皮の大きな木があります。そして、彼女はその木に爪を立てています。彼女は樹皮がポロポロ崩れるのを見ています。そして太陽はとても暖かい感じがします。彼女は古いシーツや新しいシーツで、つぎはぎを当てたドレスを着ています。ドレスにはつぎはぎが当てられています。彼女はつぎはぎを当てたデザインの方が、普通のドレスよりずっと好きです。なぜなら、そのドレスは指の下であいまいな感じがします。そして、それはその上に赤い花を咲かせるからです。そして彼女は思っています。木が彼女の裏庭の木だと思っています。それは日曜日です。そして彼女の父親はアイスクリームを持って来ます。しかし本当は、それが真実ではないことを知っています。

エリクソン◎しかし、そう思うことはすてきです。

ジル◎彼女は小さな更紗綿の犬を持っています。赤い背景に小さな白い花々、そしてその鼻の部分はオレンジ色です。それは、たくさんのつぎはぎで作られているつぎはぎ犬のようです。彼女はそれが好きです。そして彼女は今、彼女がそれの感触を感じていて、そして彼女がそれを抱きしめていると感じます。

ロッシ―ここであなたは、彼女が完成させるように、不完全な懸垂句を使います。

エリクソン―はい、懸垂句が彼女に自分自身を表現する機会を与えます。

ロッシ―あなたはいつでも、可能なときはいつでも、患者に空白を埋めさせます。この方法では、いつでもセラピストは、患者にセラピストの考えを押しつけるのではなく、むしろ患者の参照枠と連想を探し求めます。

エリクソン―はい、患者が治療に適合するのではなく、いつでもセラピーが患者に適合するようにするべきです。子どものとき、「それに爪を立てて」、灰色の樹皮を剥がしたという無邪気な個人的な話題を彼女が鮮やかに説明することは、トランスを承認する傾向があるということです。

幻視への合図としての体、頭、そして目のオリエンテーション

ジル◎そして彼女は誰かが、土の道を歩いて近づいて来るの

を見ています。その道は舗装されていません。その道は石がゴロゴロしていました。それで彼は石をけりました。そして彼女はそれが好きでした。そして彼が石をけったので、彼女は、彼が好きでした。そして彼女は今、彼に手を振っています。そして彼女はフェンスを押したいと思っていることを知っています。しかし、そこのそのフェンスを押さないなら、開口部があるところまで歩いて回る必要があります。そして彼女は彼のところに行きます。彼女は彼を抱きしめたいと思います。

ロッシ―彼女がこれらの言葉を話したとき、彼女の体、頭、そして大きく開いた目は、明らかに、誰かが石をけっているという幻覚を見ていた方向に向いていました。彼女がフェンスについて話をするとき、フェンスが彼女より高いかのように見上げます。

コンプレックスを喚起する

ジル◎彼女は、父親がいないと感じています。彼女は、その男が彼女の父親であってほしいと思っています。私は彼女がすることを感じることができます。

エリクソン◎ほんの少し年上の小さな少女たちが、そこに立っていることを、彼女は知りません。

ジル◎そして彼女には父親がいます。しかし、彼女は彼かどうか自信がありません。なぜなら彼女が歩道を歩いていると、そこに彼女の父親であると思われる男がやって来るからです。本当のように見せかけているように、彼女は感じています。しかし彼女はその見せかけが本当であってほしいと思っています。それで、彼女は本当に一生懸命に見せかけようとしています。そして、彼女は彼を知らないけれども、彼女は彼の方へ行くつもりです。そして彼女は、自分が勇敢であるように感じます。おわかりですね。

ロッシ―明らかにジルは、ここで、養子になった女の子というあなたのケースの要素を取り入れています。ほとんど、あなたの前誘導事例史 preinduction case history が、今、埋め込まれたコンプレックス implanted complex (Huston, Shakow, and Erickson, 1934) として機能しているかのようです。

エリクソン―彼女は私が提示した資料をいくつか使っています。そして彼女が使うものは、私の人格ではなく、彼女の人格の機能です。彼女がこの話を使うことは、多くの子どもたちのように、彼女が養子について、どのように空想を抱いているかを示します。私の前誘導の物語は、彼女の中のコンプレックスを呼び起こします。

トランスにおいて同時に機能する多くのレベル

ジル◎私はそれが、彼女が感じていることであると感じることができます。私は彼女の顔でそれを見ることができます。しかし彼女はまた、非常に幸せで、手を振っているようです。そして彼女は行って、そして私には新しい家があります、と言います。そして彼女はもうフェンスの所にいません。彼女はまったく同じ場所にいません。彼女は、普通の家庭がある地域に住んでいます。フェンスと門があります。しかしそれは違います。彼女は、まさに違います。

そして彼女は彼のところに行って、彼女は「私はあなたと一緒に歩いて、そしてあなたの手を握ることができますか?」と言います。それから彼女は、彼がそうなろうとしていること、それを知っています。彼は本当に彼女の父親になろうとしています。そして、二人は家の中へ歩いて入ります。そして、家の入り口に、何段かの階段——赤みがかった色の階段がありました。

エリクソン—彼女が「私はそれが、彼女が感じていることであると感じることができます」と言ったとき、それはここで、彼女が多くのレベルで同時に機能していることを示しています。

ロッシ—分離したオブザーバーは、これらの多数のレベルの機能を促進します。

客観的な認識と左脳の機能を促進する二つの状態の解離的退行

エリクソン◎彼女は、一番目の小さな少女のことを知っていますか?

[休止]

ジル◎いいえ、私はそう思いません。

いいえ。

エリクソン◎でも、あなたは一番目の小さな少女、二番目の小さな少女を見ました。

ジル◎ええ、しかし——

エリクソン◎多くの彼らがいます。

ジル◎けれども彼女はそうしません

フェンスの近くにもう一人、小さな少女が立っていたことに気づくとは思いません。しかし彼らは違っていました。彼らは違いを感じます。

今、彼女は学校にいます。

彼女は本当にその家に住んでいます。

そして彼女は学校へ行きます。さらに、パーティーにいたもう一人の小さな少女がいます。

どういうわけか、彼ら二人ともがいます。

一人は学校にいて、一人はパーティーにいます。

ロッシ―あなたは、二番目の少女が一番目の小さな少女のことを知っているかと尋ねて、今、二人の少女のイメージの間の解離を強化しています。

エリクソン―はい。これは、私が「二つの状態の解離的退行」と呼んだものの別の例です（Erickson, 1965a）。あなたはこのような解離状態の中で、もっとよく物事を見ることができます。解離が、経験を異なった状態として認識できるようにします。もし、これらの異なる経験の状態がお互いに無関係な場合、それぞれの状態は、さらに客観的に観察できます。

ロッシ―したがって、客観的なオブザーバーと、このような二つの状態の解離的退行は、全人格の多くの側面を左脳が客観的に認識することを促進する手段になりました。ジルはとても簡単に右脳の経験に入っていくので、彼女の心理的な問題は彼女の左脳の機能の相対的な弱さから生じるのかもしれません。彼女の自我のアイデンティティと安定性は流動的なのかもしれません。あなたはここで、客観的な認識を促進していますが、彼女の左脳機能を強化する手段になるかもしれません。

客観的なオブザーバーを促進する――子ども時代の問題を解決すること

エリクソン◎私は、あなたがその小さな少女たちになり、そして少女たちがそのときどきにおいて、本当にまったく同じ小さな少女であることを、あなたの知性に明確にしてほしいと思います。しかし、あなたは、望むなら、他のどんな少女でも見ることができます。

ジル◎小さな、小さな少女がいます。彼女は私が知っている誰かのように見えます。彼女はこれらの女子高校生のところに歩み寄ります。

彼女はとても小さな子です。彼女は、オムツを着けていて、まだ二歳か、三歳です。

彼女は、高校のほんのすぐ近くに住んでいます。そして、そこにはたくさんの階段があります。なぜなら、店の上に住んでいるからです。しかし、彼女は出かけます。彼女はドアを出て、階段を歩いて降りるのが好きです。ときどき、彼女は這って降りなければなりません。そして、彼女は何が起きているか、出かけて見るのが好きです。

彼女はまるまる太った小さな脚をしています。そして頭のてっぺんを横切る巻き毛があります。彼女は小さな犬を引っ張っています。本物の犬ではありません。そして彼女はこの大きな女子高生、ボーイフレンドと一緒にいる本当にかわいい少女にほほ笑みます。

そして、二人はダンスか何かのことを話しているようです。彼女は小さくても、ダンスがどういうものか知っています。

ロッシ―客観的な知性は、たとえそれぞれのイメージ（あるいは特定の年齢に関係する自我の状態）が、すべての他のものから切り離されたままであったとしても、すべてのイメージが同一人物のものであることを認識することができます。

エリクソン―現在の現実を見て、そして説明する客観的なオブザーバーは、さらに、もっと以前の子ども時代の現実を変更して、そして変化させることができます。

ロッシ―これは本当に驚くべきことです！　心は、過去を歪曲し、精神的外傷経験をいっそう大人の観点から変えることができる自己改善システムです。私は、ある種の「治癒の夢」について記述しました。そこでのこのシステムは、夢の経験の建設的な機能のうちの一つであるように見えます（Rossi 1972a）。

客観的なオブザーバーを促進する
――相互作用する年齢レベルの言語的合図

エリクソン◎ジルという名前の少女をすべて見つけてください。そして小さなジルと、少し大きなジルと、もう少し大きなジルと、大きなジルを見てください。なぜなら、彼らは本当にお互いを知らないからです。もちろん、他の少年たちと他の少女たちがいるでしょう。しかし、小さなジル……

［休止］

そしてそれぞれの小さなジルは、彼女自身の時間を持っています。そして、彼らはお互いを本当には見ません。彼らは、すべてそこにいることを知りさえしません。あなたの知性は彼らを見て、彼らを理解することができます。

［休止］

ジル◎もう一人の少女がいます。彼女はまだ四歳です。いいえ、彼女は四歳でさえもありません。彼女はほぼ四歳です。とても多くのことが起きているので、彼女は大通りが好きです。彼女を世話する少女は、彼女を至る所で捜しています。彼女はそれらの階段を降りて、通りに降りて喜びます。そして、そこには大きな映画館があります。彼女はその横を通り過ぎています。それからもう一人の少年がいます。彼女は角を曲がると、巨大な公園があります。それは中央が芝で覆われ、とても大きく見えます。そして誰もが、クレージーママと呼んでいる女性が新聞を拾っています。彼女は、巨大なお尻に白いスカーフをして、大きな腕をしていて、白いエプロンと茶色のブラウスを着ています。また、彼女は、新聞を拾い上げる杖を持っています。この少女は、彼女に魅了されて見とれています。なぜなら、人々は、彼女が父親をポットに入れて料理して食べたと言っているからです。それは本当だったのでしょうか？　それから、その建物にはもう一人の少女が住んでいます。しかし彼女はずっと年上です。彼女は五歳半です。そして、彼女はとても悲しんでいます。なぜなら、彼女は引っ越すからです。そして、彼女はそれが遠い所で、それがあまりに遠いということ以外知りません。

［ジルは、今、この国の一地方から、別の地方へ移ることを、そして、二、三歳レベルの彼女の認識を、長く詳細に説明を

します。この間を通して、彼女の目は、交互に開いたり閉じたりします。目を開けているとき、彼女は明らかに視覚的な幻覚を起こし、見ているかのように場面を解説しながら、まわりを見回しています。彼女は次のように締めくくります」

ジル◎彼女は一〇歳くらいです。そして、彼女は四年生です。また、彼女は学業すべて、とてもよく理解しているので、彼らは次の学年へ飛び級させます。彼女はとても誇らしげです。彼女は他の子のようなきれいなドレスを持っていません。靴にはつぎはぎが張ってあります。しかし彼女はそれを嫌だと思いません。彼女は、つぎはぎのついたデザインが好きです。それは重要ではありません。けれども彼女はとてもよくやっています。彼女は次の学年のワークと自分の学年のワークをしているので、二冊の綴り方の本を持っています。それで、彼らは彼女を飛び級させます。彼女は目覚めたとき、すべての正しい答えを知っていることを誇りに思います。それで彼らは再び移動させます。

[休止]

ロッシ―たとえ客観的な知性が、一体として女の子たちに話すことができたとしても、各々の女の子が、他の子に気づかないように、あなたは再び暗示しています。なぜですか？

エリクソン―もし、女の子たちがお互いを区別しなくてもよいなら、多くの自己イメージを、もっと自由に認知し、回復することができます。大人は、幼児の濡れたオムツの経験、あるいは、子どものとき、鼻水を垂らしていたことを思い出したくありません。

ロッシ―そうしたら、そのようなことを話す客観的なオブザーバーは、成人の自己からさえも、離れています。

エリクソン―このセクションで、さらに、語彙と認識のレベルが変化していることを目撃します。「大通り」、「喜ぶ」、「巨大な」、そして「魅せられた」のような言葉は成人のものです。それでも、それらの言葉は、彼女がクレージーママについて話したときの「巨大なお尻」、そして、彼女がポットに彼女の父親を入れて、そして、父親を食べたことが「それは本当だったのでしょうか？」と彼女が質問したときのような、子どもらしい方法で、子ども時代のイメージを説明するために使われます。分離した客観的なオブザーバーは、子ども時代の認識を大人の理解を使って、取り戻すことができます。これが、有効なトランスの特徴です。分離したオブザーバーは、患者が大人の言葉で、多くの幼児期の体験を調査することができる中心軸で、固定した現実です。記憶は、ひとかけらからなるのではありません。記憶は常に成人と子どもが相互作用した断片です。

長い休養と回復をもたらす時間歪曲を使った後催眠暗示

エリクソン◎あなたは休みたいですか？

ジル◎私はとても疲れています。

エリクソン◎わかりました。

すぐに目を閉じて、休んでください。

とても気持ちよく。

休んでください。

そして長い休養を取ってください。長い時間と思える休養。

長い時間
快適な時間で。

［休止］

そして、快適さが、その知性をサポートするあなたの体で作られるように、そしてそれぞれがジルという名前のたくさんの小さな少女たちを見ます。しかし、毎回、違うジルを、違うと感じて、違うことをして、違うことを考えて、そして本当に違っていて、しかもいつでもジルであるような小さな少女たちを見ます。そしてすぐに、この知性はその奇妙で、魅力的なすべてがジルである少女たちの長い列を見ることを再開します。そして、その知性は他の人を見ることができません。それらすべてはかすかな記憶だけを持っています。よ り小さなジルたちの部分的な思い出、そしてもっと大きなジルが何であるかという部分的な考えだけのこの知性は、好奇心と関心を持って見ているようで、そしてジルの一人一人を描写して楽しんでいるようです。あなたは、まるで八時間、ぐっすり休まった睡眠をしたかのように、今、とても休まった感じがします。

［長い休止］

あなたが目を開くこと、そしてそれらの少女たちのことを話し始めることは、喜びになります。

エリクソン―覚醒状態に彼女が適応できるようにするために、私はここで時間歪曲を使います。それでも異なるジルの状態すべての記憶を、彼女が保持できるようにします。

ロッシ―あなたは、数時間、時間歪曲するように、彼女に後催眠暗示しています。彼女が目覚めた後、暗示にどれほど効果的があったか、私たちは理解します。

トランスと夢の混同

ジル◎私は眠っていたように感じました。けれどもここまで、私は、違うことを知っていると思っています。クリネックスはありますか？

ありがとう。

［彼女は、大きなあくびをします］

私は眠って、そして少し夢を見たように感じました。私は本当に眠っていましたか？　私はそうしていましたか？　私はそう思いません――私は眠っていたように、本当に眠っていたように感じます。

私は、とても若かったときのことを夢に見ていました。

エリクソン◎それは、素晴らしくくつろいだ睡眠でした。

ジル◎それは、礼儀正しいことではありませんでした。私は椅子で眠るために、ここに来たのではありません。私は、体が眠っていたように感じます。私は夢を見ていました――

ロッシ―彼女は、トランスを評価する中で、感覚と考えが分離していることを解説することから始めます。それから、彼女はトランスを夢での経験と混同しています。

夢の暗示によるトランス再誘導
――幻視へ向けての言語的合図

エリクソン◎しかし、その夢は続いています。

[ジルは、ほんの少しの間、目を閉じて、そしてトランスに戻ってしまうかのように見えます。それから、彼女は目を開けて継続します]

ジル◎私は、ずっと若かったときのことを夢見ていました。それはとても鮮明なように思えます。ほとんど、私自身がそこに立っているのを見ることができるかのように思われます。

エリクソン◎そこに座って、そして成長します。

ジル◎私が小さな女の子だったとき。もちろん正確には、この格子縞のドレスを着た私自身をあそこに見ることができます。擦り切れて誰も着られないほど、その服を私は、着ました。本当に、私自身がそこに立っているのが見えて、そして家に帰って行くのが見えます。私たちはX大通りと呼ばれていた通りに住んでいました。その場所の最も良かったことは、フェンスのような門があって、私の父親がいたる所を花で格子垣のようにしていたことでした。私はそれが好きでした。家には問題がありませんでした。しかし、小さな家でした。しかし、格子垣を通って家の中に歩いて入ると、家のどの部分に入ったのかと感じるような家でした。

エリクソン◎そして、あなたはあなた自身を見ることができます。

ジル◎それは奇妙なことです。私はそこに私自身を見ることができます。それをしながら立っています。私は、ほとんどそこまで手を伸ばすことができて、そしてその格子垣に触れることができます。

ロッシ―あなたは、夢が継続することだけを暗示して、トランスを再誘導します。

エリクソン―はい、彼女が、トランス状態に対して「私は夢を見ていました」と、過去時制を使って言うときのいっそう目覚めている状態から、次に「それは、とても鮮明なようです」と現在時制を使うときまでの迅速な移行を目撃します。

ロッシ―彼女は目を開いたまま急速に幻視を生じたことは、「ほとんど、私自身がそこに立っているのを見ることができるかのように思われます」から、「私はそこに私自身を見ることができます」へ、「本当に、私自身がそこに立っているのが見えて……」までの言語的移行によって、さらに示されています。それから、向こうにいる自分自身を見て、ほとんど手を伸ばして、明らかに、幻覚の格子垣にさわることが、「変なこと」であると言って、彼女は当惑していることを認めます。

二つの状態の解離的退行

エリクソン◎そして私はあなたに、失った何かを見つけてほしいと思います。あなた方二人がそこにいます。そして、一人はもう一人より背が高いです。背の高い方の人だけが、小さい人がそこにいることを知りません。しかしあなたはそれを見ることができます。

ジル◎背の高い方の人は——この格子縞のドレスを着た人で、格子縞のドレスを着て学校に行き帰りする私です。そしてもう一人、もっと古い服を着ている女の子がいます。彼女は高校生で、この家を見るために戻って来ています。なぜなら以前、そこに住んでいたからです。けれども彼女はポンジー・ピンクの格子縞のスカートをはいています、実際、彼女は自分でそれを作りました。彼女は縫製を学んでいたので、それを作ることができました。彼女自身、それを大事にしているのでとてもきれいに、それを洗って、いつでも新品のようにしています。彼女はその家を見るつもりです。彼女は、以前そこで生活していたので、そこにマリーゴールドがまだあるかどうか見るのを期待していました。だから、彼女は少しノスタルジックになっていましたが、悲しくありませんでした。そして彼女はそこで育ったこれらの花が好きでした。それは、彼女が探しに来たものです。学校から歩いて来たこの別の女の子は、ここで立ち止まって、花がまだそこで生えているかどうか、彼女に尋ねたいような気がします。彼女は、再びその家に入って、見学することができるかどうか、尋ねたいと思いました。

ロッシ―最初の文で、彼女は、背が高い年嵩の女の子、そして次に縞模様の服の年下の女の子への移行を説明するフレーズで始めます。二番目の文章で、彼女は、以前の家を見るために戻って来ている高校生の女の子に戻ります。そしてそこで年少の自己に会います。ほんの少しの時間で、彼女は、より年少で古い自己イメージが説得力のある相互作用できる状況を、このように作ります。背が高い女の子は、小さな女の子がそこにいることを知りません、とあなたは暗示しました。しかしこのセクションの終わりまでに、背が高い女の子は、小さな女の子に明らかに会っています。それであなたは今、二つの状態の解離的退行の強化を試みる必要があります。

二つの状態の解離的退行の強化
——トランスにおいて創造的に合理的に説明すること

エリクソン◎小さな女の子は、大きな女の子がそこにいることを知りません。

ジル◎彼女は誰にも会いません。彼女は家の中に、まっすぐ入って行きます。けれども、背が高い女の子は、話をしたい女の子を見たと思ったので、彼女は夢か何か見ていると思っています。けれども、彼女は格子垣を見ていました。そして彼女は見ましたが、そこに本当は誰もいませんでした。彼女は奇妙な感じがしたので、それが記憶であるかのように感じました。そうでなければ、誰がそんなに速く走ってくることができたのでしょうか？　彼女は彼女のように感じていると、私は思います——私にはわかりませんが——彼女が夢をみているかのように。

［ジルが現在の結婚生活の中へ、幼児期、思春期、そして成年期のかなりの期間を受け入れるまで、上席著者は、古い自己イメージを暗示し続けます。特に、彼女が現在生活している米国西部へ、生まれた東海岸から引っ越しした一連の記憶は目を引きます］

ロッシ—あなたは今、以前の暗示を逆にして、そして大きな女の子がそこにいることを、小さな女の子が知らないようにします。ジルは、すぐにこの逆転を「けれども、背が高い女の子は、話をしたい女の子を見たと思ったので、彼女は夢か何か見ていると思います……そこに本当は誰もいませんでした」という合理的な説明で答えます。

健忘を促進するために気を逸らして目覚めさせる

エリクソン◎そして今カーテンを引いて、そして起きたことすべてをカーテンの後ろに置いたままにしてください。あなたは目を閉じました。そして起きたことすべては、昨日のカーテンの後ろにあります。そして今日、新しい仕事を始める準備ができている今日に、あなたは入って、目を開きます。そして、非常にくつろいだ数時間の睡眠のように思える間、眠ってください。そして、あなたの左手が、あなたの腿まで下がるときまでに、くつろいだ睡眠の時間が経過したかのように思われると、その後、あなたは目覚めることができます。
ジル◎すみません。おお、ひどいあくびですね。［ジルは手を広げて、そしてはっきりと目覚めます］
エリクソン◎今ここで、紹介したいことが少しあります。
［性格タイプが異なると、感情的な連想、体の連想などに対する知的連想を通して、覚え方が異なることを、エリクソンは今、彼の家族と精神的発達における記憶プロセスについて、いくつか面白い逸話を話して、ジルの気を逸らします］

健忘の検査——無制限な形式の質問と含意

エリクソン◎さて、今日は、どんな作業をしましょうか？

ジル◎うーん？

エリクソン◎今日は、どんな作業をしましょうか？

ジル◎あなたがしたいことなら何でも。私は、少し眠いという感じがしています。

ロッシ◎飛行機旅行があなたを眠くしますか？

ジル◎しかし、実際のところ、私は疲れていません。眠ってしまうような感じがしません。

ロッシ─およそ五分間、あなたの話で彼女の気を逸らした後、特定のトーンと方法で、「さて、今日は、どんな作業をしましょうか？」という無制限な形式の質問をして、健忘をテストします。それは実際には、トランスワークが今日、まだ、されていなかったという意味です。彼女がトランスに肯定的に触れて、「少し眠い」と感じていると言うと、彼女を眠くした飛行機旅行を、ここで経験したかどうか、質問することによって、それを退けます。この質問は、彼女が飛行機でフェニックスに到着したばかりということを意味しているので、その日、開始早々、トランスワークをまだ何もしなかった状態に彼女をリ・オリエンテーションする傾向があります。

成功した後催眠暗示——時間歪曲によってトランスを承認すること

エリクソン◎慎重に、見ないで、何時ですか？

ジル◎およそ五時？

エリクソン◎五何？

ジル◎つまり、五時ごろ、おそらく。私は目覚めました。

ジル◎私の体は朝のように感じます。けれども私は、私が午前五時に、ここにいないことをわかっています。

エリクソン◎あなたは何時に、フェニックスに到着しましたか？

ジル◎私は今朝五時に目を覚ましたと思います。とにかく。私は忘れました。私は何時に到着しましたか？　およそ十一時三〇分？　十一時二〇分？

エリクソン◎ここに来るために、どれぐらい時間がかかりましたか？

ジル◎およそ二〇分。

エリクソン◎今、五時ですか？　あなたは、今まで何をしていましたか？

ジル◎はっきりわかりません。話をしていました。

エリクソン◎何についてですか？

ジル◎まあ、今、性格タイプについて、何か話していました。そうですね？

エリクソン◎はい。

ジル◎遺伝子構造。

エリクソン◎あなたは、自分の腕時計を見たいですか？

ジル◎私は今までどこか他のところにいました。私は本当に今まで、どこか他のところにいましたね？

ロッシ◎まだ二時です。どうして、あなたは五時だと思ったのですか？

ジル◎それは朝の五時ではありません。しかし、夕方の五時のように思われます。けれどもまだ二時でしたか？　私は本当に、どこか他のところにいたに違いありません。

ロッシ――あなたの時間についての質問は、彼女に、トランスに特有の主観的な時間を長引かせたり、あるいは拡大したりすることを経験させました（Cooper and Erickson, 1959）。しかしながら、三時間の時間歪曲は通常、ありえません。そして彼女が「長い時間と思える休養」を取るという以前の後催眠暗示を、うまく経験していることを示します。

間接的に健忘を評価する

エリクソン◎今回のデータは非常に重要です。

ロッシ◎はい、本当に！

エリクソン◎そして、あなたも彼女も、こんなことが起こるとは思っていませんでした。

ロッシ◎そうです。それは自然発生的なことでした。

ジル◎それはどういう意味ですか？

エリクソン◎私が個人的にそれが起きるとわかっていたことが、たまたま起きました。

ジル◎本当に？

エリクソン◎はい。午前五時のように感じますが、あなたは午後五時だと思っています。

エリクソン――このセクションで私は多くの意見を言って、彼女が健忘を打ち破る機会をレイアウトし始めています。けれども、これらのヒントは、いずれも役に立ちません。私は時間歪曲したことを患者にあからさまに伝えるのではなく、実験的な手続きで頻繁に行われるように、その強さを査定する間接的なアプローチが好きです。

トランスを承認する時間と場所の混乱

ジル◎混乱しています。

エリクソン◎あなたは、本当は疲れていません。けれどもあなたは、ここにいなかったように感じます。

ジル◎多くのことが混乱しています。

ロッシ――彼女が目覚めたときに経験するこの種の混乱は、深いトランスが関与したという別の基準です。

間接的に催眠健忘を評価する質問――健忘を維持するために、トランスの連想を正当化すること

エリクソン◎今、あなたが、どこか他の場所であったに違いないと思う場所はどこにありますか？　東？　西？　南？

北？

ジル◎それはどういうことですか？

エリクソン◎今まで、どこか他の場所にいたかのように感じると、あなたは言いました。

ジル◎はい。

エリクソン◎それは東、西、南、あるいは北でしたか？

ジル◎東でもあり、西でもあります。私には理由がわかりません。どうして東と西なのでしょうか？

エリクソン◎それで良いのです。

ジル◎私は東と西のような感じがしません。なぜ東と西なのでしょうか？

ロッシ◎それはどんな意味なのですか？

ジル◎いいえ、私が東と西であるかのように、私の肩で感じるだけです。それを解き明かしてください。私にはできません。

エリクソン◎今、何か他のことを話しましょう。フェンスは、どれぐらいの高さですか？

ジル◎状況次第です。

エリクソン◎フェンスの高さは、どれくらいですか？　フェンスの高さは、どれくらいと感じますか？

ジル◎最初、私はそれが高いと感じます。本当に高いです。ええ。私はなぜ、そのように感じるでしょうか？　私が座ると、多分それはかなり高いです。私が座っているので、それが高く感じるに違いありません。

エリクソン◎木には樹皮があります。それをどのように思いますか？

ジル◎ほこりっぽくて、そして、もろいものです。あなたは樹皮を剥がすのは好きですか？　あなたはどうですか？

ロッシ◎ええ、私はそれが好きです。特に大きなアメリカスギの森では。アメリカスギの樹皮はほこりっぽくて、もろいですか？　私は灰色がかった樹皮がほこりっぽくて、もろいと思いました。


［上席著者は、さらにトランスの連想を提示しましたが、無駄でした。ジルはトランス経験を健忘したままです］

ロッシ—あなたは間接的に彼女の健忘を査定する一連の質問をして、彼女にそれを壊す機会を与えているのですか？

エリクソン—はい。彼女のトランス記憶が、東海岸から西海岸への引っ越しに関係があったので、方向に関する私の質問によって、彼女はトランス経験への連想ブリッジを構築できたのかもしれません。

ロッシ—彼女は、東と西に関連があることを認めます。しかし、彼女には理由がわかりません。このように彼女は、あなたの質問に関連したことに何かを感じています。しかし、トランス経験は健忘したままです。

エリクソン—それが、彼女の健忘を打ち破れなかったので、私は幻覚の中で見上げなければならなかったほど高かったフェンスについてほのめかします。

ロッシ―それが「本当に高い」という彼女の回答は、トランスの連想がいくつか、完全に、間違いなく漏れていることを再び示します。しかしそれでも、基本的な健忘は破られません。実際、彼女が座るとフェンスが高いと理由づけようとするとき、彼女は途方に暮れます！ あなたが提供するトランス連想を、彼女は認識しますが、彼女はトランス連想を離れて正当化します。右脳が知っているいくつかの問題について、現在の意図を持っていて、左脳が離れて正当化する傾向があるとき、日常生活でも、同じプロセスが起こるのだろうかと思います。

エリクソン―私は、それにもかかわらず、「木には樹皮があります」と言って、子どもの彼女が指の爪で、灰色の樹皮を剥がしたというトランス記憶に連想ブリッジを架けるように努力をします。

ロッシ―私は灰色の樹皮についての連想で参加します。しかし彼女は、その連想を使うことができません。彼女は健忘したままです。

［このセッションは、今、終わります。ジルが、その間に芸術的な仕事と自己啓発のために、自発的なトランスを利用することを学んだことが、ここでのセッションの間に確認されました］

ケース13 器質的な脊髄損傷における催眠療法――自殺の危険のある抑うつ状態を解決する新しいアイデンティティ[原注8]

数年前、車椅子に乗った若い女性が、上席著者の所に来て、「とても悲嘆しています」と言いました――実際、自殺の危険のある抑うつ状態になっていました。その訳は、二〇代初期に不慮のケガをした結果、横断性脊髄炎が残り、それで彼女は腰から下すべての感覚がなくなり、そのせいで膀胱と腸の働きをコントロールできなかったからでした。上席著者に会う目的は、生きるための人生哲学を手に入れたいと思ったからでした。膀胱と腸の失禁と車椅子への拘束は、彼女にとって耐えられないものでした。彼女は、上席著者の催眠講習を聞き、催眠が個人的態度にいくらかなりとも影響をおよぼせば、奇跡的に変化する可能性があるという結論に達しました。彼女は、小さな子どものとき、料理、ケーキ作り、縫物、人形と遊ぶことに、とても興味を持っていて、大きくなったら、夫と子どもたちのいる家を夢見ていたことを、さらに説明しました。二〇歳のとき、彼女は恋に落ちて、そして大学を出たら、結婚することになっ

▽**原註8** 以前、上席著者によって書かれたが、本書収録にあたって、下席著者によって編集された未発表論文。

ていました。彼女は、嫁入り道具のタンスを手縫いのベッドシーツ類で一杯にし、そして彼女自身のウェディングドレスのデザインを始めていました。彼女が今まで欲しいと思ったものは夫、家、子どもたちと孫たちだけでした。彼女の生涯における祖母たちに対する愛が強い要因でした。そして彼女は祖母たちと感情的な一体感を共有していました。

不運な事故によって、横断性脊髄炎 transverse myelitis になったことで、彼女のすべての夢と期待が潰えました。およそ一〇年間、嵐のような苦難を味わい、合併症を患った後、彼女は車椅子を使って大学の研究に戻ることができるようになりました。状況がこのように良くなったにもかかわらず、彼女にはアカデミックな世界での将来はありませんでした。そして、自殺願望が亢進するとともに、次第に意気消沈するようになりました。彼女は最終的に、明確な決断をする必要があると感じる時期に来ていました。そのために彼女は、次のような望みを話しました。

「非常に深い催眠トランスを誘導し、そして可能性とポテンシャルについて話してください。私はすべての知性を使って聞きますから、あまり優しくしたり、穏やかに励ましたりするようなことを話さないでください。そして、あなたが私の状況を目立たないようにしたり、誤った方向に連れて行ったり、誤解させたりするなら、あなたが将来の私の本物の幸せを望んでいないと受け取ります。私はあなたに公正であることを望みます。私は、あなたに大きな問題を出しました。そしてその問題は、人生を有益にする哲学を私が受け入れるどうか、あるいは、私が断念した方がよいかどうか、終身依存し、自制不能で、病気の臭いのする車椅子に乗った病人を止めるかどうか、決めることです。

私は今度の土曜日にあなたの答えを聞きに戻ろうと思います。なぜなら、問題について考えるためには、あなたに時間が必要なことを知っているからです。

けれども今、あなたは私に催眠をかけることができます。催眠について、私が知っているべきことを十分に読んできました。もし私に希望がないなら、あなたは、後催眠暗示をして、自殺しようとする気持ちを防ぐことができません。それで、あなたが何と言うか、私は正確な意味、あるいは含意について、あなたの言うことを注意深く聞くつもりです。ですから、どうか、私を良い被験者になれるように訓練してください」。

最初のトランストレーニング——二つ同時の一連の思考の流れ

彼女の要求は受け入れられました。そして彼女を深く動機づけるために、非常に深い夢遊病状態のトランスが誘導されました。彼女は、とても注意深く、深い催眠現象を表す能力を検査されました。非人格化、解離、時間歪曲、そして幸福な過去を記憶増進することは避けて、非常に注意深い言葉で言い表されました。それで、彼女の見解や姿勢を変更する試みは、一見するとなかったように見えたかもしれません。

治療において特徴的なことは、暗示として、古い種類の有名な歌が心に浮かんだことでした。そして、幻のオーケストラや歌い手を見て、その歌を聴くように促されました。歌は、足の骨につながっているつま先の骨、踵の骨と一緒になっている足の骨、距骨と一緒になっている踵の骨などについての歌でした。自然発生する可能性のある憶測に彼女をミスリーディングし、混乱させるために、初めて共演する歌手とオーケストラを別の歌手とオーケストラが邪魔をしている幻覚を見て、腹を立てるように求められました。この二番目のグループは「好き勝手にして Doing What Comes Naturally」▼訳注11 という歌を歌っていました。このための彼女への私の理屈づけには、明らかに策略が含まれていました。そして彼女に、同時に二つの思考の流れを楽しむことができるようにしてほしい、と私は思いました。さらに、彼女が精神的に楽しむことができて、最終的に考えを評価できるように教える、これ以上、不愉快な方法を、私は考えることができませんでした。これを達成して、そしてこのような指示を与える方法として、無害な流行歌を使うことで、できるだけ不快感を与えないようにしようと考えました。

「同時に二つの異なったオーケストラと二つの異なった、そしてどちらかと言うとバカバカしい歌を聞く」ことで、患者は、怪しむことなく私の説明を受け入れて、そしていら立たずに、むしろ興味を持ちました。返答の中で、彼女が一つの耳で私の話に、そして別の耳で歌に耳を傾けているか気づくことはなかなか困難です、と私はコメントしました（これは、別の気を逸らすものでした）。

彼女は、あり得ないほど有能な催眠被験者であることがわかりました。そして、幸いにも、覚醒するとき、私に対する全幅の信頼を現しました。催眠性健忘を経験することに、彼女は特に熟練していました。彼女は、トランス中に達成されるどんな理解、そして記憶であっても、無意識に効果的に追いやりましたが、その一方で彼女の意図は、慎重に、細心の注意を払って私のメッセージを精査することのように思われました。

個人的な自明の理を使ってイエス・セットを促進すること

それから数日間に、有益な過去の話が、患者の親しい友人から聞けました。そのような情報には、著者のメッセージに注目させ、信頼できるようにするために、患者が利用することができる様々な項目がありました。このようにしてセラピストのメッセージに、型どおりに病歴をとって得られた正当性ではなく、患者自身の個人的知識によって裏づけられた正当性を付与することができました。これは、とても効果的な方法なので、患者から役立つ協力だけでなく、意識しない協力を引き出すた

▼訳注11　一九四六年初演のミュージカル『アニーよ銃をとれ』の劇中歌。

めに使うことができるかもしれません。

ロッシ――この患者は、多くの制限のある特に難しい患者だったので、彼女にとって、特別に力がある真実の情報（自明の理）を集めて、イエス・セットを達成することや、どんな情報を集め、どのようにその情報を使ったかが、特に重要でした。

治療計画を作成する

次の土曜日の午後、午後一時に始め、午後五時に終わるまで、この患者と一緒に過ごしました。最初、彼女は用心深く慎重でした。しかし彼女はすぐに、著者が彼女の問題と自分の仕事について、直接的で、隠し事をせず、真直ぐに取り扱うことを意図しており、完全に正直だ、と結論づけました。

彼女の問題の概要と分析をタイプした説明書が作られました。彼女は、ある特定のフレーズと文章が省略された、この資料の別個のコピーを見せられました。そして、彼女が手に持った説明書のカーボンコピーが、不注意にも机の上に置かれたままでした。私の計画を省略していないすべての手順の完全なコピーは、机の引き出しに入れられ、慎重に鍵が掛けられました。編集された資料は、彼女の特徴の一般的な分析結果の一部として、「治療の特徴を暗示」、「理屈づけ」、そして「怪しまない」というような単語を使用しないようにするために言葉を選んで表現されていました。換言すれば、その目的は、要求とまったく同じだけ彼女の願望が満たされていること、そして彼女が求められていることは、彼女の願望について、私が理解していることを承認することだけ、ということを彼女に確信させることでした。彼女は慎重にタイプされた資料を読んで、彼女に起因する資料が、彼女の考えや願望を、私が引用の中で十分に要約していることに同意して、そしてもし私が望むなら、私が先に進むことができることに同意しました。しかし、その後、彼女はさえぎりました。そして、私がタイプした説明書で何をするつもりだったのか、と尋ねました。それに対して、私は、提示した人生哲学に価値があると、あなたは思ったか、と答えました。私は彼女と一緒にする仕事の説明を出版したいと思うかもしれません。しかし、もし彼女がそれに満足いかないことに気づいたら、私は、確実にそれを捨てようと思います――他に何か！　これが最も合理的に思われました、と彼女は言いました（彼女は「他に何か」という軽薄さが、その質問の行の効果的なストップになっていることを理解していませんでした）。

ツー・レベルのコミュニケーション

彼女がまだ覚醒状態にいた間に、「必要ならいつでも」彼女はトランス状態から目覚めることができるし、そうするべきです、と説明されました。「彼女が考えるように」、わざと、それ以上言葉を加えませんでした。含意は、彼女の無意識のために、そこにありました。彼女の意識にとって指示は、いつでも彼女が必要と考えたことを意味していました。もし私が、「彼女が考えたこととして」、言葉で表現したなら、それは同様に彼女の無意識によって受け入れられたでしょう。そして注意深い無意識の評価プロセスが必要とされたでしょう。しかしながら、私は使った単語だけに、彼女の無意識が限定されることを望みました。無意識は文字通りに、そして言われたことだけを受け入れる傾向があります。このことを患者は、十分理解することができませんでした。そしてそのために、彼女は誠意を持って正確に、意識レベル、無意識レベルの両方で、無批判に言われたことを受け入れました。

患者の詮索好きを利用するダブル・バインド

それから、彼女は、根拠がしっかりしていて、好奇心をそそる、面白い情報のガラクタの集合物を——系統的に、ランダムに——与えられた後、彼女の仕事は、このすべてから、彼女にとって最も意味あることを取り出すことです、と話されました(このように考えを提示する順序が、重要性を熟考した上であるかもしれないことを示すものは、どこにもありませんでした。そしてある特定の結果を生じる順番で配置されていました)。再度、彼女は、考えこんだ様子で同意しました。けれども思索に多くの時間は与えられませんでした。

それから、これらの同じ説明が、深いトランス状態で彼女に繰り返されました。そして、できるだけ単語の本質を話し、何から何まで完全に言わないようにしました。そして、彼女の無意識は、無意識の理解を彼女の意識の理解と照合することができます、と話されました。このように、不完全な言い回しの指示によって、そして、彼女に無意識の理解を意識の理解と照合することを求めることによって、彼女は、全体的に、そして完全に両方の認識レベルで、再度、そして故意に理解しているという錯覚を与えられました。彼女は彼女に試みられた「ダブル・バインド」が、手順についての意識的な理解を、同じように無意識の理解にすることを認識することができませんでした。

ロッシ——これは意識と無意識の間のダブル・バインドの巧妙な使い方です。すべてのレベルで、あなたが何をしていたか知ることに、彼女はとても興味を持っていたので、それはまさに彼女に特に効果的です。このように、あなたはこの詮索好きを、ダブル・バインドを生じるために利用しました。その手順は、それほど詮索好きでない誰かにはダブル・バインドとして機能しないかもしれません。なぜなら内面的な原動力、あるいはそれを実行するためのエネルギーが欠けているからです。これはダブル・バインドが、どのように患者の個別的特徴にそれらの有効性が依存するかという素晴らしい例です。

「中断しないで聞く」セット

それから、深い夢遊病的トランス状態が引き出されました。

そして彼女は、著者が言ったことの意味にどんな曖昧さ、またはしくじりがあったとしても、忍耐強く思いやるように頼まれました（これは、十分に考慮させるために、先延ばしするテクニックでした）。

第一段階の手順は、二つのオーケストラと歌手の前にいるかのように、彼女に幻覚を起こすように頼むことでした。このように、考えと理解を系統的に評価するお膳立てをしました。いったん、お膳立てしたら、オーケストラと歌手は追い出されることになっていました。そして彼女は、彼女の仕事を何も邪魔させないつもりでした。彼女の仕事が、彼女に提供される・・・・・・・・トータル・コミュニケーションを評価することだということ、そして、そこでのトータル・コミュニケーションは急に中断したり、あるいは休止したりすることはありえないことに、患者は気づいていませんでした。このように、彼女は、長期に亘って受容する状態で、無意識に、そして意図的に、種々さまざまの考えに全力を傾倒していましたが、認識できていませんでした。

ロッシ――オーケストラと歌手の音楽を聞く準備作業は、中断しないで、トータルで、完全なコミュニケーションを受け取るためのセットを確立しました。なぜなら、音楽を聞くとき、通常、私たちは終わりまで聞き続けるからです。このように、あなたは間接的に「中断しないで聞くセット」を確立しました。しかしながら、音楽を批評するために、心の中で音楽を中断することに慣れている音楽評論家には、このアプローチはまったくうまくいかないかもしれません。ここで再び、あなたは、すべての人に同じ総括的なアプローチ blanket approach を使うのではなく、個々の患者の特徴を利用するように注意しています。

患者の参照枠を受け入れること――価値をやり取りするために、イエス・セットを解放して、否定的な傾向を利用すること

このようにして、残忍なまでの率直さで、しかし、驚くほど簡潔なさりげなさで、「事故でハンディキャップを負ったのは、彼女だけではありません」と彼女は言われました。しかし、残念なことに、彼女は、本当にかわいい女の子、あるいはかなりきれいとは言うことができませんでした。それで「通例、男性は主にルックスによって引きつけられますが、あなたが明らかに平坦な顔立ちなのは純然たる事実です。しかし、あなたには素晴らしい知性と魅力的な個性があります。ですから、たとえ車椅子に座ったままであっても幸運でした」と言われました。

エリクソン――最終的に修正した好ましいメッセージで部分的にバランスを取ったそのような否定的なメッセージを使って開始したことは残酷であり、目的である完全な誠実さを、彼女に確信させること以外、効果がありませんでした。私が正しいか間

違っているかにかかわらず、好ましい言葉や楽しい言葉によって、私の意見に従うように説得しようとした、彼女の承諾を得ようとした、と私が非難されることはありませんでした。彼女の評価は、私が実際に言った内容より、私が言ったことは、ずっと重要だったというものでした。さらに、このような残忍な率直さは、深刻な問題に直面するとき、私が怖いもの知らずであることを見せつけました。これは、問題を恐れず、自殺しないように解決するために、彼女を希望に向けて方向づけする最初の一歩でした。

ロッシ―あなたは、彼女自身の否定的な傾向に気づき、そして次に気をつけて利用しました。その結果、彼女は、あなたの言葉を受け入れることができました。あなたもまた、車椅子に座ったままというのが、少なくとも一部であっても、あなたのところに彼女が来た理由だと私は確信しています。そしてあなたもまた、彼女の辛い気持ちを少し経験したに違いありません。彼女はあなたと一緒に、死に物狂いになって自己認識を探しています。そして、それによって、自殺しないで問題の解決を見いだすことが、彼女にできるようになります。あなたが残忍なほど、怖いもの知らずなので、彼女の意識的な必要性が満たされ、そしてあなたと一緒にさらに治療的な自己認識をするために、イエス・セットを解放します。公然と彼女の精神的な参照枠を受け入れることで、あなたの参照枠を、彼女が最終的に受け入れることができるようにしています。これによって、価値をやり取りできる本物のラポールと、私とあなたという相互関係を確立します。

詩、寓話、しゃれとメタファー——変化をもたらす観念力学的プロセスを呼び起こすこと

上席著者は続けました。「けれども男性たちは、好奇心旺盛な生き物です。それで、女性である限り、惹きつけられ、何であっても結婚します。ウバンギ族のようなくちばしの女性と結婚している正気の男を誰か想像してください。けれども男たちはそうします。そしてあなたは、ビルマのキリンのような首の女性を抱いてキスすることを、想像することができますか——しかし、彼女たちの夫は彼女たちを愛しています。そして、昔の幸せで満足したひょろ長ジャック・スプラットと脂身嫌い▼訳注12な妻のことを考えてください。彼の中に、彼女が今までに見たもの、あるいは彼女の天国の中の彼だけが知っているものがあります。しかし愛は盲目です。そのようにすべてのオーソリティは言います。[そのようなものとして認識できない重要なコミュニケーション]そしてカバ(ヒッポタマス Hippopotamus)さんが素晴らしい微笑を持っていないと、どうか絶対にカバ(ヒッポタマス Hippopotamus)氏に言わないでください。[深いトランスの中で患者が、彼女の状態「ヒップ hip(お尻)―ポッ

▼訳注12 「『マザーグースの唄』より」ジャック・スプラットは脂身が食べられず、妻は赤身が食べられなかったことから、痩せた夫と太った妻の夫婦を意味する。

ト pot（おまる）―マス mus（mess 汚らしいもの）」というとても彼女と関係がある三つの要素から成るしゃれを理解することを確実にする方法はなかったので、ただそう望むだけでした。他のとき、さらにいっそうわかりにくいだじゃれを、トランス状態の他の患者が、簡単に気づきました。この患者はひどく彼女の腰に対して怒っていました。彼女は、トイレのことを「ポット（おまる）」として、彼女の腰の区域を「汚らしいもの mess」として話しました。しかし、セラピストが仕事を恐れておらず、はっきりとそう認識していることを患者に信じさせることによって、特に患者自身の言葉で、ありのままに言うことは、多くの場合、治療を促進します」そして、もちろん、お尻の飛び出した、見るもおぞましい脂肪腫瘍の臀部を持った夢の少女の美しさをエロチックな空想の中で空想している夢想的なホッテントットの青年以上の神聖さがこれまでにあったでしょうか？ありがたいことに、天然分布のカーブが存在します（ガウス曲線）［その曲線のどこかに、彼女は間違いなく適合します］。そして、その『レイチェルごとに、ルベンがいます。そして、ルベンごとに、レイチェルがいます』［古い子どもの歌の言い換え］『東は東、西は西、両者相会うことなかるべし』▼訳注13 は、男と女のことを話していませんでした」。

▼訳注13　二人の被験者が、共存、または互いに同意できないほど異なることを強調するのに用いられる。

エリクソン―直前のセクションでは、恐ろしく否定的な始まりでしたが、このセクションでは著しくプラスで終わります。幸せな子ども時代のゲーム、青年期の詩、成人期の目的、議論できない詩的なニュアンスによって、すべて結合された混合物があります。彼女は、議論すべきことを、一つも見つけることができませんでした。彼女は、なだらかに流れる考えに捕らえられました。そして、楽しい結末でしたが、過酷な感情的な道を旅行しました。

ロッシ―詩、寓話、しゃれとメタファー（恋は盲目）すべてが一緒になって、自分についての彼女の否定的な見方を実際に利用する方向へと流れます。しゃれは無意識の探索プロセスを呼び起こす傾向があります。そして詩、寓話とメタファーは、彼女の意識の限定された見方を越えた何かを示す心の局面を解放します。彼女は人生哲学を求める天分豊かな人です。そして、最初に彼女の否定的な「現実」を、あなたの言葉で基礎固めすることで、あなたはこの欲求を満たします。次に、あなたは詩的なメタファーと寓話を使って、その現実の向こう側を示します。「奇妙な」、「想像してください」、「愛」、「天国」、「素敵な」、「望み」、「神学者」、「夢想的な」、「ファンタジー」、「エロチックな空想」、「美しさ」、「夢」を、あなたは贅沢に使っていますが、そのすべてが非合理的な観念力学的なプロセス（右脳の）を呼び起こす傾向があります。そして、それが、彼女が生活状況に持っている固定的で、限られた否定的見方を強力に変換する役目をします。

より多くの詩、寓話、しゃれとメタファー——内面的な探索と無意識の治療的変容プロセスを喚起すること

その後、素早く、患者の前で声の調子および考えの調子を急変させることで、提示した個々の考えの価値を、出来る限り評価することができました。私は、警告するようなイントネーションで患者に言いました。そして、決して小さな子どもを忘れないでください。その子は、つま先で立ちながら、息をひそめて、期待に目を輝かせて、そのあらゆる動き、そして、動きそのものが欠如［この種の言葉遣いから、患者は腰から下が麻痺しているという隠された考えを、どのようにして意識的にとらえることができたのでしょうか？］しています。サンタクロースからもらった贈り物は、彼が長い間欲しかった［『長い間欲しかった』は、適切で強力な言葉です］プレゼントで、喜び、自信、信頼、そして確信を表します。［サンタクロースは架空の人物、無制限に希望に満ちた信仰を持って信じる、その源：サンタクロースに対して——期待から、奇跡的な贈り物を求めていると患者が認識します］

「期待に満ちた目、信頼した態度、存在することと知ることが保証されて、受けとるために待つこと、そして、このように、年々、世代から世代へと次々続けます」。［患者には、「世代から世代へ次々」以外に、何が必要でしたか？　サンタクロースを信じていたことを思い出しながら、そして成人の言葉に結びつけられた幼児期の堅い確信、記憶および理解を使って子どもの言葉を使わずに、これらすべてを、他にどのように言うことができたのでしょうか？　それらすべての受け入れる態度と一体となった極度に幼稚な信念および感情的言葉遣いを除いて、患者が理解する方法は他にありませんでした。彼女が、いかに祖母が好きだったか思い出してください！］

「さらに、頭の中の心配が胃に穴を開けるまで、心配して、心配して、心配してビジネスで収益を上げているばかな実業家を考えてください。それで階下にいる彼は、ふりそそぐ心配を避けることはできず、彼の胃は痛み出します。痛みがなんとかならないかと空しく思います。かわいそうなばか者！　彼はどのように男子寮で何人かのかわいそうな仲間がリンゴ・ソースを食べるのを見たか、覚えていません。そして、それを『彼の腹の階下』に入れました。それから、彼は、『甘い』無邪気さで、『それは、あなたがリンゴ・ソースを食べた時、入っていた虫でしたか？』と尋ねました。そして、かわいそうな仲間を笑い、どこか他の所まで行くようにピョンと飛びこえて、『彼の腹の階下』から、『彼の口の二階』に出すように、そうやって、彼の胃の中の階下から想像上の虫を彼の外側に出しました。そのかわいそうな仲間の中の階下にあるものが何であるとしても［患者もまた「かわいそうな仲間」です］、彼はいつでも階下か

ら二階まで、理解することができます」。

「ええと、私はこの一片のタイプされた紙をとって、そしてそれをあなたに、あるいは私に［デモをしています］それを向けることができます。そして私は、上下逆に読むことができるので、私たち二人とも喜ぶことができます」。［男性と女性が並んで、両方満足しています。明らかに無関係に言及されているこ基本的な要素は、それらを理解する必要性においていっそう困難になります。私は男性でした。彼女は女性でした。私たちは並んでいました。そして、私たち二人は同じものを読んで喜びました。そして、私は私の方法で、彼女は彼女の方法で一緒に何かしました。彼女が必要としたこと、それは何でしたか？並んだ夫、彼ら二人とも喜びました。それでも、いかなる場合も、患者はびっくりしませんでした。どちらかと言えば、彼女は、彼女の完全な認識から漏れているが、部分的に受け取る一貫した一連の象徴的意味の一部になっている象徴的な価値を、好奇心だけで理解しました］

「ああ、はい、『自然にやって来ることをします』！」［最初のセッションに戻って、二回目のセッションの始まりに戻ってください――しかし、なぜですか？］

「最も原始的なものから、最も文明的なものまで、すべての民族の間に、メタファー的な言語が、『そして、なんじ自身、そのとき……芝の上に、星をばらまかれた客たちの間を通過して、そして……その場に達します……空のガラスを伏せて』から『彼は彼の頭とグラウンドの穴を識別しません』までのすべての方法で存在します」。［ガラスと穴は両方ともが空です。しかし、空虚さに、なんと大きな相違のあることでしょうか！患者は比較と対比を作って、そして「自然にやって来ることをする」はずです。すべては、何らかの形で関連した重要性があります。このすべては確かに意識に訴えていませんでした。しかしその逃れられない無意識的な言外の意味のために、それは、知っていること、知らないこと、意識、そして無意識のものに関係していました］「たとえば、私は深いトランスの中で、たった今、あなたに尋ねることができます。あなたの利き親指はどちらですか――つまり、右親指利き、あるいは左親指利きですか？――そして、あなたは知りません。その上に、あなたは発見する方法を知りません。［長年、質問をしていると、実際に問題を理解していた人が初心者の学習者の中に数人いたことが明らかになりました］あなたの体は知っています。しかし、あなたは意識的、あるいは無意識的に知りませんね？［彼女は頭を振って、彼女が知らなかったことを示して、それで困惑して眉をひそめました］わかりました。あなたの頭の所で、手を合わせ握り締めて、そしてその手を合わせたまま、膝に持って来てください。どちらの親指が上にありますか？　それがあなたの利き親指です。あなたは何年もの間、右利きだと知っていました。しかし、あなたは一度も、あなたの右親指が利き指ではないことに気づきませんでした。あなたはそれについて考えたこともありませんでした。あなたにとって、右親指が上にあることは「自然ではありません」。

「私は先週、あなたが、左親指利きで、左目利きで、左耳利きであることに気づきました。体について意識が知っていることに、しかし意識が知っていることを知らないことに対して、そして、意識も無意識も公然とは知らないことを、あなたの体が自由に知っていることに対して、あなたは束縛を受けずにアクセスしなければならない、と私は心に決めました。あなたはうまくあなたが持っているすべての知識、身体、あるいは心の知識を使って、そして、うまくそれらすべてを使うようにした方が良いのです。あなたの身体はそのことを知っていますか、そして十分に知っていますか？　意識的に、そして無意識的に十分にそのことを知っていますか？　本当に小さな物事！

あなたは勃起組織が生殖器、ただの生殖器だと思っています。けれども、あなたの体は何を知っていますか？　あなたの指と親指を持って行って、そして、あなたの柔らかい乳首を指で弾くと、乳首が抗議して、真っ直ぐ立っているのを見てください。乳首は、勃起組織を持っていることを知っています。あなたはそうした知識を持っていたことを、長い間、知りませんでした。そしてあなたは、どこか他に勃起組織を持っていますか？

ニューヨーク州で、零下三〇度でドアから踏み出すと、あなたの鼻が堅くなるのを感じました。当然です！　それは勃起組織を持っています！　それはなぜ、他の方法で堅くなるでしょうか？　そして、可愛い子ちゃんが、愛する男からのキスでよだれを垂らしているのを見てください。彼女の上唇が厚く暖かくなっているのがわかりますね？　上唇にも勃起組織！　［下品な形容詞を故意に、意図的に使用しています。患者は考えを受け入れる必要があります。したがって、確実に受け入れさせるために、彼女は、拒絶するべきもの、すなわち、下品な形容詞を与えられます。治療で理解してほしいことを提示する場合、少し消化の悪いものが、食事のように不可欠です。提示するすべてが良いもので、許容できるものだと主張するセラピスト――そして、それは常に礼儀正しい言語と方法で提供されるので、受け入れられなければなりません――は、間違っています。受け入れられるものを守って、そして尊重したいというまじめな抑えられない願望を、患者に与える必要があります。したがって、患者を満足させるために、提示した考えを患者に言い直させてください。そうした後には、その考えが患者自身の考えになります！］

「そして今、私たちは足の骨と、残りのすべての結合部につながるつま先の骨に来ます。［複数の意味の言葉、特に前述の資料を考慮して］それらを言葉で表現してください！　外性器は、内部の性器に接続しています。そして、内部の性器は、卵巣に接続しています。そして、卵巣は副腎と関係があります。そして、副腎はクロム親和システムと関係があります。そして、クロム親和システムは、乳房と関係があります。そして、乳房は副甲状腺と関係があります。そして、甲状腺は頸動脈小体と関係があります。そして、頸動脈小体は下垂体と関係がありま す。そして、すべてのこれらの内分泌腺のシステムは、すべての性的な感情と関係があります。そして、あなたのすべての性的な感情は、あなたの他の感情すべてに関係があります。あなたがそれを信じていないならば、好きな誰かに、裸の胸を触れさせてください。そうすれば、顔が熱くなり、恥ずかしく感じ、そして性的な感覚を感じます。それから、あなたは私が言ったあらゆる言葉が真実であることがわかります。そして、あなたがそれほど信じていないならば、それを試してください、しかし、あなたがそういうことを知っていることは、顔を赤く染めたことでわかります」。

「そうして、深く眠り続けてください。それに異議を唱えようとしてください、それに反論しようとしてください、と私があなたに言った言葉をすべて、チェックしてください。同意しないように最善を尽くしてください。慎重にしてください。けれどもあなたが一生懸命試みれば試みるほど、あなたは私が正しいことを理解します。

「そしてそれは、あなたのために、どんな良いことをするでしょうか？　あなたは！　私はあなたですか？　止まって、そして考えてください！　あなたは家に入ります！　赤ちゃんは汚い顔で、髪は乱れ、鼻水を垂らし、濡れて、臭くて、汚れて立っています。そして、その顔は明るくなります、そして、とても楽しそうに、あなたの方によちよち歩いて来ます。なぜなら、赤ちゃんは、素敵な赤ちゃんであるということ、あなたが、赤ちゃんが好きで喜ぶこと、そして赤ちゃんを抱きたいと思っていることを知っています。あなたは自分が何をするか知っています！　赤ちゃんも知っています！　あなたには、どうしようもありません［肯定的な意味を持つ否定的なメッセージ］そしてあなたが別の家に入ると、可愛い小さな子どもが、梳かした髪、きれいに、こざっぱりして、完璧な状態でそこに立っています。しかし、その顔は『誰が、いったい誰が、私を抱き上げたいの？』と言っています。確かに、あなたはそうしません。あなたはその子に同意します。そして、あなたは両親を見つけて、その子を虐待したことで、平手打ちしたいと思います。なぜなら、あなたは、その子に二度と、決して二度とそんなふうに挨拶されたくないからです」。

「今、期待して夢見るような表情をしてください。信頼して幸せな雰囲気を装ってください。あなたのロマンスは、来る人のまわりにあります［大事なメッセージ］。私にはどっちのコーナーか、わかりません［決定できない質問を残すメッセージ、それゆえに、もっと考えることを要求しています］。しかし、それは来る人のまわりにまさにあります！　レイチェルがルベンごとに、ルベンがレイチェルごとにいることを、決して忘れないでください。そして、あらゆるジーンには彼女のジョックがいます。そして、あらゆるジョックには彼のジーンがいます。

そして、そのコーナーのまわりには、あなたの『ジョン・アンダーソン、私のジョー』がいます」。

「あなたが持つ一つの疑い、しかし当然、あなたは間違っています！　あなたの体が知っています。あなたの意識も同様です。あなたの無意識も同様です。あなただけが、その人を、知りません。したがって、私は、馬鹿なあなたに答えます！」［彼女は「ばか」であるという非難に対してだけ、防御することができます。しかしそうするために、彼女は、著者が言おうとしていることについて、真実を知っていることを認めなければなりません］

「本当の愛を経験している少女の初めての甘いキス以上のエクスタシーがありますか？　それ以上の素晴らしいオルガスムがありましたか？　あるいは、あなたの乳首を赤ちゃんの小さな唇が初めて掴もうとすること！　あるいは、あなたの愛の手によって、あなたのむき出しの胸にカッピングcupping（吸い玉）をすること？　あなたは、首の後ろにキスされたとき、脊椎を上下するゾクゾクという感じを今まで感じたことがありましたか？

「男にはオーガズムを感じる場所は一つしかありません――女性には多くの場所があります」。

「あなたはトランスを続けてください。これらの考えを評価してください。それらの正当性を間違わないでください」。

「五時に私は、あなたを迎えに来る自動車まで、車椅子を押して行きます。あなたは今度の土曜日の同じ時間に、私と会うでしょう。自動車の中で目覚めてください」。このようにして、面接は突然、終わりました。彼女を待っていた車まで、押して行きました。そして上席著者は、唇に指をやって運転手に、黙っているように注意しました。

ロッシ――あなたは、態度を変容する観念力学的なプロセスを喚起するように特に強調を加えて、信じられないほど豊富な考えを携えて、詩的アプローチを継続します。そして、それは、幼児期の個性（サンタクロース）に達して、彼女の成年期（夫、家および子ども）へ、そして、その向こうまで（世代から世代へ）広がります。あなたは、まさに間接暗示と無意識へのあらゆるアプローチを混合して使います。そして、そのアプローチをあなたは反対で同格、散りばめ暗示を含めながら展開しました（男性と女性、詩を使った粗暴な言葉）。あなたは、彼女を完全に圧倒しました。その結果、彼女の意識がおそらくそれに対処することができないほど、とても多くの認知の過負荷がありました。そして、意味と参照枠を猛烈に内部探索するために、彼女は送り出され、あなたの集中砲火に対処します。この内部探索は、当然、治療の方向を転換し、無意識のプロセスを喚起します。それから、あなたが始動させたプロセスを制限して、そして退ける機会を彼女の意識に与えないように、あなたは突然、中止し、黙ったまま家に帰します。

催眠療法とカウンセリングを交代にすること——治療の終了

今度の土曜日は、とても興味深いものの一つでした。大学院過程進学について、患者がアドバイスと話し合いを求めました。治療の求めはなかったので、何一つされませんでした。著者は、明らかに資格を持ったプロの学術アドバイザーの役割をしていました。大学院のキャリアについて説明されました。そして彼女の訪問はここで打ち切られました（性格の面において、包括的な健忘が存在しているように思われました。しかしそれをチェックするようなことは何もしませんでした。実験的なチェックはしませんでしたが、結果として臨床的な目的は達成されました）。

ロッシ——あきらかな健忘を伴った特別に激しい催眠療法のセッションの後で深くセラピストとやり取りするよりも、むしろカウンセラーに人生の状況と計画を話し合うことを必要とするという同じ現象に、患者たちが戻ることに気づきました。実際、以前の催眠療法的なセッションの結果を話し合うことを、嫌悪しているように思われます。どちらかと言えば、患者は無意識のレベルでそれを統合しているように思われます。そして意識は今、次のことへと進むことを望んでいます。私の仕事の多くが、この行ったり来たりというリズムを持っています。そしてそこでは、交互のセッションで、深い催眠ワークが軽いカウンセリングに交替します。

十年後のフォローアップ

二年もしないうちに彼女は結婚していました。彼女の夫は献身的な研究者でした。そして、彼が関心を持っていたのは、人間の結腸の生物学と化学でした。二人は、これまで十年以上、幸せに結婚していました。そして、今いる四人の子どもたちすべてが帝王切開手術で生まれました。

結婚して十年後に、著者はたまたま彼女が住んでいる州で講演をしていました。彼女は著者のニュース記事に気づいて、そして、次の日、一緒に昼食を食べることを、電話で申し出ました。彼女に会う前に、質問のセットをタイプし、コピーして三セット同じものを作りました。答えは、一つのセットに記入され、封筒の中で密封されました。別々の封筒に、他の二つのセットを入れました。

彼女に会うや否や、二つの質問を最初にしました。——「あなたはなぜ私を昼食に招待したのですか？」——彼女は、「私はそれが変な行為であることを知っています。しかし、あなたは数回、大学の私たちのクラスで、講演をしました。それで、私はあなたを昼食に誘いたいと思いました」と驚いて返事しました。

「他に理由がありますか？」

恥ずかしがりながら、彼女は「いいえ、出しゃばった真似をしていることはわかっています。実際にあなたを知りませんし、あなたもまた私を知らないからです。でも、気にしないでほしいと思います」と答えました。

著者は「ここに封をした封筒があります。あなたのハンドバッグにそれを入れてください。それから、あなたはこのテーブルに座って、（彼女に一つを手渡して）この封筒の質問を読んで、鉛筆で紙に答えを書いてください。できる限り『イエス』か『ノー』で答えてください」と言いました。彼女は、著者を戸惑わせるほど見て、何も言わずに、質問を読み、「もし、これがあなた以外の誰かなら、私はあなたの顔を打つか、あるいは警官に電話してくれるようにウェイターに依頼します。しかし、私の心の底にある何かの理由で、私にはそれが何であるか、わかりませんが、私はそれを喜んでするつもりです」と言いました。

著者は「あなたがそうしている間、私は背後のテーブルで、あなたがどんな答えを書くか、私が思っていることを書くつもりです。それから、答えがどれほど一致しているか、知りたいと思います」と言いました。彼女は沈黙したあと、「私は、まだ理解していません。しかし、それには問題がありません」と言いました。

したがって、質問に対する答えが、2セット得られました。そして、以下のように質問と答えを表に要約しました。

（著者の人間性に対する理解では、この時点でアンケートを終わらせることが最も良いと考えられました。もっとずっと多くの情報が欲しいと思いました。しかし、部分的な学術的解明ができるからといって、臨床的成功を危険に晒すことはできません。）

彼女は封のされた封筒をハンドバッグから取り出して、そしてその答えを彼女がすでに書いていたものと比較するように頼まれました。

彼女は著者に対して驚いたように一瞥してから、そうしました。最終的に著者は「私が書き留めた答えは印のされた封筒の紙と一致します。そして、それには3と書かれています。私はそれを昨晩、書き込みました。私の封筒はナンバー2です。あなたの封筒はナンバー1です」と言いました。

長い休止の後に、「これにはどんな意味がありますか？　私はあなたが霊能者ではないことを知っています。けれども私は、明らかに健忘しています。そうでなければ、あなたには、そのようなよく知った詳しい人物像について、私に関する信頼できる情報があるはずがありません。かつて私はあなたの患者でしたか？」と彼女は尋ねました。

「あなたはどう考えますか？」

「はっきりしています！　私に、思い出すことができるかどうか、確かめさせてください。私は、あなたにとても素晴らしいことを与えてもらったと感じています。そしてその後、私が、

質問	彼女の答え	著者の答え	封のされた封筒の答え
あなたとあなたの夫はどれぐらい週にメイクラブしますか？	3～4	3～4？	3～4？
あなたはオルガスムを経験していますか？　イエスですか，ノーですか？	イエス	イエス	イエス
右側1、あるいは1と2、あるいは両方とも＊	はい、すべて	1&1と1&2	1&1と1&2 はい、すべて
左側1，あるいは1と2，あるいは両方とも	イエス	1&1と1&2	1&1と1&2
時々左の1、右の2、そして逆もまた同様です	イエス	イエス	イエス
時々右1、左2	イエス	イエス	イエス
3単語で、可能な限り詳しく、前記の二つの答えを説明してください	乳首、乳首と胸、あるいは片方か両方、場合による	乳首と乳房のどちらか、両方、乳房と乳房との組み合わせ	乳首と乳房のどちらか、両方の乳房、乳房と乳房との組み合わせ
首	時々、首の付根	多分	多分
唇	上	上？	上？
耳たぶ	ノー	？	？
鼻	ノー	？	？
頭のてっぺん	ノー	？	？
首の後部	たまに	？	？
他の場所	胸の間	肩甲骨の間	肩甲骨の間
他の感覚の性的快感がありますか	イエス	私とは無関係	私とは無関係
あなたは、この質問、過去の出来事、そして私の可能な役割のために、あなたがいつも希望するような健忘を持つことが自由であることを理解しますか？	イエス	私とは無関係	私とは無関係
あなたは、たとえそれがあなたを知ることの喜びに対する感謝以上の何ものでもないとしても、私があなたに最も感謝していることを知っていますか？	私はあなたに感謝しています、しかしあなたがなぜ私に感謝しているのか理解しません	私はそう希望します	私はそう希望します
もしあなたがそれほど望むなら，あなたは科学研究で共通の興味を持つ友人として私を扱うでしょうか？	イエス	私はそう希望します	私はそう希望します

＊「1」が乳首を意味します。そして「2」は胸全体を意味します。オリジナルの催眠ワークが何年も前にされたとき、このコードが作られました。

一歩踏み出し、過去のことを忘れてしまったので、私はあなたに感謝することができませんでした。もし私が思い出したら、私は思い出すことをし続けなければなりませんか？」

「いいえ、あなたは思い出さなくてもよいのです。私は今、私が持っていた考えが正しかったことがわかりました。そして、そういうことがあったことが、私はとてもうれしいのです」。

「あなたはそれを出版しますか？　そしてもし私がそれを読んだなら、私は思い出すでしょうか？」

「それに本当にあなたが関わっているなら、関わっているすべてのアイデンティティを、あなたが忘れるように隠れた指示を書き込むようにします。あなたは知っています。そして私は、他にもあなたのような人がいることを知っています。しかしあなたは、私がどんなに多くの人を知っているか知りません。けれども私はこのことを言っておきます。私は治療した人を、それぞれある程度、調べます。私は可能なときは、私が治療しなかった人々をチェックします。多分、誰かが自発的に学んで、そして他の人たちに教える方法を私に教えました。多分、他の人たちが自発的に学んで、そして私が可能なときならいつでも、質問を作るべきであると、私を確信させました。あなたには可能性があります。私の説明は科学的に信頼できます。隠蔽 disguise したとしても、結局、実際に関係している人たちから、アイデンティティを隠すことにしか役立ちません。そして私はとても自信があります。十分に自信があります」。

ロッシ――この事例史、仮定と推定、それらの有効性と適用性には、多くの不満な点が残ります。本当に、患者に利益がもたらされたということには疑いはありません。これは疑う余地なく、そして何年も経過した後、しっかり確立しています。上席著者に与えられるべき称賛がどれぐらいかは重大な疑問です。少なくとも回復が始まったことに関して、明らかに上席著者は称賛に値します。しかし、そのような回復は、一度指向されたなら、体自体を治癒する体の自然な能力に由来するのでしょうか？　あるいは使われたような精神的なプロセス自体が、反応に関する新しい神経路を開始して、実現できないポテンシャルを呼びさますのに役立つのでしょうか？　要約すると、このレポートは精神神経生理学に関係する相互作用およびそれらを活性化することができる方法論に関して、重大な問題を提示しています。

ケース14　アイデンティティを変える精神的ショックと驚き ▽原注9

メグは二十四歳でした。彼女は、高校を卒業した後、秘書のトレーニングを終えて、医者のもとで三年間、商社で一年間働

▽**原注9**　以前、上席著者によって書かれたが、本書収録にあたって、下席著者によって編集された未発表論文。

きました。彼女は、兄弟、長く未亡人だった母親、および二人の独身のおばから成る密接に結びついた家族の長子でした。彼女はしなくても良いのに、全収入を家族に寄付していました。彼そして彼女の個人的出費は、厳しく監督されているだけでなく、厳しく制限されていました。

二十一歳のとき、彼女は礼拝中に若い陸軍一等兵に会いました。そして、二人とも、相手に強く魅力を感じました。二人が会えるのは、教会、母親の家に制限されていました。そうではなく別のところに行く場合、独身の叔母のどちらか一人、あるいは両方が付き添いました。これらの障害にもかかわらず、結婚をプロポーズされると、六カ月に満たないうちに、家族全員が承認し受け入れました。というのは、青年は任期が満了したあと、三二〇〇キロ離れた自分の家に戻っていたからでした。彼は家にメグを花嫁として連れて行くことを望みました。しかし彼女は、準備を整えるために六月まで必要で、その六カ月後に、と言いました。六月が近づくにつれ、彼女の手紙は十二月の結婚式を延ばすように嘆願するものになっていったので、若者は最終的に承諾しました。そしてこれが三年間続きました。けれども十二月の結婚式は六月まで延期されました。

三年目にメグは医者のもとでの勤務を辞めて、商社の職を得ました。そして、彼女は、あいまいな、非現実的な不満を言うために、別の医者を探し出しました。医者は正直で、親切でしたが、彼女の不満にイライラして、そして正直に言うと、彼女の話を疑いました。メグは数週間後に再度やって来て、日中に話しかけられ、夜、起こす声が聞こえると訴えました。彼女は自分の物語を話しているとき、一、二分間沈黙し、虚空を静かに凝視しました。一般開業医の医者はびっくりして、そして彼女を精神科医に紹介しようとしました——最も近くでも二四〇〇キロ以上離れていました。しかし彼女は行くことを拒否しました。彼女の家族に関心を持たせようとしたとき、彼自身が彼女の面倒を見てくれるように頼まれました。彼は、治療しようとしましたが、能力が足りないことを認識しました。最終的に、何カ月もの骨が折れる努力をした後、メグを上席著者に連れて行くように、家族を説得しました。彼女は母親、叔母と成人した二人の兄弟に同伴され、列車で来ました。

メグとの面接は、とても参考になるものでした。彼女が六カ月間経験していると言った幻聴は、精神医学的に疑問が残りました。突然、意識を喪失して、虚空を凝視するというのは、症状というよりむしろポーズであるように思われました。

前記の病歴と彼女が家を出るのが怖いこと、そして彼女のフィアンセが、アリゾナに住むことに同意しないこと、彼女は、二結婚の望みをあきらめていないことをさらに引き出すには、二時間が必要でした。そして、すべてのこれらの問題を正す医学的援助を必要としていました。さらに、彼女は、自分に幻聴があることを強く訴え、そして彼女は、家族が同伴しなければ、バス、列車、飛行機、あるいは自動車で旅行することができません、と強く訴えました。彼女は面接の後半では、遠くを凝視するポーズをしませんでした。彼女はさらに、過去に経験した医学的援助には絶望したという強い信念を表明しました。

トランス誘導と後催眠暗示

次の来訪もまた、最初の来訪と同じように、家族を同伴していました。彼女が「眠りにつき、彼女の無意識が話し、しかし彼女が話したくないことを話さない」場合を除いて、上席著者は、彼女の不満を聞くことを断固として拒否しました。注意深く言葉で表わされた安心させる暗示によって、中間から深いトランスが約三〇分かけて喚起されました。セッションの残りの間、上席著者は恐れと幻覚についてすべて、彼女の説明を聞く代わりに、上席著者が次の来訪時に言わなければならないことを、彼女が注意して聞くという趣旨で、このトランスは用いられ、後催眠暗示を強調しました。そして、そのときまで、彼女は、彼女が言わなければならないことを、ほとんど痛々しいほど知りたがりました。少しずつ言葉を変化させながら、何度も繰り返して、このように指示をして、確実に十分な理解ができるようにしました。

彼女はトランスから覚醒し、幻聴の広範な説明と家を出ることは不可能なこと、アリゾナを出る可能性はもっと低いこと、そして、上席著者との面接に来るために四、五人の家族が、彼女と一緒にいる必要があることを、簡潔に説明し始めました。

再度、上席著者は、彼女が自分自身を精神病的に描写したのは、実際の問題を隠すために症状があるように見せたものだ、という結論に達しました。

三週間経たないと再度、彼女に会えませんでしたが，今回は家族の四人のメンバーが同伴しました。彼女は、明らかに熱心で、期待していて、好奇心に溢れていました。しかし、上席著者が言う必要があることを恐れていました。そして、彼女は、少し「新しい心配」が出てきました、と言い張ることで先手を打とうとしました。

ロッシ――あなたは巧妙に、そして独創的な方法で、彼女の現在の行動を利用しました。彼女の主な行動は、彼女の人生の困難な状況に対して、不満を示すことを望んでいました。この二回目のセッションの間、あなたは、彼女が不満を言うことを妨害し、長い時間トランス誘導をしました。それから、あなたは、次の来訪時に、あなたが言うことを注意深く聞くことを条件にして、さらに彼女が不満を言う必要性を利用しました。このセッションの残りの間、彼女は、あなたに不満を言いました。それで今、彼女はセッションで、あなたの話に耳を傾けなければなりません。あなたが話すことを「彼女は、ほとんど痛々しいほど知りたがりました」。その後、その期待を三週間高まらせてください、と話すことによって、彼女の期待を高めます！

エリクソン――はい、私は彼女を縛りつけました。

抵抗を弱めている間の直接暗示

彼女は固く目を閉じて、そして聞くように、そしてもし彼女が望んだなら、「眠りに入って」いたとしても聞かなければなりません、と言われました。彼女が目を閉じると、著者は一連の指示を始めました。①彼女は、他の何人かの女の子たちと一緒に母の家から引っ越すこと。そして、その週の内にこれをすること。これは医学的命令として彼女の家族に説明されるはずでした(実際に相談された家庭医は、このことを確認することに同意しました)。②給料の小切手を銀行に預けて、彼女自身が請求書の支払いをすること。③新しい宿舎に家族の誰も訪問客として受け入れないこと(彼女の未婚の叔母は、数週間に一度、数時間、夜ごとに、その道路をパトロールしました)。④彼女はまた、家を訪問することも、家族に電話することも、家族からの電話に出ることもしないこと。⑤家族との接触は、教会で短い挨拶をするだけにして、三分以上しないこと。⑥彼女は彼女の同室者と劇場に行き、レストランで食べて、ローラースケートをしに行くこと(家庭医は、実際に彼女とルームメイトになる可能性のある二人のことを含めて、多くの役立つ情報を提供しました)。⑦彼女はにぎやかに、町中バス旅行に行くようにルームメイトに求めること。⑧二週間後、著者に会うための次の旅行は完全に一人で来ること。⑨ ①から⑧までの指示のうちただ一つだけ、彼女はその指示を修正し、少しだけ破ることができました。そして、これが彼女を慰めて、そして、彼女は完全に他のすべての指示に従い、そして、満足できるように変更された指示に従うことができました。

何度も、トランスを生じて、セッション終了後にトランスから目覚めるまで、これらの指示が繰り返されました。その後、再び指示は繰り返されました。そして彼女は二週間後に、次の予約をしました。

エリクソン—指示の一つを破って、そして修正することを許可する目的は、他のすべての指示を受け入れるように心理的に強制することです。したがって、指示を破ることが許されていることによって、彼女は、著者の権威的な指示の少なくとも一部を満たすことができました。

ロッシ—あなたは直接暗示をするときには、彼女が拒絶することができる選択を、いくつか彼女に提供するように気を遣っています。あなたは、以前、このことについて成功と失敗を患者の権利として話しています(Erickson, 1965)。患者に結果的に、いくつか暗示を拒絶することを許すことが抵抗を弱めます。したがって、他の暗示が実行されるようになります。

エリクソン—あなたが患者に、暗示の一部を破ることを許すと、患者は、今、あなたに恩義を感じて、他の暗示を実行します。

彼女は、達成したことを確かに勝ち誇っていました。そして、彼女が、母親の存在について、説明しようとしたとき、即座に遮られました（家族に対して以上に、上席著者に対して、罪悪感を感じることは、彼女にとって良いことでした）。トランス状態がすぐに誘導されました。

彼女は、以下の仕事を実行するために、中間から深いトランスを指示されました。①州境を越えて友人たちと一緒に自家用車で旅行すること（州境は家からわずか数マイルの所でしたが、一度も渡ったことがありませんでした）。そして家から少なくとも八〇キロのいずれかのレストランで、友人たちと一緒に食事をすること。②自動車で、丸一日かけて三二〇キロ以上の往復旅行をして、友人たちと一緒に指定された都市に旅行すること。③故郷の街からフェニックスに引っ越しすることを真剣に考えること、新しい仕事を確保すること、そして新しい地位を確保するまで貯金で暮らすこと。④次の三〇分間、これらすべての課題を、泣いて、震えて、動揺して、ビクビクして、恐れて過ごすこと、同時に、一週間に一つの課題をしなければならないこと、そして、四週目に、彼女は、フェニックスへ一人で来なければならないことを理解すること。一週間留まる準備をし雇用と住居を探しました。そして上席著者との面接の約束を守りました。

前に来たときも今回来たときも、「声」についての話は出ませんでした。しかしながら、この一連の最後の暗示が終わったとき、彼女は震えながら話をしました。「声——」と彼女は言いかけると、鋭い声で中断され、「私たちのどちらも、これまで、声のことを本当には信じませんでした。あなたはX博士に、声のことを信じさせませんでした。しかし私は信じませんでした。今、私があなたにするように言ったことすべてを、あなたはします。そうしなければ、X博士と私は、あなたがとても恐れていることをすぐにさせます。あなたが従順であるならば、あなたにあなたの強さを造らせます」と言われました。

エリクソン——生涯ずっと完全に支配されてきた少女が、従順に他のことをして何かをもたらすことができるでしょうか？　この生涯の服従によって、セラピーをすることが可能になりました。

ロッシ——私は、あなたが方向性を提案 direction suggestions するとき、通常、方向性の提案を受け入れさせることが、以前の人生経験によって訓練された人格に対して、なされていることに気がつきました。このように、あなたは再び、あなたの提案を確実に受け入れさせるために、患者自身の人格の必要性を利用しています。

家族への依存を絶ち切ること

一カ月後、彼女は、すべての仕事をやり遂げました、と報告するためにオフィスにやって来ました。生活する住居を見つけるために、一日を取って、そして来週の月曜日から始まる雇用を確保するためにさらに一日を取っていました。(彼女は、フェニックスへ無理して来ようとして週の三日間を浪費しました。)それから、すごい勢いで、いつ自分の家を訪れることができるか尋ねました。彼女は、「今日の午後、あなたの故郷に向かって出発するバスがあります。今晩、あなたは夕食に間に合うように訪問して、あなたの母親を驚かせることができます。あなたはそこで一泊して、朝、教会に行って、そして午後、最終バスに乗れば、午後十時にフェニックスに到着することができます。このように、あなたは家を訪問して、楽しい週末を持てます。毎週、あるいは二週に一度、あるいは三週に一度、こうするというのは良い考えです」と、とても気軽に教えられました。

次に十五分間、彼女は、著者をジッと見ながら、思いにふけって、静かに座りました。それから、柔らかい声で、「母に新しい住所を教えても良いですか?」と尋ねました。これを禁止するような指示は何も彼女にされませんでした。そして、彼女のリクエストは、家族からの支配を終わらせて、依存症による束縛を絶ち切りたいという彼女自身の重要な願望と解釈されました。彼女に「あなたのお母さんは、私の住所と電話番号を知っています。私に住所と電話番号を教えてください。そうすれば、何か緊急の場合には、お母さんは私を通して、簡単にあなたと接触することができます」と答えました。彼女は、気持ちよく頷いて、住所と電話番号を教え、彼女の持ち時間(およそ一時間半残っていました)を終えずにその場を離れました。

ロッシ—彼女は今、あなたがいるフェニックスの町に住んで、そして、彼女の母親と叔母を訪問することだけをしていました。今、この移行期間、彼女が家族を自分から切り離している間、あなたは代理の親の役割を果たしていました。

意識的な限界を回避するトランス

次の月曜日の正午、彼女の昼食時間に、彼女は「素晴らしい時間」を報告すること、次回の予約をすること、そして、この前の予約の支払いをすることのために現れました。

次の予約は、彼女にとって、今まで経験していないものになると、彼女は知らされました。彼女は泳ぐことができましたが、このような活動が常に、YWCAで他の少女たちと一緒にいるときだけであったことを思い出しました。ゾッとする恐怖の表情が、彼女の顔に現れました。「あなたはハイネックの服をいつでも着ています。あなたのドレスの裾は常にひざ下にあります。そして、あなたはサマータイムでさえ、長そでの服を着ています。男女同席するスイミングプールでは、水着はとても覆う部分が少ないので目立ちます」と上席著者は続けました。苦悶している恐怖の表情が彼女の顔に現われました。「けれども私は、そのようなことを、あなたにしてもらうつもりはありません」。彼女は、とても安心して、ため息をつきました。「私がしてほしいことは、次の予約では、ショート・ショーツを着て来ることだけです」。彼女は、恐怖によるあえぎを中断しました。「今、あなたの目を閉じて、深く、非常に深く眠ってください。今、聞いてください！　ここへの次の訪問では、あなたは、ショート・ショーツを着たままです。もしそうしたほうが気楽に感じるなら、あなたはショッピングバッグでいつものドレスを持ってきて、オフィスを出る前に着替えることができます。今、目覚めてください。そして、とてもひどい恐怖に震えながらも、これからしようとしていることを十分に理解してください。けれども、あなたが求めた結婚、それでも四年間、その度に二カ月から六カ月、延期した結婚が、今、近づいているということを心に留めておいてください。今は六月下旬です。そして私は今年、あなたとあなたの夫からクリスマスカードをもらいたいと思います。そんなクリスマスカードを、あなたは送ろうとしています。あなたはクリスマスカードを送ることを楽しみにします。そしてあなたは、目覚めるとすぐに、同じように喜んで、あなたの婚約者があなたに書いた最近の手紙を見せてくれます。今、目覚めてください」。

彼女が目覚めたとき、彼女の顔は、恐れでビクビクして、そして深く狼狽することから、希望的な期待までの感情によって、豊富に表情を変化させました。彼女は上席著者に、婚約者からの最近の手紙を、いくつか見せるように言われました。彼女は、躊躇しながらハンドバッグを開けて、「私は、彼があらゆる手紙で言っていることを、あなたに話します――それは、私が今年の夏、彼と結婚しないなら、彼は別の女の子を見つけるということです。だから私は、彼と九月に結婚することを約束しました」と急いで説明しました。

彼女は上席著者が、「はい、それは完全に正しいことです。あなたは九月に彼と結婚し、幸せな結婚をします」と言ったので、とても驚きました。

彼女は、極端に短いショート・ショーツをはいて、次の面接に現われました。彼女はとても恥ずかしかったのですが、著者の服を見る監視の目にまごつきました。そのとき、著者は、声が聞こえ、虚空を凝視するという彼女の偽りの行為、ある月に結婚すると話した後、結婚の予定を変更したという彼女が過去にしてきたことについて話しました。そして、はっきりと目的、あるいはポイントを絞らないで、人間の歴史、人間の出来事が予測できないことについて、そして、個々の人間の行動と決定が予測できないことについて、すぐに予想外なことが起こることについて、話しました。彼女は最後に七月一日に予約し、セッションを終わりました。彼女はあまりにも当惑していたので、ドレスに着替える許可を求めることなく立ち去りました。

ロッシ――予測できない出来事が起こるという明らかに無関係な話は、実際には、あなたが次のセッションで使うショックと驚きに対する準備でした。しかし、彼女はまだそのことを知りません。この話は、後に続くことに対しての基盤として用いられます。彼女の以前の生活は、予測できることばかりでした。人生が予測できないという話は、このように、新しい治療的な参照枠を導入します。そしておそらく、同時に、その参照枠は、ありうる関連性すべてのために多くの無意識の探索を始動します。彼女の無意識は、今まであなたがしてきたことが本当に無関係ではないことを知っています。このように、高度の期待と欲望が、次のセッションの極めて重要なショックで喚起されます。

古いものを弱めるための、そしてアイデンティティを変えるためのショックと驚き

彼女は七月一日にオフィスに入ると、介添え役にすぐに気づきました。彼女は「今日は七月ですね、そしてあなたは今月、あなたの婚約者と結婚することを約束しませんでしたか？」と尋ねられました。彼女は気乗りしない様子で「はい」と言ったあと、すぐさま、「けれども私があなたと約束したのは、九月に彼と結婚することです」と答えました。

ゆっくり、印象深く、彼女に「あなたは、過去四年間、最終的に示したように信用できないので、あなたは、今月の今日、結婚する能力があることを証明して、今月、するつもりなら結婚してください！　私は、あなたは九月に彼と結婚し、幸せな結婚をします、とあなたに話しました。今、私たちは、あなたが結婚すべきではない理由があるかどうか確認します。あなたが結婚を延期する正当な理由が他にもあるか知りたいと思います」と伝えました。

「さあ、立ち上がって、服を一枚ずつ脱いで、それぞれの品名を言ってから、椅子の上にきれいに置いてください」。彼女は、付添い人の穏やかな落ち着いた顔を見ましたが、どうすることもできませんでした。そして顔を赤らめて、立ち上がって、躊躇しました。そして彼女は靴を脱いで、ためらいながらストッキングを脱ぎました。それから、ダラダラとドレス、最後にスリップを脱ぎました。

「これで十分ではありませんか？」と彼女は嘆願するように尋ねました。そして、最初に著者を見て、それから、嘆願するように付添い人を見ましたが、何の反応もありませんでした。

ぎごちなく、不器用に、彼女はブラを取り、ちょっとためらってから、パンティを脱ぎました。そして、反抗的に、上席著者と向き合って、裸で立っていました。そこで、著者は付添い人の方を振り向いて、「彼女は、私には申し分なく見えます。あなたにも、彼女は申し分ないように見えますか？」と意見を言いました。付添い人は、頷きました。

それから、著者は患者の方を向いて、言いました。「私は、あなたが体のすべての部分を知っていること、名前を言うことができることを確かめたいと思います。私は、体の部分を示したり、あるいは触れたりすることを望みません。付添い人もそうしません。もし必要なら、私はそうすることができますが、どうかそうさせないでください。ただ名前を言うことをスキッ

プしようとしないでください。それぞれの部分の名前を言うとき、左ひじに触れるために右手を使わなければならないように、どちらか一方の手でその部分に触れてください。すぐに、肩から始め、次第に下へと作業してください。そして、あなたの背中を私たちに向けて、同じことをしてください。さあ、始めて、そして見落としをしないでください」。

彼女は顔を赤くしながらも、称賛に値する仕事をしたので、彼女は褒められました。すると彼女の赤面は消えました。そして、とてもさり気なく、淡々と、彼女は服を着始めました。

彼女がそうしていたとき、七月十五日までに結婚すると思いますか、と彼女は尋ねられました。彼女の答えは簡単でした。「それはあまりにも早過ぎです。私は仕事を辞めなければなりません。私は、無断で辞めたくありません。しかし、上司は理解してくれるでしょう。その後、私は北へ旅行し、ジョーの家族に会わなければなりません。彼を家に連れて来ます。また私は、どんな結婚式がしたいか、家族に伝えなければなりません。私は家族が、私の姉妹にした結婚式を見ました。そして、私はそのようなものは何もほしくありません。しかし、家族は、自分たちの思い通りに結婚式をするつもりです。そうでなければ私がフェニックスへ来るつもりです。そこには証人を除いて誰もいません。それで、私はすぐにジョーに電報を送った方が良いと思います」。

二週間と少し経過したとき、彼女はジョーをオフィスへ連れて来ました。彼女は、それぞれのための結婚前カウンセリングを、別々に、そしてその後、二人一緒にすることを望んでいます、と説明しました。これは彼女が満足いくようにされました。長距離電話で彼女は、非常に奮闘した結果、母と未婚の叔母たちが根負けして、地域の出来事とされている結婚式の代わりに、自分だけで客を選んで結婚式を催すことを許したことを、上席著者に報告しました。

エリクソン―彼女が彼女自身の結婚計画でとった方法は、自分自身に対する見方と現実が、急激に変化したことを示しています。

ロッシ―はい、彼女が服を脱いで、そして次に淡々と服を着た後、彼女の赤面が消えたことは、創造的な自己変革の動きを示しています。それから、彼女は、とても実際的で、適切な方法で、彼女の当面の計画と間近に迫った結婚の話を進めます。

フォローアップ
――一年目、二年目、三年目、そして七年目

指定されたクリスマスカードが届きました。そして次の年には、クリスマスカードだけでなく、子どもが生まれたという報せを受けとりました。子どもが生まれたという報せは三通受けとりました。そして、結婚式のおよそ七年後まで、何の通知も受けとりませんでした。そのとき、再度、患者は著者を探し

求めていました。彼女は、誇りをもって三人の子どもたちを見せに連れてきました。そして、彼女は夫婦間の不和について説明しました。なぜなら、夫はアリゾナへ彼女を連れて移住しましたが、新しい職業に適応することに苦労しており、自分自身を不当に責めていたからでした。彼女は、夫のための予約を求めました。そしてその面接では、重大な問題点は見つかりませんでした。

ケース15　アイデンティティの変容の中で経験的に人生をチェックすること▽原注10

この患者は、友人に紹介されたと言って、長距離電話をして来ました。自分の名前はミスXだと名乗り、木曜日の午後、二週間に一度、予約をしたいので、時間を確かめるために、前の日の水曜日にオフィスに電話をすると言いました。このように言って、彼女は会話を終えました。水曜日に彼女はオフィスに電話してきて、予約時間を尋ねましたが、上席著者と話すことを拒否しました。次の日、指定された時間に、ミスXがやって来ました。やつれて、疲れ切って、涙で汚れた顔をした女性で、三〇代始めのように思われました。

彼女の話を要約すると、彼女は四人の年上の子どもがいる家族の養子でした。最も年の近い子どもでも彼女より十二歳も年上でした。理由がわからないのですが、彼女がまだ小さな子どものとき、彼女の養母は、病的に疑い深くなり、詮索するようになりました。そして、「子どもが不良少女かどうか」を知るために、果てしなく徹底的に彼女を調べました。養父は、冷淡で内気でした。そして、すべての子どもたちの世話を完全に母親に任せていました。四人の年上の子どもたちは大学を卒業したあと、それほど遠くで生活していませんでしたが、親の家には、たまにしか電話してきませんでしたし、それはとても短い電話でした。このため、母親は、何度も彼女に、彼女がしたことを問い質しましたし、さもなければ他の子どもたちに、親の家を避けさせていると言いました。

彼女は「よい少女」だったかどうか、彼女は「悪いこと」をしたかどうか、また、彼女は「悪い考え」を持っていたかどうか、母親が何度も繰り返す尋問を避けるために、患者は高校の勉強に没頭することによって身を守ろうとしました。そして、常に宿題があると訴えました。彼女は高校で栄誉を勝ちとりました。しかし彼女の唯一の社会生活は、母親によって厳しく監視されていました。彼女は大学に入学しました。しかし生まれ育った町の大学に通って、家に住むことを強制させられました。勉強に没頭し、サマースクールに行き、休暇と自由時間を埋めるた

▽原注10　以前、上席著者によって書かれたが、本書収録にあたって、下席著者によって編集された未発表論文。

めに特別コースをとって、彼女は母親の病的尋問をすべてではないにしても、ほとんど避けました。その理由は、修士の学位をとることを強制されました。彼女は、「あなたは生計を立てようとすることが許されるほど、大人になっているようには思えない。だから、家から離れたら、どんな悪いことが起こるかわからない」というものでした。

修士の学位が授与されたとき、激しい恐怖状態の中で、その女性は、二十二歳になれば、家を出る法的権利があると主張しました。そこで、父親が、「お前のためにしたこと、お前にしたすべての保護に感謝して、お母さんと私と一緒に暮らしたくないならば、お前は家から出ても構わない。しかし、何の用意もせずに、お前を追い出したと言われたくないので、明日、銀行で私は、五千ドルをお前に送金する。お前は服を持って出て行きなさい。今後は、たとえどんな不幸が起こっても自己責任だぞ」と冷たく言いました。この感情的なエピソードで、決定的に終わりを告げられ、ひどい精神的外傷を受けました。別れ際に、母親は「私は、あなたが悪いことをしたことを知っています。勇気を出して、私に言いなさい」と言いました。

泣きながら、女の子は家を出ました。彼女は別の都市に行って、仕事を得て、そして、義理の兄弟と関係を作ろうとしました。兄弟たちは、「お前といると、母は私たちに襲いかかってくる。そんな母との間のことを僕たちもひどく悩んでるんだ」と説明して彼女を拒絶しました。兄弟たちもまた、同じ様に扱われていたことを、彼女に教えました。兄弟の父親は、同様に、それぞれにお金を出していました。それで子どもとしての努めと考えて、親の家に兄弟は、短い時間電話をしました。しかしながら、兄弟たちは、母親から、「最後の誤りの子ども」について報告を要求する手紙と電報で、攻めたてられていました。

しぶしぶ女の子は、すべての関係を断ち切り、別の都市に引っ越し、秘書として働き成功しますが、うまく社会生活を送ることができないことに気づきました。彼女はますます意気消沈したので、贅沢な休暇で幸福を求めますがうまくいきませんでした。そして最終的に精神科の支援を求めました。精神科医は彼女に、フロイト派の精神分析のトレーニングを受けたと言いました。セックスの問題が治療セッションで生じたので、誤解がすぐに生じました。彼女は絶望して、もう一人、そして次にもう一人と精神科医を探しました。いつでもセックスの問題が生じました。彼女はセックスという言葉と精神医学を同等のものとして考え始めました。

彼女は死に物狂いに努力して、職を求めるときの見た目を立派にしました。彼女は米国陸軍と関係した職に、民間労働者として申し込みました。最初、彼女はうまく適応しましたが、月日が経過するにつれて、次第に意気消沈しました。彼女は言語を勉強することに逃避して、三つの外国語に流ちょうになりましたが、さらにいっそう意気消沈しました。

陸軍の精神科医が合衆国へ帰って精神医学的な治療をする

ように勧めました。彼女はそうする代わりに、語学力が役立つ新しい任務に就けるようヨーロッパの他の場所へ移動することを求めました。彼女はこの約束を二度取り付けました。三回目の要請はどこか極東への移動のためでした。そこで、彼女は教職を与えられました。彼女はさらに別の言語を学習して、仕事に没頭しようとしました。しかし彼女の抑うつは、さらにひどくなりました。もう一人の陸軍精神科医が、そのとき、治療に合衆国に戻ることを彼女に強く要求しました。そして最終的に彼女はイヤイヤながらそうしました。彼女は以前、会っていた精神科医たちを巡回することを始めて、そして同じ理由で、再び精神科医たちを拒絶しました。彼女は新しい精神科医を探しました。しかし遅かれ早かれセックスの話題が持ち上がりました。それから彼女は催眠のことを知りました。上席著者の以前の患者が、彼女に上席著者を推薦しました。そして、彼女が「弱ってしまう」前に、彼女は、急いで電話をしました。求めているものは、永久に自分の心から、「問題」、そして「セックス」についてのすべての考えを拭い去る催眠です。そして、「もうこれ以上、遅れさせせずに、どうか落ち着いて催眠をかけて、そして、私の必要を満たしてくださいませんか？」と彼女は言いました。これがまさに最初の予約のとき、開始時にリクエストしたことでした。そして著者に、悲痛な様子を考慮して、完全に盲目的に働いてくれるようにと彼女は求めました。しかし、意図せずに彼女を傷つけることを言ったり、したりするかもしれませんし、あるいは変なこと、いけないので、不手際なことをしたりして、感情的に彼女を苦しめるといけないので、やみくもに作業したくありません、という趣旨の面倒な説明を、著者は彼女にしました。これに対する彼女の反応は、こらえきれずに数分間、すすり泣きをするというものでした。これを利用して「おわかりですね。感情的にならないように、穏やかにあなたと話そうとしたのですが、あなたの感情のコントロールをうっかり壊してしまいました。ですから、あなたが感情のコントロールを保てるようなやり方で作業しましょう。そして、言う必要があることを、何も言わないでください。しかし正しい方向を、私に指し示すようにすることだけは話してください。第一に、感情的にならないように話すために、私はあなたの教育の範囲を知っている必要があります――それは、どこでとか、どのようにということではないすべてのことです。仕事経験も、どこでとか、誰のためというのではない、まさにそういう仕事経験を知っていることで、私がうまくワークできる可能性があります」と説明しました。すすり泣きに混じって、前記の身の上話を少しずつ聞くことができました。そして特定の日付、場所、あるいは名前を聞かないようにしました。特定の項目を聞かなかったことで、彼女の協力がとても得やすくなりました。前記のデータで仕事を始めるのに十分だったので、要望がないなら質問をせず、望めば情報を追加することを伝えました。さらに、「ご存知のように学習というのは努力を要する仕事なので、セラピーは必然的に長期間に亘りますし、学習能力と一致した間隔を開けることになります」と説明されました。催眠療法は、確かに著者の側に知的な努力が必要なのですが、受動的に従うことではなく、まじめな努力を必要とします（「知的な」という言葉を強調したことで、著者はいくらかの行動の自由を手に入れました。そして、彼女自身が勉学を逃避として使ってきたという経歴から、勉学の用途が、継続的な逃避から形成されていることが示唆されました）。彼女は同意しました。そして、催眠について、学習プロセス、「新しい言語感覚」を獲得することに類似したものとして、さらに長く骨が折れる説明がなされました。この比喩は、彼女の興味を大いにそそりました。その時間にどういう出来事が起こったということよりも、手順が主要な関心事でしたので、個々の面談レポートを作ることはしませんでした。

早期学習セットを使った間接誘導

完全に間接的な催眠療法のアプローチが使われました。彼女は、三つの文鎮のどれに一番興味があるか、決めるように求められました。彼女は瑪瑙の晶洞石を選択しました。彼女は気持ちよく、手を膝に置いて座り、視線を磨かれた表面に固定し、いろいろな色を楽しみ、さらにきちんと座って、さらに頭を固定し、さらに耳を固定し、瑪瑙の層の色を楽しむことに没頭するように求められました。そして実際、上席著者が言うことに注意を払う義務はありませんでした。何回かいろいろ、この指示を反復した後に、彼女の顔はどちらかと言うと動きがなくなり、表情が硬くなりました。それから、彼女は、言語を学ぶ問題——ドイツ語、フランス語、イタリア語ではなく、ずっと複雑な言語、赤ちゃんが学ぶように、英語を考え抜くよう頼まれました。ゆっくりと穏やかに、ほとんど囁くように、上席著者は、ベッドで横になっている赤ちゃんが、音を聞くこと、何を言っているか理解していないこと、幼児の発音の進歩、ゆっくりとした身体的な成長、その顔立ちの変化、その手と足、新しい動き、新しい音、水浴び、食べること、排泄、眠ること、ものがくように泣くこと、優しい声で語りかけると喜ぶこと、もに手を伸ばすことなどを説明しました。ゆっくりと広範な思考をしたことで、彼女は子どもの身体発育、音声の学習、食べること、排泄、活動、話すこと、移動、そして最初の五年間に起きることについて、一般的な包括的基礎を築きました。最初に、これは、いくつかのポイントを上席著者が作って説明するような議論として提示されました。しかし、コメントの趣旨は、わからないようにわずかに変更されました。それから、人生の最初の五、六年の間に、彼女自身が経験した多くの学習を、不思議そうに、しかし知的に評価することに夢中になるという、より強い、より直接的な暗示がされました。

カタルシスを使って早期の抑圧を喚起すること

すぐに、一〇分もしない内に、彼女が深いトランスに入り、そして今、周りのことだけでなく、瑪瑙にも気づいていないことがはっきりしました。著者によるリクエストで、彼女は幼児期の記憶の系統的な調査に取り掛かりました。これはセラピストによって管理され、指示されました。そして、以下のようなメッセージが挟み込まれました。「そしてその最初の年にどんなこと、豊富な基礎学習、オムツから、きれいなもの、そして音、そして色、そして雑音まで」あるいは、「そしてその後、二年目になると、ハイハイして、そして歩き始め、そして落ちて、お利口な小さな赤ちゃんのようにトイレを使って、そして少しだけ文を話します」、そして、「もちろん、三年目が来ると、言語は発達し、単語がとても多くなり、体の部分、おなかの小さな穴、そして髪の色さえ知っています」。

それぞれの年、排泄、トイレ習慣が「良いこと」を強調して、身体的好奇心、食物の長所、睡眠の長所、洗浄、あらゆる種類のものを学習すること、そして、ほとんどこれらすべてのことをして彼女自身を「感じる」ことを、一年一年、いくつか言及して、最初の六年間は終わりました。これを患者は、約三時間、完全に作業に集中し、達成しました。

それが次の期間に進む予定をしていた日に、患者はビクッと震えて、顔を赤らめ、激怒した表情でオフィスに入って来ました。そして一気に彼女は、「私はあなたに、とてもひどく怒っているので、あなたの顔を叩くかもしれません。あなたがあまりにひどいので、名前をなんと呼んだら良いか思いつきません」と宣言しました。

「私を、このクソッタレ野郎とどうして言わないのですか？　それが、たぶん、あなたにできる最高のことなのですね」と簡潔に直接、返事をしました。

「私はそうします」と、彼女は叫び、そしてそう言った後、突然、苦しそうに、きまり悪そうに笑いだしました。そして、「何が私にそう言わせたのか、わかりません。しかし、訳がわからないのですが、それによって、私は前より気分が良いです」と、すまなさそうに言いました。

彼女に「それがあなたをいっそう気分良く感じさせるなら、その言葉を繰り返したいと思いませんか？　おそらく進歩しますね」と尋ねました。

「おお、ノー、あなたに話したくないことを話したいと思います。二日間、私は通常の便通がありました。私が食べても、胃は痛みませんでした。そして私はあなたに、これを言うことが死ぬほど恥ずかしいのです。そうなれるものなら、あなたに話す前に死んでしまいたいと思います。あなたが私に何をしたか知りません。しかし何かが起きています。そして私は泣きたくありません。そして、ヨーロッパのその精神科医は、足を剃って血まみれになった浴槽の水に、ひどい強迫観念を私が持っていると言いました。自殺的な傾向を示したことが、すべての誤りでした。いつか、私があなたに尋ねたら、私にその愚かで、ばかげたことが何であったか教えていただけませんか？　しかし、今ではありません！　けれども今は、先に進んで、そして私に文鎮を見せてくださいますか？」

ツー・レベルのコミュニケーション

リクエストと一致して、彼女がトランスを自発的に現したので、彼女は、六歳から一〇歳まで、すべての幼い頃の本当の記憶と個人的経験を広範囲に探索するように、優しく指示されました（「本当の」そして「個人的」は、他人の経験（特に、彼女の母親の経験）ではなく、自己経験に限定することを意図した言葉でした）。彼女に提示した暗示は、通常、「七歳のとき、あなたは自分のことで何か言い忘れたことはありませんか？」という極めて簡潔なものでした。「大きな少女たち、あなたは、少女たちが大きくなっているときを見ることができます」と「女性たちは大きな少女たちのようなもので、ちょっと違うだけです」から、あいまいな言及が作られました。排泄への言及は、「体の健康を維持するために規則正しくします」という ように、さらに用心深くされました。そして、「生命の言葉へと育つ小さな学習」について憶測しました。そして、患者が、成人として、豊富な経験的学習を生き生きと見て、細部まで感じながら、この調査をしていたことを心に留めておくべきです。それで、慎重な一般的な暗示でさえ、被験者はいっそう完全で適切な細部に自由に言い換えることができました。後から、学習したように、「生命の言葉へと育つ小さな学習」は、生殖器の探求と刺激に言及するために、トランスの中で彼女によって言い換えられました。最初に聞いたとき、それは「詩的な音だけでした。そして、ゆっくり私は、それにセックスという意味を与えました。しかし私は、いつかということを覚えていません」。

ロッシ――これは、とても鮮明なツー・レベルのコミュニケーションの例です。広範な無意識の探索が必要だったので、詩的な音が発展するのには時間がかかりました。そして、彼女は正確に「いつかということを覚えていません」。なぜなら、詩的な音は無意識が仕上げることだったので、その仕上げたことは、彼女の意識にゆっくり漏れ出したからでした。

観念力学的プロセスを表現するボディー・ランゲージ

一〇歳から十四歳の年までは、予想外のスピードで、簡単に話が進みました。上席著者は緊張と困難を予想していました。それで、本当のもの、実際のもの、自分に属していて、他の人を含んでいない個人的経験を強調する際、ガードを固くし、用心しました――「それを聞くことではなく、その人自身の口と考えで、それを感じることによって、言語を学びます。そして、その翻訳できないニュアンスを感じて、そして、しゃがれたようなドイツ語の美しさは、ドイツ語の持つ美しさです。しかし、それが教育を受けていない耳には、ひどいもののように聞こえます。そして、他の人すべてが、あなたが経験したことを良くないと言ったとしても、その経験の美しさはあなたのものです」。

彼女が十四歳になっているように見えたので、「まさしくその始めに戻るために、見落とした自己学習に書き込むために、省略したことを修正するために、誤解と部分的な理解に気づくために、休みをとって、十四歳だけが持つ、十四歳が持つべき威厳を持って、それらを十分に見てください」と言われました。十四歳になったことが十分に理解できた後でも、彼女が月経を開始していないかもしれないという危険性がありました。しかし、そのような誤りを、彼女の顔に現れる感情的な動きemotional playから、観察と学習によって見つけるという楽しみがありました。そして、感情的な動きは六歳から、次第に増加しました。一〇歳から十四歳まで、顔が示唆する動きは、一〇歳の女の子の顔から、十四歳のヤングアダルトの顔までの変化を表現しました。

最初に取った患者の病歴から、直接質問することを避けることが重要だとわかりました。しかし、臨床的でアカデミックな問題を彼女が考えていたことは、上席著者にとって重要でした。それは患者にとって、とても大事な治療目的にかなっていました。そして、それは、ワークにおいて再優先する目的でした。

深い催眠療法とカウンセリングを交互にする期間

一〇歳から十四歳までをチェックした後、彼女はオフィスに入ると、「催眠をしないで、少しの間、話をすることができますか？」と言いました。同意すると、彼女が続けました、「ええと、私はすてきな場所に引っ越しました。私は仕事を得ました。私は意気消沈していません。私は実際に、自分が好きになり始めています。私は特に美しくありません。やってみても、時間は止まりませんでした。けれども私は良い考えが浮かびました。もし、先日、ヒューッと口笛を吹かれたのを、母が聞いたら、母は卒倒してしまうでしょう。口笛を吹かれたのは初めてでした。そして信じようが信じまいが、私は母に、申し訳なく思います。彼女は病気です。その病気はまた、彼女にとって、強い痛みを伴う病気であるに違いありません。そして私の父親は病気です。しかし母親ほどの病気ではありません。私に与えた五千ドルは、父親にとって本当に精一杯のものでした。そして、両親は私を病気にしようとはしませんでした。両親はただ間違った善意で、間違ったことをしました。そうですね、母は、私に処女でいることを望みました。そして彼女は成功しました。けれども、私は私自身それを若干、自分の手柄にするつもりでいます。また、ヨーロッパのかわいそうな精神科医は、血まみれの水でいっぱいの浴槽と手に持ったカミソリについての私の恐ろしい固定観念のために、私が自殺願望に捕われていると考えていました。もっと他のことを、彼は考えることができないのでしょうか？　私は風呂に入っていると、そろそろ月経の時期だと突然、理解しました。そして、私は足を剃りながら、陰毛を剃ったらどんな感じだろうか、と思いました。そして、良い子でいなさい、と母が私の耳もとで際限なく、やかましく言ったその恐ろしいフレーズ、そして、マスターベーションを考えたこと、その後、血まみれの水とカミソリ以外、もはや考えることができませんでした。そのとき、それはひどいものでした。私はそのときの私を気の毒に思います。そのようにそのことを言うと変に聞こえますが、私はそう思います。私は本気でそう思います。そして、両親を気の毒に思っていると、本気で言います。私は両親を愛していません。両親は、以前私に優しくしようとして、一生懸命、試みましたが、失敗した人に過ぎません。そして、それは、両親にとって多くことを意味していました！

「別の問題点！　私はあなたのオフィスに来ると、しばらくの間、座って、立ち去りますが私は何もしません。あなたは、催眠は学習です、と言いました。私は催眠を学習しませんでした。私に起こったことは、私には異なっていると感じられます、私は異なっていると思います、私は異なっています。私は便通について、あなたに話すことを嫌だと思いませんでした。二回前に、私は勇気を振り絞って、医者に行きました。しかし私は怖がり過ぎていたので、検査examinationをしてもらうことができませんでした。私が海外に行くために健康診断を受けたとき、それを我慢することができるように、睡眠薬を手に入れました。薬で私は静かになりましたが、私を眠らせることはありませんでした」。

「私があなたに会う必要があると、あなたは思いますか？　私はあなたの答えが、イエスであることを知っています。そして私は同意します。私は答えがなぜイエスなのか、わかったら良いのにと思います」。

「あなたは尋ねることができました」と、彼女は言われました。

「ええ、私はそのことを知っています。しかし私は尋ねていません。私は、なぜかなと思います。しかし私は確かにあなたの邪魔をするつもりはありません。しかし私は知りたいと感じずにいられません。あなたは、次に何をしようとしているかわかっているのですか？」

「ええ、わかっています」。

「ああ、良かった。私はあなたがわかっていることを知っていました。話をして、残りの時間を過ごすことに、問題はないでしょうか？」その面接の残りの時間は、非常に知的な、読書家の、旅行経験豊富な女性との会話に費やされました。彼女は明らかに、社会的な表現の機会に飢えていました。

次の面接で彼女がトランスを生じるとすぐに、「では、高校の日々と大学時代を終わりましょう」と、彼女は言われました。

これは一見、簡単にできました。しかし、しばしば、極端な身体的緊張が、突然、現れました。

その次の面談で彼女は気軽に、「あの日は話をしてそれで終りました。そして私は物事を見なおしましたが、あなたは、それについて言うことがありますか？」と言いました。

ゆっくりとした柔らかい声で、強調するようにして、彼女に、「はい、私には、あなたが聞きたいと思っている以上に、多くのこと、いっそう多くの言いたいことがあります」という返事をしました。

完全に激怒した表情で、彼女は椅子から跳びあがって叫びました。「このクソッタレ野郎。私があまりに口先だけで、あまりに穏やかで、あまりにざっくばらんで、あまりに頭でっかちだ、と私のことを言おうとしているのね。このクソッタレ野郎」。

これに対する返答は、「そう、まったくその通りです。座って、文鎮を見てください。それから黙って、静かにして、うんざりするほどの憎悪と恨みと無作法と悪意を持っている『良い子』から徹底的に離れなさい」（『良い子』をあざけるように言いました）。

ほとんど無言で魅力的な感情表現が起こりました――しかめっ面をして、のたうって、体をねじって、手首をかたく握り締めて、発作的に呼吸して、歯を食いしばって、そして、うなりました――実際、激しく悲惨なあらゆる感情を表現しました。その時間の終わり頃になってようやく、彼女はくつろぎ始めました。最終的に、アパートに戻って、疲れと眠けを感じながらベッドに行って、「与えられた課題を終える」という指示をされて、ようやく解放されました。彼女は自己陶酔状態で、汗に気づかず、オフィスを出ました――服はびしょ濡れでした。

生活史を再検討することにおける記憶増進

次の面接で、彼女の表情と態度は、当惑したような敬意を示していました。気軽に話をする代わりに、彼女の態度は油断なく気を配り、そして注意深いものでした。彼女は著者に礼儀正しく話しかけ、そして繰り返し「先生 sir」と言いました。彼女は、どのように感じているか、尋ねられました。

彼女の返答は、「エリクソン博士、それは始めることが難しいです。私には、私の感情を要約するはっきりしない、不明確な先日の記憶があります。しかし、先生、私は私が何と言ったか覚えていません。私は、私が言ったことが部分的に正しかったことだけを覚えています。しかし、そのときから、私に変化がありました。あたかも恐ろしい病気、まさに恐ろしい病気だったかのように、私は感じます。しかし、回復しているとするなら、私は今、回復していますが、その弱い段階にいます。それでも、先生、私は身体的に弱くありません。それは私は元気ですが、私の強さのすべてを取り戻したわけではありません。私がここでの前回の訪問で午後目覚めたとき、私はこのように感じ始めました。ベッドはすべて細かく引き裂かれました。私は、すでに枕カバーを引き裂いていました。私は汗でずぶぬれでした。私はまだドレスを着ていました。そしてそれはメチャクチャでした。けれども、私はただベッドに横たわっていました。そして私は文字通りに私の一生をチェックしました。その後、私は起きて、ベッドを整頓して、服を脱いで、そして入浴しました。私は一度も、あなたに本当のことを話したことがありません。それはかなり恐ろしくて、そして辛いものです。しかしそのすべては過去です。私はほとんどそれらすべてのことを見ている見知らぬ人のように感じました――私に起こったこと、そして私を本当に苦しませたことを私は深く感じていました。それは全部本当のことでした。それはすべて私に関することでした。しかし、それはすべて、今の私にとって、異なっているように感じます。先生。すべてそれは過去のことです。

「私がそこのベッドで横たわっていたとき、私は私の子ども時代から始めました。私が赤ちゃんのとき、床の上でハイハイをしたような小さなことでさえ、私は物事を細部まで覚えていたましたが、信じることは困難です。それらの記憶はとても生き生きとしていました。そして私は一年一年、間違いなく進みました。私が永久に忘れていたと思ったことが、詳細に、生き生きとした驚異的な詳細さで、際立っていました。私が一年生のとき、キスした小さな男の子――私は私の唇に実際、彼の唇を感じることができました。子どもの感情は、とても異なっていて、とても温かくて、とても素晴らしくて、とても清いものです。一年一年の人生で、私は一つずつ感じました。私は、どれぐらい長くベッドに横たわっていたかわかりません。私が八歳のとき、私に母親が言っていたことを聞くことができましたが、それはかなり恐ろしいことでした。私は、そのとき、わかりませんでした。私が良い子にすべきでで手を洗うべきだと彼女が言っていると思いました。そして、それは食事の時間だと思いました。そんなようなことでした。しかしそのとき、どう思い感じたか私が思い出した一方で、あたかも見物人であるかのように、私は知り、理解しました。そして、同時に、私はちょうどその真ん中にいる自分を感じました。そして、母親は、私に対して、八歳の私に対してだけでなく、大人の私に対してそう言っていました。

「毎年、それはもっと悪くなりました。私は、勉強に没頭しようとしました。しかし私は決してそうしませんでした。私は私自身に、私がすべてのことを忘れている、そして、そう信じている、と言い続けてきました。しかし私は、忘れていませんでした。高校は悪夢でした。そして、男の子たちが通り過ぎるとき、何人かが私の胸に触れました。そして私の母親が言っていたことが蘇って来ました。私は大学で、一回だけデートしました。そしてそれはひどいものでした。今、私は彼が求めたことを知っています。しかし私はとてもひどく不潔に感じました。私は祈って、そして祈って、そして神が私を見捨てた、と思いました。

「そのとき、家でのひどい光景、そして次に私自身から逃避して、次から次へと仕事を変えました。どこへ私が走っても、私自身を見いだしました。私は、頭がおかしくなっていたことを知っていました。私は、日本、そしてフィリピンへ、ヨーロッパ中いたる所で、私自身の後を追いました。私はさらに悪くなっていました。そして精神科医はそれを知っていました。そして私はそれを知っていました。そして私はそれを信じていませんでした。

「それから、私は、あの女性ラウンジで泣いていました。私はとても自暴自棄になっていました。そして、あなたの患者に、あなたに会うように言われました。私は、泣いていても、何の役にも立たないし、絶望的なことを知っていました。私は、何もすることができませんでした。けれども、私はあなたに、何かしてほしいと思いました。それで、私はあなたに「ノー」と言わせないようにしました。それで私は来ました。

成人のオブザーバーとの本物の年齢退行

「私がその不安を持ったとき、私は、オフィスで起きたことを、思い出し始めました。私はそのときまで、あなたのオフィスでトランスに入っていたことを知りませんでした。私はその文鎮を見ました。そのすぐ後、私は家の床でハイハイしている小さな赤ちゃんだ、とわかりました。そして私は、また私を見つめている大人でした。これらの思い出が私に戻って来るまで、私は決して、それについて考えませんでした。

「私は再び、すべてのことをやり直しました。私は私が大きくなるのを見ました。私は、母親が私に話をするのを聞きました。大きな私は、あなたの声を聞くことができました。小さな私は母親の声を聞くことができました——小さなままで見て、感じました。私はオフィスで起きたすべてのことを通して、とことんやりつくしました。私があなたと一緒に、物事について話し合ったその日、私は私を見つめました。私があなたに話をするのを聞いたとき、私は私のことを誇りに思いました。そのとき私は、トランスに入っていましたか？　私は、達成したことすべてを、本当にとても誇りに思いました。そして、次にあなたのオフィスに入ったとき、私は重要な何かを言うつもりだったと感じていました。そして、まるであなたが恐ろしい棍棒で、私を殴ったように、私は感じました。私はすべてのものが、皮がむかれて、そしてむき出しに剥がされるのを見ました。あなたがしたことすべては、嫌な仕事 a horrible job を暴露することであったことを、私は知っていました。そしてそれは私がしなければならなかったことでした。それをすることができるのは、私だけであることを、私は知っていました。そして私はあなたを憎みました。あなたがどのようにそうしたか、私は理解することができませんでした。しかし突然、私は最も不穏で、そしてとてもやり切れない、不愉快な感情の真ん中に、まさにいました。私は死ぬことを望みました。しかし私はそうすることができませんでした。私は疲れました」。
「それから、私はあなたが私を私の部屋に送り返すと言っているのを聞きました。そして私はどれぐらい疲れていたか、そしてベッドがどれぐらい良い感じがするだろうか、と考え続けました。次に私が見たのが、ベッドの上でのことだったので、部屋に入って来たこと、あるいはベッドの上にばったりと倒れたことを理解していませんでした。私は、恐れと絶望で気が狂いそうになるのを見ました。それから私はただすべてをチェックしました。

エリクソン博士、私に今、言えることとは、その仕事 the job は、なされたということです。過去は過去です。それは私のものです。それは苦痛を与えません。そして私はこのような不幸を話すことを望みません。けれども、どのように未来を計画するべきか、成熟した考えとアドバイスが、おそらく私には必要です」。

第十章
アイデンティティを作り出すこと——ユーティライゼーションを超越するセラピー？

Ten

この時点までに、私たちは、催眠療法が患者自身の人生経験のユーティライゼーションを含んでいること、そして、間接暗示形式は、治療的変化のために、患者の経験を喚起する手段だということを強調してきました。しかし、ひどく恵まれない人生を基本的に経験しているとき、患者にどんなことが起きるでしょうか？　セラピストは、自分のことのように恵まれない経験を何らかの方法で満たすことができますか？　感性豊かなセラピストは、自分の役割が親の代理だと、以前から認識して来ました。そして、実際に、彼らの患者が失敗した生活パターンと人間関係を経験するのを手伝います。

この最終章では、上席著者のアプローチのいくつかを提示します。そこでは、安全な内部の現実の範囲内に、患者が自分自身で新しいアイデンティティを作って留まれるような人間関係を、患者に提供します。これは、母親になるという経験がなかったことで、自分の能力を深刻に疑った若い女性のケースです。一連の年齢退行によって、上席著者は二月の男（安全な友人であり、親友となった親切なおじさんのような存在）になって彼女を訪ねました。そのような一連の経験で、彼女は自分自身について、新たな自信とアイデンティティの感覚を発展させることができました。そしてそれは、最終的に、彼女自身の子どもたちとともに、母であることに価値があるという経験をすることになりました。

上席著者は実際に、彼の経歴全体を通して、多くの患者に二月の男の役割を演じました。しかしながら、これらの状況において、彼の仕事の細部はとても複雑なので、それらについて、完成原稿はまったくありませんでした。したがって次のケースは、上席著者のオリジナルの原稿のいくつかを統合したものに、下席著者が論評を加えたものです。

読者は、私たちと一緒に二月の男の仕事に関するいくつかのアプローチと問題を探究することが求められます。この仕事については、多くのことが私たち自身の理解を越えています。しかしながら、私たちが完全に不十分であったことを、私たちは悟ろうとしています。ですから若干の隙間を満たすために、そしてさらに仕事を進めるために、読者の創造力を必要としています。

ケース16　二月の男

最初の面接——孤独な子ども時代

初めての妊娠の中期に、病院スタッフの若い医者の妻は、精神的な援助を求めて、上席著者のところにやって来ました。彼女は、幸せに結婚して、妊娠に喜んでいましたが、子どもを取り扱う際に、彼女自身の不幸な幼児体験が反映してしまうのではないかと心配していました。それが彼女の問題でした。彼女は、「心理学を、一生懸命勉強して」いました。それで心理的な外傷体験が影響した結果、子どもの取り扱いが、下手で注意が足りないものかもしれないことに気づきました、と言いました。

彼女は、自分は望まれていない子どもでした、と説明しました。彼女の母親は、彼女のために時間を使うことは、まったくありませんでした。彼女は、不幸にも未婚であった母の姉の手で世話をされていました。そしてその人は家にいることと引き換えに子守り女、家政婦、そして一般的な雑用係として働いていました。彼女の就学前の日々は、ほとんどもっぱら彼女に子守りされて過していました。そして彼女は放置されていたので、彼女自身でゲームや楽しいことを考え出しました。時折、母親が社交的なティーパーティーを開いたとき、彼女は、顔見せのために、短い間、披露されました。そして、なんと魅力的な、かわいい小さな女の子でしょう、と言われた後、解放されました。さもなければ、彼女の母親は、予定の合間に、手短かに、そして気軽に、子守りされている彼女をちょっと覗いて行きました。彼女は、特別な保育園に入れられ、後になると、小学校と高等教育のために種々の私立学校に入れられました。夏の間、彼女は「さらに」教育するために特別なキャンプに送られました。これらの年月の間、「人間の力で可能な」限り、しばしば娘に会うために「母は、一連の緊急の予定と海外旅行の合い間に時間をつくりました」。本質的に彼女と母親は、他人のままでした。

父親については、同じように忙しい人で、事業に熱中していて、一年の大半、旅行していました。しかし、彼は娘に対して心からの愛情を感じていたので、しばしば彼女を、小さな子どもながら、ディナーに連れ出し、サーカス、遊園地、そして忘れられないほど、楽しい場所に時間を見つけて連れて行きました。彼はさらに、彼女が欲しがったおもちゃやプレゼントを買いました。彼女の母は対照的に「恐ろしく高価な」人形を彼女にどっさり与えましたが、彼女の叔母は、彼女にどの人形とも遊ばせませんでした。なぜなら、人形は「美しくて」、そして「高価だった」からでした。彼女は、母親から「一番良い物」だけを受け取っていました。しかし父親からは常に、彼女は「本当にすてきな小さなものをたくさん」もらっていました。十八歳のとき、彼女は「花嫁」学校 finishing school に反発して、母親が激しく苦悩し、憤慨しても、州立大学に通うと言ってゆずりませんでした。母親の主な論拠は、娘を出産するために「事実上台なし」になった姿形を、自分に負わせた娘の責任でした。妻の言いなりであった父は、妻を愛していましたが、娘の決定をひそかに裏からけしかけました。そして、あらゆる考えられる方法で、励まし、助けました。しかし、彼女を甘やかし過ぎるようなことはしませんでした。

彼女は学校の校風にうまく適応しました。しかし彼女は、社会的な機会を十分に利用してこなかったことを感じました。最上級の年の初めに、彼女より五歳年上のインターンと出会い、彼女は恋に落ちました。彼女は一年後に彼と結婚しました。そのインターン生には、「社会的地位」がなかったので、母親は結婚を嘆き悲しみました。しかし父親は密かに承認していました。

このような経験をしたために、今、彼女は、自分がどんな母親になるのだろうか、と思いました。心理学の本を読んだことで、母による拒否と子どものときの感情的な飢餓が、彼女の赤ちゃんの取り扱いに何らかの方法で悪影響を与えることを彼女は確信しました。催眠によって、彼女の無意識を調査すれば、それで彼女の不安が軽減するのか、あるいは彼女が愛情不足に気づくことができると、その結果、訂正することできるのか、彼女は知りたいと思いました。彼女は上席著者に、問題を詳細に考慮して、その上で、次の予約は、彼女の必要を満たすことができると感じたときにしてほしいと頼みました。

彼女は、次の予約までに、すべての心配、恐れ、そして不吉な前兆を関係づけることが必要です、と言われました。そうする中で、彼女は可能な限り包括的に、それらの性格、多様性と発達の全体像を報告することになっていました。この報告の主な目的は、原因解明と治療を試みる前に、上席著者ができるだけ完全に彼女の感情と考えを評価していることを確かめるためです、と説明されました。もちろん、この追加資料から、彼は個人的に、もっと多く人生の細部を知りたいと思いました。そして、それを、催眠療法の作業を促進するために使うことができました。

二回目の面接――自発的なカタルシス

次の面接で、患者は非常に怖がり、不安がり、そして涙ぐんでいました。彼女は自分の子どもに腹を立て、傷つけ、放置するのではないか、というまとまりのない不安を表しました。彼女は、子どもに拘束されているという感覚を恐れました。それは子どもにやたら埋め合わせするかのように気を遣うこと、あまりに心配すること、人生における喜びではなく恐ろしい重荷になること、夫の愛を失うこと、決して子どもが好きでないことなどから来るように思われました。ありとあらゆる段階の子どもの最終的な発達に関連づけることを除いて、彼女は、これらの考えをあまり詳しく述べませんでした。彼女は、面接の間中、泣いていました。そして、彼女は頭では恐れる根拠がないと考えているのですが、それらの「強い強迫観念に取りつかれた性格」が、不眠症、食欲不振、そして彼女を怖がらせる高度の抑うつ反応を引き起こしている、と断言しました。

彼女が本を読もうとしたり、ラジオを聞こうとしたりすると、彼女自身の鮮明な、抵抗し難い子ども時代の不幸を思い出し、本のページに何が書かれているか、何が番組で放送されているかわからなくなりました。彼女は彼女のすべての恐れが異常に誇張されていたことを認識しました。しかし彼女はそれらに関して、自分では何もできないと感じていました。

おびただしい不安を除いて、ほとんど実際の個人史は得られませんでした。彼女は、今まで以上に、急激に気落ちしている、と感じたので、著者が彼女を援助することができると思うかどうか、涙ぐみながら尋ねました。次の予約までに、彼女のために治療計画を練っておくことが保証されました。

三回目の面接――挿入されたトランス《Interpolated Trance》――年齢退行と健忘

次の面接で、複雑なプログラムが練られているので、疑う余地なく、彼女にとって最も満足がいく結果になることを、彼女は保証されました。どんな計画かは、まだ彼女に、明らかにすることはできませんでした。しかし催眠を通して彼女の無意識は、適切な理解を獲得することになります。彼女が意識的に知る必要があったことは、催眠が使われること、そして、もし彼女が望んだなら、ワークをすぐに始められることができるということだけでした。彼女は熱心に応じました。このセッションでは、およそ五時間が、催眠被験者として彼女を十分にトレーニングするために使われました。特定のことを強調することで、年齢退行を行いました。彼女は、被験者として、計画された手順に必要であると考えられた、入念なトレーニングができる知性と優秀さを持ちあわせていました。

ゆっくり、そして用心深くトレーニングしている間、そうこうするうちに、彼女は著者が退行状況をゆがめることなく直接的に、あるいは間接的に入ることができたいくつかの安全な過去の状況に、何らかの方法で繰り返し退行しました。したがって、最初の退行は、彼女との最初の面接へのものでした。彼女にその面接を追体験させることで、状況に実際に属していない新しい要素、しかし、容易に状況に入ることができる要素を、簡単に導入できるようになりました。その面接を、彼女が復活させるのに合わせて、著者は、「中断して、私の心に浮かんだ考えを紹介してもかまいませんか？　あなたが、良い催眠被験者に簡単になる可能性があるということが、私の心に浮かび上がりました。そして、あなたには目を閉じて、しばらくの間、催眠にかかって眠ってもらいたいと思います。そして、その後、覚醒し、私が中断した場所から継続しますね？」とだけ言いました。そして、催眠が生じていなかったその最初の面接を再び体験するために、挿入されたトランスが導入されました。

ロッシ—最初のトランスは、患者を周囲の現実から遠ざけて、内部環境の中へ解離させる効果があります。それから、あなたが、最初のトランスに二番目のトランスを挿入すると、それは彼女自身の中にさらにもっと深い退行をもたらします。挿入されたトランスの基本的な目的は、患者が、外部の合意の上の現実から、さらに移動させることです。それは特に年齢退行に役立ちます。

エリクソン—はい、私は彼女が挿入されたトランスで、外部環境から撤退することを手伝う必要がありません。彼女が現実に戻るとき、その挿入されたトランスを回復するほうが彼女にとってはるかに難しいことです。そのために、彼女はトランス状態の中でさえ健忘しています。

ロッシ—そうすると、挿入されたトランスは、もっと深い催眠健忘をもたらす方法です。

エリクソン—将来のトランスにおいて、挿入されたトランスのために、彼女は健忘するようになります。しかし彼女は、健忘が生じた最初のトランスの完全な記憶を得るために、挿入されたトランスを体験しなければなりません。挿入されたトランスを経験する間に、私は彼女に多くの肯定的にサポートする暗示をしました。これは、その最初の面接におけるすべての肯定的な価値を強化するのに役立ちました。

ロッシ—それはフィードバックループのようです。そしてそこでは、後に来るものが、以前に起こったことの肯定的な価値を強化します。

エリクソン—はい、そして、私が最初の面接という「過去」に移動したおかげで、今、それが起きることを強化しています。私は四方八方で働きます。日常生活で、見知らぬ人が会うとき、過去に共通のものを見いだすまで、彼らは一般的な会話を気軽にするかもしれません。その会話は同じ場所で休暇を過ごしたことがあるとか、あるいは同じ州から、あるいは同じ町から来たとか、あるいは同じ学校に通ったことがあるとかかもしれません。ときどき、彼らは、共通の知人が何人かいることを発見して喜びます。そして、今、人生の一部始終を共有することができます。彼らは今、過去の経験に完全に基づいて、現在の強いラポールを作りました。

ロッシ—彼らは、共有の「共通の現象界 phenomenal world in common」を作りました（Rossi, 1972a）。今、彼らは友情で、彼らを結びつける連想ブリッジを架けました。これは社会に関連する一般的な日常的プロセスで、そして、そのプロセスを、あなたは、この患者とのラポールを強めるために、今、利用しています。挿入されたトランスは、現在の関係を強化する肯定的な「歴史」を、急速に作り出す方法です。

ラポールの保護
——間接暗示と偶有的な可能性

その後、彼女は、インターンのパーティーに退行しました。そこには、上席著者が教えた医学生がたくさんいました。退行プロセスにおいて、彼女がそのパーティーで彼に会うかもしれませんし、あるいは、誰かが彼の名前を話す、という暗示が埋め込まれました。そして誰かが彼女に接近し、優しく彼女の手首を押して、彼女の注意を引きつけたとき、確実に、この反応が起こりました。それから、この予期せぬことが起きたとき、彼女は手首を押されたことに対して、完全に反応をして、そして状況的な必要性にかかわらず、生じることに一致するように、反応することができました。主に、上席著者に会うずっと以前に起きた過去の出来事を再現している間でさえ、いつでもトランス状態を即座に誘導できる身体的合図を、この反応がもたらすことになっていました。夫が密かに提供した特別な情報のおかげで、そのようなさまざまな退行が誘導されました。これらは、どんな心理的な状況のセットにおいても、彼女にトランス導入を条件づけるために利用されました。

エリクソン—私はこの手順でラポールの保護を作っていました。私はかつてクラーク大学で、一人の被験者を一〇歳へ退行させました。彼は退行している間に、母親のために一斤のパンを買いにお使いに行ったと説明しました。私たちは、彼が顔に現した惨めな恐怖をすべて見ました。その部屋にいる人を誰も彼は知らなかったからでした（そこで、成人として、彼は催眠をかけられていました）。私は彼をラポールに戻そうとしましたが、四時間半を無為に過ごしました。なぜなら、彼が私を恐れていて、そして他の皆を恐れていたからです。それ以来、手首に触れるようにして、被験者との間でラポールを確立する第二の方法があることを、私はそのことから教えられました。それは、注意を引きつけますが、その他の点では無意味な合図です。被験者は年齢退行パターンの行動の中に、簡単にそれを取り入れることができません。

ロッシ―彼女の手首に対する圧力が、トランスに入る合図であるとか、あるいは暗示していることに、細心の注意を払う合図であるとか、あなたは直接、言いませんでした。

エリクソン―もし私が直接それを言っていたなら、彼女はそれを拒絶する可能性がありました。そのために、私は偶有的な可能性という間接的なフレームワークに、それを入れました。すなわち、彼女は私に会うかもしれません。誰かが彼女にアプローチします。彼女は手首を圧迫されたことに対して、完全な反応をして、そして状況的な必要性にかかわらず、生じることに一致させて、反応することができます。これら（傍点がふられた単語）は、すべて漠然としたものです。このすべてに要求あるいは脅しがありません。そしてそのために抵抗あるいは拒絶する必要がありません。

ロッシ―通常、日常生活において私たちは、漠然とした可能性を拒絶しません。どちらかと言えば、可能性と偶有性が、通常、驚き、推測、そして期待という感覚を呼び起こします。可能性が、実際には、私たちの中の無意識の探索を始める圧力になります。そして、そこから、有益な無意識のプロセスが発生するのかもしれません。「状況的な必要性にかかわらず」は、さらにすべての可能性をカバーします。それには、あなたが彼女に与えるどんな暗示でも含まれています。あなたはここで彼女に、間接暗示の最も一般的な形式を与えています。

エリクソン―それは、患者の特定の理解によって書き込むことができるとても一般的な形式です。

新しい人生経験を挿入すること――二月の男

　彼女は、広範な退行を生じるように素晴らしい方法で訓練されました。それは新しく挿入された行動に反応する一般的なバックグラウンドや状況として役立ちました。彼女は過去の状況に退行しました。そして、その参照枠は、新しい催眠行動を挿入するバックグラウンドとしてだけ使われました。十分なトレーニングをして良い反応が確保できるようになったとき、彼女は四歳の子ども時代に退行しました。彼女の誕生日だったので、二月という月が選択されました。退行の場として子ども時代のリビングルームにオリエンテーションされたとき、彼女はリビングルームを横切って歩いていました。彼女はしばしば、リビングルームを横切って歩いていました。退行状態がその行為に限定されたので、それは、参照枠だけを構成しました。横切って歩くことを止めさせることができました。そして、新しい行動が、その状況を変えずに、あるいは書き換えることなく、その設定に導入されました。このように、その状況に入れられた行動が、その年齢退行の期間の出来事に一時的に関係しました。

　彼女がこのように退行状態の中で、夢遊病状態で目覚めたとき、上席著者は彼女に挨拶しました。「こんにちは、可愛い子ちゃん。あなたはパパの大事な子どもかな？　私はパパの友人だよ。そして、パパは私と話をするために、中で待っているよ。パパは昨日、ある日、あなたにプレゼントを持っていったら、とても喜んだ、と私に言いました。私も、あなたのパパが好きだよ。あなたのパパは、まもなくあなたの誕生日が来ると私に言いました。それであなたにとてもすてきなプレゼントを間違いなく持っていくと思うよ」。この後、沈黙が続きました。そして上席著者は、見たところでは、上の空といった様子で懐中時計のケースを、パチンと開いて閉じました。そのとき、彼女を会話に加わらせるために、あるいは彼女の注意を引きつけるために、それ以上の努力はしませんでした。彼女は最初に彼を、目をこらして見て、それから、その時計に興味を持ち始めました。すると彼は時計を耳に当てて、時計が非常に精密に「チクタク、チクタク」と動いていると言いました。

エリクソン—「こんにちは、可愛い子ちゃん」は、催眠の中での役割を彼女に割り当てています。

ロッシ—彼女が夢遊病状態のトランスに入って、目を開くその最初の一秒間に、あなたはすぐに年齢退行を強化します。その結果、年齢退行についいて疑いを持つことができませんでした。彼女はエリクソン博士として、あるいは過去において、彼女が知らない人として、あなたに会おうとしているのですか？　あなたの冒頭の発言は、過去に彼女を適応させせます。

エリクソン—そして彼女の過去には、このようなことを言った人々がいました。

ロッシ—あなたはその後、腕時計で遊ぶことによって、適切に彼女の注意を引きつけます。これは、まさに四歳の子のためにしたことです。あなたは、直接、あるいは大仰に自己紹介しません。あなたは、子どものとき彼女の家を訪問した人が、そうしたように振る舞います。

メタ暗示が夢遊病状態をオリエンテーションするための非言語的シグナルとしての手首の合図

少し後で、彼女が懐中時計のケースをパチンと開けたいか、あるいは時計の音を聞きたいか、という暗示がされました。彼女は、はにかみながら、うなずき、手を差し出しました。彼女に手を貸すかのように彼女の手首をつかんで、上席著者は彼女に時計を手渡しました。彼女は時計を見て、そして時計で遊びました。もし彼女が、少しの間、時計の音を聞いたら、その音で彼女はとても眠くなると暗示しました。この後すぐに、「家に帰らなければなりません、いつかもし戻って来たら、彼女がそうしたいなら、彼女は時計を開け閉めすることができて、時計の音を聞くことができるように時計を持ってきます」と上席著者は言いました。

彼女はうなずき、そして時計を持った手を耳に持って行きました。私は彼女の手首を、ゆっくりギュッと掴むと、多分、来年の夏に、上席著者が再び来ると、多分、彼女は彼だとわかる、という暗示とともにトランス暗示を与えました。

エリクソン―私は彼女の家から出て行かなければなりませんでした。私は、手首の合図を適切に使って、その人生経験を挿入して終えました（彼女の耳に、時計を持った彼女の手を導きました）。そして、彼女が時計の音を聞いたとき、彼女が眠くなるように暗示しました。

ロッシ―彼女を眠りにつかせることは、時計を聞いている四歳の子どもにとって、極めて適切な行動です。そして彼女が眠ると、あなたは去ることができました。それはまた、多分次の夏、再度、彼女と会うことについて、あなたが後催眠暗示を与えることができるようにしました。そして多分、彼女はあなたを見ればわかります。このような可能性は、四歳とか五歳の子どもが、一年後に友人がわからないかもしれないので、彼女の年齢には適しています。けれども、あなたがこれらの暗示を加えたとき、あなたはなぜ、彼女の手首をギュッと掴むというラポールの合図を彼女にしたのですか？

エリクソン―彼女が夢遊病状態のトランスであったとしても、他の事象を誘導して、その状態に変化をもたらすために、それ以上の催眠が必要になります。

ロッシ―わかりました。夢遊病状態の間であっても、重要な暗示効果を出すためには、特別なラポールが必要とされます。手首の合図は、あなたが夢遊病状態を導くために使うメタ暗示のための方向づけシグナルです。それによって、彼女は重要な暗示が来ているとわかります。私には、ワークすることが困難な何人かの被験者がいました。その人たちは、夢遊病状態の間、とても強情だったので、私が横から口を出すことがほとんどできませんでした。自己中心的な子どもたちのように、このような被験者は、すぐに状況をコントロールするので、私は彼らと関係を持つことができず、ただ内面的な経験を全うするだけです。これはカタルシスという目的にとって、非常に大事なことであるのかもしれません。しかし、あなたがここでしているように、セラピストが、新しい経験を挿入することができません。

エリクソン―言葉で、それをそのように定義することなく、そして見知らぬ人、パパの友人としての私の役割を変えることなく、彼女を重要な暗示にオリエンテーションするためには、あなたはもう一つの催眠的な参照枠を必要とします。

ロッシ―古典的な年齢退行は、一般的に過去の人生経験を単純に再現することでした。抑圧された人生の精神的な外傷的感情を解決する治療的な手段として、カタルシス、あるいは脱感作プロセスが用いられます。

エリクソン―それは何も加えません。ここで私は過去に加えています。

ロッシ―それは、手順全体が対象です。治療的な人生経験を挿入することができる参照枠を確立するために、あなたは彼女を退行させます。あなたは彼女の記憶貯蔵庫に新しい経験を加えています。あなたは彼女が現実において、失敗した人間関係に、新しい要素を加えています。

エリクソン—もしあなたが何度もそれを繰り返すなら、存在しないものを信じさせることができます。それが、二月の男としての私との多くの経験を、彼女に与える必要があった理由です。私は実在しないものに、現実を加味しています。

ロッシ—それは内部の現実に関して、「本当」になります。このアプローチで、あなたは患者の信念体系を変更することができます。あなたは本当には彼女の過去を変えることができません。しかしあなたは彼女の過去についての彼女の信念を変えることができます。

エリクソン—あなたは信念と価値観を変えることができます。本当はそうではないのに、私たちは嘘を信じることができます。それどころか、私たちはもっと多くのことに気づきます。患者がもっと多くの現実を見いだすまで、患者は、自分の限られた現実を信じています。

ロッシ—「もっと多くの現実を見いだすこと」を新しい意識を作ることと同等視することができると思いますか？　しかしながら、まだ、ここには基本的な問題があります。あなたは、①実際に、人格に新しいことを加えるのですか？　それとも、あなたは、②彼女がとても必要とした自然で固有な人間関係のパターン（典型的な親子関係）を、発見し経験することを単に助けただけですか？　ユーティライゼーション・セオリーは、第二の選択肢があることを強調するでしょう。あなたは、彼女が固有の（特異的な）行動パターンを呼び起こして、利用できる状況を構築しています。そして、それは、正常な発達のために、表現する必要があります。けれども、あなたはこの固有のパターンのフレームワークの中に、確実に新しい内容を加えています。

二月の男と一緒に経験すること
——年齢退行経験という過去の現実を承認すること

それからおよそ十五分間、彼女は深い催眠の眠りを経験できました。この睡眠の間に時間が移り変わり、私は出発し、最終的に戻って（すでに示唆されたように）来ました。それから、彼女の手首を再び、やさしくギュッと握りました。そして、昨年の冬の彼女の誕生日以来、花が初めて咲いたので、彼女は庭にいた方が良いと思います、おそらく、パパの友人が、再びやって来る、という暗示が提示されました。いずれにしても、彼女は実際に、花々を見るためにとても大きく目を開けることができました。「こんにちは、可愛い子ちゃん。私を覚えていますか？」と著者が彼女に背後から話しかけたとき、彼女は目を開き、幻視を楽しんでいるように見えました。彼女は振り向いて、注意深く目をこらして著者を見ると、微笑んで、「あなたはパパのお友だちね」と言いました。「そして私はあなたの名前を覚えているわ。それはRね」と返答しました。このように、上席著者は、現実と衝突せずに、現実を曲げずに、しかし一時的な単純な連想プロセスの中で、現実に加えることだけで、彼女の過去の生活の中で実在の人物として認められました。その後すぐに、赤とピンクと黄色の花々（彼女はチューリップだと言いました）について、子どもレベルの何気ない会話を始めました。そこで、彼女は著者に時計のことを思い出させました。そして、基本的に以前と同じように、出来事が進行しました。退行状態を無効にしないようにして、彼女の過去に著者が入りこむことができるようにするために、もっとずっと多くの似たような話をしました。彼女は、二月の男（彼女の生活史の中で認められた人物）といろいろな経験をしました。

エリクソン―私は最初の面接から、彼女の子ども時代の家には、赤い花、ピンクの花、そして黄色の花が植えられた広い庭があったことを知っていました。私は、彼女に対する以前の訪問を良く覚えていないというふりをすることによって、さらに過去に経験した局面を承認しました。一年前の経験を、鮮明に覚えている人がどれほどいるでしょうか？　二年前なら？　四年前なら？　私は、さらに見方の変化を提起しました。彼女がさらに成長していくと、彼女は物事に関して、異なった見方をします。「あなたが持っていた最初の人形は、本当にとてもすてきでした」と私は言いました。「その初めてのサーカスに熱狂したことを覚えていますか？」私は六歳の女の子について、十歳あるいは十二歳の女の子に対するようなことを言うかもしれません。

ロッシ―あなたは異なった年齢レベルで経験したトランスの間に、連想ブリッジを架けました。そしてそれが、彼女を訪問したという過去の現実を確立しました。

間接的な後催眠暗示

最後に、彼女は深いトランスに置かれて、すべてのトランスでの出来事を確実に包括的に健忘させるために、そして、継続的な協力を確実にするために広範な後催眠暗示が与えられました。私は、優しく彼女の手首をギュッと掴み、そして言いました。「あなたは今、その仕事を完了しました。私はあなたに今、深いトランスに入ってほしいと思います。私は、あなたに、休息を楽しんでほしいと思います。あなたが目覚めた後、私はあなたに新鮮な気持ちになってほしいと思います。そして、気持ちよく、すっかり目覚めているという感覚を楽しんで、新しい一日の活動の準備をします」。

エリクソン―「新しい一日の活動の準備」という後者の暗示は、彼女に、もっと多くの仕事の準備ができていることを示唆しています。私たちはまさに始めようとしています。

ロッシ―それもまた、直接、彼女に、思い出さないように、と言わずに後催眠健忘を示唆する方法です。それから、あなたは二月の男と別の経験をさせるために、彼女をトランスに戻しました。

催眠ワークのための時間

通常、以降のセッションでは数時間、基本的に同じ手順を続けました。

エリクソン――二月の男と一つの年齢レベルで一つの経験、休養、そして次にもう一つの年齢レベルでもう一つ経験を、彼女に経験させるために、数時間が必要でした。時間は拡張することも、圧縮することもできます。しかし、一定量の現実の時計時間が、まだ注意深い仕事のために必要です。開始当初は、実際、患者の能力がどういったものかわかりません。患者の能力を探るためには、時間が必要です。

催眠の記憶と現実生活の記憶を統合すること――首尾一貫した内部の現実を作ること

多くの催眠療法のセッションが、今、この同じパターンで以下のように行われました。通常、年代が順に進むようにして、彼女の人生の多くの異なる期間へ、彼女を退行させました。そして、作られた状況が、実際の過去の現実に矛盾して影響を与えることのないように注意しました。例えば、ある時、九歳のレベルに退行した彼女は、目を開けて、上席著者に会うと、激しい驚きを表しました。要心深く質問すると、彼女が初めて、遠い親戚を訪問して、そして前夜、帰宅したところであったことが明らかになりました。二つ、三つ質問すると、上席著者が適応するのに十分な情報が得られました。それで、彼女の親類と、ビジネスで親交があることを、彼は話すことができました。これが必要な土台を築いたので、彼はこれ以降、彼女の人生経験の中で、どこにでも現れることができるようになりました。彼がどこにでも現れることを受け入れることができたのは、両親が二人とも、いろいろな所に不意に旅行したという事実、そして、両親には数えきれないほど知人や友人がいたという事実でした。それ故、同じことが「パパの友人」として、上席著者についても言えたことは容易に推測されました。また、彼女が訪問したいろいろな都市について、二月の男が知っていたこと、そして、彼が、彼女と同じように心理学を勉強したということが重要でした。そして、そのすべてに、広いバックグラウンドが提供されたので、彼女は無条件に彼を受け入れることができるようになりました。手順を継続するにつれて、反応行動を確保するための専門的事項は、非常に少なくなりました。そして、多くの退行状態を、一時間の間に、生じさせることができました。これらは、予想された、あるいは期待された出来事を説明するだけでなく、退行期間のことに対する現在の物事と態度の流れについて、彼女に報告させるためにすべてが利用されました。上席著者が退行状態を「安全な」期間に導くことができるようにするときに、期待された出来事が立派に役立ちました。しかしながら、期待は常に叶えられたわけではなかったので、配慮する必要がありました。しかし、しばしば、「訪問」は、最後の「訪問」、つまり、以前の退行状態の後に起きたことについての説明に費やされました。彼女は、上席著者を何度もやって来る訪問客として、そして信用できる親友として見ることを学びました。そして彼女は、彼にすべての秘密、苦難と喜びを話すことができました。さらに彼女は、希望、恐れ、疑い、願望、そして計画を彼と共有しました。

ときどき、上席著者のさまざまな「訪問」を取り消しながら、包括的な健忘を引き起こすこと、そして子ども時代に彼女を退行させること、そして、もっと相応しいように、すでに取り扱った人生の期間を部分的に調べることが必要になりました。以前の年齢退行では予想されませんでしたが、このように彼女は、次の退行段階以前に人生を急転回できたかもしれません。それによって、定着した理解と食い違う状況を作りました。そのような場合、最後の年齢退行は健忘暗示によって取り消されました。そして、関連するデータを確保できるようにするために、早期の時間への新しい退行が引き起こされました。

ロッシ──催眠での記憶と実際の記憶を統合するために、あなたは非常に注意深く広範に努力して、内部の現実が自己矛盾しないようにしました。これが、彼女に促進していた新しい姿勢を確実に永続させることになります。そして催眠での記憶と実際の記憶に、矛盾や一致しない点があった場合、無意識内の自動修正プロセスは、知らないものが侵入したとして、徐々に催眠暗示を除去する傾向がありました。これが、過去の多くの催眠ワークが、一時的か、あるいは部分的な効果だけしかなかった理由かもしれません。患者が深い夢遊病状態にいる間になされた直接暗示であっても、心の中に永久に堅固な方法でプログラムされるわけではありません。人間の心は、絶えずそれ自身を修正し、変更し、そして再定式化するダイナミックなプロセスです。矛盾は、満足のいく方法で解決されるか、さもなければ「問題」（コンプレックス、ノイローゼ、心身症的な症状など）として表れます。したがって、あなたのアプローチの有効性については、魔法のようなもの、あるいは神秘的なものは何もありません。すなわち、本物の思い出を催眠経験と統合することは、非常に注意深い、徹底的な仕事に基礎を置いています。

治療的態度を促進すること──人生の見方についての治療──夢と催眠

母親から一貫して、そして頻繁に拒否された経験をした彼女に、感情と理解を再編成する多くの機会を提示しました。この手順によって上席著者は、友情、同情、関心と客観性という役割を担うことになりました。それによって、彼女がどのように経験を後で評価するかに関して、問題を提起する機会を彼に与えます。それで、大きくなって、母になって、人形を壊した女の子を持ったとき、大事にしていた父に貰った安っぽい小さな磁器人形を壊して悲しんでいた女の子が、どのように感じたか、わかりましたが、「すごく悪い」ことでなかったことがわかりました、と打ち明けることができました。同様に、彼女は、十代のとき、ダンス場で転んだことを、とてつもない衝撃的な経験と捉えていました。それでも、彼女はその経験を、現在のように正しく評価しなければなりませんが、同時にまた彼女は将来、それが本当にマイナーで完全に重要でない出来事と考えることができて、おそらく楽しむことさえできることを理解する、という上席著者のコメントを理解する用意ができていることを彼女は明らかにしました。彼女の青春期における初恋、男の子に振られたこと、そして、その出来事に対して、自分を理解する大きな必要性に対処しました。花嫁学校 finishing school を辞めるという彼女の決意、大学に入学したこと、彼女の学業の選択、学校での彼女の努力、そして彼女の限られた社会生活すべてがカバーされました。夫となる男性との出会い、彼に対する彼女の疑い、そして確信が持てないこと、最終的な婚約、そして、彼に対する母の態度、結婚へ向けて、そして、後の妊娠に向けて、彼女の身に「現在」降り掛かっていることを上席著者に詳しく説明しました。彼女の両親による拒絶、無視、そして失望という多くの実例が、追体験され、二月の男と話し合いました。実際にあった幸福な記憶もまた、追体験され、その記憶を確実に包括的に統合するために催眠の記憶と一緒にされました。

ロッシ――心的外傷になる生活状況にいたときはいつでも、彼女は今、それを彼女の父親の友人である二月の男に話すことができました。結果的に、あなたは、そのようなときにはセラピストになりました。これは、奇妙な状況です。現在の彼女のセラピストであるあなたが、過去の彼女のセラピストになりました。そして精神的外傷が起こったとき、難しい人生の状況に対処できるようにしました。私は夢の中で、似たようなことに気づきました。何人かの患者が、夢の中で、過去を再び体験するように思われますが、彼らは現在の成人の見方で、過去の精神的外傷の局面を修正します（Rossi, 1972a; 1973c）。これは再び、精神の自動修正の局面を指摘します。さらに機能パターンの統合を達成することは、それ自身を再定式化するか、あるいは再び合成する継続的なプロセスです。あなたは、精神的機能を再び合成する局面を、二月の男としての役割を使って利用して促進します。あなたは夢を見ているときに、しばしば自然に起きることを、催眠でしています。

エリクソン――はい。［上席著者は、今、成人になったエリクソン博士が、彼自身、そのような夢を見たことを思い出します（Erickson, 1965a）。そのとき、子ども時代の自分自身を観察しました］夢は、私たちに過去の出来事を再体験させ、そして成人の見方から批判的に、出来事を評価する機会を与えます。

ロッシ──夢は、自動治療的なプロセスです。そして、そのプロセスは、心がそれ自体を修正して、統合できるようにします。私もまた、夢の中で、新しい現実の現象を総合していると思っています。そして、それがアイデンティティと行動の新しいパターンの基礎になります（Rossi, 1971; 1972 a, b; 1973 a, b, c.）。

現実の逆転──治療的な参照枠を深化すること

彼女は、過去の態度を大規模に再編成することが終わりに近づくと、記憶を新たに思い出しました。何年も前に、万一、彼女が、結婚して、妊娠したら、彼女は催眠麻酔を使おうと、密かに心に決めていました。今、彼女がこの可能性を再び考慮したとき、母から、「祖母」という言葉を決して使わないように求める、そして、基本的に胎児を拒絶する縁起の悪い手紙を受け取りました。この手紙によって、患者の不安と恐れが再び強くなりました。

これらの再発した不安に対処するために、催眠手順のバリエーションが開発されました。このバリエーションにおいて、以前のすべての催眠ワークに関する包括的な健忘が、最初に誘導されました。そして、再度、彼女のすべての恐れと不安を関連づけるように、彼女は求められました。この状態で、予期されたように、彼女の問題に対する説明は、催眠療法をする前に、最初にした説明と同じでした。

その後、包括的な健忘が取り除かれ、新しいトランスが誘導されました。それから、彼女は、母親の手紙が届く一週間前に退行しました。この催眠状態で、彼女は、パパの友人として上席著者との長年の多くの訪問、会話そして議論を完全に思い出すよう求められました。彼女が、彼の多くの訪問と、そのとき、話し合ったとても多くの主題を思い出したので、彼女がそのバックグラウンド全体に対して、今持っている小さな心配を検討するべきだという暗示が提示されました。彼女がそのとき、過去の不幸な考えを思いついたとき、そのことを相関させ始めるにつれて、彼女は驚くべき洞察、理解、および感情的な気楽さを開発し始めました。

催眠ワークで展開された新しい態度を再度確立しながら、上席著者は次に、母の手紙を受けとった直後の期間をカバーする年齢退行状態に、彼女を導きました。彼女が母の問題について、いくつか分別のある見方を表した後に、「過去について彼女が知っていたことすべて」を彼女が考えに含めない場合に、生じることができた反応をするように求められました。彼女は、まさに「彼女の思考が包括的でないこと」によって、実際、どれほど反応を大きくし、恐れと不安を誇張したか、口に出して推測するべきです、と話されました。彼女は、このような不安を表す「憶測的な speculative メッセージ」を提示するように急き立てられました。それから、もし彼女が「知的に考えなかった」ならできたことを、彼女が思ったように、言葉で表現し始めました。この憶測的な説明は、彼女が当初、治療が始まる前にしたものと、そしてすべての催眠療法的なワークの包括的な健忘を伴う以前に説明したものと同じものでした。しかし、それは「憶測的な」説明としてなされました。そして、その説明は、彼女が二月の男と発展させた新しい参照枠を今や含んでいる彼女の感情的人生の新しい現実と、明らかに異なっていました。

次の退行状態が、同じ様に利用されました。どのように恐れを誇張したか、「憶測」するといつでも、彼女は催眠療法の前、最初にした説明に似た説明をしました。これらの思索はいつでも、パパの友人である二月の男の助けを借りて展開した「本当の態度」と極めて対照的でした。彼女は、パパの友人との挿入された経験だけで、今、広範に、彼女の「実際の」過去の経歴を引き出しました。この期間に、途方もない量の彼女の過去の歴史が、現在の問題全部と、明確に関連して出てきました。このタイプの活動が続くにつれて、彼女は驚くほど、的確な洞察を展開しました。

ロッシ――これは巧妙なねじれです。すなわち、今、元々、辛い現実だったものが「憶測的な説明」になります。その一方で、催眠で開始した新しい姿勢が永続する現実になっています。すなわち、彼女は、彼女の「本当の」見方として、二月の男と一緒に発展させた拡がった理解の構造を、今、受け入れています。一方で彼女は、彼女が「知的に考えなかった」場合、以前の行動を、今、単に事態がどれくらい悪くなった可能性があるかという憶測的な説明とみなしています。さらにもっと深いレベルで、この手順が二月の男の参照枠を統合する手助けを彼女にしているのかもしれません。彼女が、このように現実の逆転を経験するとき、すでに深い催眠状態に入っているので、この場合はなおさらそうです。

結末――すべてのトランスワークを最終的に意識的に統合すること

最終的に、この点に関して進歩があったので、彼女は、トランスに入っている間に、子どもの出産のための催眠麻酔の話題をますますするようになりました。妊娠の月日が経過するにつれ、彼女は不安のすべてを包括的に、気持ちよく、絶対に、確実に理解しているので、過去の解決した経験になっていると彼女を安心させるように話しました。その場所で、何らかの方法で、彼女は、自分を理解していることを楽しく教えてくれる誰かに出会うという実感がありました。彼女は年齢退行状態にあったので、これは当然、彼女が将来会う誰かとして、暗に上席著者のことを言ったのでした。そうする中で、彼女は優れた催眠被験者になるように訓練されました。そしてそれによって催眠出産するという彼女の大学での決意 college resolve が成し遂げられました。

治療はどちらかと言うと簡単に終了しました。彼女は上席著者のオフィスへ、初めて訪問するために準備している時間に退行しました。彼女は、まだパパの友人の役割をしている上席著者によって、彼女の旅行が、本当に期待している以上に、いろいろな意味で完全に成功することを保証されました。それから場面をオフィスに移しました。そして彼女は二月の男に会い、とても驚きました。上席著者もまた驚きました！　彼女は彼がいることに当惑して、彼女は、エリクソン博士に会いに来ました、と説明しました。彼女は、エリクソン博士に診てもらえます、そして、博士は完全に彼女の希望を叶えます、しかし、数分間、彼女はとても深く眠るべきです、と安心させるように言われました。このトランスの間に、およそ一時間半が、彼女に教えることに費やされました。その結果、彼女が目覚めると、始めから順番に、すべてのトランス経験を、すべての洞察、そして理解と一緒に思い出しました。そして、机の上のその日の新聞に書かれた日付まで彼女は進みました。面接の終了時に、彼女は、手直しした方法で、彼女が彼女のすべての過去を理解して、思い出して、そして受け入れたことを確認して、彼女の記憶を再検討して楽しい数日間を過ごすように、と言われました。催眠麻酔のことは、彼女はそれについて、良くわかっていました。しかし些細な部分は次の面接で準備しました。

ロッシ――これは最終的な要約で、すべての治療を最終的に意識的に統合したものでした。彼女は今、最終的にあなたがどのように二月の男の役割を演じたか、あなたがどのように彼女の現実を逆転したか、などを学びます。それでも、これは新しい態度の有効性と、あなたが手伝って彼女が開発した参照枠を取り消すことはありません。なぜそうしないのですか？　新しい参照枠を進展させて、それを統合して、そしてそれを深くするために、すべての信じられないほど複雑な努力をした後、あなたは、なぜこのような完全な大団円で治療を終わらせるのですか？

エリクソン――なぜなら私は、いくつか間違いを犯したかもしれないからです。彼女はいくつか間違いを犯したかもしれません。生じたエラーのセットを確実に修正しましょう。

ロッシ――新しい参照枠と感情的な人生を治療的に変えた理解を、彼女が開発することを、あなたは実際に手伝ったので、あなたは治療作業を元に戻すのが怖くありません。このケースは、すべての催眠療法的な仕事のために健忘を維持したいと思うケースとはまったく対照的です。違いは何ですか？

エリクソン――健忘を必要とする性格がいくつかありますし、いくつかは必要としません。それらを区別することは、臨床経験の問題です。

ロッシ――あなたが治療をダメにする意識的態度を持つと判断した患者は、健忘した方が良いのかもしれません。

エリクソン――この患者には実際、母親との関係で経験した否定的な感情のために、いくつか健忘を残しました。彼女への最終的な後催眠暗示は、「手直しした方法で、彼女が彼女のすべての過去を理解して、思い出して、そして受け入れたことを確認して、彼女の記憶を再検討して楽しい数日間を過ごすように」というものでした。これは、彼女が治療の前に経験した破滅的な否定的情動、そして不安の中に、どんな退行でも入る可能性を失くしました。

産科麻酔のためのトレーニング——二年後のフォローアップ

何日か後の次のセッションで、彼女は、これまで催眠出産に興味があったので、そのことを第一に考えていました、と言いました。彼女の夫と多くの話し合いをした後、その間、夫は主に聞き手でしたが、彼女はそれが可能なら、麻酔することに決めました。彼女は、出産を、子どものとき、一粒のサクランボを、あるいは一塊りの氷を一気に飲み込んだとき、それが食道を下に通っていくのを、気持ちよく、そして面白く感じたのと同じ様に感じたいと説明しました。同様の方法で、彼女は、分娩収縮を感じて、赤ちゃんが産道の下を通過するのを感じて、産道が膨満する感覚を経験したいと思いました。このすべてを、彼女は痛みを感じることなく経験したいと思いました。会陰切開の可能性について尋ねられたとき、彼女は、切開の痛みを感じないことを望みました。そして、さらに縫合されているのを感じたいと説明しました。いつでも痛みを試す基準としてだけなら、痛みの感じを経験したいと思うかと彼女に尋ねると、彼女は次のように説明しました。「赤ちゃんが生まれるとき、一部であっても痛みがあってはいけません。出産は素晴らしいものです。しかし、誰もが痛みがあって当然と教えられます。私は、私がすべき方法で赤ちゃんを持ちたいと思います。私は、痛みを考えることで、一刻たりとも、注意を逸らされたくありません」。それで、彼女の願望を満たす方法として、彼女に、完全な催眠麻酔を開発することを教えました（通常、手順は、しびれから鎮痛、そして麻酔へと進みます）。この例では、無痛覚が第一の目標でした。麻酔は、無痛覚に転換されて、広範囲にそしてその後、系統的に引き起こされました（麻酔が完全に無痛覚へ転換できるかということには疑いが残りますが、このような患者の希望に出会う可能性があります。どんな麻酔が維持されようとも、無痛覚の有効性だけは補われました）。

彼女が無痛覚に関するいろいろな臨床試験を満たすように十分に訓練されたとき、「たった今、学んだ、その程度とタイプの無痛覚」を伴う深い夢遊病状態の後催眠トランスの展開が生じるように、広範なトレーニングを彼女にしました。その結果、彼女は、上席著者とそれ以上連絡をとらずに、陣痛を起こすenter into laborことができました。彼女には、経験全体の完全な直接記憶immediate memoryとともに、分娩完了時に目覚めるという指示が追加されました。それから、部屋に戻って、彼女はおよそ二時間の間、落ち着いた快適な眠りに入りました。

そして、その後、彼女はとても気持ち良く病院にとどまって、喜んで将来の計画を立てました。

出産のおよそ七週間後、彼女と彼女の夫は、女の赤ちゃんを連れて、上席著者を訪問しました。夫婦は、彼女が病院に入ったとき、彼女がすでに夢遊状態のトランスを生じていました、と報告しました。分娩の間、彼女の夫は付き添っていました。彼女は、自由に夫と産科医と話をして、そして面白そうに自分の分娩収縮を二人に説明しました。彼女は会陰切開をしたこと、産道から頭が出たこと、赤ちゃんを完全に分娩したこと、そして彼女の会陰切開の完全な縫合を――まったく痛みを感じずに――認識していました。胎盤の排除を、彼女は「もう一つのものが下に動いた」と感じたので、双子がいたのですか、と彼女は尋ねました。それが胎盤であったことを知らされたとき、彼女は自分の間違いを笑うことができました。彼女は会陰切開の修復をしたとき、縫合の数を数えて、そして、彼女が針を感じることができる間、医者が彼女に「不正に」局所麻酔薬をしませんでしたか、と尋ねました。それは、麻痺していて痛くなかったので、彼女は歯に局所麻酔をした後の頬が麻痺した感覚を連想しました。彼女は局所麻酔していないことを教えられて安心しました。

彼女は赤ちゃんを見せられると、慎重に赤ちゃんを調べて、そして目覚める許可を求めました。彼女は、夫と産科医と完全にラポールをとり、そして、必要に応じて状況に対処するように指示されていました。そしてそのような状況を経験したことがなかったので、目覚めても良いことを確認し、彼女は必要な場合、慎重に状況に従いました。彼女は再び赤ちゃんを調べました。その後、彼女がすべての経験を完全に記憶していて、彼女が望んだようにすべてが完全に起こった、と夫に話すと、彼女は突然、眠いと言いました。分娩室から出るときにはすでに、彼女は、ぐっすり眠っていて、その後一時間半眠りました。病院での入院は、とても幸せでした。二年後、彼女は上席著者に、次の赤ちゃんがお腹にいることを話して、そして彼女は「確認するためのリフレッシュ講座」をしてほしいと頼みました。深いトランスでのおよそ三時間のセッション、一回で十分でした。この時間の多くが、適切な調整を説明するために使われました。すべての点で、調整がうまくいっていることがわかりました。

文　献 *References*

Bakan, P. Hypnotizability, laterality of eye-movements and functional brain asymmetry. *Perceptual and Motor Skills,* 1969, *28*, 927-932.

Bandler, R., and Grinder, J. *Patterns of the hypnotic techniques of Milton H. Erickson, M.D. Vol. 1.* Cupertino Calif.: Meta Publications, 1975.

Barber, T. *Hypnosis: A scientific approach.* New York: Van Nostrand Reinhold, 1969.

Barber, T. Responding to 〝hypnotic〟 suggestions: An introspective report. *The American Journal of Clinical Hypnosis,* 1975, *18*, 6-22.

Barber, T., Dalai, A., and Calverley, D. The subjective reports of hypnotic subjects. *American Journal of Clinical Hypnosis,* 1968, *11*, 74-88.

Barber, T., and De Moor, W. A theory of hypnotic induction procedures. *The American Journal of Clinical Hypnosis*, 1972, *15*, 112-135.

Barber, T., Spanos, N., and Chaves, J. *Hypnosis, imagination and human potentialities.* New York: Pergamon, 1974.

Barren, F. *Creative person and creative process.* New York: Holt, Rinehart and Winston, 1969.

Bartlett, F. *Thinking: An experimental and social study.* New York: Basic Books, 1958.

Bateson, G. *Steps to an ecology of mind.* New York: Ballantine, 1972.

Bernheim, H. *Suggestive therapeutics: A treatise on the nature and uses of hypnotism.* New York: Putnam, 1895.

Birdwhistell, R. *Introduction to kinesics.* Louisville, Ky.: University of Louisville Press, 1952.

Birdwhistell, R. *Kinesics and context.* Philadelphia: University of Pennsylvania Press, 1971.

Bogen, J. The other side of the brain: An appositional mind. *Bulletin of the Los Angeles Neurological Societies*, 1969, *34*, 135-162.

Cheek, D., and Le Cron, L. *Clinical hypnotherapy.* New York: Grune and Straton, 1968.

Cooper, L., and Erickson M. *Time distortion in hypnosis.* Baltimore: Williams Wilkins, 1959.

Diamond, S., and Beaumont, J. *Hemisphere function in the human brain.* New York: Halsted Press, John Wiley and Son, 1974.

Donaldson, M. M. Positive and negative information in matching problems. *British Journal of Psychology,* 1959, *50*, 235-262.

Erickson, M. Possible detrimental effects of experimental hypnosis. *Journal of Abnormal and Social Psychology*, 1932, *27*, 321-327.

Erickson, M. Automatic drawing in the treatment of an obsessional depression. *Psychoanalytic Quarterly*, 1938, *7*, 443-4-6.

Erickson, M. The induction of color blindness by a technique of hypnotic suggestion. *Journal of General Psychology*, 1939, *20*, 61-89.

Erickson, M. Hypnotic psychotherapy. *The Medical Clinics of North America*, 1948, 571-583.

Erickson, M. Deep hypnosis and its induction. In L. M. Le Cron (Ed.), *Experimental hypnosis.* New York: Macmillan, 1952, pp. 70-114.

Erickson, M. Pseudo-orientation in time as a hypnotherapeutic procedure. *Journal of Clinical and Experimental Hypnosis*, 1954, *2*, 261-283.

Erickson, M. Self-exploration in the hypnotic state. *Journal of Clinical and Experimental Hypnosis,* 1955, *3*, 49-57.

Erickson, M. Naturalistic techniques of hypnosis. *American Journal of Clinical Hypnosis*, 1958, *1*, 3-8.

Erickson, M. Further techniques of hypnosis-utilization techniques. *American Journal of Clinical Hypnosis*, 1959, *2*, 3-21.

Erickson, M. Historical note on the hand levitation and other ideomotor techniques. *American Journal of Clinical Hypnosis*, 1961, *3*, 196-

199.
Erickson, M. Pantomime techniques in hypnosis and the implications. *American Journal of Clinical Hypnosis*, 1964, *7*, 65-70. (a)
Erickson, M. Initial experiments investigating the nature of hypnosis. *American Journal of Clinical Hypnosis*, 1964, *7*, 152-162. (b)
Erickson, M. A hypnotic technique for resistant patients. *American Journal of Clinical Hypnosis*, 1964, *1*, 8-32. (c)
Erickson, M. A special inquiry with Aldous Huxley into the nature and character of various states of consciousness. *American Journal of Clinical Hypnosis*, 1965, *8*, 14-33. (a)
Erickson, M. The use of symptoms as an integral part of therapy. *American Journal of Clinical Hypnosis*, 1965, *8*, 57-65. (b)
Erickson, M. Experiential knowledge of hypnotic phenomena employed for hypnotherapy. American Journal of Clinical Hypnosis, 1966, 8, 299-309. (a)
Erickson, M. The interspersal hypnotic technique for symptom correction and pain control. *American Journal of Clinical Hypnosis*, 1966, *8*, 198-209. (b)
Erickson, M. Further experimental investigation of hypnosis: Hypnotic and nonhypnotic realities. *American Journal of Clinical Hypnosis*, 1967, *10*, 87-135.
Erickson, M. A field investigation by hypnosis of sound loci importance in human behavior. *American Journal of Clinical Hypnosis*, 1973, *16*, 92-109.
Erickson, M. and Erickson, E. Concerning the character of posthypnotic behavior. *Journal of General Psychology*, 1941, *2*, 94-133.
Erickson, M., Haley, J., and Weakland, J. A transcript of a trance induction with commentary. *American Journal of Clinical Hypnosis*, 1959, *2*, 49-84.
Erickson, M., and Rossi, E. Varieties of hypnotic amnesia. *American Journal of Clinical Hypnosis*, 1974, *16*, 225-239.
Erickson, M., and Rossi, E. Varieties of double bind. *American Journal of Clinical Hypnosis*, 1975, *17*, 143-157.
Erickson, M., and Rossi, E. Two-level communication and the microdynamics of trance. *American Journal of Clinical Hypnosis*, 1976, *18*, 153-171.
Erickson, M., and Rossi, E. Autohypnotic experiences of Milton H. Erickson. *American Journal of Clinical Hypnosis*, 1977, *20*, 36-54.
Erickson, M., Rossi, E., and Rossi, S. *Hypnotic Realities*. New York: Irvington Publishers, 1976.
Evans-Wentz, W. *The Tibetan book of the dead*. New York: Oxford University Press, 1960.
Freud, S. Jokes and their relation to the unconscious. In *Standard Edition of the Complete Psychological Works of Sigmund Freud Vol. 8*. Strachey (Ed.) London: Hogarth Press, 1905.
Freud, S. The antithetical meaning of primal words. In *Standard Edition of the Complete Psychological Works of Sigmund Freud Vol. II*. Strachey (Ed.) London: Hogarth Press, 1910.
Galin, D. Implications for psychiatry of left and right cerebral specialization. *Archives of General Psychiatry*, 1974, *31*, 527-583.
Gaito, J. (Ed.) *Macromolecules and behavior* (2nd Ed.) New York: Appleton-Century Crofts, 1972.
Gazzaniga, M. The split brain in man. *Scientific American*, 1967, *217*, 24-29.
Ghiselin, B. (Ed.) *The creative process: A sympsoium*. Berkeley: Menton, 1952.
Gill, M., and Brenman, M. *Hypnosis and related states*. New York: International Universities Press, 1959.
Haley, J. *Strategies of psychotherapy*. New York: Grune and Stratton, 1963.
Haley, J. *Advanced techniques of hypnosis and therapy: Selected papers of Milton H. Erickson, M.D.* New York: Grune and Stratton, 1967.

Haley, J. *Uncommon therapy*. New York: Norton, 1973.
Harding, E. *The parental image: Its injury and reconstruction*. New York: Putnam, 1965.
Hartland, J. *Medical and dental hypnosis*. London: Bailliere, Tindal and Cassell, 1966.
Hilgard, E. *Hypnotic susceptibility*. New York: Harcourt, 1965.
Hilgard, E., and Hilgard, J. *Hypnosis in the relief of pain*. Los Altos, California: Kaufmann, 1975.
Hilgard, J. *Personality and hypnosis*. Chicago: University of Chicago Press, 1970.
Hoppe, K. Split brains and psychoanalysis. *Psychoanalytic Quarterly*, 1977, *46*, 220-244.
Huston, P., Shakow, D., and Erickson, M. A study of hypnotically induced complexes by means of the Luria technique, *J. General Psychology*, 1934, *11*, 65-97.
Jaynes, J. *The origin of consciousness in the breakdown of the bicameral mind*. New York: Houghton Mifflin Co., 1976.
Jung, C. G. *Symbols of transformation*. New York: Pantheon Books, 1956.
Jung, C. The transcendent function. In *The structure and function of the psyche, Vol. 8 of The collected works of C. G.* Jung. Bollingen Series XX, 1960.
Lassner, J. (ed.) *Hypnosis in anesthesiology*. New York: Springer-Verlag, 1964.
Kinsbourne, M., and Smith, (Eds.) *Hemispheric disconnection and cerebral function*. Springfield, Ill.: C. C. Thomas, 1974.
Kroger, W. *Clinical and experimental hypnosis*. Philadelphia: Lippincott, 1963.
Le Cron, L. A hypnotic technique for uncovering unconscious material. *Journal of Clinical and Experimental Hypnosis*, 1954, *2*, 76-79.
Luria, A. *The working brain*. New York: Basic Books, 1973.
McGlashan, T., Evans, F., and Orne, M. The nature of hypnotic analgesia and the placebo response to experimental pain. *Psychosomatic Medicine, 31*, 227-246.
Meares, A. A working hypothesis as to the nature of hypnosis. *American Medical Association Archives of Neurology and Psychiatry*, 1957, *77*, 549-555.
Melzack, R., and Perry, C. Self-regulation of pain: Use of alpha feedback and hypnotic training for control of chronic pain. *Experimental Neurology*, *46*, 452-469.
Nichols, D. Language, projection, and computer therapy. *Science*, 1978, *200*, 998-999.
Orne, M. On the social psychology of the psychological experiment: With particular reference to demand characteristics and their implications. *American Psychologist*, 1962, *17*, 776-783.
Ornestein, R. *The psychology of consciousness*. New York: Viking, 1972.
Ornstein, R. (Ed.) *The nature of human consciousness*. San Francisco: Freeman, 1973.
Overlade, D. The production of fassiculations by suggestion. *American Journal of Clinical Hypnosis*, 1976, *19*, 50-56.
Platonov, K. *The word as a physiological and therapeutic factor*. (2nd Ed.). Moscow: Foreign Languages Publishing House, 1959. (Original in Russian, 1955).
Prokasy, W., and Raskin, D. *Electrodermal activity in psychological research*. New York: Academic Press, 1973.
Rogers, C. *Client-centered therapy*. Boston: Houghton-Mifflin Co., 1951.
Rossi, E. Game and growth: Two dimensions of our psychotherapeutic Zeitgeist. *Journal of Humanistic Psychology*, 1967, *8*, 139-154.
Rossi, E. The breakout heuristic: A phenomenology of growth therapy with college students. *Journal of Humanistic Psychology*, 1968, *8*, 6-28.
Rossi, E. Growth, change and transformation in dreams. *Journal of*

Humanistic Psychology, 1971, *11*, 147-169.
Rossi, E. *Dreams and the growth of personality: Expanding awareness in psychotherapy*. New York: Pergamon, 1972 (a).
Rossi, E. Self-reflection in dreams. *Psychotherapy*, 1972, *9*, 290-298 (b).
Rossi, E. Dreams in the creation of personality. *Psychological Perspectives*, 1972, *2*, 122-134 (c).
Rossi. E. The dream-protein hypothesis. *American Journal in Psychiatry*, 1973, *130*, 1094-1097 (a).
Rossi, E. Psychological shocks and creative moments in psychotherapy. *American Journal of Clinical Hypnosis*, 1973, *16*, 9-22 (b).
Rossi, E. Psychosynthesis and the new biology of dreams and psychotherapy. *American Journal of Psychotherapy*, 1973, *27*, 34-41 (c).
Rossi, E. The cerebral hemispheres in analytical psychology. *The Journal of Analytical Psychology*, 1977, *22*, 32-51.
Schneck, J. Prehypnotic suggestions. *Perceptual and Motor skills*, 1970, *30*, 826.
Schneck, J. Prehypnotic suggestions in psychotherapy. *American Journal of Clinical Hypnosis*, 1975, *17*, 158-159.
Scheflen, A. *How behavior means*. New York: Aronson, 1974.
Sheehan, P. Hypnosis and manifestations of 〝imagination.〟 In E. Promm and R. Shor (Eds.) *Hypnosis: Research developments and perspectives*. Chicago: Aldine-Atherton, 1972.
Shevrin, H. Does the average evoked response encode subliminal perception? Yes. A reply to Schwartz and Rem. *Psychophysiology*, 1975, *12*, 395-398.
Shor, R. Hypnosis and the concept of the generalized reality-orientation. *American Journal of Psychotherapy*, 1959, *13*, 582-602.
Smith, M., Chu, J., and Edmonston, W. Cerebral lateralization of haptic perception. *Science*. 1977,*197*, 689-690.
Snyder, E. *Hypnotic poetry*. Philadelphia: University of Pennsylvania Press, 1930.
Sperry, R. Hemisphere disconnection and unity in conscious awareness. *American Psychologist*, 1968, *23*, 723-733.
Spiegel, H. An eye-roll test for hypnotizability. *American Journal of Clinical Hypnosis*, 1972, *15*, 25-28.
Sternberg, S. Memory scanning: New findings and current controversies. *Quarterly Journal of Experimental Psychology*, 1975, *22*, 1-32.
Tart, C. (Ed.) *Altered states of consciousness*. New York: Wiley, 1969.
Tinterow, M. *Foundations of hypnosis*. Springfield, Ill.: C. C. Thomas, 1970.
Watzlawick, P., Beavin, A., and Jackson, D. *Pragmatics of human communication*. New York: Norton, 1967.
Watzlawick, P., Weakland, J., and Fisch, R. *Change*. New York: Norton, 1974.
Weitzenhoffer, A. *Hypnotism: An objective study in suggestibility*. New York: Wiley, 1953.
Weitzenhoffer, A. *General techniques of hypnotism*. New York: Grune and Stratton, 1957.
Weitzenhoffer, A. Unconscious or co-conscious? Reflections upon certain recent trends in medical hypnosis. *American Journal of Clinical Hypnosis*, 1960, *2*, 177-196.
Weitzenhoffer, A. The nature of hypnosis. Parts I and II. *American Journal of Clinical Hypnosis*, 1963, *5*, 295-321; 40-72.
Weizenbaum, J. *Computer power and human reason: from judgment to calculation*. San Francisco: Freeman, 1976.
Woodworth, R. and Schlosberg, H. *Experimental psychology*. New York: Holt and Co., 1954.
Zilburg, G., and Henry, G. *A history of medical psychology*. New York: Norton, 1941.

訳者あとがき

本書は『Hypnotherapy An Exploratory Casebook』(Milton H. Erickson and Ernest L. Rossi with a Foreword by Sidney Rosen, Irvington Publishers, 1979) の全訳です。

さてロッシはエリクソンの許に一九七二年にやって来ました。それまでのロッシは序文で、ローゼンが書いているようにユング派のアナリストとして活動していました。Healing in Hypnosis によるとロッシは、ある患者の治療に行き詰まっていたとき、その患者からエリクソンの本を教えられ、読み始めたら面白くて三日三晩読み続けて、胃が痛くなり、電話帳でエリクソンが存命なことを確認し、エリクソンの所に行って治療を四回受け、教えを乞うたと以下のように書いています。

「勃起の問題を持った引退した学校教師である年嵩の患者が、この方法は良いよ、という含みを持たせながら、エリクソンの本を私に手渡しました。すごく良いやり方でした! その本は、三日三晩私を眠らせず、下に置いたままにすることもできず、私を捕らえて離しませんでした。四日目になっても、傍らにあるその本に書かれた混乱技法の概念がまだ理解できず苦しんでいました。私は、不安な眠りに入る前に、鈍いドスンと落ちるような胃の痛みを感じました。痛みが残ったまま目覚めると、医師は急性胃炎と診断しました。これ以前、心身症に掛かったことはありませんでした。こんな病気になるなんて! なんで?

学校の教師との次のセッションで、彼は『電話帳を見ると、エリクソンはまだ生きていて、フェニックスに住んでいますよ』と言いました。私がすることは一つしかない？　私は、事前に手紙を送って、発端となった潰瘍を治すべくフェニックスに脇目も振らず直行しました。私は、四回のセッションの間、茫然自失しながらも、往復八時間、自動車をドライブしました。四回のセッションの終わりに、エリクソンはやさしく、『もう症状を経験することはありません』と言いました。私はそのとき、患者として来ていたのではなかったので、治療費を請求されることもありませんでした。

私は、永久に追い払われた、と感じました。そこで、『エリクソンが二〇年前に行っていたことを、やりたいと望んでいます』と口を酸っぱくしながら私は説明しました。セッションを終えて、ロサンゼルスに運転して戻るたびに、心の中で、たくさんの論文を書き上げていました。その後、あれこれ彼の仕事を説明して、まとめると主張して、論点、認識、フレーズ、寸評を情熱的に話し続けました。彼は全く驚いていないようでした。彼は「あなたより私は年上（シニア）ですから、出版したら、私がシニアオーサー（上席著者）で、あなたがジュニアオーサー（下席著者）になりますね」と言いました。その後、私は彼の車椅子を押して、オフィスから家に戻して、帰宅しました」（「　」内は横井勝美による翻訳）。

初めての共著『催眠の現実Hypnotic Realities』は、エリクソンから催眠を学習するというもので、催眠入門書として一九七六年に出版されました。その後エリクソンとロッシはシリーズ第二巻として本書『Hypnotherapy』を、そして第三巻として『Experiencing Hypnosis : Therapeutic Approaches to Altered States』(Milton H. Erickson and Ernest L. Rossi, Irvington Publishers, 1981）を続けて出版します。エリクソンが亡くなったのは一九八〇年ですから、この第二巻のときにはまだエリクソンは存命でした。この本の出版時、ロッシはちょうど『ミルトン・エリクソンの二月の男』についてエリクソンとの十五時間に及ぶ議論をし、原稿作りをしていた時期でもありました。本書はロッシがエリクソンの治療法に衝撃を受け、エリクソンの許に馳せ参じ、第一巻に書かれたようにエリクソン催眠を学習した後に出版されたものであることから、訳者は、「ロッシ版アンコモン・セラピー」のような位置づけなのではないかと想像しながら翻訳していました。しかし、この本は、通常の本の二倍という五〇七ページにも及ぶ大著でしたので、エリクソンを学習するためのほとんどすべてが掲載されていると言って良いほどの内容でした。一章から四章まではエリクソンのアプローチの説明と練習に当てられています。五章以降には主要なケース、すなわち第一巻のような逐語録のケース記録が六編、そして「アンコモン・セラピー」のようにまとめられたケース記録が十編、さらには厳選されたショートケースとその分析の練習が掲載されています。このように、本書は基本的にはロッシが自ら学習し、その経験を読者にも提供するという形の本です。そしてエリクソンの催眠の逐語録、さらにはアンコモンなケースを参照しながら、エリクソンの考え方を勉強していくという学習の書となっています。

ところで本書に収録されている「二月の男」は、『ミルトン・エリクソンの二月の男』のケースとはまったく異なる治療例です。拙訳『ミルトン・エリクソンの二月の男』はデモンストレーションケースでしたので少数の人たちにデモンストレーションしながら速記記録し、それを記録後、四〇年近く経ってからエリクソンとロッシが解説したものでした。ですから治療ケースとは異なった対応をしており、通常の治療では必要ないので行わないレベルまで深く被験者の問題を探求していますし、セッションもわずか四回ですが被験者の問題が完全に解決されたのを丁寧に一つ一つ確認しています。本書の「二月の男」は、デモンストレーションでも逐語で記録されたものでもなくケース記録です。ロッシはこの「二月の男」のケースを始める前に「読者は、私たちと一緒に二月の男の仕事に関わるいくつかのアプローチと問題を探究することを求められます。この仕事については、多くのことが私たち自身の理解を越えています。しかしながら、私たちは、私たちの能力が及ばないことを完全に理解しようと試みています。そして、それには、間隙を満たして、そしてさらに仕事を進めるための読者の創造力が必要です」と説明し、エリクソンを理解することは、極めて難しくとも、読者は想像力を働かせ、それを乗り越えてほしいと訴えています。

読者の皆さんには、このロッシの偉大な仕事をもとに、エリクソンを理解し、ひいては人間を理解し、素晴らしい未来が迎えられる人間の叡智を見出してほしいと、訳者は微力ながら、この翻訳を通して願っております。

本書はこのように内容が多岐にわたり、しかも濃いものとなっています。訳者はエリクソンを理解するためには絶対に読んでおく必要のあるものだと考え、翻訳しました。このような大著の出版には多くの問題があり、出版は難しいと考えていました。しかし、本書『ミルトン・エリクソンの催眠療法ケースブック』の出版で『ミルトン・エリクソンの催眠の現実』、『ミルトン・エリクソンの催眠の経験』の三部作が完成しました。出版を引き受けていただいた金剛出版並びに弓手正樹出版部長に深く感謝します。

二〇一八年　横井勝美

索　引

人　名

事　項

[アルファベット]

[あ]

[か]

[さ]

[ま]

[や]

[ら]

[わ]

訳者

横井 勝美（よこい・かつみ）

1955年生まれ
1981年　愛知学院大学歯学部卒業
1985年　愛知学院大学歯学部歯学専攻科（大学院）修了 歯学博士
　　　　愛知県あま市にて横井歯科医院開業

訳書

ミルトン・H・エリクソン／アーネスト・ローレンス・ロッシ 著
『ミルトン・エリクソンの催眠の経験』（金剛出版）

ミルトン・H・エリクソン ほか 著
『ミルトン・エリクソンの催眠の現実』(金剛出版)

ロバート・ディルツ ほか 著
『信じるチカラの，信じられない健康効果』(VOICE)

ミルトン・H・エリクソン／アーネスト・ローレンス・ロッシ 著
『ミルトン・エリクソンの二月の男』(金剛出版)

ミルトン・H・エリクソン ほか 著
『ミルトン・エリクソンの臨床催眠セミナー』(亀田ブックサービス)

ミルトン・エリクソンの

催眠療法《さいみんりょうほう》ケースブック

2018年12月10日 印刷
2018年12月20日 発行

著者
ミルトン・H・エリクソン
アーネスト・L・ロッシ

訳者
横井勝美

発行者 立石正信
発行所 株式会社 金剛出版

112-0005 東京都文京区水道1丁目5番16号
電話 03-3815-6661　振替 00120-6-34848
装丁　安藤剛史
印刷・製本　音羽印刷
ISBN978-4-7724-1668-9 C3011